VADEMECUM DER KORRUPTIONSBEKÄMPFUNG

IKW - Kommunale Forschung in Österreich

ISBN 978-3-902493-03-3
Herausgeber: Friedrich Klug / Ilan Fellmann
Eigenverlag - IKW-Schriftenreihe, lfd. Nr. 116
Auflage 1 - 500, 2008
Medieninhaber: Magistrat der Landeshauptstadt Linz, A-4041 Linz
Satz, Layout und Druck: Magistrat Linz, Stadtkommunikation / PG Druckerei

Inhaltsverzeichnis

Internationale Aspekte

Organisation und Kontrolle

Konkrete Bekämpfungsmaßnahmen

Vorwort

Bundesministerin für Justiz Maria Berger

Korruption belastet nicht nur das Verhältnis zwischen dem Staat und seinen Bürgerinnen und Bürgern, sie schädigt auch in vielfacher Hinsicht die Volkswirtschaft. Wenn Österreich wie im Vorjahr im Korruptionsranking von „Transparency International" um einige Plätze abrutscht, sollte uns das Warnsignal genug sein, über Verbesserungen im System nachzudenken. Denn auch wenn Korruption hierzulande im Vergleich zu anderen Ländern noch immer wenig verbreitet ist, sollte sich Österreich doch an den Besten messen. Diese Aufgabe ernst zu nehmen heißt, entsprechende Taten folgen zu lassen.

In diesem Sinne konnte ich im ersten Jahr meiner Amtszeit einige wichtige Antikorruptionsmaßnahmen umsetzen: im Strafrecht etwa strengere Bestimmungen im Bereich der Beamtenbestechung, vor allem aber die Einrichtung einer eigenen Staatsanwaltschaft zur Korruptionsbekämpfung, die mit Beginn kommenden Jahres ihre Arbeit aufnehmen wird. Wünschenswert wäre, dieser Sonderstaatsanwaltschaft eigene Ermittlungsorgane beizustellen, um möglichst rasch und schlagkräftig selbst Ermittlungen durchführen zu können. Die Auflösung des BIA im Innenministerium kann in diesem Zusammenhang als erster Schritt in die richtige Richtung gewertet werden.

Um der neuen Korruptions-Staatsanwaltschaft ein möglichst unabhängiges Agieren zu ermöglichen, werden seit Jahresbeginn alle Weisungen dem Gerichtsakt beigeschlossen, sind also für die Beteiligten nachvollziehbar und transparent. Ich mache kein Hehl daraus, dass ich mir eine unabhängigere, weisungsfreie Position dieser Staatsanwaltschaft gewünscht hätte. Amtsmissbrauch, Korruption und Bestechung bewegen sich nun einmal im Naheverhältnis von Politik und Wirtschaft. Interventionen sollten daher von vornherein ausgeschlossen werden. Vielleicht kann der Koalitionspartner in dieser Frage doch noch zum Umdenken gebracht werden - wie auch bei der Forderung nach einer maßgeschneiderten Kronzeugenregelung im Zuständigkeitsbereich der Sonderstaatsanwaltschaft.

Vorwort
Doris Bures
Bundesministerin für Frauen, Medien und Öffentlicher Dienst

Durch die zunehmende Orientierung der öffentlichen Verwaltung als Dienstleister für die Bürgerinnen und Bürger hat das Thema Korruptionsprävention und -bekämpfung eine neue Dimension erlangt und wird daher auf nationaler wie auch internationaler Ebene immer intensiver diskutiert.

Neben der repressiven Form der Korruptionsbekämpfung – vor allem durch das gerichtliche Strafrecht – ist die Vorbeugung gegen Korruption in meinen Augen der zentrale Dreh- und Angelpunkt. Jede und jeder einzelne öffentlich Bedienstete sowie die Organisation der öffentlichen Verwaltung als Ganzes müssen sich ihrer gesellschaftlichen Vorbildfunktion und Verantwortung bewusst sein. Zusätzlich muss der Öffentliche Dienst ein hohes ethisches Bewusstsein aufweisen, dass Korruption erst gar nicht entstehen kann und entstandene Korruption sofort im Keim erstickt wird. Interne Kontrollsysteme, das 4-Augen-System und turnusmäßige Rotation sind nur einige der Möglichkeiten, die den Organisationsverantwortlichen zur Verfügung stehen, um für klarere Entscheidungswege und letztlich mehr Transparenz zu sorgen.

Wie bereits erwähnt, muss sich aber auch jede und jeder Einzelne ihrer bzw. seiner Verantwortung und insbesondere der Standards, welche die Allgemeinheit zu Recht an ihr bzw. sein Verhalten legen darf, bewusst sein. Das Straf- und das Dienstrecht geben diese Standards vor. Diese Regelwerke stellen jedoch nicht nur Bestechlichkeit unter Strafe und verbieten die Annahme von Geschenken, sondern sie bieten auch Regelungen zur Befangenheit, Verschwiegenheit sowie zu Nebenbeschäftigungen. Man sollte sich jedoch auch der Tatsache bewusst sein, dass diese Regelungen nicht nur rein repressiven Charakter haben, sondern den Bediensteten vor allem mehr Sicherheit in problematischen Situationen im alltäglichen Arbeitsleben vermitteln können.

Genau an diesem Punkt setzt auch der von mir geplante Verhaltenskodex für öffentlich Bedienstete an. Durch Sensibilisierung und verstärkte Bewusstseinsbildung soll der Code of Conduct einerseits den Mitarbeiterinnen und

Mitarbeitern der öffentlichen Verwaltung durch klare und transparente Verhaltensregeln mehr Sicherheit geben und andererseits soll der Kodex auch die Führungskräfte in ihrer Vorbildfunktion stärken und so letztendlich dem Entstehen von Korruption wirksam vorbeugen.

Als für den Öffentlichen Dienst verantwortliches Mitglied der Bundesregierung ist es mir auch ein besonderes Anliegen, die Leistungen und die qualitativ hochwertige Arbeit, die die öffentlich Bediensteten Tag für Tag erbringen, besonders anzuerkennen. Diese Arbeit schafft erst die Rahmenbedingungen für eine gut funktionierende Gesellschaft und eine prosperierende Wirtschaft.

Ich möchte abschließend dem Herausgeber dieser Schriftenreihe danken. Dieses „Handbuch der Korruptionsbekämpfung" mit seinen vielen SpezialistInnen als AutorInnen ist ein weiterer Beitrag zur „Korruptionsdebatte" und als vertrauensbildende und -erhaltende Maßnahmen sehr zu begrüßen. Ich bin mir sicher, dass die Leserinnen und Leser von dieser Publikation nur profitieren können.

Vorwort
Bürgermeister Franz Dobusch

Der vorliegende IKW-Band ist dem brisanten Thema „Korruption“ gewidmet. Einem Phänomen, vor dem kein Staat, kein Unternehmen und auch keine Verwaltung gefeit ist. Im öffentlichen Bereich, für den ich stehe, kann bereits der Anschein von Bestechlichkeit das Ansehen empfindlich stören. Korruption verursacht einen noch viel größeren, kaum mehr gutzumachenden Schaden: den Vertrauensverlust der BürgerInnen. Daraus resultiert die Pflicht, nicht nur auftretenden Fällen nachzugehen, sondern vor allem auch vorbeugende Maßnahmen zu ergreifen.

Bei der Abwehr von Korruption ist es unerlässlich, dass alle – Politik, Wirtschaft und Verwaltung, MitarbeiterInnen und Führungskräfte – an einem Strang ziehen und sich zu einer umfassenden und nachhaltigen Strategie bekennen. Sie baut auf der Beachtung der wichtigsten rechtlichen Bestimmungen auf. Straf- und Dienstrecht stellen jedoch kein abschließendes Wertesystem dar. So braucht es vor allem auch ethische Normen: einerseits als Anleitung zum richtigen Handeln in problematischen Situationen, andererseits zum wirksamen Schutz der MitarbeiterInnen.

Ethisches Handeln ist auch immer stärker vom Management gefragt. Gemeint ist in diesem Zusammenhang das Führen mit sozialer Verantwortung – in einer Organisation, die sich freiwillig Werten wie Fairness, Ehrlichkeit, Vertrauen und vor allem Transparenz verpflichtet.

Dieser Anspruch kann umso besser erfüllt werden, wenn folgende Voraussetzungen gegeben sind: ein Leitbild, in dem Ziele, Werte und Grundsätze formuliert sind, eine gut strukturierte Organisation sowie effiziente Kontrollsysteme. Letztere spielen sowohl in der Prävention als auch in der Korruptions-Bekämpfung eine wichtige Rolle. So liefern etwa Rechnungshöfe und Kontrollämter mit ihren Berichten Warnsignale und schützen damit vor Fehlern. Sie decken Missstände auf, beugen mit Empfehlungen weiteren Fehlentwicklungen vor.

Und was am wichtigsten ist: Sie sorgen mit ihren Prüfungen generell für Transparenz, dem bekanntlich wirksamsten Mittel gegen Korruption.

In der Linzer Stadtverwaltung können wir in Sachen Kontrolle auf den Stadtrechnungshof setzen, der unter der Leitung vom Herausgeber dieser Publikation - Friedrich Klug - diese Funktion mustergültig erfüllt. Zudem praktizieren wir ein Vergabewesen, das strengsten Richtlinien unterliegt. Neben all diesen Regulativen darf auf eines nicht vergessen werden: das Vertrauen in die MitarbeiterInnen. Denn nur durch ein ausgewogenes Verhältnis zwischen Kontrolle und Vertrauenskultur können wir unser gemeinsames Ziel erreichen: eine unbestechliche und transparente moderne Verwaltung.

Ich danke den Herausgebern Friedrich Klug und Ilan Fellmann für ihre mehrmals bewiesene Kreativität bei der Behandlung wichtiger Themen, bei ihrem Einsatz für ein ordentliches und faires Staatswesen und auch für ihre jahrelange Prüftätigkeit im öffentlichen Dienst.

Friedrich Klug **Ilan Fellmann**

Zusammenfassung und Vorwort

Zum Phänomen Korruption und dessen Bekämpfung gibt es reihenweise Bücher, auch in Österreich. Was diesen Sammelband von vielen anderen Werken unterscheidet, ist die Praktikabilität, der Mehrwert in der Nutzung vor der Beschäftigung mit Anti-Korruptionsmaßnahmen, vor der Einführung, Prüfung und Optimierung von Ethikregeln, Internen Kontrollsystemen und Risikomanagement.

Dieses Buch enthält neben philosophisch, ethisch, politikwissenschaftlich, rechtswissenschaftlich und makroökonomisch ausgerichteten Beiträgen von namhaften Wissenschaftlern und Praktikern zahlreiche Aufsätze von Experten von der Front, von Prüfern aus Rechnungshöfen, Antikorruptions- und Revisionseinrichtungen sowie der Polizei, Beratern, Rechtsanwälten, Außenhandelsexperten, Journalisten und NGO-Vertretern von Transparency International und bietet in kompakter Form das gesammelte Erfahrungswissen von vielen Jahrzehnten differenzierter Berufsbiografien.

Die Buchidee der beiden Herausgeber rührt vom Sommer 2007 her; die konkreten Vorarbeiten starteten im Herbst 2007; wobei rund 75 potenzielle Autoren angefragt wurden. Letztlich steuerten 57 Damen und Herren aus Österreich, Deutschland, der Schweiz und der Europäischen Union ihre Artikel bei.

Im Laufe der Buchwerdung war ein nicht unbekannter Korruptionsbekämpfer selber in Turbulenzen geraten ... - das zeigt auch, wie schnell Prüfer und Korruptionsbeauftragte in den Strudel übler Nachrede (begründet oder grundlos) geraten können: „Man liebt den Verrat, nicht aber den Verräter" heißt es (sinnvoller Weise) im Volksmund.

Uns ging es um die Darstellung des Übels korrupter Systeme, Institutionen oder Einzeltäter, um die Verstärkung von Prävention und Überwachung im Kampf gegen die Korruption, die wir als ein ernstes Grundproblem der Welt des 21. Jahrhunderts erkannt haben; in etwa gleich gefährlich wie Umweltprobleme, Übervölkerung, Terror, Krieg, Hunger, Krankheiten, Ausbeutung und negative Auswüchse des Neoliberalismus.

Korruption ist ein Problembereich, der alle Bereiche des öffentlichen und privaten Lebens umfasst und ein globales Phänomen darstellt. Der große moralische und wirtschaftliche Schaden durch Korruption und Fraud wird vielfach nicht erkannt und weit unterschätzt. Korruption schadet der Moral, verursacht menschliches Leid, soziale Probleme, Ausbeutung, Umweltschäden, gesundheitliche Probleme, Stress und gesamtwirtschaftlichen Schaden. Korruption hemmt das Wirtschaftswachstum. Sieben Prozent der Arbeitsleistung gehen durch Korruption verloren. Die Weltbank schätzt, dass über 1 Billion oder 1.000 Milliarden US-$ pro Jahr an Bestechungsgeldern bezahlt und somit enorme Vermögenswerte ins Ausland verschoben werden, die eigentlich dem Ursprungsland gehören. Während zwischen Armut und Korruption ein deutlich positiver Zusammenhang besteht, ist ein negativer Konnex zwischen Wirtschaftsentwicklung und Demokratie einerseits und Korruption andererseits festzustellen. Besonders korruptionsgefährdet sind Bereiche wie Waffenhandel, Drogen, Frauenhandel, Bau, Anlagenbau, Rohstoffe und Finanzwesen.

Eine zentrale Rolle bei der Korruptionsbekämpfung kommt dem Staat und seinen Bediensteten zu. Gerade dieser Bereich wird im Zeitalter der Globalisierung zurückgedrängt und durch privates Agieren substituiert. An die Stelle des Staates tritt die vom Konkurrenzstreben dominierte Marktwirtschaft, was deswegen bedenklich ist, weil die *Qualität des öffentlichen Sektors* für eine *wirkungsvolle Korruptionsbekämpfung* eine entscheidende Bedeutung hat. Die Einrichtung von Kontrollinstitutionen, wie Rechnungshöfen, Kontrollämter und Internen Revisionen hängt vom politischen Willen ab. Die öffentliche Kontrolle bedarf einer nationalen und internationalen Vernetzung und Abstimmung um erfolgreich tätig sein zu können.

Die in der neueren Zeit feststellbaren Tendenzen, nämlich *Deregulierung* bzw. Abkehr vom Legalitätsprinzip, die Privatisierung mit den vielfältigen Formen von Public Private Partnership (PPP), die Abschaffung der lebenslangen öffentlichen Karriere und des Beamtenstatus, die personelle Fluktuation zwischen Privatwirtschaft und öffentlicher Verwaltung, dies alles wirkt sich eher fördernd als verhindernd auf die Korruptionsneigung aus. Gerade in korruptionsanfälligen Staaten sind die Beamten korrupt, unterbezahlt und demotiviert. Um besonders „schmutzige“ Geschäfte kümmern sich dann Consultants und private „Securities“, die von keinen Skrupeln geplagt sind, dafür aber umso besser verdienen.

Umstritten sind auch die Auswirkungen einer föderalen Struktur der öffentlichen Verwaltung auf die Korruption, wo lokale und individuelle Interessen vorherrschen und das Gesamtwohl außer Acht lassen.

Die *Dominanz der Konkurrenzwirtschaft* verursacht Existenzängste, psychosomatische Krankheitsbilder, Stress und Burn-Out-Zustände. Der Selbsterhaltungstrieb verursacht abnehmenden Gemeinschaftsgeist. Der *permanente Wettbewerbsdruck* erfasst nicht nur weltweit die Privatwirtschaft, sondern auch den Staat mit all seinen Gebietskörperschaften, die sich dem Wettbewerb durch Benchmarking stellen und nach den gewinnorientierten Prinzipien der Doppik abrechnen sollen, wobei die eigentlichen Rechnungsziele, nämlich der sozialen Nutzen und die öffentlichen Interessen übersehen werden.

Wenn Korruption als *„Machtmissbrauch zur Erlangung privater Vorteile"* definiert und wenn man bedenkt, dass die Ursache von *Konflikten jeder Art der Missbrauch von Macht und Einfluss* ist, gelangt man zum Ergebnis, dass ein fundamentales *Spannungsverhältnis zwischen Egoismus und Altruismus* besteht. Nach den moralischen Grundsätzen der katholisch-theologischen Lehre sind die sogenannten Haupt- oder Todsünden, nämlich Geiz (Habgier), Neid, Eitelkeit (Stolz, Hochmut), Zorn, Völlerei (Maßlosigkeit), Trägheit und Wollust die Wurzel des Egoismus und der exzessiven Marktwirtschaft. Diese negativen Eigenschaften bzw. „Hauptlaster" sind Ursachen für Stress und psychosomatische Krankheiten. Nächstenliebe, Barmherzigkeit, Mitleid und Gottesfurcht gelten als antiquiert. Kulturelle und ethische Werte werden von den Gesetzen des Marktes und Geldes in den Hintergrund gedrängt.

Intrinsisch motivierte Mitarbeiter stellen das Gemeinwohl über den Eigennutz, extrinsisch Motivierte sind eher Egoisten und Nutzenmaximierer zum persönlichen Vorteil und somit korruptionsgefährdeter als Altruisten.

Letztlich geht es um Grundeinstellungen und *ethisch-kulturelle Werte einer Gesellschaft. Max Born*, Träger des Physiknobelpreises 1954, hat sehr treffend ausgeführt, dass die wirkliche Krankheit und das Übel der heutigen Zeit tiefer sitzt, nämlich im *Zusammenbruch der ethischen Grundsätze*. Es geht also um Gewissensfragen im Vorfeld gesetzlicher Regelungen. Der *Verhaltenskodex (Code of Conduct)* steht quasi über dem Gesetz und müsste von den in der Wirtschaft und öffentlichen Verwaltung Tätigen internalisiert werden. In Gesetzen findet nämlich die Ethik kaum Erwähnung. Die Bedeutung der im öffentlichen Interesse gelegenen gesamtwirtschaftlichen Ziele, von Integrität, Transparenz, Verantwortung für das Gesamtwohl, die Ausrichtung auf humane Werte, Nachhaltigkeit und Umweltschutz wird vielfach nicht erkannt, weshalb eine *Verarmung mitten im Wohlstand* festzustellen ist, eine ungerechte Einkommens- und Vermögensverteilung besteht und letztlich der Egoismus siegt.

Papst Benedikt XVI rief anlässlich der Karfreitagsprozession im Jahr 2006 den Pilgern zu: „Es ist notwendig, sich von der *Dekadenz des Egoismus* zu befreien, um wieder Lebensfreude zu finden“. Ethische Grundsätze liefern auch keine fertigen Antworten, sie liefern aber wertvolle Grundlagen für eine Neuausrichtung, Sensibilisierung, für Motivation, Vertrauen und Übernahme von Verantwortung. Letztlich sollen Ethik und Moral eine Änderung des Verhaltens und der Lebenseinstellung bewirken. Der Vorrang gebührt der vorbeugenden Aufklärung, der Entwicklung einer Kultur, die Korruption ächtet und die öffentliche Meinungsbildung für kulturelles Wertebewusstsein sensibilisiert. Erst auf dieser Basis können Gesetze, Vorschriften und interne Verhaltensregeln (Codes) aufgebaut und auch beachtet werden.

Im Rahmen des vorliegenden Sammelbandes wird den vielfältigen Formen und Ursachen der Korruption nachgegangen, wie Korruption auf dem Gebiet des Steuer- und Abgabewesens, der Subventionsvergabe, der behördlichen Genehmigung, der Privatisierung, der Privat-Öffentlichen-Partnerschaft (PPP) und des Vergabewesens.

Gegensätzliche Aussagen finden sich unter anderem auf dem Gebiet der öffentlichen Vergabewesens, die einerseits die besonderen Vorteile einer umfassenden gesetzlichen Regelung, eines transparenten Verfahrens, der Wahrung der Bieterrechte, der Vermeidung von Diskriminierung und der Forcierung des strengen Wettbewerbsprinzips hervorheben und andererseits auf die extreme Überreglementierung, auf mangelnde Wirtschaftlichkeit wegen des Verhandlungsverbotes und enormen Verwaltungsaufwandes, auf einen gleichheitswidrigen Wettbewerbsnachteil der öffentlichen Hand im Vergleich zur Privatwirtschaft und auf kreative Umgehungsstrategien, die letztlich in Richtung Privatisierung gehen, hinweisen.

Das *vielfältige Phänomen „Korruption“* wurde von den Autoren aus den verschiedensten Blickwickeln in umfassender Weise behandelt, ausgehend von der Begriffsbestimmung und den ethischen Grundlagen bzw. Motiven, über die ökonomischen und rechtlichen Grundlagen, die kulturellen Aspekte und die Codes of Conduct. Ferner werden internationale Aspekte betreffend Entwicklungszusammenarbeit, Außenhandel, Missstände z.B. in Osteuropa und Liechtenstein behandelt, um dann darauf aufbauend auf institutionelle Fragestellungen betreffend die Organisation, Rechnungshöfe, Kontrollämter, Interne Revision und das Interne Kontrollsystem (IKS) bzw. die Vorgangsweise bei Prüfungen einzugehen.

Abschließend werden konkrete Bekämpfungsmaßnahmen und Fallbeispiele sehr lebensnah geschildert, die geeignet sind, das Interesse zu wecken und zum Nachdenken anzuregen.

Es macht uns Freude, das vorliegende Werk einer hoffentlich geneigten Leserschaft im In- und Ausland präsentieren zu dürfen. Wir danken sehr herzlich allen mitwirkenden Autorinnen und Autoren sowie Verfassern von Vorworten, viele von Ihnen sehr prominent, für die zumeist unentgeltliche Bereitstellung von Beiträgen, ohne die ein derartiges Gemeinschaftswerk nicht möglich wäre. Bei derart vielen Mitwirkenden ist eine namentliche Nennung nicht möglich; wir verweisen auf die Liste der Autoren/Autorinnen bzw. das Inhaltsverzeichnis. Die publizierte Meinung der Autoren muss sich nicht zwangsläufig mit der Meinung der Herausgeber decken, wissenschaftlicher Pluralismus wird jedoch ausdrücklich begrüßt.

Wir hoffen, dass das „**Vademecum Korruptionsbekämpfung**" von interessierten Menschen auf allen Ebenen und aus allen Gesellschaftskreisen in Wirtschaft und Verwaltung, Prüfern, Managern, Politikern, Beratern, Vereinsverantwortlichen, Mitarbeitern, Wissenschaftern, Studenten und sonstigen Interessenten angenommen, im täglichen Leben verwendet und „mitgeführt" wird und dadurch den Nutzen stiftet, den wir uns wünschen.

Linz und Wien, im Mai 2008

Begriffsbestimmungen

Korruption, Mafia, Organisierte Kriminalität (Begriffe)

(im sprachlichen, historischen, politikwissenschaftlichen und juristischen Sinn)

Ilan Fellmann

Korruption (von Latein: corrumpere = verderben, entstellen, bestechen) wird als der Missbrauch einer Vertrauensstellung in einer Funktion in Verwaltung, Wirtschaft, Justiz, Politik aber auch in nichtwirtschaftlichen Organisationen wie NGOs, Stiftungen, Vereinen) gesehen, um einen materiellen oder immateriellen Vorteil zu erlangen, auf den kein rechtlich begründeter Anspruch besteht. Korruption bezeichnet somit **Bestechung und Bestechlichkeit**, Vorteilsannahme sowie Vorteilsgewährung. Im politikwissenschaftlichen Sinn ist Korruption als Verletzung eines allgemeinen Interesses zu Gunsten eines spezifischen Vorteils zu sehen (nach Harold Dwight Lasswell, Wikipedia).

Laut Wikipedia ist Korruption als „moralische Verdorbenheit" zu sehen. Der Duden, 21. Ausgabe, 2000) spricht von Bestechlichkeit, verderben, Bestechung, (Sitten)verfall; (Sitten)verderbnis; das Adjektiv „korrupt" wird mit (moralisch) verdorben, bestechlich beschrieben. Ganz ähnlich die Meyer-Enzyklopädie (Bd.14, 1975), die von Bestechung, Bestechlichkeit, politisch-moralischem Verfall spricht.

Transparency International definiert Korruption als **Missbrauch von anvertrauter Macht zum privaten Vorteil** („Corruption is operationally defined as the misuse of entrusted power for private gain"). Zu ergänzen wäre nach "privaten" ... „oder Politik-/Unternehmens-/NGO-Vorteil".

Historisch gesehen war die **Geschenkannahme** durch Beamte, etwa in Preußen, gang und gebe; die preußischen Beamten erhielten nur eine Teilbesoldung von etwa 2/3 ihres standesüblichen Ausgabenrahmens, der Rest kam von Geschenken bzw. Gegenleistungen für die von ihnen als Beamte erbrachten Leistungen, den so genannten „Sporteln". Die Vollbesoldung der europäischen Beamten ist in Frankreich entstanden, wurde nach und nach in anderen Staaten eingeführt. Beispielsweise verfügte Bismarck noch über einen so genannten „Reptilienfonds" (Fondsgelder zur Korrumpierung von Presse und Politikern), über den er völlig frei in der Durchsetzung seiner politischen Ziele verfügen konnte.

Korruption im juristischen Sinn liegt vor, wenn Bestechung und Bestechlichkeit bzw. Vorteilsannahme und Vorteilsgewährung in **Deutschland** die §§ 331 ff StGB (Beamtendelikte) oder §§ 298 ff StGB (sonstige Personen) betreffen.

Zur Übersicht über die Vielfalt der Betrugs- und **Korruptionsdelikte** in **Österreich** werden die wichtigsten Paragrafen des Strafgesetzbuches und Finanzstrafgesetzes aufgezählt; es sind dies die §§ 146 (Betrug), 147 (Schwerer Betrug), 148 (Gewerbsmäßiger Betrug), 148a (Betrügerischer Datenverarbeitungsmissbrauch), 149 (Erschleichung einer Leistung), 151 (Versicherungsmissbrauch), 152 (Kreditschädigung), 153 (Untreue), 153a (Geschenkannahme durch Machthaber), 153b (Förderungsmissbrauch), 154 (Geldwucher), 155 (Sachwucher), 156 (Betrügerische Krida), 157 (Schädigung fremder Gläubiger), 158 (Begünstigung eines Gläubigers), 159 (Grob fahrlässige Beeinträchtigung von Gläubigerinteressen), 160 (Umtriebe während einer Geschäftsaufsicht, im Ausgleichsverfahren oder im Konkursverfahren), 161ff (Bestimmungen über Verantwortlichkeit leitender Angestellter und Vollstreckungsvereitelung), 164 (Hehlerei), 165 (Geldwäscherei), 168 (Glückspiel), 168a (Ketten- oder Pyramidenspiele), 302 (Amtsmissbrauch), 304 (Geschenkannahme durch Beamte), 305 (Geschenkannahme durch leitende Angestellte eines öffentlichen Unternehmens), 306 (Geschenkannahme durch Sachverständige), 306a (Geschenkannahme durch Mitarbeiter und sachverständige Berater), 307 (Bestechung), 308 (Verbotene Intervention), 310 (Verletzung des Amtsgeheimnisses), 311 (Falsche Beurkundung und Beglaubigung im Amt) und 313 (Strafbare Handlungen unter Ausnutzung einer Amtsstellung) des StGB geregelt. Darüber hinaus sind Finanzdelikte im Finanzstrafgesetz (FStrG) u. a. in den §§ 33 (Abgabenhinterziehung), 34 (Fahrlässige Abgabenverkürzung), 35 (Schmuggel und Hinterziehung von Eingangs- und Ausgangsabgaben), 36 (Verzollungsumgehung), 37 (Abgabenhehlerei) und 48a (Herbeiführung unrichtiger Präferenznachweise) geregelt. Die Abgrenzung zwischen strafgerichtlich und finanzbehördlich zu verfolgenden Delikten ist in den §§ 53f FinStrG enthalten. Vgl. Pleischl/Soyer Strafrecht, Verlag Österreich, 8. Aufl. Wien 2007.

Organisierte Kriminalität (OK) ist die von Gewinn- und Machtstreben bestimmte planmäßige Begehung von Straftaten, die einzeln oder in ihrer Gesamtheit von erheblicher Bedeutung sind, wenn mehr als zwei Beteiligte auf längere oder unbestimmte Dauer arbeitsteilig unter Verwendung gewerblicher oder geschäftsähnlicher Strukturen, unter Anwendung von Gewalt oder anderer zur Einschüchterung geeigneter Mittel oder unter Einflussnahme auf Politik, Medien, Justiz oder Wirtschaft zusammenwirken (vgl. Wikipedia. und die zit. Literatur). Kennzeichen der OK sind planmäßiges Vorgehen, geschäftliche Strukturen, Markterkundung, Geheimhaltung der Mitglieder der Gruppe, aber auch im Fall der Strafverfolgung einzelner Mitglieder die Beistellung von Anwälten, Zahlung von Kautionen bis hin zur Einschüchterung von Zeugen, Beistellung von Entlastungszeugen und Fluchthilfe. Aber auch Korruption in Form der „Abhängigmachung“ von Organen der Strafverfolgungs- und Gerichtsbehörden durch Sex, Glückspiel oder Zinswucher gehören zu den Methoden der OK. In manchen Staaten kann die innere Sicherheit, die staatliche

Ordnung und Funktionsfähigkeit der Wirtschaftsordnung erschüttert werden; es kommt zur Entstehung von Parallelgesellschaften und rechtsfreien Räumen („failed states").

Unter **Mafia** verstand man ursprünglich, bereits etwa ab 1875 in allen europäischen Staaten, alle Arten organisierter Kriminalität, nicht nur die Geheim(Familien)bünde in Sizilien und Süditalien. Etymologisch ist die Abstammung des Begriffes „Mafia" („maffia") unklar; er kann aus dem Arabischen oder Italienischen stammen, kann als „Armut", „Anmaßung" oder auch „Höhle, Grotte" oder „Schutz bieten" gedeutet werden. Als Akronym wird M.A.F.I.A. als "Morte ai Francesi, Invasori, Assassini" (Tod den Franzosen, Invasoren, Mördern!) oder „Mazzini Autorizza furti incenti Avvelenamenti" (Mazzini befiehlt Raub, Brandstiftung und Giftmorde) verstanden. Viele Legenden ranken sich um den Begriff Mafia.

Im modernen Sprachgebrauch ist Mafia weltweit jede Form von **Organisierter Kriminalität**; mafiöse Strukturen bezeichnen Organisationen zur Durchsetzung krimineller Vorhaben. Die Mafia „verdient" Geld durch Prostitution, Menschen- und Drogenhandel, Erpressung, insbesondere Schutzgelderpressung, dem illegalen Glückspiel, der Subventionserschleichung bzw. dem Subventionsbetrug. Weiterhin werden legale Wirtschaftssektoren wie die Bauwirtschaft, die Wohnungswirtschaft, die Abfallentsorgung, die Gastronomie sowie das Bank- und Finanzwesen unterwandert. Allein in Italien soll die Mafia ca. 100 Mrd. Euro jährlich erwirtschaften (2006), doppelt soviel wie der Autokonzern Fiat. Die Gewinne der Mafia werden in den normalen Wirtschaftkreislauf eingebracht ⇨ Geldwäsche.

Die **Bekämpfung der Mafia** erfolgt international durch die Interpol, national durch die ⇨ Polizei, wie Bundeskriminalamt (D, A), FBI (USA), DIA (Antimafiabehörde Italiens) etc.. Weiters sind Rechnungshöfe, auf EU-Ebene die Anti-Betrugsbehörde ⇨ OLAF sowie NPOs wie ⇨ Transparency International zu nennen.

Corporate Governance und Corporate Citizenship - Begriff und Wirkungsweise

Ilan Fellmann

Unter **Corporate Governance** (abgek.:CG) versteht man generell die Gesamtheit aller internationalen und nationalen Werte und Grundsätze für eine gute und verantwortungsvolle Unternehmensführung, die für Management und Mitarbeiter gelten. Es handelt sich hierbei nicht um ein internationales Regelwerk, sondern um länderspezifische Regelungen, die international anerkannte Grundsätze beinhalten. Es gibt länderspezifische und länderübergreifende branchenspezifische Regelungen (vgl. Wikipedia).

Corporate Governance (Corporate: Körperschaft; Governance: regieren, führen) umfasst Methoden und Instrumente zur Leitung und Überwachung von Organisationen. Bei öffentlich-rechtlichen Organisationen spricht man auch von **Public Corporate Governance,** bei Genossenschaften von Cooperative Governance und bei NPOs von Non Profit Governance.

CG ist vielschichtig und enthält obligatorische und freiwillige Maßnahmen, wie

- das Einhalten von Gesetzen und Regelwerken (→ **Compliance**),
- das Befolgen anerkannter Standards und Empfehlungen,
- das Entwickeln und Befolgen von spezifischen Unternehmensleitlinien und
- das Ausgestalten und Implementieren von Leitungs- und Kontrollstrukturen.

Als Kennzeichen für „gutes“ CG werden angesehen:

- Funktionsfähige Unternehmensleitung,
- Wahren der Interessen der Stakeholder,
- Zielgerichtete Zusammenarbeit der Unternehmensleitung und Unternehmensüberwachung,
- Transparenz in der Unternehmenskommunikation,
- Angemessener Umgang mit Risiken (→ Risikomanagement),
- Managemententscheidungen, die auf Nachhaltigkeit bzw. langfristige Wertschöpfung ausgerichtet sind.

Corporate Governance unterstützt eine verantwortliche, qualifizierte, transparente und nachhaltige Führung und dient somit den Interessen des Unternehmens (der Organisation) und dessen Eigentümern, externen Interessengruppen (Finanziers, Absatz- und Beschaffungsmärkte, Gesellschaft) sowie den Mitarbeitern.

Unter **Corporate Citizenship** wird das Auftreten eines Unternehmens als „guter Bürger“ im Sinne einer langfristigen Strategie des sich Einsetzens für soziale, ökologische und kulturelle Belange verstanden. Das Unternehmen zeigt verantwortungsvolles Verhalten gegenüber der Zivilgesellschaft; es geht hierbei um die Schaffung eines positiven Images in der Gesellschaft. Die Abgrenzung zum Begriff des CSR (Corporate Social Responsibility) ist unscharf. Der **Corporate Citizenship Mix** umfasst einen Baukasten, der folgende Elemente enthält (vgl. Wikipedia):

- Spenden des Unternehmens (Corporate Giving) als ethisch motiviertes Überlassen von Geld- und Sachleistungen;
- Sozialsponsoring (Social Sponsoring) als Sponsoring-Maßnahme für soziale Bereiche, um neue Kommunikationswege und Kundengruppen anzusprechen;
- Zweckgebundenes Marketing (Cause Related Marketing) als Marketinginstrument, das beim Kauf von Produkten auf teilweise Erlösüberlassung für soziale oder kulturelle/sportliche Zecke hinweist;
- Soziales Engagement durch (unabhängige) Stiftungen (Corporate Foundations);
- Unterstützung des Engagements von Mitarbeitern für ehrenamtliche Aktivitäten (Corporate Volunteering);
- Unterstützung von sozialen (Behinderten-)Organisationen durch Auftragsvergaben (Social Commissioning);
- Gemeinsame Joint-Ventures mit gemeinnützigen Organisationen (Community Joint Venture bzw. Public Private Partnership);
- Lobbying für soziale Anliegen (Social Lobbying);
- Einsatz von Risikokapital für gemeinnützige Organisationen (Venture Philantropy) und
- Mitwirken an gesellschaftlichen Aktivitäten.

Kritiker bemängeln, dass diese Konzepte nicht immer nachhaltig wirken und häufig als Ablenkungsmanöver, Entlastung von schlechtem Image oder schlicht „PR-Effekthascherei“ wirken.

Als Beispiel für einen publizierten und öffentlich wirkenden Corporate Citizenship Code wird jener von Novartis angeführt (www.novartis.at), der folgende Elemente enthält:

- die Verpflichtung, den UN Global Compact (Förderung der Menschenrechte, gerechte Arbeitsbedingungen, Umweltschutz) einzuhalten und weltweit eine Führungsrolle zu übernehmen;
- die Verpflichtung, im Rahmen des Marketing-Codex die weltweit geltenden Ethikgrundsätze in allen Tätigkeiten einzuhalten;
- jährlich weltweit den „Tag der Partnerschaft“ zu feiern (und länderspezifisch soziale Einrichtungen finanziell zu unterstützen);

- Länderweise Forschungspreise für hervorragende Nachwuchsforscher auszuschreiben;
- den Spitzensport nach Transplantationen weltweit zu fördern (Transplantationssport) und
- durch eine unabhängige Novartis-Stiftung weltweit den Kampf gegen Malaria und Lepra zu führen sowie zusätzlich Entwicklungshilfe zu leisten.

Novartis betont in seiner Homepage seine hohe gesellschaftliche Verantwortung und die wirtschaftliche, soziale und ökologische Nachhaltigkeit seiner Geschäftsstrategien. Diese hohen Prinzipien haben die Novartis Österreich GmbH am 19.12.2007 nicht gehindert, völlig überraschend mitzuteilen, den Standort Wien auflösen zu wollen und letztlich ca. 250 Mitarbeiter freizusetzen, wobei 10 % der Mitarbeiter angeboten wurde, in den Firmenstandort Basel zu übersiedeln. Die dementsprechende Mitteilung an die Mitarbeiter endete lapidar mit „that's it" (orf.at vom 19.12.2007). Das veranlasste die Presse vom 19.12.2007 von einem „herben Rückschlag für den Standort Wien" und „sozialer Kälte" zu sprechen.

Corporate Governance und Corporate Citizenship sind tendenziell geeignet, antikorruptiv zu wirken, da sie die unbedingte Einhaltung der Gesetze und hohe Ethikwerte organisierter Kontrollsysteme inkludieren (siehe → IKS).

Corporate Governance Kodex (Österreich) – Selbstbindung für Aktiengesellschaften

Ilan Fellmann

Der österreichische Arbeitskreis für Corporate Governance hat am 1. Oktober 2002 den Österreichischen Corporate Governance Codex erstmals vorgestellt (abgek.: ÖCGK), der unter dem Vorsitz von Dr. Dieter Schenz und Mitarbeit vom Institut Österreichischer Wirtschaftsprüfer, der Vereinigung für Finanzanalyse und Asset Management, Emittenten und Investoren der Wiener Börse, der Sozialpartner und Wissenschaftlern unter Berücksichtigung internationaler Standards erarbeitet worden ist. Es wurde besonderer Wert auf einen breiten und transparenten Diskussionsprozess gelegt, der auch Public Postings im Jahr 2002 und vor den Änderungen in den Jahren 2005-2007 umfasste. Mit dieser freiwilligen Selbstregulierungsmaßnahme sollte das Vertrauen der Aktionäre erhöht und der österreichische Kapitalmarkt weiter belebt werden. Es wurde eine **Transparenzerweiterung für alle Stakeholder** und eine Verbesserung der Zusammenarbeit von Aufsichtsrat, Vorstand und Aktionären durch eine Ausrichtung auf eine langfristige Wertschöpfung vorgesehen.

Im Folgenden wird ein Überblick über die wichtigsten Prinzipien des ÖCGK gegeben (siehe *www.wienerboerse.at/corporate*). Änderungen des Kodex erfolgten im Februar 2005 (Novellen zu Börsegesetz 2004 und Rechnungslegungsänderungsgesetz 2004), im Jänner 2006 (Gesellschaftsrechtsänderungsgesetz 2005) und im Juni 2007 (Novelle des Börsegesetzes 2007; Umsetzung der EU-Transparenzrichtlinie). Die **Letztfassung vom Juni 2007** sowie die erfolgten Änderungen sind unter *www.corporate-governance.at* abrufbar.

In der **Präambel** ist erläutert, dass österreichische Aktiengesellschaften durch den Kodex einen Ordnungsrahmen für die Leitung und Überwachung des Unternehmens erhalten, der die international üblichen Standards enthält. Er richtet sich vor allem an **börsennotierte** Aktiengesellschaften, die durch **freiwillige** Selbstverpflichtung den ÖCGK übernehmen. Der Kodex umfasst drei Arten von Regelkategorien:

- **Legal Requirements** (L), die auf zwingenden Rechtsvorschriften beruhen;
- **Comply or Explain** (C), die eingehalten werden sollen, wobei eine Abweichung begründet werden muss und
- **Recommendations** (R), die Empfehlungscharakter haben; Nichteinhaltung bzw. Abweichungen müssen weder offen gelegt noch erklärt werden.

Teil II (Aktionäre und Hauptversammlung) regelt die Beziehungen zwischen Aktionären und Hauptversammlung, insbesondere die Gleichbehandlung aller Aktionäre, die Fristen für die Einladung zur Hauptversammlung, Ankündigung der Tagesordnung, Einsichtnahme in Anträge und Unterlagen, die Veröffentlichung der Abstimmungsergebnisse der Hauptversammlung, die Ausübung des Stimmrechtes, das Rede- und Auskunftsrecht und die Verpflichtung des Vorstandes und Aufsichtsrates (AR) die Aktionäre bei Übernahmeangeboten unmittelbar und ausgewogen zu informieren.

Teil III (Zusammenwirken von Aufsichtsrat und Vorstand) verpflichtet den Vorstand zur regelmäßigen, zeitnahen und umfassenden Information des AR, insbesondere über alle relevanten Fragen der Geschäftsführung inklusive Risikolage und Risikomanagement. Bei wichtigen Anlässen, insbesondere bei Fragen von Bedeutung für Rentabilität und Liquidität ist der AR unverzüglich zu informieren. Die strategische Ausrichtung des Unternehmens ist vom Vorstand mit dem AR abzustimmen und regelmäßig bei der Strategieumsetzung zu diskutieren.

Teil IV (Vorstand) regelt die Kompetenzen und die Verantwortung des Vorstandes, gibt Regeln für Interessenskonflikte und bei Eigengeschäften sowie der Vergütung des Vorstandes. Es wird vorgesehen (Regel 18), dass in Abhängigkeit von der Unternehmensgröße eine Einrichtung der **Internen Revision** vorzusehen ist, die über Revisionsplan und wesentliche Ergebnisse mindestens einmal jährlich dem Bilanzausschuss des AR zu berichten hat.

Personen in Führungsfunktionen haben alle ihre auf eigene Rechnung getätigten und die AG betreffenden Börsengeschäfte der Finanzmarktaufsicht zu melden (Regel 19); jede AG hat weiters zur Hintanhaltung von Insider-Geschäften interne Richtlinien über die Informationsweitergabe zu erlassen, deren Einhaltung zu überwachen und Verzeichnisse der befassten Personen zu führen (Insider-Verzeichnisse; Regel 20).

Der Vorstand hat seine Beschlüsse frei von Eigeninteressen und Beachtung aller Rechtsvorschriften zu erlassen (Regel 22), persönliche Interessen an Transaktionen der Gesellschaft dem AR offen zulegen (Regel 23); alle Geschäfte zwischen AG und Vorstand müssen den branchenüblichen Standards entsprechen und im Voraus dem AR gemeldet werden (Regel 24); die Übernahme von Organfunktionen von Vorstandsmitgliedern außerhalb des Konzerns bedarf der Zustimmung des AR (Regel 26).

Die Vergütung des Vorstandes richtet sich nach dem Umfang des Aufgabenbereiches, der Verantwortung und Erreichung der Unternehmensziele sowie der wirtschaftlichen Lage des Unternehmens; Aktienoptionen sind im Geschäftsbericht zu veröffentlichen, ebenso die Bezüge jedes einzelnen Vorstandsmitgliedes (Regeln 27-31).

Teil V (Aufsichtsrat): Die Kompetenzen und die Verantwortung des AR sind in den Regeln 32-37 angeführt. Besonders bedeutungsvoll ist die Verpflichtung des AR zur Überwachung des Vorstandes, die Konkretisierung der zustimmungspflichtigen Geschäfte und die Festlegung passender Betragsgrenzen hiefür und gem. Aktiengesetz die Bestellung und Abberufung von Mitgliedern des Vorstandes. Für die Bestellung als Vorstandsmitglied sind die Definition eines Anforderungsprofils, ein darauf Rücksicht nehmendes definiertes Besetzungsverfahren sowie eine Nachfolgeplanung für Vorstandsmitglieder (Regel 38) vorgesehen. Die Bildung von Ausschüssen des AR, darunter Bilanzausschuss (Audit Comittee), Strategieausschuss und Personalausschuss sind in den Regeln 39-43, die Regeln für Interessenskonflikte und Eigengeschäfte unter 44-49 und für die Vergütung des AR unter 50 definiert. Die Bestellung als Mitglied des AR ist unter 51-56 geregelt; dabei hat die Hauptversammlung auf die persönliche Qualifikation sowie fachlich ausgewogene Zusammensetzung des Gesamt-Aufsichtsrates zu achten: Die Gewährung von Krediten des Unternehmens an einzelne Aufsichtsräte ist grundsätzlich untersagt. Die AR haben schriftlich die Regelungen der Emittenten-Compliance-Verordnung anzuerkennen. Verträge, insbesondere Beraterverträge des Unternehmens mit einzelnen AR oder ihnen nahe stehenden Unternehmen, bedürfen der Zustimmung des gesamten AR. Die Vergütung der Mitglieder des AR wird von der Hauptversammlung oder in der Satzung festgelegt und hat der Verantwortung und dem Tätigkeitsumfang sowie der wirtschaftlichen Lage des Unternehmens Rechnung zu tragen (Regel 50).

Die **Mitbestimmung der Arbeitnehmer** ist neben der betrieblichen Mitbestimmung durch die Einrichtung eines Betriebsrates ein gesetzlich geregelter Teil des österreichischen Corporate Governance-Systems (Regel 57). Die Arbeitnehmervertretung ist berechtigt, in den AR einer AG für je zwei von der Hauptversammlung gewählte Aufsichtsratsmitglieder ein Mitglied aus ihren Reihen zu entsenden (Drittel-Parität). Diese Mitglieder des AR üben ihre Funktion ehrenamtlich aus; sie können jederzeit vom (Zentral)Betriebsrat des Unternehmens abberufen werden. Die Rechte und Pflichten der Arbeitnehmervertreter sind dieselben wie die der Kapitalvertreter; dies gilt insbesondere für Informations- und Überwachungsrechte, die Sorgfaltspflicht, die Pflicht zur Verschwiegenheit und eine allfällige Haftung bei Pflichtverletzung.

Im **Teil VI** werden Transparenz und Prüfung (Regeln 58-79) abgehandelt. Die Verpflichtung zur Einhaltung des ÖCGK ist in den Geschäftsbericht aufzunehmen und im Internet zu veröffentlichen (Regel 58), Veränderungen der Aktionärsstruktur sind nach Kenntnisnahme durch den Vorstand zu veröffentlichen, der Konzernabschluss sowie die Quartalsabschlüsse nach

EU-Rechnungslegungsstandards zu erstellen und zeitgerecht im Internet zu veröffentlichen (Regel 66), ausreichende Informationen über die gesetzlichen Mindesterfordernisse hinaus zeitgleich allen Aktionären zur Verfügung zu stellen, angemessene Analysen des Geschäftsverlaufes und der Risiken darzustellen, die Investoren sofort über Insider-Informationen zu informieren (Ad-Hoc-Publizität) und Investor Relations im Sinne des Kodex durchzuführen.

Die **Abschlussprüfung** hat nach international anerkannten Prüfungsgrundsätzen (ab 2007: International Financial Reporting Standards (IFRS); vorher: International Standards of Auditing, ISA, oder US-GAAS) zu erfolgen. Die Abschlussprüfer (Wirtschaftsprüfer) haben unabhängig zu sein, müssen während der Prüfung auftretende Ausschluss- oder Befangenheitsgründe unverzüglich dem Vorsitzenden des AR mitteilen, sind vor der Bestellung durch den AR einer Qualitätskontrolle (Peer Review oder sonstigen Qualitätskontrolle) in regelmäßigen Abständen zu unterziehen; sie haben neben dem gesetzlich vorgeschriebenen Prüfbericht ein Management Letter an den Vorstand und den Vorsitzenden des AR zu erstellen, das Hinweise auf Schwachstellen im Unternehmen zu enthalten hat. Darüber hinaus (Regel 78) hat der Abschlussprüfer das **Risikomanagement** auf seine Funktionsfähigkeit zu beurteilen und darüber dem Vorstand und Vorsitzenden des AR zu berichten. Dieser hat dafür zu sorgen, dass Abschlussbericht und alle Nebenberichte dem AR bekannt gegeben und diskutiert werden.

Die **Anhänge** I und II zum ÖCGK enthalten Leitlinien für die Unabhängigkeit von Aufsichtsräten und wesentliche Bestimmungen des österreichischen Aktienrechtes, insbesondere zur Organisation einer AG, zu den Rechten der Aktionäre und der Hauptversammlung sowie Rechte und Pflichten des Aufsichtsrates und des Vorstandes.

Eine Auseinadersetzung mit dem Kodex ist an der Börse Wien verpflichtend für alle Aktiengesellschaften, die im Prime Market notieren. Sie sind verhalten, in ihrem Geschäftsbericht darzustellen, ob sie den ÖCGK einhalten oder nicht. Eine Reihe bedeutender Unternehmen, die nicht an der Börse Wien notieren, haben den Kodex verpflichtend angenommen, z. B die ÖBB. Anzuführen wäre, dass die Verpflichtung börsennotierter Unternehmen zur Übernahme des ÖCGK stärker in Richtung einer generellen Anwendungsverpflichtung ausgeprägt sein sollte, da diese dem Gläubigerschutz dient und zu einer Steigerung ordnungsgemäßen Risikomanagements und interner Überwachungsmechanismen führt.

Eine 2007 vorgestellte internationale Studie von Heidrick und Struggles hat ein weniger günstiges Ergebnis für den ÖCGK festgestellt. Dem widersprach der Kapitalmarktbeauftragte Dr. Richard Schenz mit der Argumentation, die Studie begünstige generell nordamerikanische Gesellschaften mit ihrem

One-tier-Board System gegenüber deutschen oder österreichischen AGs mit ihrem Two-tier-Board System (Trennung von Aufsichtsrat und Vorstand), da die letzteren seltener tagen, wofür weniger Punkte in der Studie vergeben worden sind. Dazu kam, dass die in Österreich generell geringere Remuneration für Aufsichtsratsmitglieder ebenfalls weniger Punkte in der Untersuchung erbrachte. Im Übrigen habe sich die Studie auf das Jahr 2005 bezogen, in dem in Österreich der Kodex mit den verschärften Unabhängigkeitsregeln für Aufsichtsratsmitglieder noch nicht in Kraft gewesen sei (PK von Dr. Schenz am 9. Mai 2007).

Wie oben ausgeführt ist der ÖCGK ist ein wichtiges Element für eine professionelle, transparente und somit auch tendenziell der Korruption entgegen wirkende Unternehmensführung; er sollte verpflichtend für alle börsennotierten Unternehmen wirken.

Lobbyismus – von zulässiger Unterstützung bis zum Rand der Legalität

Ilan Fellmann

Unter **Lobbyismus** versteht man eine Form der Interessenvertretung in Politik und Wirtschaft, in der Interessengruppen, die Lobbys, die Exekutive und/oder die Legislative oder die öffentliche Meinung über die Medien im Sinne ihrer Klientel beeinflussen. Der Begriff stammt von „lobby“ (Vorhalle, Wandelhalle des Parlaments) ab bzw. von „lobia“ (Vorhalle des römischen Senats; vgl. Wikipedia).

Nach Hans Merkle wird **Lobbyismus** als Methode der Einwirkung auf Entscheidungsträger und Entscheidungsprozesse durch präzise Information im Rahmen einer festegelegten Strategie verstanden. Es handelt sich um punktuelle Beeinflussungen spezifischer Sachentscheidungen und nicht um anhaltende Mitgestaltung der (staats-)politischen Rahmenbedingungen. Lobbyismus wirkt durch Einflussnahme, Informationsbeschaffung und Informationsaustausch.

Ein **Lobbyist** ist eine Person, die selbständig im Auftrag eines Dritten oder im Rahmen eines Dienstvertrages Lobbying durchführt. Traditionell sind Verbände und Kammern Lobbying-Organisationen, die dazu tendieren, die öffentliche Meinung zu beeinflussen und im Sinne ihrer Klientel zu agieren (Inserate in Tageszeitungen, Schaltungen in Fernsehen und Rundfunk, Auftreten prominenter Experten). Die Registrierung der Lobbyisten kann auf freiwilliger Basis, verpflichtend oder gar nicht erfolgen. Im Sinne maximaler Transparenz wäre eine verpflichtende Registrierung (USA: Lobby Disclosure Act von 1995) erforderlich.

In **Deutschland** sind Lobbyisten nicht nur in Kammern, Verbänden, Wirtschaftskonzernen und Medien tätig, sondern auch als externe Experten von deutschen Bundesministerien. Es wird auch auf das Austauschprogramm „Seitenwechsel“ von Experten der Wirtschaft, die temporär in Ministerien arbeiten, und vice versa hingewiesen. Der Präsident des Deutschen Bundestages führt eine **Öffentliche Liste** über die Registrierung von Verbänden und deren Vertretern. Diese Liste ist unvollständig, da die Aufnahme auf Freiwilligkeit besteht und ein enger Begriff „Verband“ gilt. Derzeit dürften rund 5.000 Lobbyisten in Berlin arbeiten. Als „im Dunstkreis der Korruption“ angesiedelt galt die 2006 in Berlin bekannt gewordene Verflechtung von Parlamentariern (MdB), die weiterhin als Angestellte aus Privatwirtschaft, Verbänden und Interessensgruppen arbeiteten.

Lobbyistenzahlen für **Österreich** sind nicht bekannt; zuzuordnen sind Kammern, Industriellenvereinigung, Gewerkschaften, diverse Vereine, aber auch PR-, Marketing- und Politikberater.

In **Brüssel** arbeiten etwa 15.000 – 25.000 Lobbyisten, allein davon ca. 5.000 in Strassburg am Sitz des Europaparlaments. Es gibt kaum eine EU-Richtlinie oder ein deutsches Gesetz, das ohne Mitwirkung von Lobbyisten zustande kommt. Das gilt aktuell etwa für die Chemie-Richtlinie Reach, ein Zulassungssystem für tausende Stoffe, genauso wie in Deutschland für das Gesetz für erneuerbare Energien oder die steuerliche Förderung des Dieselrussfilters (Götz Hamann, in: Die Zeit vom 20.1.2005).

„Lobbyismus" wird politikwissenschaftlich bereits als **„Fünfte Gewalt"** bezeichnet, nach Legislative, Exekutive, Gerichtsbarkeit und Medien. Nach Thomas Leif und Rudolf Speth (in: Die Zeit vom 2.3.2006) unterlaufen die Lobbyisten die Prinzipien der parlamentarischen Demokratie. In Deutschland sind bspw. rund um das Gesundheitsministerium ca. 430 Lobbyistenverbände angesiedelt, die die Interessen ihrer Auftraggeber durchzusetzen haben. Die in Deutschland anstehende unfassende Reform des Gesundheitssystems kann demnach nur gelingen, wenn die Gestaltungs- und Blockademacht der Lobbygruppen gebrochen wird.

Kritisiert wird in den Medien, dass viele Politiker die Angebote von Interessensgruppen nützen und unmittelbar nach der Politikkarriere als Teilzeitbeschäftigte (Lobbyisten, Aufsichstsratsmitglieder) in deren Lager wechseln. Genannt werden in den Medien bspw. Gerhard Schröder (Aufsichtsratsvorsitzender bei der deutsch-russischen Ostseegaspipeline NEGP, beim Verlag Ringier in der Schweiz und der Ruhrkohle AG), aber auch Ex-Wirtschaftsminister Wolfram Müller, Finanz-Staatssekretär Caio-Koch Weser oder Ex-Wirtschaftsminister Wolfgang Clement. In England hat Expremier Tony Blair einen Beraterjob bei J.P. Morgan angenommen, sein Amtsvorgänger John Major werkte für den Finanzinvestor Carlyle, der spanische Expremier Josè Maria Aznar bei Centaurus Capital, einer britischen Hedge-Fondsgesellschaft (vgl. Die Presse vom 11.1.2008). Auch in Österreich lassen sich leicht Beispiele finden, wie etwa der Einstieg von K.H. Grasser bei Meinl International Power und bei C-Quadrat Investment AG oder zuvor zahlreicher anderer Ex-Politiker bei Magna.

Lobbying soll im Fall der Energiemarktregelung in Deutschland dazu geführt haben, dass die vier großen Versorger E.on, RWE, Vattenfall und EnBW den deutschen Energiemarkt neu aufteilen und somit hohe Preise in ihren Versorgungsgebieten aufrecht erhalten konnten. Der Wettbewerb sei dadurch wesentlich reduziert werden. Eine Offenlegung der Kalkulationen der Stromerzeuger wird verlangt (vgl. U. Kelber, MdB, Mehr Wettbewerb in der Energiewirtschaft, in: *www.forum-nachhaltigkeit.spd.de/servent* und M. Brake

Die Rolle der Lobbyisten wurde auch in Österreich, z.B. bei großen Waffengeschäften, immer wieder hinterfragt, bspw. bei der Beschaffung von Kampfpanzern oder Kampfflugzeugen (zuletzt Eurofighter), die auch Gegenstand einer parlamentarischen Untersuchungskommission des Nationalrates im Jahr 2007 geworden sind; volle Transparenz konnte nicht hergestellt werden, da die Arbeit der Untersuchungskommission offenbar zu wenig unterstützt und letztlich auch behindert worden ist. Fraglich bleibt, was Lobbyisten bei diesen Vergabefällen konkret bewirken und wofür sie erforderlich sind; die Konzerne verfügen schließlich über ausreichend Marketing-, Verkaufs- und Vergabespezialisten.

Generell ist beim Auftreten von Lobbyisten Skepsis angeraten; der Übergang von legalem Lobbyismus zu illegalen Praktiken der Marktbeeinflussung bzw. Marktaufaufteilung verläuft fließend und problematisch.

Positiv äußerten sich Experten über die Rolle von Karl Jurka, einem profilierten Lobbyisten mit Büros in Berlin, Wien, Paris und Brüssel, dessen Schwerpunkt in Deutschland liegt. Er hat bspw. Bundeskanzlerin Angela Merkel bei der Vorbereitung von Transparenzregeln für Hedgefonds beraten, eine Materie, in der beamteten Experten offenbar zu wenig Erfahrung zugetraut wurde. „Eiserne Diskretion, Zugang zu höchsten Stellen im Staat und penible Recherchen seien das Grundkapital erfolgreicher Lobbyisten“ (Kurier vom 4.11.2007). Fraglich ist, ob dieser positive Bericht nicht auch als Ausfluss eines erfolgreichen Lobbyings anzusehen ist.

Die Abgrenzung zwischen korrekter Einflussnahme und illegaler Aktivität wird in der Praxis wohl nicht einfach sein. Es liegt im Interesse der Lobbyisten, der beteiligten Partner, aber vor allem, der Gesellschaft, dass die Arbeit der Lobbyisten nicht im Graubereich sondern in größtmöglicher **Transparenz** erfolgt.

Corporate Social Responsibility – Soziale Verantwortung oder Feigenblatt?

Ilan Fellmann

Unter **Corporate Social Responsibility** (CSR) versteht man verantwortliches unternehmerisches Handeln in der eigentlichen Geschäftstätigkeit (Markt), bei ökologisch relevanten Aspekten (Umwelt) bis hin zu den Beziehungen mit den Mitarbeitern (Arbeitsplatz) und dem Austausch mit relevanten Bezugsgruppen (Stakeholder). Im angloamerikanischen Raum wird dieser Begriff auch mit **Social Responsibility** oder **Corporate Citizenship** gleichgesetzt; in Europa wird jedoch der Begriff CSR als weiter gehend angesehen (nach Wikipedia; H. Meffert/Münstermann M. Corporate Social Responsibility in Wissenschaft und Praxis; eine Bestandsaufnahme, Münster 2005).

Die EU hat im Grünbuch Europäische Rahmenbedingungen für die soziale Verantwortung der Unternehmen, KOM (2001) 366, Brüssel 2001, den Begriff folgender Maßen definiert: **CSR** ist „ein Konzept, das den Unternehmen dazu dient, **auf freiwilliger Basis soziale Belange und Umweltbelange** in ihre Unternehmenstätigkeit und in die Wechselbeziehungen mit den Stakeholdern zu integrieren". Es handelt sich somit um ein Unternehmenskonzept, dass alle „sozialen, ökologischen und ökonomischen Beiträge eines Unternehmens zur freiwilligen Übernahme **gesellschaftlicher Verantwortung**, die über die Einhaltung gesetzlicher Bestimmungen (→ Compliance) hinausgehen, beinhaltet.

Das Grünbuch definiert ein **Drei-Säulen-Modell** (Tripple bottom Line) als ein Konzept, das die Gesamtperformance eines Unternehmens daran misst, in welchem Ausmaß es zur Bildung von wirtschaftlichem Wohlstand, Umweltqualität und Sozialkapital beiträgt. Die ökonomische Dimension zielt auf langfristige Erträge, die ökologische Dimension auf schonenden Umgang mit Ressourcen und die soziale Dimension auf Verteilungsgerechtigkeit (inter- und intragenerativ).

Die internationalen Organisationen haben dieses Thema längst aufgegriffen und Leitsätze definiert:

- die UNO hat den **Global Compact** (Freiwillige Verpflichtungserklärung von Unternehmen zu den Prinzipien Menschenrechte, Arbeitsbedingungen, Umweltschutz und Korruptionsfreiheit) heraus gegeben;
- die OECD hat Leitsätze für multinationale Unternehmen entwickelt;
- die ILO hat eine „Dreigliedrige Grundsatzerklärung über multinationale Unternehmen und Soziapolitik" entwickelt.

Sozial- und Umweltgütesiegel, wie etwa ISO 14001, Eco Management oder Audit Scheme (EMAS) bescheinigen die Einhaltung von Mindeststandards durch Unternehmen; Nachhaltigkeitsindizes, wie Dow Jones Sustainibility Indexes und FTSE4Good-Indizes, bewerten die Nachhaltigkeitsaktivitäten von Unternehmen.

Zur Unterstützung des CSR-Gedankens gründete 1995 der damalige EU-Kommissionspräsident Jacques Delors den Verein „CSR-Europe", der in diversen europäischen Staaten Unternehmen und andere Organisationen umfasst, die sich zu einer profitablen, nachhaltigen Entwicklung mit menschlichem Fortschritt und gesellschaftlicher Verantwortung bekennen.

In Österreich ist CSR Austria, eine Initiative von IV, BWK; BMWA u. a. angetreten, die CSR- Prinzipien zu realisieren; ein Positionspapier zu CSR befindet sich auf der Homepage *www.esr-austria.at* bzw. *www.eza.at.* **Soziale Verantwortung** wird definiert als „die freiwillige Übernahme von Verpflichtungen, die über die ohnehin einzuhaltenden gesetzlichen und vertraglichen Verpflichtungen hinausgehen"; dazu gehören: sozial verträgliche Anpassung an den ökonomischen Wandel, gute Gestaltung der Arbeitsverhältnisse, Nutzung lokaler Ressourcen, Arbeitnehmerschutz, Verzicht auf aggressives Marketing, Umweltverträglichkeit. Alle Stakeholder sind in den Dialog einzubeziehen, internationale Standards im Sozial- und Umweltbereich einzuhalten, Gleichberechtigung von Frauen im Unternehmen, glaubwürdige Präsentation des Unternehmens in der Gesellschaft durch umfassende Berichterstattung, Einführung wirkungsvoller Kontrollmechanismen und Einbindung aller Stakeholder sind weitere Prinzipien. Die CSR-Maßnahmen sind in der ganzen Wertschöpfungskette des Unternehmens, national wie international, einzuführen.

Kritiker der Umsetzung der CSR-Prinzipien sehen derzeit noch weitgehend die Dominanz wirtschaftlicher Gesichtspunkte der Unternehmen (Institute4Sustainibility, David Henderson u. a.). bis hin zu einer Feigenblattfunktion.

Korruption

Elisabeth Jelinek

In diesem Artikel wird bewusst nicht auf die Rechtslage verwiesen, da sie im deutschsprachigen Raum unterschiedlich ist.

Was ist eigentlich Korruption? Was verstehen wir darunter?

Korruption = lat. corruptum, bedeutet bestochen.

Im juristischen Sinn bedeutet es den Missbrauch einer Vertrauensstellung.

Üblicher Weise wird sofort die öffentliche Verwaltung mit Korruption in Verbindung gebracht. Dies kommt vermutlich daher, dass Beamte (Adelige) zu Kaisers Zeiten (Friedrich II., Maria Theresia u. a.) nicht ihr volles Salär erhalten haben, da mit Bestechung gerechnet wurde und somit von den Beamten aktiv und passiv Geld oder Geldwert angenommen und gegeben wurde um den von ihnen erwarteten Lebensstil zu finanzieren.

Im wirtschaftlichen und umgangssprachlichen Gebrauch wird darunter Folgendes subsumiert:

- Wirtschaftskriminalität,
- aktive und passive Bestechung,
- Geschenkannahme,
- Vorteilsgewährung,
- Erpressung,
- Begünstigung,
- Interessenskonflikt
- Diebstahl
- Freunderlwirtschaft,
- jemandem einen Gefallen tun,
- eine Hand wäscht die andere,
- ein bisserl was geht immer,
- da ist doch noch mehr drin,
- kleine Geschenke erhalten die Freundschaft,
- eine Kleinigkeit für die Kaffeekassa,
- ……..

Diese Liste ließe sich noch fortsetzen. Jedem von uns fallen diesbezüglich noch einige Formulierungen, die gar nicht hart, sondern eher verschmitzt (pfiffig, listig, lustig, schelmisch, schlau, spitzbübisch, ausgekocht, diplomatisch, geschäftstüchtig, raffiniert[1]) klingen oder als Kavaliersdelikt definiert werden, ein.

Ein einfaches Beispiel ohne kriminellen Hintergrund soll uns verdeutlichen wie einfach eine Abhängigkeit entstehen kann.

Jeder von uns geht zum Friseur, ins Kaffeehaus, fährt mit dem Taxi. Wir wissen, dass diese Berufsgruppen (nur Angestellte) auf Trinkgeld angewiesen sind, da ihr Gehalt das zu erwartende Trinkgeld bereits beinhaltet (wird geschätzt und derzeit nicht versteuert, was einen gewissen Steuervorteil bringt). Bin ich nun Stammkunde und gebe immer hohes Trinkgeld (mehr als 15 % vom Preis), kann ich mir Vorteile in Bezug auf Terminvereinbarung, Service, Pünktlichkeit, etc. erwarten. Ich muss diese Leistung nicht verlangen, sie wird in Hinblick auf ein überdurchschnittlich hohes Trinkgeld selbstverständlich erbracht, bzw. auch die anderen KollegInnen wollen eine Dienstleistung beisteuern, damit sie vielleicht auch etwas bekommen.

In manchen Betrieben wird das noch forciert indem die Leistungen von verschiedenen Personen erbracht werden, wie z. B. Platz zuweisen, Haare waschen, Haare schneiden, Gratis-Kaffee servieren, etc. Und für gute, höfliche und zuvorkommende Behandlung wird einfach mehr Trinkgeld gegeben als für gerade noch ausreichende Leistungen

Die Frage nach einer so genannten Abhängigkeit ist nun wohl leichter zu beantworten. Besondere Dienstleistung für besondere Geldleistung. Sowohl Kunde als auch der Dienst leistende sind zufrieden.

Das Thema Trinkgeld bzw. Bestechung ist keineswegs neu. Es hält sich bereits über mehrere Jahrhunderte und in vielen Ländern auf der ganzen Welt unabhängig von den Kulturen, Hochadel z. B. zur Zeit Maria Theresias, eingeschlossen.

Gleichheitsgrundsatz, Steuervorteil, etc. betreffend Trinkgeld kommt alle paar Jahre wieder aufs Tapet und Bestechung, Geschenkannahme, aktiv oder passiv, wird immer härter bestraft und ist keinesfalls mehr ein „Kavaliersdelikt".

In den Medien finden sich dazu folgende Beispiele:

- Luxusreise,
- Fluggutscheine,
- Autos,
- „vergessene" Kuverts mit Geld,

---

[1] sh. Woxikon *synonyme.woxikon.de/synonyme*

- Spenden, die nur von einer Person vereinnahmt wurden,
- Firmengeflechte zum Schaden der Lieferanten und Kunden,
- Insolvenzverschleppung,
- ....

Diese Aufzählung erhebt keinen Anspruch auf Vollständigkeit.

Fraud Triangle[2]

Zur besseren Verständlichkeit der Beweggründe für Korruption sei hier das Fraud Dreieck angeführt.

- **Druck, Auslöser, Motivation:**
  An der Spitze steht der Druck, die Motivation eine Tat zu begehen.
  Sei es aus Geldmangel, Rache, Erwartungsdruck durch Dritte, ...

- **Gelegenheit:**
  Nun beginnt die Person mit erhöhter Wahrnehmung nach Möglichkeiten zu suchen um die Tat zu begehen, bzw. sind sie ihr/ihm bereits bekannt, dann wird der Vorgang nochmals auf Durchführbarkeit überprüft.

- **Rechtfertigung:**
  Mit der geplanten oder bereits durchgeführten Tat entsteht gleichzeitig die Auseinandersetzung mit Recht und Unrecht oder richtig und falsch. Die Person findet nun für sich eine „innere" Rechtfertigung.

Umgang mit Fraud

Jede/r UnternehmerIn und Vorgesetzte muss für sich entscheiden, wie sie/er sich mit diesem Thema auseinander setzen will, bzw. von Gesetzes wegen, muss.

Manche Unternehmen bringen jeden Fall von Fraud vor Gericht. Hierbei ist selbstverständlich ein Imageschaden für das Unternehmen zu befürchten und bei börsenotierten Unternehmen zusätzlich mit anderen Konsequenzen zu rechnen.
Daher entscheidet sich die Mehrheit der Unternehmen dazu die Angelegenheit „intern" zu regeln. Das bedeutet, dass mit dem/r MitarbeiterIn eine Lösung betreffend einer Wiedergutmachung, Entlassung, Abrechnung, etc. ohne Involvierung der Öffentlichkeit und Anrufung des Gerichtes vereinbart wird.

---

[2] Donald R. Cressey, Other People´s Money (Montclair, NJ: Patterson Smith, 1973), S 30. Wells/Kopetzky Handbuch Wirtschaftskriminalität in Unternehmen, 2006 S 5 f

Jedenfalls ist ein dem jeweiligen Unternehmen entsprechendes funktionierendes Internes Kontrollsystem, ein Risikomanagementsystem sowie eine Interne Revision einzurichten.

Bei Prüfungen der Internen Revision sollte ein Mehraufwand für eine Evaluierung von Fraud bereits bei der Jahresplanerstellung eingeplant werden. Ergeben sich aus der Prüfung Schwachstellen, ist es sinnvoll, sie so rasch wie möglich an das oberste Management zu berichten.

Berichtswege, Kommunikationsmöglichkeiten und jene Personen, die in die Problemlösung integriert sind, sollten bereits vorher bekannt sein um Verzögerungen zu vermeiden.

Ein Verhaltenskodex (Code of Conduct) bringt den Mitarbeitern die Unternehmenskultur näher, sprich, wie geht das Unternehmen, wie gehen wir, mit diesen Themen um, was passiert, wenn ich dagegen verstoße, wie und an wen kann ich mich wenden, wenn ich Ungereimtheiten oder Vergehen bemerke.

Je nach Unternehmen sollte dieser Verhaltenskodex entweder im Intranet oder in Schriftform für jeden Mitarbeiter jederzeit zugänglich sein und in bestimmten Abständen erneut zur Kenntnis gebracht werden.

Es geht nicht darum alle Personen im Unternehmen zu verdächtigen, sondern vielmehr um zu sensibilisieren, bewusst machen von Recht und Unrecht, Schwachstellen definieren um gemeinsam mit den Verantwortlichen Lösungen zu finden.

Für „geringfügige" tägliche Vorkommnisse wird diese Vorgangsweise ausreichend sein.

Konzernstrukturen, komplexe Unternehmensgeflechte, Tochtergesellschaften in anderen Ländern, und dgl. erfordern sowohl eine detailliertere als auch umfassendere Betrachtungsweise.

Allein aufgrund der unterschiedlichen Rechtslagen und Kulturen ist es in diesen Fällen ratsam einen externen Berater bei zu ziehen um die sog. Betriebsblindheit zu vermeiden. Üblicher Weise werden diese, das gesamte Unternehmen betreffenden Evaluierungen, über ein Projekt abgewickelt. Je nach vorhandenem Know-how im Unternehmen sollten dann die fehlenden Kenntnisse zugekauft werden. Dies kann Projekt begleitend, intensiv aber auch über Check-Points erfolgen. Dementsprechend gestaltet sich auch die Honorarbasis und Abrechnungsgestaltung.

Gedankenanregungen für eine praktikable Vorgangsweise zur Vermeidung von Missbrauch:

- **Ziel definieren**
  1. Was soll, muss erstellt bzw. implementiert werden um Missbrauchshandlungen vorbeugen zu können?
  2. In welchem Ausmaß notwendig?

- **Verantwortliche Personen für das Projektteam ermitteln**
  bewährt hat sich hierbei nicht nur die Führungsebene, sondern auch eine(n) versierte(n) MitarbeiterIn einzubinden – die „Basis" ist näher am Geschehen.

- **Brainstorming im Projektteam betreffend Schwachstellenanalyse**
  Eventuelle Arbeitsgrundlagen könnten darstellen:
  1. Geschäftsfelder
  2. Unternehmenshierarchie
  3. Produktportfolio
  4. Investitionsprojekte
  5. Bauprojekte
  6. Managementinformationssystem
  7. bereits bestehendes IKS (Internes Kontrollsystem),
  8. Risikomanagementsystem,
  9. Unternehmensstruktur,
  10. Organigramm
  11. Arbeitsplatzbeschreibungen,
  12. Urlaubsregelungen
  13. Krankenstände
  14. Vertretungsbefugnisse,
  15. etc.

- **Zeit- und Ressourcenplan erstellen**
  Der Projektleiter übernimmt sämtliche Agenden betreffend die Planung, Termineinhaltung, Meetings, Mitarbeitereinsatz, Umsatzverantwortung, Berichtswege und -information, etc.
  Nachdem die Rollen verteilt sind, werden die erarbeiteten Punkte abgearbeitet.

- **Walk through**
  1. Abläufe anhand eines üblichen Geschäftsfalles in Gesprächen mit den jeweiligen Mitarbeitern durchgehen und Teilergebnisse erstellen
  2. Teilergebnisse zu einem gesamten Geschäftsfall zusammenführen
  3. auf Überschneidungen, Doppelgleisigkeiten bzw. Unterlassungen achten

4. Vier-Augen-Prinzip, Vertretungs- und Unterschriftsregelungen in die bisherigen Ergebnisse einfließen lassen – speziell im Bargeldbereich, Überweisungstransfers, Warenverkehr,.....
5. Red Flags - Möglichkeiten für dolose Handlungen definieren.
6. Einen weiteren Ansatz bietet der **Fraud Tree** [3]

Auf einfache Art und Weise wird hierbei der komplexe Unternehmensbereich dargestellt.

Auf der nächsten Seite finden Sie die selbstredende Darstellung.

Warnsignale für Korruption

Warnsignale sind **immer** vorhanden, werden falsch eingeschätzt oder überhaupt nicht bemerkt. In unserer hektischen, von Computern beeinflussten Welt werden gefühlsmäßig beobachtete Signale oft mit „Tagesverfassung" oder privaten Problemen (geht mich nichts an) abgetan. Stimmt auch in den meisten Fällen.

Wir haben beim dolosen Dreieck gelernt, dass Druck der Auslöser für Fraud ist.

Damit ist nicht nur der firmeninterne Druck nach besserer und mehr Leistung, der Druck von Kollegen (Mobbing, Bossing, ethnische Konflikte) gemeint. Darunter fällt sehr wohl auch der private Druck. (Familie, Designerkleidung, Spielschulden, Urlaube, teure Autos, Rennpferde,....)

Hier ist eindeutig die jeweilige Managementebene gefordert. Wird die „Span of Control" (Kontrollspanne zwischen 5 und 100 Mitarbeitern) eingehalten, so ist eine Gesprächs- und Kontrollbasis zwischen Management und Mitarbeitern gegeben, wobei die Mitarbeiterzahl von 100 nur in für Fraud unbedeutenden Bereichen möglich ist. Das Wissen um sich dafür zu sensibilisieren und „zwischen den zu Zeilen lesen" kann man sich in geeigneten Schulungen aneignen.

Die Probleme der Mitarbeiter oder Manager liegen nicht immer so offensichtlich auf der Hand und nur mit einem geeigneten Kontrollmechanismus sind auch Fälle von Fraud aufzudecken.

---

[3] Vgl. Wells/Kopetzky, ACFE, Handbuch Wirtschaftskriminalität in Unternehmen

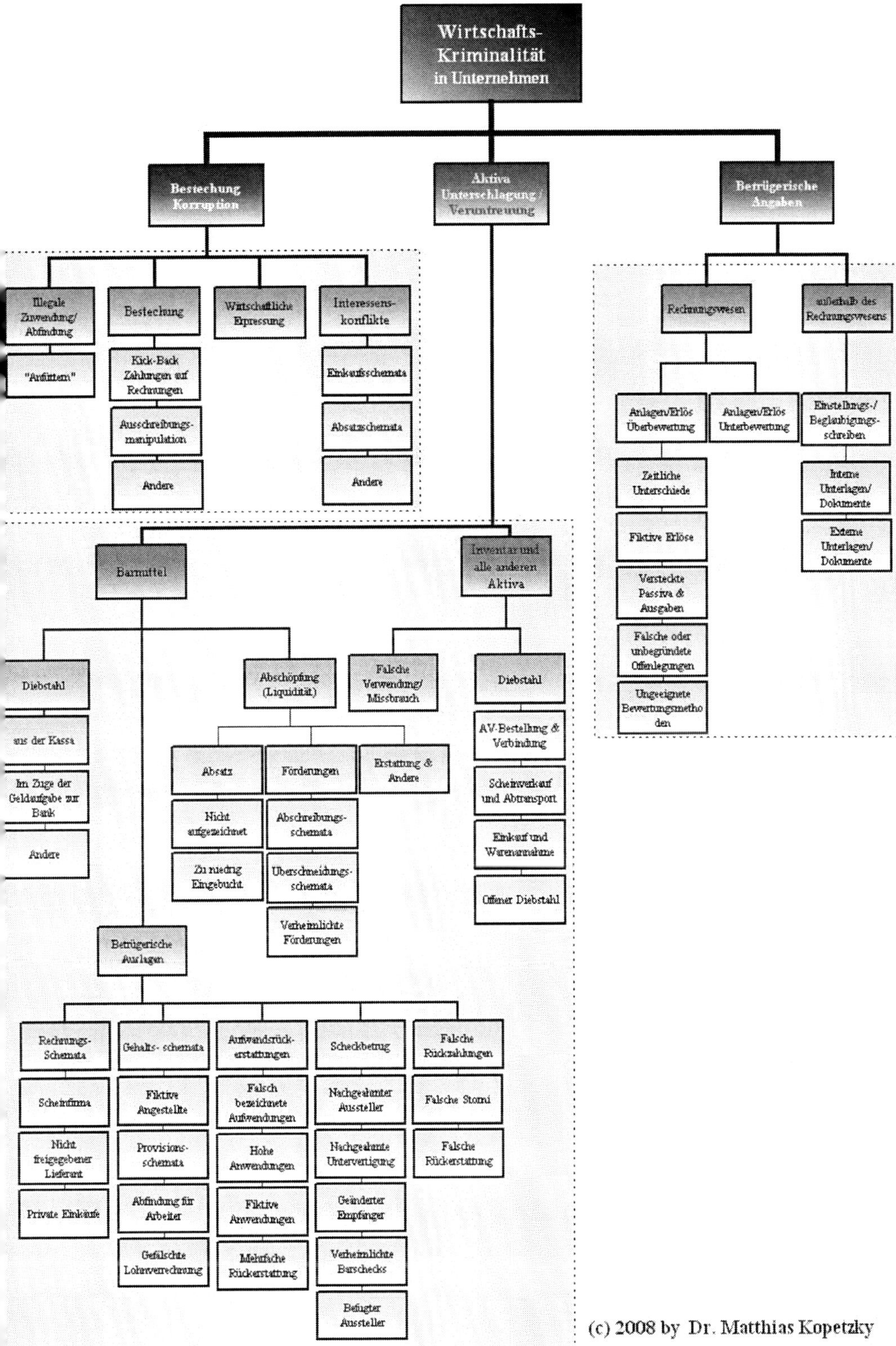
Wirtschafts-Kriminalität in Unternehmen
Bestechung Korruption
Aktiva Unterschlagung / Veruntreuung
Betrügerische Angaben
Illegale Zuwendung/ Abfindung
"Anfittern"
Bestechung
Kick-Back Zahlungen auf Rechnungen
Ausschreibungs-manipulation
Andere
Wirtschaftliche Erpressung
Interessens-konflikte
Einkaufsschemata
Absatzschemata
Andere
Rechnungswesen
außerhalb des Rechnungswesens
Anlagen/Erlös Überbewertung
Anlagen/Erlös Unterbewertung
Einstellungs-/ Beglaubigungs-schreiben
Zeitliche Unterschiede
Fiktive Erlöse
Versteckte Passiva & Ausgaben
Falsche oder unbegründete Offenlegungen
Ungeeignete Bewertungsmetho den
Interne Unterlagen/ Dokumente
Externe Unterlagen/ Dokumente
Barmittel
Inventar und alle anderen Aktiva
Diebstahl
aus der Kassa
Im Zuge der Geldaufgabe zur Bank
Andere
Abschöpfung (Liquidität)
Absatz
Nicht aufgezeichnet
Zu niedrig Eingebucht
Forderungen
Abschreibungs-schemata
Überschneidungs-schemata
Verheimlichte Forderungen
Erstattung & Andere
Falsche Verwendung/ Missbrauch
Diebstahl
AV-Bestellung & Verbindung
Scheinverkauf und Abtransport
Einkauf und Warenannahme
Offener Diebstahl
Betrügerische Auslagen
Rechnungs-Schemata
Scheinfirma
Nicht freigegebener Lieferant
Private Einkäufe
Gehalts- schemata
Fiktive Angestellte
Provisions-schemata
Abfindung für Arbeiter
Gefälschte Lohnverrechnung
Aufwandsrück-erstattungen
Falsch bezeichnete Aufwendungen
Hohe Anwendungen
Fiktive Anwendungen
Mehrfache Rückerstattung
Scheckbetrug
Nachgeahmter Aussteller
Nachgeahmte Unterfertigung
Geänderter Empfänger
Verheimlichte Barschecks
Befugter Aussteller
Falsche Rückzahlungen
Falsche Storni
Falsche Rückerstattung

The Tone from the Top

Wie uns die Vergangenheit gezeigt hat sind die „großen“ Fraud Fälle vom Management zu verantworten. Sei es bei der Bilanzgestaltung (reicher, ärmer machen) Abzweigung von Firmengeldern, Steuerhinterziehung, Veruntreuung, …

Nahe liegend ist daher, dass auch Kontrollen in den Managementebenen eingeführt werden.

Deutlicher gesagt: Fraud betrifft das **gesamte Unternehmen** ohne Ausnahme und die Maßnahmen müssen daher im gesamten Unternehmen umgesetzt werden.

Ausgewählte Missverständnisse in der Korruptionsdiskussion

Martin Kreutner

Wir sind letztendlich in Österreich und weiten Teilen Europas nicht wirklich viel anders als der Rest der Welt. Auch unsere Diskussionen und Diskurse zum Thema, zumindest jene in der breiteren Öffentlichkeit, haben detto regelmäßig eine Tendenz zum Reflexhaften, zum Verkürzten, zum Vordergründigen. Es mag sein, dass wir uns erst zu kurz damit nachhaltiger beschäftigen (müssen), neuerdings eine Reflexion zuzulassen haben, dass etwas ist, was nicht sein soll. Immerhin haben wir bis vor kurzem unser vermeintliches jeweiliges Eiland als immun-resistente Festung auf einer sonst durchwachsenen Karte globaler Betroffenheiten gesehen und auch so proklamiert.

Anhand von fünf exemplarischen und in verdichteter Art vorgestellten Missverständnissen in der langläufigen Korruptionsdiskussion, ausgewählt und abgebildet ohne hierarchische Reihung, soll in aller nötigen Kürze der phänomenologischen Reduzierung entgegen getreten und zu einem tieferen Diskurs angeregt werden.

Missverständnis 1: *Der Beamte als springender Punkt.* Bis in die heutigen Tage hält sich das (letztlich falsche) Verständnis, Teil der korruptiven Konstellation sei obligatorisch immer auch ein öffentlich Bediensteter. Diese sektorale Reduktion auf den öffentlichen Bereich fand ideengeschichtlich auch in der Literatur ihren Widerhall. Die Ausnützung einer amtlichen Stellung zur nichtamtlichen, nämlich privaten Bereicherung galt (zu) lange Zeit als zentrales Element, als conditio sine qua non, von Definitionskonzepten zur Korruption (und findet sich selbst heute noch - zunehmend vereinsamt - als anachronistische Einzelmeinung). Zielte man in der Folge, den Rahmen erweiternd, auf die Hintergehung eines öffentlichen Interesses ab, so gilt heute fachlich allgemein als akzeptiert und sowohl in Theorie als auch Praxis verifiziert, dass es neben *public sector corruption* ebenso Korruption zwischen ausschließlich privaten Beteiligten gibt. Quantitativ geht man dabei von einem negativen Kopf-an-Kopf Rennen aus, die Schäden, die durch die eine Form entstehen, stehen ebensolchen im anderen Sektor um nichts nach.

Missverständnis 2: *Korruption ist ausschließlich kriminell.* Neben der eben dargestellten sektoralen Verkürzung findet ferner regelmäßig eine konzeptionale Verengung statt. Auch wenn sich weitläufig als Definition von Korruption inzwischen „der Missbrauch einer überantworteten Macht- oder Entscheidungsbefugnis zur eigenen Vorteilsnahme" durchgesetzt hat, und damit zugestanden wird, dass auf diese Weise massivere moralische und ethische

Konnotationen integraler Teil der Begrifflichkeit sind, so reduzieren wir aus der gegebenen Varietät der möglichen Logismen regelmäßig wieder auf jenen der kriminologischen Beschreibung und Filterung. Wir argumentieren in Kategorien von Legalität und Illegalität, strapazieren spezifisch das Strafrecht und schreien im Eventualfall nach dem Staatsanwalt und Richter. Doch nicht alles, was legal ist, muss auch legitim sein, nicht alles, was illegitim ist auch automatisch illegal. Es gilt daher eine breitere Kontextualisierung zuzulassen, zu erkennen, dass wir mit Korruption tief in soziologische Fragestellungen dringen, und letztlich zu akzeptieren, dass es am Ende des Tages in der Korruptionsfrage um eine gesellschaftliche Kulturfrage geht.

Missverständnis 3: *So ist er halt der Markt.* Nach Schätzungen der Weltbank werden pro Jahr über 1000 Milliarden US-Dollar an Bestechungsgeldern gezahlt, mittelbare und unmittelbare Folgeschäden nicht inkludiert. Global gesehen frisst Korruption im weltweiten Beschaffungswesen zwischen zehn und 25 Prozent der Mittel, und allein im Gesundheitswesen post-industrieller Nationen gehen nach Angaben des Europäischen Netzwerkes zur Betrugs- und Korruptionsbekämpfung im Gesundheitswesen, EHFCN, durch diese Handelsweisen zwischen drei und zehn Prozent aller Ausgaben in dunklen Kanälen verschütt; immerhin inzwischen mehr als 30 bis 100 Milliarden Euro pro Jahr in den Grenzen der Union. Wir sprechen also von monetären Größenordnungen volkswirtschaftlicher und über-regionaler Relevanz. Korruption bedeutet dabei mikro-ökonomisch die stillschweigende Verteuerung des Produkts bzw. der Leistung bei regelmäßig gleichzeitigem Qualitätsabfall, makro-ökonomisch die Unterwanderung und Aushebelung gewünschter nationaler und supra-nationaler Marktregularien, damit aber letztlich des gesamten sozio-ökonomischen Ordnungsgefüges. Trotzdem wird in der öffentlichen Wahrnehmung und Diskussion, insbesondere was *private sector corruption* betrifft, gemeinhin gerne noch mit dem Sanktarium vermeintlich exkulpierender, von allen anderen Einflussfaktoren losgelöster, puristischer Marktmechanismen argumentiert. So, als ob diese per se schon konstitutiven Legitimitäts- und Legalitätsanspruch entwickelten. Führte man diesen Ansatz in logischer Konsequenz zu seinem Ende, so würden wir damit finaliter aber einem negativen Kulturdarwinismus das Wort reden. Wollen wir das?

Missverständnis 4: *Korrupt sind stets die anderen.* Mohamed Ibrahim, der erst kürzlich gefeierte Begründer und Stifter des *Mo Ibrahim Price for Achievement in African Leadership*, hat es anlässlich einer Veranstaltung im Dezember 2007 so formuliert: „Oder nehmen wir die Korruption: Immer klagen die Europäer in Afrika darüber. Aber da sind doch immer zwei beteiligt, der Geber und der Nehmer. Ich habe noch von keinem Unternehmer gehört, der in Deutschland verurteilt worden ist, weil er in Afrika jemanden geschmiert hat. Dabei ist Korruption ein Verbrechen, auch in Deutschland. Seid doch mal konsistent, Leute!" (DIE ZEIT, 271207). Was hier anhand von zwischenstaatlichem Wirtschaftsverkehr aufgezeigt wird, spiegelt einen Reflex wider, der auf allen möglichen Ebenen signifikant scheint: es betrifft mit Vorzug – nicht ohne einem gewissen Absolutheitsanspruch und bei Bedarf auch mit parallelem *naming and blaming* - alleweg die anderen. So nehmen dies einzelne Berufsgruppen, Branchen und Sektoren ebenso gerne in Anspruch wie ganze Gesellschaften, Regionen und Kulturkreise.

In Darstellung und Kritik dieser offensichtlich weit verbreiteten „monodirektionalen Perzeption" geht es dabei nicht um eine Negierung eventueller gradueller Unterschiede oder differenter – u.U. auch qualitativer – Ausprägungen in der Korruptionsphänomenologie, sondern vielmehr um die Thematisierung und Hintanhaltung willkommen-simplifizierender Fluchtmuster, doppelter Standards und *nolens volens* erschütterter Glaubwürdigkeit. Ein allfällig steter Verweis auf andere drängt dabei letztendlich den Vergleich an vorpubertäre Verhaltensmuster eines Selber-nie-dabei-(gewesen)-Seins spielender Kinder auf.

Missverständnis 5: *Schnelle Lösungen durch scharfe Repression.* Meist wird erst eingegriffen, wenn unwillkommene Sachverhalte publik werden, wenn man gehörig unter Druck kommt: es muss etwas passieren, dass etwas passiert. Mehr oder weniger konsequent werden dann Schuldige gesucht, Investigation und Repression suchen sich ihre Opfer. Strukturelle Hinterfragungen bleiben im Sinne der „Schwarzen-Schafe-Theorie" nicht selten außen vor. Damit fließen auch hier Missverständnisse ein, die wir weiter oben schon beleuchtet haben. Zum einen die Verkürzung auf im Wesentlichen das Strafrecht, auf *hard law* und rein kriminologische Konzepte, zum anderen ein erneuter tendenzieller, weil eindimensionaler Perspektiven- und Delegierungsansatz: zuständig seien hauptsächlich - manchmal sogar exklusiv - die Strafverfolgungsbehörden, die Polizei, die Staatsanwaltschaften, die Gerichte (und um Ende wohl der Strafvollzug). Damit erspart man sich eigene Betroffenheit und tiefere Beschäftigung. Korruptionsbekämpfung muss, soll sie erfolgreich sein, jedoch breiter fundiert sein: neben Aspekten der Repression sind insbesondere auch die Bereiche der Prävention und Edukation, letztere im Sinne allgemeiner und möglichst flächendeckender Problembewusstseinsmachung, in einem ganzheitlichen Ansatz zu erfassen und zu berücksichtigen. Neben das – unbestritten nötige – *hard law* werden auch *soft law* Überlegungen zu treten haben, wird eine umfassendere Diskussion über gesellschaftliche und gesellschaftspolitische Aspekte der Korruption zu postulieren sein.

Da Korruptionsdurchdringung oder -resistenz einer Gesellschaft sich in der konstituierenden Matrix dieser Gesellschaft wieder findet, gibt es auch keine schnellen Patentrezepte für die Kulturfrage Korruption. Vor solch rattenfängerischen Flöten ist klar und eindringlich zu warnen. Vielmehr ist mit dem Paradoxon zu konfrontieren, dass verstärkte Korruptionsbekämpfung regelmäßig einhergeht mit schlechteren Wahrnehmungswerten.

Daneben bleibt, was schon wiederholt festgestellt wurde: Korruption trifft. Uns alle.

Sumpf.
Das ist das Bild, das die Vorstellung von Korruption prägt.
Das Bild stimmt.

Peter Pilz

Wer jemals an den Rand eines korrupten Systems gelangt ist, stellt fest, dass der Boden immer unsicherer wird. Vom Ufer aus kann man unscharf einzelne Inseln ausmachen, die der Sumpf vor ungebetenem Besuch schützt. Ab und zu hört man empörtes Quaken. So wird im Anlassfall darauf hingewiesen, dass man die Anschuldigung, es handle sich beim Sumpf um einen Sumpf, empört zurückweise.

Während Sümpfe als Ökosysteme in Österreich bedroht sind, ist die Umwelt der politischen und wirtschaftlichen Sümpfe intakt. Das hat acht Gründe:

1. Aufträge und Vergaben

Wenn öffentliche Körperschaften Aufträge vergeben, drücken sie meist von Anfang an das passende Auge zu. Branchen aller Größenordnungen werden durch Kartelle gesteuert. Beamte finden sich ab und lassen sich abfinden. Ihre politischen Vorgesetzten wissen, dass auch hier vor dem Wahltag Zahltag ist.

In der militärischen Beschaffung beherrscht in der Regel ein Beamter vom Pflichtenheft über die Bewertung bis zu den Vertragsverhandlungen das Verfahren. Der Eurofighter-Untersuchungsausschuss hat gezeigt, was hier das Engagement des Beamten vermag.

Lobbyisten haben ungehinderten Zugang zu den Entscheidungsträgern. Ihre Tätigkeit ist weder geregelt noch kontrolliert. Sie beraten – und greifen als Freunde der Beschaffer privat unter die Arme, wenn es nötig und erwünscht ist.

Von den Vergabeverfahren bis zum Lobbying ist vieles möglich, weil fast alles erlaubt ist.

2. Osten

Das Chaos der Umbrüche in Osteuropa hat neben Marktwirtschaften und neuen Demokratien auch eine Unternehmerschaft mit geheimdienstlich-mafiosem Hintergrund hervorgebracht. Sie hat die letzten zehn Jahre genützt, um in den Westen einzuwachsen. Ihre erfolgreichen Versuche, wirtschaftlichen und politischen Einfluss zu gewinnen, verdienen politische und gerichtliche Beachtung.

3. Parteien

Parteien vertreten Interessen. An den Zuwendungen an Parteien lässt sich erkennen, wessen Interessen sie vertreten.

In demokratischen Rechtsstaaten garantieren Gesetze Transparenz und Klarheit der Parteienfinanzierung. In der EU ist Österreich mit seinem seltsamen Parteiengesetz die große Ausnahme.

Österreichische Parteien dürfen Spenden von öffentlichen Auftragnehmern annehmen. Sie dürfen Geld von staatsnahen Betrieben nehmen. Sie dürfen Spenden, die von Interessensvertretungen gewaschen werden, annehmen. Und vor allem: Auf illegale Parteienfinanzierung steht keine Strafe. Der Gesetzgeber hat vergessen, einen entsprechenden Tatbestand ins Strafgesetzbuch aufzunehmen.

4. Posten

Die Vergabe von Posten ist in Österreich nach wie vor von politischer und persönlicher Patronage bestimmt. Dutzende E-mails aus dem Büro eines Innenministers zeigen jetzt, was immer schon alle wussten: Bis zum kleinsten Polizisten entscheidet das Parteibuch. Dumm und schwarz bekommt seit dem Jahr 2000 vor intelligent und rot automatisch den Vorzug.

5. Verfassung

Der Widerstand gegen die Versumpfung von Rechtsstaat und öffentlicher Verwaltung hat sich verändert. Der Widerwille ist größer, der Widerstand schwächer geworden. Das hat einen Hauptgrund: die Regierungen „Schüssel“.

Zum ersten Mal in der Zweiten Republik ist die systematische Missachtung der Verfassung zum Leitmotiv einer Bundesregierung geworden. Von Ortstafeln bis zu Menschenrechten, von Kontrollrechten des Parlaments bis zur Unabhängigkeit der Justiz ist der Machtmissbrauch zur Normalität geworden. Der Kanzler und seine Minister haben darauf gesetzt, dass die Empörung beim ersten Mal groß, beim zweiten Mal beträchtlich und ein paar Wiederholungen später nicht mehr wahrnehmbar ist.

Hilflos haben Verfassungsgerichtshof und Parlament erduldet, wie Macht Punkt für Punkt Recht ersetzt hat. Politische Säuberungen wie im Innenressort haben aus Bundesministerien politische Instrumente gemacht. Der Schaden, der der österreichischen Rechtskultur und dem Beamtentum entstanden ist, wird noch lange spürbar bleiben.

6. Gesetze

Wer Korruption bekämpfen will, braucht Gesetze. Ausschreibungsbetrug, illegale Parteienfinanzierung, Kronzeugenregelung – das alles fehlt in Österreich. Wo in anderen Staaten Gesetze klare Grenzen ziehen, locken in Österreich Graubereiche.

7. Behörden

Eine weisungsfreie Staatsanwaltschaft zur Korruptionsbekämpfung und eine Ermittlungsbehörde zu ihrer direkten Verfügung – das ist das wichtigste Instrument zur Bekämpfung akuter Korruption. Auch in dieser Legislaturperiode wird das der unerfüllte Wunsch der Justizministerin bleiben.

8. Medien

In der Bekämpfung der Korruption haben die österreichischen Medien versagt. Investigativer Journalismus ist längst durch Stimmungsberichterstattung abgelöst worden. Chefredakteure rechnen – und stellen fest, dass gute Recherchen finanziell und politisch teurer als „weiche" Geschichten sind. In ganz Österreich recherchieren heute noch zwei Journalisten regelmäßig im Sumpf. Der Rest sitzt längst journalistisch im Trockenen.

Widerstand?

Ist also Widerstand zwecklos? Meine ganze Erfahrung sagt: nein. Überall, wo wir im Parlament und in Landtagen Korruption bekämpfen, kommen wir erstaunlich weit – und können wir mit öffentlicher Unterstützung rechnen.

Öffentlichkeit und Opposition sind zwei Mittel gegen Korruption. Das dritte heißt „Europa". Von der öffentlichen Beschaffung bis zur Korruptionsbekämpfung liegt die Zukunft auch hier in Europa.

Zum Begriff der Korruption

Stefan Ritter

Die Bekämpfung und Prävention von Korruption haben in den vergangenen Jahren national sowie international an Bedeutung stark zugenommen. Internationale Organisationen wie beispielsweise die Weltbank, die OECD, der Europarat und auch die Vereinten Nationen haben Korruption nicht nur als DEN Hemmfaktor für stabile politische und wirtschaftliche Entwicklung in Afrika, sondern auch als vordringliches Problem in Europa und Nordamerika identifiziert. Allein in Deutschland erreichen die geschätzten jährlichen Schadensummen zwischen 10 und 350 Millionen Euro[1]. Wovon spricht man aber genau, wenn von „Korruption" die Rede ist? Aufgrund der regen Aktivitäten gerade auf internationaler Ebene könnte man wohl meinen, diese Frage sei mit einem kurzen Blick in eines der vielen internationalen Rechtsinstrumente (zB die UN-Konvention gegen Korruption oder das Strafrechtsübereinkommen gegen Korruption des Europarats) beantwortet. Doch keines dieser zahlreichen Vertragswerke enthält eine Definition dessen, was man gemeinhin als Korruption bezeichnet. Einzig der Artikel 2 des Zivilrechtsübereinkommens gegen Korruption des Europarats[2] versucht sich an einer Definition:

> *Im Sinne dieses Übereinkommens bezeichnet „Korruption" das unmittelbare oder mittelbare Fordern, Anbieten, Gewähren, Annehmen oder Inaussichtstellen von Bestechungsgeldern oder eines anderen ungerechtfertigten Vorteils, das die Erfüllung der dem Begünstigten obliegenden Pflichten beeinträchtigt oder dazu führt, dass er sich nicht wie geboten verhält.*

Bei genauerer Betrachtung fällt jedoch auf, dass diese Definition keine abschließende sein kann. Sie bezieht sich zwar auf einen „Kernbereich" der Korruption, nämlich Bestechung und Bestechlichkeit, und stellt auch klar, dass international zumindest diesbezüglich Konsens besteht. Gewisse Verhaltensweisen, die regelmäßig im Vorfeld der Korruption angesiedelt sind, wie etwa die „bloße" Geschenkannahme mit der kein konkreter Befugnismissbrauch verbunden ist, sind von dieser Definition jedoch offensichtlich nicht erfasst.

Die Herkunft des Begriffs „Korruption" liegt im lateinischen „corrumpere", was soviel bedeutet wie verderben, zerbrechen, entkräften, entstellen oder bestechen. Auf den ersten Blick deckt der Begriff primär die Geberseite ab. Selbstverständlich müssen in diesem Kontext aber beide Seiten mitgedacht werden. Der Bestechende „verdirbt" den Bestochenen, der Bestochene wiederum „entkräftet", und schadet somit seiner Organisation beziehungsweise

---

[1] vgl. Odenthal Roger, Mit Moral gegen Korruption?, in: Kreutner Martin (Hg.), The Corruption Monster, Wien, 2006, S. 277

[2] siehe BGBl. III Nr. 155/2006

der Allgemeinheit. Ausgehend vom ursprünglichen Begriffsinhalt sind also nicht nur jene, die die Hände aufhalten, korrupt, sondern ganz klar auch die Geber. Eine für die öffentliche Verwaltung derzeit wohl nicht zu unterschätzende Einsicht.

Neuere Definitionen des Phänomens der Korruption haben den Begriff auf mehrfache Weise modifiziert, indem sie sich unter anderem primär mit der Nehmerseite und, zumindest nicht mehr im Kern, mit dem Schaden, den korruptes Verhalten der Organisation oder der Allgemeinheit zufügt, beschäftigen. Stattdessen stellen diese Definitionen den Missbrauch anvertrauter Macht und die damit verbundenen Vorteile in den Mittelpunkt.

So definiert die freie Enzyklopädie Wikipedia den Begriff der Korruption als *„Missbrauch einer Vertrauensstellung in einer Funktion in Verwaltung, Justiz, Wirtschaft, Politik, oder auch nichtwirtschafltichen Vereinigungen oder Organisationen, z.B. auch Stiftungen, um einen materiellen oder immateriellen Vorteil zu erlangen“*[3].

Ähnlich auch die wohl bekannteste Nicht-Regierungsorganisation im Bereich der Korruptionsbekämpfung, Transparency International: Korruption ist der *Missbrauch anvertrauter Macht zur Erlangung eines persönlichen Vorteils* („the misuse of entrusted power for private gain“)[4].

Die Stärke dieser beiden Definitionen liegt auf der Hand: Man muss nicht Beamter sein, um korrupt sein zu können. Auch Führungskräften bzw Mitarbeitern in privatwirtschaftlichen Unternehmen werden Entscheidungsbefugnisse und damit Macht anvertraut, welche diese zur Erlangung privater Vorteile – und in der Regel auch zum (wirtschaftlichen) Nachteil ihres Arbeitgebers – missbrauchen können. Außerdem lassen sich durch eine weite Interpretation des Begriffs des persönlichen oder eben immateriellen Vorteils auch andere unerwünschte Verhaltensweisen einfangen. Es geht ja längst nicht mehr um den „Geldkoffer“, Korruption tritt mittlerweile bekanntermaßen in weit unterschwelligeren und perfideren Formen auf. Aber auch der Lehrer, der einen Schüler aus bloßer Antipathie ungerechtfertigter Weise mit „nicht genügend“ benotet, ist nach dieser Definition korrupt. Der Vorteil aus dem Missbrauch anvertrauter Entscheidungsbefugnis muss eben nicht zwangsläufig ein geldwerter sein. Er kann auch in der bloßen Befriedigung niederer psychologischer Instinkte oder Zwänge liegen.

Hier liegt allerdings schon die erste von vier signifikanten Schwächen dieses Ansatzes:

---

[3] vgl. *http://de.wikipedia.org/wiki/Korruption*

[4] siehe *http://www.transparency.org/news_room/faq/corruption_faq*

1. Die extensive, vielleicht schon über den eigentlichen Wortsinn hinausschießende, Interpretation konstituierender Begriffe (wie jenen des „persönlichen Vorteils") birgt eindeutig die Gefahr, solche Verhaltensweisen mit in die Definition einzuschließen, die zwar verpönt, jedoch (noch) nicht korrupt sind. Dies mag beim angeführten Lehrer-Beispiel noch nicht so ins Auge springen. Dass sich aber etwa ein aus Sadismus prügelnder Fremdenpolizist ganz klar einer Dienstpflichtverletzung schuldig macht, wird niemand bezweifeln. Genauso wenig würde man ihn aber auch nicht als „korrupt" bezeichnen. Es ist eben nicht schon jeder korrupt, der eine Dienstpflichtverletzung begeht.
2. Im Zusammenhang mit der österreichischen Rechtslage ist die Erlangung eines „persönlichen" Vorteils teilweise nebensächlich bzw. überhaupt irrelevant. So verlangt § 302 StGB (Missbrauch der Amtsgewalt) zwar den wissentlichen Befugnismissbrauch, jedoch keinen Bereicherungsvorsatz, sondern lediglich den Vorsatz, einen „anderen in seinen Rechten zu schädigen". Ob der Beamte einen wie auch immer gearteten Vorteil aus dem Missbrauch seiner ihm anvertrauten Amtsgewalt zieht oder nicht, ist für die Strafbarkeit nach § 302 StGB streng genommen nicht ausschlaggebend.
3. Umgekehrt funktioniert die Definition eben so wenig: Nämlich dann, wenn zwar verpöntes und wohl eindeutig korruptes Verhalten inklusive einer allfälligen Bereicherung, jedoch kein Befugnismissbrauch vorliegt: So reicht für eine Strafbarkeit nach dem ab 1. Jänner 2008 geltenden neuen § 304 StGB („Geschenkannahme durch Amtsträger oder Schiedsrichter")[5] der bloße Konnex zwischen Vorteilsannahme und (auch korrekter) Amtsführung aus. Ähnliches gilt für das in § 59 BDG normierte Verbot der Geschenkannahme. Der Dienstpflichtverletzung schuldig macht sich schon jener, der annimmt. Für diese Frage ist es irrelevant, ob damit ein konkreter Befugnismissbrauch verbunden ist oder nicht, der Zusammenhang mit der amtlichen Stellung des Beschenkten reicht aus. Transparency International versucht diese Schwäche mit der Unterscheidung in „*according to rule corruption*" und „*against the rule corruption*"[6] in den Griff zu bekommen. Demnach ist jener eine „regelkonform korrupte" Person, der seine Amtsgeschäfte zwar korrekt führt, allfällige Geschenkgeber aber „bevorzugt behandelt". Diese Konstruktion übersieht freilich, dass hier die Regelverletzung nicht nur in der Geschenkannahme, sondern und vor allem in der bevorzugten Behandlung liegt. Man darf nämlich nicht vergessen, dass gerade öffentlich Bedienstete aufgrund ihrer Pflicht zum gesetzestreuen Aufgabenwahrnehmung selbstverständlich auch den Grundsätzen der Gleichbehandlung verpflichtet sind und bevorzugte Behandlung bestimmter Parteien deshalb eine Dienstpflichtverletzung konstituiert.

[5] siehe BGBl. I Nr. 109/2007

[6] siehe *http://www.transparency.org/news_room/faq/corruption_faq*

4. Schlussendlich findet im Gegensatz etwa zur oben angeführten Definition des Zivilrechtsübereinkommens gegen Korruption hier die Geberseite, also die Seite des Bestechenden oder Korrumpierenden keine Berücksichtigung. Korrupt ist nur, wer nimmt und nicht wer gibt.

Zusammenfassend lässt sich wohl nur mit Sicherheit sagen, dass Korruption mit den Amtsdelikten wie Missbrauch der Amtsgewalt oder Geschenkannahme durch Amtsträger oder Schiedsrichter einen strafrechtlich sanktionierten Kernbereich hat. Darüber hinaus kann man jedoch auch andere verpönte Verhaltensweisen als korrupt bezeichnen, welche für gewöhnlich im Vorfeld der rein strafrechtlich definierten Korruption angesiedelt sind. Dabei handelt es sich speziell um jene Verhaltensweisen, welche mit dem so genannten „Anfüttern", also mit der Herstellung eines „Klimas der Gewogenheit" verbunden sind (z.B. verbotene Geschenkannahme, Ausübung problematischer Nebenbeschäftigungen, etc.). Diese Verhaltensweisen sind entsprechend dem Grundsatz „Justice has not only to be done, but to be seen to be done" tauglich, den Anschein parteiischer und unsachlicher Amtsführung hervorzurufen und deshalb in den Katalog korrupter Verhaltensweisen aufzunehmen.

Keine der angeführten Definitionen von Korruption hat es bisher geschafft, alle Erscheinungsformen von Korruption einzufangen. Daneben sei angemerkt, dass neuere Phänomene wie etwa Post-Public-Employment, Lobbying oder Sponsoring, sowohl selbst korrupte Verhaltensformen als auch Einfallstore für Korruption darstellen können. Der Versuch, eine klare und einfache Definition des Begriffs der Korruption zu erarbeiten wird daher wohl immer von Misserfolg gekrönt sein. Vielmehr muss der Begriff, abhängig vom Kontext, in dem er verwendet wird (etwa im präventiven oder in jenem der Bekämpfung, im juristischen oder im soziologischen) stets von neuem und flexibel definiert und umrissen werden.

Oder man reduziert sich gleichermaßen auf eine ethische oder psychologische Dimension, in der Korruption mit der Anfälligkeit zu unethischem Handeln, also einen allgemeinen „Zustand der Verderbtheit"[7] oder der „Degenerierung des Sinns für Ethik, den Mangel an moralischer Integrität"[8] gleichzusetzen ist.

---

[7] Adamovich Ludwig, Gesetz und Mentalität, in: Kreutner Martin (Hg.), The Corruption Monster, Wien, 2006, S. 19

[8] vgl. Gambetta Diego, Corruption: An Analytical Map, in: Kotkin Stephen & Sajó Andrá (Hg.), Political Corruption in Transition, Budapest, 2002, S. 33

Ethische Grundlagen und Motive

Alle fühlen sich im Recht
Wie die Spielregeln der Macht das Gewissen beeinflussen

Christine Bauer-Jelinek

Betrachtungen über Wertewandel und Werteverfall wurden in den letzten Jahren zum fixen Bestandteil von Forschung, Fachliteratur und Symposien. Die Sitten scheinen sich auf allen Ebenen der westlichen Gesellschaften zu lockern, doch bislang entstand der Eindruck, dass öffentliche Klagen über unrechtmäßiges Verhalten vor allem die „Kleinen" betreffen: Missbrauch der Sozialsysteme, privater Pfusch oder etwa Versicherungsbetrügereien. Hingegen wirkte das Auftreten der Behörden gegen Bestechung, Betrug und Bereicherung in großem Stil eher lax und ohnmächtig. Wenn nationale und internationale Korruptionsskandale an die Öffentlichkeit dringen, werden sie zwar in den Medien reißerisch aufgemacht, die Verfolgung der Straftaten zieht sich jedoch oft endlos dahin, und die Ergebnisse der Verurteilungen entsprechen nicht dem Gerechtigkeitsgefühl der meisten Menschen. Auch die Reaktionen der Beteiligten geben zu denken: Ob jemand Arbeitskräfte schwarz beschäftigt, Privilegien als selbstverständlich betrachtet oder tatsächlich Geldgeschenke für bevorzugte Behandlung angenommen hat, das Unrechtsbewusstsein scheint nicht besonders ausgeprägt zu sein. Oft kann man Klagen hören, wir würden uns bald auf dem Niveau einer „Bananenrepublik" befinden, wenn niemand dieser Entwicklung Einhalt gebieten könnte. Gewissensbisse und offensichtliche Reue halten sich bei Tätern und Täterinnen großer wie kleinerer Vergehen in Grenzen, und sie finden unzählige Entschuldigungen und Rechtfertigungen für ihre Vorgangsweise. Als KonsumentIn der medialen Berichterstattung bekommt man den Eindruck, dass die Zeiten früher besser waren. Die aktuellen Aktivitäten zur Korruptionsbekämpfung, die Hebung des Unrechtsbewusstseins auf nationaler und internationaler Ebene gibt Anlass zur Hoffnung, dass die Aufmerksamkeit nun auch auf die „großen Fische" gerichtet wird.

Die folgenden Betrachtungen sollen einen Beitrag zu den Motiven und Einstellungen der Betroffenen aus der Perspektive der Machtmechanismen liefern.

Die neuen Spielregeln der Macht

Gibt es den Hang zum Missbrauch immer und überall gleichermaßen oder beeinflussen gesellschaftliche Rahmenbedingungen und unterschiedliche Machtstrukturen das Gewissen der Menschen und ihre Handlungen doch mehr als wir glauben? Unser westliches Wirtschaftssystem erlebte in den letzten 15 Jahren eine radikale Wandlung: von der sozialen Marktwirtschaft zu einem Turbokapitalismus (heute allgemein als Neoliberalismus bezeichnet). Diese Entwicklung ist nicht nur von theoretischer Bedeutung, sondern wirkt sich auf jeden Einzelnen im Alltag aus. Viele Menschen beschreiben ihre Lebensumstände mit ständigem Druck und Stress, sie erhalten wenig Anerkennung, klagen über die Abnahme von Loyalität und Solidarität sowie die Zunahme von Egozentrik und Aggression. Sie fühlen sich immer öfter mit ihren eigenen Werten nicht ernst genommen und in ihrer Würde verletzt. Der oft zitierte Wertewandel zeigt sich in zunehmendem Individualismus, abnehmendem Gemeinschaftsgeist, im Postulat der Eigenverantwortung und der Wettbewerbsorientierung, im Wachstumszwang der Wirtschaft, in Illusionen unter der Prämisse „Alles ist möglich“ und den Gesetzen der Mediengesellschaft: „Alles ist öffentlich“. Dieses subjektive Unbehagen entfaltet sich in einem der reichsten Länder der Welt, das über hohe soziale Sicherheit und über ein immer noch akzeptables soziales Auffangnetz verfügt. Jene Menschen, die ihr Unbehagen äußern, werden gerne als „Krankjammerer“ oder Leistungsverweigerer bezeichnet. Tatsächlich verweist eine solch offensichtliche Diskrepanz der Sichtweisen auf tiefergehende Verwerfungen in einer Gesellschaft.

Die gesellschaftlichen Veränderungen, die seit dem Zusammenbruch des Realen Sozialismus (1989 Fall der Mauer) Platz greifen, werden noch immer sträflich unterschätzt. Es handelt sich um einen fatalen Irrglauben, dass wir im Großen und Ganzen noch im selben Gesellschaftssystem leben wie in den 1980er Jahren. Damals war Mitteleuropa von der so genannten Sozialen Marktwirtschaft, einem Kapitalismus mit menschlichem Antlitz (Keynesianismus) geprägt. Heute hat sich der Neoliberalismus angloamerikanischer Herkunft (eigentlich: Monetarismus) flächendeckend durchgesetzt. Die Wirtschaft gehorcht nicht mehr den Stakeholdern (den MitarbeiterInnen, KonsumentInnen, AnrainerInnen, der Umwelt) sondern vielmehr den Shareholdern (die über ihre Aktien an der kontinuierlichen Steigerung des Börsenkurses interessiert sind). Aber auch die Konzerne selbst sehen ihren Königsweg zum Gewinn nicht mehr in der Produktion (Realkapitalismus, nach Stefan Schulmeister) sondern in ihrem Engagement auf den Finanzmärkten. So stand dieser Tage im Wirtschaftsteil einer Zeitung zu lesen, dass ein großer Autokonzern heuer erstmals mehr Gewinn als Umsatz gemacht habe. Was bedeutet, dass die Finanzspekulationen erfolgreicher waren als der Verkauf von Autos.

Gigantische Gewinne für eine exklusive Minderheit sind deshalb möglich, weil Teile der Wirtschaft ihre Interessen (Profitmaximierung) mit ökonomischer Gewalt (Business-Krieg) durchsetzen können. Bei Firmenaufkäufen werden Kapital und Infrastruktur der Gegner übernommen oder vernichtet. Es entstehen „Sachzwänge“ im Bereich der Kostensenkung, die sich vor allem im Personalabbau auswirken. Immer mehr Menschen geraten unter Druck und nehmen Schaden: finanziell, sozial und gesundheitlich. Als Folge dieses Wertewandels werden die Spielregeln der Konzerne unreflektiert auf Kleinbetriebe und öffentliche Institutionen angewendet: alles muss „sich rechnen", Staat und Gemeinden sollten wie profitorientierte Unternehmen geführt werden. Das Selbstwertgefühl von sozial denkenden Menschen bricht ein, sie werden als Sozialromantiker und Gutmenschen verächtlich gemacht. Menschliche Werte am Arbeitsplatz gehen verloren, Teamgeist und Solidarität werden zwar ständig beschworen, wirken aber kontraproduktiv und naiv.

Der Slogan des Neoliberalismus „Mehr Privat und weniger Staat" macht deutlich, wer heute den Ton angibt: Die Wirtschaft hat die Vorherrschaft bereits übernommen und definiert inzwischen von vielen unbemerkt die Spielregeln der Macht – und nicht mehr das ganze Volk, das als Souverän über die Politik den Grundkonsens einer Gesellschaft bestimmen sollte.

Der Kampf um die besten Plätze

Diese Situation bedroht nicht nur sogenannte Randgruppen sondern auch den Mittelstand. Klein- und mittelbürgerliche Lebensformen galten für die Nachkriegsgenerationen noch als Inbegriff der Sicherheit: Lehrer, Bankbeamte, MitarbeiterInnen im öffentlichen Dienst, bei Bahn und Post, Manager in staatsnahen Betrieben hatten sozusagen „ausgesorgt". Sie verdienten gut, waren sozial abgesichert und praktisch unkündbar. Heute ist der Mittelstand von ständiger Existenzangst bedroht, weil durch Reformen, Privatisierungen und Shareholderprinzipien in der Privatwirtschaft gerade diese Schicht von Personaleinsparungen stark betroffen ist. Über ihren Mitgliedern schwebt das Damoklesschwert des Abstiegs. „Up or Out" heißt daher die Devise für viele. Will man seinen Lebensstandard einigermaßen absichern, muss man kontinuierlich nach oben streben, man muss danach trachten, in die lichten Höhen zu gelangen, wo in einflussreichen Netzwerken eine Hand die andere wäscht und man auch bei misslungen Geschäften oder glücklosen Transaktionen nicht mehr tief fallen kann. Dorthin, wo man als PolitikerIn versorgt wird und als ManagerIn auch dann horrende Abfertigungen bekommt, wenn man das Unternehmen an die Wand gefahren hat, wo selbst die Mühlen der Justiz langsam mahlen. Wer es nicht schafft, in diese Gesellschaft Eingang zu finden, kann nicht wie früher auf ein beschauliches Kleinbürgerleben zurückgreifen, sondern muss den sozialen Abstieg befürchten.

Trotz der Prämisse einer Spaßgesellschaft wird die Angst daher für viele zum Leitgefühl, und der Konkurrenzkampf gerät zum Dauerzustand. Wenn man ständig erlebt oder hört, wie es sich die „Großen richten" können, dann gewinnen Neid und Gier leicht die Oberhand. Wenn das Nichterreichen von vorgegebenen Umsatzzielen gleichbedeutend ist mit dem Verlust des Jobs, dann lässt der Selbsterhaltungstrieb schnell die Grenzen zwischen Recht und Unrecht verschwimmen. Wenn korrektes Verhalten immer öfter persönliche Nachteile mit sich bringt, dann ist es kein Wunder, wenn auch die größten IdealistInnen die Geduld verlieren. Dann werfen die Menschen ihre humanistischen Werte über Bord und suchen den Erfolg auf eigene Faust. Immer mehr Beteiligte begehen ihre unrechtmäßigen Handlungen durchaus mit einem Gefühl der Legitimität. Die einen wollen wie Robin Hood selbst für Gerechtigkeit sorgen, andere fühlen sich vom Staat im Stich gelassen und zur persönlichen Rache berechtigt und wieder andere nutzen die entstandenen Freiräume nach der Art der Raubritter. Viele stehen unter Zugzwang: „Tu ich es nicht, macht es ein anderer".

Verlagerung der Macht

Alle sehen sich im Recht, weil sie nicht mehr auf ein allgemein geltendes Recht vertrauen. Wenn mehr als die kritische Masse der Kriminellen (die es in jeder Gesellschaft gibt) sich so verhält, dann wird unlauteres Verhalten zur allgemeinen Norm. Die Spirale der moralischen Standards dreht sich nach unten, das System beginnt in seinen Grundfesten zu bröckeln. In dieser Phase setzt auch die Zivilgesellschaft illegalem oder illegitimen Verhalten immer weniger Widerstand entgegen. Während auf Kooperation ausgerichtete Gemeinschaften eine starke soziale Kontrolle durch Familie, Nachbarn und Arbeitskollegen ausüben, kommt es in überwiegend wettbewerbsorientierten Gesellschaften sehr rasch zur Abschaltung dieses Alarmsystems. Wegschauen, Verdrängen, Sich-nicht-einmischen zählt dann zu den neuen Tugenden – schließlich ist ja jeder für sich selbst verantwortlich.

Zu Beginn der Liberalisierung bestand noch Hoffnung, dass es sich bei diesen Phänomenen um Kinderkrankheiten handeln könnte, dass sich die Probleme „wie mit einer unsichtbaren Hand" von selbst lösen würden, wie der liberale Ökonom Friedrich Hajek meinte. Nun legen die Berichte über Armut und Kriminalität den Schluss nahe, dass es ein Gesellschaftssystem, das vor allem auf die Freiheit des Marktes setzt, massive „Kollateralschäden" erzeugt: Menschen versuchen mit allen Mitteln – zunehmend auch unrechtmäßigen – nicht zu den Verlierern zu gehören und sich ihren Anteil am Kuchen zu erkämpfen.

Darauf kann man nun mit unterschiedlichen Macht-Strategien reagieren: Die umfassendste wäre, das System wieder mehr in Richtung Kooperation und Solidarität zu lenken und deutliche Kontrolle durch die Politik auszuüben, wenn es nicht nur nach dem Gesetz des Stärkeren funktionieren soll. Die bisher gängige aber nicht besonders wirksame Methode ist, das einzelne, meist unbedeutende Individuum als unmoralisch anzuprangern. Als neue Strömung zeichnet sich die Tendenz ab, die Maßnahmen auf die nächste Machtebene zu verlagern, auf die Makroebene, wie sie in der Lehre vom

Sozialkapital bezeichnet wird (siehe: Ernst Gehmacher). Will man den marktliberalen Grundkurs nicht verlassen, versucht man mit Initiativen, die von „oben“ kommen, der Negativentwicklung gegenzusteuern und ein Unrechtsbewusstsein zu schaffen: So fordert beispielsweise das Konzept „Corporate Social Responsibility“ (CSR) von den Unternehmen mehr Verantwortung gegenüber der Gesellschaft, oder ruft Kofi Annan mit seiner Initiative „Global Compact“ globale Akteure und regionale Betriebe dazu auf, ihre Firmenpolitik an den Zielen der Vereinten Nationen zu orientieren und sich im Bereich der Menschen- und Arbeitsrechte sowie beim Umweltschutz zu engagieren. In der Entwicklungszusammenarbeit versucht man mit „Good and Poor Governance“ bei den Beteiligten mehr Unrechtsbewusstsein in Bezug zu Bestechung zu erzeugen. Das Anti-Korruptions-Programm des Europarates soll Druck auf die Mitgliedstaaten machen, ein Verhaltenskodex, der „Code of conduct“ soll Orientierung für Beamte und Manager bieten.

Wege aus dem Dilemma

Doch solange es sich bei diesen Maßnahmen nur um Empfehlungen handelt, bestehende Gesetze zu leicht zu umgehen sind, die soziale Kontrolle immer schwächer wird und der Einzelne in seinem ethischen Empfinden verunsichert ist, wird sich die Lage nur schwer entspannen lassen. Wie soll jemand, der unter ständigem Druck steht und sich real oder mental existenziell bedroht fühlt angesichts von Versuchungen und Verführungen richtig entscheiden? Wie kann das Individuum auf diese Situation reagieren, wenn das Gesamtsystem kurzfristig nicht zu ändern ist?

Sollen Lösungsansätze zur Schaffung eines Unrechtsbewusstseins greifen, müssten vor allem EntscheidungsträgerInnen die gesellschaftliche Realität besser verstehen lernen und sich nicht so sehr mit einzelnen Symptomen verzetteln. Der schmerzliche Teil dabei besteht für viele darin, Illusionen und alte ideologische Glaubensätze aufzugeben und Mut zum Kampf und zur Veränderung in großem Stil zu entwickeln. Nachdem dies nicht von heute auf morgen Wirkung zeigen wird, bleibt es dem Einzelnen nicht erspart, in der täglichen Arbeit so weit wie möglich sich selbst treu zu bleiben, sich selbst dabei aber nicht auszubeuten oder ausbeuten zu lassen. Dieser Vorschlag mag im ersten Moment wie die Quadratur des Kreises klingen. Es bedarf jedoch meist nur einer bewussten Entscheidung, um sich den Einsatz von Macht-Techniken zu erlauben – einerseits zur Durchsetzung operativer Ziele und andererseits auch zur Veränderung des Systems.

Bei der täglichen Arbeit in der eigenen Organisation ist es hilfreich, die Diskrepanz zwischen „gesagt und gelebt“ zu realisieren. Die geltenden Spielregeln der Macht erkennt man nicht an den Sonntagsreden, sondern an der gelebten Praxis. Menschen, die in mittleren Positionen tätig sind, müssen zudem ihr Augenmerk darauf richten, die „Mühlstein-Falle"zu vermeiden: Sie versuchen oft viel zu lange, den Druck von oben persönlich abzufedern und ihre MitarbeiterInnen persönlichen Schutz angedeihen zu lassen. Diese Haltung ist zwar ehrenwert, führt jedoch über kurz oder lang ins Burnout oder wenn es sich um Unregelmäßigkeiten handelt, zum Disziplinarverfahren. Führungskräfte müssen dringend neben der vielzitierten Sozialkompetenz auch Macht-Kompetenz aufbauen. Dazu zählen Fähigkeiten wie: Ziele kennen und präzisieren, Widerstände bewerten, Legitimation und ethische Fragen klären, sich abgrenzen, Forderungen stellen, Konflikte bis zum Kampf eskalieren aber sich auch wieder versöhnen können. Teamfähigkeit wird auch weiterhin gebraucht. Doch wer sich wirklich durchsetzen will, muß sich auch Kampftechniken aneignen. Nachdem aber das System sich wahrscheinlich nicht so schnell ändern wird, tut man gut daran, seine Frustrationstoleranz (dicke Haut) und die Regenerationsfähigkeit (Energie-Tankstellen) zu erhöhen. Wie groß auch immer der Arbeitsdruck ist, man sollte sich die Zeit nehmen, um Unterstützung von Gleichgesinnten zu suchen (netzwerken). Dies sind extreme Anforderungen an die Persönlichkeit der Führungskräfte, zumal der Druck von unten (MitarbeiterInnen), von oben (Politik, Administration) und von außen (KonsumentInnen, Öffentlichkeit) ständig höher wird. Im Sinne der Psychohygiene sollte man lernen, Systemfehler von persönlichen Mängeln zu unterscheiden. Statt durch Selbstausbeutung Schaden zu nehmen oder aus Frustration zu unrechtmäßigen Handlungen zu greifen, sollte man sich einen gewissen Pragmatismus erlauben und Realitäten ins Auge blicken, auch wenn man sie nicht akzeptieren kann und will.

Ein System, das so weit in die Gesellschaft eingedrungen ist, wie der Neoliberalismus, kann man nicht mehr mit individuellen Aktionen verändern. Um die aktuellen Herausforderungen zu meistern, wird es nicht ausreichen, ein neues Rechts- und Unrechtsbewusstsein hauptsächlich über Initiativen und Regelungen zu vermitteln. In einem neuen Wertekonsens müssten alle Beteiligten wieder stolz darauf sein können, wenn sie sich, anstatt nur an ihren eignen Vorteil zu denken, an humanistische Prinzipien halten und einen Beitrag zum Gemeinwohl leisten können. Das wird nach allem, was wir heute über die menschlichen Bedürfnisse und Entscheidungsmechanismen wissen, aber nur möglich sein, wenn Angst und Konkurrenzkampf deutlich reduziert werden und ein existenzielles Grundauskommen für jedes Mitglied der Gesellschaft gesichert ist.

Der Beitrag basiert auf Publikationen von Christine Bauer-Jelinek:
„Die helle und die dunkle Seite der Macht" Wien, 2000 (9. Auflage)
„Business-Krieger. Überleben in Zeiten der Globalisierung", Wien, München, 2003
„Die geheimen Spielregeln der Macht und die Illusionen der Gutmenschen" Salzburg, 2007 (ecowin), einer der Jahres-Bestseller 2007

Die Koalition gegen Korruption

Eva Geiblinger

Korruption untergräbt die Integrität einer Gesellschaft und hemmt die soziale und wirtschaftliche Entwicklung. Sie unterhöhlt die Qualität des öffentlichen Dienstes und bringt die Demokratie in Gefahr.
Diese Überzeugung führte 1993 zur Gründung von Transparency International (TI) durch den ehemaligen Weltbankdirektor Prof. Dr. Peter Eigen. TI ist die gemeinnützige, parteipolitisch unabhängige internationale NGO (Nichtregierungsorganisation) von Menschen aus aller Welt, die sich dem Kampf gegen Korruption verschrieben haben. Mit diesem Ziel führt sie Zivilgesellschaft, Wirtschaft und Staat zusammen, damit diese kooperieren und gemeinsam einflussreiche Koalitionen bilden können.
Der Ansatz von TI ist, im Gegensatz zu dem vieler anderer NGOs, nicht konfrontativ sondern konsentativ: Transparency macht es sich zum Ziel, den Regierungs- bzw. Konzernchefs als gleichgestellter Unterstützer und Helfer in Sachen Korruption zur Seite zu stehen und ihnen mit Vernunft und Verständnis zu begegnen. TI sieht es als effizienter an, direkt auf die Betroffenen und Entscheidenden einzuwirken.

Das Internationale Sekretariat von Transparency International mit Sitz in Berlin trägt die globale Arbeit der Organisation. Es unterstützt und koordiniert die Arbeit der nationalen Chapter, die heute in fast 100 Ländern tätig sind. Die Organisation sieht ihre Aufgabe darin, Bewusstsein herzustellen und der Apathie und Toleranz gegenüber Korruption entgegenzuwirken – die Zusammenarbeit von Regierung(en), Zivilgesellschaft, Wirtschaft und Medien bei der Korruptionsbekämpfung soll gestärkt werden.

Die Initiative und Verantwortung für die Aktivitäten von TI liegt bei den jeweiligen nationalen Chapters, doch es gibt drei von Transparency International weltweit erstellte Indizes zum Thema Korruption, die jährlich veröffentlicht werden:

- *Corruption Perceptions Index (CPI)*: Der bekannteste Index von TI. Er listet jährlich Länder danach auf, wie korrupt Politik und Verwaltung im Vergleich wahrgenommen werden. Dabei reicht der Indexwert von 0 (völlig korrupt) bis 10 (völlig unkorrupt). 2007 umfasste der CPI 180 Staaten. Befragt werden in erster Linie jeweils ausländische Länderanalysten und Geschäftsleute.
- *Bribe Payers Index (BPI)*: Der BPI bewertet 30 führende Exportländer nach der Neigung ihrer Firmen, im Ausland zu bestechen. In einer Umfrage wird erhoben, inwieweit Firmen mit Zentrale in einem der 30 führenden Exportländer (global oder regional betrachtet) von Bestechungsgeldern Gebrauch machen. Zur Bewertung der Angebotsseite internationaler Bestechung

werden Führungskräfte gebeten, ausländische Firmen, die geschäftlich in ihrem Land tätig sind, hinsichtlich ihrer Neigung einzuschätzen, Bestechungsgelder oder undokumentierte Zahlungen anzubieten. Die Umfrage ist anonym.

- *Global Corrupton Barometer (GCB):* Hierbei handelt es sich um eine Meinungsumfrage, die die Wahrnehmungen und Erfahrungen der allgemeinen Bevölkerung in Bezug auf Korruption untersucht. 2007 wurden etwa 63.000 Personen in 60 Ländern befragt. Im Barometer werden Erkundungen angestellt, welche öffentlichen Sektoren am korruptesten eingeschätzt werden, wie sich Korruptionsniveaus zukünftig entwickeln und wie gut die jeweilige Regierung Korruption bekämpft. Das Barometer untersucht außerdem die Erfahrung der Menschen mit Bestechung, indem abgefragt wird, wie oft Bürgern Schmiergelder abverlangt werden, wenn sie öffentliche Dienstleistungen in Anspruch nehmen.

Begleitet vom beginnenden Umdenken in der Gesellschaft – weg von „Kavaliersdelikt" Korruption hin zur Wahrnehmung der strengen Straftatbestände welche zwangsläufig für eine korrupte Person Tadel im sozialen Umfeld mitbringen – war im Frühjahr 2005 schließlich auch in Österreich die Zeit reif für die Gründung des, als gemeinnützigen Verein eingetragenen, TI – Austrian Chapter.

Breit in der Öffentlichkeit diskutierte Fälle wie die Eurofighter-Affäre oder der BAWAG-Skandal zeigen, dass auch in Österreich Macht und öffentliche Ämter zum persönlichen Vorteil sowie auf Kosten der Gesellschaft missbraucht werden.

So ist es Ziel von TI–Austrian Chapter, Analysen und Beobachtungen über das österreichische Integritätssystem durchzuführen sowie Forderungen für Maßnahmen zu dessen Stärkung auszuarbeiten, um einen Beitrag zu transparenzfreundlichen und korruptionsresistenten Rahmenbedingungen zu leisten.
Selbstverständlich haben wir einen weltweit gültigen Code of Conduct, dem auch TI-AC Folge leistet.

Im Ende 2006 von TI-AC erstellten *Forderungskatalog* an die österreichische Bundesregierung finden sich insbesondere folgende Schwerpunkte:

- die konsequente Umsetzung internationaler Konventionen und Instrumente zur Eindämmung der Korruption
- die Erstellung eines nationalen Anti-Korruptionsprogramms
- verbesserte Kontrollen der Finanzierung von Parteien und Politikern
- die Stärkung der Staatsanwälte in ihrem Kampf gegen Korruption
- eine Auftragssperre für korrupte Unternehmen
- kein Steuergeld für Propaganda von Regierungsmitgliedern.

Transparency International arbeitet mit vielen nationalen und internationalen Organisationen zusammen, einschließlich der Europäischen Union, den Vereinten Nationen, der OECD, der Weltbank, den Regionalen Entwicklungsbanken und der Internationalen Handelskammer (ICC) in Paris.

TI stellt auch das Sekretariat der Internationalen Anti-Korruptionskonferenzen (IACC), die alle zwei Jahre unter großer internationaler Beteiligung stattfinden.

Zu den von Transparency International ausgearbeiteten Richtlinien zählen auch die folgenden

Empfehlungen und Instrumente zur Korruptionsbekämpfung und Korruptionsverhinderung:

- Selbstverpflichtung von Unternehmen:
  Unternehmen binden ihre Mitarbeiter an einen für alle verbindlichen schriftlichen Verhaltenskodex. Zur Stärkung der Integrität im Unternehmen erfolgt laufend eine Auffrischung in den Personalgesprächen. Positive Effekte ergeben sich durch die Ausstrahlung in den privaten Bereich und die Verhinderung der Straffälligkeit der Mitarbeiter. Kommt es allerdings trotzdem zu Verstößen, festigen Sanktionen die Glaubwürdigkeit der Unternehmensführung.
  Es ist wichtig, bei Mitarbeitern, Agenten, Geschäftspartnern (Zulieferer, Abnehmer) und Wettbewerbern Transparenz über die Ziele der Selbstverpflichtung zu schaffen.
- Integritätspakt:
  Der Integritätspakt (IP) ist ein Instrument, das von TI entwickelt wurde, um Regierungen, Kommunalverwaltungen, der Wirtschaft und der Zivilgesellschaft bei der Bekämpfung der Korruption bei öffentlichen Beschaffungsverfahren zu helfen. IP's gelten normalerweise für Verträge, bei denen der eine Vertragspartner eine Zentral-, Bundes- oder Kommunalverwaltung oder ein öffentliches Unternehmen ist (der "Auftraggeber"), die andere Vertragspartei ein privates Unternehmen, das an dem Erhalt eines Auftrages und an seiner Durchführung interessiert ist (der "Auftragnehmer"). Der IP kann aber ohne weiteres auch von einem privaten Auftraggeber verwendet werden.
- Anforderungen an das öffentliche Umfeld:
  Der wohl wichtigste Aspekt neben einem funktionierenden Rechtssystem sind gesellschaftlich gut verankerte Moralvorstellungen. An Politik und Medien liegt es, öffentlichen Druck gegen Korruption zu erzeugen.
- Vier-Augen-Prinzip:
  Alle Dokumente (Verträge, Bestellungen etc.) werden von mindestens 2 Personen geprüft und abgezeichnet.

- Job Rotation:
  Regelmäßiger Austausch der Mitarbeiter in korruptionsgefährdeten Funktionen.
- Transparenz schaffen:
  Kommunikation von Maßnahmen und Entwicklungen und Gemeinsames Vorgehen mit Lieferanten und Wiederverkäufern.
- Ombudsmann:
  Sensible Verfolgung eines Vorgangs ohne Störung des Betriebsablaufs bis zur Bestätigung des Verdachts.
- Whistleblowing
  Der Begriff Whistleblowing hat – aus den USA kommend – inzwischen auch Einzug in Europa gehalten, im deutschsprachigen Raum allerdings sehr zögerlich. Nur bei uns hat der Whistleblower das Stigma des Denunzianten. Dabei bedeutet Whistleblowing, dass Beschäftigte sich aus uneigennützigen Motiven gegen in ihrem Arbeitsumfeld beobachtete Fälle von Korruption oder ungesetzlichen, unlauteren oder ethisch zweifelhaften Praktiken wenden und Hinweise geben.

Dass unsere Arbeit nicht vergebens ist, zeigen die zahlreichen Erfolge von Transparency International.

Der bisher größte Erfolg von TI ist die OECD-Konvention zur Korruption im Außenhandel, die seit 1999 in Kraft ist, sowie die UN- Konvention betreffend »crime prevention« (einschließlich Korruption), die mit der in Wien ansässigen UN- Organisation erarbeitet und 2004 von mehr als 120 Ländern unterzeichnet wurde.

Mit dem Integritätspakt hat TI ein Modell zur Eindämmung der Korruption bei der Vergabe öffentlicher Aufträge, bei Privatisierungen und der Vergabe staatlicher Lizenzen entwickelt.

Transparency International arbeitet systemisch – die Aufgabe dieser NGO ist nicht das Anprangern von Einzelfällen. Diese Arbeit leisten Journalisten, von denen viele TI-Mitglieder sind. Die Arbeit von TI konzentriert sich vielmehr auf Prävention und die Reform von Systemen. Für die Bekämpfung von Korruption sind alle Stakeholder gefordert – Regierung und öffentlicher Sektor, die Zivilgesellschaft und natürlich die Wirtschaft. Corporate Social Responsibility gewinnt in diesem Zusammenhang zunehmend an Bedeutung, schließlich werden seitens der Politik, der Medien und der Bevölkerung die Stimmen nach einer ethisch sauberen Wirtschaft immer lauter.

Auch das Wirtschaftssystem selbst ist durch Ideendiebstahl, mangelnde Zahlungsmoral, betrügerische Konkurse und unlauteren Wettbewerb Opfer von Korruption und mangelnder Transparenz.

Ethik und Moral als Mittel der Korruptionsbekämpfung und -prävention

Robert Gmeiner[1]

Korruption zu bekämpfen ist wichtig, aber allein nicht ausreichend

Korruption wird zusehends thematisiert und als Problem wahrgenommen – nicht nur, aber immer sehr prominent (und zumeist ausgebreitet an konkreten Fällen) im öffentlicher Sektor. Nach Maßnahmen wird gerufen – häufig, heftig und schnell nach Maßnahmen der Korruptionsbekämpfung, der Repression wie etwa Nachbesserungen von internen Kontroll- und Revisionssystemen, verstärkte polizeiliche Ermittlungen[2] oder Verschärfungen und Ergänzungen des Dienst- und Strafrechts.[3] Zusehends wird aber erkannt, dass (Straf)Verfolgung und Sanktionen wichtig, ja zwingend, aber auch nicht ausreichend sind.

Eine Frage der Ethik[4]

Repressive Maßnahmen sind durch präventive Konzepte zu ergänzen, also Maßnahmen, die einem Entstehen von Korruption entgegenwirken – dieser Zusammenhang wird international und national immer klarer. So empfiehlt die OECD ein umfassendes „Integritätsmanagement" als Kombination von „compliance based management" (das ist im Wesentlichen das Vorschreiben, Erzwingen, Kontrollieren, Verfolgen und Sanktionieren von Recht) und „integrity based management": Hier liegt der Schwerpunkt auf der Internalisierung von ethisch relevanten Werten einer Person und Organisation zur Vermeidung korrupten Verhaltens. V.a. im angelsächsischen, aber in jüngerer Zeit auch im kontinentaleuropäischen Umfeld, wird zunehmend „soft law" in der Form von Verhaltenskodizes oder Codes of Conduct erarbeitet und festgelegt.[5] Sich diesem Trend (und internationalen Vorgaben wie GRECO oder der UN-Konvention gegen Korruption) nicht verschließend, hat auch die österreichische Bundesregierung den Arbeitsauftrag erteilt, „im Zuge der

1 Dieser Beitrag gibt die persönliche Auffassung des Autors wieder.

2 Vgl. die Schaffung von sog. BIA (Büro für interne Angelegenheiten) im BMI und BMF.

3 Vgl. Strafrechtsänderungsgesetz 2008.

4 Vgl. zum Nachfolgenden mwN *Gmeiner*, Verwaltungsethik in Österreich – Eine Skizze, in: *Lienbacher; Thanner; Tschirf; Weiss* (Hg), FS Jürgen Weiss (2007), 199ff.

5 Vgl. den Observatory on Ethics Codes and Codes of Conduct in OECD Countries auf der website der OECD (*www.oecd.org*); *KDZ – Zentrum für Verwaltungsforschung* (Hg), Codes of Conduct – Ein internationaler Vergleich. Ethik, Interessenkonflikte und Korruptionsprävention (2007), diese Studie wurde im Auftrag des Bundeskanzleramtes im Rahmen des Projektes zur Erarbeitung eines Code of Conduct (siehe FN 6) erstellt.

Bemühungen um eine Reform der staatlichen Verwaltung Maßnahmen zu ergreifen, die einem Entstehen von Korruption entgegenwirken". In diesem Zusammenhang soll ein Code of Conduct erarbeitet werden.[6] Im Zuge der (jedenfalls in der österreichischen Debatte herausragenden) Bemühungen zur Korruptionsprävention in der Wiener Stadtverwaltung ist 2005 (als praktische Handlungshilfe für die Bediensteten des Magistrats, aber auch als Information für die Bürger) ein Handbuch herausgegeben worden, das den Titel trägt: „Eine Frage der Ethik".[7]

Zusammenwirken von Werten, Ethik und Handlungsanleitungen

Die verschiedenen Codes of Conduct zeigen zumeist – in durchaus unterschiedlicher Ausprägung – eine Zusammenführung von Definitionen von Werten, ethischen Standards, Pflichten und Tugenden einerseits mit (tätigkeits)spezifischen Handlungsanleitungen für die tägliche Arbeit der Bedienstete.[8] Es können also bei eher werteorientierten Codes of Conduct Werte in einer Bandbreite von Demokratie, Transparenz oder Verantwortlichkeit über eher berufsbezogene Werte wie Kompetenz, Effektivität zu Werten im Umgang mit Menschen wie Respekt, Fairness, Diversität oder Ehrlichkeit gefunden werden. In verschiedenen Ausprägungen kommt hier der Wert der Unabhängigkeit, Unparteilichkeit oder Unvoreingenommenheit immer vor. Bei den stärker normativen Dokumenten der Korruptionsprävention wird auf die Vermeidung von Interessenkonflikten in konkreten Bereichen wie Geschenkannahme, Nebenbeschäftigung, Befangenheit oder Verschwiegenheit fokussiert, indem auch z.T. konkrete Anweisungen, Pflichten und Verfahren festgelegt werden. Insgesamt sollen Mitarbeiter weniger korrumpierenden Situationen ausgesetzt werden, aber auch das Wissen, Bewusstsein und die Integrität erlangen und besitzen, „ethisch richtige" Entscheidungen zu treffen und diese verantworten zu können.

Was ist Ethik?

Es bleibt – hier in aller Kürze – die Frage zu beantworten: Was ist Ethik? Der alltagssprachliche Umgang, der Ethik mit moralischen Grundsätzen Werten und Normen einer Gruppe, einer Gesellschaft gleichsetzt, muss ein wenig differenziert werden. Demnach wäre Moral die gelebte sittliche Überzeugung (was jemand oder eine Gruppe als gültig anerkennt; „was sich gehört"), wäh-

---

[6] Regierungsprogramm für die XXIII. Gesetzgebungsperiode (2007), 31.

[7] Vgl. Dazu umfassend *www.antikorruption.wien.at.*

[8] Eine solche Feststellung ist durchaus auch für den „privatwirtschaftlichen Sektor" gültig, vgl. nur beispielsweise ein „WerteManagementsystem" der FraportAG oder Codes of Conduct von Ernst&Young oder KPMG.

rend unter Ethik die methodisch-kritische Reflexion („die Theorie") der Moral bzw. des menschlichen Handelns verstanden werden kann. Ethik beschreibt nicht nur faktisches Handeln, ihr Interesse liegt darin, wie gehandelt werden soll! Aber Ethik bietet keine fertigen Antworten! Vielmehr ist es an der Ethik, Fragen zu stellen! Ethik liefert demnach keine Handlungsanleitungen, sondern prüft moralische Urteile argumentativ auf ihre Stichhaltigkeit, Verallgemeinerbarkeit und Einsichtigkeit bzw. nennt Gesichtspunkte ihrer Findung. Ethik kann hinterfragen, was z.B. vorher fraglos war („das war immer so"): „Der Moralist hat Antworten, der Ethiker stellt Fragen." *Schweizer* beschreibt Ethiker als „Menschen, die in einem moralischen Zwiespalt nicht nur den Bauch, sondern obendrein eine umfängliche Theoriepalette konsultieren."[9]

Zunehmende Bedeutung der Ethik

Man muss nicht so weit gehen wie *Isensee*: „Eine gut ausgebildete, in allen Köpfen gut verankerte Ethik macht jedoch die Verbotsnormen weitgehend überflüssig. Sie müssen nur noch auf die wenigen schwarzen Schafe angewendet werden. Im Gegensatz jedoch zum Recht, das anordnet und mit Sanktionen droht, wendet sich die Ethik an die Fähigkeit des Menschen zur Einsicht, an sein Bedürfnis, das Richtige zu tun. Die Instrumente sind daher die öffentliche Diskussion, der Unterricht, das vorgelebte gute Beispiel, die Zivilcourage, Mitarbeiter gegebenenfalls rechtzeitig auf ihr Fehlverhalten anzusprechen."[10] Evident ist aber, dass Recht und dessen Kontrolle und Sanktion Korruption nur unvollständig erfassen kann (z.B. zeitlich erst, wenn „etwas passiert ist") und daher (ergänzend und unterstützend) ein umfassender ethischer Ansatz diskutiert, propagiert wird und sukzessive und verstärkt umgesetzt wird und werden soll.

Dabei darf nicht übersehen werden, dass es eine Reihe von „Erfolgsfaktoren" gibt, damit der Ruf nach Ethik in der öffentlichen Verwaltung (manche sprechen von einer „Mode" oder einem „Boom") nicht ungehört bleibt, wie insbesondere:

- *Integrativer Ansatz:* „Wir beginnen nicht bei Null" – im Gegenteil: Folgt man dem Bild einer „ethischen Infrastruktur" (wie es die OECD verfolgt), gibt es schon viele Instrumente und Elemente zur Prävention unethischen Verhaltens wie etwa Dienst- und Strafrecht (auch in deren präventiver Wirkung), Leitbilder, oder Aktivitäten im Bereich der Aus-, Fort- und Weiterbildung. Solche Elemente sind zu vernetzen, zu verstärken und ggf. zu ergänzen etwa durch einen Verhaltenskodex.[11]

---

[9] *Schweizer*, Moralische Taschenrechner, in: Die Zeit 2000/47.

[10] *Isensee*, Das Amt als Medium des Gemeinwohls in der freiheitlichen Demokratie, in: Schuppert; Neidhardt (Hg), Gemeinwohl – Auf der Suche nach Substanz (2002), 241 ff (263).

[11] Siehe FN 6; vgl. den Verhaltenskodex des Rechnungshofes.

- *Organisation und Führung:* So zentral es ist, den Mitarbeiter mit seinen Werten, Haltungen und Einstellungen anzusprechen (es sind eben nicht nur die „wenigen schwarzen Schafe“ sondern dieses Problem betrifft „mich“), so dürfen auch die Organisation (mit ihren Strukturen und Prozessen und den Vorkehrungen für deren Einhaltung) und die Führung (damit sind sowohl die Politik als auch die Führungskräfte gemeint) nicht aus der Verantwortung entlassen werden. Man denke hier an Verbesserungen von Internen Kontrollsystemen (IKS), an Führungsgrundsätze und insgesamt die „Vorbildwirkung“ von bestimmtem (Führungs)Verhalten.
- *Glaubwürdigkeit:* Alle Maßnahmen in diesem Bereich und v.a. ein Verhaltenskodex müssen den Test bestehen, dass sie Nutzen (und zwar für alle Beteiligten) stiften: Der Code of Conduct darf daher weder zu allgemein („nichts sagend“) noch zu spezifisch und detailliert (kein „Nachschlagewerk“), trotzdem aber kurz, klar und konkret sein.
- *Wirkung:* Ein Verhaltenskodex kann – im Anschluss an zuvor Gesagtes – keine fertigen Antworten geben, sondern muss Irritation erzeugen, Fragen evozieren, zur Nachfrage, zum Einholen von Rat (z.B. durch Vorgesetzte) auffordern, aber auch das Vertrauen in das eigene Urteil stärken und damit Mitarbeitern Unterstützung für das „richtige Entscheiden“ bieten können.
- *Keine Einmalaktion, sondern ein Prozess:* Die Befolgung eines Code of Conduct ist damit auch kein Automatismus und kann nicht per Knopfdruck verordnet werden („top-down“). Ein Verhaltenskodex muss sich als der Beginn und die Förderung eines Prozesses verstehen und verstanden werden! Ein solcher kann nur gelingen, wenn der Kodex so implementiert wird, dass er im Alltag wirklich gelebt wird – zu einem Bestandteil der Unternehmenskultur wird! Für dieses Ingangsetzen und -halten des Prozess sind alle Beteiligten verantwortlich!

Chancen und Risken

Wenn über präventive Maßnahmen eine Norminternalisierung und damit in der Folge sowohl eine Selbstkontrolle („in den Spiegel schauen“) als auch eine Kontrolle durch Dritte (z.B. ein Verhaltenskodex als „Maßstab“ für die Öffentlichkeit) erfolgt, wird eine Verhaltenssteuerung wirksam, die vergleichsweise umfassend, zeitnah (die „Seismographen schlagen an, wenn sich etwas anbahnt und nicht erst, wenn etwas passiert ist“) und kostengünstig erreicht werden könnte. Aber es braucht genauso die Kontrolle sowie die Sanktionsdrohung im Fall der Regelverletzung. Beide Ansätze müssen sich wechselseitig ergänzen.

Eine „Moralisierung“ der Verwaltung hat aber auch ihre Risken: Es muss höchst sensibel wahrgenommen werden, dass Maßnahmen in diesem Bereich bei den Mitarbeitern nicht als (generelles) Misstrauen ankommen und die Mitarbeiter (noch mehr) verunsichern (sie sich z.B. „nicht mehr trauen, etwas zu entscheiden“). In der Wirkung von mehr und strikteren Normen nach außen muss gesehen werden, dass – objektiv – bei vielleicht gleich bleibendem Niveau des Fehlverhaltens – die Menge an Normverletzungen zunehmen kann („die Netze sind dichter“) und – subjektiv – ein solcher Eindruck von „mehr Fehlverhalten“ wohl auch kaum verhindert werden kann. Die Gefahr medialer und politischer Instrumentalisierung (etwa eine „moralinschwangere Forderung nach höheren Verhaltensstandards“) ist erfahrungsgemäß zudem nicht von der Hand zu weisen.

Was also tun? Das Thema nicht anrühren? Die Flinte ins Korn werfen? Nein! Die Antwort kann und darf nur lauten: Es ist mehr als bisher gegen Korruption zu tun!

Verwaltungsethik in Österreich - Eine Skizze

Robert Gmeiner

1. Einleitung

Ein zunehmendes Interesse an Fragen der Ethik ist feststellbar. Die Fragestellungen der verschiedenen Bereiche „angewandter Ethik“ (der sog. „Bereichs- oder Bindestrichethiken“)[1] werden umfassender, die Diskussionen intensiver: (Uns alle betreffende) zentrale Fragen unseres Lebens wie jene eines menschenwürdigen Sterbens sind Gegenstand der Medizinethik; Medien müssen sich – im Zusammenhang mit Berichterstattungen über Personen des öffentlichen Lebens – (medien)ethische Fragen gefallen lassen; umweltethische Fragen im Zusammenhang mit Klimawandel und individuellem Ressourcenverbrauch stellen sich uns beinahe täglich; Wirtschaftsmanagern werden in Gerichtsverfahren wirtschaftsethische Fragen vorgehalten[2]; „Ethik-Fonds“ boomen; Unternehmen lassen sich von „ethischen Grundsätzen“ leiten[3] oder diskutieren „corporate social responsibility“[4], – Ethik ist (beinahe) „in aller Munde“!

Wenn die These stimmt, dass dieser „Ethik-Boom“ (dieses Bedürfnis, sich mit grundlegenden prinzipiellen Fragen auseinander zu setzen, Halt zu finden) u.a. mit gravierenden und evidenten Veränderungen in unserem Gesellschafts- und Wertgefüge zusammenhängt, dann wird das Bild –wenn man die öffentliche Verwaltung in den Blick nimmt – ambivalenter: Zweifelsfrei unterliegt (und unterzieht sich) die (öffentliche) Verwaltung und damit der öffentliche Dienst[5] derzeit enormen Veränderungen – es müssen hier wenige Beispiele genügen: e-Government; NPM - New Public Management oder „Neueres Steuerungsmodell“; Europäische Integration; Revision des Dienst- v.a. des Besoldungsrechts („Beamte als Auslaufmodell“). Man gewinnt außerdem den Eindruck, dass im Zusammenhang mit Verhalten von Bediensteten der öffentlichen Verwaltung verstärkt (neben anderen) auch ethische Fragen aufgeworfen werden (müssten): Nebenbeschäftigungen von Beamten, das Verhältnis zwischen dienstlicher Tätigkeit und „privaten“ Kontakten, „Geschenkannahmen“ als Stichworte mögen an dieser Stelle genügen. Bei näherer Betrachtung fällt aber auf, dass vielfach ethische Kontexte und Probleme nur angerissen werden, der Begriff der Ethik selten explizit gemacht wird und eine vertiefte

---

[1] *Julian Nida-Rümelin*, Angewandte Ethik. Die Bereichsethiken und ihre theoretische Fundierung. Ein Handbuch (^{2}2006).

[2] Vgl. *Roland Hefendehl*, Corporate Governance und Business Ethics. Scheinberuhigung oder Alternativen bei der Bekämpfung von Wirtschaftskriminalität, JZ 3/2006, 199 ff.

[3] Vgl. etwa als ein Beispiel *http://www.deloitte.com/dtt/cda/doc/content/de_Ethik_Verhaltensgrundsaetze_160106.pdf.*

[4] Vgl. etwa *http://www.respact.at.*

[5] Dazu mwN *Gerhard Holzinger/Peter Oberndorfer/Bernhard Raschauer* (Hrsg), Österreichische Verwaltungslehre (^{2}2006).

Auseinandersetzung zumeist fehlt. Mit anderen Worten – und damit bin ich bei meiner zentralen These: Während „public service ethics“ im angloamerikanischen Bereich schon eine vergleichsweise lange Tradition hat, hinkt die Diskussion verwaltungsethischer Fragen in Kontinentaleuropa (noch) nach bzw. ist entwicklungsfähig.[6]

2. Verwaltungsethik in Österreich – Eine erste Orientierung

Während für die Schweiz[7] oder Deutschland[8] bereits intensive(re) wissenschaftliche Auseinandersetzungen mit diesem Thema eruiert werden können, ist der Befund für Österreich noch vergleichsweise dürftig.[9] Mit diesem Beitrag soll und kann daher nicht mehr als die Vielfalt und einige Aspekte eines höchst komplexen Themas aufgezeigt werden (ohne diese hier vertiefen zu können), auch und v.a. um damit die Diskussion anzuregen.[10]

Blickt man in das gängige und aktuelle Buch zur Verwaltungslehre in Österreich[11] findet sich im Stichwortverzeichnis eine Eintragung zu „Ethik“ (konkret bezogen auf Sachverständigenkommissionen zur Entscheidung (sic!) von Fragen der Ethik mit der Gentechnikkommission als Beispiel)[12]. Gleichwohl

---

[6] Vgl. *Nathalie Behnke*, Ethik in Politik in Verwaltung. Entstehung und Funktionen ethischer Normen in Deutschland und den USA (2004); *Wolfgang H. Lorig*, „Good Governance“ und „Pubic Service Ethics“. Amtsprinzip und Amtsverantwortung im elektronischen Zeitalter, APuZ B 18/2004, 24 ff; vgl. schon *Hans Peters*, Lehrbuch der Verwaltung (1949), 26 f.

[7] *Albert Hofmeister* (Hrsg), Brauchen wir eine neue Ethik in der Verwaltung? (2000); *H. Mano Solinski*, Perspektiven ethikbewussten Verhaltens in öffentlichen Verwaltungen in der Schweiz. Überlegungen und Anregungen zur Einführung eines auf amerikanischer Erfahrung beruhenden Ethikverständnisses (1993); vgl. auch *Parlamentarische Verwaltungskontrollstelle* (Hrsg), Ethik im öffentlichen Dienst. Bericht der parlamentarischen Verwaltungskontrollstelle zuhanden der Geschäftsprüfungskommission des Nationalrates vom 30. Oktober 1998, in: Bundesblatt Nr. 1, 11.1.2000, 29 ff.

[8] *Nathalie Behnke*, Ethik (FN 6); *dieselbe*, Ethik-Maßnahmen für die öffentliche Verwaltung – Modeerscheinung oder Mauerblümchen?, in: *Jörg Bogumil/Werner Jann/Frank Nullmeier* (Hrsg), Politik und Verwaltung (2006), 250 ff; *Thomas Faust*, Organisationskultur und Ethik. Perspektiven für öffentliche Verwaltungen (2003); *Patrick von Maravcic/Christoph Reichard* (Hrsg), Ethik, Integrität und Korruption – Neue Herausforderungen im sich wandelnden öffentlichen Sektor? (2005); *Karl-Peter Sommermann*, Brauchen wir eine Ethik des öffentlichen Dienstes?, Verwaltungsarchiv 1998, 298 ff; kritisch etwa *Hans-Ulrich Derlien*, Sozialwissenschaftliche Anmerkungen zur Ethik-Diskussion, in: *Albert Hofmeister* (Hrsg), Ethik (FN 7), 67 ff.

[9] Vgl. neben nachfolgenden Hinweisen *Johann Freiler*, Ethik in der öffentlichen Verwaltung? Gute Verwaltungspraxis auf kommunalen Ebenen. Master-Thesis an der Donauuniversität Krems (2005) und die Themenschwerpunkte „Ethik im öffentlichen Dienst“, in: VerwaltungHeute 33/2000, 3 ff, bzw. „Verwaltungskultur“, in: VerwaltungHeute 34/2000, 3 ff.

[10] Der Autor dankt an dieser Stelle ausdrücklich Dr. Helgar Wurzer und Univ.Prof. DDr. Josef Isensee für viele wertvolle Hinweise sowie Mag. Franz Jenewein und Mitarbeiterinnen und Mitarbeitern der Tiroler Landesverwaltung für die Auseinandersetzung mit diesem Thema im Zuge von Seminaren der Tiroler Verwaltungsakademie.

[11] *Gerhard Holzinger/Peter Oberndorfer/Bernhard Raschauer* (Hrsg), Verwaltungslehre (FN 5).

[12] *Peter Oberndorfer*, Die Verwaltung im politisch-gesellschaftlichen Umfeld, in: *Gerhard Holzinger/Peter Oberndorfer/Bernhard Raschauer* (Hrsg), Verwaltungslehre (FN 5), 101.

werden an anderer Stelle die „ethischen Grundeinstellungen des Verwaltungsbediensteten" und der Begriff „Verwaltungsethik" ausdrücklich angesprochen; letzteres bedeute, dass „es eine Verwaltungsverantwortung gibt, die auch die politische Führung der Verwaltung nicht abnehmen kann". Und weiter: Werde die gebotene Verwaltungsverantwortung missachtet, könne dies zur Entstehung von „Administrative Evil" führen. Der öffentliche Dienst in unserer Zeit sei nach den traumatischen Erlebnissen des vergangenen Jahrhunderts, insbesondere dem Holocaust „besonders gefährdet, die notwendige ethische Bindung zu vernachlässigen und moralische Anforderungen zu vergessen".[13] Nach Klaus Hartmann – im gleichen Buch – erfordere die effektive Umsetzung der Dienstpflichten der öffentliche Bediensteten „das Vorhandensein eines ausgeprägten Berufsethos", das Disziplinarrecht reiche allein nicht aus dafür zu sorgen, dass die Dienstpflichten tatsächlich gelebt werden.[14] Aus diesem an sich dürftigen Befund eine Schlussfolgerung zu ziehen, die Verwaltung (und damit auch die Verwaltungslehre) sind „ethik-abstinent", wären aber vorschnell und unzutreffend. Dafür mögen im Folgenden einige Beispiele angerissen werden (auf die in weiterer Folge noch zurück zu kommen sein wird):

Man gewinnt tatsächlich eher den Eindruck, dass Themenstellungen, die auch in einem ethischen Kontext betrachtet werden könn(t)en, an vielen anderen Stellen vorkommen, dort aber Ethik nicht explizit gemacht wird.[15] Dieses Missverhältnis ist wohl darauf zurück zu führen, dass traditionell die Verwaltung auf eine rechtliche Betrachtung eng geführt wird.[16] Verhaltenssteuerung von öffentlich Bediensteten durch Recht (von der verfassungsrechtlichen Stufe bis zum Erlass oder der individuellen Weisung) hat eine lange Tradition, das Netz an Regelungen ist mittlerweile sehr systematisch und dicht. Gerade das Beamtentum – Voll- und auf Lebenszeit arbeitend, loyal (treu), konstant auch bei wechselnden Staats- und Regierungsformen, rechtsstaatlich orientiert – und die dortige Diskussion zum „Beamtenethos" machen dies deutlich.[17]

---

[13] *Peter Oberndorfer*, Verwaltung (FN 12), 44.

[14] *Klaus Hartmann*, Das Personal der Verwaltung, in: *Gerhard Holzinger/Peter Oberndorfer/Bernhard Raschauer* (Hrsg), Verwaltungslehre (FN 5), 299 ff (324).

[15] Vgl. neben den bereits erwähnten Beiträgen auch *Gudrun Trauner*, E-Government, in: *Gerhard Holzinger/Peter Oberndorfer/Bernhard Raschauer*, (Hrsg), Verwaltungslehre (FN 5), 267 ff.

[16] Vgl. die gängigen Lehrbücher zum Verwaltungsrecht, u.a. *Ludwig K. Adamovich/Bernd-Christian Funk*, Allgemeines Verwaltungsrecht (³1987), *Arno Kahl/Karl Weber*, Allgemeines Verwaltungsrecht (2007), *Gerhard Baumgartner*, Allgemeines Verwaltungsrecht (³2003), *Thomas E. Walzel von Wiesentreu*, Grundlagen des Allgemeinen Verwaltungsrechts und des Verwaltungsverfahrensrechts. Eine Einführung (2005), die ohne ausdrückliche Hinweise auf „Ethik" auskommen; lediglich bei *Walter Antoniolli/Friedrich Koja*, Allgemeines Verwaltungsrecht (³1996), 93, findet sich der explizite Hinweis, dass es für einen Rechtswissenschafter gilt, das positive Recht zu beschreiben, zu ordnen und auszulegen, nicht aber sei es seine Aufgabe „ethisch die moralische Richtigkeit und Verbindlichkeit des Rechts im Gewissen zu prüfen.".

[17] *Waltraud Heindl*, Steiflichter zur Geschichte des „Beamtenethos", in: VerwaltungHeute 34/2000, 6; siehe schon *Fritz Morstein Marx*, Beamtenethos und Verwaltungsethik. Eine einführende Skizze, Verwaltungsarchiv 1963, 323 ff; vgl. jüngst die 3. Arbeitssitzung „Beamte oder ‚Bundesmitarbeiter'?" der Frühjahrstagung der Österreichischen Juristenkommission, Weissenbach, 15.-17.5.2007.

Die Dominanz legalistischer Betrachtung und juristischer Expertise hat zur Folge, dass das ethische Argument – jetzt in der wissenschaftlichen Perspektive – selten ausdrücklich gemacht (tendenziell sogar marginalisiert) ist. Ethik wird subsumiert oder als etwas Vorausgesetztes gesehen: Charakteristika der Verwaltung liegen in Begriffen wie „öffentlich", „Dienst", „Amt", „öffentliches Interesse", „res publica", „Staatsaufgaben", etc.,[18] – allesamt sehr „ethikaffine" Begriffe, nur selten aber wird Ethik wörtlich angesprochen: „Dem Amt korrespondiert eine bestimmte Ethik. Diese ist so alt wie die Einrichtung des Amtes selbst. Sie begleitet den modernen öffentlichen Dienst seit seiner Ausbildung im Laufe der Neuzeit. Im Kern geht es in allen ihren Ausprägungen immer um dasselbe, nämlich darum, das gut ausgebildete, integre, unbescholtene, unbestechliche, verschwiegene und treue Personen sich für das allgemeine Wohl engagieren."[19] Josef Isensee spricht davon, dass „die Amts- und Dienstpflichten sich nicht vollständig verrechtlichen lassen, dass ein überschießender ethischer Rest bleibt, mehr noch, dass das Amt des Beamten wie jedes andere Amt auch ethische Erwartungen an seinen Inhaber verkörpert."[20] Zudem wird immer klarer, dass die Vorgabe von Normen „von oben" unzureichend ist und die Mitarbeiter sich damit nicht mehr identifizieren können. Es bleiben also Fragen, wie Normen und Werte erarbeitet, kommuniziert und – nicht nur „top-down" verordnet, sondern – gelebt werden.[21]

Diese Diskrepanz – „Ethik ist auch drin, selbst wenn Ethik nicht drauf steht" – wird auch unter anderen Perspektiven deutlich: Die Gesellschaft, das Recht, die Medien und die Verwaltung selbst beschäftigten sich intensiv mit „Korruption". Es wird aber immer klarer, dass dieses Phänomen in einem größeren Zusammenhang konzeptionalisiert werden muss, es neben repressiven Antworten auch um Bewusstseinsbildung, Schulung, Sensibilisierung und Prävention geht und rechtliche Betrachtungen um politische, soziologische und ethische Betrachtungen erweitert werden müssen.[22] Viele Initiativen für eine Ethik im öffentlichen Dienst beruhen auch auf der Einsicht, dass repressive Maßnahmen zur Verhinderung von Amtsdelikten nicht ausreichen. Rechtliche Sanktionen von Normverstößen bedürfen der Ergänzung durch präventive

---

[18] Vgl. dazu mwN *Ulrich E. Zellenberg*, Rolle und Funktion des öffentlichen Dienstes, in: *Österreichische Verwaltungswissenschaftliche Gesellschaft* (Hrsg), Der öffentliche Dienst im gesellschaftlichen System 2003 plus – Neue Herausforderungen (2005), 45 ff.

[19] *Ulrich E. Zellenberg*, Öffentlicher Dienst (FN 18), 51.

[20] *Josef Isensee*, Das Amt als Medium des Gemeinwohls in der freiheitlichen Demokratie, in: *Gunnar Folke Schuppert/Friedhelm Neidhardt* (Hrsg), Gemeinwohl – Auf der Suche nach Substanz (2002), 241 ff (263).

[21] Vgl. *Thomas Faust*, Organisationskultur und Ethik (FN 8), 230, der davon spricht, dass ethische Inhalte und Postulate in öffentlichen Verwaltungen in der der derzeitigen Praxis oft durch fallweise – vorzugsweise schriftliche – Belehrungen transportiert werden, die von den Mitarbeitern durch Unterschrift zu bestätigen sind.

[22] *Martin Kreutner* (Hrsg), The Corruption Monster. Ethik, Politik und Korruption (2006); *derselbe*, „Problembewusstsein schaffen". Interview, in: Öffentliche Sicherheit 3-4/2005, 19 ff; *Karl Seyfried*, Jahrestagung der Internen Revision, in: VerwaltungInnovativ, 20.3.2007, 12; *Peter Svirak*, Korruptionsprävention in der österreichischen Exekutive. Master-Thesis an der Donauuniversität Krems (2006); vgl. auch den 1. Österreichischen Anti-Korruptions-Tag, Altlengbach, 5.-6.6.2007.

Instrumente, die nicht in erster Linie unerwünschte Handlungen unterbinden, sondern im Rahmen einer positiven Amtskultur Anreize für erwünschtes Verhalten im öffentlichen Dienst setzen.[23]

Aus- und Fortbildung der Bediensteten hat einen hohen Stellenwert in öffentlichen Verwaltungen. Auch hier ist es – auch nur bei oberflächlicher Betrachtung – ein Leichtes fest zu stellen, dass Fragen der Ethik nur selten frontal und direkt bearbeitet werden (i.S. von „Ethikseminaren")[24] siehe dazu....). Zur Förderung (auch) ethischen Verhaltens wird aber eine breite Palette von Schulungen, Veranstaltungen, Kursen in Bereichen wie Kommunikation, Konfliktmanagement, Führung und Führungsverhalten ebenso veranstaltet wie Veränderungs- und Entwicklungsprozesse im Organisations- und Personalbereich (und damit in der Organisations- und Verwaltungskultur[25]) z.B. durch Leitbildprozesse, Führungsgrundsätze oder Mitarbeitergespräche gestartet und durchgeführt.

Entscheidend aber ist, dass in der täglichen Praxis Bedienstete der öffentlichen Verwaltung mit Fragen ethisch korrekten Verhaltens konfrontiert sind und werden – auch hier zumeist ohne, dass der Begriff Ethik überhaupt benannt wird: Darf ich die Einladung zum Mittagessen annehmen? Ist das Verhalten des Kollegen der Mitarbeiterin gegenüber korrekt? Behandelt der Beamte Parteien korrekt? Wie behandelt der Vorgesetzte seine Mitarbeiterinnen und Mitarbeiter? Ist es in Ordnung, wenn ich den Computer im Büro auch für private Zwecke nutze? Oder genereller: Wie bringt der Sachbearbeiter – in der konkreten Entscheidungssituation – (klassische) Werte wie Amtsverschwiegenheit mit (neueren) Werten wie Transparenz und Effizienz in Einklang? An welche ethischen Maßstäbe soll sich (Ermessens)Entscheiden in komplexen Handlungsspielräumen orientieren?

Ein erstes Zwischenresümee könnte lauten, dass die Fragen, mit denen sich Ethik im öffentlichen Dienst befasst – wie etwa Loyalität, Effektivität und Neutralität der Verwaltung oder Korruptionsbekämpfung und Vermeidung von Interessenskonflikten – alt sind, die Entwicklung, diese mit dem Begriff der Ethik zu konnotieren, aber vergleichsweise neu ist. Behnke spricht von einer „Wahrnehmung der alten Problematik unter der neuen Begrifflichkeit".[26]

3. Begriffsannäherungen

In der Alltagssprache verstehen wir unter Ethik die moralischen Grundsätze, Normen und Werte in der Gesellschaft. Nicht selten werden Ethik und Moral

[23] *Parlamentarische Verwaltungskontrollstelle* (Hrsg), Ethik (FN 7), 32.

[24] Vgl. dazu die Kursangebote der Verwaltungsakademien von Tirol bzw. Vorarlberg.

[25] Zu diesem Begriff vgl. *Stephan Pesendorfer*, Verwaltungskultur in Österreich, ZfV 1994, 133 ff; *Josef Wegenberger*, Korruptionsprävention und Unternehmenskultur, in: Perspektiven 2/2004, 33 ff; siehe auch VerwaltungHeute 34/2000.

[26] *Nathalie Behnke*, Ethik-Maßnahmen (FN 8), 250.

gleichgesetzt. Im wissenschaftlichen Sinn müssen aber Ethik und Moral unterschieden werden.[27]

Ethos oder Moral bedeutet die gelebte sittliche Überzeugung/Konvention einer Gruppe, einer Gesellschaft oder einer Epoche und ist damit die Gesamtheit der Verhaltensweisen und Normen, die eine bestimmte Gruppe oder Gesellschaft als gültig anerkennen. Moral ist oft unter einem Aspekt der Sittlichkeit betrachtet (gut/böse/schlecht; falsch/richtig). Man kann in der Folge gesellschaftlichen Ethos von gruppenspezifischem Ethos (als das von einer Gruppe oder einem Berufsstand sich selbst auferlegte Muster an Handlungsregeln und Grundhaltungen; Berufsethos, Standesethos) unterscheiden. „Sitten, Bräuche, Gewohnheiten" wandeln sich und können verändert werden (Beispiele: „was sich gehört"; Tischmanieren; Sexualmoral; „don´t drink and drive!").

Ethik ist demgegenüber die philosophische Wissenschaft des Ethos (die „Theorie der Moral"). Ethik kann umrissen werden als die methodisch-kritische Reflexion auf das menschliche Handeln.

Sie ist die (Reflexions)Wissenschaft (von) der Moral.[28] Die normative Differenzierung erfolgt nach Kriterien wie verantwortlich/unverantwortlich; sittlich zu rechtfertigen/sittlich nicht zu rechtsfertigen. Ethik beschreibt nicht nur faktisches Handeln, ihr Interesse liegt darin, wie gehandelt werden soll. Ethik thematisiert und prüft die „im Leben" (in der Moral) bereits wirksamen Prinzipien, Kriterien und Normen. Ethik liefert aber keine Handlungsanleitungen, sondern nennt Gesichtspunkte ihrer Findung. Ethik kann unerkannte Wertungen ans Licht bringen und helfen, ethische Probleme zu sehen, Begriffe zu klären, Argumente zu prüfen. Ethik kann Fragen stellen, Kriterien für Güterabwägungen beisteuern, Methoden ethischer Urteilsbildung erarbeiten, etc. Die Ethik kann hinterfragen, was z.B. vorher fraglos war („das war immer so"; „das haben wir immer so gemacht"), macht Antworten „fragwürdig" und damit diskussions- und begründungspflichtig. Gegenstand der Ethik sind also freie und bewusste Handlungen (und nicht bloß reflexhaftes Verhalten oder bloße Gewohnheiten) und Haltungen sowie übergreifende Einstellungen, aus denen die einzelnen Haltungen hervorgehen, sozusagen die Vorstufen der einzelnen Handlungen (nach Immanuel Kant: „Was soll ich tun?"). Ein bloßes Abwägen

---

[27] Vgl. aus der umfangreichen Literatur zum Folgenden *Günther Pöltner*, Grundkurs Medizin-Ethik (2002), 11 ff; weiterführend, aber auch nur eine Auswahl: *Marcus Düwell/Christoph Hübenthal/Micha H. Werner* (Hrsg), Handbuch Ethik ([2]2006); *Otfried Höffe* (Hrsg), Lexikon der Ethik ([6]2002); *Herlinde Pauer-Studer*, Einführung in die Ethik (2003); *Annemarie Pieper* (Hrsg), Einführung in die Ethik ([5]2003).

[28] „Jemand kann zum Beispiel ein hervorragender Ethiker und zugleich ein höchst unmoralischer Mensch sein. Man kann andererseits ohne je ein Wort über Ethik gehört zu haben, selbstverständlich ein moralisch hochstehendes und gutes Leben führen. Beides muss also nicht unbedingt zusammenfallen.", so *Peter Kampits*, Ethik zwischen Wissenschaft und Politik (2002), zitiert nach *Johann Freiler*, Ethik (FN 9), 27.

von Vor- und Nachteilen reicht nicht und ist auch methodisch unscharf. Das alles kann die Ethik! Eines aber kann sie nicht: Sie kann niemandem die Verantwortung abnehmen. Wie im konkreten Einzelfall nach Abwägung aller relevanten Gesichtspunkte zu handeln ist, muss jede/r unter Mobilisierung seiner/ihrer praktischen Urteilskraft selbst finden. Wichtig ist, dass bei der sittlichen Beurteilung einer Handlung alle ihre Strukturelemente – Ziel und Absicht; Mittel und Wege der Erreichung des Ziels; die Umstände und die Folgen – berücksichtigt werden sollen.

Angewandte Ethik konkretisiert nunmehr die allgemeinen Prinzipien und Normen im Hinblick auf spezielle Tätigkeitsbereiche. Hier sind dann die Bioethik, Medizinethik oder die Wirtschaftsethik gleichermaßen zu nennen wie die Verwaltungsethik. Verwaltungsethik (oder hier synonym gesetzt: Ethik des öffentlichen Dienstes) kann dabei verstanden werden als „Prinzipien und Standards richtigen ethischen Verhaltens in der öffentlichen Verwaltung“, als ein System von Regeln, welche die zentralen Werte der öffentlichen Verwaltung in die Alltagspraxis übersetzen. Je nach Rechts- und Verwaltungstradition sind diese Regeln eher Bestandteil einer unausgesprochenen Amtskultur oder haben eher den Charakter rechtlicher Satzungen. Ziel einer Ethik für den öffentlichen Dienst ist zum einen die Verhinderung der sich häufenden Amtsdelikte und die Wiederherstellung des Vertrauens des Publikums in den öffentlichen Dienst, zum anderen die Neuformulierung erwünschten Verhaltens im öffentlichen Dienst im Zeitalter von Budgetkürzungen und rasanten Verwaltungsreformen.[29]

Ethik im öffentlichen Dienst beschäftigt sich also mit verschiedenen Maßnahmen und Instrumenten, wie individuelles Verhalten von Mitarbeitern der öffentlichen Verwaltung unter bestimmen werten und Fragen gesteuert werden kann, also v.a. mit der Frage, wie sich Angehörige des öffentlichen Dienstes im Amt und außerhalb (in der Öffentlichkeit) gegenüber Vorgesetzten, Kollegen und Parteien sowie auch der Öffentlichkeit (also potentiellen Parteien) zu verhalten haben.

Es ist erforderlich, sich an dieser Stelle – auch in aller gebotenen Kürze – mit dem Verhältnis von Moral und Ethik zum Recht auseinander zu setzen[30]: Recht ist die für eine Rechtsgemeinschaft verbindliche Ordnung des menschlichen Zusammenlebens, die unter der Anforderung der Gerechtigkeit steht und allenfalls mit Zwang durchgesetzt wird.[31] Ethik und Recht sind beide normative Disziplinen, sie fragen wie gehandelt werden soll. Moral und Ethik können

[29] *Thomas Faust*, Verwaltungskultur und Ethik (FN 8), 159 f; *Parlamentarische Verwaltungskontrollstelle* (Hrsg), Ethik (FN 7), 33.

[30] Vgl. dazu *Gerhard Luf*, Grundfragen der Rechtsphilosophie und Rechtsethik. Einführung in die Rechtswissenschaften und ihre Methoden. Teil III (2003/2004), 44 ff.

[31] *Helmut Koziol/Rudolf Welser*, Grundriss des bürgerlichen Rechts. Band I ([13]2006), 2.

sich überschneiden (sofern moralische Verstöße einen juristischen Tatbestand erfüllen). Recht und Ethik sind aufeinander angewiesen: Jede Rechtsetzung hat ethische Implikationen (Stichwort: Gerechtigkeit). In die Formulierung rechtlicher Tatbestände können ethische Überlegungen einfließen.[32] Ethik und Moral und Recht unterscheiden sich aber auch: Das Recht ist kodifiziert bzw. niedergeschrieben (gesatzt), Ethik oder Moral dagegen selten (als Ausnahmen mögen der „Knigge" oder die 10 Gebote erwähnt werden). Recht ist sanktionsbewehrt/einklagbar – und zwar mit staatlicher Gewalt. Wer gegen moralische Gebote verstößt, wird zur Rede gestellt, muss sich rechtfertigen, wird vielleicht sozial ausgegrenzt. Ethik kann sich letztlich nur an das Gewissen wenden. Recht beurteilt Handlungen unter dem Gesichtspunkt der Legalität („es ist wichtig, dass die Gesetze befolgt werden, nicht warum"), nicht der Moralität. Aber Recht allein ist auch zu wenig! Das Recht kann „abwesend" sein, d.h. gesetzliche Regelungen können fehlen. Das Recht kann „zu langsam" sein, d.h. reagiert zu spät oder erst, wenn das Problem massiv ist (Gesetzgebungsprozesse können lange dauern). Es gibt mitunter das Problem des „unjust law": Nicht alles, was rechtlich erlaubt ist, muss ethisch zu billigen sein. Die formalen Bedingungen eines Gesetzgebungsverfahrens bedeuten noch nicht zwingend, dass das Ergebnis, das Recht „rechtens" ist (man denke an frühere rassendiskriminierende Gesetze in den USA oder Südafrika oder bestimmte Rechtnormen während der Zeit des Nationalsozialismus[33]).

4. Zum Verhältnis von Dienstrecht und Ethik

Das zuvor skizzierte Verhältnis von Recht und Ethik lässt sich auch auf der Ebene des Dienstrechts abbilden. Es ist an Josef Isensee anzuknüpfen[34]: „Eine gut ausgebildete, in allen Köpfen gut verankerte Ethik macht jedoch die Verbotsnormen weitgehend überflüssig. Sie müssen nur noch auf die wenigen schwarzen Schafe angewendet werden. Im Gegensatz jedoch zum Recht, das anordnet und mit Sanktionen droht, wendet sich die Ethik an die Fähigkeit des Menschen zur Einsicht, an sein Bedürfnis, das Richtige zu tun. Die Instrumente sind daher die öffentliche Diskussion, der Unterricht, das vorgelebte gute Beispiel, die Zivilcourage, Mitarbeiter gegebenenfalls rechtzeitig auf ihr Fehlverhalten anzusprechen."[35] Oder: „Das Recht als äußere Ordnung des Zusammenlebens erscheint zur Bekämpfung z.B. der Korruption allein nicht ausreichend. Es kann damit das Vorfeld der Korruption nicht wirksam bekämpft werden, das oft das Einfallstor für Abhängigkeiten („Anfüttern") bildet.

---

[32] Vgl. die „guten Sitten" (§ 879 ABGB), dazu mwN *Helmut Koziol/Rudolf Welser*, Grundriss (FN 31), 179 ff.

[33] Vgl. *Ulrike Davy/Helmut Fuchs/Herbert Hofmeister/Judit Marte/Ilse Reiter* (Hrsg), Nationalsozialismus und Recht. Rechtsetzung und Rechtswissenschaft in Österreich unter der Herrschaft des Nationalsozialismus (1990).

[34] *Josef Isensee*, Das Amt (FN 20).

[35] *Bundesministerium für Finanzen* (Hrsg), Gedanken zur Ethik in der Finanz- und Zollverwaltung (1999), 8.

[...] zeigt sich, dass das Straf- und Dienstrecht kein abschließendes Wertesystem darstellen, sondern um ethische Normen ergänzt werden müssen, um Mitarbeiter/innen wirksam schützen zu können. [...] Der Dienststellenethik kann ein vorhandenes Leitbild zugrundegelegt werden. [...] Die auf dem Grundkonsens der Dienstethik beruhenden Handlungsanleitungen können zu einem Verhaltenskodex zusammengefasst werden. Die wichtigsten Inhalte können auch gegenüber Kund/innen und Auftragnehmer/innen offengelegt und damit die Selbstbindung noch verstärkt werden."[36]

5. „Ethische Infrastruktur"

Die OECD[37] hat verschiedene Instrumente und Elemente zur Prävention unethischen Verhaltens mit den Funktionen Kontrolle, Orientierung und Führung identifiziert, welche zusammen die „ethische Infrastruktur" des öffentlichen Dienstes bilden.

Kontrolle wird gewährleistet durch einen klaren juristischen Rahmen mit Ermittlungs- und Sanktionsmechanismen für den Fall von Regelverletzungen, durch klare Verantwortlichkeitsregeln und mittels öffentlicher Aufsicht über die Verwaltung. Dieser Aspekt soll – weil den „Kernbestand" des Dienst- und Organisationsrechts der Verwaltung umfassend – hier nicht näher beleuchtet werden.[38] Hervorgehoben werden soll nur die vergleichsweise neue Forderung einer „Good Governance", wie sie beispielsweise Art. 41 der EU-Grundrechte-Charta (Recht auf eine gute Verwaltung) oder der Europäische Kodex für eine gute Verwaltungspraxis definieren.[39]

Durch die Definition von Normen und Werten des öffentlichen Dienstes soll Orientierung gegeben werden, die durch politisches Engagement bekräftigt, in Schulungen verinnerlicht und im Führungsverhalten vorgelebt werden sollen. Solche Festschreibungen „ethischer Standards" sind in den letzten Jahren vermehrt erfolgt, um nur einige Beispiele zu nennen: Die meisten Landesverfassungen legen Ziele und Grundsätze staatlichen Handelns fest[40], viele

---

[36] *Stadt Wien* (Hrsg), Eine Frage der Ethik. Handbuch zur Präventionsbekämpfung, Wien (2004), 38.

[37] Vgl. *OECD* (Hrsg), Die Förderung der Ethik im öffentlichen Dienst. Maßnahmen in den OECD-Mitgliedsstaaten, PUMA-Synthese Nr. 7 (2000); *dieselbe* (Hrsg), Trust in Government. Measures in OECD Countries (2000); *dieselbe* (Hrsg), Ethics in the Public Service. Current Issues and Practice (1996); vgl. für die österreichische Diskussion *Fritz Neugebauer*, Ethik in der Verwaltung ist das Rezept für Korruptionsfreiheit, in: *Martin Kreutner* (Hrsg), Corruption Monster (FN 22), 259 ff; *Norbert Schnedl*, Ethik im öffentlichen Dienst. Der richtige Zeitpunkt?, in: VerwaltungHeute 33/2000, 9 ff.

[38] Vgl. aber zum Beispiel die Standards der Internen Revision: *http://internerevision/institut/standards/.*

[39] Abrufbar z.B. über die website des Europäischen Bürgerbeauftragten: *http://www.ombudsman.europa.cu/codo/de/default.htm*; im Detail: *http://www.ombudsman.europa.eu/code/pdf/de/code2005_de.pdf.*

[40] Vgl. etwa Art. 4 der Niederösterreichischen Landesverfassung oder Art. 7 der Vorarlberger Landesverfassung.

Verwaltungen wie die Tiroler Landesverwaltung haben Leitbilder erarbeitet; Verhaltenskodizes haben im angloamerikanischen Bereich eine lange Tradition[41]; nun soll auch in Österreich ressortübergreifend und in Abstimmung mit den anderen Gebietskörperschaften ein „code of conduct" – ein Verhaltenskodex für öffentlich Bedienstete – erarbeitet werden.[42]

Nach OECD-Definition ist Führung gegeben durch gute Arbeitsbedingungen im öffentlichen Dienst und durch Ethikfachstellen[43], welche die Umsetzung genannter Elemente überwachen und untereinander koordinieren. In diesem Bereich ist Vieles zu nennen, was mittlerweile zum „Standard" des öffentlichen Dienstes gehört: Führungsgrundsätze und Führungskräfteentwicklungen, Mitarbeitergespräch, Objektivierungsverfahren, Aus- und Fortbildung (vgl. die Kursangebote der Landesverwaltungsakademien und der Verwaltungsakademie des Bundes[44]), grundlegende Veränderungen in der Organisationskommunikation[45] und Organisationsentwicklung, umfassendere Ansätze z.B. der Prävention von Mobbing[46], aber auch pragmatischere Zugänge wie „Fallbesprechungen". Aber auch gilt: von wenigen Ausnahmen abgesehen – wie etwa den Seminaren „Ethik in der öffentlichen Verwaltung" der Verwaltungsakademien von Vorarlberg und von Tirol – wird „Ethik" selten ausdrücklich genannt.

Im Rahmen des Wiener Ethikmanagement-Projekt[47], das unter dem Motto „Enttabuisieren – sensibilisieren – immunisieren" steht und als Ziel definiert „Werte wie Unbestechlichkeit und Transparenz als Forderung des eigenen Gewissens in der Dienstethik zu verankern", sind diese Ansätze u.a. entsprechenden Dokumenten, mit einem speziellen Ausbildungsprogramm, homepages, empirischen Studien und Statistiken sowie einem „Antikorruptionstelefon" aber sehr konkret und umfassend bearbeitet.

---

[41] Vgl. etwa den „International Code of Conduct for Public Officials", den die Vollversammlung der Vereinten Nationen am 12.12.1996 angenommen und zur Verbreitung in den Mitgliedsstaaten empfohlen hat; vgl. auch *Europäisches Parlament* (Hrsg), Leitfaden für die Pflichten der Beamten und Bediensteten des Europäischen Parlaments. Verhaltenskodex (2002); *Europäische Kommission* (Hrsg), Verhaltenskodex für Kommissionsmitglieder (2004); *Andrea Forintic*, Kommissionsmitglieder – Kabinette – Generaldirektoren. Regeln über Berufsethos und Arbeitsweise an der Spitze der Europäischen Kommission, in: VerwaltungHeute 33/2000, 12 ff; *Europarat* (Hrsg), Verhaltenskodex für öffentlich Bedienstete (2000).

[42] Regierungsprogramm für die XXIII. Gesetzgebungsperiode (2007), 31.

[43] Für die USA das Office of Government Ethics (OGE): *http://www.usoge.gov.*

[44] Vgl. hier nur als ein Beispiel im Kontext der Korruptionsprävention das Seminar „Dilemma Training – Entscheidungskonflikte lösen".

[45] Vgl. *Bundeskanzleramt* (Hrsg), Kommunikation im Bundeskanzleramt (2006).

[46] Siehe dazu *Bundeskanzleramt*, Prävention von Mobbing im öffentlichen Dienst. Rundschreiben, GZ: BKA-920.635/..III/1/005 (2005) sowie die Regelungen der Bundes- und Landes-Gleichbehandlungsgesetze.

[47] Vgl. mwN *http://www.wien.gv.at/verwaltung/internerevision/anti2.html*; dazu *Paul Jauernig*, Auf dem Weg zum Ethikmanagement, in: Perspektiven 2/2004, 3 ff; *Stadt Wien* (Hrsg), Frage der Ethik (FN 36).

6. Verwaltungsethische Problemfelder[48]

Privatunternehmen sind primär ihren Eigentümer/innen verpflichtet, sie sind vorrangig darauf ausgerichtet, Gewinne zu erzielen („shareholder-value"). Auch eine öffentliche Verwaltung ist primär den „Eigentümern" verpflichtet: das sind letztendlich alle Bürgerinnen und Bürger des Staates. Auch eine öffentliche Verwaltung ist in ihrer Existenz langfristig nur so lange gesichert, wie sie den Bürgern den Nutzen bringt, den diese von ihr erwarten und den eingesetzten Mitteln (Steuern) adäquate Gegenleistungen gegenüberstehen. Zusätzlich erwarten die Bürger, dass die öffentlichen Verwaltungen nach bestimmten Grundsätzen und Werten handeln. Sie haben insbesondere Anspruch auf eine korrekte Leistung – und zwar ungeachtet des Umstandes, ob als antragstellender Förderungswerber oder als Beschuldigter in einem Verwaltungsstrafverfahren – und Respekt vor der Person. Es ist damit gleichermaßen Verpflichtung wie Verantwortung, Leistungen ordnungsgemäß zu erbringen.

6.1. Problembereich „Arbeitsethik"[49]

Arbeitsethik befasst sich vor allem mit der richtigen und gewünschten Einstellung und dem richtigen und gewünschten Verhalten gegenüber der Arbeit. Bei der Frage, was denn nun „richtiges" und erwartetes Arbeitsverhalten ist, bietet es sich an, zunächst die straf- und dienstrechtlichen Vorschriften in den Blick zu nehmen (auch diesen liegen ethische Postulate zugrunde)[50], aber auch bereits zuvor erwähnte Elemente wie Leitbilder, etc. Letztendlich kann aber eine Arbeit kann so oder so wahrgenommen werden, nämlich mit größerem oder geringerem Fleiß und Eifer. Es ist eine erste ethische Forderung für jeden öffentlich Bedienstete/n, sich so weit anzustrengen, dass seine Arbeitsleistung ein gerechtes Äquivalent für sein Einkommen darstellt. Es darf erwartet werden, dass sich jeder Bedienstete mit seinen/ihren Aufgaben identifiziert und seine/ihre ganze Arbeitskraft dafür einsetzt. Aufgabe des Dienstgebers und der Führungskräfte ist es aber auch, den Mitarbeitern Aufgaben zuzuweisen, die sie weder über- noch unterfordern. Bedienstete einer staatlichen Verwaltung müssen mehr als andere darauf achten, die bestehenden Rechtsvorschriften zu beachten, sie handeln nicht nur innerhalb des Rahmens von Gesetzen, sondern als staatliche Organe auch auf Grund von Gesetzen.

---

[48] Siehe zum Folgenden v.a. *Helgar Wurzer,* Ethik und Kultur in der Landesverwaltung; unveröffentlichtes Skriptum (2006); *Bundesministerium für Finanzen* (Hrsg), Ethik (FN 35); siehe auch *Wolfgang Fritz,* Gedanken zur Ethik in der Finanz- und Zollverwaltung, in: Verwaltung-Heute 33/2000, 6 ff; *Robert Gmeiner,* Ethik für Bedienstete der Tiroler Landesverwaltung; unveröffentlichtes Skriptum (2007).

[49] Vgl. schon den „Hirtenbrief" von Joseph II (1783).

[50] Vgl. insgesamt die §§ 302 ff StGB oder – als Beispiel – §§ 7, 10 und 11 des (Tiroler) Landes-Vertragsbedienstetengesetzes (L-VBG).

6.2. Problembereich „Verhalten gegenüber Vorgesetzten und Kollegen“

Die Landesbediensteten haben ihre Vorgesetzten zu unterstützen und haben ihre Weisungen zu befolgen.[51] In einem Weisungszusammenhang zu stehen ist eine ethisch überaus verantwortungsvolle und schwierige Position. Es erfordert zum Beispiel die Bereitschaft, die eigene Eitelkeit zu überwinden, die menschliche Größe, sich um des größeren Ganzen willen zu beugen, aber auch die Zivilcourage, den eigenen Standpunkt zu behaupten. Der Vorgesetzte ist verpflichtet, sich im Guten und Schlechten um seine Mitarbeiter anzunehmen, d.h. sich wirklich mit ihnen und ihrer Arbeit auseinanderzusetzen. Das erfordert letztendlich auch ein gerütteltes Maß an Verständnis für menschliche Schwächen und Nöte. Es verlangt aber auch den Mut und die Konsequenz, einen Fehler „einen Fehler“ und ein Versäumnis „ein Versäumnis“ zu nennen. Ein Wohlwollen, das im Grunde darin besteht, die Augen vor „Schlendrian“ und Fehlverhalten zu verschließen, wäre aus ethischer Sicht abzulehnen.

Eine besondere Bedeutung für jeden Einzelnen hat die Zusammenarbeit zwischen den Kollegen. Der Arbeitsplatz ist einer jener Orte, an dem nicht nur viel Lebenszeit verbracht wird und der daher über Glück und Unglück im Leben entscheiden kann. Nur wenn man sich Kolleginnen und Kollegen gegenüber so verhält, wie es selbst erwartet wird, dass man sich einem gegenüber verhält („Goldene Regel“)[52], hat man die Chance eines erträglichen Lebens am Arbeitsplatz. Dazu gehört aber auch Mut, beizeiten ein offenes Wort zu sprechen, wenn irgendwo der Schuh drückt. Mobbing, Mauschelei, Verleumdung oder sexuelle Belästigung[53] ist auch aus dem Hintergrund abzulehnen.

6.3. Problembereich „Verhalten gegenüber Parteien und Öffentlichkeit“

Die Mitarbeiterinnen und Mitarbeiter der Verwaltung und die rechtsuchende Bevölkerung treten einander in der Demokratie von gleich zu gleich gegenüber. Die Parteien dürfen ein höfliches, zuvorkommendes und bemühtes Verhalten erwarten („Gehen Sie immer davon aus: Wie wollen Sie behandelt werden?“).[54]

---

[51] Vgl. v.a. § 9 (Tiroler) L-VBG (Dienstpflichten des Vorgesetzten), aber auch §§ 7 (Allgemeine Dienstpflichten), 8 (Dienstpflichten gegenüber Vorgesetzten) und 10 L-VBG (Dienstweg).

[52] Nach *Otfried Höffe*, Lexikon der Ethik (FN 27), 101, ist die „Goldene Regel eine Grundregel für das sittlich richtige Verhalten, die sich bei allen Ethiken findet. Die Goldene Regel wird sowohl negativ als auch positiv formuliert (was du nicht willst, das man dir tu´, das füg auch keinem anderen zu; Behandle andere so, wie du auch von ihnen behandelt werden willst.“.

[53] Vgl. – auch hier als ein Beispiel – §§ 9, 20 und 22 (Tiroler) Landes-Gleichbehandlungsgesetz.

[54] Siehe z.B. § 17 Abs. 3 (Vorarlberger) LBedG 2000, der von „Kunden“ spricht: Die Landesbediensteten haben die Kunden, soweit es mit den Interessen des Dienstes und dem Gebot der Unparteilichkeit der Amtsführung vereinbar ist, im Rahmen ihrer dienstlichen Aufgaben zu unterstützen und zu informieren.

Grundvoraussetzung einer ersprießlichen staatlichen Verwaltungstätigkeit ist das Vertrauen der Bevölkerung in die Integrität der Bediensteten der öffentlichen Verwaltungen. In diesem Verhältnis sind jene (auch) ethischen Problemzonen auszumachen, die am häufigsten in Diskussion sind (die aber leider hier auch nicht im Detail ausgebreitet werden können). Zuerst ist hier die Amtsverschwiegenheit[55] zu nennen; weiters – jenes Thema, das in der öffentlichen Wahrnehmung am stärksten durchschlägt – die Geschenkannahme durch öffentlich Bedienstete[56]: Hier wird eine der ältesten ethischen Grundtugenden im Verhalten der öffentlich Bediensteten angesprochen: Über jeden Zweifel erhabene Unbestechlichkeit! Auch Nebenbeschäftigungen[57] können leicht Interessenskonflikte und Befangenheiten bewirken. Es wird hier ein vergleichsweise strenger Maßstab anzulegen sein, nämlich Unzulässigkeit der Nebenbeschäftigung, wenn durch ihre Ausübung (in der Bevölkerung) der Eindruck erweckt werden könnte, dass der Beamte bei der Versehung seines Dienstes nicht völlig unbefangen, nicht objektiv ist. Eng damit verbunden ist die Frage einer möglichen Befangenheit[58]: Befangenheit als Hemmung einer unparteiischen Entscheidung durch unsachliche psychologische Motive z.B. durch Nahebeziehungen zwischen dem Bediensteten und einem von einer dienstlichen Entscheidung berührten Dritten. Ethisch gefordert ist auch nicht nur untadelige und keine Missverständnisse zulassende Korrektheit in der Ausübung des Dienstes, sondern auch ein entsprechendes Privatleben.[59]

Positiv gemünzt: Fragen im Zusammenhang mit der Ausübung von Ermessen oder der Abwägung unterschiedlicher (öffentlicher und privater) Interessen und deren Entscheidung in Konfliktsituationen gehören – wie bereits angesprochen – zu klassischen Betätigungsfeldern öffentlicher Verwaltung. Nach Sommermann kommt der Ethik gerade dort eine normativ ergänzende Bedeutung zu, wo das Verhalten gegenüber Antragstellern, die Wahrnehmung öffentlicher Vermögensinteressen, Techniken der Absicherung innerer Unabhängigkeit und Unparteilichkeit sowie rationale Handhabung von Entscheidungs- und Planungsermessen nicht oder nur lückenhaft rechtlich determiniert ist.[60] Eine gute Verwaltung ist mehr als ein „Vollzugsautomat“. Es können sogar positives

---

[55] Vgl. dazu Art. 20 Abs. 3 und 4 B-VG; § 46 BDG; § 13 (Tiroler) L-VBG (Amtsverschwiegenheit)

[56] Vgl. v.a. §§ 304 ff StGB; § 59 BDG; § 12 (Tiroler) L-VBG (Verbot der Geschenkannahme); gerade hier könnte im Detail einer Reihe von Fragen nachgegangen werden wie etwa Fragen des Wertes des „Geschenks“; vgl. Die Presse, 11.12.2006; vgl. in diesem Kontext das Schulungsvideo *Bundeskanzleramt* (Hrsg), Ein kleines „Dankeschön“ (2006); das Thema der Korruption ist ein altes , vgl. schon Kodex Hammurabi (vor ca. 4000 Jahren), das Alte Testament (vgl. Buch Exodus 23, 6) oder die lex iulia de repetundis (59 v. Chr.).

[57] Vgl. § 56 BDG; § 16 (Tiroler) L-VBG (Nebenbeschäftigung).

[58] Vgl. § 7 AVG; § 47 BDG; § 14 (Verwendungsbeschränkungen) und § 15 (Tiroler) L-VBG (Befangenheit).

[59] Vgl. § 17 Abs. 2 (Vorarlberger) LBedG 2000.

[60] *Karl-Peter Sommermann*, Ethik (FN 8), 300.

Recht mit Regeln kluger Verwaltungsführung (wie Achtung vor dem Gesetz, Verhältnismäßigkeit, „Fingerspitzengefühl") konfligieren – gerade die Ausübung einer „Billigkeitskompetenz" bedeute „ein ethisch höchst anspruchsvolles Unterfangen"; hier überschneide sich Verwaltungsethik – so Theo Öhlinger – mit Regeln kluger Verwaltungsführung; die Beantwortung des Verhältnisses von Gesetzmäßigkeit und Billigkeit seien ein das Recht transzendierendes, metajuristisches und damit ethisches Problem.[61] Der Vorarlberger Landeshauptmann Herbert Sausgruber hat im Zusammenhang einer modernen und sparsamen Verwaltung, die sich „als Dienst am Bürger und Partner der Wirtschaft versteht (...) Hausverstand und Sachverstand" eingefordert.[62] Das bedeutet nicht, öffentlich Bedienstete aufzufordern, „aus dem Bauch heraus" zu begründen und zu entscheiden. Es geht aber wohl darum – und hier komme ich zu den einleitenden Anmerkungen zur Ethik zurück – systematisch-vernünftig etwa über Freiheit, Verantwortung, Rechte, Pflichten, Normen, etc., nachzudenken und – vor dem eigenen Gewissen – zu handeln.

Auf diese Fragen des Umgangs mit widerstreitenden Interessen verlagern sich heute die ethischen Diskussionen. Damit sind auch jene konkreten beruflichen Anwendungsfelder angesprochen, die sich in der täglichen (inhaltlichen) Arbeit stellen (können): Wie löst ein Sozialarbeiter einer Jugendwohlfahrtsabteilung den Konflikt zwischen widerstreitenden Interessen des Wohls des Minderjährigen und Elternrechten?[63] Wie gehen Mitarbeiter des öffentlichen Gesundheitsdienstes mit unterschiedlichen Interessen und Werten bspw. in einem Pandemiefall um? Für diesen beruflichen Alltag wurden auch eine ganze Reihe von Regeln, Richtlinien, Regularien und „best practices" in verschiedenen Kontexten entwickelt.[64] Zu diesen Fragen des „Managens von Interessenskonflikten" und des Integritätsmanagements entwickelt sich auch die (internationale) Diskussion zu Ethik in der öffentlichen Verwaltung.[65]

7. (Vorläufiger) Schluss

Elemente, die in der internationalen Diskussion zunehmend unter der Überschrift „Ethik im öffentlichen Sektor" diskutiert werden, bilden in Österreich schon seit Jahrzehnten geradezu klassisches Repertoire von – mittlerweile sehr dichten – rechtlichen Regelsystemen v.a. des Straf-, Dienst- und Orga-

[61] *Theo Öhlinger*, Die Verwaltung zwischen Gesetz, Billigkeit und Bürgernähe. Vorläufige Überlegungen zu einem komplexen Problem, ZfV 1995, 678 ff (682).

[62] *Herbert Sausgruber*, Regierungserklärung (2005).

[63] Vgl. dazu *Ruth Brack*, Konkret: Was hilft mir bei der Suche nach ethisch verantwortbaren Lösungen in schwierigen Situationen?, in: Sozialarbeit 4/1986, 9 ff.

[64] Vgl. § 47 BDG.

[65] *OECD* (Hrsg), Public Sector Integrity. A Framework for Assessment (2002); *dieselbe* (Hrsg), Managing Conflics of Interest in the Pubic Service (2003); *dieselbe* (Hrsg), Fighting Corruption and Promoting Integrity in Public Procurement (2005); *dieselbe* (Hrsg), Managing Public Interest in the Public Sector. A Toolkit (2005).

nisationsrechts. Diese Regelungen decken weite Bereiche dessen, was unter Ethik-Maßnahmen fallen würde, ab. Ausdrückliche Erwähnungen von Ethik finden sich nicht oder kaum. Verdoppelungen sind auch nicht erforderlich und auch nicht wünschenswert.[66]

Dennoch machen gewisse Entwicklungen deutlich, dass ein ganzheitlicherer und multidisziplinär(er)er Ansatz erforderlich sein könnte. Zum einen entwickelt sich die Diskussion von dem Bemühen, die Korruption zu bekämpfen – von hier aus ging auch der Impuls zur Beschäftigung mit Ethik-Fragen – immer mehr in Richtung von (auch) präventiven Maßnahmen der Korruptionsprävention. Mehr Aufmerksamkeit ist Fragen der Ethik – und zwar ausdrücklich – auch zu schenken, weil sich sowohl Umfeldbedingungen als auch Binnenelemente der öffentlichen Verwaltung verändern. Indizien dafür gibt es genügend: Änderungen des Dienst- und Besoldungsrechts machen Beamte zum „Auslaufmodell" (tradiertes und sozialisiertes „Beamtenethos" greift damit zu kurz). Möglichkeiten und Anreize für Interessenskonflikte nehmen zu (man denke an Begrifflichkeiten wie „Bürger als Kunde" oder „Private-Public-Partnerships"). Die Einführung von New-Public-Management-Maßnahmen führt zur Überlagerung von zwei Wertesystemen: Traditionelle Werte des öffentlichen Dienstes wie Unparteilichkeit, Loyalität, Hierarchie und Sparsamkeit werden überlagert durch unternehmerische Werte wie Effizienz, Entscheidungsfreiheit und Service-Orientierung.[67] Die öffentliche Verwaltung steht zunehmend im Spannungsfeld der Transparenz und Offenheit des Verwaltungshandelns - auch die Bediensteten der öffentlichen Verwaltung sollten zunehmend in der Lage sein, über ihr Tun und Lassen und die Beweggründe öffentlich (und eben nicht nur „partei-öffentlich") Rechenschaft abzulegen – Damit stellen sich zunehmend Fragen des Vertrauens (trust), denen die Verwaltung und ihre Bediensteten gerecht werden müssen und denen sie sich zu stellen haben.

Im Rahmen dieses Beitrages konnten nur einige wenige Zugänge zu diesem Thema eröffnet und weder Fragen erschöpfend gestellt noch Antworten substantiell gegeben werden.[68] Eine einführende Skizze konnte aber hoffentlich gegeben und die Diskussion angeregt werden. Eine Richtung möglicher Antworten hat schon der damalige Bundespräsident Rudolf Kirchschläger vorgegeben: „Es muss ein wenig von jener Toleranz in die tägliche Arbeit miteinbezogen werden, die für die Demokratie als Lebensform wesensmäßig ist. Wenn dazu noch etwas von der Überzeugung kommt, dass der Staat wir alle

---

[66] Vgl. *Wolf Dietrich Böhm,* Brauchen wir eine neue Ethik in der öffentlichen Verwaltung, in: VerwaltungHeute 34/2000, 3 ff.

[67] *Patrick von Maravcic/Christoph Reichard* (Hrsg), Ethik (FN 8); siehe dazu *Theo* Öhlinger, Der öffentliche Dienst zwischen Tradition und Reform (1992).

[68] Allein mit einem Hinweis auf *Max* Weber, Wirtschaft und Gesellschaft (1922), 126, 545, wonach „(sich) jede Herrschaft äußert und funktioniert als Verwaltung", sei hier ein weites Feld möglicher künftiger Diskussionen (u.a. zum Bürokratiebegriff; etc) angedeutet.

sind, die das Bürgerrecht dieses Staates besitzen, und dass alle, die diesen Staat verwalten, in seinem Dienst stehen, der Staat aber nicht ihnen gehört und sie ihn auch nicht beherrschen können, dann muss doch ein demokratischer Verkehr zwischen jenen, die den Staat vertreten oder in seinen Ämtern arbeiten, und den einzelnen Menschen nicht mehr so schwer werden."[69]

[69] *Rudolf Kirchschläger*, Der Friede beginnt im eigenen Haus. Gedanken über Österreich (1980), 88.

Effizienz – Sinn – Verantwortung

Ethische Grundlagen für Wirtschaft und Technik

Helmut Renöckl

„Wie gelingt unser Leben?“ ist die Grundfrage einer realistischen Ethik. Sie versucht daher eine handlungsorientierende Zusammenschau der für unser Leben relevanten Faktoren, Zusammenhänge und Perspektiven, im persönlichen wie im öffentlichen Bereich, auch in Wirtschaft und Technik. Die Freiheit und Verantwortlichkeit menschlicher Personen ist eine zentrale Leitvorstellung der europäischen Humanitätsgeschichte, gespeist aus griechisch-römischen, biblisch-christlichen und neuzeitlich-emanzipatorischen Quellen. Über menschliche Freiheit und Würde allgemein zu reden genügt nicht, das Allgemeine realisiert sich immer geschichtlich konkret, im Bewusstsein und Handeln, in den realen Möglichkeiten und Grenzen. In unserer Gegenwart und Zukunft sind Naturwissenschaften, Technik und eine davon hochgradig geprägte Wirtschaft wesentliche Bereiche und Einflussfaktoren. Wie steht es in diesen so relevanten Bereichen um den Zusammenhang von Effizienz mit menschlichen Zielen und Werten, mit Sinn und Verantwortung?

1. Wirtschaft und Technik – wesentliche Koordinaten unseres Menschseins

Menschen haben durch ihre geistigen Fähigkeiten eine erhebliche Offenheit. Sie können sich in verschiedensten Lebensräumen entfalten, Neues ersinnen und realisieren. Wissen und Technik, eine hohe Begabung für die Verarbeitung, Speicherung und Kommunikation von Informationen, die Entwicklung effizienter Werkzeuge und Verfahren gehören zu den typisch menschlichen Fähigkeiten von Anfang an. Damit wurden die Lebensmöglichkeiten Schritt für Schritt erweitert und Sicherungen gegen Gefahren entwickelt. Die menschliche Kreativität und Effizienz beim Umgehen mit Vorgaben eröffnen Chancen und Risiken: Menschen können damit individuell und sozial ihre Entfaltung fördern, ihren Lebensraum kultivieren, aber auch sich selber, Mitmenschen, ihre Umwelt gefährden und schädigen. Von Anfang an wurden die Erfahrungen mit Gelingen und Misslingen, mit Konstruktivem und Destruktivem in Ethos und Kultur reflektiert und gespeichert, wurde effizientes instrumentelles Wissen und Können und begleitend dazu Sinn- und Orientierungswissen, „Weisheit“, entwickelt. Ohne diese soziokulturelle Dimension wäre die menschliche Existenz extrem dürftig.

Unsere Formen von Naturwissenschaften, Technik und Wirtschaft sind Hervorbringungen und treibende Kräfte der Neuzeit. Die Dynamik dieses Neuansatzes ist aus der prekären vormodernen Lage zu verstehen: für die große Mehrheit der Menschen war sie von sehr engen Lebensverhältnissen, von Mangel, Ohnmacht, Unfreiheit und Sterben vor der Zeit bestimmt. Man setzte daher auf Entgrenzung und Befreiung, auf Erforschung aller Gesetzmäßigkeiten (vorwiegend mit den naturwissenschaftlichen Methoden der Spezialisierung und Quantifizierung), um sie für menschliche Ziele steuern zu können. Im 19. Jahrhundert führte dieses Programm zur „Industriellen Revolution": Der Einsatz neuer Schlüsseltechnologien (Dampfmaschine, Werkzeugmaschinen, Eisenbahn) führte zu gewaltigen Effizienzsteigerungen, zu neuen Ballungen im Produktionsbereich und damit verbunden zu ökonomischen, gesellschaftlichen und mentalen Umwälzungen. Einerseits ermöglichte die maschinell-industrielle Produktion eine zuvor unbekannte Güterfülle zu niedrigen Kosten, andererseits führte sie zum Zusammenbruch der traditionellen Produktions- und Gesellschaftsformen, es kam zur Entwurzelung und Verelendung von großen Teilen der Bevölkerung.

Ohne die Härten dramatischer Umbrüche zu verkennen, sind rückblickend hinsichtlich der „Effizienz" der neuen wirtschaftlich-technischen Potentiale unabweisbare Fragen zu stellen: Was intendierte und bewirkte diese „Effizienz" für wen und wofür, wer bekommt welchen Anteil am Nutzen, wer trägt welchen Anteil an Lasten und negativen Effekten? Die ungenügende Ausrichtung der technisch-ökonomischen Dynamik auf humane Ziele und Werte führte zu enormen menschlichen Schäden, zu innergesellschaftlichen und internationalen Konfliktaufladungen. Beginnend im 19. und zugespitzt im 20. Jahrhundert trieben die politischen Ideologien des Nationalismus, Nationalsozialismus und Kommunismus die Völker ökonomisch und technisch zu Rüstungsspiralen, in verheerende Kriege und humane Katastrophen. Viele Millionen Menschen wurden in den Kriegen und in den Zwangslagern der Nationalsozialisten und Kommunisten getötet, körperlich und seelisch verstümmelt, viele Millionen Menschen wurden vertrieben, unermessliche kulturelle und materielle Werte vernichtet.

Trotz der verzweifelten Lage gelangen nach dem 2. Weltkrieg zukunftsweisende Neuanfänge. In Deutschland und Österreich entwickelte man als Alternative zu Nationalsozialismus und Kommunismus das Gesellschafts- und Wirtschaftsmodell der „Sozialen Marktwirtschaft". Man wollte die Freiheit und Entfaltungsmöglichkeiten der Menschen durch eine reale Beteiligung bei den Entscheidungsprozessen über Chancen, Lasten und Erträge durch entsprechende Strukturen und Regelsysteme sichern. Weil keine gesellschaftliche Gruppierung ausgegrenzt, die knappen Mittel nicht im Machtkampf gegeneinander vergeudet und die Lasten und Vorteile einigermaßen fair verteilt wurden, deshalb arbeiteten alle mit innerer Zustimmung und vollem Einsatz und schufen aus Not und Zerstörung breiten Wohlstand und hohe Lebensqualität. Diese Orientierungen sind in den letzten Jahrzehnten schwächer und schwieriger geworden, teils durch interne Fehlentwicklungen, vor allem aber durch die zunehmenden grenzüberschreitenden Vorgänge in Wissenschaft, Technik und Wirtschaft.

2. Herausforderungen durch „Globalisierung" und „Paradigmenwechsel"

Analog zur „Industriellen Revolution" im 19. Jahrhundert vollzieht sich derzeit wieder eine technisch-ökonomische und soziokulturelle „globale Revolution", ausgelöst durch die elektronische Informations- und Kommunikationstechnik und die Biotechnologien. Wiederum werden dadurch die gewachsenen und vertrauten Wirtschafts- und Gesellschaftsstrukturen, aber auch Bewusstsein und Handlungsmuster irreversibel verändert. Wesentliche Forschungs- und Wirtschaftsprozesse sind global geworden. Die schnelle weltweite Mobilität von Informationen, Waren und Kapital ermöglichen, die hohen Entwicklungs-Aufwendungen und Anlagekosten verlangen globale Vernetzung und transnationale Märkte. Ökonomisch und politisch werden dadurch die Karten weltweit neu gemischt, Chancen, Lasten, Entscheidungszentren, Arbeitsplätze werden weltweit neu verteilt. Eine gewaltige „Völkerwanderung", freiwillige Mobilität und unfreiwillige Migration, begleiten diese Prozesse. Eine starke „Globalisierung" vollzieht sich auch soziokulturell und mental: Vor allem über die elektronischen Medien erfolgt eine intensive Diffusion und Infusion von Informationen, Bildern und Lebensmustern aus aller Welt. Das führt zu stark veränderten Inhalten und Strukturen im Bewusstsein, zu veränderten Sichtweisen und Verhaltensmustern. Es gibt äußerlich wie innerlich keine „geschlossenen Welten" mehr.

Der Quantensprung und die globale Vernetzung technisch-ökonomischer Effizienz erfordern eine qualitativ neue, globale Verantwortlichkeit. Elektronische Informationstechnik, Bio- und Gentechnik, globalisierte Wirtschaft sind Spitzenleistungen des neuzeitlichen Naturbeherrschungs- und Weltgestaltungsprogramms. Damit wurden „Schallmauern" durchstoßen, weltbewegende Kräfte, Lebenssteuerungen, Erbgut, Luft, Meere und Klima, kamen in menschliche, in industriell-ökonomische Verfügung. Viele Menschen empfinden diese „Entgrenzung" nicht mehr ungebrochen als wachsende Freiheit, sondern erleben sich vielfach als von eigenläufigen Prozessen getrieben, fremdbestimmt, eingespannt in das globale Netz von „Big-Business" und „Big-Science". Wir kennen neben erfreulichen auch negative Wirkungen und Begleiterscheinungen, erhebliche Risiken und gravierende Missbrauchsmöglichkeiten von Wissenschaft, Technik und Wirtschaft.

Unsere Lage hat sich grundlegend verändert: Der rapide Zuwachs menschlicher Kenntnisse und Effizienzen ermöglichte das Sprengen der bisher eng festlegenden Ordnung der Natur und der darauf aufbauenden Kulturen und

Ethiken. Dieses Sprengen bringt aber nicht, wie neuzeitlich erhofft, unmittelbar Fortschritt und Freiheit. Zuerst einmal geraten wir damit in Orientierungs- und Maßlosigkeit. Durch unsere extensiv und intensiv „weltbewegende“ Effizienz ist „die Natur“ nicht mehr wie bisher sich selbst regulierender Rahmen unseres Lebens und Handelns, vielmehr liegt die Verantwortlichkeit für die ökosystemische Balancierung, für eine nachhaltig zukunftsfähige Lebenskultur in erheblichem Ausmaß auf menschlichen Schultern. Es ist die Frage, ob wir Menschen diese Verantwortlichkeit rechtzeitig erlernen und umsetzen können; wenn nicht, dann ergeben sich düstere Perspektiven. Darauf hat schon im fortschrittsbegeisterten 19. Jahrhundert Nietzsche mit dunklen Metaphern hingewiesen. In der 2. Hälfte des 20. Jahrhunderts machten Adorno und Horkheimer auf die „negative Dialektik“ einer eindimensional-instrumentellen Vernunft aufmerksam. In diesen Sorgen und Fragen wird zunehmend ein „Paradigmenwechsel“ spürbar: Die Visionen, Programme und Plausibilitäten der Neuzeit verlieren an Faszination, an Antriebs- und Orientierungskraft. Wir befinden uns in einer unübersichtlichen Übergangsphase zu einer noch undeutlichen „Nachneuzeit“ und brauchen Klärungen über anstrebenswerte neue Ziele und sinnvolle Umorientierungen.

3. Effizienz-Orientierung im Kontext einer zukunftsfähigen Lebenskultur

Es wurde erinnert, warum die Neuzeit so stark auf Entgrenzung setzte. Mittlerweile wissen wir, dass alles in der Welt begrenzt ist. Es ist wichtig, diese faktische Feststellung mit einer qualitativen Einsicht zu verbinden: Das Begrenzte bedeutet in unserer Lage nicht mehr das zu Überwindende, vielmehr ist das Begrenzte als das Kostbare wahrzunehmen. Das gilt nicht nur für die materiellen Ressourcen, für Rohstoffe, Luft, Räume und Landschaften, sondern auch für Zeit und Kräfte, für die Tage und Jahre unseres Lebens. Eine derartige wertschätzende Wahrnehmung kann zu einem kultivierten Umgang mit dem Begrenzten, zu einer Umorientierung weg von bloß quantitativen Steigerungen, vom gedankenlos-maßlosen Verbrauchen und Überfordern, hin zur stärkeren Beachtung von Zusammenhängen, von Qualität und Nachhaltigkeit führen.

Die Neuzeit setzte weitgehend auf Quantifizierung. Dieser Zugang wird jetzt unter Nützung der elektronischen Informationstechnologie immer effizienter auf immer mehr Lebensbereiche ausgeweitet: „Alles“, nicht nur Wirtschaft und Technik, auch Freizeit, Bildung, Kunst, Medizin, Soziales, wird digital programmiert und evaluiert. Es zählen die digital erfassbaren Daten, besonders die in Geldwert kalkulierbaren Aufwände und Erträge. Das Nicht-Quantifizierbare, Unverzweckbare, Unverfügbare, Unverkaufbare, Werte wie Respekt, Verständnis, Vertrauen, Verlässlichkeit finden wenig Raum und Aufmerksamkeit. Eine unverkürzte Lebenskultur braucht aber persönlich wie öffentlich Rhythmen zwischen Aktivität,

Leistung einerseits und ruhigeren, kontemplativen Phasen andererseits. Hohe instrumentelle Effizienz und exaktes Kalkül brauchen eine Balancierung durch die Aufmerksamkeit auf Mitmenschlichkeit und Mitwelt, eine Sensibilität für das unverrechenbar Schöne und Unverfügbare. Wenn wir diese Dimensionen vernachlässigen, erreichen wir kurzfristig Effizienzsteigerung, verursachen aber rücksichtslose, eiskalte Zustände, gesellschaftliche Desintegration und ökologische Desaster. Diese eindimensionale „Effizienz" reduziert die Menschen auf produzierende und konsumierende Rädchen, auf Kostenfaktoren und Kalkulationsgrößen. Es entsteht ein zunehmend seelenloses Getriebe, eine heillose Verarmung mitten im materiellen Wohlstand!

Die stärksten Infragestellungen von Freiheit, Sinn und Würde sind Grenz- und Ohnmachts-Erfahrungen im Alltag, bei Schicksalsschlägen, im unausweichlichen Altern und Sterben. Vieles in unserer Zivilisation ist als Verdrängen und Überspielen solcher Erfahrungen, als Vorspiegelung grenzenloser Leistungsfähigkeit („Full Power and Wellness for ever") zu durchschauen. Die damit stimulierte unsinnige Ressourcen-Überbeanspruchung der einen führt zum Mangel bei den anderen. Hier liegen Wurzeln für Gerechtigkeitsprobleme und Risiken für die gesellschaftliche Stabilität. Ohne Integration von unvermeidlichen Grenzen gelingt keine menschenwürdige persönliche und öffentliche Lebenskultur. Viele Macher in unserer Leistungs- und Konsumgesellschaft halten derartige Überlegungen für überflüssig, viele Menschen lassen sich von den Konsum- und Medienwellen treiben und zerstreuen. Aber wird das Leben nicht unsäglich banal bzw. eiskalt und brutal, wenn übersehen wird, dass entscheidende Qualitäten des Lebens, Beziehungs- und Liebesfähigkeit nicht kaufbar sind, dass Freiheit untrennbar mit Verantwortung verbunden ist? Kann eine Integration der Endlichkeit und des Pathischen unter Aussparung transzendenter Horizonte gelingen? Solches Aussparen verstärkt jedenfalls die Gefahr, dass tiefe menschliche Sehnsüchte frustriert und Teilwerte wie Macht, Geld, Leistung, Konsum mit fatalen Folgen verabsolutiert werden, dass Zynismus und Resignation zunehmen.

Diese Hinweise zielen nicht auf Abwertung, sondern auf eine sinnvolle Orientierung der Leistungsfähigkeit von Wirtschaft und Technik. Ohne wirtschaftliche Grundlagen gibt es kein gutes Leben. Wir brauchen konkurrenzfähiges wissenschaftlich-technisch-ökonomisches Wissen und Können, aber ebenso Sinn- und Orientierungswissen, „Weisheit", auf gleichem Niveau. Die Intuition für das unverkürzte Ganze unterscheidet die „Weisheit" vom eindimensionalen Wissen. Aus dieser Achtsamkeit lassen sich die für ein Gelingen des menschlichen Lebens wesentlichen Ziele, Prioritäten, Proportionen, Zusammenhänge, Balancen und Rhythmen besser verstehen und umsetzen. Bei „Effizienz" geht es um den optimalen Einsatz knapper Ressourcen für bestimmte Ziele, sie ist kein freischwebender Selbstzweck. Effizienz ist also auf sinnvolle und verantwortbare Ziele zu beziehen und daran zu messen.

Ohne menschenwürdige Ziele, Werte und Ordnungen wird Effizienz ziel-los, sinn-los und damit un-verantwortlich.

4. Sinnvolle Effizienz braucht persönliches Ethos und optimale Strukturen

Wie kann man, wurde eingangs gefragt, in den Bereichen von Wirtschaft und Technik die hohe Effizienz auf menschliche Ziele und Werte ausrichten? Wie lässt sich die angeführte europäische Leitvorstellung „persönliche Würde und Freiheit" im Kontext zunehmender „Globalisierung" umsetzen? Dazu braucht es viel Engagement in der Persönlichkeitsbildung und in der Entwicklung entsprechender Strukturen und Regelsysteme.

Kern der persönlichen Würde und des Ethos ist die Freiheit, die Denk- und Entscheidungsfähigkeit. Freiheit ist ein anspruchsvolles Potential, nicht zu verwechseln mit Willkür und Beliebigkeit, untrennbar mit der Chance und Pflicht verbunden, sich um bestmögliches Verstehen und darauf aufbauendes Entscheiden zu bemühen und die Verantwortung für die einzelnen Handlungen und das Leben insgesamt, die Mitverantwortung für Gerechtigkeit und Gemeinwohl nicht zu verdrängen. Als Lebensbilanz möchte jeder Mensch feststellen können: Mein Leben war es insgesamt wert, gelebt zu haben. Niemand möchte bilanzieren müssen: Ich habe sinnlos, überwiegend zum Schaden für mich und andere gelebt. Der Umgang mit ökonomischen und technischen Ressourcen hat bei dieser Bilanz eine erhebliche Bedeutung: War er effizient, sinnvoll und verantwortbar, diente er der Lebensentfaltung und Beziehungsfähigkeit?

Gegenüber individualistischen Tendenzen ist klarzustellen, dass unsere großen Freiheitsräume und hohe Lebensqualität durch effiziente Arbeitsteilung und Kooperation ermöglicht werden. Dafür sind Strukturen, Verfahren und Regelsysteme erforderlich, die wie „Drehbücher" die Spielräume, Rollen, Aufgaben, Chancen und Lasten zuteilen. Sie müssen den realen Faktoren und Aufgaben entsprechend „funktionieren", aber es bestehen Bandbreiten und Optionen. Strukturen und Regelsysteme sind Zwischenergebnisse auch von Interessen und Machteinflüssen, sie bedürfen immer wieder der Überprüfung und Weiterentwicklung. Märkte wurden im Laufe der Geschichte entwickelt, um faire Bedingungen für Anbieter und Kunden sowie entsprechende Abgaben für die Erfordernisse der Gemeinwesen zu sichern und Verstöße dagegen zu sanktionieren. Freiheitlich-pluralistische Demokratien mit Wettbewerbs-Marktwirtschaften sind gesellschaftliche Organisationsformen, stark stimulierende Verfahren mit hoher Eigendynamik. Sie bauen auf weitgehende Entscheidungsmöglichkeiten für Personen, dezentrale Institutionen, Wirtschafts-Unternehmen und auf deren Verantwortungsbereitschaft. Mit dem entsprechenden

Wissen und Können sind die Strukturen und Regelsysteme auf die Lösung von Problemen und Erreichung von Zielen auszurichten. Klärungen über anstrebenswerte Ziele, dabei einzuhaltende Werte, Prioritäten und Proportionen sind unverzichtbare Bildungs- und Steuerungsaufgaben. Ohne Zweifel brauchen alle Menschen und auch die Wirtschaft gut entwickelte Gemeinwesen mit effizienter und unbestechlicher Leitung und Verwaltung, mit guten Bildungs-, Gesundheits-, Kultur- und Sozial-Einrichtungen, Rechtssicherheit, Verkehrs- und Kommunikations-Infrastruktur, zumindest ein Minimum gemeinsamer Werte und Sinn-Horizonte.

Wie steht es um die Zukunft europäischer Gesellschafts- und Wirtschaftsmodelle unter dem Druck der Globalisierung? In Europa hat man die längsten positiven wie negativen Erfahrungen mit moderner Wissenschaft, Technik und Wirtschaft. Deshalb haben wir vor anderen die Chance und die Pflicht, Systeme von Wissenschaft, Technik und Wirtschaft mit höherer Sinn- und Verantwortungsorientierung zu realisieren. Errungenschaften wie ökosoziale Ordnungspolitik sind durch die Globalisierung keinesfalls überholt. Sie sind im eigenen Bereich für die veränderten Verhältnisse zu adaptieren und auf europäischer Ebene – unter Beachtung der Subsidiarität – wirksam zu etablieren. Die Grundüberzeugung, dass Lasten und Vorteile auch bei schmerzlichen Umgestaltungen fair aufzuteilen sind, muss erhalten bzw. neu gewonnen werden. Nur so bringen die Menschen ihre Fähigkeiten und ihre Belastbarkeit bestmöglich ein, andernfalls entstehen schwerwiegende Motivationsverluste und gesellschaftliche Konflikte, die wir uns angesichts der globalen Konkurrenz nicht leisten können und dürfen. Obszöne Diskrepanzen, Lastenzuschiebung an Schwächere und maßlose Vorteilsnahmen von durchsetzungsfähigen Personen und Gruppierungen, sind nicht mit der Berufung auf „Freiheit" zu legitimieren. Gewiss wären effiziente ökosoziale Regelsysteme auch auf Weltebene notwendig. Diese sind aber nur schrittweise in harten Interessenskämpfen durchzusetzen und das wird dauern. Wenn die Europäische Union ihre Krise überwindet, ist sie mit rund 450 Millionen Einwohnern und großen geistigen und materiellen Ressourcen potent genug, im eigenen Bereich für entsprechende Standards zu sorgen und diese in der globalen Konkurrenz zu behaupten.

Literaturhinweise

BUTTERWEGGE, Christoph, Krise und Zukunft des Sozialstaates, Wiesbaden ^{2}2005.

CALLIESS, Christian, Subsidiaritäts- und Solidaritätsprinzip in der Europäischen Union, Baden-Baden ^{2}1999.

ELM, Ralf, Ethik, Politik und Kulturen im Globalisierungsprozess. Eine interdisziplinäre Zusammenführung, Bochum 2003.

GÖBEL, Elisabeth, Unternehmensethik. Philosophische Grundlagen und praktische Umsetzung, Stuttgart 2006.

HASSE, Rolf H. / SCHNEIDER, Hermann / WEIGELT, Klaus (Hg.), Lexikon Soziale Marktwirtschaft – Wirtschaftspolitik von A-Z, Paderborn 2002.

HÖHN, Hans-Joachim, Ökologische Sozialethik. Grundlagen und Perspektiven, Paderborn 2001.

HOMANN, Karl / LÜTGE, Christoph, Einführung in die Wirtschaftsethik, Münster ²2005.

KARLHOFER, Ferdinand / TÁLOS, Emmerich (Hg.), Sozialpartnerschaft. Österreichische und Europäische Perspektiven, Münster 2005.

KORFF, Wilhelm, u.a. (Hg.), Handbuch der Wirtschaftsethik. 4 Bde, Gütersloh 1998.

KÜPPER, Hans-Ulrich, Unternehmensethik. Hintergründe, Konzepte, Anwendungsbereiche, Stuttgart 2006.

SCHÄFERS, Stefan, Internationale Unternehmensethik. Der Umgang mit moralisch begründeten Forderungen an international operierende Unternehmen, Münster 2004.

SEN, Amartya, Ökonomie für den Menschen. Wege zu Gerechtigkeit und Solidarität in der Marktwirtschaft, München 2000 (Development as Freedom, New York 1999).

STIGLITZ, Joseph, Die Chancen der Globalisierung, München ²2006 (Make Globalization Work, New York 2006).

ULRICH, Peter, Zivilisierte Marktwirtschaft. Eine wirtschaftsethische Orientierung, Freiburg 2005.

UNGER, Stefanie / HATTENDORF, Kai / KORNDÖRFFER, Sven H., Was uns wichtig ist. Eine neue Führungsgeneration definiert die Unternehmenswerte von morgen, Weinheim 2005.

VOGELGESANG, Gregor / BURGER, Christian, Werte schaffen Wert. Warum wir glaubwürdige Manager brauchen, München 2004.

Motive für korruptes Verhalten

Helmut Salomon

Jene, die sich auf Korruption einlassen, werden schneller als sie glauben Überraschungen erleben und auch kompromittiert werden. Dies kam schon vor, wird wieder vorkommen und kann vielerlei Gründe haben.
Bestechung und Bestechlichkeit, unter dem Begriff Korruption zusammengefasst, ist ein Phänomen und hat ein bekannt hohes Dunkelfeld. Trotz der relativ großen Unwissenheit und der bekannten Vielartigkeit ist Korruptions-Ermittlern eines klar, die Tatbegehung wird erleichtert durch ein vorhandenes Kontrolldefizit und eine niedrige Entdeckungswahrscheinlichkeit.

Weitere Motive oder Ursachen für korruptive Handlungen kann man erkennen, wenn man sich diese regelwidrigen Handlungen als eine Art Tauschgeschäft vorstellt:

> *„Ich tausche eine gesetzwidrige Leistung und bekomme dafür einen Teil eines ungerechtfertigten Gewinnes oder unlauteren Vorteils, zu Lasten eines Dritten oder auch der Allgemeinheit“.*

Neben den schon genannten zwei Hauptmotiven, **Defizit bei Kontrollen** einerseits, **unergiebige Erfolge bei Ermittlungen** andererseits, ist noch eine Vielzahl anderer anzuführen, die einerseits den handelnden Personen zuzuordnen oder systembedingt als Führungs- oder Organisationsdefizit zu bezeichnen sind.

Ausgehend von der Schwachstelle Mensch sind bei den handelnden Personen - dem Geber steht immer auch ein Nehmer gegenüber - folgende **Motive oder Anreize für Bestechungsleistungen** denkbar:

1. **Geber/Korrumpierender – als Einzelperson**
   Materielle Motive, z. B. Gewinnsicherung, Wettbewerbsvorteile
   Immaterielle Motive, z. B. Minimierung des kaufmännischen Risikos, Schutz gegen behördliche Eingriffe, Verfahrensbeschleunigung, Verbesserung des Informationsstandes, wie z. B. Erhalt frühzeitiger Hinweise über Planungen

Der Geber kann auch in der Funktion eines Sanktionsbedrohten, Freundes, Kollegen, Verantwortlichen von Wirtschaftsunternehmen oder auch Mitglied einer Gruppe, die zur organisierten Kriminalität zählt, sein.

2. **Nehmer/Korrumpierter – als Bediensteter**
   Materielle Motive, z. B. finanzielle Notlage, Abbau von Schulden, Bereicherung, Erzielung von Nebeneinkünften für sich oder auch für nahe

stehende Dritte (dazu können auch verwandtschaftliche Verpflichtungen zählen), subjektiv empfundene Unterbezahlung

Immaterielle Motive, wie z. B. Karrierevorteile, Machtstreben, Befriedigung von sonstigen persönlichen Eitelkeiten (Teilnahme an Festen hochgestellter Persönlichkeiten des öffentlichen Lebens)

Organisationsbezogene Motive, z. B. Frust im Dienst, fehlende Anerkennung oder Identifikation mit der Dienststelle, Rache an Vorgesetzten oder an Dienstherren, keine Beförderung, aber auch berufliche Überforderung

Sonstige Motive, z. B. Korpsgeist, Erpressbarkeit aufgrund vorangegangener Taten aber auch durch erhaltene Zuwendungen

Der Bedienstete kann einerseits im öffentlichen Dienst stehen, aber andererseits als Privatangestellter oder Mitarbeiter einer Firma tätig bzw. auch Mandatsträger sein.

3. Die Bestechungsleistungen – die Erwartungen

Die Bestechungsleistungen, sie werden meist in Absprache mit dem Nehmer ausgewählt, können verschieden sein. Die Übergabe von Bargeld ist sicher schon zur Ausnahme geworden, vielmehr werden andere Leistungen geboten und auf nicht einfach nachvollziehbaren Wegen übertragen, wie z. B.:

> Möbel, Häuser, Kleinflugzeuge, Autos, Schiffe
> anspruchsvolle Elektronische Geräte, auch Zuchttiere
> Vergnügungs- und Studienreisen, Teilnahme an Kongressen
> besondere Einkaufsvorteile, Überlassung von Eintrittskarten
> Gewährung von günstigen „Krediten“ (zinsenlos, auch ohne Rückzahlung)
> (Überhöhte) Honorare für gehaltene oder auch nicht gehaltene Vorträge sowie auch für andere fiktive Leistungen
> Beraterverträge, Aufträge für Gutachten, Nebentätigkeiten
> Rückvergütungen auf überhöhte oder fingierte Rechnungen
> Einräumung von Gutschriften oder von sonstigen Rückverrechnungen („Kick-backs“) für verschiedene Leistungen
> Beteiligungen an Firmen, Investitionen, Patenten

Der Geber erwartet sich von seinem Gegenüber auch etwas für die hingegebenen Leistungen. Diese Erwartungen werden in der Regel auch erfüllt und können wie folgt eingeteilt werden:

Materielle Motive, z.B.: Wettbewerbsvorteile und damit Gewinnsicherung durch Bevorzugung bei Beschaffungs- und Bauaufträgen

Sonstige Motive, z.B.: Übermittlung von internen (sensiblen) Daten, Mitarbeiter im öffentlichen Dienst (Beamte) so zu beeinflussen, damit Verfahrensabläufe beschleunigt, frühzeitig Planungsschritte bekannt, Sanktionen nicht vollzogen oder überhaupt ausgesetzt werden, nicht erbrachte oder minderwertige Leistungen bei der Abrechnung nicht beanstandet und anerkannt werden
Ein rechtswidriger Zustand sollte geduldet werden bzw. Vorschriften nicht eingehalten werden, Beweismittel beseitigt werden - dies kann für beide Seiten sehr dienlich sein

4. Die Organisation selbst als Motiv
Neben der Schwachstelle Mensch kann auch die Organisation selbst, in der das wirtschaftliche Verhalten eingebettet ist, eine Schwachstelle und somit Ursache oder Motiv, die das korruptive Handeln begünstigen, sein. Wie z.B.:

> Keine oder nur geringfügige Sanktionierung (strafrechtlich, dienstrechtlich)
> Bedienstete werden unzureichend sensibilisiert, scheuen sich aus diesem Grund vor kritischen Stellungnahmen und finden in korruptionsverfangenen Situationen keinen Ausweg
> Nebentätigkeiten, die eine Nähe zu dienstlichen Aufgaben aufweisen werden nicht kritisch hinterfragt bzw. werden großzügig zugelassen
> Missachtung des Vier-Augen-Prinzips, also mangelnde Kontrolle
> Korruption wird überhaupt als „Kavaliersdelikt" angesehen
> Fehlende Transparenz, es bestehen komplexe unübersichtliche Regelungen
> Der Vorgesetzte duldet für sich selbst und auch gegenüber seinen Mitarbeitern, dass das subjektiv empfundene biedere Gehalt (des öffentlich Bediensteten) durch ein Annehmen von kleinen Geschenken („Anfüttern") aufgebessert wird.

5. Zur Anfütterung und ihren Folgen
Mit dem Begriff „Anfüttern", welcher aus der Sparte der Jäger und Fischer stammt, wird die vorsorgliche Vorteilsgewährung ohne konkrete Gegenleistung verstanden. In der Geschäftswelt heißt dies, der Geber betreibt mit kleinen unverdächtig erscheinenden Aufmerksamkeiten erste „Klimapflege" und schafft so einen Zustand des Vertrauens. Diese anfangs kleinen Aufmerksamkeiten werden dann im Zeitablauf gesteigert und beim Empfänger zu einem kalkulierbaren Zusatzeinkommen. Der Empfänger stellt sich darauf ein, gewöhnt sich an diese Einkommensquelle und fordert diese Gaben auch in der Zukunft ein.

Der „Fütterer" weiß, dass der Nehmer unerlaubte Leistungen empfangen und bei Bekannt werden mit Konsequenzen (strafrechtlich, dienstrechtlich oder beides) zu rechnen hat. Mit diesem Wissen kann er den Empfänger jederzeit kompromittieren und tut dies auch, wenn es für ihn opportun erscheint.

Dieser Ablauf bekommt für Manche überraschend eine Eigendynamik und kann schneller als man glaubt zu einem unerwünschten Gang vor ein Strafgericht mit dem Delikt Erpressung führen. Weitere unliebsame Konsequenzen sind möglich und nicht ausgeschlossen.

Ökonomische Grundlagen

Ein ökonomisches Kaleidoskop zur Korruption

Rainer Bartel

Ein weites Land

Korruption im öffentlichen Sektor kann als Abweichung vom Norm- bzw. Idealverhalten verstanden werden, als eine **„Parteinahme, die die staatsmännische Fähigkeit herausfordert“** (Werlin 1994, S. 547). Damit führt dieser Begriff zum ersten in das weite Land der Überlegungen und Auseinandersetzungen, worin *art and science* politischen Entscheidens und Verhaltens denn bestünden (für eine Konkretisierung des Korruptionsbegriffs zu analytischen Zwecken vgl. „Soziale Optimierung und Korruption“). Zum zweiten öffnet diese breite Sicht von Korruption eine ebenso breite Perspektive auf die durch sie anzurichtenden Schäden (Produktions- und Konsumstruktur, Verteilung von Lebensqualität) und somit auf die Bedeutung ihrer Hintanhaltung.[1]

Es stellt sich auch die grundsätzliche **Frage nach Gut oder Schlecht.**

- Aus liberaler Sicht könnte einerseits argumentiert werden, dass staatliche Regelungen, Einrichtungen und Maßnahmen als inferior im Vergleich zu privaten Entscheidungsergebnissen zu betrachten seien (Dhame/Al-Nowaihi 2007). Korruption als individuelle Verhandlungen zur persönlichen – „Pareto-effizienten“[2] – **Situationsverbesserung** sind für Wirtschaftsliberale zu begrüßen, weil solche anreizbedingten Bemühungen nicht nur jeweils den Einzelnutzen, sondern auch die gesellschaftliche (soziale) Wohlfahrt erhöhen, also als Teil des Ganzen zum Ganzen bestmöglich – meist besser als der Staat – beitragen.

- Andererseits wird von Seiten der sozialen Wohlfahrtstheorie vertreten, dass dieses ökonomische Ganze mehr als die Summe der Individualnutzen sein kann und soll, wenn dem der Staat durch seine politische Gestaltung noch Gemeinschaftsnutzen hinzufügt (Bartel et al. 2006, Kapitel I). In diesem Sinn gilt: **Korruption verzerrt demnach die optimale Planung der öffentlichen Hand.**

---

[1] Das schließt Korruption im Privatbereich – Schmiergelder bei Produktion (z. B. Auftragsvergabe) und Konsum (bspw. bevorzugte medizinische Versorgung) freilich nicht aus. Doch dort bleibt sie Privatsache, bis der Staat eine Regelung erlässt und durchsetzt. Vgl. „Korruption als *res publica*“.

[2] Pareto-Effizienz ist erreicht, wenn auf vollkommenen Märkten freiwillige Tausche von Ressourcen und Gütern die Produktivität nicht mehr steigern können. Vgl. z. B. Bofinger (2007, Kapitel 11).

- Eine dritte Position wäre, dass die **durch Korruption individuell erzielte Umverteilung von Ressourcen und Wohlfahrt demokratisch nicht legitimiert** ist. Insoweit ist Korruption nicht bloß aus Gründen allgemeiner Ethik, sondern speziell aus politischer Fairness abzulehnen (Postulat der Chancengleichheit bezüglich der Umverteilung), wenn auch – noch konkreter – diverse Kulturen unterschiedlich zu Korruption stehen und Korruptionsbekämpfung je bei der Kultur öffentlicher Angelegenheiten ansetzen mögen (Werlin 1994).

- Im Bereich staatlicher Vollziehung stellt sich die Frage, **ob ein von Rechtsnormen abweichendes Verhalten korrupt** ist, wenn der oder die Verwaltungshandelnde nach bestem Wissen und Gewissen von der Nachteilhaftigkeit normkonformen Verhaltens überzeugt ist und deshalb willkürlich von der Vorschrift abweicht („*cyderhouse problem*“: Alexander/ Richmond 2007).

All **diese wirtschaftspolitischen Grundfragen gelten ubiquitär**, stellen sich also sowohl für Entwicklungsländer, wo relativ großer Aufholbedarf besteht und auf dem Spiel steht, als auch für entwickelte Staaten, wo Vielfalt und Niveau staatlicher Aktivität eher viele Einhakmöglichkeiten für Korruption und sehr weit reichende Auswirkungen auf das bereits Erreichte haben können. Waren vor den 1990er Jahren die Forschungs- und Politikbestrebungen im Hinblick auf Korruption primär auf Entwicklungsökonomien gerichtet, sind sie danach auch auf „fortschrittlichere“ Wirtschaftssysteme fokussiert (OECD, EU, WKO[3]).

Systemänderungen stellen generell günstige Gelegenheiten für Korruption dar, nämlich durch die Häufung systemkonstitutiver Entscheidungen in aufgrund des Wandels besonders asymmetrischen informations- und unsicheren Erwartungslagen[4], wo sich Korruption für Einzelne relativ gut rechnen kann („*political investment*“).

- Speziell sind es **Deregulierungen**, welche Möglichkeitsräume für Korruption schaffen (Pontell/Calavita 1993), und

- **Privatisierungen**, die beide Seiten, VorteilsnehmerInnen („*rent-seekers*“) und VorteilsgeberInnen („*rent distributors*“) zu Korruption anreizen. In den 30 Jahren seit der neoliberalen Wende gab es relativ viel an Vermögen zu akquirieren, aber doch in begrenztem Maß und je unter absehbarem

[3] www.oecd.org/topic/0,3373,en_2649 37447_1_1_1_1_37447,00.html, www.europa.eu.int/ eur-lex/lex/de/dossier/dossier_19.htm, www.go-international.at/spezialprogramme/korruption/

[4] Vgl. „Korruption als *res publica*“.

Zeithorizont, so dass es die Okkasion rasch und entschlossen zu nehmen galt (Reimon/Felber 2003).

Korruption ist wohl auch **endemisch und professionalisiert**:

- Yavas (2007) zeigt in seinem Verhaltensmodell, dass es zum **Gleichgewicht bei „vollständiger Korruption" und Marktabschottung** tendiert, falls der Staat keine hinreichenden monetären Anreize schafft, damit die Unternehmen Korruption öffentlich Bediensteter melden (was ja Kosten verursacht), statt kleinere Bestechungsgelder zu bezahlen (kostenminimale Lösung ohne staatlichen Anreiz).

- Ein kooperatives Verhaltensgleichgewicht ergibt sich etwa auch im Modell von Singh (2008), wenn **SteuerhinterzieherInnen und FinanzbeamtInnen** (kühl kalkulierend wie ein *homo oeconomicus*) gemeinsam ihren Vorteil gegenüber der öffentlichen Hand suchen und finden.

- Pontell/Calavita arbeiteten schon 1993 die **Verhaltensparallelen zwischen Korruption im Kreditgeschäft und der organisierten Kriminalität** heraus: illoyales Eingehen von Risiken, kollektive Unterschlagung und Vertuschung.[5]

- Offenbar funktionieren in effektiver Weise – insbesondere bei verschärftem Wettbewerb (Schwieren/Weichselbaumer 2007) – **weder Selbstkontrolle** durch EigentümerInnen und *top management* **noch implizite Normen** (gleichsam: „man tut das nicht") noch frühzeitige Normsetzung durch Verbände und Staat (allseitige Versäumnisse).

- Plekhanov (2007) demonstriert, dass Korruption in einem föderalen System selbst bei vollkommen informierten WählerInnen endogen sein kann, d. h., die **föderale Struktur per se fördere die Korruption**, indem Korruption auf Zentralstaatsebene für die Gliedstaaten „ansteckend" wirke.

Auswege

Gibt es nun **Wege aus der Korruption**?

- Eine Längs-/Querschnittsanalyse über 100 Länder und 20 Jahre mit Test der Kausalrichtungen (was alles beeinflusst Korruption und nicht umgekehrt)

[5] Pontell (1993) war 15 Jahre vor dem Skandal in der Société Général gewesen, der von einem einzelnen Mitarbeiter relativ lange unerkannte Spekulationsverluste in Höhe von 4,9 Mrd. Euro beschert wurden.

von Brown und Shackman (2007) ergibt, dass **Wohlstandswachstum** (das Wachstum des Bruttoinlandsprodukts BIP) auf kurze Frist die Korruption erhöht (vermutlich werden im Sog des BIP-Wachstums die Möglichkeiten zu korrupten Transaktionen gesteigert) , während BIP-Wachstum langfristig die Korruption verringert (vielleicht weil der Wachstumserfolg legistisch dagegen abgesichert wird, dass Korruption die Leistungsfähigkeit des Marktes beeinträchtigt[6]).

- Bloße Belehrungen über Ethik dürften **als isolierte Maßnahme keine wesentliche Wirksamkeit** entwickeln, v. a. dann, wenn die Korruption ausgeklügelt, gekonnt und verdeckt ausgeübt wird (Monroe 1970). Ähnlich ineffektiv dürften – aufgrund anreizunelastischer Bereiche (Leibensteins „Indifferenzbänder")[7] und bloß für sich genommen – geringe Erhöhungen des Strafmaßes und der Strafzumessung sein, wenn sie weder etwas an der internalisierten Grundeinstellung noch an der Aufdeckungswahrscheinlichkeit (Kontrollfrequenz und -qualität, Schutz von InformantInnen etc.) ändern (Ellison 2007).

Im administrativen Bereich können **Ergebnisse einer umfassend verstandenen Finanzkontrolle** (d. h. einer volkswirtschaftlichen Effizienzkontrolle: Bartel 1993) angewandt werden (vgl. auch „Prinzipien der Korruptionsvermeidung"):

- Immer wieder wird u. a. auf die **Notwendigkeit klarer administrativer Standards** hingewiesen, um Entscheidungssicherheit einzuräumen und Verantwortlichkeiten an konkreten Punkten festmachen zu können.[8]

- Ebenso können klare Auffassungen – ***„dos and don'ts"* und ihre Konsequenzen** – auf politischer Ebene, wo das allgemeinpolitische und das freie Mandat vorherrschen, ideologische Auffassungen vergleichsweise dehnbar sind und Korruptionsbekämpfung nur mittelbarer wirken kann, eine solidere Basis für demokratische Kontrolle und deren Präventionseffekt bieten.

---

[6] „Wenn es nicht mehr um Qualität geht, sondern nur noch um die höchste Bestechungssumme, dann zerstört Bestechung das Funktionieren des Marktes" (Peter Eigen in *Der Standard*, 10. 9. 2007).

[7] Reding/Dogs (1986); vgl. auch „Prinzipien zur Korruptionsvermeidung"

[8] Korruptions- und Weltbankexperte Peter Eigen im Interview in *Der Standard*, 10. 9. 2007.

Literatur

ALEXANDER Jennifer, RICHMOND Samuel A. (2007), Administrative Discretion, in: *The American Review of Public Administration (37)*, 1, S. 51-64

BARTEL Rainer (1993), Öffentliche Finanzkontrolle als politische Machtkontrolle: Eine ökonomische Fundierung, in: *Politische Vierteljahresschrift (34)*, 4, S. 613-639

BARTEL Rainer, KEPPLINGER Hermann, POINTNER Johannes (2006), *Solidarische Wirtschaftspolitik: Besser als Neoliberalismus*, Wien, ÖGB-Verlag, Kapitel I, II, IX

BOFINGER Peter (2007), *Grundzüge der Volkswirtschaftslehre*, 2. Aufl., München et al..: Pearson Education, Kapitel 8 und 9

DHAMI Sanjit, AL-NOWAIHI Ali (2007), Corruption and the provision of public output in a hierarchical asymmetric information relationship, in: *Journal of Public Economic Theory (9)*, 4, S. 727-755

ELLISON Brian A. (2007), Public Administration Reform in Eastern Europe, in: *Administration & Society (39)*, 2, S. 221-232

MONROE Michael L. (1970), Prismatic Behavior in the United States? In: *Journal of Comparative Administration*, August, S. 229 ff.

PLEKHANOV Alexander (2007), Endogenous Corruption in a Federation, in: *The Berkeley Electronic Journal of Economic Analysis & Policy (7)*, 1, www.bepress.com/bejeap/vol7/iss1/art20

REDING Kurt, DOGS Ernst (1986), Die Theorie der „X-Effizienz" - ein neues Paradigma der Wirtschaftswissenschaften? In: *Jahrbuch für Sozialwissenschaft (37)*, 1, S. 19-39

REIMON Michel, FELBER Christian (2003), *Schwarzbuch Privatisierung*, Wien: Ueberreuter

SCHWIEREN Christiane, WEICHSELBAUMER Doris (2008), Does Competition Enhance Performance or Cheating? A Laboratory Experiment, in: *IZA Discussion Papers*, 3275, www.iza.org

SINGH Ksh. Jhaljit (2008), On tac evaders and corrupt auditors, in: *The Journal of International Trade & Economic Development (17)*, 1, S. 37-67

WERLIN Herbert H. (1994), Revisiting corruption: with a new definition, in: *International Review of Administrative Sciences (60)*, 4, S. 547-558

YAVAS Cemile (2007), The Ghost of Corruption, in: *The Berkeley Electronic Journal of Economic Analysis & Policy (7)*, 1, www.bepress.com/bejeap/vol7/iss1/art38.

Soziale Optimierung und Korruption

Rainer Bartel

Soziale Optimierung

Aus guten Gründen wurden Sozialversicherungsstaaten zu Sozialstaaten und schließlich zu **Wohlfahrtsstaaten** entwickelt:

- vom Äquivalenzprinzip (was ich einzahle bekomme ich notfalls heraus)
- über die Milderung von Armut (wenn ich nicht versichert bin, falle ich nicht durchs Netz)
- bis zur Gewährleistung einer öffentlichen Daseinsvorsorge (ich bekomme, wie alle, möglichst gleichen Zugang zur sinnvollen Gestaltung des Lebens in der Gemeinschaft).

Die **wohlfahrtsstaatlichen Bestrebungen zur Befähigung des Individuums** und somit zur Nutzung der eröffneten individuellen Chancen im sozialen Zusammenhalt (*capabilities* als Voraussetzung für *livability* – quasi: „ich kann etwas aus meinem Leben machen und dann lässt es sich leben) sind

- zum ersten **gerechter Macht- und Möglichkeitsausgleich** (Bartel 2007).
- Zum zweiten erfordert und bewirkt die wohlfahrtsstaatliche Tendenz immer stärker einen Leistungsstaat, der Wirtschaft und Gesellschaft zweckmäßig und effektiv, mengen- und kostenwirtschaftlich fördert: **„Soziale Optimierung" durch die funktionellen öffentlichen Hände** statt bloß individueller Optimierung durch die „unsichtbare Hand" (die zuweilen unberechenbare und unerwünschte Hand[1]) der Marktmächte ist ein staatlicher Grundauftrag (Musgrave 1959).

Wie bei jeder großen, auch privat(wirtschaftlich)en Organisation erfordert eine gewaltige Herausforderung eine ebensolche **Anstrengung zur organisatorischen Optimierung** samt effizienter Anreizgestaltung für die Mitwirkenden sowie ein System der Qualitätssicherung i. w. S. (d. h. Effizienz gemäß der vier vorne angeführten Kriterien).

---

[1] Ein Beispiel: „'Wir sind als einzelne Bundesländer zu schwach, um den Marktkräften ein starkes Gewicht entgegenzusetzen.' So begründete Tirols Landeshauptmann Herwig van Staa den Aufbau einer neuen Stromachse von Linz bis Bregenz." Westachse soll neuen Machtblock auf dem Energiemarkt schaffen, in: OÖ. Nachrichten, 19. 1. 2008, S. 9

Für den privaten Bereich wird in Bezug auf Optimierung oft der **Wettbewerb als automatisches Korrektiv** gepriesen. Allerdings gilt es, folgende Aspekte mit zu berücksichtigen:

- Einerseits ist Wettbewerb oft weder für das ihm unterworfene Individuum (Überbelastung) noch für die Wirtschaft und Gesellschaft, in der es lebt, förderlich; so gibt es neben Problemen mit zu wenig Wettbewerb **auch Probleme mit zu viel Wettbewerb**, und der funktionsfähige Wettbewerb ist staatlicherseits mit viel Aufwand in einem steten Annäherungsprozess zu verfolgen – und keine „spontane Ordnung" auf den Märkten (Bartel 2007).

- Andererseits verfügen WettbewerbsteilnehmerInnen auf reellen, unvollkommenen Märkten über einen **diskretionären Spielraum für willkürliche Entscheidungen**, etwa durch Informationsasymmetrien und Produktdifferenzierungen, die ihrerseits aus entwicklungs- und wohlfahrtsökonomischen Gründen nicht rundweg abzulehnen und abzubauen sind (Bofinger 2007), sonst gerät man wieder in die im vorigen Punkt angeführte Problematik.

Diskretionäre (willkürliche, innerhalb gewisser Grenzen freie) Entscheidungen sind wesentliche **Voraussetzung für Gestaltungskompetenz, Kreativität und Erfolg**: im privaten Sektor (im individuellen Sinn) wie im öffentlichen Sektor (im sozialen, d. h. gesellschaftlichen Sinn). Vollständige Verträge – Verhaltensvorschriften bis ins letzte Detail – sind nur für vollständig Unqualifizierte relevant, stellen aber weder etwas Produktives noch etwas Operationales für qualifizierte TrägerInnen anspruchsvoller Entscheidungen dar. Echte Entscheidungen sind eben oft Ausfluss von Asymmetrien in Information und Fähigkeiten und von unvollständigen Verträgen.

Überall dort, wo unvollkommene Information und unvollständige Verträge vorherrschen und große Herausforderungen warten, öffnen sich **Potenziale für Exzellenz ... und Möglichkeitsräume für Missbrauch** (Dhame/Al-Nowaihi 2007): wie Licht und Schatten.

Korruption

Korruption ist im Wesentlichen als **Missbrauch diskretionärer Entscheidungsfreiräume** zu sehen, d. h. als Handeln entgegen den Erwartungshaltungen und als legitim anerkannten Interessen der von diesen Handlungen Betroffenen:

- In anspruchslosen, unwesentlichen Aufgabensystemen **beruht Korruption auf formeller Macht**;

- in anspruchsvollen Entscheidungslagen **fußt Korruption essenziell auf Missbrauch von ExpertInnenmacht**; diese manifestiert sich in einem nach informellen Institutionen (allgemeinen Erwartungshaltungen und impliziten Verträgen) unethischem Verhalten und einem intelligenten Umgehen formeller Regeln (Bartel 1993; vgl. auch „Wissenschaftliche Korruption").

In eher anspruchslosen, formell regelbaren Bereichen gestaltet sich die Kontrolle von regelwidrigem Verhalten relativ einfach – einfach im Vergleich zur Kritik, die im **Beurteilen von inhaltlichem Machtmissbrauch**, im Argumentieren gegen diesen und im Überzeugen anderer von sozial effizienten Grundsatzregeln zur Machtmissbrauchskontrolle besteht. Denn für die „gehobene Art" von Korruption ist jede detaillierte Vorschrift, die über allgemeine Verhaltensprinzipien hinausgeht, naturgemäß zu Ineffizienz verdammt (etwa würde man durch eine solche Bevormundung gleichsam AkademikerInnen zu HandelsschülerInnen degradieren und deren Leistungsergebnisse dadurch minimieren).

In dem hier verwendeten umfassenden Sinn von Korruption ist **Korruptionsbekämpfung** als anreizorientierte Systemanpassung zur Vermeidung korrupten Verhaltens zu sehen.[2] Dadurch stellt sich zusätzlich folgendes Problem. Realiter tritt **Korruption in vielfältigster Gestalt** auf; analytisch ist sie jeweils in ein breites Kontinuum einzuordnen: eben von eindeutiger Regelverletzung bis zur Beurteilung politischer und sogar administrativer (ihrer Natur gemäß ebenfalls politischer) Entscheidungen und Verhaltensweisen (Ziel-Mittel-Überlegungen oder deren bewusste Vernachlässigung, sei es im Bereich der Unternehmens- oder der Staatspolitik).

Die **Wirkungen von Korruption** zeigen sich speziell in Gefilden der Ökonomie, die mit Finanz- und Anlage-Investitionen zu tun haben (und das Wachstum betreffen).

- Korruption (gemessen am *Corruption Perceptions Index*[3]) „(...) **stuft die Kreditwürdigkeit staatlicher Anleihen herunter**, indem sie Darlehenserlöse aus produktiven Projekten in weniger produktive, wenn nicht auf Offshore-Konten umleitet. Im Besonderen führt eine Verschlechterung um einen Punkt in der Skala des *Corruption Perceptions Index* zu einer

[2] Für weiterführende Überlegungen vgl. „Korruption als *res publica*" und „Prinzipien der Korruptionsvermeidung".

[3] Transparency International bildet jeweils für die vergangenen zwei Jahre einen Index für Wahrnehmung von Korruption aus dem öffentlichen Bereich, und zwar aus verschiedenen Daten und Institutionen, und reihte 2007 179 Staaten, von Dänemark an der Spitze bis Somalia als Schlusslicht, mit Österreich am 15. Stelle, 5 Ränge vor den USA: www.transparency.de/Corruption-Perceptions-Index-2.1077.0.html.

geschätzten Verringerung um eine der 22 Stufen bei der Einschätzung staatlicher Anleihen“ (Conolly 2007, Abstract[4]).

- Korruption **wirkt theoretisch nicht eindeutig auf ausländische Direktinvestitionen** (*foreign direct investment*: FDI)[5]: Überwiegen die Möglichkeiten, die die Korruption in Zielländern eröffnet, oder erschwert die dortige Korruption den Zufluss an FDI? Khamfula (2007) ermittelte empirisch, dass Korruption FDI in importsubstituierenden Ländern begünstigt, in exportfördernden beeinträchtigt.

- Korruption **reduziert die Produktivität von Anlageinvestitionen**, gemessen als das Verhältnis der absoluten Zunahme des Bruttoinlandsprodukts (d. h. Zunahme in Geldeinheiten, nicht Prozent) zur Investition (zum absoluten Sachkapitalzuwachs), stellt Us Swaleheen 2007 in einer ausgedehnten Längs-/Querschnitts-Analyse (d. h. für zahlreiche Länder zwischen 1995 und 2004) fest.[6]

Literatur

BARTEL Rainer (1993), Öffentliche Finanzkontrolle als politische Machtkontrolle: Eine ökonomische Fundierung, in: *Politische Vierteljahresschrift (34)*, 4, S. 613-639

BARTEL Rainer (2007), Liberalisierung als Machttransfer, in: Karl Kollmann und Manfred E. A. Schmutzer (Hg.), *Mächte des Marktes*, Wien: Verlag Österreich, S. 43-63

BOFINGER Peter (2007), *Grundzüge der Volkswirtschaftslehre*, 2. Aufl., München et al..: Pearson Education, Kapitel 8 und 9

CONOLLY Michael (2007), Measuring the Effect of Corruption on Sovereign Bond Ratings, in: Journal of Economic Policy Reform (10), 4, S. 309-323

DHAMI Sanjit, AL-NOWAIHI Ali (2007), Corruption and the provision of public output in a hierarchical asymmetric information relationship, in: *Journal of Public Economic Theory (9)*, 4, S. 727-755

KHAMFULA Yohane (2007), Foreign Direct Investment an Economic Growth in EP and IS Countries: The Role of Corruption, in: *The World Economy (30)*, 12, 1843-1854

MUSGRAVE Richard A. (1959), *The Theory of Public Finance*, New York et al.: McGraw-Hill

US SWALEHEEN Mushfiq (2007), Corruption and Investment Choices: A Panel Data Study, in: *Kyklos (60)*, 4, 601-616.

[4] www.informaworld.com/smpp/content?content=10.1080/17487870701552053: eigene Übersetzung

[5] FDI umfasst Unternehmensgründungen und -erweiterungen von Unternehmen im Ausland.

[6] Allerdings ist bei so einfachen und daher mehrdeutig interpretierbaren Produktivitätsmaßen Vorsicht geboten.

Korruption als *res publica*

Rainer Bartel

Wer kann die Kontrolle kontrollieren?

Korruption existiert also im privaten[1] wie im öffentlichen Sektor. In einer prinzipiell freien Gesellschaftsordnung ist Eigennutzverhalten (selbst auf Kosten anderer) generell legitim, wenn nicht speziell per Hoheitsakt verboten.[2] Individuelle Selbstkontrollen privater Unternehmen im Rahmen einer *corporate social responsibility* (CSR, z. B. gegen Kinderarbeit) oder kollektive Selbstkontrollen durch ProduzentInnenverbände (bspw. die Basel-Abkommen) zeigen in der Regel unbefriedigende Ergebnisse.[3] Insofern ist **private Korruption als Problem *des* öffentlichen Sektors**, nicht nur als solches *im* öffentlichen Sektor, zu sehen.

Dank eines umfassend gewählten Korruptionsbegriffs[4] kann **private Korruption in einem gemeinsamen Ansatz mit öffentlicher Korruption** (Korruption im Staat i. e. S. und in sonstigen öffentlichen Einrichtungen) abgehandelt werden: So wird Privates zur öffentlichen Angelegenheit, zur *res publica*. Damit sind wir schon mit all unseren potenziellen Überlegungen mitten in der überbordenden multidisziplinären Debatte über die *art and science* politischer Zwecksetzungen, Gestaltung und Kontrolle und befinden uns im Goldenen Dreieck von Theorie, Empirie und Ideologie.

Wir dürfen die Staat-Privat-Debatte aber nicht scheuen, um – an den Symptomen vorbei – bis an die analytischen Wurzeln der Korruption zu reichen.[5] Das heikelste und weitestreichende an der Korruption, wie wir sie als wesentlich auffassen, ist, dass **Korruption an jenen Stellen lokalisiert wird, die**

---

1 Rickman/Witt (2007) modellieren bspw. Angestellte als "rationale BetrügerInnen" und DiebInnen (neben individuellen Charakteristika als Faktoren für Korruption bzw. Ehrlichkeit). Ein illustres Beispiel auf Ebene des *top management* ist etwa der Enron-Skandal (Freund 2007). Eine anreizkompatible Lösung zur Vermeidung falscher Berichtsgebung von (über Aktienoptionen) erfolgsbeteiligten ManagerInnen leiten Baglioni und Colombo (2008) theoretisch her.

2 Einen systematischen Ansatz mit mehreren Beispielen sozial unerwünschten Unternehmensverhaltens bringt Schmutzer (2007).

3 Zur CSR vgl. Roberts (2000), zum Baseler Accord Barazon (2007).

4 Korruption ist im Wesentlichen als Missbrauch diskretionärer Entscheidungsfreiräume zu sehen, d. h. als Handeln entgegen den Erwartungshaltungen und legitimen Interessen der von diesen Handlungen Betroffenen.

5 Das umfassende ökonomische Effizienzpostulat lässt grüßen: kosteneffiziente Lösungen müssen nicht produktiv sein (Bofinger 2007, Kapitel 7) – selbst und gerade auch im Wissenschaftsbereich.

für die Korruptionsbekämpfung naturgemäß prädestiniert sind: an den Schaltstellen politischer (und, nur graduell abgeschwächt: administrativer) Macht.

Folglich sind **Lösungsansätze eher problematisch, müssen anreizkompatibel sein**, d. h., müssen das diskretionäre Entscheidungsverhalten durch Anreize lenken, die auf die Verfolgung der Systemziele gerichtet sind (Bartel 2002; vgl. „Soziale Optimierung und Korruption"). Anreizkompatibilität, also der Umstand, dass die Anreize des Systems egoistisches Verhalten dennoch auf Gemeinschaftsziele lenken, ist daher sowohl in Bezug auf die ReformerInnen (*principals*) als auch auf die Zielpersonen der Korruptionsvermeidung (*agents*) anzustreben.[6] Das Problem des infiniten Regresses – wer steht über der Korruption und kann ihre Vermeidung von der Metaebene her institutionalisieren? – ist evident.

Doch man darf durch das unbedingte Streben nach einer erstbesten, kaum bis gar nicht realisierbaren Lösung nicht riskieren, faktisch eine Lösung überhaupt auszuschließen (und „in Schönheit unterzugehen"), sondern sich pragmatisch mit der Verfolgung der **Zweitbestlösung** begnügen. Im Hinblick auf i. w. S. institutionelle Lösungsansätze, die die Anreizkompatibilität kräftigen, vgl. „Prinzipien der Korruptionsvermeidung".

Staatsskepsis, Korruptionsfälle und Staatsrückbau

Zusätzlich erhält die Verortung von Korruption im ultimativen Kompetenzbereich der Gesellschaft, dem Machtbereich des Staates, durch Folgendes besondere Bedeutung: In der Entwicklung des ökonomischen Mainstream v. a. der letzten paar Jahre wurden und werden die **analytischen Grundlagen des Marktversagens (wieder) besonders in Zweifel gezogen**. Zuvor unzweifelhafte Marktversagensursachen – die Existenz öffentlicher Güter, das Auftreten externer Effekte und die Tendenz zur Aushöhlung funktionsfähigen Wettbewerbs – werden in zunehmendem Maß derart betrachtet, dass daraus mehr oder minder leicht realisierbare Marktlösungen (Lösungen durch die „unsichtbare Hand" der allseitigen Individualverhandlungen auf den Märkten für alles und jedes) abgeleitet werden können (Bartel 2007).

Die daraus erwachsenden und wachsenden Zweifel rütteln an der ökonomisch begründeten Berechtigung, insofern einer **Art staatspolitischer Verpflichtung**, dass die Hoheitsgewalt die bislang akzeptierten Grundaufgaben des Staates erfüllt (*social choice*):

---

[6] Zum *principal-agents problem* allgemein und einführend vgl. z. B. Bofinger (2007, Kapitel 4), bezogen auf Korruption vgl. Dhami/Al-Nowaihi (2007).

- Bereitstellung öffentlicher Daseinsvorsorge und wirtschaftlich relevanter gesellschaftlicher Spielregeln (**Allokation**),

- Gewährleistung stabiler Wirtschaftsentwicklung auf hohem Niveau (**Stabilisierung**) und

- Förderung sozialer Gerechtigkeit (**Distribution**).[7]

Die **grundlegende Staatsskepsis** ist ein Ausfluss der aktuellen, inzwischen 60-jährigen Fundamentalkritik öffentlichen Handelns durch die Neue Politische Ökonomie (*public choice*). Diese macht sich letztlich an einem Kristallisationspunkt fest: dem Missbrauch öffentlicher Macht – ob diese nun jeweils legitim erworben worden ist oder nicht: Sie hält sich, trotz allseitigen Missbehagens mit der Korruption, hartnäckig.[8]

Genährt wird die Fundamentalkritik an einer weit reichenden Kompetenz des Staates, bis hin zur Dimension eines umfassenden Wohlfahrtsstaates skandinavischer Prägung, besonders durch **Fälle skandalöser Korruption**, öffentlicher Misswirtschaft und bedingungslos einseitiger, nahezu rein ideologiegetriebener Wirtschaftspolitik. Solche empirischen Belege verbinden sich – fatal für die Sache des Staates – mit der umfassenden Theorie egoistischen Handelns politischer und administrativer AkteurInnen (die eigentlich im Dienst des Gemeinwohls agieren sollten) und mit der analytischen Aufweichung der ökonomischen Rechtfertigung wesentlicher staatlicher Aufgaben. Zusammen bewirkt dies insgesamt einen Schwenk von öffentlichen, konstruktiv politischen Lösungen zu privaten, restriktiv politischen Konzepten: Liberalisierung, Privatisierung, Aufgaben- und Budgetrückbau des Staates (Bartel 2007).

„Der Wohlfahrtsstaat braucht einen starken Steuerstaat, und dieser Steuerstaat kann nur mittels eines Rechtsstaates und einer **effizienten, korruptionsfreien Verwaltung** funktionieren (Hervorhebung nicht im Original; Anm. d. Vf.). Wenn eine dieser Säulen wegbricht, geht – über den allgemeinen Vertrauensverlust in diese Institutionen – auch der Wohlfahrtsstaat zugrunde“ (Walther 2006, S. 214). Letzteres mag negativ oder positiv bewertet werden. Auf diese Thematik lässt es sich hier (in dieser Nussschale auf dem Ozean der Sozialwissenschaften) nicht eingehen. Nicht zuletzt ist die Überwindung hartnäckiger Korruption eine Erfolgsbedingung für Schwellenländer und Re-

---

[7] Diese Klassifikation folgt Musgrave (1959).

[8] Während die meisten empirischen Untersuchungen politisch-ökonomische Einflüsse (im Sinn der *public choice*) auf die Wirtschaftsentwicklung feststellen, zeigen die neuesten ökonometrischen Analysen mit fortgeschrittenen Techniken keinen systematischen Nachteil ökonomischer Effizienz staatlicher Betriebe gegenüber vergleichbaren privaten; lediglich die Gewinnträchtigkeit ist beim Staat eine geringere, was sich aber aus der Erfüllung seiner typisch überbetrieblichen stattlichen Aufgaben erklärt (Bartel 2007).

formstaaten (Ellison 2007) – egal, wie groß oder klein der Staatssektor dimensioniert werden soll (vgl. „Ein ökonomisches Kaleidoskop zur Korruption").

Literatur

BAGLIONI Angelo, COLOMBO, Luca (2008), Managers' Compensation and Misreporting, in: *Economic Enquiry (46)*, OnlineEarly article, http://www.blackwell-synergy.com/toc/ecin/0/0

BARAZON Ronald (2007), Basel II – Ein Weg in die Irre, in: *Der Volkswirt*, April, S. 2-5

BARTEL Rainer (2002), Anreizmechanismen für eine effiziente Finanzkontrolle, in: Engelbert Theurl et al. (Hg.), *Kompendium der österreichischen Finanzpolitik*, Wien et al.: Springer-Verlag, S. 184-207

BARTEL Rainer (2007), Der öffentliche Sektor in der Defensive, in: *Wirtschaft und Gesellschaft (33)*, 2, S. 199-230

BOFINGER Peter (2007), *Grundzüge der Volkswirtschaftslehre*, 2. Aufl., München et al..: Pearson Education, Kapitel 4

DHAMI Sanjit, AL-NOWAIHI Ali (2007), Corruption and the provision of public output in a hierarchical asymmetric information relationship, in: *Journal of Public Economic Theory (9)*, 4, S. 727-755

ELLISON Brian A. (2007), Public Administration Reform in Eastern Europe, in: *Administration & Society (39)*, 2, S. 221-232

FREUND Eugen (2007), Der Enron-Skandal, in: Karl Kollmann und Manfred E. A. Schmutzer (Hg.), *Mächte des Marktes*, Wien: Verlag Österreich, S. 119-127

MUSGRAVE Richard A. (1959), *The Theory of Public Finance*, New York et al.: McGraw-Hill

RICKMAN Neil, WITT Robert (2007), The Determinants of Employee Crime in the UK, in: *Economica (74)*, 1, S. 161-175

ROBERTS John (2000), Corporate Governance and the Ethics of Narcissus, in: *Judge Institute of Management Working Papers*, Nr. 03/00

SCHMUTZER Manfred E. A. (2007), Mächte des Marktes, in: Karl Kollmann und Manfred E. A. Schmutzer (Hg.), *Mächte des Marktes*, Wien: Verlag Österreich, S. 9-40

WALTHER Herbert (2006), Wirtschaftspolitische Spielräume und Globalisierung, in: Ilan Fellmann und Friedrich Klug (Hg.), Schwarzbuch Neoliberalismus und Globalisierung, *Kommunale Forschung in Österreich*, Bd. 115, Linz: Eigenverlag, S. 203-221

Wissenschaftliche Korruption

Rainer Bartel

„Elend“ der Sozialwissenschaften: Nährboden für Korruption

Die meisten ÖkonomInnen lehnen die These, **Wirtschaftswissenschaft sei noch keine (exakte) Wissenschaft**, ab; manche akzeptieren sie, wenngleich aus unterschiedlichen Gründen (Bartel 2000).

- Zum einen wären die **methodischen Fähigkeiten noch nicht weit genug entwickelt**, um die Erklärungen der intransparenten, komplexen und stochastischen Realität zu beweisen (unzureichende Exaktheit bedeute Unwissenschaftlichkeit).
- Zum anderen bestünde zu wenig Bereitschaft, die Realität so zu erklären, wie sie ist, sondern das Bestreben, sie so zu erklären, wie man sie sich ausdenkt, wie sie sein solle, um jeweils der methodischen Ausrichtung zu entsprechen (unzulänglicher Bezug zum Erklärungsgegenstand verwässere die Objektivität).

Die mangelnde Möglichkeit, exakte und vollständige Beweise zu führen, die restlos überzeugen können, begründet einen problematischen Umstand: Die unerklärbaren Bereiche jeder Theorie und Empirie und somit die **unerklärten Bereiche der Realität werden durch Werturteile aufgefüllt**, will man generalisierbare Erklärungen anbieten. Werturteile umfassen subjektive Einschläge (unvollkommene Objektivität), sind aber nicht alle völlig subjektiv (eben nur begrenzt rational statt vollkommen irrational, willkürlich, emotional oder ideologisch). Denn es besteht eine Wechselwirkung einerseits zwischen punktuellen empirischen, auch wenn nur rein deskriptiven Informationen über die Realität und andererseits den persönlichen, mehr oder weniger subjektiv gefärbten Auffassungen vom sozial-ökonomischen Weltzustand und dem Funktionieren dieses Systems (ontologische Werturteile).[1] Auch von ihnen mögen die ideologischen Werturteile beeinflusst sein.

Ideologische Werturteile sind vermutlich besser als „weiße Flecken auf der ökonomischen Landkarte“ oder weitestgehende Vermeidung von Werthaltungen. Denn beides schafft einen Freiraum, der durch **PopulistInnen und DemagogInnen** okkupiert wird. Dass sich die WissenschafterInnen in einer sozialen (i. S. v. gesellschaftlichen), politisch relevanten Disziplin nicht der

[1] Ontologische Werturteile sind wohl unvermeidlich; schon bei dem für die Theoriebildung nötigen Setzen von Prämissen, dem vereinfachenden Abstrahieren von der nie gänzlich fassbaren Realität, werden sie schlagend (Bartel 1994).

Werthaltungen enthalten müssen, ist nach dem deutschen Werturteilsstreit vor 100 Jahren *usus* (Ohm 1962). So verbleibt dieser Freiraum, gleichsam ein Vakuum vollständiger Objektivität, das mehr oder minder subjektive und willkürliche Auffassungen und Äußerungen gleichsam ansaugt, im Bereich der Wissenschaft – obwohl diese prinzipiell der Objektivität verpflichtet ist.

Wissenschaftlichkeit im Bereich der Sozialwissenschaften kann also nicht an vollständiger, sondern muss eben den Kriterien sozialwissenschaftlicher Objektivität gemessen werden. Folglich ist hier Erkenntnis nicht Erkennen von Wahrheit, sondern Ableitung bedingter Erkenntnisse, bedingt durch die Problematik sozialwissenschaftlicher Erkenntnis und die Einhaltung der Kriterien sozialwissenschaftlicher Objektivität: Diese Kriterien machen ihrerseits bestimmte Analyseverfahren zur Bedingung. Doch sind die gängigsten **Wissenschaftlichkeitskriterien für Sozialwissenschaften** (Popper 1966) für die Freiheit der ForscherInnen, aber auch für deren Machtentfaltung günstig definiert:

- innere Widerspruchsfreiheit (meine Theorie darf sich nicht selbst widersprechen),

- Überprüf*bar*keit an der Realität (ich darf keine Theorie aufstellen, die nicht widerlegbar ist; das bringt auch die Forderung nach strikter Nachvollziehbarkeit, also vollkommener Schlüssigkeit, mit sich).

Immerhin wird zwar idealtypisch von WissenschafterInnen verlangt, dass sie danach trachten, ihre Theorie zu falsifizieren (im speziellen Testfall ihre Theorie nicht bestätigen, sondern verwerfen zu können). Die realtypisch dennoch relativ große Freiheit der ForscherInnen ist zwar für eine möglichst ungehinderte Fortschrittsentwicklung wichtig und als solche legitim, legt aber zugleich mehr Verantwortung in Herz und Hand der WissenschafterInnen. Die Wissenschaft gilt landläufig als Hort der Beweisführung, Objektivität, Wahrheit. Dieser generell unhaltbare Umstand begünstigt die Verführung zu **Korruption i. S. v. wissenschaftlicher Unredlichkeit, besteht doch ein Informations- und Wissensvorsprung, der ExpertInnen-/Macht verleiht**. Diese Macht ist ihrerseits kaum gefährdet, solange der Wahrheitsnimbus, der der wissenschaftlichen Profession anhaftet, nicht als trügerisch erkannt und nicht angezweifelt wird.

In Theoriebildung und -überprüfung stecken aber – von den AutorInnen zuweilen nicht kenntlich gemachte – inhaltliche und methodische Prämissen. **Verdeckte Analysegrundlagen können sogar für FachkollegInnen (*peers*) wesentliche Informationsnachteile darstellen**: umso mehr freilich, je weiter die *peers* von der jeweiligen konkreten Materie „entfernt" sind (niemand kann auch nur annähernd immer alles wissen und können).

Korruption im Hort wissenschaftlicher Integrität

Ist Korruption schon in der politischen Sphäre besonders heikel, so ist auf Grund wirtschaftspolitischer Beratung und des Fachwissensvorsprungs der Wissenschaft vor der Politik **wissenschaftliche Korruption ebenso virulent und klärungsbedürftig**. Wie in Politik und Verwaltung ist Korruption in der Wissenschaft Machtmissbrauch (vgl. „Soziale Optimierung und Korruption").

„Denn wissenschaftliche Produktion durch Wissenschafter als Personen ist keine ausschließlich rationale Kombination von Humankapital und Arbeit. Wissenschafter sind genauso Menschen, die nach persönlicher Anerkennung streben, so dass – bewusst oder unbewusst – die Intention der empirischen Überprüfung nicht die Falsifizierung, sondern die Nicht-Falsifizierung des entwickelten Modells ist, und dass der Sieg des von ihnen jeweils vertretenen Dogmas in der Konkurrenz der verschiedenen Erklärungsansätze um die Anwendung in der wirtschaftspolitischen Praxis angestrebt wird" (Bartel 1994, S. 454 f.). Dies führt – auf dem oben skizzierten Nährboden – zur Beeinflussung der Ergebnisse schon durch das verschleierte Setzen der Prämissen und Auswählen von Methoden sowie zur Darstellung der stets bedingten Ergebnisse als unbedingte Wahrheiten. Daraus werden dann zu Unrecht und unredlich „eherne Gesetze" des Marktes bzw. „politische Sachzwänge" – **Axiome** – gemacht.

Auch ein übersteigerter, **ruinöser Wissenschaftswettbewerb mag zu Unredlichkeit verleiten**, wenn steile Karrieren winken und dabei entsprechende Anreize wirken. „Zwar sind die Publikationen in wissenschaftlichen Zeitschriften immer noch eine der wichtigsten *Informationsquellen* über den Stand der Forschung, doch wird diese klassische Informationsfunktion der Literatur immer mehr von ihrer Funktion als *Selektionsfilter* für *wissenschaftliche Karrieren* überlagert. Unter dem Regime des *Publish or Perish* ist die Tatsache, dass man publiziert, wie viel man publiziert und vor allem, wo man publiziert, wesentlich wichtiger geworden als das, was man publiziert" (Holub 1993, S. 203, Kursives im Original).

Neben diesem „Störfaktor Mensch" bedeutet, gerade in einer stark von Forschungsaufträgen abhängigen Wissenschaft – in einer Welt der Information und *public relations*, des Wettbewerbs um Märkte und schwer konfliktärer Politiksituationen –, das **Dabeisein im interessen- und wirtschaftspolitischen „Geschäft"** beinahe alles (Sieg und Ruhm statt Erkenntnis als Wissenschaftsziele) und heiligt die Mittel. Solche Mittel sind v. a. die Vorlage von Modellrechnungsergebnissen ohne Modell und Datensatz, das Verschweigen von Prämissen und das willfährige Überlassen der nackten Ergebnisse für publizistische und politische Interpretationen (Bartel 2007).

Das Verzwickte daran ist, wenn sich solche WissenschafterInnen auf den formellen Standpunkt zurückziehen. Aus Gründen politischer Enthaltsamkeit stellten sie verdienstvoll bloß objektivierte Ergebnisse der Öffentlichkeit zur sozialen Nutzung unkommentiert zur Verfügung (hierin liegt die *crux*). Doch eine solche Wissenschaft ist „nicht neutral“ (Galbraith 1973; vgl. „Prinzipien zur Korruptionsvermeidung“).

Korruptionsvermeidung in der Wissenschaft

Mehr oder minder starke **Riegel gegen sozialwissenschaftlichen Machtmissbrauch** wären

- **Berufsethos** selbst selektierter Kreise als Ethik-Insel (Ethik als *governance principle* „berufener“ WissenschafterInnen),
- in-/formelle **Transparenzregeln** der *scientific community* (*peer regulation*),
- materiell gesicherte weitgehende **Unabhängigkeit von Forschungsaufträgen**,
- **Bildung** (als Fähigkeit zu fundierter kritischer Hinterfragung) wie eine „Gegenmacht“ zu bloß formeller Wissenschaftsautorität und
- *diversity management* in den (öffentlichen) Bildungs- und Forschungsinstitutionen (nicht die ganze Welt – nicht alle Unis und *think tanks* – seien neoliberal).

Literatur

BARTEL Rainer (1994), Kontrolle und Beratung in der Wirtschaftspolitik, in: *Wirtschaftspolitische Blätter (41)*, 4, S. 442-462

BARTEL Rainer (2000), Diametric Images of the Economy – Cause and Consequences, Arbeitspapier, *Arbeitspapier*, www.econ.jku.at/Bartel/Images.pdf

BARTEL Rainer (2007), Was man in ein Modell hineinsteckt, kommt dabei heraus, und das muss offen für Kritik sein, *Arbeitspapier im Büro Landesrat Kepplinger*, www.econ.jku.at/Bartel/Modellierung.pdf

GALBRAITH John K. (1973), Power and the Useful Economist, in: *The American Economic Review (63)*, 1, S. 1-11

HOLUB Hans-Werner (1993), Die Literaturflut in den Wirtschaftswissenschaften und ihre Folgen, in: *WiSt – Wirtschaftswissenschaftliches Studium (22)*, S. 203-207

OHM Hans (1962), *Allgemeine Wirtschaftspolitik*, Bd. 1, Systematisch-theoretische Grundlegung², Berlin: de Guyter & Co.

POPPER Karl (1966), *Die Logik der Forschung*, 2., erw. Aufl., Tübingen: Mohr

Prinzipien zur Korruptionsvermeidung

Rainer Bartel

Korruptionsvermeidung in Wohlfahrtsstaat und Minimalstaat

Korruption wird in Zeiten zunehmender Hegemonie des Neoliberalismus (Michalitsch 2007) immer mehr zum Argument für einen Minimalstaat; somit erscheint **Korruptionsvermeidung als politische Überlebensbedingung eines weit entwickelten Leistungsstaates**, die Umverteilungsleistungen eingeschlossen (Walther 2006). Vgl. dazu auch „Soziale Optimierung und Korruption". Und selbst im neoliberalen Minimalstaat müsste Korruptionsfreiheit aus Gründen der betriebs- und volkswirtschaftlichen Effizienz ein zentrales Anliegen sein.

Unbeschadet der (notwendigerweise werturteilsbehafteten) Entscheidung für mehr oder für weniger Staatseinfluss (Bartel et al. 2006) können einige (naturgemäß nur sehr generelle) **Prinzipien zur effizienten Gestaltung des Gemeinwesens im Allgemeinen und zugleich zur Korruptionsvermeidung im Besonderen** angeboten werden. Dieser relativ hohe Allgemeinheitsgrad der Handlungsvorschläge mag als „Elend der Sozialwissenschaften" empfunden werden. Doch solche Prinzipien zielen alle auf eine Reform der Grundlagen der öffentlichen Anreizsysteme ab, die dementsprechend systematische Verhaltensänderungen erwarten lassen (Bartel 2002).

Good governance ist geistige Offenheit

Die Kunst der Staatsführung möge weniger in dem starren Glauben an die Eignung bestimmter wirtschaftspolitischer Instrumente gesehen werden als – auf höherer, generellerer Ebene – in unvoreingenommener Offenheit für alternative Problemlösungsansätze. So ist **Korruption nicht unbedingt der Anstoß zur Entstaatlichung**, sondern zur Rechtfertigung des Staates durch Korruptionsvermeidung.

Soziales Beziehungsmarketing

Auf beiden Seiten ist die Denkart zu fördern, dass der **Staat für das Gemeinwesen da und zugleich von ihm abhängig**. In dieser Austauschbeziehung werden staatlicherseits Berufsethos und Dienstleistungsqualität gegen Steuermoral und informierter Wahlbeteiligung auf Seiten des Souveräns getauscht.

Transparenz legitimiert

Wer oder was gegen **Öffnung und Klarlegung der öffentlichen Entscheidungsgrundlagen, Argumentationslinien und deren empirischen Belegen** spricht, sei korruptionsverdächtig. Unter einer solchen mehrheitlich verbreiteten Auffassung wäre es leichter, die demokratische Abwahl der Person, Fraktion oder Agenda, welche durch Verhüllung charakterisiert ist, als die stärkste Waffe einer Demokratie gegen Korruption einzusetzen.

Faszinierende Bildungspolitik befähigt DemokratInnen

Staatsbürgerkunde als Auswendiglernen und Aufzählen institutioneller Merkmale der *res publica* wirkt nicht anreizkompatibel, während ein **Begreiflichmachen der grundlegenden Herausforderungen und Lösungsansätze in der Politik** die Partizipation am politisch-administrativen Prozess zum intellektuellen Abenteuer und politisches Auftreten gegen Korruption zur dominanten Alternative gegenüber Politikverdrossenheit machen kann.

Ökonomische Effizienzkontrolle ist politische Machtkontrolle

Finanzkontrolle soll in einer Demokratie eine Schlüsselfunktion erfüllen (können), zumal die Wirtschaftspolitik auf öffentliche Ressourcen angewiesen ist (Finanzkontrolle ist kompetent) und in ihrem wesentlichen Beitrag zur Gesellschaftspolitik nicht zu unterschätzen ist (Finanzkontrolle ist essenziell wichtig). Nicht zuletzt deshalb – und trotz der zentralen Machtkontrollfunktion – soll eine **kooperative, konstruktive Kontrollpartnerschaft** angestrebt werden (d. h. quasi als „Ritter ohne Schwert“: ohne Exekutiv- und Strafmacht, orientiert an der Fehlervermeidung). Dadurch soll die Ineffizienz der Kontrolle auf Grund von Ausweichverhaltens der Geprüften bei der Prüfung hintan gehalten werden (Bartel 1993).

Wahrung der Reversibilität ist staatspolitische Zweckmäßigkeit

In einem demokratischen Leistungsstaat möge eine qualifizierte Mehrheit der WählerInnen keinesfalls durch tiefstgreifende, systemkonstitutive Änderungen vor unabänderliche Tatsachen gestellt werden. Vielmehr soll die **Chance auf (wirtschaftlich leistbare) Veränderung in alle Richtungen intakt** bleiben. Dadurch kann die demokratische Steuerbarkeit gewährleistet und der Effizienzdruck auf die Korruption gestärkt werden, indem politisch alles zur Disposition stehen kann, um Problemen gegenzusteuern.

Diversity management fördert eine gesellschaftspolitisch neutrale Wirtschaftswissenschaft

Gelebter, faktischer, nicht bloß bekundeter Respekt vor der Vielfalt in der wirtschaftswissenschaftlichen Grundausrichtung ist eine nötige (wenn auch nicht unbedingt hinreichende) Bedingung zur Hebung aller analytischen Schätze und wohlfahrtspolitischen Vorzüge – gerade angesichts unausweichlicher ontologischer Werturteilsbefrachtetheit. Reichtum durch analytische Breite und Vielfalt, durch Komplementarität und Synergien von Erkenntnissen, die jede für sich – epistemologisch gesehen – freilich doch sehr bruchstückhaft ist, **maximiert den wirtschaftspolitischen Möglichkeitsraum und die Erfolgschancen**, nicht zuletzt gegenüber zentralen staatlichen Funktionen wie Korruptionsvermeidung (vgl. „Soziale Optimierung und Korruption"). Nur eine gesellschaftspolitisch „neutrale Wirtschaftswissenschaft" (Galbraith 1973) kann dies leisten; wissenschaftliches und staatliches *diversity management* tut diesbezüglich not. Im Gegensatz dazu wirft rein dogmatische Wirtschaftswissenschaft auch die interessante Frage nach Korruption in de Wissenschaft auf.

In diesem Sinn mag das Eingangsstatement zu diesem Beitrag als unausgewogen empfunden und kritisiert werden. Doch in Anbetracht der Gesamtsituation in der Wirtschaftswissenschaft qualifiziert es sich gerade als prononciertes **Gegengewicht zum hegemonialen neoliberalen Mainstream** (Michalitsch 2007) und als solches als ein winziger Beitrag zu mehr Ausgewogenheit in der ökonomischen Literaturlandschaft.

Literatur

BARTEL Rainer (1993), Öffentliche Finanzkontrolle als politische Machtkontrolle, in: *Politische Vierteljahresschrift (34)*, 4, S. 613-639

BARTEL Rainer (2002), Anreizmechanismen für eine effiziente Finanzkontrolle, in: Engelbert Theurl et al. (Hg.), *Kompendium der österreichischen Finanzpolitik*, Wien et al.: Springer-Verlag, S. 184-207

BARTEL Rainer, KEPPLINGER Hermann, POINTNER Johannes (2006), *Solidarische Wirtschaftspolitik: Besser als Neoliberalismus*, Wien: ÖGB-Verlag, Kapitel I und IX

GALBRAITH John K. (1973), Power and the Useful Economist, in: *The American Economic Review (63)*, 1, S. 1-11

MICHALITSCH Gabriele (2007), Neoliberalismus: Ringen um Hegemonie, in: Karl Kollmann und Manfred E. A. Schmutzer (Hg.), *Mächte des Marktes*, Wien: Verlag Österreich, S. 63-76

WALTHER Herbert (2006), Wirtschaftspolitische Spielräume und Globalisierung, in: Ilan Fellmann und Friedrich Klug (Hg.), Schwarzbuch Neoliberalismus und Globalisierung, *Kommunale Forschung in Österreich*, Bd. 115, Linz: Eigenverlag, S. 203-221

Ökonomische Ansätze gegen öffentliche Korruption

Rainer Bartel

Homo oeconomicus, begrenzte Rationalität und *homo sociologicus*

Korruptionsbekämpfung ist nicht von den umfassenden Ansätzen **zur effizienten Gestaltung des öffentlichen Sektors** zu trennen – egal, ob nun ökonomische (verwaltungs-/betriebswirtschaftliche) oder volkswirtschaftliche Effizienz verfolgt werden soll. Dem weiten Untersuchungsgegenstand entsprechend sind die Ansätze gegen Korruption durch verschiedene Disziplinen fundiert und essenziell unterschiedlich.

Dafür mitverantwortlich sind **differente Sichtweisen vom Menschen** (Bartel 1994):

- als kühl rechnender Eigennutzmaximierer – ***homo oeconomicus*** –, ein Rechengehirn, das alle Anreize sofort verarbeitet (Rothschild 1993),
- als ein an den Informationsproblemen leidender, solcherart **begrenzt rationaler Eigennutzmaximierer** (Reding/Dogs 1986), ein dementsprechend gelehrsamer und deshalb – in Maßen – für soziale Verhaltensnormen empfänglicher Mensch (Simon 1993) oder
- als ein emotionale Geborgenheit suchender und darob soziale Normen annehmender ***homo sociologicus***, kein ökonomischer Rechner (Rothschild 1993; vgl. „Außerökonomische Ansätze gegen öffentliche Korruption").

Die ökonomische Brille

Wenn ÖkonomInnen eine menschliche Aktivität theoretisch hintanhalten wollen, verteuern sie sie einfach, indem die Transaktionskosten (TK) – die Kosten für die Anbahnung und Abwicklung einer produktiven oder konsumtiven Tätigkeit – erhöht werden. Mit steigender TK-Dosis werden dann immer mehr Pläne von immer mehr Menschen vom Typ des *homo oeconomicus* oder z. T. des begrenzt rationalen Nutzenmaximierers ökonomisch unhaltbar: Die TK rechtfertigen die betreffende Aktivität ökonomisch nicht mehr, und die Individuen widmen ihre Ressourcen zur persönlichen Zielerreichung anderen Alternativen der Zielrealisierung. Im Sinn einer solchen Erschwerung und Verteuerung von Korruption wird eine **Tripartisierung** von (besonders) korruptionsanfälligen Transaktionen vorgeschlagen: Das Vier-Augen-Prinzip wird durch ein Sechs-Augen-Prinzip ersetzt; ein Dritter kompliziert und verteuert korrupte Transaktionen; die Dyade (das Paar) als TK-günstigste Konstellation geheim zu haltender Vertragsbeziehungen wird aufgebrochen (z. B. Ayres/ Braithwaite 1992). Korruptionsvermeidung durch Tripartisierung muss freilich den ökonomischen Nachteil der Verwaltungskomplizierung und -verteuerung zumindest kompensieren.

Umgekehrt steht eine Transaktionskostenverringerung analytisch hinter dem Vorschlag, im Verkehr mit öffentlichen Stellen die **Durchsetzungskosten korruptionsfreier Aktionen zu verbilligen**, indem Betroffene nach Aufdeckung korrupter öffentlich Bediensteter dafür subventioniert und schadlos gehalten werden (z. B. Yavas 2007). Wiederum soll sich die kostenminimale Verhaltensvariante durchsetzen.

Vom Modellbild des *homo oeconomicus* ging besonders Gerry Becker (1968) aus und wandte es immer und überall an. Er erklärte kriminelles Verhalten als Optimierungskalkül, ist doch ein *homo oeconomicus* beliebig steuerbar: Hierbei ist menschliches Verhalten – in nahezu jeglicher Situation – ganz wesentlich ein Produkt ökonomischer Verhaltensanreize. Aus dieser Sicht verspricht ein **Drehen an den Stell- und Steuerschrauben Strafhöhe und Kontrollfrequenz** Erfolg (z. B. Merlo 2004).

In die *homo oeconomicus*-Kategorie von Theorien fällt auch der Vorschlag der **Abschaffung der Pragmatisierung** oder sonstiger solcher speziellen Schutzinstitutionen (z. B. Bowman/West 2006). Doch im Vergleich zum sehr mechanistischen Ansatz der Verhaltenssteuerung auf Basis ökonomischer Anreize ist der Mensch in seinem Verhalten wohl ein höher kompliziertes Wesen (vgl. analog etwa Stanley Kubricks Film *A Clockwork Orange*). Andererseits wiederum dürften Überlegungen à la Becker in vielen Bereichen doch eine mehr oder minder große Rolle mitspielen (McKennzie/Tullock 1984, Rothschild 1993). Darum ist es eher eine empirische Frage, ob sich Entpragmatisierung od. dgl. netto positiv auswirke: Eine Enttäuschung der altruistischen StaatsdienerInnen könnte nämlich deren Berufsethos schädigen, sie andererseits aber nicht zu anreizelastischen VerwaltungsmanagerеInnen machen, da sie vom Typ des *homo sociologicus* (nicht *oeconomicus*) sind (Bartel 2007).

Auf die grundsätzlich vorhandene ökonomische Rationalität, die aber informations- und kostenbedingt eingeschränkt ist (*bounded rationality*), verwies schon Harvey Leibenstein mit seiner Theorie der *X-efficiency*, einer Theorie unvollkommene Produktionseffizienz in privaten und staatlichen Organisationen (Reding/Dogs 1986). Eine solche Analyse

- legt **Vorgaben von Verhaltensweisen in anreizunelastischen Bereichen ebenso nahe wie**

- **positive Motivationen zu erwünschtem Verhalten**, etwa durch Einblicke ins Funktionieren des gesamten Räderwerks (quasi: ich bin kleines, aber ein wichtiges Rädchen im Getriebe).

In den Augen der Neuen Politischen Ökonomie (*public choice*) ist der öffentliche Sektor eigentlich der Ort schlechthin für Kombinationen aus Egoismus, Machtstreben und Korruption (Bartel 2007); das kommt nicht zuletzt in der staatlichen Regulierung des privaten wie des öffentlichen Sektors zum Ausdruck. Demgegenüber herrscht in der *public choice* nahezu blindes Vertrauen in die Objektivität des ökonomischen *Mainstream* (vgl. „Wissenschaftliche Korruption"). Wie sehr dies zutrifft, sei dahingestellt. Dennoch ist folgender Vorschlag nicht rundweg von der Hand zu weisen: **Unabhängige und unparteiische (!) ExpertInnen sollen regelmäßig zur Beurteilung der staatlichen Regulierungen eingeladen werden** (Shapiro/Guston 2006).

Literatur

AYRES Ian, BRAITHWAITE John (1992), *Transcending the Deregulation Debate*, New York: Oxford University Press

BARTEL Rainer (1994), Egoismus, Altruismus und Effizienzgestaltung im öffentlichen Bereich, in: *Wirtschaft und Gesellschaft (20)*, 2, S. 231-246

BARTEL Rainer (2007), Der öffentliche Sektor in der Defensive, in: *Wirtschaft und Gesellschaft (33)*, 2, S. 199-230

BECKER Gerry S. (1968), Crime and Punishment: An Economic Approach, in: *Journal of Political Economy (76)*, 2, S. 169-217

BOWMAN James S., WEST Jonathan B. (2006), Ending Civil Service Protections in Florida Government, in: *Review of Public Personnel Administration (26)*, 2, S. 139-157

McKENZIE Richard B., TULLOCK, Gordon (1984), *Homo oeconomicus. Ökonomische Dimensionen des Alltags*, Frankfurt/M. – New York: Campus-Verlag

MERLO Antonio (2004), Introduction to Economic Models of Crime, in: *International Economic Review (45)*, 3, S. 677-679

REDING Kurt, DOGS Ernst (1986), Die Theorie der „X-Effizienz" - ein neues Paradigma der Wirtschaftswissenschaften? In: *Jahrbuch für Sozialwissenschaft (37)*, 1, S. 19-39

ROTHSCHILD Kurt W. (1993), *Ethics and Economic Theory*, Aldershot – Brookfield: Edward Elgar

SHAPIRO Stuart, GUSTON David (2006), Procedural Control of the Bureaucracy, Peer Review, and Epistemic Drift, in: *Journal of Public Administration Research and Theory (17)*, 4, S. 535-551

SIMON Herbert A. (1993), Altruism and Economics, in: *The American Economic Review (83)*, 2, S. 156-161

YAVAS Cemile (2007), The Ghost of Corruption, in: *The Berkeley Electronic Journal of Economic Analysis & Policy (7)*, 1, www.bepress.com/bejeap/vol7/iss1/art38

Außerökonomische Ansätze gegen öffentliche Korruption

Rainer Bartel

Die ethisch-sozialtechnisch-organisatorische Brille

Klare Verhaltensstandards für möglichst alle antizipierbaren Situationen werden propagiert, um die individuellen Entscheidungsspielräume zwischen Legalität und Korruption zu minimieren. Genaue Verhaltensvorschriften mögen dem Legalitätsprinzip Genüge tun, die ökonomische Zustimmung werden sie jedoch eher nicht finden (vgl. „Ökonomische Ansätze gegen öffentliche Korruption"). Denn konkrete Entscheidungsvorschriften sind in anspruchsvolleren und somit korruptionsrelevanteren Bereichen kaum denkbar. So sollten bestimmte Niveaus an moralischer Bindung an öffentliche Werte angestrebt werden, die die Maxime des – möglichst flexiblen – Handelns sein sollen (Siegelman 1976). Hierbei greifen ökonomische Werkzeuge naturgemäß zu kurz.

Deshalb werden klare Verhaltensstandards auch in außerökonomischen Analyseansätzen nicht nur die Inputseite betreffen, sondern auch die Outputseite (das Verhaltensergebnis) oder gar den Outcomeaspekt (den Beitrag des Verhaltensergebnisses zur gesellschaftlichen Zielerreichung): ***standards of administrative quality*** soll vorgegeben werden (Siegelman 1976). Die Ergebnisseite kann bei der Korruptionsbekämpfung nicht vorweg ausgeklammert werden, da Korruption in anspruchsvollen Entscheidungsbereichen auf der Inputseite kaum zu fassen ist (zur Diskretionarität der Entscheidungen vgl. „Soziale Optimierung und Korruption"):

- **Qualitätsstandards (Leistungspläne)** und für den Vergleich mit ihnen zu definierende Leistungsbeurteilungen unterliegen allerdings schwerer Kritik: Leistungspläne würden bloß irgendetwas messen (Thayer 1987) und, verhaltensstrategisch bedingt, den Output verzerren (Miller et al. 2008). Doch wiederum dagegen fordert Wang (2002), Vorbehalte öffentlich Bediensteter gegenüber Leistungsdokumentation abzubauen.

- Kehren wir also nun wieder auf die Inputseite staatlicher Aktivität zurück: Es sollen **„moralische Bindungsniveaus"** (Siegelman 1976) gesichert werden, um das Verhalten nicht konkret (in problematischer Weise) evaluieren zu müssen, sondern allgemein und grundsätzlich zu lenken.

Doch wie fördert man eine **stärkere Verpflichtung gegenüber öffentlichen Werten** (*public values*: Lane et al. 2003)? Zumindest können in den Auswahl- und Aufnahmeverfahren für öffentlich Bedienstete die persönliche Einstellung zum Öffentlichen (zur *res publica*, aber nicht im starr patriotistischen Sinn) sowie die soziale Kompetenz (*social skills*) zu Kriterien gemacht werden – statt offenbar unzweckmäßiger Aufnahmetests (Pynes 2001).

Für größer angelegte Lösungen – in Gestalt von **„Moralentwicklung" nicht von Individuen, sondern ganzer Organisationen**, die ja als solche und ganze handeln – wird auf holistische, der Biologie entlehnte Systemkonzepte zurückgegriffen (Lynch et al. 2002).

Ein anderer Aspekt der Korruption bzw. ihrer Vermeidung betrifft mangelnde Kooperationsbereitschaft öffentlicher Einrichtungen bei der Umsetzung politischer Zielvorgaben. **Neben der tatsächlichen Zielidentität aller beteiligten Institutionen ist gegenseitiges Vertrauen Voraussetzung** für korruptionsfreie, treue Umsetzungen politischer Vorhaben (Lundin 2007). Dieser wechselseitige Zusammenhang ist auch allgemein für das problematische Verhältnis zwischen einem Organ und dessen OrganwalterInnen (*agency problem, principal-agent problem*) lösungsrelevant.

Heikel wird die Sache aber speziell, wenn Zielidentität und Vertrauen zwischen den KorruptionspartnerInnen bestehen (Bartel 2007). Als Lösung dafür bietet sich der **komplette Ersatz korrupter Teilsysteme** an (Brinkerhoff/Goldsmith 2005).

Die Auffassungsunterschiede über die Frage ethische versus ökonomische Ansätze zur Korruptionsbekämpfung sind so evident wie nahe liegend. Maletz und Herbel (2000) weisen in diesem Zusammenhang auf das Thompsonsche Paradox der Korruptionsbekämpfung bzw. Effizienzgestaltung hin (man kann es auch als Kausalitätsproblem in der Ziel-Mittel-Frage – oder Henne-Ei-Problem – sehen): *„Weil andere Inhalte wichtiger sind als Ethik, ist Ethik wichtiger als jeder andere Inhalt"* (Thompson 1992, S. 255, eigene Übersetzung). Darin ist einerseits die Überzeugung enthalten, nur ethisches Verhalten könne die Korruptions- bzw. Ineffizienzproblematik lösen, andererseits die Einsicht, dass es letztlich um Effizienzgestaltung gehe: *„Man muss Ethik als einen Zweck an sich ansehen, obwohl sie eigentlich ein Mittel darstellt"* (Maletz/Herbel 2000, S. 40). **Ethikmanagement** ist daher das rettende Konzept. Doch offenbar fehlen auch außerhalb der Wirtschaftswissenschaft konkrete, überzeugende Operationalisierungen. Jedenfalls sollen *ethics management* und *public management* einander zumindest nicht widersprechen (OECD 1996).

Lösungsbestrebungen sollen dem Staat nicht erspart werden

Der Staat ist die Institution mit der meisten Erfahrung mit Organisationen übergreifender Gemeinschaftsbildung sowie mit entsprechenden Dialog- und Lernangeboten über institutionelle Grenzen hinweg (Jos 2006). Dabei sind

Gesetzgebung und Vollziehung auseinander zu halten: Zwar kommt in den USA die relative Mehrheit innovativer Vorschläge von TechnokratInnen: BeamtInnen der mittleren Ebene und BeamtInnen mit Außenkontakten (Borins 2001). Doch die Problemlösungen für Ineffizienz allgemein und Korruption speziell in der faktischen Delegation der Verantwortung von der Politik an die Technokratie zu suchen, wäre eine **Entpolitisierung öffentlicher, veritabel politischer Angelegenheiten und als solche fatal** (Mattei 2007).

Ebenso darf Dezentralisierung, auf die man v. a. früher große Hoffnungen für die Korruptionsbekämpfung setzte,[1] **die Verantwortlichkeit der jeweiligen Zentralstelle nicht erodieren** (Werlin 1988).

Vor einer genau in diese Richtungen gehenden Neoliberalisierung in Gestalt von *new public management* (Stichwort: *reinventing the state*) wird gewarnt. Es wäre ein Angriff auf die Macht der Verwaltungsbürokratie, die doch am weitestgehenden dem Legalitätsprinzip verpflichtet sei (Acar et al. 2008), sowie eine Unterminierung der wichtigen Rolle öffentlich Bediensteter in einer demokratischen Gesellschaft (Kearney/Hays 1998, Bartel 2008). Eine Repolitisierung tut diesbezüglich Not.

In mittelbarer Weise kann der Staat die Korruptionsproblematik durch Förderung der Medienfreiheit (Maranto 1998) und einer Kultur der BürgerInnenbeteiligung (Schaffung eines *deliberate open space*: Fischer 2006) mildern. Allerdings ergebe sich dabei ein Zielkonflikt im Verhältnis zwischen mehr Transparenz (Pasquier/Villeneuve 2007) und staatspolitischem Geheimhaltungsinteresse (Piotrovski 2007). Auch sei mehr Transparenz insofern trügerisch, als verstärkte EDV-gebundene Dokumentation vom Problem der relativ einfachen technischen Manipulierbarkeit geplagt wird (Ermer 1975).

Einfache Lösungen gibt es nirgends, und Patentrezepte schon gar nicht.

Literatur

ACAR Muhittin, GUO Chao, YANG Kaifeng (2008), Accountability When Hierarchical Authority Is Absent, in: *The American Review of Public Administration (38)*, 1, S. 3-23

ANDREWS Christina W., DE VRIES Michiel S. (2007), High expectations, varying outcomes: decentralization and participation in Brazil, Japan, Russia and Sweden, in: *International Review of Administrative Sciences (73)*, 3, S. 424-451

BARTEL Rainer (2008), Gefährden Privatisierungen die Demokratie? *Arbeitspapier* im Büro Landesrat Kepplinger

[1] Dezentralisierung sollte *new governance* im öffentlichen Leben – die Partizipation der und Kontrolle durch die BürgerInnen – fördern (Andrews/de Vries 2007).

BORINS Sandford (2001), Public Management Innovation, in: *The American Review of Public Administration (31)*, 1, S. 5-21
BRINKERHOFF Derick W., GOLDSMITH Arthur A.(2005), Institutional Dualism and International Development, in: *Administration & Society (37)*, 2, S. 199-224
ERMER Virginia B. (1975), Strategies for Increasing Bureaucratic Responsiveness, in: *The American Review of Public Administration (9)*, 3, S. 121-132
FISCHER Frank (2006), Participatory Governance as Deliberate Empowerment. The Cultural Politics of Discursive Space, in: *The American Review of Public Administration (36)*, 1, S. 19-40
JOS Philip H. (2006), Contract Theory. Implications for Professional Ethics, in: *The American Review of Public Administration (36)*, 2, S. 139-155
KEARNEY Richard C., HAYS Steven W. (1998), Reinventing Government, The New Public Management and Civil Service Systems in International Perspective, in: *Review of Public Personnel Administration (18)*, 4, S. 38-54
LANE Larry M., WOLF James F., WOODARD Colleen 2003), Reassessing the Human Resource Crisis in the Public Service, 1987-2002, in: *The American Review of Public Administration (33)*, 2, S. 123-145
LUNDIN Martin (2007), Explaining Cooperation: How Resource Interdependence, Goal Congruence, and Trust Affect Joint Actions in Policy Implementation, in: *Journal of Public Administration Research and Theory (17)*, 4, S. 651-672
LYNCH Thomas D., LYNCH Cynthia E., CRUISE Peter L. (2002), Productivity and the Moral Manager, in: *Administration & Society (34)*, 4, S. 347-369
MARANTO Robert (1998), Thinking the Unthinkable in Public Administration, in: *Administration & Society (29)*, 6, S. 623-642
MALETZ Donald J., HERBEL Jerry (2000), Beyond Idealism. Democracy and Ethics Reform, in: *The American Review of Public Administration (30)*, 1, S. 19-45
MATTEI Paola (2007), Managerial and political accountability: the widening gap in the organization of welfare, in: *International Review of Administrative Sciences (73)*, 3, S. 365-387
MILLER William H., KERR Brink, RITTER Gary (2008), School Performance Measurement, in: *The American Review of Public Administration (38)*, 1, S. 100-117
OECD (1996), Ethics in the Public Service, *Public Management Occasional Papers*, No. 14, www.oecd.org/dataoecd/59/24/1898992.pdf
PASQUIER Martial, VILLENEUVE Jean-Patrick (2007), Organizational barriers to transparency, in: *International Review of Administrative Sciences (73)*, 1, S. 147-162
PIOTROVSKI Suzanne J. (2007), Citizen Attitudes Toward Transparency in Local Government, in: *The American Review of Public Administration (37)*, 3, S. 306-323

PYNES Joan E. (2001), The Triumph of Techniques Over Purpose Revisited, in: *Review of Public Personnel Administration (21)*, 3, S. 219-236

SIEGELMAN Lee (1976), The Quality of Administration, in: *Administration & Society (8)*, 1, S. 107-144

THAYER Frederick C. (1987) Performance Appraisal and Merit Pay Systems: The Disasters Multiply, in: *Review of Public Personnel Administration (7)*, 2, S. 36-53

THOMPSON D. F. (1992), Paradoxes of Government Ethics, in: Public Administration Review (52), 3, 254-259, zit. n. Maletz/Herbel (2000)

WANG Xiaohu (2001), Assessing Administrative Accountability, in: *The American Review of Public Administration (32)*, 3, S. 350-370

WERLIN Herbert H. (1988), The Theory of Political Elasticity, in: *Administration & Society (20)*, 1, S. 46-70

Wie bedeutend sind Korruption und Schattenwirtschaft in Österreich?

Einige volkswirtschaftliche Anmerkungen

Friedrich Schneider

Einleitung

Korruption erhöht den Wohlstand einiger Diebe, aber schädigt die Wirtschaft, die Gesellschaft und den Staat. In der ökonomischen Literatur herrscht somit die Meinung vor, dass Korruption eindeutig negative Konsequenzen für die Wirtschaft, die Gesellschaft und den Staat hat und sehr häufig Korruption das Hindernis für eine gesunde ökonomische Entwicklung ist. Ebenso wird aber auch sehr häufig argumentiert, dass die Schattenwirtschaft (Pfusch) die offizielle Wirtschaft nur schädigt, Arbeitsplätze vernichtet, und somit ebenso ein gesamtgesellschaftlicher Schaden ist. In diesem Beitrag sollen daher einmal die beiden Phänomene im Allgemeinen und mit einigen Zahlen für Österreich untersucht werden. Darüber hinaus soll der Fragestellung nachgegangen werden, ob zwischen Korruption und Schattenwirtschaft eher eine substitutive oder komplementäre Beziehung besteht, ein Umstand, der in der volkswirtschaftlichen Literatur nicht eindeutig geklärt werden kann.

1. Die Größenordnung von Korruption

Die Größenordnung und die Kosten von Korruption sind in einer Studie von Dreher, Kotsogiannis und McCorriston (2004) ermittelt worden. Ihre Ergebnisse zeigen, dass die Schweiz die geringste Korruption mit 2,5 % des BIPs oder 6 Milliarden US$ hat; und gelänge es, die Korruption zu beseitigen, würde das Schweizer Bruttosozialprodukt um 6 Mrd. US$ steigen. Für die Niederlande werden die Schäden der Korruption auf 3,4 % des BIPs geschätzt oder 9 Mrd. US$. Ein weiteres Land mit geringer Korruption ist Japan (4,9 %), gefolgt von Schweden (5,6 %). Österreich nimmt den Berechnungen von Dreher, Kotsogiannis und McCorriston zufolge Rang 15 ein und gäbe es keine Korruption in Österreich, würde das BIP um 11,6 % oder um 30 Mrd US$ ansteigen. Am Ende der Skala der Berechnungen von Dreher, Kotsogiannis und McCorriston steht der afrikanische Staat Niger, der sein GDP um 27 % oder 45 Mrd US$ ansteigen lassen könnte, wenn es gelänge, die Korruption zum Verschwinden zu bringen.

Der österreichische Wert an Schäden der Korruption oder Ausmaß der Korruption mit 30 Billionen US$ oder 21 Milliarden Euro hat eine ähnliche Größe wie die Schattenwirtschaft, die im folgenden Teil kurz dargestellt wird.

2. Ausmaß und Größe der Schattenwirtschaft (Pfusch) in Österreich

In Österreich werden das Ausmaß und die Entwicklung der Schattenwirtschaft[1] seit Langem sehr intensiv und kontrovers diskutiert; insbesondere in jüngster Zeit die Frage, ob die Schattenwirtschaft dank der guten Konjunktur oder wegen einer effizienten Wirtschaftspolitik weiterhin rückläufig ist. Die neuesten Ziffern über die Entwicklung der Schattenwirtschaft sind in der folgenden Tabelle 3.1 und in der Figur 3.1 aufgeführt.

Für 2007 sind dies Berechnungen, die der Konjunkturentwicklung Rechnung tragen. Schattenwirtschaft (Pfusch) geht in Österreich bereits seit dem Jahr 2005 zurück (-4,35 % von 2004/05). Ebenso ist im Jahr 2006 in Österreich die Schattenwirtschaft von 22 Mrd. Euro (2005) auf 21,2 Mrd. Euro (2006) gesunken. Dies entspricht einem Rückgang von -3,64 %. Im Jahr 2007 erreichte die Schattenwirtschaft in Österreich lediglich ein Volumen von 20,8 Mrd. Euro, das heißt, sie ist zum dritten Mal rückläufig bzw. sinkt um 400 Mio. Euro bzw. der prozentuale Rückgang beträgt 1,89 %.

Die Ursache für diesen weiteren (leichten) Rückgang liegt primär im Konjunkturaufschwung, da aufgrund des starken Wirtschaftswachstums es nun zum einen in der offiziellen Wirtschaft viele attraktive Jobs gibt und zum anderen die Zuverdienstmöglichkeiten gestiegen sind! Die Wirtschaftspolitik hat wenig zum Sinken der Schattenwirtschaft beigetragen – im Gegenteil, inwieweit die von der Großen Koalition beschlossene geringfügige Erhöhung der Krankenversicherungsbeiträge, die die Lohnnebenkosten erhöht, sich wieder auf eine Steigerung der Schattenwirtschaft auswirkt, kann im Moment nur grob abgeschätzt werden. Diese Erhöhung wird eine Steigerung der Schattenwirtschaft von circa 200 Mio bewirken, die aber von der guten Konjunktur mehr als kompensiert wird!

Ebenso war die Einführung des Dienstleistungsschecks bislang keine erfolgreiche Maßnahme zur Bekämpfung der Schattenwirtschaft.

---

[1] Vergleiche hierzu: Die Berechnungen des Umfangs der Schattenwirtschaft sind aus einer Kombination des Bargeldansatz und dem DYMIMIC-Verfahrens durchgeführt worden. Der Bargeldansatz basiert auf der Idee, dass die in der Schattenwirtschaft erbrachten Leistungen bar entlohnt werden, und dass es mit Hilfe einer Bargeldnachfragefunktion gelingt, diese bar entlohnten Leistungen zu schätzen und das Volumen an Schattenwirtschaft zu berechnen. Der DYMIMIC-Ansatz beruht auf der Idee, dass die Schattenwirtschaft eine nicht direkt beobachtbare Größe ist, die annäherungsweise aufgrund von allen quantitativ erfassbaren Ursachen (z.B. Steuerbelastung, Regulierungsdichte), im Schatten zu arbeiten, und Indikatoren (Bargeld, offizielle Arbeitszeit, etc.), in denen sich Schattenwirtschaftsaktivitäten widerspiegeln, berechnet werden kann. (Diese Methoden (sowie andere) wird in folgenden Büchern ausführlich dargestellt und einer kritischen Würdigung unterzogen: FRIEDRICH SCHNEIDER (2004), Arbeit im Schatten: Eine Wachstumsmaschine für Deutschland?, Wiesbaden: Gabler Verlag; Friedrich SCHNEIDER und Dominik ENSTE (2002), The Shadow Economy: An International Survey, Cambridge (UK): Cambridge University Press.)

Tabelle 1: Die Entwicklung der Schattenwirtschaft (Pfusch) in Gesamt-Österreich und in den einzelnen Bundesländern von 1990-2007

(Regionale) Wertschöpfung („BIP") in der Schattenwirtschaft (Pfusch) zu laufenden Preisen in Mrd. €; Schätz-Methode für Gesamtösterreich: DYMIMIC Verfahren unter Zuhilfenahme des Bargeldansatzes											
Jahr	B Mrd.€	K Mrd.€	NÖ Mrd.€	OÖ Mrd.€	S Mrd.€	ST Mrd.€	T Mrd.€	V Mrd.€	W Mrd.€	Gesamt Österr. Mrd.€	in % des off.BIP
1990	0,11	0,31	1,12	1,13	0,38	0,81	0,56	0,23	1,44	6,09	5,47%
1995	0,27	0,75	1,96	2,01	0,91	1,40	0,95	0,55	3,48	12,28	7,32%
1996	0,33	0,89	2,32	2,37	1,08	1,65	1,13	0,65	4,11	14,53	8,32%
1997	0,36	0,97	2,54	2,59	1,20	1,81	1,24	0,72	4,46	15,89	8,93%
1998	0,38	1,03	2,69	2,75	1,27	1,92	1,31	0,75	4,64	16,74	9,09%
1999	0,42	1,12	2,89	2,96	1,37	2,07	1,41	0,84	5,04	18,12	9,36%
2000	0,46	1,21	3,14	3,21	1,49	2,24	1,53	0,91	5,46	19,65	10,07%
2001	0,49	1,30	3,36	3,44	1,60	2,40	1,64	0,98	5,84	21,05	10,52%
2002	0,51	1,34	3,49	3,57	1,65	2,49	1,70	1,01	6,02	21,78	10,69%
2003	0,53	1,38	3,60	3,68	1,70	2,57	1,75	1,04	6,21	22,46	10,86%
2004	0,54	1,42	3,70	3,78	1,75	2,64	1,80	1,07	6,38	23,00	11,00%
2005	0,50	1,34	3,59	3,68	1,66	2,50	1,70	1,01	6,09	22,00	10,27%
2006 [1]	0,49	1,29	3,44	3,54	1,59	2,41	1,64	0,98	5,84	21,20	9,51%
2007 [1]	0,47	1,26	3,38	3,47	1,56	2,38	1,61	0,96	5,73	20,80	9,06%

[1] Vorläufige Berechnungen aufgrund der Gesamtschätzung für Österreich.
Quelle: Eigene Berechnungen, Prof. Dr. Friedrich Schneider, Universität Linz

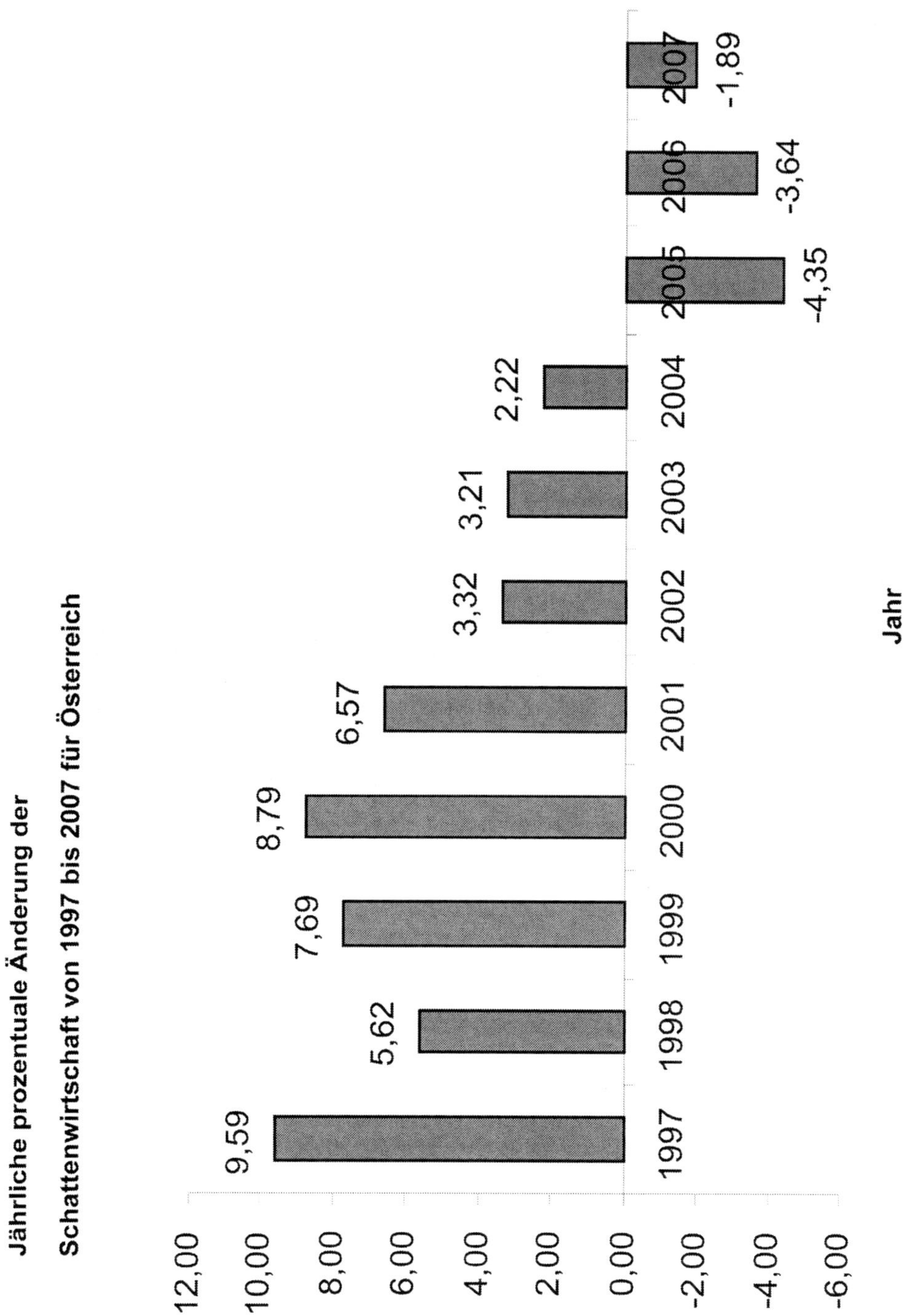

Quelle: Eigene Berechnungen, Prof. Dr. Friedrich Schneider, Universität Linz

Eine vom Autor in Auftrag gegebene, repräsentative Befragung des Market-Institutes September/Oktober 2006 zum Dienstleistungsscheck ergab Folgendes:

Er stellt flächendeckend noch keine Alternative dar (gerade 50% der Befragten haben von ihm gehört, 46% kennen ihn nicht, 4% keine Angabe), die Hälfte der Bevölkerung kennt ihn und die Begeisterung hält sich in Grenzen (10% Bezahlung mit dem Dienstleistungsscheck ist sehr viel attraktiver als bar, 19% attraktiver, 25% gleich attraktiv und 33% weniger attraktiv!).

Abschließend soll noch kurz auf die Einstellung der ÖsterreicherInnen zur Schattenwirtschaft eingegangen werden:
Aus den Ergebnissen einer Repräsentativbefragung von 1031 ÖsterreicherInnen des Market-Institutes im September 2006 geht eindeutig hervor, dass „Pfusch" in Österreich von fast 2/3 der ÖsterreicherInnen nach wie vor als Kavaliersdelikt (2006: 63%) angesehen wird und die weite Verbreitung der Schwarzarbeit in Österreich reflektiert sich in dieser Einstellung („Dinge im Pfusch erledigen zu lassen"). Damit liegt der „Pfusch" weiterhin stabil an erster Stelle mit Respektabstand folgt „Geschwindigkeitsüberschreitungen auf der Autobahn".

Auch selber der Schwarzarbeit nachzugehen (2006: 38%) ist immerhin noch für ein Drittel ein Kavaliersdelikt. Etwa jeder sechste Österreicher hat im letzten Jahr einen „Pfuscher" beschäftigt und damit hat sich zur Erhebung aus 2003 kaum eine leichte Steigung (von jedem siebten auf jedem sechsten) ergeben. Kommt man auf die Einsatzbereiche für Schwarzarbeit („Pfusch") zu sprechen, so dominieren eindeutig Hausbau, sowie größere Renovierungen mit 52%[2], gefolgt von der Autobranche (23%) und Elektrobranche (22%). Weiters werden noch Hausarbeiten (10%) sowie Nachhilfestunden und Kinderbetreuung (12%) nachgefragt.

Der hohe Stellenwert der Schwarzarbeit/des Pfusches ist nach Meinung von Herrn und Frau Österreicher leicht erklärt: Ohne „Pfusch" kann man sich vieles nicht mehr leisten (2006: 66%) und der Staat ist aufgrund der hohen Steuerbelastung an der derzeitigen Situation nicht ganz unschuldig (52%). Der Anteil, derer, die meinen, dem Staat entgehen durch den Pfusch viele Milliarden, ist von 30% (2003) auf 23% (2006) gesunken. In jedem zehnten Haushalt ist selber schwarzarbeiten kein Tabu. Hier wird die Schwarzarbeit offen zu Protokoll gegeben. Vor allem Männer und junge Österreicher verdienen durch „Pfusch" dazu.

---

2 Dies umfasst Hausbau, Hausumbau, größere Renovierungen am Haus, Boden, Teppich, Fliesen legen, Tapezieren, Malerarbeiten, Tischler und Maurerleute.

Diese Ergebnisse zeigen, dass „Pfusch" ein weit verbreitetes Phänomen ist, und dass durch einfache Bestrafung diesem Phänomen sicherlich nicht zu Leibe zu rücken ist.

3. Die Auswirkungen der Schattenwirtschaft auf Wirtschaft

Der negative Einfluss der Schattenwirtschaft auf die offizielle Wirtschaft ist insbesondere in Entwicklungsländern spürbar, da hier die Schattenwirtschaft häufig Größenordnungen von zwischen 40 und 60 % des offiziellen Bruttosozialproduktes erreicht und damit die Steuerbasis dermaßen erodiert ist, dass weniger öffentliche Infrastruktur zur Verfügung gestellt werden kann und dies das Wirtschaftswachstum hemmt.[3] Die Ergebnisse von Schneider (2005) für die Entwicklungsländer zeigen, dass das Wachstum des offiziellen Bruttosozialproduktes um 1,2 Prozentpunkte sinkt, wenn die Schattenwirtschaft in Entwicklungsländern um einen Prozentpunkt ansteigt. Für sich entwickelnde Länder konnte dieser für hoch entwickelte Industrieländer (wie Österreich) Zusammenhang bislang nicht bestätigt werden, ja es zeigt sich sogar, dass die Schattenwirtschaft einen positiven Einfluss auf die offizielle Wirtschaft hat, weil das schwarz verdiente Geld sofort wieder in der offiziellen Wirtschaft ausgeben wird.[4]

4. Schattenwirtschaft und Korruption: Gründe und Interaktionen

Die möglichen Gründe von Korruption und Schattenwirtschaft sind Gegenstand zahlreicher empirischer Untersuchungen. Sie zeigen, dass sowohl die Korruption als auch die Schattenwirtschaft stark durch das institutionelle Umfeld beeinflusst werden, dass Demokratien durchschnittlich weniger korrupt sind, Regierungen mit längerer Amtszeit tendenziell korrupter werden und die Einhaltung rechtsstaatlicher Grundsätze die Korruption beschränkt. Das Schattenwirtschaftswachstum geht hauptsächlich auf eine steigende Abgabenbelastung und Regulierung sowie auf eine sinkende Steuermoral zurück.

Die Schlussfolgerung aus diesen Studien ist, dass der Abbau der fiskalischen Belastung und der übertriebenen Regulierung sowie eine Verbesserung des institutionellen Umfelds sowohl die Korruption als auch die Schattenwirtschaft eindämmen könnte. Diese Sicht vernachlässigt allerdings den Zusammenhang zwischen dem Ausmaß der Korruption und der Größe der Schattenwirtschaft eines Landes. Dieser ist keinesfalls eindeutig. Auf der einen Seite kann die Korruption die unternehmerische Tätigkeit im offiziellen Sektor erschweren

[3] Vergleiche hierzu Schneider und Dreher (2006).
[4] Vergleiche hierzu Schneider (2005).

und Unternehmen so in die Schattenwirtschaft treiben. Auf der anderen Seite kann Korruption die Umgehung von bürokratischen Hindernissen und hohen Steuerzahlungen ermöglichen, so dass Unternehmen weniger häufig in den inoffiziellen Sektor abwandern.

Wenn Unternehmer die Option haben, in die Schattenwirtschaft abzuwandern – so die Ökonomen Choi und Thum – beschränkt das den Spielraum korrupter Bürokraten, Bestechungsgelder zu fordern. Denn schließlich hat der Unternehmer bei einer hohen Bestechungsforderung die Wahl, dem offiziellen Sektor den Rücken zu kehren. Er wird dabei die Vorteile des offiziellen Sektors gegen die notwendige Bestechungszahlung abwägen. Produziert er in der Schattenwirtschaft, verliert er den Schutz der Polizei und der Gerichte. Dieser Verlust wiegt umso schwerer, je verlässlicher diese Leistungen sind. Verlässliche Institutionen reduzieren auf diesem Weg die Schattenwirtschaft. Da sie den Verbleib in der offiziellen Wirtschaft lukrativer machen, erhöhen sie aber den Spielraum korrupter Bürokraten – sie können somit die Korruption erhöhen. Den Einfluss guter Institutionen auf Korruption und Schattenwirtschaft untersucht eine Studie von Dreher, Kotsogiannis and McCorriston. Die Studie zeigt, dass ein gutes institutionelles Umfeld die Schattenwirtschaft verkleinert. Der Einfluss der Institutionen auf die Korruption ist hingegen nicht eindeutig, was auf die wechselseitige Beziehung zwischen Korruption und Schattenwirtschaft zurückgeht. Insgesamt gesehen sagen die Wissenschaftler eine substitutive Beziehung zwischen Korruption und Schattenwirtschaft voraus.

Johnston, Kaufmann und Shleifer (1997) zeigen in ihrem Modell das genaue Gegenteil: Hier wird Korruption als eine Form der Besteuerung gesehen, die dazu führt, dass Unternehmer in die Schattenwirtschaft abwandern, um die Bestechungszahlungen zu vermeiden. Eine ähnliche Sichtweise vertreten Hindriks, Keen und Muthoo (1999). Diese betonen die Möglichkeit der Unternehmer, durch Bestechung der Besteuerung zu entgehen. Der Anstieg der Korruption geht somit direkt mit einer größeren Schattenwirtschaft einher.

Diese widersprüchlichen Ergebnisse greift der Autor dieses Beitrages (zusammen mit Dreher) in einer neuen Untersuchung (Schneider und Dreher, Oktober 2006, sowie Dreher und Schneider 2006) auf und stellt fest, dass sich der Zusammenhang zwischen Korruption und Schattenwirtschaft theoretisch nicht eindeutig bestimmen lässt. Zusätzlich argumentieren Schneider und Dreher, dass sich Entwicklungsländer und entwickelte Länder kaum in einen Topf werfen lassen. In Industrieländern stellt der Staat öffentliche Güter wie verlässliche Gesetze, die Durchsetzung von Verträgen und den Schutz durch eine effiziente Polizei zur Verfügung. Hier wandern meist nur Handwerker oder sehr kleine Unternehmen in die Schattenwirtschaft ab. Die sind dann allerdings vor den Finanzämtern verborgen. Eine Notwendigkeit, sich von der Besteuerung freizukaufen, besteht hier nicht. Es kommt dazu, dass bei einem Bestechungs- oder Erpressungsversuch ein hohes Risiko besteht. In der Regel gibt es keine Möglichkeit, sich von einer Verhaftung oder Anzeige freizukaufen. Eine in Industrieländern typische Form der Bestechung wird geleistet, um Grossaufträge – beispielsweise in der Bauwirtschaft – an Land ziehen zu können. Die Aufträge werden dann allerdings im offiziellen Sektor und nicht in der Schattenwirtschaft durchgeführt. Korruption kann so ein "Schmiermittel" sein, dass die (offizielle) Wirtschaft beflügelt, anstatt sie lahm zu legen. Eine Untersuchung von Schneider und Enste (2000) zeigt, dass mindestens zwei Drittel der in der Schattenwirtschaft erzielten Einkommen unmittelbar der offiziellen Wirtschaft zugute kommen. Die Schattenwirtschaft und die offizielle Wirtschaft gehen so Hand in Hand – eine Bekämpfung der Schattenwirtschaft könnte daher auch die offizielle Wirtschaftskraft eines Landes verringern statt sie wie geplant zu erhöhen.

Wenn eine höhere Schattenwirtschaft mit einer höheren offiziellen Wirtschaftskraft einhergeht, steigen durch einen Anstieg der Schattenwirtschaft auch die Steuereinnahmen. Dadurch können bessere öffentliche Güter und besonders eine bessere institutionelle Qualität gesichert werden. Der Korruption wäre das sicher wenig zuträglich. Insgesamt gesehen sollte der Zusammenhang zwischen Korruption und Schattenwirtschaft in Industrieländern daher negativ sein.

In Entwicklungs- und Transformationsländern sieht der Zusammenhang allerdings grundlegend anders aus. Anstatt teilweise – und oft zusätzlich zu einer vollen Beschäftigung im offiziellen Sektor – in der Schattenwirtschaft zu arbeiten, operieren hier Arbeiter und sogar größere Unternehmen auch vollständig im Untergrund: zum Beispiel in (Weiß-) Russland in der Bau-Branche, wo ganze Häuserzeilen „schwarz" errichtet werden. Eine wesentliche Ursache besteht in der vergleichsweise geringen Effizienz der öffentlichen Güter und Dienstleistungen bzw. öffentliche Institutionen. In vielen ärmeren (Entwicklungs-) Ländern werden Polizei- und Justizbeamte so schlecht bezahlt, dass sie keinen verlässlichen Schutz vor Gesetzesverstößen bieten. Die Vorteile des öffentlichen Sektors sind daher gering. Allerdings können große Unternehmen auch nicht völlig unbemerkt im Untergrund agieren. Um der Besteuerung zu entgehen, sind sie auf Bestechungszahlungen angewiesen. Die Korruption geht dann mit einem Anstieg der Schattenwirtschaft Hand in Hand. Bestechungsgelder werden hier oft gezahlt, um den Verbleib in der Schattenwirtschaft zu gewährleisten. Das eine verstärkt so das andere: Ausgeprägte Korruption erleichtert ein Ausweiten der Schattenwirtschaft – eine größere Schattenwirtschaft wiederum führt zu stärkerer Korruption. Um ein zusätzliches Einkommen erzielen zu können, sind Bestechungsgelder in zahlreichen ärmeren Ländern an der Tagesordnung – das Risiko nach einem Bestechungsversuch, von Polizei und Justiz verfolgt zu werden, ist verschwindend gering. Tatsächlich besteht das Risiko meist nur darin, dass der Bestechungsversuch erfolglos bleibt – nicht weil der Beamte ehrlich, sondern weil das Bestechungsgeld zu gering ist.

Nachdem die ökonomische Theorie keinen eindeutigen Zusammenhang zwischen der Korruption und der Schattenwirtschaft aufzeigen kann, muss der „Beweis“ in der Studie von Schneider und Dreher (2006), sowie Dreher und Schneider (2006) aufgrund ihrer empirischen Untersuchung erfolgen. Führt eine höhere Korruption nun insgesamt zu mehr oder zu weniger Schattenwirtschaft? Zumindest was die Entwicklungsländer angeht, zeigen die Ergebnisse von Dreher und Schneider, dass der Zusammenhang eindeutig positiv ist. Eine Zunahme der Schattenwirtschaft um einen Prozentpunkt erhöht den zugrunde liegenden Index der Korruption um 0,1 Punkte. Der Zusammenhang in Industrieländern ist weit weniger deutlich und lässt sich nur für bestimmte Jahre zeigen, z.B. wenn sich im Jahr 2000 die Schattenwirtschaft um einen (1,0) Prozentpunkt erhöht, sinkt die Korruption um 0,2 Indexpunkte.

5. Abschließende Bemerkungen

Was bedeuten diese Ergebnisse nun für die Wirtschaft insgesamt? Hier zeigen die meisten empirischen Studien, dass die Korruption das Wirtschaftswachstum erheblich hemmt. Ein Anstieg des Korruptionsindexes um einen Indexpunkt reduziert das Wachstum um 1,25 Prozentpunkte. Für die Schattenwirtschaft fallen die Ergebnisse differenzierter aus. Zwar zeigt sich auch hier insgesamt ein negativer Einfluss auf das Wachstum, aber in Industrieländern führt eine höhere Schattenwirtschaft nach den Ergebnissen von Schneider nicht zu weniger, sondern vielmehr zu mehr Wirtschaftswachstum. Eine erfolgreiche Bekämpfung der Schattenwirtschaft ginge hier nach hinten los!

Warum ist dies so? In entwickelten Volkswirtschaften hat die Schwarzarbeit zu zwei Dritteln komplementären und nur zu einem Drittel substitutiven Charakter und darüber hinaus werden zwei Drittel des schwarz verdienten Geldes sofort in der offiziellen Wirtschaft für langlebige Konsumgüter wieder ausgegeben. Dadurch entsteht eine doppelte Wertschöpfung in zweifacher Hinsicht: Einmal durch die schwarzen Aktivitäten, die es ohne Schattenwirtschaft nicht gäbe und zum anderen durch die Ausgabe des schwarz verdienten Geldes in der offiziellen Wirtschaft.

Welche Schlussfolgerungen kann man aus diesem Beitrag ziehen? Zum einen, Schattenwirtschaft und Korruption sind Alltagsphänomene, sowohl in Industrie- als auch in Entwicklungsländern. Korruption sollte in allen Ländern mit rigorosen Maßnahmen bekämpft werden, wobei hier nicht nur an strengere Gesetze und höhere Bestrafungen zu denken ist, sondern auch an anreizorientierte Maßnahmen, sodass es sich nicht lohnt, durch Korruption

Aufträge oder Vorteile zu erlangen. Bei der Bekämpfung der Schattenwirtschaft helfen nur in beschränktem Ausmaß strengere Gesetze, hier wäre es wesentlich wichtiger, wenn mit Hilfe von anreizorientierten Maßnahmen die schwarze Arbeit in offizielle Arbeit überführt werden könnte; so zum Beispiel die steuerliche Absetzbarkeit von haushaltsnahen Dienstleistungen oder die Wohnbauförderung nur auf den Faktor Arbeit, sodass dieser in der offiziellen Wirtschaft kostengünstiger und Schwarzarbeit im Wohnbau wesentlich weniger attraktiv würde. Bestünde die steuerliche Absetzbarkeit von haushaltsnahen Dienstleistungen/Investitionen (z.B. pro Haushalt 1000 Euro pro Jahr) würde sich die Schattenwirtschaft um 1,7 Mrd. Euro reduzieren. Würde die Wohnbauförderung nur auf die Lohnnebenkosten gewährt, so könnte die Schattenwirtschaft um 1 Mrd. Euro reduziert werden.

6. Literaturverzeichnis:

Choi, Jan and Marcel Thum (2004), Corruption and the shadow economy, International Economic Review, 28/4, 2004, pp. 362-391.

Dreher, Axel, Christos Kotsogiannis and Steve McCorriston (2004), How do Institutions Affect Corruption and the Shadow Economy?, University of Konstanz and University of Exeter, Discussion Paper.

Dreher, Axel and Friedrich Schneider (2006), Corruption and the Shadow Economy: An Empirical Analysis, Linz: University of Linz, Department of Economics, *Discussion Paper 2006-14*, 2006.

Hindriks, J., A. Muthoo and M. Keen (1999), Corruption, extortion and evasion, in: Journal of Public Economics 74/1, 1999, pp. 95-430.

Johnston, Simon, Daniel Kaufmann and Andrei Shleifer (1997), The unofficial economy in transition, Brookings Papers on Economic Activity, 2/1997, pp. 159-221.

Schneider, Friedrich (2004), Arbeit im Schatten: Eine Wachstumsmaschine für Deutschland?, Wiesbaden: Gabler Verlag.

Schneider, Friedrich (2005), Shadow Economies around the World: What do we really know? European Journal of Political Economy 21/3, September 2005, Page 598-642.

Schneider, Friedrich and Dominik H. Enste (2000), Shadow Economies: Size, Causes, and Consequences, Journal of Economic Literature 38/1, pp. 77-114.

Schneider, Friedrich und Dominik Enste (2002), The Shadow Economy: An International Survey, Cambridge (UK): Cambridge University Press.

Schneider, Friedrich und Axel Dreher (2006), Corruption and the Shadow Economy – Substitutes or Compliments; in: Martin Kreutner (Hrsg.) The Corruption Monster: Ethik, Politik und Korruption, Wien: Czernin Verlag, 2006, Seite 363-370.

Korruption in der globalen Wirtschaft[1]

Ursula Schneider

Unter Korruption sollen im Folgenden jene auch strafrechtlich normierten Tatbestände verstanden werden, die sich um die Begriffe der Bestechung/ Bestechlichkeit bzw. der Vorteilsannahme und Vorteilsgewährung ranken. Hingegen abstrahiert die Autorin von der strafrechtlich getroffenen Unterscheidung zwischen Verhaltensweisen mit „normalen“ oder besonders ernsten Folgen. Dabei bezieht sich die genannte Normierung auf deutsches bzw. österreichisches Recht, was trotz dessen universalistischer Grundorientierung eine interkulturelle Problematik aufwirft. Nicht alle Kulturen folgen universalistischen Werten, der größere Teil der Weltbevölkerung hält vielmehr partikularistische Abwägungen nicht nur für legitim, sondern sogar für geboten, wie etwa den Ausführungen des Talmud zur scheinbar eindeutigen Regel „Auge um Auge“ zu entnehmen ist. Hier wird durchaus differenziert berücksichtigt, ob beim Adressaten der Regel noch ein intaktes Auge vorhanden ist oder ob der Kontext der Rache dem Kontext der Ersttat vergleichbar ist. Darüber hinaus sind einige vermeintliche Universalismen als Ausflüsse westlichen Imperialismus kritisier- und enthüllbar. Dies stellt Zugänge mit Maßstäben, die globale Gültigkeit beanspruchen, wie etwa den von Transparency International herausgegebenen Korruptionswahrnehmungsindex (CPI = Corruption Perception Index) in Frage oder gar unter westlichen Herrschaftsverdacht, wenn es um die Einhaltung generell normierter Verhaltensgrundsätze (Codes of Conduct) geht (vgl. Transparency International, 2007). Das Thema „Korruption in der globalen Wirtschaft“ ist also weniger eindeutig als es auf den ersten Blick scheint, dieser Vorbehalt ist seiner Analyse voranzustellen.

Im Folgenden gehe ich kurz auf die Betrachtung des Problems von Korruption auf der Makroebene ein, schildere dann die Dilemmata einzelner Akteure im Kontext internationaler Geschäftstätigkeit und schließe mit dem Hinweis auf die überaus unscharfe Grenze zwischen unverdächtigen Netzwerken und korruptionsverdächtigen Seilschaften auch in unseren Breiten.

Korruption und Wohlfahrt

Neuere[2] institutionenökonomische Theorien gehen vom Menschenbild des Homo Oeconomicus aus, dem allerdings (im Vergleich zu klassischen An-

[1] Im Folgenden mache ich von der im besprochenen Phänomenbereich nicht gerade kontrafaktischen Möglichkeit Gebrauch, die männliche Form als pars pro toto zu wählen. Es sind also im Prinzip immer beide Geschlechter in diese Formulierung eingeschlossen.

sätzen) nur begrenzte Rationalität zuerkannt wird. Dieses nur als Heuristik gedachte Gebilde bezeichnet einen Menschen, der dem Eigennutz Vorrang vor dem Gemeinwohl gibt, der materielle Werte höher schätzt als ideelle und der gleichzeitig mit mangelndem (Un)Rechtsbewusstsein ausgestattet ist (vg. Nell, 2006; 18). Unter solchen Voraussetzungen ist Korruption immer dann eine rationale Wahl, wenn sich für die Beteiligten eine so genannte Win: Win (wechselseitige Vorteils-) Situation ergibt und der Schaden für Dritte nur schwer festgestellt werden kann. Da der Homo Oecomomicus nicht als ein mit Moral ausgestattetes Wesen konzipiert ist, wird er also lediglich durch seine Einschätzung der Wahrscheinlichkeit erwischt und bestraft zu werden und durch die Höhe der daraus resultierenden Sanktionen vom Betrug abgehalten. Positiv gewendet: Im Dienste der Rentabilitätserzielung sind Bestechung, Vorteilsgewährung und Betrug immer dann geradezu geboten, wenn der Erwartungswert der Sanktion (berechnet als Eintrittswahrscheinlichkeit des Erwischt Werdens mal Höhe des dann erlittenen Schadens) geringer bleibt als der Nutzen aus den genannten Defektionen.

Nach Kohlbergs Modell der moralischen Entwicklung stellt Wohlverhalten aus Angst vor Strafe die niedrigste, erste Stufe der Bildung von Moral in der Entwicklungsgeschichte des Kleinkindes dar, auf der sich weder intellektuelle Einsicht in eine übergeordnete Systemrationalität noch moralische Werte verlässlich ausgebildet haben (vgl. Colby&Kohlberg, 1986). Doch mit dieser Überlegung wurde der Rahmen der ökonomischen Theorie verlassen, die - wie erwähnt - vom Menschenbild eines moralfreien Kalkulierers ausgeht. Um einen derart modellierten Akteur zu einem dem Gemeinwohl dienenden Verhalten auch ohne Rekurs auf psychologische oder ethische Theorien zu bewegen, müssen die Erwartungswerte seiner Handlungsoptionen so gestaltet werden, dass das dem Gemeinwohl dienende Verhalten mit der individuell besten rationalen Wahl übereinstimmt. Wenn Korruption im Spiel ist, schöpfen einzelne Marktteilnehmer Renten ab und erhöhen dadurch die Eintrittskosten in den Markt. Das beeinträchtigt die Zahl der Marktteilnehmer und damit die Wohlfahrt aller (vgl. Shleifer & Vishny, 1993). Korruption ist daher durch Wettbewerb und Transparenz im Rahmen eines für alle gültigen Regelwerks zu bekämpfen. Verfahrensrationalität, universalistisches Recht und eine effiziente Rechtsdurchsetzung sollen das Entstehen illegaler Märkte und die mit ihnen verbundenen Monopolrenten verhindern. Der Homo Oeconomicus ist durch materielle Anreize sowie durch Offenlegungs- und Berichtspflichten so zu steuern, dass er im eigenen Interesse nicht anders kann, als sich im Rahmen der Legalität zu bewegen. Sobald man ihm durch Mängel an Transparenz, durch mehrwertige Entscheidungskriterien und durch fehlende Kontrolle die

[2] Neuer ist hier als Abgrenzung zu neoklassischen Ansätzen berechtigt, hält jedoch nicht im Vergleich zu Ansätzen der experimentellen oder Neuro-Ökonomie, die sich als erste der Frage der Entstehung von Präferenzen zuwenden, welche die Vorgänger einfach als gegeben vorausgesetzt haben.

Möglichkeit zur Korruption einräumt, ist hingegen davon auszugehen, dass er diese Möglichkeit auch wahrnimmt. Wie die Initiative Transparency International mit ihrem Index der wahrgenommenen Korruption über die Jahre nachweisen kann, weisen Armut und Korruption einen deutlichen positiven Zusammenhang auf. Darüber hinaus tritt Korruption besonders häufig im Zusammenhang von Transformationsepochen auf, in denen alte Institutionen nicht mehr greifen, neue hingegen noch nicht ausreichend ausgeprägt sind, wie beispielsweise am Balkan oder in China nach der kapitalistischen Wende. Daher ist es sinnvoll, wenn stabile Regierungen auf Maßnahmen zur raschen Etablierung von transparenten und effektiven Mechanismen der Steuerung und Kontrolle drängen und diese zum Beispiel als Beitrittsvoraussetzungen für die Mitgliedschaft in internationalen Vereinigungen (wie der EU oder WTO) definieren.

Zerrissene Akteure auf der Mikroebene

Auf der Ebene von Unternehmen, denen zwar als juristische Personen der Status von Handlungs- und Verantwortungsträgern zuerkannt ist, handeln letztlich Menschen stellvertretend für ihre Organisationen, die zwischen den Zwängen eines faktischen oder zumindest wahrgenommenen Erfolgsdrucks und rechtlich wie kulturell normierten Grenzen der Verfolgung des Erfolgsziels abzuwägen haben. Nach dem oben geschilderten Menschenbild werden sie sich eigennützig für Bestechung und Vorteilsannahme (bzw. deren passive Gegenseite) entscheiden, wenn sie weder Entdeckung, noch hohe Strafen materieller und immaterieller Art im Fall des Auffliegens zu befürchten haben. Dem stehen empirische Beobachtungen entgegen, nach denen lebendige Entscheidungsträger nicht nur zweckrationalen Kalkülen folgen, sondern durchaus auch moralische Werte vertreten. Also ist die Frage zu stellen, welche Rahmenbedingungen ihre Bereitschaft zu Korruption fördern und welche diese missgünstigen.

Voraussetzungen „guter Governance“

Methoden der Rahmensteuerung, welche normenkonformes Verhalten nicht nur dem Buchstaben, sondern auch dem Sinne nach unterstützen, werden heute unter dem Begriff „good governance“ zusammengefasst. Sie können rechtlich organisatorischen Charakters sein oder auf Marktmechanismen beruhen. Dazu zählen auch auf der Mikroebene Offenlegungs- und Berichtspflichten (bei deren Beachtung etwa weder der Enron[3], noch der Parmalat „Skandal“ möglich gewesen wären), aber auch der Nachweis von Verfahren, welche normenkonformes Verhalten wahrscheinlich(er) machen oder die Zugehörigkeit zu einer Gruppe, die sich selbst freiwillig bestimmte, meist anspruchsvolle moralische Verpflichtungen auferlegt hat. Verfahrensrationalität oder hier besser Verfahrensmoralität wird in der Regel durch Audits und Zertifizierungen nachgewiesen, deren formale Prüfungen manchmal an der Substanz vorbeizielen, wie dies für die ISO Zertifizierung zu Recht bemängelt wurde. Freiwillige Selbstverpflichtungen, wie etwa der Global Compact der UNO oder der „Blaue Engel“ wirken mehr oder minder nur über das Mittel des Reputationsverlustes bei erkennbarer Nichtübereinstimmung mit der übernommenen Selbstverpflichtung, wodurch die soziale Achtung zu einem starken Mittel wird. Verstöße können nämlich nicht auf rechtlichem Weg geahndet und ohne Kontrolle durch unabhängige Prüfer wohl auch nicht so ohne weiteres erkannt werden.

Für von Dilemma Situationen betroffene Akteure ist es jedenfalls leichter, sich in Bezug auf extreme Abweichungen konform zu verhalten als an der schwer zu bestimmenden, fließenden Grenze zwischen kreativer Geschäftspraxis und kriminellem Tatbestand. Hier werden dann etwa partikularistisch private Aufwendungen für das Unternehmen gegen private Firmentelefonate oder die Mitnahme von Büromaterial aufgewogen, weil eine präzise gegenseitige Rechnungslegung zu viel Aufwand verursachen würde. Bei der Abgrenzung akzeptabler Geschenke wird die Sache vor allem im interkulturellen Kontext schwierig. Während eine Einladung zum Cappucino beinahe überall als zulässig und eine Einladung auf eine dreiwöchige Luxuskreuzfahrt beinahe überall als illegal gewertet werden, liegen zwischen diesen Beispielen Grauzonen. Wenn die Grenze nicht etwa in Codes of Conduct normiert oder im Diskurs geschärft wird, bleibt es dem Einzelnen überlassen sie zu bestimmen, was die Fähigkeit erfordert, verantwortungsethisch zu entscheiden. Neu in Unternehmen eintretende Mitarbeiter orientieren sich hierbei in der Regel am Vorbild alt eingesessener bzw. angesehener Organisationsmitglieder. Eine entsprechend alerte Kultur, die eine „Verluderung“ der Sitten nicht duldet, ist deshalb von besonderer Bedeutung. Es liegt in der Verantwortung der Führungskräfte einer Organisation abweichendes Verhalten sofort anzusprechen und abzustellen, damit sich nicht unbemerkt durch positiven Feed back abweichenden Verhaltens eine den verkündenden Werten deutlich widersprechende Kultur einschleicht. Eine „Hotline“ einzurichten, bei der Mitarbeiter Verhalten melden können, das ihnen nicht koscher erscheint, ist dem gegenüber zweischneidig, weil so genannte „Whistle Blowers“ zum einen eine sonst erwünschte, starke Solidaritätsnorm zu brechen haben und zum anderen ein Terrain geboten

---

[3] Der plötzliche Zusammenbruch des Energiekonzerns Enron im Jahre 2002, der für Bilanzanalysten aufgrund fragwürdiger Buchführungspraktiken nicht vorhersehbar war, war einer der Auslöser für eine strengere Gesetzgebung im Sarbanes-Oxley Act. Auch im Fall des italienischen Parmalatkonzerns waren verschachtelte Rechtskonstruktionen und gewagte Interpretationen der Buchführungsvorschriften für eine Krise mit verantwortlich, die Schlagzeilen machte.

erhalten, auf dem sie unter Umständen auch Neid, Missgunst und Rache austragen können.

Korruption im interkulturellen Kontext

Konformes Verhalten ist am einfachsten, wenn von übereinstimmenden moralischen Werten ausgegangen werden kann. Ist hingegen zu befürchten, dass verschiedene Kulturen unterschiedliche Güterabwägungen vornehmen, erhöht sich der partikularistische Anpassungsdruck an die besonderen Bedingungen des jeweiligen Falls. Die Bestechung eines Beamten scheint dann zulässig, wenn sie gegen erhaltene oder geschaffene Arbeitsplätze oder gegen die Ermöglichung zivilgesellschaftlich segensreicher Tätigkeit aufgewogen wird. Sie erhält zumindest ein anderes Gesicht, wenn man berücksichtigt, dass in Ländern mit hoher wahrgenommener Korruption Bestechungsgelder als Teil des überlebensnotwendigen Einkommens von Polizisten, Zöllnern und für Lizenzausstellungen zuständigen Amtsträgern betrachtet und geradezu kalkuliert werden. Hier ist Kreativität gefragt, um statt eines undifferenzierten Entweder-Oder eine dritte Möglichkeit zu entwickeln, die dem globalen Code of Conduct ebenso gerecht wird wie den lokalen Gegebenheiten. Ein Beispiel wäre ein westlicher Investor, der zwar Kinder 3 Stunden am Tag Teppiche knüpfen lässt (da sie sonst ihr Geld etwaig auf der Straße verdienen müssten), sie für den Rest des Tages aber in einer selbst finanzierten Schule ausbilden lässt.

Daher lässt sich in der hier vom Herausgeber gebotenen Kürze für nicht korruptionsverdächtiges Handeln im internationalen Kontext festhalten:

- Eine explizite Firmenpolitik, auf die man sich im Falle einer die Rendite begrenzenden Entscheidung auch berufen kann, die also positiv und negativ sanktioniert wird, erleichtert individuell anständiges[4] Verhalten, indem sie die Abgrenzungsentscheidung zwischen „clever" und „illegal" durch klare Vorgaben unterstützt.

- Dies gelingt vor allem in einem gesellschaftlichen Umfeld, welches vom jeweils implizit gültigen Pfad der Tugend abweichende Akteure deutlich

[4] Anständig ist hier im Sinne einer Verantwortungsethik definiert, der eine gesinnungsethische Unterfütterung allerdings nicht schadet. Verantwortungsethik stellt nicht auf die Motive des Handelnden, sondern auf die Folgen einer Handlung ab. Es wird also utilitaristisch abgewogen, ob ein bestimmtes Verhalten voraussichtlich mehr Nutzen als Schaden anrichten wird. Da dieses Abwägen nicht immer verzerrungsfrei möglich ist, verweise ich auf die Unterstützung durch gesinnungsethisches Wohlmeinen, auch wenn gut gemeint sich gelegentlich als das Gegenteil von gut erweist.

negativ sanktioniert und sie nicht heimlich als Heroen kühner Initiative bewundert oder mit dem Argument des Kavaliersdelikts exkulpiert.

- Im interkulturellen Kontext ist schließlich auf den nicht eindeutig klärbaren Seiltanz zwischen westlich geprägtem Werteimperialismus und pragmatischem Werterelativismus zu verweisen: Hier ist ein universalistischer Kern, wie er sich etwa in den 10 Geboten oder den Menschenrechten und Menschenpflichten niederschlägt in aller Regel an den Rändern durch partikularistische Überlegungen relativiert und daher Fingerspitzengefühl der internationalen Manager gefragt.

- Da ein Zusammenhang zwischen Armut und Korruption nachgewiesen ist, muss Korruptionsbekämpfung in armen Ländern an der Wurzel und damit bei der Armut ansetzen.

Korruption in der entwickelten Welt

Zuletzt seien mir einige Überlegungen zur (zwar von 2006 auf 2007 um 4 Ränge verschlechterten, aber immer noch erfreulich guten) Position Österreichs im CPI Ranking gestattet, die analog für die meisten anderen EU 15 Länder (1995-2004) gelten dürften. Es betrifft die Abgrenzung zwischen Netzwerken, die heute als Transaktionskosten senkende Gemeinschaften impliziter und informeller Voraussetzungen moralisch durchwegs positiv bewertet werden und zwischen Seilschaften, in denen das geltende Recht bewusst oder unbewusst „gebogen“ wird, ohne dass dies als illegal nachgewiesen werden könnte: Wenn Seilschaften dominieren, erweist sich dann eben durch geschickte Auswahl von Kriterien und Gewichtungen, sowie durch entsprechende „Selektion“ der Gremien, die Leistungen einzuschätzen haben jeweils der Kandidat mit Parteibuch, mit verwandtschaftlicher Verbindung zur herrschenden Elite oder eben mit dem richtigen, nämlich männlichen Geschlecht oder der richtigen Hautfarbe als überlegen, bzw. erhalten seine Werke eine Auszeichnung, werden seine Projekte für förderungswürdig befunden. Dies geschieht im Allgemeinen unter formal korrekter Beachtung von Verfahrensweisen, die geschaffen wurden, um eine meritokratische und durchlässige Gesellschaft zu stützen. Ihr Missbrauch im Graubereich rechtlicher Regeln und normierter Verfahren wird weder von diversen Indizes noch von der Korruptionsliteratur erfasst. Allerdings schafft er als kulturelle Vorbedingung jenen fruchtbaren Boden, auf dem die auch rechtlich relevante Korruption gedeiht, weil an die Stelle gesellschaftlicher Ächtung und Rufschädigung unlauterer Machenschaften deren selbstverständliche Duldung, wenn nicht Befürwortung tritt. Daher wäre die Beobachtung, dass arme Länder korrupter sind, durch die untersuchungswürdige Hypothese zu ergänzen, dass reiche Länder die durch Korruption angestrebten Vorteilsnahmen und Renten viel subtiler in die Prozesse ihrer Elitenbildung eingearbeitet haben.

Literatur

Colby, Ann & Kohlberg, Lawrence (1986). Das moralische Urteil: Der kognitionszentrierte entwicklungspsychologische Ansatz. In H. Bertram (Hrsg.), Gesellschaftlicher Zwang und moralische Autonomie (S. 130-162). Frankfurt/M.: Suhrkamp.

Nell, V. (2006):
Korruption individuellen Handelns im Zeichen der Globalisierung. In: Nell V./ Schwitzgebel, G./ Vollet, M. (Hg):Korruption im öffentlichen Raum. Ein Internationaler Vergleich, DU Verlag, Wiesbaden, 17-25.

Schleifer, A. & Vishny, R.W. (1993):
Corruption. Quarterly Journal of Economics, No 108; 599–617.

Transparency International (2007):
http://www.icgg.org/corruption.cpi_2007_pressTI.html; (aufgerufen am 31.01.2008)

Das sind die Weisen,
die durch Irrtum zur Wahrheit reisen.
Die im Irrtum verharren,
das sind die Narren.
F. Rückert

Korruption in den Wissenschaften: Irrungen und Verirrungen

Ursula Schneider

Der Begriff der Korruption – wörtlich von cor-rumpere, verderben, vernichten, zerbrechen – ist im Wissenschaftssystem nicht üblich. Fälle von direkter Bestechung fallen weniger ins Gewicht, hingegen werden Betrug und Schwindel sowie mögliche Einflussnahmen finanzierender Auftraggeber auf die Selektion von Forschungsfragen oder gar auf Forschungsergebnisse beobachtet und diskutiert.

Betrug und Schwindel in den Wissenschaften spielen sich, wie andere Korruptionsformen auch, an den Schnittstellen zwischen politischem Ordnungssystem, kulturellen Werten und zunehmenden wirtschaftlichen Interessen ab. Sie reichen von harmlose(re)n Spielarten des passagenweisen Plagiats über die Usurpation von Urheberschaft für wesentliche Ergebnisse bis zur Schönung oder Fälschung von Daten bzw. zur Vortäuschung falscher Tatsachen. Im Wettbewerb um Geld, Aufmerksamkeit und Ansehen treten die Behinderung von Kollegen und die wechselseitige Begünstigung in so genannten Zitierkartellen als Spielarten auf. Alle Formen des Betrugs scheinen heute häufiger zu geschehen als in früheren Epochen, doch müsste die medial vermittelte Fallhäufung durch die Menge der heute publizierenden Forscher relativiert werden, wozu keine systematischen Untersuchungen vorliegen. Es könnte sich also auch „nur“ um erhöhte Sensibilität und damit eher um eine Zunahme an moralischen Prinzipien handeln als um deren Erosion.

Forscher[1] sind „normale“ Menschen

Was die Erwartung einer erhöhten Moral von Wissenschaftlern betrifft, hat sich allerdings ein Wandel vollzogen. Während Albert Einstein in den 1930er Jahren noch von einer moralischen Überlegenheit der Wissenschaftler ausging

[1] Historisch war das Wissenschaftssystem männlich dominiert. Daher entschied sich die Autorin dieses Beitrags für die in anderen Kontexten kaum akzeptable Lösung des Problems gender-gerechter Formulierungen durch die männliche Form als „pars pro toto“. Es sind also immer beide Geschlechter gemeint, Forscher und Forscherinnen, Begutachter und Begutachterinnen, Betrüger und Betrügerinnen.

und dem Vernehmen nach sagte: *„Wissenschaftler sind ehrbarer als andere Menschen“,* geht man heute nüchtern davon aus, dass sie nicht besser oder schlechter seien als andere Mitglieder ihrer jeweiligen Generation[2]. Trotz ihres Bemühens um methodische Strenge bei der Erkenntnissuche werden Forscher heute als „Kinder“ des jeweiligen Zeitgeists und als Wesen mit Leidenschaften und Interessen erkannt. Letztere beeinflussen die Wahl ihrer Forschungsfragen, die nach Popper nicht eindeutig, bzw. nicht mit wissenschaftlicher Schärfe argumentiert werden kann. Moralische Überlegenheit war den Männern (und vereinzelt Frauen) des Geistes mit zwei Begründungen zugeschrieben worden, die heute nicht mehr greifen. Vor der Aufklärung und der durch sie ausgelösten „Entzauberung“ der Schöpfung sah man jene, die sich in Gottes Werk vertieften, als diesem näher und aus diesem Grunde edler. Ähnlich argumentierte etwa Humboldt nach der Aufklärung, wenn er an die Stelle des christlichen Schöpfergottes die Ästhetik der Geisteswissenschaften und einen aus ihnen abgeleiteten Humanismus setzte. Der zweite Weltkrieg zerstörte dieses Ideal, indem historisch offenkundig wurde, dass Intellektuelle eher stärker als schwächer durch die Versuchungen machtvoller Ideologien verführbar waren. Unter dem damit verbundenen Schock steht speziell der deutschsprachige Raum bis heute: Aus Angst vor Zuarbeit an politische Mächte und einseitige Wertsysteme werden Wertfragen peinlichst gemieden und fristen gerade dadurch eine problematische Existenz im Untergrund der impliziten Vorannahmen: Dass dadurch etwaig wirkungsmächtige Fehler in die „Wissensgesellschaft“ eingespeist werden können, ist allerdings eher eine epistemologisches als ein Korruptionsproblem im rechtlichen Sinn des Begriffs. In der folgenden Übersicht sind die Spielarten von Korruption (im weiteren Sinn der indirekten Vorteilsnahme und Bestechlichkeit) zusammen gefasst:

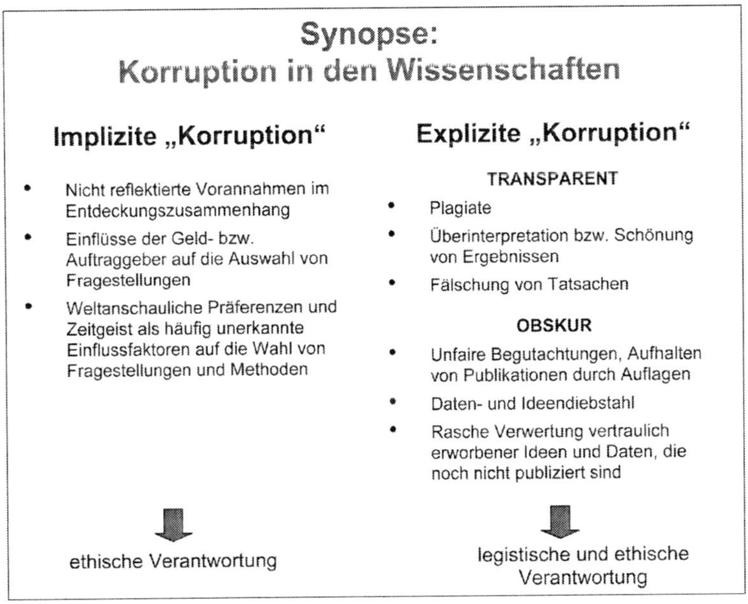

Abb. 1: Synopse der Korruptionsformen in der Wissenschaft

Die Grenze zwischen erkenntnistheoretischen und (straf)rechtlich relevanten Problemen ist fließend

Im Zusammenhang des Eiertanzes um die nicht ohne Wertbezug zu beantwortende Frage: „Mit welchen Problemen beschäftigen wir uns überhaupt" und wie schützen wir uns vor „Elefanten im Mond"[3], also vor Methodenartefakten, stimmt die Beobachtung nachdenklich, dass ein Gutteil der in fragmentierten Erkenntnisnischen wirkenden Forscher heute weder Bildung noch Sensibilisierung in Bezug auf Grundsatzfragen erfährt. Vielmehr sind ihre intellektuellen Fähigkeiten und zeitlichen Kapazitäten durch einen zunehmenden Wettbewerb und eine mit diesem verbundene Fülle an Veröffentlichungen bereits mehr als gebunden (vgl. dazu Starbuck, 2006 und Schneider, 2007).

Wettbewerb und Korruption

Nach der ökonomischen Theorie bringen intensiver Wettbewerb und die mit ihm verbundene Transparenz und hohe Informationsverarbeitungskapazität von Märkten Korruption zum Verschwinden, während letztere in Monopolmärkten mit schwacher Steuerung durch Rechtsvorschriften besonders gedeiht. Dies müsste prinzipiell auch im nunmehr globalen Wettbewerb um Erkenntnis der Fall sein, der an den Standard der englischen Sprache gebundene Vergleiche und Überprüfungen ermöglicht. Allerdings kann Wettbewerb auch zu unmoralischen und deliktischen Praktiken beitragen (vgl. Mantl, 2003; 195). So erhöht etwa die so genannte Evaluierungsübung mit ihren teilweise existenziellen Folgen den Druck, sich produktiv zu zeigen, was Korruption befördern kann und zwar gerade in jenen Grauzonen, die noch nicht ans Licht der Peer Öffentlichkeit gelangt sind. Die unfaire Begutachtung von Abhandlungen und Projektanträgen und die rasche Veröffentlichung von Ideen und Ergebnissen, die den Schreibern nur aus vertraulichen Begutachtungen bekannt geworden sein können, nehmen offenbar sehr stark zu. Sie sind nicht nur schwer nachzuweisen, sondern im hierarchischen Kontext auch so gut wie aussichtslos. Zu peinlich ist allen Insassen des Systems der ihnen durch derlei Vorkommnisse vorgehaltene Spiegel, weshalb man lieber totschweigt, verschämt an den Rand drängt oder gar die Ankläger ächtet als einem Kollegen Plagiate und die oben beschriebenen versteckten Verzögerungen und Behinderungen von Konkurrenten offen anzukreiden. Hier funktioniert offenbar ein ähnlicher Mechanismus wie die „Kunstfehler-Solidarität" unter Medizinern.

---

[2] Zum Begriff der Generation vgl. die überzeugende Definition von Aleida Assman (vgl. Assmann, 2006)

[3] Dies ist eine Anspielung auf eine Satire von Samuel Butler, in der er Gelehrte beschreibt, die ihr durch kleine Fliegen und eine verirrte Maus kontaminiertes Teleskop auf den Mond richten und –als Vergrößerung der Maus – dort Elefanten zu erkennen glauben (vgl. Brandstetter, 2004)

Wettbewerb ist daher in Bezug auf Korruption als ambivalent zu sehen. Letztlich gilt das aus der Wirtschaftstheorie entlehnte Argument der Korruptionsverhinderung durch Wettbewerb nur dann, wenn alle Bewertungstransaktionen transparent und die Objekte der Transaktionen nach geteilten Maßstäben möglichst eindeutig zu bewerten sind. Diese Voraussetzungen sind bei der Wiederholung wichtiger Experimente gegeben, welche Skandale, wie die Fälschungen des koreanischen Klonforschers Hwang Woo Suk (vgl. NZZ Online, 2004) oder jene der deutschen Krebsforscher Herrmann und Brach (vgl. DFG, 1998) letztlich doch ans Licht bringen. Eine große Anzahl von Experimenten oder Feldstudien wird allerdings niemals wiederholt und lässt sich auch kaum an Hand der veröffentlichten Hinweise eindeutig nachvollziehen. Zudem gelten zwar hohe Ansprüche an die Beurteilten, die Beurteiler sind allerdings immer noch einigermaßen frei in ihren Ablehnungen, die oft ohne oder nur unter Angabe nicht wirklich zulässiger Argumente erfolgt.

Ist Selbstkontrolle ein taugliches Mittel gegen Korruption, Betrug und Diebstahl in den Wissenschaften?

In den letzten Jahren mehrt sich die Zahl der Veröffentlichungen zum Thema „Betrug und Schwindel in den Wissenschaften“, wobei mit Galilei und Newton auch einige der ganz Großen der Wissenschaftsgeschichte entzaubert werden (vgl. u.a. Di Trocchio, 1995). Darüber hinaus werfen der Wettlauf um die Erstveröffentlichung von Ergebnissen und die zunehmend an Großprojekten orientierte Vergabe von Forschungsgeldern aus unterschiedlichen Quellen einige Grundsatzfragen auf, wie jene nach der Überlegenheit von strategischer Planwirtschaft im Vergleich zur freien Evolution des Systems oder jene nach dem Einfluss der Geldgeber auf das Ideal der Freiheit der Forschung oder jene nach der Berechtigung der Forderung nach gesellschaftlicher Relevanz der geförderten Forschung. Aus dem System selbst erklingt in Bezug auf die genannten Fragen in aller Regel ein Mantra, welches in etwa so lautet: *Freiheit ist Voraussetzung von Innovation. Wir fordern daher die Freiheit der Selbstentscheidung und Selbstkontrolle. Wir anerkennen die Notwendigkeit von Qualitätsurteilen und -kontrollen. Gleichzeitig verweisen wir darauf, dass die Qualität von Wissenschaft nur von Wissenschaftlern seriös eingeschätzt werden kann, wenn man keine bornierte Forschung haben möchte. Gegen die so genannte „Peer Review“, also die Begutachtung durch Kollegen, die zumindest theoretisch doppelt blind erfolgt*[4]*, können viele Kritikpunkte vorgetragen werden. Aber wir haben dazu keine brauchbare Alternative. Letztlich bleibt uns nur der Weg, die bewährte Methode der Selbstkontrolle zu verbes-*

[4] Praktisch kennt man in den immer engeren Nischen der Forschung sowohl die Fragestellungen als auch den Stil und die präferierten Referenzen der Schreiber, so dass recht treffgenaue Zuordnungen möglich werden.

sern, unter Anderem durch klare Maßstäbe, starken Wettbewerb und erhöhte Transparenz." Das klingt überzeugend, denn Wissenschaft ist ohne Vertrauen undenkbar. Es ist nicht mehr möglich, alles selbst nachzuprüfen, man muss der intellektuellen Rechtschaffenheit der Kollegen vertrauen können, um ihre Ergebnisse weiterzuspinnen. Betrugsfälle dürften im Wissenschaftssystem auch deutlich seltener vorkommen als Copy Right Verletzungen und unvorsichtige Überinterpretationen von Daten, die – einmal öffentlich geäußert – nicht mehr zurückgenommen werden können und zu Folgelügen zwingen (vgl. Ruis, in Heureka, 1999). Allerdings steht die Gemeinschaft der Forscher gegenüber den Geldgebern und der Öffentlichkeit unter dem kollektiven Zwang, eine hohe Produktivität und Qualität unter Beweis zu stellen, über deren Erfüllungsgrad sie selbst entscheidet. Wenn nun nicht mehr von einem besonderen Ethos ausgegangen werden kann, sondern vielmehr anzunehmen ist, dass Forscher auch opportunistisch sind, wird auch die Selbstkontrolle als alleinige Methode der Qualitätssicherung und der Verhinderung von Korruption schwierig.

Conclusio

Direkte Vorteilnahme und Bestechlichkeit (bzw. ihre aktiven Varianten) sind im Wissenschaftssystem selten, hingegen scheint Korruption in den indirekten Formen abnehmender Redlichkeit und wechselseitiger Seilschaften zur Erlangung von Positionen, die Vorteile mit sich bringen, an Bedeutung zu gewinnen. Jedenfalls gewinnen sie an Aufmerksamkeit und in Verbindung mit einer am Gedanken des Wettbewerbs auf Märkten orientierten Evaluierungspraxis an Brisanz. Ein an kurzfristigen und messbaren Erfolgen orientiertes Belohnungssystem (please or perish?), dem es aus Gründen des Verfahrens (mangelnde Transparenz und Standardisierung der blinden Begutachtung) und einer zunehmenden Unübersichtlichkeit publizierter Ergebnisse (Information Overflow, Journal Myopia) an Transparenz und Nachvollziehbarkeit mangelt, wird die hier diskutierten Korruptionsphänomene allerdings eher verstärken als verhindern.

Literatur

Assmann, A. (2006): Der lange Schatten der Vergangenheit. Erinnerungskultur und Geschichtspolitik, C. H. Beck, München

Brandstetter, T. (2004):
Elefanten im Mond. Der prekäre Status des wissenschaftlichen Instruments. Wiley-VCH: Berichte zur Wissenschaftsgeschichte 27 (2004); 1-10.

Heureka, Heft 4/1999: Spielarten des Betrugs. *http://www.falter.at/heureka/archiv/99_4/09.php* ; (aufgerufen am 1.2. 2008)

Deutsche Forschungsgemeinschaf (1998):
Sicherung guter wissenschaftlicher Praxis, Denkschrift, Wiley-VCH; Weinheim.

Mantl (2003):
Wolfgang Mantl, Sicherung wissenschaftlicher Qualität, in: Manfred Novak (Hg.): Res Universitas. Bernd-Christian Funk zum 60. Geburtstag, Graz 2003, S. 195

NZZ Online (2004):
Die Universität Seoul suspendiert Klonforscher. In: Neue Zürcher Zeitung AG. *http://www.nzz.ch/2004/03/20/fe/article9GRF5.html*; (aufgerufen am 13.02.2008)

Schneider (2007):
Globalisierte Produktion von (akademischem) Wissen - ein Wettbewerbsspiel. In: Ludwig Wittgenstein Conference Proceedings. erscheint 2008.

Starbuck, W. (2006):
The Production of Knowledge: The Challenge of Social Science Research, Oxford: Oxford University Press.

Di Trocchio, F. (1995):
Der große Schwindel. Betrug und Fälschung in der Wissenschaft, Frankfurt u. New York, Campus.

Rechtliche Aspekte

Verwaltungs-, Dienst- und Disziplinarrecht, wie Nebenbeschäftigung, Befangenheit, Dienstgeheimnis

Übersicht der Verantwortlichkeiten im öffentlichen Dienst unter besonderer Berücksichtigung von Nebenbeschäftigungen und Wahrung des Amtsgeheimnisses

Irene Kienzl

I. Einleitung

Der öffentliche Dienst wird im Wesentlichen durch zwei Bedienstetengruppen geprägt, den öffentlich-rechtlich Bediensteten = Beamte, deren Anstellung auf Lebenszeit ausgerichtet ist, und den vertraglich Bediensteten, deren Dienstverhältnis spätestens durch Inanspruchnahme einer Alterspension aus der gesetzlichen Pensionsversicherung endet. Beide Gruppen vollziehen die staatliche Verwaltung auf Grund der Gesetze und sind weisungsgebunden. Sämtliche Rechte und Pflichten sind gesetzlich geregelt. Gesetzlich normierte Verfahren prägen die konkrete Ausgestaltung der Dienstverhältnisse. Streitigkeiten aus dem Dienstverhältnis der Beamten werden im Verwaltungsweg bis hin zu den Höchstgerichten (Verwaltungs- und Verfassungsgerichtshof) ausgetragen, Streitigkeiten aus dem Dienstverhältnis der Vertragsbediensteten auf dem Zivilrechtsweg vor den Arbeits- und Sozialgerichten.

II. Verantwortlichkeiten im öffentlichen Dienst

Beide Gruppen von Bediensteten sind für ihr Tun auf mehrere Arten verantwortlich. Daraus folgen Verfahren nach unterschiedlichen Rechtsvorschriften, die weitgehend unabhängig voneinander abgehandelt werden und verschiedene Zielrichtungen verfolgen.

Zum einen können beide Gruppen strafrechtlich zur Verantwortung gezogen werden. Das Strafgesetzbuch unterscheidet zwischen Amtsdelikten, die ausschließlich von „Beamten" begangen werden können und zwischen uneigentlichen Amtsdelikten, das sind Strafdelikte, die umso schwerer wiegen, wenn sie von einem „Beamten" begangen werden. Die Anführungszeichen wurden deshalb gesetzt, weil das Strafgesetzbuch auch Vertragsbedienstete unter den Beamtenbegriff einreiht (§ 74 StGB). Beispiele für Amtsdelikte sind Amtsmissbrauch (§ 302 StGB), Geschenkannahme durch Beamte (§ 304 StGB), Verletzung des Amtsgeheimnisses (§ 310 StGB). Ein uneigentliches Amtsdelikt (§ 313 StGB) liegt vor, wenn ein Beamter eine auch sonst mit Strafe bedrohte vorsätzliche Handlung unter Ausnützung der ihm durch seine

Amtstätigkeit gebotenen Gelegenheit begeht, z.B. ein Polizist weiß durch eine amtliche Erhebung vom Vermögen einer bestimmten Person und begeht bei dieser daraufhin einen Einbruch.

Beide Gruppen sind zivilrechtlich für ihre Handlungen verantwortlich, was sich in den Bestimmungen des Amtshaftungs- und des Organhaftungsgesetzes widerspiegelt. In beiden Fällen geht es darum, den durch das Handeln des Bediensteten entstandenen Schaden wieder gut zumachen.

Ausschließlich öffentlich-rechtlich Bedienstete sind disziplinär zur Verantwortung zu ziehen. Das Disziplinarrecht ist das notwendige Korrektiv für die Unkündbarkeit der Beamten. Beim Disziplinarverfahren handelt es sich um ein Verwaltungsverfahren, dessen Ablauf im Beamtendienstrechtsgesetz in einem eigenen Abschnitt (8. Abschnitt des Allgemeinen Teiles des BDG 1979) geregelt ist. Das BDG 1979 erklärt im Disziplinarverfahren das Allgemeine Verwaltungsverfahrensgesetz für anwendbar. Darin liegt auch schon der wesentliche Unterschied zu einem „normalen Strafverfahren“ bzw. eine grundlegende Schwäche des Disziplinarverfahrens. Es gibt keinen „Staatsanwalt“, der selbständig Ermittlungen führt oder beauftragt, sondern die Funktion des Disziplinaranwaltes ist eine weitaus schwächere: Der Disziplinaranwalt ist ebenso wie der Beschuldigte Partei des Disziplinarverfahrens und hat daher die selben Rechte und Pflichten und kann Ermittlungen der Disziplinarkommission lediglich durch Anträge anregen, aber nicht selbst durchführen. Der Disziplinaranwalt hat die dienstlichen Interessen zu vertreten und ist weisungsgebunden. In der Praxis führt das immer wieder zu Problemen, weil unklar ist, wer genau dem Disziplinaranwalt Weisungen erteilt, insbesondere, wenn das Disziplinarverfahren bereits in der zweiten Instanz bei der Disziplinaroberkommission anhängig ist.

Welche Verhaltensweisen Dienstpflichtverletzungen darstellen und damit disziplinär geahndet werden, ist im Gesetz nicht taxativ aufgezählt. Verhaltensweisen von Beamten, die den Verdacht einer Dienstpflichtverletzung nahe legen, sind in jedem Einzelfall vom Dienstvorgesetzten bzw. der Dienstbehörde zu untersuchen und gegebenenfalls in Form einer Disziplinaranzeige an die Disziplinarkommission weiterzuleiten. Die Disziplinarkommission wiederum hat in einem formalen Verfahren den Beweis für das tatsächliche Vorliegen einer Dienstpflichtverletzung zu erbringen. Im Beweisverfahren sind nicht nur der objektive Tatbestand zu untersuchen, sondern auch der subjektive, der den Grad des Verschuldens genau festzustellen hat. Danach bemisst sich letztlich die zu verhängende Strafe. Der derzeitige Strafenkatalog des BDG ist ein sehr enger, der als sehr unbefriedigend empfunden wird. Zwischen der höchsten Geldstrafe von 5 Monatsbezügen und der Höchststrafe der Entlassung bestehen keine Abstufungen in der Strafhöhe. Vielfach wird die Entlassung als zu hart, die höchste Geldstrafe als zu mild angesehen. Wünschenswert und beim Bundeskanzleramt angeregt wurde eine Erhöhung des maximalen Strafrahmens für Geldstrafen bzw. die Erweiterung des Strafenkataloges um die Ausschließung von der Vorrückung oder die Minderung der Bezüge analog zu den Bestimmungen der §§ 104ff Richterdienstgesetz. Das Abstellen auf die gesamten Einkommensverhältnisse bei der Bemessung von Geldstrafen und Geldbußen anstelle des Monatsbezuges wäre ebenfalls eine Möglichkeit, dem Unrechtsgehalt einer dienstlichen Verfehlung besser Rechnung zu tragen. Insbesondere im Zusammenhang mit illegalen Nebenbeschäftigungen kann die Situation auftreten, dass die Bemessung der Geldstrafe nach dem Monatsbezug dem Beamten keine (spürbaren) finanziellen Nachteile beschert, weil die Einkünfte aus der illegalen Nebenbeschäftigung lukrativer waren als der Monatsbezug. Die Einführung des gerichtlichen Tagsatzsystems bei Geldstrafen (vgl. § 19 StGB) würde es ermöglichen, die Gesamteinkünfte eines Beamten und damit auch jene aus illegalen Nebenbeschäftigungen angemessen zu berücksichtigen.

III. Nebenbeschäftigungen

Nebenbeschäftigungen können ein gutes Beispiel für Dienstpflichtverletzungen sein. Das BDG 1979 definiert Nebenbeschäftigung als jede Beschäftigung, die der Beamten außerhalb seines Dienstverhältnisses und einer allfälligen Nebentätigkeit ausübt (§ 56 Abs. 1 BDG 1979). Das Gesetz enthält keine Aufzählung der erlaubten oder unerlaubten Tätigkeiten. Jeder Beamte hat vielmehr selbst zu beurteilen, ob eine Nebenbeschäftigung ihn an der Erfüllung seiner dienstlichen Aufgaben behindert, Befangenheit vermuten lässt, oder sonstige wesentliche dienstliche Interessen beeinträchtigt. Lediglich erwerbsmäßige Nebenbeschäftigungen, die der Schaffung von nennenswerten Einkünften in Geld- oder Sachgüterform bezwecken und jede Änderung einer solchen, hat der Beamte seiner Dienstbehörde unverzüglich zu melden. Nennenswert sind Einkünfte nach der Verwaltungspraxis dann, wenn sie die steuerliche Freigrenze von derzeit € 730 pro Kalenderjahr übersteigen. Beamte, deren Wochendienstzeit herabgesetzt ist, haben eine Nebenbeschäftigung von ihrer Dienstbehörde bewilligen zu lassen, die zu prüfen hat, ob durch die Nebenbeschäftigung der Zweck der Herabsetzung der Wochendienstzeit vereitelt wird (z.B. Herabsetzung der Wochendienstzeit zur Betreuung eines nicht schulpflichtigen Kindes und Aufnahme einer Nebenbeschäftigung in Form einer Vollzeitstelle). Die Schwierigkeiten in der Praxis entstehen dann, wenn der Beamte keine Unvereinbarkeit der Nebenbeschäftigung mit seinen dienstlichen Obliegenheiten erkennt, die Nebenbeschäftigung daher aufnimmt, die Dienstbehörde nach der Aufnahme Kenntnis erlangt und sehr wohl eine Beeinträchtigung der Dienstpflichten sieht. Die Dienstbehörde kann nach der jüngeren Judikatur des Verwaltungsgerichtshofes eine bereits aufgenommene Nebenbeschäftigung nicht mehr untersagen, sondern sie muss vielmehr disziplinär gegen den Beamten vorgehen. Erst in einem allenfalls abzuhaltenden Disziplinarverfahren wird der Beweis geführt, ob eine Nebenbeschäftigung tatsächlich mit den Dienstpflichten unvereinbar ist. Zutreffendenfalls wird wohl eine Strafe verhängt werden, die den Beamten zur Aufgabe seiner Nebenbeschäftigung „motivieren“ soll. Die Strafe lässt jedoch – wie bereits weiter oben ausgeführt – allfällige Einkünfte aus einer Nebenbeschäftigung außer Acht. Eine Befassung der Dienstbehörde vor der Aufnahme einer Nebenbeschäftigung ist im Gesetz derzeit nicht explizit vorgesehen; wenn der Bedienstete ein rechtliches Interesse glaubhaft machen kann, wird wohl die Erlassung eines Feststellungsbescheides zulässig sein.

Um Bediensteten ein Gefühl dafür zu vermitteln, welche Nebenbeschäftigungen der Dienstgeber als bedenklich ansieht, empfiehlt sich die Ausarbeitung von Richtlinien, die als interne Weisung die Bediensteten binden. Verstöße gegen diese Richtlinien können dann relativ einfach disziplinär geahndet werden. Diesen Weg haben einzelne Ressorts im Bundesbereich bereits beschritten. Das Bundesministerium für Finanzen hat zu diesem Zweck seinerzeit „Ethikrichtlinien“ erlassen. Auch das Bundeskanzleramt arbeitet derzeit an einem „Code of Conduct“ für den Bundesdienst. Abzuraten ist von einer taxativen Aufzählung aller „bedenklichen“ Nebenbeschäftigungen, weil einerseits eine Unvollständigkeit zu erwarten ist und andererseits die Kreativität und Phantasie der Mitarbeiter zu einer Umgehung der Richtlinien herausgefordert wird.

IV. Amtsgeheimnis

Verletzungen des Amtsgeheimnisses sind in der österreichischen Rechtsordnung sowohl im Strafrecht als auch im Dienstrecht ausdrücklich geregelt. § 310 des Strafgesetzbuches bedroht Verletzungen des Amtsgeheimnisses mit einer Freiheitsstrafe von bis zu drei Jahren. § 46 BDG 1979 verpflichtet Beamte zur Verschwiegenheit über alle dem Beamten ausschließlich aus seiner amtlichen Tätigkeit bekannt gewordenen Tatsachen, deren Geheimhaltung im Interesse der Aufrechterhaltung der öffentlichen Ruhe, Ordnung und Sicherheit, der umfassenden Landesverteidigung, der auswärtigen Beziehungen, im wirtschaftlichen Interesse einer Körperschaft des öffentlichen Rechts, zur Vorbereitung einer Entscheidung oder im überwiegenden Interesse der Parteien geboten ist. Des Weiteren sieht das Dienstrecht genaue Regelungen zur Entbindung von der Amtsverschwiegenheit vor bzw. ordnet an, dass im Disziplinarverfahren weder Beschuldigter noch Disziplinarbehörde noch Disziplinaranwalt zur Wahrung der Amtsverschwiegenheit verpflichtet sind.

Um Dienstpflichtverletzungen von Bediensteten in Bezug auf Verletzungen des Amtsgeheimnisses zu vermeiden, empfiehlt es sich, genaue Regelungen zu treffen, welcher Mitarbeiter zu Aussagen gegenüber der Öffentlichkeit, im speziellen gegenüber Medien, befugt ist. Wenn organisatorische Regelungen dazu beitragen, den Mitarbeitern klare Verantwortungen bei der Informationsweitergabe an Personen außerhalb der Behörde zuzuordnen, überwiegen die Vorteile dieser Regelungen, die zugleich als Nachteil eine Einschränkung in der Meinungsäußerungsfreiheit jedes einzelnen Mitarbeiters/jeder einzelnen Mitarbeiterin bedeuten. Auf diese Weise kann sichergestellt werden, dass jene Bediensteten, die Informationen an die Öffentlichkeit weitergeben, durch entsprechende Schulungen ausgebildet werden, die rechtlichen Rahmenbedingungen einhalten können. Die übrigen Bediensteten sind durch die Beachtung dieser „Spielregeln" davor geschützt, durch Informationsweitergabe unwissentlich ins Strafrecht oder in eine Dienstpflichtverletzung abzugleiten.

V. Resümee

Das Fazit aus den getätigten Ausführungen ist, dass deutliche und nachvollziehbare Regelungen den Bediensteten Klarheit und Richtschnur für Erlaubtes und Unerlaubtes geben. Je konkreter die Führung einer Behörde oder Dienststelle ihre Bediensteten anweist, desto geringer wird die Behörden- oder Dienststellenleitung ihren Mitarbeitern die verschiedenen Arten der Verantwortlichkeit vor Augen führen müssen.

Neue Bedeutung der Korruption im Strafrecht

Matthias Kopetzky

An der Schwelle zu einer umfassenden Gesetzesinitiative des Bundesministeriums für Justiz (BMF) zur Bekämpfung von Korruption nicht nur in der öffentlichen Verwaltung, wie die Justizministerin auf der Website des BMJ betonen lässt[1], sondern auch in der Privatwirtschaft erscheint es angezeigt, auf die bestehenden Problematiken der Erfassung von Korruption in betriebswirtschaftlicher und strafrechtlicher Sicht einzugehen.
Pressekonferenzen von Transparency International, der bekannten international agierenden Anti-Korruptions-Bewegung[2] bringen das Thema regelmäßig in die Medien, spätestens dann, wenn ein Update zum bekannten Korruptionsranking verkündet wird[3]. In der Folge wird analysiert, ob man als Land im Ranking Plätze gut gemacht, oder gar Boden verloren hat.
Abseits dieses Medienereignisses gewinnt aber Korruption zunehmend an Bedeutung, da sich der Fokus mehr und mehr vom klassischen Korruptionsbegriff (Beamter wird bestochen) wegentwickelt und zu einem ernsten Thema der Privatwirtschaft wird.

Deutsche Großkonzerne mussten in den letzten Jahren schmerzlich erfahren, was es bedeuten kann, wenn man die Korruption nur bei den anderen wähnt, und im eigenen Haus auf die notwendigen Vorkehrungen vergessen hat. Dass dies zu erheblichen Verwerfungen in auch sehr großen Unternehmen führen kann bis hin zur Auswechselung der Führungsmannschaft, welche uU gar nicht bzw. nicht erwiesenermaßen an den korrupten Handlungen beteiligt war, zeigen Beispiele wie Siemens oder VW sehr drastisch.

Die Privatwirtschaft muss sich jetzt sehr rasch auf neue Rahmenbedingungen einstellen. Nicht zuletzt deswegen, da nunmehr auch in Österreich sehr klare strafrechtliche Bestimmungen, speziell gerichtet an Täter in der Privatwirtschaft, in Kraft treten.

Die Phasen der Korruption aus betriebswirtschaftlicher Sicht

Wenn man das Thema „Korruption" aus betriebswirtschaftlicher Sicht betrachtet, so lassen sich im Wesentlichen 4 Spielarten mit aufsteigendem Korrup-

---

1 „Mit der Novellierung des Korruptionsstrafrechts soll die Kriminalisierung von Bestechlichkeit und Bestechung im öffentlichen und privaten Sektor konsequent weiterentwickelt werden." (http://www.justiz.gv.at/service/content.php?nav=66&id=401)

2 *www.transparency.org*

3 *http://www.transparency.org/publications/publications/gcr_2007*

tionsintensitätsgrad unterscheiden[4], wie sie im so genannten Fraud-Baum vorkommen. Zu einander verhalten sich diese Spielarten wie eine „Stufenleiter“ der Korruption. Man spricht auch von einem Eskalationsschema: Verbotene Zuwendung/Abfindung/Geschenkannahme

Die Korrumpierung von Personen beginnt meist auf der untersten Ebene der Korruption, welche am schwierigsten vom üblichen Geschäftsleben zu unterscheiden ist: Die illegale Zuwendung/Abfindung/Geschenkannahme. Wir erkennen in dieser ersten Stufe vielfach, dass in dieser Phase das so genannte „Anfüttern“ beginnt und der Anstifter einmal vorsichtig austestet, in wie weit die Zielperson einer Bestechung überhaupt zugänglich ist.

Die illegale Geschenkannahme zeichnet sich in der Praxis dadurch aus, dass in der Regel noch kein gesicherter Zusammenhang zwischen einer Handlung des Beschenkten und dem Geschenk hergestellt werden kann. Vielfach wird eine solche Zuwendung erst im Anschluss an eine, für den Täter sehr vorteilhafte, aber noch nicht notwendigerweise vom normalen Geschäftsleben abweichende Handlung des Beschenkten gegeben. Man bedankt sich für eine besonders rasche Abwicklung, man freut sich über einen erteilten Auftrag/Zuschlag in einer Ausschreibung, usw.

Das Ziel solcher Zuwendungen ist (noch) nicht die Herbeiführung bestimmter Handlungsweisen des Bestochenen, sondern die „Aufbereitung“ des Terrains für zukünftige Geschäftstransaktionen. Der Beschenkte (Bestochene) nimmt häufig an in der Überzeugung, die gemeinte Transaktion ohnedies unvoreingenommen durchgeführt und auch bereits abgeschlossen zu haben. Bestochen wird aber in der Regel nicht für eine einzige Transaktion, sondern um eine generelle und dauerhafte Beeinflussung von Verhaltensweisen zu erreichen. Die Geschenkannahme bewirkt daher, dass es zu einer ersten Abhängigkeit des Empfängers vom Bestechenden kommt. Es entspricht nämlich der Natur des Menschen, Geschenke nicht einfach nur anzunehmen, sondern dies auch zu erwidern. Das heißt, je mehr und häufiger geschenkt wird, desto großer wird der psychologische Druck auf den Beschenkten nun endlich auch seinerseits sich für die Wohltaten zu revanchieren.

Damit wird aber irgendwann aus dem Geschenk im Nachhinein, die Bestechung für die nächste Transaktion im Vorhinein.

---

4 Wells/Kopetzky, Handbuch Wirtschaftskriminalität in Unternehmen, LexisNexis ARD Orac, Wien, 2006, Seite 50

Bestechung
Die Bestechung ist die nächste Stufe der Korruption. Dabei geht es nunmehr um einen mehr oder weniger offenkundigen Zusammenhang zwischen der Zuwendung und einem gewünschten Ergebnis. Die Initiative geht dabei vom Bestecher aus, der damit versucht, Handlungen des Bestochenen in seinem Sinn zu beeinflussen.

Vielfach wird die Bestechung als integraler Bestandteil der Wirtschaft vor allem im Ausland (Osteuropa, Asien,...) angesehen und es gibt eine erhebliche Wahrnehmungsdifferenz zwischen Bestechung im Inland und „notwendiger" Bestechung im Ausland. Von manchen Unternehmen wird die Entscheidung zur Bestechung im Ausland oftmals mit der Grundsatzentscheidung überhaupt in bestimmten Märkten tätig sein zu wollen oder zu können verbunden. Wirtschaftliche Nachteile sind bei Ablehnung von Bestechung als Bestandteil des Wettbewerbs nicht auszuschließen.

Die Bemühungen supranationaler Organisationen (EU, UNO,...) zur Bekämpfung der Korruption und die dazu sich entwickelnden nationalen Gesetzgebungen bringen jedoch zunehmende Risiken mit sich, welche immer weniger negiert werden können, wie auch jüngste Beispiele großer Unternehmen zeigen.

Wirtschaftliche Erpressung
Geht die Initiative nicht mehr vom Bestechenden, sondern schon vom Bestochenen aus, wird also eine Zuwendung aktiv verlangt um beispielsweise ohnedies rechtlich zustehende oder aus anderen Gründen erwartbare Handlungen zu bewirken, ist von der wirtschaftlichen Erpressung zu sprechen. Auf dieser Stufe der Korruption ist derjenige, welcher zuwenden muss, bereits der abhängige und getriebene Teil der Beziehung. Der sich bestechen Lassende bestimmt Inhalt und Ausmaß der korrupten Vorgänge. Es ist dies die Spitze der Korruptionspyramide und ist Zeichen eines erheblich von Korruption durchdrungenen Wirtschaftsgefüges.

Die neuen Paragraphen §§168c,d öStGB bringen hier erstmalig eine durchaus realistische und effektive Möglichkeit für Unternehmen und betroffene Personen, sich zur Wehr zu setzen.

Interessenskonflikte
Die für Unternehmen gefährlichste Form der Korruption ist der Interessenskonflikt. Für den Täter ist nämlich das Moment der Zuwendung beispielsweise eines Geldbetrages in dieser Konstellation gar nicht mehr von Belang, weil er indirekt ohnedies von seinen Handlungen profitieren kann. In diesem Tatschema finden wir jegliche Konstellationen, wo der Täter durch seine Entscheidungen Unternehmen bevorzugt, welche im normalen Ablauf wirt-

schaftlicher Geschehnisse nicht zum Zug gekommen wären. Da sich diese Unternehmen in einem wirtschaftlichen Naheverhältnis zum Täter befinden (zB Beteiligung des Täters, Eigentümerschaft im Familienverband, usw) kommt der wirtschaftliche Vorteil ohne Transfer von Bestechungsgeldern trotzdem dem Täter oder von ihm bestimmten Empfängern zu Gute. Eine für den Täter sehr „sichere" und bequeme Methode.

Interessenskonflikte haben aber in der allgemeinen Wahrnehmung noch in keinster Weise die Aufmerksamkeit erreicht, welche diesen Tathandlungen eigentlich zuteil werden sollte.

Die Offenlegung von solchen Interessenskonflikten[5] – eine taugliche Methode im übrigen, sicher niemals Täter zu werden – wird noch in weiten Bereichen der Wirtschaft viel zu lax und oberflächlich, teilweise auch nur formal behandelt.

Strafrechtliche Risiken der Korruption

§168b StGB

Seit Sommer 2002 existiert der § 168 b. Der Buchstabe lässt erkennen, dass es sich um einen „eingefügten" Paragrafen in das Grundgerüst des Strafrechts insgesamt handelt, wie das in den letzten Jahren sehr häufig passiert ist.

Absprachen im Bereich von Vergabeverfahren – und dabei sind nicht nur öffentliche Vergabeverfahren gemeint – können wohl als ein „Kerngebiet" der Korruption angesehen werden. De fakto werden frühere strafrechtliche Bestimmungen des Kartellrechts und auch der ganz gewöhnliche Tatbestand des Betrugs (§ 146 StGB) durch diese Bestimmung ergänzt. Absprachen in Bieterverfahren wurden in den vergangenen Jahren strafrechtlich – auch durch entsprechende OGH-Judikatur gestützt – häufig im Betrugsbereich angesiedelt und auch judiziert.

Die Bestimmung des § 168 b bringt für die Täter einerseits „Erleichterungen" vor allem im Strafausmaß (max. 3 Jahre) aber auch Verschärfungen, weil die konkrete Benennung eines Schadens nicht mehr notwendig erscheint. Es genügt die Teilnahme an solchen Absprachen und eine darauf hin erfolgende Beauftragung. Beispielsweise sahen deutsche Gerichte, bestätigt durch den BGH[6], einen Schaden der Höhe nach als ausreichend determiniert an, wenn beispielsweise Schmiergeldzahlungen bekannt wurden. Dies folgt der Logik, dass ein Auftragwerber, welcher bereit ist, Schmiergeld zu zahlen, solche

---

[5] http://www.transparency.de/Richtlinien-Interessenskonflik.849.98.html
[6] BGH 1 StR 300/00 - 21. 11. 2000, BGH 1 StR 576/00 - 11. 7. 2001

Beträge in seiner internen Kalkulation jedenfalls mit ein berechnet haben muss und damit der Schmiergeldbetrag zu einer höheren, als der tatsächlich möglichen Anbotssumme geführt haben muss.
Gerade bei den früheren Betrugsverfahren, wo die möglichst klare Bestimmung des Schadens als eine wesentliche Voraussetzung des Deliktes ist, hat die Bestimmung eben dieses Schadens oftmals erhebliche Probleme bereitet. Täter können im übrigen nicht nur die Anbieter sein, sondern natürlich auch die „Nehmer", da es ja lautet, „wer ... Verhandlungen führt", was wohl auch die Seite der Vergabeverfahrensorganisatoren umfassen dürfte. Daher sind nicht nur die Anbieter, sondern auch die Einkaufsabteilungen dabei umfasst. In wie fern in solchen Fällen aber nicht der uU im Strafrahmen wesentlich umfangreichere § 153 StGB (Untreue, Strafrahmen bis zu 10 Jahren) anzuwenden ist, wird wohl aus der besonderen Situation des Falles zu beurteilen sein.

§168c,d,e StGB

„Geschenkannahme durch Bedienstete oder Beauftragte

§ 168c. (1) Ein Bediensteter oder Beauftragter eines Unternehmens, der im geschäftlichen Verkehr für die pflichtwidrige Vornahme oder Unterlassung einer Rechtshandlung von einem anderen für sich oder einen Dritten einen Vorteil fordert, annimmt oder sich versprechen lässt, ist mit Freiheitsstrafe bis zu zwei Jahren zu bestrafen.

(2) Übersteigt der Wert des Vorteils 5 000 Euro, so ist der Täter mit Freiheitsstrafe bis zu drei Jahren zu bestrafen.

(3) Wer lediglich einen geringfügigen Vorteil annimmt oder sich versprechen lässt, ist nach Abs. 1 nicht zu bestrafen, es sei denn, dass die Tat gewerbsmäßig begangen wird.

Bestechung von Bediensteten oder Beauftragten

§ 168d. Wer einem Bediensteten oder Beauftragten eines Unternehmens im geschäftlichen Verkehr für die pflichtwidrige Vornahme oder Unterlassung einer Rechtshandlung für ihn oder einen Dritten einen nicht bloß geringfügigen Vorteil anbietet, verspricht oder gewährt, ist mit Freiheitsstrafe bis zu zwei Jahren zu bestrafen.

Berechtigung zur Anklage

§ 168e. Die strafbaren Handlungen nach § 168c Abs. 1 sowie nach § 168d sind nur auf Verlangen des Verletzten oder eines der nach § 14 Abs. 1 erster Satz des Bundesgesetzes gegen den unlauteren Wettbewerb 1984 - UWG, BGBl. Nr. 448, zur Geltendmachung des Unterlassungsanspruchs Berechtigten zu verfolgen."

Im Bundesgesetzblatt 109 vom 28.12.2007 wurde das Strafrechtsänderungsgesetzes 2008 veröffentlicht und werden damit drei neue Ergänzungen zum § 168 StGB hinzugefügt.

Die bestechende Seite wird im § 168 c beschrieben, die sich bestechen Lassenden werden über den § 168 d erfasst. In § 168 e wird geregelt, wer die Verfolgung beantragen kann.

Mit diesen Paragrafen ist nunmehr die Bestechung in all ihren Ausformungen expressis verbis im Strafrecht verankert und nunmehr pönalisiert. Frühere „Umwege" über das UWG oder ähnliche Konstruktionen sind damit obsolet. Die Einführung dieser Paragraphen ist nicht das Ergebnis einem plötzlich in

Österreich „ausgebrochenen Bedürfnis“ nach Pönalisierung der Korruption, sondern sind internationaler Druck und supranationale Vorgaben (vgl Art 2 des EU-Rahmenbeschlusses, Art 21 des UN-Übereinkommens gegen Korruption und Art. 7 des ER-Strafrechtsübereinkommen über Korruption) die Auslöser gewesen. Nachdem aber auch – passend zu diesen Gesetzen – die Einführung einer Korruptionsstaatsanwaltschaft in die Wege geleitet wurde, ist zu erwarten, dass hier durchaus „lebendiges“ Strafrecht geschaffen wird. Strafrecht wird vor allem dort „lebendig“, wo es auch Staatsanwälte gibt, die spezielle Paragraphen anwenden, was wohl von einer Korruptionsstaatsanwaltschaft erwartet werden darf.

Diese Bestimmungen sind neu und bringen damit den Korruptionsbegriff weg von der ausschließlichen Verknüpfung zur öffentlichen Verwaltung hin zur gesamten Wirtschaft. Ab 01.01.2008 ist Bestechung in all ihren Ausprägungen damit kein Kavaliersdelikt mehr, sondern ein explizit im Strafrecht benannter Tatbestand.

Waren in den wenigen bisherigen Fällen, in denen es um Korruption im privaten Sektor gegangen ist, meist eher komplizierte „Umwege“ über den Betrug und/oder die Untreue notwendig, um die Täter strafrechtlich belangen zu können, ist der nunmehrige Weg ein sehr direkter. War in der Vergangenheit vor allem der Bereich der Schadensdeterminierung sehr schwierig unter Kontrolle zu bringen, da eben nicht nur die Bestechung an sich, sondern vor allem auch das damit induzierte Ergebnis bedeutsam war, so fällt diese Hürde nunmehr völlig weg.

Ein (messbarer) Schaden muss nunmehr aus der Bestechungshandlung gar nicht mehr festgestellt werden, da die Bestechung per se nunmehr unter Strafe gestellt worden ist. Es kann also sein, dass mit und ohne Bestechung letztlich dasselbe wirtschaftliche Ergebnis erreicht worden wäre. Dies ist nicht mehr weiter von Belang und braucht auch gar nicht untersucht werden. Es genügt, die Bestechung selbst beweisen zu können, was in vielen Fällen zwar noch immer nicht einfach, aber eben wesentlich leichter ist, als zusätzlich den sich aus dem Grundgeschäft ergebenden Schaden feststellen zu müssen.

§§ 153, 153a StGB

Bisher spielte vor allem § 153 StGB, die so genannte Untreue, die wesentliche strafrechtliche Rolle, wenn es um Fälle von Bestechung ging. Im Zentrum steht der Befugnismissbrauch, wenn also eine Person, welcher eine Befugnis eingeräumt worden ist, zB eine Geschäftsführung in einer GmbH oder die Abwicklung einer entsprechenden Ausschreibung mit Verhandlungsvollmacht, diese Befugnis nicht im Interesse und Sinn des Machtgebers, zB der GmbH und ihrer Gesellschafter ausübt, sondern anderen eigenen oder fremden Interessen den Vorzug gibt.

Dies wäre also im Bestechungsbereich dann gegeben, wenn der Projektleiter eines großen Zubaus am Firmengelände einer Baufirma den Zuschlag erteilt, obwohl diese nicht das preiswerteste Anbot gelegt hat. Damit entsteht der GmbH ein so genannter Vermögensnachteil (das Bauwerk wurde zu teuer errichtet).

An sich ist es bei der Untreue gar nicht notwendig, dass der Täter sich oder andere daraus auch gleichzeitig bereichert (dies wäre beim Betrug eine unabdingbare Komponente). Daher ist Bestechung an sich und deren Ausmaß eher für die Bestimmung der subjektiven Tatseite, der Motivlage so zu sagen, relevant. In Fällen, wo der Umfang des Vermögensnachteils im Fremdvergleich nicht bestimmbar ist, etwa weil gar kein Zweitanbot eingeholt worden ist, wird ersatzweise das Ausmaß der Bestechung als der Vermögensnachteil definiert. Die Überlegung dahinter ist, dass der Anbieter nach wirtschaftlichen Gesichtspunkten im Falle einer Bestechung sein Anbot immer so gestalten wird, dass auch die Bestechungssumme jedenfalls einkalkuliert ist. Es wird weiter gefolgert, dass der Anbieter ohne Bestechung in der Lage gewesen wäre und dies im freien Wettbewerb vermutlich auch getan hätte, seinen Anbotspreis um die Bestechungssumme reduziert vorzulegen.

Ob §153a in Zukunft mehr Bedeutung erlangen wird, darf in Ansehung der neuen §§ 168 c und d StGB bezweifelt werden. Schon bisher hatten Verurteilungen nach § 153 a StGB eher seltenheitswert.

Was der OGH in einer Entscheidung 1988 davon hielt, ist aus dem folgenden Rechtssatz sehr deutlich abzulesen:
Die Annahme und das Einbehalten von Zuwendungen Dritter durch den Machthaber ist nur dann nicht als Untreue (§ 153 StGB) zu beurteilen, wenn diese - sei es ohne erweisbaren Zusammenhang mit einem konkreten Geschäft oder sei es ohne vorangegangene (ausdrücklich oder konkludente) Vereinbarung erst nachträglich gewährte - Zuwendung keinerlei nachteiligen Einfluss für den Machtgeber zu entfalten vermochte, das Geschäft als solches mithin pflichtgemäß abgeschlossen wurde. Nur für derartige Fälle ist die mit dem StRÄG 1987 in Kraft gesetzte neue Strafbestimmung des § 153 a StGB aktuell.

Somit ist zuerst zu untersuchen, ob nicht die mit bis zu 10 Jahren bewehrte Strafbestimmung des § 153 StGB (Untreue) zur Anwendung gelangt und erst subsidiär käme § 153 a StGB in Betracht.

Damit ist die Bedeutung dieser Bestimmung hinlänglich definiert.

§ 10 UWG

Der § 10 UWG ist keine Strafbestimmung des StGB, sondern ein Beispiel für eine Vielzahl von Strafbestimmungen, welche in diversen Gesetzen „versteckt“

sind. Nicht allen Geschäftsführern ist beispielsweise klar, dass ganz wesentliche Strafbestimmungen zur Bilanzfälschung nicht im StGB oder – wie noch am ehesten zu erwarten – dem UGB enthalten sind, sondern im GmbHG und im AktG. Das UWG kann unter Unternehmen ein sehr massives und die Vermögenssphäre des bestechenden Unternehmens treffende Regelung sein. Die Bestechung beispielsweise von Verkäufern, vor allem das Produkt der Firma A zu verkaufen, führt zu einer Wettbewerbsverzerrung im Markt und zur Schädigung anderer Marktteilnehmer[7].

§§ 304(1), 305, 306a, 306a StGB
Das Pendant zur den §§ 168c,d sind die og Paragraphen für die Korruption in der öffentlichen Verwaltung. Umfasst sind dabei nicht nur nationale Beamte, sondern auch Beamte supranationaler Organisationen (zB EU), Angestellte und leitende Angestellte öffentlicher Unternehmen.

Die Tathandlung an sich braucht nicht weiter erklärt zu werden, da als bekannt vorausgesetzt werden kann, dass Beamte wissen, dass sie keine Zuwendungen von Wert für die pflicht- und gesetzmäßige Ausübung ihres Berufes annehmen oder gar fordern dürfen.

Neu ist ab 01.01.2008, dass nunmehr die Geschenkannahme nicht mehr notwendigerweise in Verbindung mit einer bestimmten Amtshandlung erfolgt sein muss, sondern schon das Annehmen von Geschenken für sich pönalisiert wird. Damit soll auch dem so genannten „Anfüttern“ ein gesetzlicher Riegel vorgeschoben werden.

Der Strafrahmen mit bis zu 3 Jahren ist geringer als der maximale Strafrahmen in den neuen §§ 168 c und d StGB, welcher bis maximal 5 Jahren auszumessen ist. Damit scheint es, dass Beamtenbestechung künftig – zumindest dem Strafrahmen nach – geringere Bedeutung hat, als die Korruption im privatwirtschaftlichen Bereich.

Ausblick

Insbesondere die neuen §§ 168c,d StGB könnten eine erhebliche Bedeutung in der weiteren Entwicklung und Bekämpfung von Korruption bekommen. Gerade die Korruption in der Privatwirtschaft, hier sicher vor allem die Bauwirtschaft, hat bisher keine angemessene Beachtung gefunden und konnte nicht oder nur über „Umwege“ bekämpft werden.

---

7 Vgl OGH 4Ob302/77 vom 28.02.1977

Da nunmehr aber die Zuwendung einer Sache von Wert im Mittelpunkt steht und nicht mehr die Auswirkung der dadurch erwirkten Handlung, was oft nur äußerst schwer in ihrer monetär erfassbaren Wirkung nachweisbar war, sollte die Bekämpfung von Korruptionsfällen zwar noch immer nicht einfach aber doch ein gutes Stück einfacher geworden sein.

Der geplante Aufbau einer Korruptionsstaatsanwaltschaft (über internationalen Druck im Übrigen) sollte auch Garant dafür sein, dass auch von staatsanwaltlicher Seite man sich um diese Themen annehmen wird. Dies könnte auch eines der Einfalltore für das bisher noch spärliche Bedeutung zeigende VbVG werden, weil beispielsweise die Bestechung der Bauabteilung eines Bauherrn wohl schwerlich nur als das Werk eines einzelnen Verkäufers einer Baufirma wird dargestellt werden können. Hier wird wohl auch zu prüfen sein, was das Unternehmen, von welchem Bestechungsversuche ausgehen, für die eigenen Compliance getan hat, um Korruption zu verhindern.

Anzeigepflicht, Anzeigerecht und Anzeigeverbot bei Korruptionsdelikten

Josef Siska

Die Strafprozessordnung regelt in ihrer ab 1.1.2008 geltenden Fassung (BGBl. Nr. I 2004/19) aufbauend auf den bisherigen § 84 StPO die Anzeigepflicht in § 78 StPO neuer Fassung (nF) und das Anzeige- und Anhalterecht in Abänderung des früheren § 86 StPO in § 80 StPOnF.

Behörden oder öffentliche Dienststellen, denen der Verdacht einer Straftat (d.h. eines in die Zuständigkeit der Gerichte fallenden Deliktes, wie z.B. Korruptionsfälle) bekannt wird, sind – wenn die Straftat ihren gesetzlichen Wirkungsbereich betrifft – zur Anzeige an die Kriminalpolizei oder die Staatsanwaltschaft verpflichtet (§ 78 Abs.1 StPOnF).

Behörden sind solche Organe der Gebietskörperschaften Bund, Länder, Bezirke und Gemeinden, die über das sogenannte „Imperium" verfügen, d.h. mit entscheidender oder verfügender Gewalt staatliche Aufgaben der Verwaltung oder Rechtsprechung erfüllen. Ob neben diesem engen organisatorischen Behördenbegriff, der nur die eigentlichen Organe der Gebietskörperschaften umfasst, auch weitere Rechtsträger, denen behördliche Aufgaben übertragen wurden, funktional als Behörden gesehen werden ist strittig. Der Wiener Kommentar zur Strafprozessordnung bejaht die Anzeigepflicht für juristische Personen öffentlichen Rechtes, soweit sie mit der Wahrnehmung hoheitlicher Aufgaben betraut sind, und führt als Beispiele die gesetzlichen Interessenvertretungen wie z.B. die Rechtsanwaltskammern an. Hoheitliche Aufgaben lassen sich daran erkennen, dass der Rechtsträger dem Normadressaten übergeordnet (z.B. durch Erlassung von Bescheiden, Fällen eines Urteils u. dgl.) gegenüber steht. Selbstständige Wirtschaftskörper, die keine Aufgaben der Hoheitsverwaltung besorgen (wie z.B. von Gebietskörperschaften betriebene Elektrizitätswerke, Verkehrsbetriebe, die ÖBB, die Bundesforste, die Post AG, Telekom Austria AG usw.) trifft hingegen keine Anzeigepflicht. Auch dann nicht, wenn eines dieser Institute der Privatwirtschaftsverwaltung von einem Vertragspartner deliktisch geschädigt wurde.

Öffentliche Dienststellen sind sonstige auf Dauer eingerichtete, rechtlich geregelte Stellen zur Durchführung öffentlicher Aufgaben, die kein „Imperium" besitzen wie z.B. Polizeikommanden oder Polizeiinspektionen.

Die Anzeigepflicht ist ferner auf Straftaten beschränkt, die den gesetzmäßigen Wirkungsbereich der Behörde oder Dienststelle betreffen. Daher werden alle Straftaten erfasst, die von den Bediensteten der Behörde bzw. der Dienststelle selbst bei ihrer amtlichen Tätigkeit oder unter Ausnutzung ihrer Amtsstellung begangen werden (Korruptionsdelikte, Amtsdelikte, allgemeine Delikte unter Ausnutzung der Amtsstellung, § 313 StGB). Darüber hinaus unterliegen der Anzeigepflicht Verdachtsfälle von Straftaten, die von Außenstehenden begangen werden und die bei der Ausübung der Gerichtsbarkeit oder Hoheitsverwaltung (nicht aber im Bereich der Privatwirtschaftsverwaltung) bekannt werden. Nach der Rechtsprechung des Obersten Gerichtshofes (OGH vom 27.2.1990, 15 Os 3/90) sind aber Organe von Sicherheitsbehörden oder des öffentlichen Sicherheitsdienstes nicht verpflichtet, Handlungen anzuzeigen, von denen sie ausschließlich außer Dienst und in ihrem privaten Lebensbereich Kenntnis erlangt haben. Hat ein Organ zusätzlich zur außerdienstlich erlangten Kenntnis allerdings auch in seiner amtlichen Eigenschaft Kenntnis erlangt, so besteht Anzeigepflicht.

Eine Beschränkung der Anzeigepflicht bringt auch § 78 Abs 2 StPOnF dann, wenn die Anzeige eine amtliche Tätigkeit beeinträchtigen würde, deren Wirksamkeit eines Vertrauensverhältnisses bedarf (Ziffer 1). Den Materialen zur StPO-Novelle ist zu entnehmen, dass der Gesetzgeber bei dieser Bestimmung an die Tätigkeiten von Sozialarbeitern, pädagogischen Beratungsstellen, Bediensteten von Sozial-, Familien- und Suchtgiftberatungsstellen u. dgl. gedacht hat, nicht aber an das mögliche Naheverhältnis zu Korruptionisten und Korrumpierten, sodass diese Bestimmung auf solche Fälle nicht anwendbar erscheint. § 78 Abs. 2 Ziffer 2 StPOnF sieht auch von einer Anzeigepflicht ab, wenn und solange hinreichende Gründe für die Annahme vorliegen, die Strafbarkeit der Tat werde binnen kurzem durch schadensbereinigende Maßnahmen entfallen. Als eine solche Schadensbereinigung kommt in erster Linie die tätige Reue gemäß & 167 StGB in Betracht. Diese Bestimmung ist bei Vermögensdelikten leicht effektuierbar indem der Täter den Schaden durch Restitution oder Verpflichtungserklärung zu einer solchen „binnen kurzem" wieder gutmacht, wobei unter diesem Zeitraum die übliche Leistungsfrist von 14 Tagen verstanden wird. Bei Amts- und Korruptionsdelikten könnten wohl Geldflüsse oder andere Vorteilsgewährungen rückabgewickelt werden. Wie aber ein solcher „contrarius actus" bei der pflichtwidrigen Vornahme eines Amtsgeschäftes, einer Rechtshandlung, Abgabe eines unrichtigen Gutachtens oder Verletzung des Amtsgeheimnisses aussehen könnte, ist ungeklärt. Ja es ist davon auszugehen, in der Mehrzahl der Fälle tätige Reue technisch gar nicht möglich sein wird.

Abs. 3 des § 78 StPOnF verlangt eine Interessensabwägung zwischen den o.a. Möglichkeiten von einer Anzeige abzusehen und der Notwendigkeit des Schutzes eines Opfers oder anderer Personen vor Gefährdung. Das Gesetz stellt klar, dass der Opfer- und Gefährdungsschutz Vorrang genießt und die Anzeige jedenfalls zu erstatten ist, wenn nur durch sie ein ausreichender Schutz geboten wird. Die Anzeigepflicht zieht auch die Verpflichtung zur Gewährung von Akteneinsicht oder zur Verfügungstellung von Aktenablichtungen nach sich (§ 79 StPOnF).

Außerhalb der Anzeigepflicht nach der StPO gibt es aufgrund der Richtlinien der EU zur Verhinderung des Missbrauches des Finanzsystems zu Zwecken der Geldwäscherei und der Terrorismusfinanzierung Anzeigepflichten. Die dritte und bisher letzte diesbezügliche Richtlinie des Europäischen Parlamentes und Rates vom 26.10.2005, Zl. 2005/60/EG, ist am 15.12.2007 in Kraft getreten und verpflichtet den Gesetzgeber Durchführungsbestimmungen zu erlassen, die Meldepflichten (=Anzeigepflichten) bei Verdacht auf Geldwäsche (§ 165 StGB) statuieren. Diese interessieren insoweit, als Amts- und Korruptionsdelikte Vortaten zur Verwirklichung des Tatbestandes nach § 165 StGB sind, wenn z.B. durch Korruption erzielte Gewinne gewaschen werden sollen. Zur Meldung von Verdacht auf Geldwäsche sind verpflichtet:
Finanz- und Kreditinstitute (§ 41 Bankwesengesetz), Rechtsanwälte (§ 8c Rechtsanwaltsordnung), Notare (§ 36c Notariatsordnung), Wirtschaftstreuhänder (§ 37 der Berufsausübungsrichtlinien), Spielbanken (§ 25 Glückspiel-gesetz), Versicherungen (§ 18a Versicherungsaufsichtsgesetz) sowie Gewer-betreibende, gewerbliche Buchhalter und Immobilienmakler (§ 365r Gewerbeordnung).

§ 54 Abs 1 des FinStrG regelt, dass die Finanzstrafbehörde Anzeige an die Staatsanwaltschaft zu erstatten hat, sobald sie nach Einleitung eines Finanzstrafverfahrens findet, dass hiefür ein Gericht zuständig sei.

Abseits expliziter gesetzlicher Anzeigepflichten kann sich jedoch innerhalb eines Unternehmens eine Anzeigepflicht unmittelbar als Teil der Arbeitspflicht insbesondere für Führungskräfte (z.B. Abteilungsleiter) oder für mit Über-wachungsaufgaben betraute Revisoren und Controller ergeben. Aber auch für jene Arbeitnehmer, die keine Vorgesetzten- oder Aufsichtsfunktion innehaben, kann aus ihrer Treuepflicht gegenüber dem Arbeitgeber eine Anzeigeverpflichtung entstehen. Denn jeder Arbeitnehmer ist grundsätzlich verpflichtet den Arbeitgeber auf drohende Gefahren oder Schäden aufmerksam zu machen. Hat also ein Arbeitnehmer den Verdacht, dass ein Kollege strafbare Handlungen oder schwerwiegende Pflichtverletzungen gegen den Arbeitgeber begangen hat, so hat er dies zu melden. Als Richtschnur kann der in vielen Unternehmen eingeführte Verhaltenskodex (Code of Conduct) gelten, der u.a. wirtschaftskriminelle Handlungen verhüten bzw. möglichst rasch aufzudecken helfen soll. In den USA wurde sogar durch den Sarbanes-Oxley-Act den Unternehmen vorgeschrieben, interne Melde-systeme für die Anzeige von Missständen einzurichten.

Zur Erstattung von Anzeigen an die Kriminalpolizei oder Staatsanwaltschaft ist gemäß § 80 StPOnF jedermann berechtigt, der von einer strafbaren Handlung Kenntnis erlangt. Anzeigen, die im guten Glauben erstattet werden, sind grundsätzlich rechtmäßig, nur eine wissentlich falsche Anzeige, durch welcher ein anderer der Gefahr behördlicher Verfolgung ausgesetzt wird, stellt eine Verleumdung nach § 297 StGB dar.

Beschränkungen des Anzeigerechtes bestehen für Beamte, deren Hauptaufgabe nicht die Aufklärung und Verfolgung von Straftaten ist, durch die Amtsverschwiegenheit und das Steuergeheimnis. Sie haben die Geheimhaltungs-interessen gegen die Schwere der strafbaren Handlung und zukünftige Gefahren, die durch das Unterbleiben der Anzeige drohen, abzuwägen. Weitere Beschränkungen bestehen für Mitarbeiter von Finanz- und Kreditinstituten durch das Bankgeheimnis (§ 38 BWG), das nur unter strengen Voraus-Setzungen (z.B. bei Auskunftsbegehren eines Gerichtes bei eingeleiteten Strafverfahren oder einer Finanzstrafbehörde bei vorsätzlichen Finanzier-Gehen oder einer der o.a. Meldepflichten wegen Geldwäscheverdacht) geoffenbart werden darf. § 41 Abs 6 BWG untersagt überdies dem Bundeskriminalamt aufgrund von Verdachtsmeldungen wegen Geldwäsche Anzeigen zu erstatten, wenn sich aus den Informationen nur der Verdacht auf Finanzvergehen, die nicht in die gerichtliche Zuständigkeit fallen oder auf andere strafbare Handlungen, die mit nicht mehr als einjähriger Freiheitsstrafe bedroht sind, ergibt.

Die Polizei in der Korruptionsbekämpfung und als Objekt der Korruption

Josef Siska

Entsprechend dem Auftrag des Sicherheitspolizeigesetzes an die Sicherheitsbehörden, gefährlichen Angriffen vorzubeugen und nach einem gefährlichen Angriff dessen Umstände und die Identität des Täters zu klären (§ 22 Abs 2 und 3 SPG), darf es nicht verwundern, wenn die Sicherheitsbehörden die Korruption weniger als komplexes soziales Phänomen sondern vielmehr als Straftatbestand sehen. Der Zugang der Polizei zur Korruption erfolgt unter dem Aspekt einer gerichtlich strafbaren Handlung (also eines gefährlichen Angriffes im Sinn des § 16 Z. 1 SPG) oder als Tat einer kriminellen Verbindung, vormals im Sicherheitspolizeigesetz auch organisierte Kriminalität genannt (im Sinn des § 16 Z. 2 SPG). Während für die meisten Gebietskörperschaften bzw. Ministerien Korruptionsprävention eher unter dem Gesichtspunkt der Verhinderung von „Verschwendung" im weitesten Sinn oder sonstiger Unregelmäßigkeiten im Amt erfolgt, kommt aus der Sicht der Polizei die Bekämpfung der Ausbreitung der organisierten Kriminalität dazu.

Organisierte Kriminalität war bis in die 80-er Jahre für die österreichische Polizei kein Thema (ihr Auftreten schien auf das amerikanische Gangsterunwesen oder die italienische Mafia beschränkt), ja es wurde von maßgeblichen Exponenten der öffentlichen Sicherheit sogar die Weisung ausgegeben, auf Anfragen aus der Öffentlichkeit die Existenz organisierter Kriminalität in Österreich zu bestreiten und maximal das Bestehen vereinzelter krimineller „Platten" einzuräumen. Erst als nach der Öffnung der Ostgrenzen die Mobilität ausländischer Täterschaften und der Anteil der importierten Kriminalität massiv anstieg, wurde diese realitätsfremde Haltung aufgegeben. Inzwischen hat selbst das Strafgesetzbuch durch Novellen der organisierten Kriminalität Rechnung getragen und definiert diese als Kriminelle Vereinigung (§ 278 StGB) und Kriminelle Organisation (§ 278a StGB). Letzterer Tatbestand hat als Tatbestandsmerkmale die Erkenntnisse der Kriminologie übernommen und bezeichnet als solche insbesondere das Streben nach Bereicherung in großem Umfang oder erheblichen Einfluss auf Politik oder Wirtschaft und den Versuch andere zu korrumpieren, einzuschüchtern oder sich auf besondere Weise gegen die Strafverfolgungsmaßnahmen abzuschirmen.

Für den polizeilichen Praktiker ist Korruption und organisierte Kriminalität untrennbar verbunden, denn die organisierte Kriminalität benötigt zu ihrer Entwicklung ein willfähriges und der Korruption zugängliches Umfeld und umgekehrt ist eine große und systematische, über das „Trinkgeldniveau" hinausgehende Korruption ohne die großen Geldmengen undenkbar, die erst durch die Organisierte Kriminalität erwirtschaftet werden. Entsteht eine Dreiecksbeziehung aus Korruption, Organisierter Kriminalität und Politik, so bildet sich ein für die Polizei besonders gefährliches weil kaum durchdringbares Netzwerk. Daran können sowohl aktive wie ehemalige Politiker (z.B. Minister, die aus der Regierung ausgeschieden sind und als „Berater“ u. dgl. ihre aufgrund ihrer früheren Position gewonnenen Kontakte zu nützen wissen) beteiligt sein. Als Beispiel sei auf den Fall „Lucona“ verwiesen, in dem drei Spitzenpolitiker verwickelt waren. Zur Aufklärung des groß angelegten Versicherungsbetruges, mit der Versenkung eines Schiffes, bei dem 6 Menschen ums Leben kamen und bei dem 200 Millionen Schilling lukriert werden sollten, bedurfte es einer zehnjährigen polizeilichen Ermittlungsarbeit, die durch politische Interventionen behindert wurde.

Freilich darf auch der Druck, dem Politiker seitens der Wirtschaft oder der Öffentlichkeit ausgesetzt sind, Geschäfte (vor allem im Ausland) anzubahnen und sich um wirtschaftliche Kontakte zu bemühen, nicht unterschätzt werden. Insofern sind Kontakte zu Geschäftsleuten, zu denen auch „Mafiagrößen“ zählen können, unvermeidlich. Auch wenn sich die Kriminalpolizei wünschen würde, dass solche Kontakte unterbleiben. Denn alsbald folgen gemäß dem altrömischen Gesetz des „do uzt des“ Bitten von Geschäftsfreunden z.B. um Mitwirkung an Transaktionen, die den üblen Beigeschmack der Geldwäsche an sich haben oder um Hilfe bei der Erteilung von Aufenthaltserlaubnissen oder gar der Verleihung der Staatsbürgerschaft, für die erst mühsam eine Grundlage „konstruiert“ werden muss.

Das Ausmaß der Organisierten Kriminalität wird in Österreich von maßgeblichen Kriminalisten mit ca. einem Drittel der Gesamtkriminalität eingeschätzt, bei steigender Tendenz. Dies kann auch als Indikator für die Entwicklung der damit verbundenen Korruption gesehen werden. Dass es sich dabei um eine grobe Schätzung handelt, ergibt sich einerseits daraus, dass die offizielle Kriminalstatistik empirisch betrachtet unverlässlich ist, andererseits muss von einem sehr großen Dunkelfeld ausgegangen werden. Denn ähnlich wie bei Suchtgiftdelikten, bei denen die Beziehung zwischen Dealer und Kunden eine win-win-Situation ist, führt die Korruption beim Bestecher und beim Bestochenen zu beiderseitigen Nutzen. Anders als bei Delikten, bei denen ein Geschädigter die Anzeige erstattet, gibt es hier keinen personalisierten Geschädigten, denn geschädigt ist „die Allgemeinheit“, „der Staat“. Wenn es zu einer der seltenen Anzeigen kommt, so sind die Anzeiger „extranei“, wie z.B. nicht zum Zug gekommene Mitbewerber, die von der Sache Wind bekommen haben, oder Mitwisser (z.B. eine verlassene Ehefrau oder Freundin, die auf diese Weise Vergeltung üben) oder ein insolventer Unternehmer, der ohnedies nichts mehr zu verlieren hat und auspackt um im Konkurs seine Konkurrenten „mitzunehmen“.

Bei alledem darf aber nicht übersehen werden, dass die Polizei auch selbst Ziel von Korruption ist. Gerade die jüngste Vergangenheit liefert reiches Anschauungsmaterial polizeilicher Korruption, ohne Unterschied auf Rang und Stand. Sei es, dass Beamte zu Luxusreisen in exotische Destinationen eingeladen werden um Auskünfte aus behördlichen Datenbanken zu erlangen, sei es dass ihnen ein Fuhrpark nobler Limousinen zur privaten Nutzung und unter Übernahme der Treibstoffkosten zur Verfügung gestellt wird, um bevorzugt polizeilichen Schutz vor unerwünschten Gästen zu erlangen oder u.a. teure Uhren oder besondere Dienstleistungen angeboten werden, um vor unliebsamen Lokalkontrollen verschont zu bleiben.

Hintergrund dieser Korruption einzelner Beamter des Sicherheitsapparates ist die unter kriminaltaktischen Gesichtspunkten nötige Gewinnung von Informationen von Insidern der kriminellen Szene. Informationsgewinnung setzt eine subtile Beziehung zu Informanten (V-Leuten) voraus, wobei der Beamte sich seiner Grenzen stets bewusst zu sein hat, um sich nicht unversehens „auf der anderen Seite“ wieder zu finden.

Kontakte zur so genannten Unterwelt- oder zur Rot-Licht-Szene dürfen nicht – wie in der Vergangenheit fast immer praktiziert – aus missverstandener Diskretion dem einzelnen Beamten überlassen bleiben sondern müssen einem strikten Vier-Augen-Prinzip unterworfen werden. Jeder beabsichtigte Kontakt ist dem Vorgesetzten zu melden, der über die Durchführung entscheidet. Spontan zustande gekommene Kontakte sowie erhaltene Informationen sind dem Vorgesetzten zu berichten, der sie zu bewerten und auszuwerten und ihre Dokumentation zu veranlassen hat. Die Einführung einer solchen begleitenden und nachvollziehbaren Kontrolle wäre eine wirksame Präventions-Maßnahme und würde einer allfälligen späteren Ausrede, aufgedeckte (private) Kontakte zu Kriminellen oder zur Rot-Licht-Szene seien dienstlich motiviert gewesen, die Grundlage entziehen.

In der Vergangenheit war ein kritikwürdiger Umstand, dass vielfach Abteilungen einer Behörde, die in den Verdacht korruptiver Beziehungen geraten waren durch eine andere kollegial verbundene Abteilung überprüft wurden, sodass das Schlagwort von der Polizei, die sich selbst prüft, entstehen konnte. Mit der Schaffung einer funktionierenden internen Revision und einem vom Behördenapparat unabhängig agierenden und dem Bundesminister direkt verantwortlichen Büro für Interne Angelegenheiten (BIA) für innerbehördliche und korruptionsbekämpfende Ermittlungsaufgaben konnte dieses Defizit beseitigt werden. Dadurch ist auch das Bewusstsein der Beamten geschärft worden, dass es riskant ist, sich auf korruptive Beziehungen einzulassen und dass sie im Fall eines Fehlverhaltens einem hohen Aufdeckungsrisiko ausgesetzt sind.

Kulturelle Aspekte

Mitarbeiterzufriedenheit und Loyalität dem Dienstgeber gegenüber und ihr Einfluss auf dolose Verhaltensweisen in Verwaltungseinrichtungen

Barbara Ellenhuber

EINLEITUNG

Die Rolle der Mitarbeiter und Mitarbeiterinnen in der öffentlichen Verwaltung ist durch die steigende Komplexität der Aufgaben und durch organisationsinterne Veränderungsprozesse zunehmend mehr im Wandel begriffen.

Nach dem zweiten Weltkrieg erlebte das Wirtschaftswachstum ein noch nie dagewesenes Tempo und Ausmaß, das für viele Menschen Wohlstand und verbesserte Lebensqualität bedeutete. Arbeit und Leistung im Beruf bedingten immer mehr individuellen Nutzen und machten sich auch auf persönlicher Ebene bezahlt. Die Erfüllung der Grundbedürfnisse stand nicht mehr an oberster Stelle und Stimmen wurden laut, die von sinkenden Arbeitszeiten und steigenden Freizeitbedürfnissen sprachen. Weiterreichende Ziele und Wünsche erhielten eine besondere Wichtigkeit und riefen bei der jüngeren Generation einen Wertewandel hervor[1]. *Michael Frese* und *Siegfried Greif* stellten 1983 einen allgemeinen Ansatz zum Wert der Arbeit im Leben des Menschen auf und beschreiben die Einflüsse der Arbeit auf das menschliche Leben in fünf Punkten:

1. Arbeitstätigkeit bestimmt die Zeitstruktur (in Bezug auf Tag, Woche, Jahr, Leben).
2. Den Großteil des Lebens verbringen Erwachsene am Arbeitsplatz.
3. Die Bezahlung der erbrachten Arbeitsleistung dient zur Befriedigung existentieller Bedürfnisse.
4. Die jeweilige Tätigkeit bedingt wesentlich das Sozialprestige der Person.
5. Arbeit bedeutet Anteil an der arbeitsteiligen Gesellschaft zu haben. Normen und Werte können durch die Arbeit vermittelt und Qualifikationen erworben werden[2].

Auch der öffentliche Bereich ist zunehmend mehr im Wandel begriffen. Nicht nur dass sich die rechtlichen Rahmenbedingungen und die inhaltlichen Anforderungen durch eine Zunahme an Vollzugsmaterien, vor allem aus dem

---

[1] vgl. *Burkhard Strümpel*, Wandel in der Einstellung zu Arbeit – Haben sich die Menschen oder hat sich die Arbeit verändert? in: *von Rosenstiel/Einsiedler/Streich*, Wertewandel als Herausforderung für die Unternehmenspolitik (1987).

[2] vgl. *Frese/Greif*, Arbeit und Persönlichkeitsentwicklung, in: *Silbereisen/Montada*, Entwicklungspsychologie, München (1983).

europäischen Raum, kennzeichnen, auch nehmen immer mehr betriebswirtschaftliche Methoden und Instrumente Einzug in die öffentliche Verwaltung, die sowohl qualitativ als auch quantitativ eine Mehrbelastung für die Mitarbeiter bedeuten. Als Konsequenz daraus muss auch die öffentliche Verwaltung in einem erhöhtem Maß auf die Befindlichkeiten ihrer Mitarbeiter achten und die inhaltlichen Bedingungen und die äußeren Gegebenheiten an die Bediensteten angepasst gestalten.

In modernen Verwaltungseinrichtungen ist es deshalb zu einem der Hauptziele im Rahmen des Personalmanagements geworden, zeitgemäße Rahmenbedingungen zu schaffen, damit bestens qualifizierte Mitarbeiter und Mitarbeiterinnen den Anforderungen, die an sie gestellt werden, gerecht werden können. Aus der Sicht des Dienstgebers werden deshalb ein effizienter Personaleinsatz sowie ein professionelles und verantwortungsbewusstes Management im Zusammenhang mit der Förderung von Mitarbeitern und Mitarbeiterinnen zunehmend unerlässlich. Es gilt auch im öffentlichen Dienst, die Frage danach in den Mittelpunkt zu rücken, wie man Motivation unter den Mitarbeiter schafft - Mitarbeiter, die immer öfter als eine der wertvollsten Ressourcen einer jeden modernen Verwaltungsorganisation bezeichnet werden.

Auf der Hand zu liegen scheint, dass neben den finanziellen Rahmenbedingungen, die über geplante bzw. in einigen Bundesländern bereits umgesetzte Besoldung- und Pensionsreformen an die langfristigen Erfordernisse des Arbeitsmarkts und der Finanzierbarkeit angepasst werden sollen, auch die Aufgaben, das Arbeitsumfeld und die Entwicklungsmöglichkeiten die bestimmenden Motivationsfaktoren sind, die zu einer gesteigerten Mitarbeiterzufriedenheit beitragen sollen.

KOMPONENTEN DER MITARBEITER- UND ARBEITSZUFRIEDENHEIT

Aus der klassischen Betriebswirtschaftslehre ist bekannt, dass zufriedene Mitarbeiter zufriedene Kunden schaffen, sie sind loyale Mitarbeiter und Botschafter des Unternehmens. Sowohl die Marketingwissenschaft als auch die Arbeits- und Organisationspsychologie haben sich in einer kaum noch überschaubaren Anzahl an theoretischen und empirischen Studien umfassend mit dem Zufriedenheitskonstrukt auseinandergesetzt[3].

Während Aspekte der Kunden- und Arbeitszufriedenheit in der Vergangenheit in Wissenschaft und Praxis weitgehend unabhängig voneinander betrachtet wurden, gewinnt die Diskussion der Beziehungen der beiden Zufriedenheitsurteile vor dem Hintergrund der Interaktion von Kunden und Mitarbeiter insbesondere im Dienstleistungsbereich, zu welchem der Verwaltungsbereich ohne Zweifel zu zählen ist, in jüngster Zeit zunehmend an Bedeutung. So wird vor allem von Seiten der Unternehmenspraxis postuliert, dass Kundenzufriedenheit und Arbeitszufriedenheit in einem positiven Zusammenhang zueinander stehen, ebenso wie die Mitarbeiterzufriedenheit Einfluss auf die Produktivität und die Loyalität des Einzelnen zum Unternehmen hat.

Wiederkehrend findet in allen Untersuchungen die grundlegende Erkenntnis, dass Arbeit existenzsichernd, identitätsstiftend und sinngebend ist, ihre Beachtung, wenn es darum geht, motivationsfördernde oder -hemmende Einflussfaktoren, die auf die Mitarbeiterzufriedenheit einwirken, zu identifizieren[4].

Arbeitszufriedenheit beschreibt allgemein die Einstellung einer Person gegenüber ihrer Arbeit. Sie äußert sich als überwiegend emotionale Reaktion auf eine Situation und repräsentiert mehrere miteinander in Bezug stehende Einstellungen. Ohne auf einzelne Definitionen im Detail einzugehen, kann zusammenfassend gefolgert werden, dass Arbeitzufriedenheit aus einer Vielzahl von Einzelkomponenten resultiert. Bei all den zahlreichen Ansätzen, die versuchen, den Begriff und den Inhalt der Arbeitszufriedenheit allgemeingültig zu beschreiben, scheint es am wahrscheinlichsten, dass sie einen Mix aus diesen Erklärungsversuchen darstellt, wobei interindividuelle und subjektive Motive des jeweils am Arbeitsprozess Beteiligten den Intensitätsgrad der jeweiligen Einflusskomponente bestimmen:

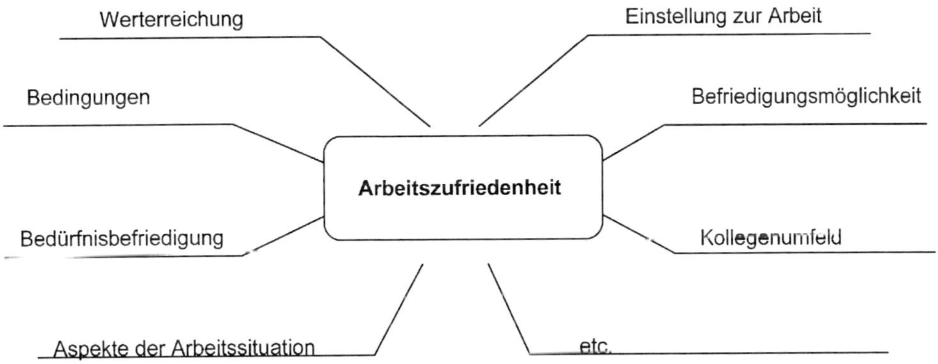

Abbildung 1: Einflusskomponenten der Arbeitszufriedenheit[5]

[3] so beispielsweise *Buchegger/Rothschild/Tichy*, Arbeitslosigkeit: Ökonomische und soziologische Perspektiven, (1990); *Kieselbach/Wacker*, Bewältigung von Arbeitslosigkeit im sozialen Kontext: Programme, Initiativen, Evaluationen (1991); *Neuberger/Allerbeck*, Messung und Analyse von Arbeitszufriedenheit (1978); *Graen/Dawis/Weiss*, Need type and job satisfaction among industrial scientists, Journal of Applied Psychology 1968/4, 286 (287); *Edwin A. Locke*, The nature and causes of job satisfaction, in: *Martin D. Dunette* (Hrsg), Handbook of Industrial and Organisational Psychology (1976) 1307; *Yukl/Wexley*, Readings in Organisational and Industrial psychology (1971).

[4] vgl. *Ellenhuber/Matzler/Pechlaner*, Die Rolle und Bedeutung der Mitarbeiterzufriedenheit, in: *Hinterhuber/Pechlaner/Kaiser/Matzler* (Hrsg), Kundenmanagement als Erfolgsfaktor (2004) 265.

Fest steht, dass die Arbeitszufriedenheit der Mitarbeiter und Mitarbeiterinnen nicht nur für ihr individuelles Wohlbefinden von wesentlicher Bedeutung ist, sondern auch für die Existenz und die Weiterentwicklung eines Unternehmens oder einer Organisation. So hat die Zufriedenheit der Mitarbeiter nicht nur Einfluss auf die Leistung bzw. die Produktivität, sondern sie hat auch Auswirkungen auf die Loyalität, die Bürgerzufriedenheit, die Anzahl und Höhe der Fehlzeiten, die Lebenszufriedenheit der Mitarbeiterinnen und Mitarbeiter und deren psychische Gesundheit sowie auf die Wahrscheinlichkeit von Unternehmensschieflagen, beispielsweise das Auftreten von Mobbing, Bossing etc.

MOTIVE ALS EINFLUSS AUF DIE ARBEITSZUFRIEDENHEIT

In der Regel werden die Motive von Menschen als Voraussetzung jeglicher Arbeitsmotivation angesehen. Berücksichtigt man diese Motive als Einflussgrößen für Motivationszustände, können die Ursachen des Handelns der Person des Handelnden zugeordnet werden. „Doch kann die Erklärungslast für die Beziehung zwischen Motivation und Handeln nicht allein durch persönliche Motive getragen werden, sondern auch die in der Handlungssituation enthaltenen Motivierungspotentiale sind von entscheidender Bedeutung. Arbeitsmotivation kann demnach nur dann entstehen, wenn persönliche Motive auf die Motivierungspotentiale der Arbeit treffen“[6].

Die damit im Zusammenhang stehende Untersuchungen nach dem Ursprung der Motive bzw. der Motivatoren, die im Endeffekt zu einer gesteigerten Arbeitszufriedenheit führen, sind weit verbreitet. Es gilt dabei prinzipiell zwei Arten von Motiven zu unterscheiden. Einerseits die intrinsischen, die aus dem Menschen selbst, sozusagen von innen kommen und andererseits die extrinsischen Motive, das sind von außen an ihn herangetragene Anreize.

Die zweite Kategorie bilden all jene Motive, die aus den Folgen oder den Einflüssen der Arbeit befriedigt werden, wie z.B. Motive finanzieller Art oder sonstige Motive nicht-finanzieller Art. Extrinsisch motivierte Mitarbeiter reagieren also in starkem Maße auf externe Belohnungen.

Eine größere Bedeutung für die Arbeitsleitung bzw. das Arbeitsverhalten aber haben die intrinsischen Arbeitsmotive. Dies sind jene, die durch die Tätigkeit selbst, das heißt durch die Arbeitsausführung, befriedigt werden.
Mitarbeiter, die aufgrund intrinsischer Motive gesteigerte Zufriedenheitswerte aufweisen, handeln aus eigenem Antrieb und können sich selbst motivieren.

[5] Quelle: eigene Darstellung.
[6] *Uwe Kleinbeck*, Arbeitsmotivation, -leistung und -zufriedenheit (1993) 31.

Intrinsische Motive	Extrinsische Motive
Anspruchsvolle, abwechslungsreiche Tätigkeiten, die ein Gefühl von Leistung vermitteln	Einkommensvermehrung
Möglichkeit, Entscheidungen im Rahmen eines erweiterten Handlungsspielraumes selbst zu fällen	Aufstiegschancen
Selbstverwirklichung	Höherwertige Verwendung
Selbstentfaltung	Arbeitsmarktwert
Persönliche Zufriedenheit	Mobilität auf dem Arbeitsmarkt
Lust am Lernen	Bedürfnisse nach Sicherheit
Persönliches Prestige	Bedürfnis nach Einfluss und Anerkennung
Verbesserung der Allgemeinbildung	Geltungsbedürfnis
	Gute Zusammenarbeit, gutes Betriebsklima
	Gutes Verhältnis zu Vorgesetzten

Tabelle 1: Intrinsische und extrinsische Motive

Die Systematisierung von Motiven und den ihnen zuordenbaren Zielen hilft bei der Erkenntnisgewinnung über die Prozesse der Motivation sehr. In der Literatur wird dazu oftmals eine Unterteilung in Inhaltstheorien[7] und Prozesstheorien[8] getroffen. Während Inhaltstheorien zu erklären versuchen, was in einem Individuum oder in seiner Umwelt ein bestimmtes Verhalten erzeugt und aufrecht erhält, versuchen die Prozesstheorien zu erklären, wie ein bestimmtes Verhalten hervorgebracht wird.

MOTIVE UND DOLOSE VERHALTENSWEISEN

Doch können eben diese genannten Motive, die, sofern sie entsprechend befriedigt werden, zur Steigerung der Zufriedenheit der Mitarbeiter und Mitarbeiterinnen beitragen, genau das Gegenteil bewirken, nämlich zum Auftreten von Korruption und dolosen Verhaltensweisen beitragen.

Im gegebenen Kontext wird als Kernelement von korruptem Verhalten und dolosen Verhaltensweisen das Ausnutzen einer Machtposition[9] bzw. der Missbrauch von anvertrauter Macht zum privaten Vorteil[10] verstanden. Dies ist unabhängig davon der Fall, wie viel Machpotenzial dem Handelnden zur

[7] vgl. beispielsweise *Abraham Harold Maslow*, Motivation und Persönlichkeit (1954); *Abraham Harold Maslow*, Psychologie des Seins, Ein Entwurf (1962); *Abraham Harold Maslow*, The psychology of science. A reconnaissance, (1966); *Clayton P. Alderfer*, An Empirical Test of New Theory of Human Needs, in: Organizational Behavior and Human Performance, 4.Jg. (1969) 211.

[8] vgl. beispielsweise *Victor H. Vroom*, Work and Motivation, New York (1964); *James S. Adams*, Inequity in social exchange in: *Leonard Berkowitz* (Hrsg), Advances in Experimental Social Psychology (1965) 267.

[9] *Martin Kreutner*, The Corruption Monster - Ethik, Politik und Korruption (2006).

[10] vgl. die Definition nach Transparency International: *Corruption is operationally defined as the misuse of entrusted power for private gain, http://transparency.org/.*

Verfügung steht, wesentlich ist die Ausnutzung desselben für den persönlichen Vorteil und unter Missachtung universalistischer Verhaltensnormen, seien es moralische Standards, Amtspflichten oder Gesetze[11]. Im Sinne einer sozialen Interaktion werden für die Beteiligten vorteilhafte Leistungen ausgetauscht, beispielsweise Entscheidungsbeeinflussung gegen Geld.

Korruption wird als ein Phänomen mit drei beteiligten Akteuren - dem Bestechenden, dem Bestochenen und dem Auftraggeber des Bestochenen - verstanden und in der ökonomischen Literatur mit dem Principal-Agent-Client-Ansatz[12] beschrieben. Prinzipal und Agent haben eine vertragliche oder öffentlich-rechtliche Beziehung, in der der Prinzipal den Agenten mit einer Aufgabe betraut und ihm zur Erfüllung dieser Aufgabe einen Spielraum und Mittel überlässt, innerhalb dessen er sich bewegen kann. Diese Position nutzt der Agent aus, um dem Klienten etwas im Tausch anbieten zu können.

Diese Vorgehensweise geht verständlicherweise nicht mit den Prinzipien von öffentlichen Verwaltungen konform. „Grundvoraussetzung einer ersprießlichen staatlichen Verwaltungstätigkeit ist das Vertrauen der Bevölkerung in die Integrität der Bediensteten der öffentlichen Verwaltungen.“[13] Als Vertrauen wird im gegenständlichen Kontext vor allem die „Erwartung gegenüber einer Person oder Personengruppe, dass diese sich hinsichtlich eines bewusst gemachten Ereignisses dem Vertrauenden gegenüber zumindest nicht opportunistisch verhalten hat bzw. verhalten wird”[14] verstanden.

Auffällig bei diesem Definitionsversuch ist, dass sich hier das Vertrauen nicht nur auf die Zukunft, sondern auch auf die Vergangenheit bezieht. Eine andere Sichtweise stellt die zukünftigen Erwartungen in den Vordergrund und zielt primär auf Vorteile aus der Vertrauensbeziehung und nicht nur auf die Vermeidung eventueller Nachteile ab: „Interpersonales Vertrauen ist eine generalisierte Einstellung gegenüber interpersonalen Beziehungen, die sich in der Bereitschaft und/oder Fähigkeit äußert, unter bestimmten Bedingungen auf unmittelbare Belohnungen zugunsten späterer, dafür aber positiverer Interaktionsergebnisse zu Verzichten.”[15]

Beiden Definitionen gemein ist, dass es sich um interpersonales Vertrauen handelt, der Vertrauende kann also nur ein einzelnes Individuum, ein Mitglied

---

[11] vgl. *Stadt Wien*, Eine Frage der Ethik – Handbuch zur Korruptionsbekämpfung (2004).

[12] *Gunnar Myrdal*, Corruption as a Hindrance to Modernization in South Asia, in: *Heidenheimer/Jophnson/Le Vine* (Hrsg), Political Corrution, A Handbook (1989) 405.

[13] *Robert Gmeiner*, Verwaltungsethik in Österreich – Eine Skizze, in: *Lienbacher/Thanner/Tschirf/Weiss* (Hrsg), Jürgen Weiss – Ein Leben für Staat und Gesellschaft. FS für Jürgen Weiss anlässlich seines 60. Geburtstages (2007) 199 (212).

[14] *Olaf Plötner*, Das Vertrauen des Kunden. Relevanz, Aufbau und Steuerung auf industriellen Märkten (1995) 36.

[15] *Ursula Piontkowski* in *Krystek/Zumbrock*, Planung und Vertrauen, Stuttgart (1993) 4.

einer Organisation, sein, nicht aber eine Organisation an sich. Vertrauen bedeutet immer auch eine Abhängigkeit von anderen und erhöht die Verwundbarkeit des Vertrauenden gegenüber jemanden, dessen Verhalten man nicht kontrollieren kann. Der Nachteil, der durch das Ausnützen des Vertrauensverhältnisses durch den anderen Teil entsteht, ist insgesamt betrachtet wesentlich höher als der Vorteil, den man durch das entgegengebrachte Vertrauen lukriert. Die Verwaltung jedoch ist den Bürgern und Bürgerinnen des Landes verpflichtet und diese können von einer funktionierenden öffentlichen Verwaltung erwarten und darauf vertrauen, dass sie nach bestimmten Grundsätzen und Werten handelt und diese hoch- und aufrecht erhält. Korruption und dolose Verhaltensweisen sind als ein sinnbildlicher Tritt nach der Ethik und der Unternehmenskultur einer öffentlichen Verwaltung anzusehen. Bestechung, Geschenkannahme, ungebührliches Verhalten oder Mobbing widersprechen den Werten und schaden sowohl der Unternehmenskultur als auch der Außenwirkung. Dolose Verhaltensweisen beeinträchtigen das Vertrauen der Bürger in die Unabhängigkeit, Unbestechlichkeit und Handlungsfähigkeit des Landes und verringern darüber hinaus die Akzeptanz staatlichen Handelns. „Es wird jedoch zunehmend deutlicher, dass dieses Phänomen in einem größeren Zusammenhang konzeptionalisiert werden muss, es neben repressiven Antworten auch um Bewusstseinsbildung, Schulung, Sensibilisierung und Prävention geht und rechtliche Betrachtungen um politische, soziologische und ethische Betrachtungen erweitert werden müssen. Viele Initiativen für eine Ethik im öffentlichen Dienst beruhen auch auf der Einsicht, dass repressive Maßnahmen zur Verhinderung von Amtsdelikten nicht ausreichen. Rechtliche Sanktionen von Normverstößen bedürfen der Ergänzung durch präventive Instrumente, die nicht in erster Linie unerwünschte Handlungen unterbinden, sondern im Rahmen einer positiven Amtskultur Anreize für erwünschtes Verhalten im öffentlichen Dienst setzen.“[16]

Im Sinne dieser präventiven Interventionskomponenten tragen Maßnahmen zur Steigerung der Mitarbeitermotivation und der Zufriedenheit der Mitarbeiter mit ihrer Tätigkeit zur Förderung der Korruptionshemmung bei[17]. Derartige Maßnahmen zur Steigerung der Loyalität, der Zugehörigkeit, der Identifikation, der Motivation und der Eigenständigkeit sind im Hinblick auf eine nachhaltige Korruptionsbekämpfung die wohl effektiveren Ansatzpunkte als gesetzliche Regelungen. Normierte Sanktionsdrohungen erzeugen in erster Linie Angst um den Arbeitsplatz, wohingegen mit der Stärkung des subjektiven Wohlbefindens innerhalb des Unternehmens die Wahrscheinlichkeit und die Stärke des Unerwünschten verringert wird.

Dolose Verhaltensweisen von Mitarbeitern und Mitarbeiterinnen in öffentlichen Verwaltungseinrichtungen können auf unterschiedlichen Auslösern beruhen.

[16] vgl. dazu *Gmeiner* in *Lienbacher/Thanner/Tschirf/Weiss*, 212.
[17] vgl. *Matthias Bauer*, Korruptionsbekämpfung durch Rechtsetzung (2002).

Es gilt dabei zu bedenken, dass die Motivlage unter den Mitarbeitern durchaus variieren kann. Bereits im vorhergegangenen Kapitel wurde versucht darzulegen, dass unterschiedliche Motive Einfluss auf die Zufriedenheit der Mitarbeiter und Mitarbeiterinnen haben, wobei deren Gewicht in der Einflussnahme interindividuell variiert:

Intrinsisch motivierte Mitarbeiter, also jene, die ihre Zufriedenheit aus der Arbeit und deren Inhalten selbst beziehen, sind eigenbestimmt und brauchen für dolose Verhaltensweisen in der überwiegenden Anzahl von Fällen keine Anstöße von außen. Ergibt sich für diese Mitarbeiter jedoch eine Frustrationssituation, die auf die Arbeit selbst, ihre Inhalte, ihre Bedeutung oder auf Umstände, die mit der Arbeit selbst in Verbindung stehen, zurückzuführen ist, entsteht Unzufriedenheit. Diese kann im Falle einer für den Mitarbeiter als ausweglos empfundenen Situation zu dem Wunsch führen, der Organisation, dem Unternehmen oder dem Dienstgeber zu schaden.

Der Mitarbeiter befindet sich in einem psychischen Ungleichgewicht, der Gedanke, dem Arbeitgeber etwas „anzutun“ überwiegt dabei der Hoffnung auf Verbesserung der Arbeitssituation und überwiegt auch dem Verantwortungsbewusstsein der Organisation gegenüber. Dass dabei eine Handlung gesetzt wird, welche nicht rechtens ist, ist dem Mitarbeiter durchaus bewusst, sein Frustrationspotential ist jedoch größer als sein schlechtes Gewissen dem Dienstgeber gegenüber, etwas Unrechtes zu tun.

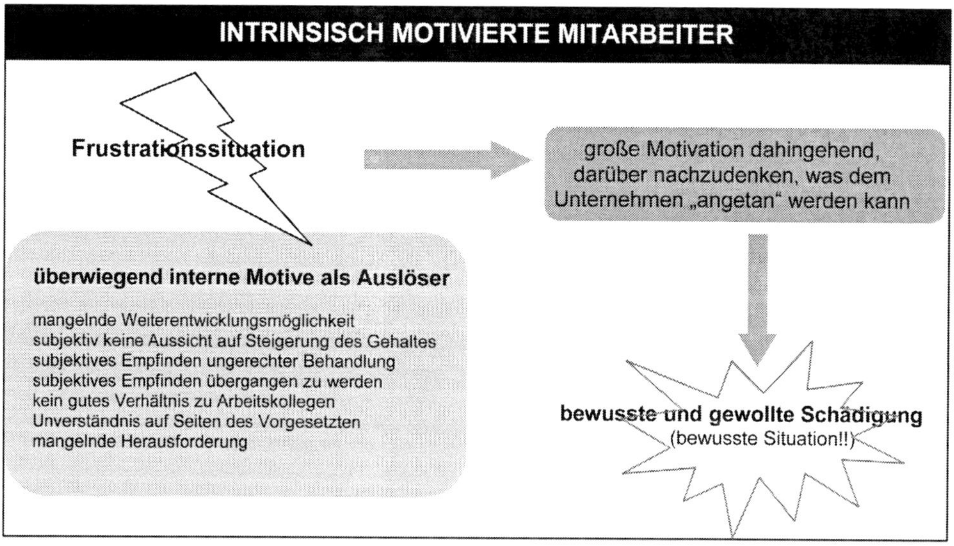

Abbildung 2: Dolose Verhaltensweisen intrinsisch motivierter Mitarbeiter[18]

[18] Quelle: eigene Darstellung.

Extrinsisch motivierte Mitarbeiter, also jene, bei welchen von außen kommende Einflüsse ausschlaggebende Antriebskräfte darstellen und bei denen äußere Anreize wie Entlohnung, Beförderung, Gehaltserhöhung und Anerkennung eine maßgebende Rolle spielen, bedürfen weniger einer Frustrationssituation als Auslöser für doloses Verhalten, sondern vielmehr eine von Außen gegebene Möglichkeit, das „Angesprochen werden“ von anderen und das „In-Aussicht-Stellen“ von zusätzlichen Vorteilen durch Dritte. Diese Vorteile können finanzieller Natur sein, Geldangebote, Zusagen von Sachleistungen, aber können auch den Zugewinn von Anerkennung und Prestige bedeuten. Bei diesen Mitarbeitern ist also neben der tatsächlichen Möglichkeit, die ihnen durch ein entsprechendes Angebot eröffnet wird, zusätzlich ein hier als „Anfälligkeitsgrund“ bezeichneter Umstand, eben das extrinsische Motiv, vorhanden und führt dieser dazu, dass, in einem wirtschaftlichen Kontext auch oftmals auch unter dem Schlagwort des „Opportunismus“ bekannt, eigene Interessen im Vergleich zu Dienstgeberinteressen bevorzugt verfolgt werden. Bereits 1971 schreibt *Nicholas Georgescu-Roegens* in diesem Zusammenhang: „Beobachtet man, was im ökonomischen Bereich von Organisationen oder zwischen Organisationen und Einzelpersonen geschieht, so [sieht man] Phänomene, die nicht darin bestehen, entsprechend den geltenden Regeln Ziele mit gegebenen Mitteln zu erreichen zu suchen”[19]. Ferner beschreibt er die Beweggründe, die Vertragspartner dazu bewegt, solch unlautere Mittel zu verwenden, als „das Streben nach maximalem Gewinn, als die Vergrößerung dessen, was ein Individuum als sein Eigen beanspruchen kann“[20].

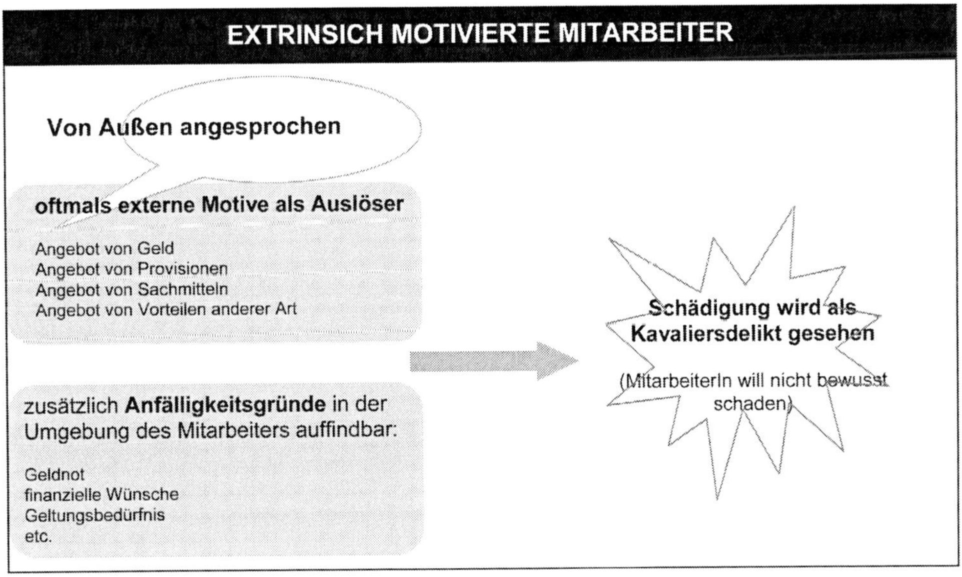

Abbildung 3: Dolose Verhaltensweisen extrinsisch motivierter Mitarbeiter[21]

[19] *Oliver E. Williamson*, Die ökonomischen Institutionen des Kapitalismus: Unternehmen, Märkte, Kooperationen (1990) 34.

[20] *Oliver E. Williamson*, Die ökonomischen Institutionen des Kapitalismus: Unternehmen, Märkte, Kooperationen (1990) 34.

Solche Mitarbeiter wollen der Organisation nicht absichtlich schaden, der Schaden steht bei dem von ihnen gesetzten Verhalten nicht im Vordergrund, sondern ihnen geht es in erster Linie darum, einen eigenen, zusätzlichen Nutzen zu lukrieren.

In beiden Fällen sind unterschiedliche persönliche Motivlagen der Mitarbeiter Anlass dafür, sich zu korrupten Verhaltensweisen hinreißen zu lassen.

In beiden Fällen gilt aber auch, dass durch die Steigerung der Zufriedenheit eine Verringerung der Absicht der Mitarbeiter stattfindet, gegen die Interessen des eigenen Unternehmens zu agieren, da sich die Mitarbeiter mit steigender Zufriedenheit aus Loyalität der Organisation gegenüber mehr verpflichtet fühlen. Ein hoher Grad an Mitarbeiterzufriedenheit wirkt sich demzufolge auf die Loyalität des Mitarbeiters gegenüber dem Unternehmen und auf die Stärke der Gebundenheit an das Unternehmen aus.

Christian Homburg und *Ruth Stock*[22] zeigen vier Ausprägungsarten von Einstellungen der Mitarbeiter gegenüber dem Unternehmen auf, in dem sie Mitarbeiterzufriedenheit und Mitarbeiterloyalität in Beziehung zueinander setzten.

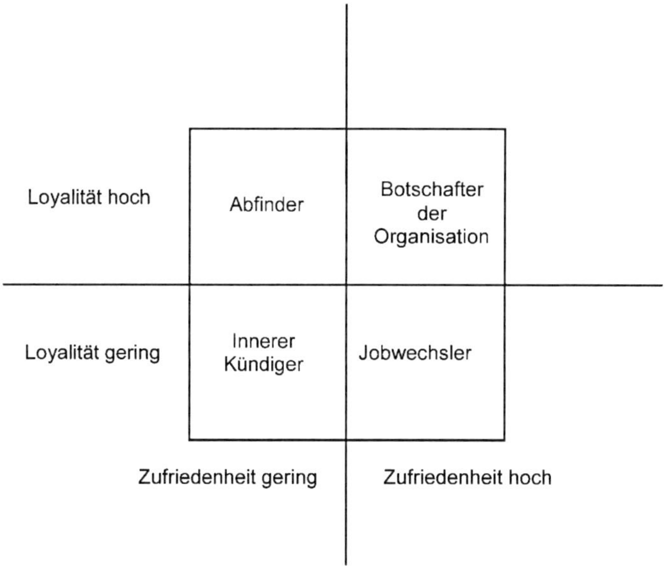

Abbildung 4: Beziehung zwischen Mitarbeiterzufriedenheit und Loyalität[23]

[21] Quelle: eigene Darstellung.
[22] vgl. *Homburg/Stock*, Der kundenorientierte Mitarbeiter. Bewerten, Begeistern, Bewegen (2000).
[23] in Anlehnung an *Homburg/Stock*.

Mitarbeiter, die weder loyal zum Unternehmen noch zufrieden mit ihrer Tätigkeit sind, haben in den meisten Fällen bereits innerlich gekündigt. Oftmals ist es lediglich aus Trägheit oder aus einem Mangel an Alternativen heraus, dass sie den Arbeitsplatz nicht wechseln. Dies mündet dann oftmals im besten Fall in dem Verhalten des Dienst-nach-Vorschrift-Verrichtens, in manchen Fällen wird die Tätigkeit sogar noch unter diesem Anspruch verrichtet, das heißt, es wird nicht einmal das entsprechend der Aufgabenverteilung Nötigste getan, sondern andere Mitarbeiter, Kollegen, werden mit den Aufgaben des inneren Kündigers zusätzlich belastet. Dies stellt öffentliche Unternehmen zusätzlich vor das Problem, dass, anders als in privaten Unternehmen, diese Personen nicht so einfach aufgrund des mangelnden Arbeitserfolges gekündigt werden können, vor allem eine gegebenenfalls stattgefundene Pragmatisierung erhöht dieses Problem. Diese Gruppe von Mitarbeitern kann solche enthalten, bei denen dolose Verhaltensweisen nicht a priori ausgeschlossen werden können.

Hochzufriedene und loyale Mitarbeiter hingegen sind überzeugte Mitarbeiter, sie werden zu Botschaftern des Unternehmens oder Organisation, in der sie tätig sind und sind bereit, eigenverantwortlich tätig zu werden und überdurchschnittliche Erfolge zu bringen. In Verwaltungsunternehmen können gerade bei den Führungskräften oftmals solche Mitarbeiter angetroffen werden. Dolose Handlungen sind hier wohl seltener anzutreffen.

Ein hoher Grad an Loyalität und ein niedriger Grad an Zufriedenheit beruht in vielen Fällen darauf, dass sich die Mitarbeiter an bestimmte Arbeitsbedingungen, die Bezahlung oder dergleichen, im Laufe der Zeit gewöhnt haben. Der Mangel an Zufriedenheit kann auf eben diese eingekehrte Routine zurückgeführt werden. „Auch die persönliche Entwicklung ist zumeist am oberen Ende der Möglichkeiten angelangt“[24]. Gerade in der öffentlichen Verwaltung liegt es aufgrund der finanziellen und organisatorischen Rahmenbedingungen nicht fern, das Vorhandensein solcher Konstellationen zu vermuten.

Weniger häufig kann in der öffentlichen Verwaltung der „Jobwechsler“ beobachtet werden. Die wenigsten Mitarbeiter in der öffentlichen Verwaltung verbleiben aufgrund subjektiv als größer empfundener Karrierechancen nur kurz im Unternehmen, um sich danach wieder anderweitig zu orientieren.

---

[24] *Homburg/Stock*, 189.

RESÜMEE

Zusammengefasst kann gefolgert werden, dass es für den Erfolg in der Rechtsdurchsetzung und -verfolgung und den kontinuierlichen Bestand einer Verwaltungseinrichtung sowie für die Hintanhaltung doloser Verhaltensweisen bedeutend ist, sich um die Zufriedenheit der Mitarbeiter zu bemühen und diese zu fördern. „Loyale Mitarbeiter engagieren sich aus eigener Motivation heraus und bringen das Wissen, das sie im Laufe der Zeit erworben haben, in das Unternehmen ein. Finanzielle Anreize haben jedoch zumeist nur kurzfristig eine nachhaltige Wirkung. Dauerhafter ist hingegen eine Anreizwirkung, die sich aus der Einbindung in die Kultur und die Werte des Unternehmens ergibt“[25].

Dennoch, und das soll abschließend an dieser Stelle auch festgehalten sein, ist ein Ausschluss jeglichen dolosen Verhaltens auch durch die Setzung derartiger Maßnahmen nicht möglich, so dass es zunächst eine Kosten-Nutzen-Abwägung zu machen gilt. Neben den rechtlichen Folgen und der Möglichkeit der Bindung der Mitarbeiter an das Unternehmen ist nämlich auch die Abschreckung ein Faktor, der die Wahrscheinlichkeit der Setzung von korruptem Verhalten eindämmt. Polizei ist im Haus, die Staatsanwaltschaft ermittelt, Zeitungsberichte werden gedruckt und Medienberichte folgen, die Nachbarn beobachten einen und die Kollegen stehen in einer Ecke zusammen und tuscheln.

[25] *Ellenhuber/Pechlaner/Matzler*, 282.

Täterverständnis und Wertemanagement

Birgit Galley

I. Einführung

Unternehmensinterne Korruptionsbekämpfung, Fraud-Management und Compliance sind Mechanismen, mit denen sich Unternehmen zwar nicht erst seit kurzem beschäftigen, die aber – nicht zuletzt durch die Aufmerksamkeit, die Wirtschaftskriminalität in jüngster Vergangenheit in der Presse erfahren hat – an immer größerer Bedeutung gewinnen.

Kaum ein Unternehmen kommt mehr ohne unternehmensinterne Systeme aus, die wirtschaftsdeviantem Verhalten vorbeugen sollen. Diese Erkenntnis hat sich bei vielen Unternehmensleitungen durchgesetzt. Dennoch werden bisweilen auch kritische Stimmen laut, die die Effizienz eines Fraud-Managementsystems in Frage stellen, weil sich Wirtschaftskriminalität doch nicht wirksam verhindern ließe. Zuzustimmen ist dieser Argumentation insoweit, als es niemals möglich sein wird, wirtschaftsdeviantes Verhalten vollkommen zu eliminieren. Aber es ist durchaus möglich, die Anzahl der kriminellen Handlungen zu verringern. Potenzielle Täter handeln nämlich als Nutzenmaximierer. Das ist in der Volkswirtschaft anerkannt und kann zumindest für Wirtschaftsstraftäter als gesichert gelten. Der Ansatz der Volkswirtschaft, den Menschen als homo oeconomicus und damit Nutzenmaximierer zu sehen, ist sicherlich ein erster Schritt, die Effizienz einzelner Kontroll- und Sanktionsmaßnahmen zu bewerten. Dieser Ansatz missachtet jedoch, dass der typische Täter Kosten und Nutzen seines Verhaltens nicht immer nach den gleichen rationalen Kriterien abwägt. Wirtschaftskriminelles Verhalten findet in Phasen statt, in denen der Täter Maßnahmen einer unternehmensinternen Fraud-Prevention unterschiedlich bewertet und so zu divergierenden Ergebnissen in seiner privaten Kosten-Nutzen-Analyse kommt. Mag den Kritikern eines Compliancesystems auch zugestanden werden, dass ein Täter in der organisierten Phase nur schwer zu überführen sein wird, so gilt doch etwas anderes in der ersten und der dritten Phase.

II. Der ökonomische Täter

Den volkswirtschaftlichen Modellen liegt die Annahme des homo oeconomicus zu Grunde. Danach sind auch Täter Nutzenmaximierer[1]. Auch der Täter handelt danach rational, wenn er eine Straftat begeht. Er wird zum Täter, wenn

[1] *Becker,* Kriminalität und Strafe, in: *Becker*: Ökonomische Erklärung menschlichen Verhaltens, 2. Auflage, Tübingen 1993, S. 39, 48.

der erwartete Nutzen aus der Tat höher ist als der Nutzen aus einer legalen Tätigkeit. Diese Kosten-Nutzen-Analyse kann das Unternehmen beeinflussen, indem es durch geeignete Maßnahmen die Kosten des wirtschaftsdevianten Verhaltens erhöht. Die Gesamtkosten, die der Täter in seine Kalkulation einstellt, ergeben sich aus der Entdeckungswahrscheinlichkeit und der Höhe der Sanktion. Eine höhere Entdeckungswahrscheinlichkeit oder eine härtere Sanktion erhöhen damit die Kosten der geplanten Straftat und können so Einfluss auf die Entscheidung des Täters nehmen.

Fraud-Management und Compliance sind deshalb nichts anderes als eine Preiserhöhung für den Täter. Auch die Modelle der Volkswirtschaft gehen nicht davon aus, dass Kriminalität vollständig verhindert werden könnte, weil dies unbezahlbar wäre[2]. Für Unternehmen stellt sich damit nicht die Herausforderung, wirtschaftskriminelle Handlungen ganz zu vermeiden, sondern das optimale Maß von Bekämpfungsstrategien zu finden. In der Regel wird davon ausgegangen, dass der potenzielle Täter eher auf eine Erhöhung der Entdeckungswahrscheinlichkeit als die der Sanktion reagiert[3]. Für Unternehmen folgt daraus, dass sie die Möglichkeit des Täters, unentdeckt eine Straftat zu begehen, minimieren müssen.

Diese Grundsätze der Ökonomie sind sicherlich richtig. Maßnahmen des Unternehmens sind – wie die Strafverfolgung des Staates – Preiserhöhungen für den Täter. Die bekannten Modelle missachten jedoch, dass der potenzielle Täter nicht immer gleichermaßen Kosten-Nutzen-Analysen anstellt. Seine Abwägung, eine Straftat zu begehen oder nicht, hängt auch wesentlich davon ab, in welchem Stadium er sich gerade befindet. Diesem Gesichtspunkt ist in der ökonomischen Analyse des Täterverhaltens bislang keine Beachtung geschenkt worden.

III. Phasen des Täterverhaltens

Täterverhalten[4] läuft in der Regel in drei verschiedenen Phasen ab.

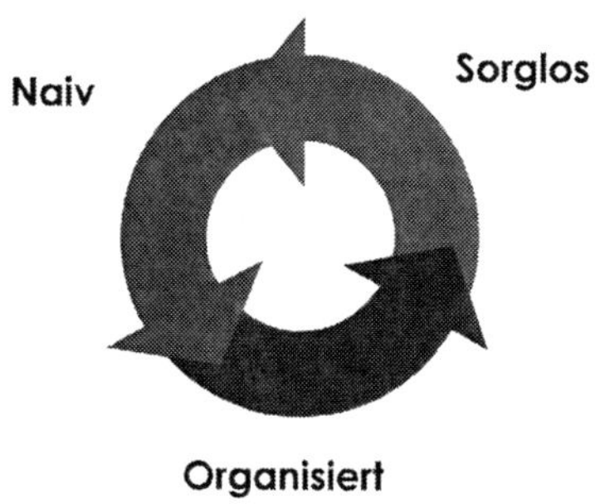

---

[2] *Stigler,* in: *Becker/Landes:* Essays in the Economics of Crime and Punishment, New York 1974, S. 53, S. 55 f.

[3] *Steinrücken,* Vierteljahreshefte zur Wirtschaftsforschung 73 (2004), 301, 304.

[4] Wenn in den Ausführungen von „dem Täter" gesprochen wird, so ist damit nicht gemeint, dass es sich hier um einen männlichen Täter handelt. Eine Unterscheidung der Geschlechter ist nicht gewollt. Für die Ausführungen wird „der Täter" als gängiger Begriff verwandt und als geschlechtsneutral betrachtet.

a) Naive Täterphasen
In der naiven Phase befindet sich ein Täter noch im Stadium des Versuchens einer schädigenden Handlung. Die Analyse solcher Muster zeigt, dass diese Taten in der Regel noch ohne erkennbares System sind, sie folgen keinem festen Schema, das der Täter sich erst im Verlaufe seiner wirtschaftskriminellen Karriere zulegt, sondern hinterlassen eine Fülle von Spuren und Ansatzpunkten, diese Taten zu entdecken.

Diese Taten lassen sich durch Kontrollen oftmals verhindern. Eine Optimierung der Geschäftsabläufen und der Sicherungssysteme kann also dazu führen, dass weniger Täter überhaupt zu naiven Tätern werden.

b) Organisierte Täterphasen
Die organisierte Phase legt den Grundstein für die kriminelle Karriere des Täters und ist von ihm darauf angelegt, bewusst seine Taten zu verschleiern, die Kontrollen zu umgehen oder Spuren zu vermeiden. Der Täter weiß um seine unrechten Taten und hat das Risiko, entdeckt zu werden, als erheblich erkannt. Er ist jedoch der Überzeugung, durch eigene Aktionen Einfluss auf das Ausmaß dieses Risikos nehmen zu können. Um einen Anfangsverdacht aus der Aktenlage zu finden, ist die organisierte Phase nicht geeignet, da die Spuren in der Regel professionell manipuliert sind und durch Standardprüfungen nicht leicht erkennbar werden.

c) Sorglose Täterphasen
In seine sorglose Phase tritt der Täter erst ein, wenn er das Entdeckungsrisiko aufgrund seiner empfundenen Professionalität als geringer einstuft und sich sicher wähnt. Zuweilen kann auch Zeitdruck oder sein Verlust des Überblicks in Verbindung mit der Hoffnung auf mangelhafte Kontrollen zu diesem Wechsel führen. In der sorglosen Phase legt der Täter aus solch unterschiedlichen Gründen weniger Wert auf die Vermeidung von Spuren. Ein Anfangsverdacht oder geeignete Beweismittel sind in dieser Phase wieder leichter zu gewinnen.

Erfahrungsgemäß werden wirtschaftskriminelle Karrieren erst in der sorglosen Phase aufgedeckt. Bis dahin kann der Täter bereits umfassende Schäden angerichtet und die ihm verschafften Vorteile vor dem Zugriff Dritter gesichert haben. Die Verfolgung der Taten reicht über unterschiedlich lange Zeiträume zurück, beschränkt sich aus Praktikabilitätsgründen zumeist aber auf den strafrechtlich noch nicht verjährten Zeitraum. Bei der gesamten Rückschau lassen sich oft die Phasen des Täterverhaltens nachvollziehen.

Wenn das Täterverhalten im Unternehmen selbst in seiner sorglosen Phase nicht erkannt wird – zuweilen auch, weil die Schäden noch sehr gering sind – neigt der mittlerweile erfahrene Täter dazu, sich aufgrund seiner gewonnenen

Erkenntnisse an größere Aktivitäten zu wagen. Hier überspringt oder verkürzt er die sich wieder anschließende naive Phase, um erneute Erfahrungen bei anderen Sachverhalten oder größeren Vorteilsvolumina zu sammeln.

IV. Unbewusstes und bewusstes Täterverhalten

Das typische Täterverhalten, auf das Unternehmen reagieren müssen, spielt sich aber nicht nur in Phasen ab. Daneben muss auch zwischen den unbewusst und passiv agierenden Tätern und den bewusst und aktiv agierenden Tätern unterschieden werden.

Erkennbar werden die beiden Typen des unbewusst-passiven und des bewusst-aktiven Täters an dem Verlauf ihrer – kriminellen – Karriere.

a) Unbewusste passive Täter

Der Täter, der seine kriminelle Energie anfangs unbewusst und passiv entwickelt hat, kann durch eine „Opferrolle“ in diese Situation gelangt oder sogar gebracht worden sein. Die bekannte Situation des „Anfütterns“ ist hierfür beispielgebend. Der spätere interne Täter wird in der Regel von Dritten – meist externen Tätern, die an dem internen Mitarbeiter zur Umsetzung ihrer geplanten Taten interessiert sind – mit Vergünstigungen versorgt, die anfangs noch keine große Bedeutung haben müssen, aber bereits gegen bestehende unternehmensinterne Regeln verstoßen. Dieser Anfütterungsprozess kann sich gezielt sehr lange hinziehen. Für den internen Täter bedeutet dies eine lange naive Täterphase: er hat noch kein Bewusstsein entwickelt, dass sein Tun – bislang nur die Annahme der Vergünstigungen – falsch sein könnte und er später die Spuren zur Nachverfolgung vermeiden will.

Leicht vorstellbar ist eine solche Situation bei der Bestechung von Angestellten eines Auftraggebers. Mangelnde Sensibilisierung oder fehlende Ausbildung durch das Unternehmen (hier der Auftraggeber) kann dazu führen, dass sich Unternehmensmitarbeiter der Regelungen nicht bewusst sind oder dass sie überzeugt sind, dass ihr Verhalten akzeptiert wird. Sie gehen davon aus, dass ihr Tun letztlich dem vermeintlichen Wohl des Unternehmens dient und sie auf diese Weise z.B. ein günstigeres Angebot einholen konnten, als die Mitbewerber bislang abgegeben haben oder einen Auftrag gewonnen haben. Dass sie gezielt dafür benutzt wurden, um die Auftragsvergabe zu manipulieren, ist ihnen noch nicht oder nicht in aller Deutlichkeit bewusst.

Wird diesem passiven Täter seine Situation bewusst und findet er seitens des Unternehmens keine Unterstützung oder Bereitschaft, sich von der Tat „rein zu waschen“, wird er entweder seine kriminelle Karriere vorzeitig beenden (Arbeitsplatzwechsel, Arbeitgeberwechsel) oder mit Bedacht in eine lange organisierte Phase eintreten. Er wird darauf achten, dass er künftig nicht entdeckt wird und auch seine vorherigen Taten nicht durch das Auffinden von

Spuren erkannt werden. Der materielle Anreiz der bislang erzielten Vorteile, aber auch vermeintliche freundschaftliche Bindungen zu den Vorteilsgebern lassen ihn zum bewusst aktiven Täter werden.

Hier zeigt sich, wie wichtig es für ein Unternehmen ist, klare Regeln und Vorgaben für den professionellen Umgang mit Wirtschaftskriminalität zu haben. Zum einen, um ihre Mitarbeiter davor zu schützen, dass sie in solche Situationen gedrängt werden können, zum anderen aber auch, um ihnen einen Weg aus der kriminellen Karriere heraus aufzuzeigen und dadurch gegebenenfalls weiteren Schaden zu vermeiden.

b) Bewusste aktive Täter

Ganz anders und für die Unternehmen bedrohlicher sind die Täter, die planvoll und aktiv vorgehen. Ihre Testphase, in der sie sich „naiv" verhalten, ist kurz, meist wird hier der Anstoß gelegt, die Gelegenheit gefunden oder getestet, ob vermutete Kontrollmechanismen funktionieren. Diese Mitarbeiter richten ihr Tun daran aus, möglichst lange an den begehrten Vorteilen zu partizipieren. Sie bauen sich einen sehr engen Kreis von Vertrauten auf, die eine ähnliche kriminelle Energie besitzen oder durch die oben erwähnte Taktik zum Schweigen und zumindest Dulden gebracht werden.

Wenn dieses Täterverhalten überhaupt in eine sorglose Phase übergeht, dann nur deshalb, weil der Täter vermutet, ohnehin nicht entdeckt zu werden, weil sein persönliches Machtempfinden sehr groß ist oder er die Fähigkeiten des Kontrollsystems oder sogar des Sanktionssystems im Unternehmen als uneffektiv und unkonsequent einschätzt.

Mit ethischen Vorschriften, moralischen Appellen oder Schulungsmaßnahmen kann das Unternehmen solche aktiven Täter nicht beeinflussen. Im Gegenteil, hierdurch könnte deren Wachsamkeit noch geschärft werden, weil das Entdeckungsrisiko höher eingestuft wird, als es vielleicht tatsächlich ist. Sie werden also ihre organisierte Phase verlängern und potenzielle Spuren noch besser vermeiden.

Um mit diesen Tätern eine Waffengleichheit herzustellen, ist eine stringente Kontrolle und eine schonungslose Aufklärung und Verfolgung notwendig. Professionelle Kontrollen erhöhen für den Täter die gefühlte Entdeckungswahrscheinlichkeit. Konsequente Sanktionen sind die Preiserhöhung für seine Taten.

V. Fazit

Wirtschaftskriminelles Verhalten schadet dem Unternehmen wirtschaftlich in mehrfacher Hinsicht, weil die verursachten Schäden weit über den direkt herbeigeführten materiellen Schaden hinausgehen. Ein Fraud-Management ist deshalb nicht nur sinnvoll, sondern auch wirtschaftlich geboten. Eines wird aber auch ein aufwändiges Compliance-System nicht leisten können: Wirtschaftsdeviantes Verhalten lässt sich nicht vermeiden. Diese These gilt umso mehr, wenn die unterschiedlichen Täterphasen in die Bewertung einbezogen werden. Die Herausarbeitung der unterschiedlichen Phasen hat aber auch deutlich gezeigt, dass der typische Täter Phasen durchläuft, in denen mit einem wirksamen Fraud-Management Schäden Erfolgs versprechend vermieden werden können. Der Appell an Unternehmen, ein solches System aufzubauen, wird durch die genauere Betrachtung des Täterprofils also nicht leiser, sondern gewinnt im Gegenteil an Dringlichkeit.

Prävention und Fraud Management

Klaus-Dieter Göbel, Beate Spickenheier

Entstehung von Fraud

Das Modell von Cressey (Fraud-Triangle) gibt gute Einblicke. Das Model des „Fraud Triangle“ beschreibt die drei wesentlichen Faktoren für die Begehung von Wirtschaftsstraftaten. Hervorzuheben ist, dass ein Fraud - Delikt nur dann möglich ist, wenn alle drei Faktoren gleichzeitig auftreten:

Fraud Triangel nach Cressey:

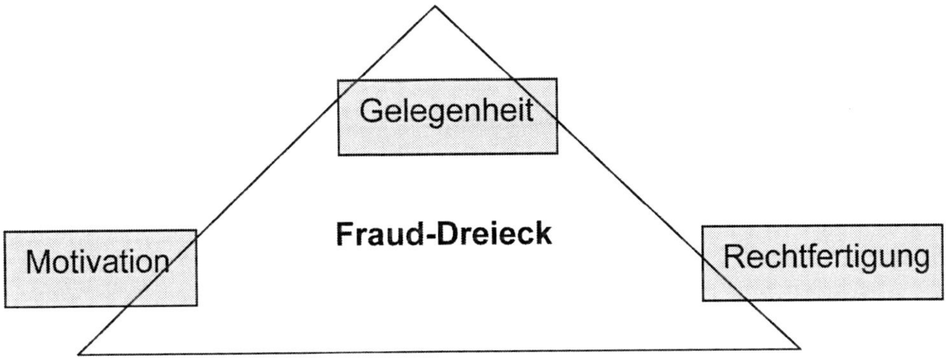

Gelegenheit

Die Gelegenheit ist die grundsätzliche Möglichkeit, eine kriminelle Handlung zu begehen, ohne ertappt zu werden. Die wesentlichen Elemente sind zum einen die grundsätzliche Informationsbasis des Täters und zum anderen sind es seine technischen Fähigkeiten. Begünstigt wird die Gelegenheit durch das Fehlen oder die Ineffizienz von Kontrollen z.B. bei komplexen Prozessen.

Insbesondere im Mittelstand besteht die Gefahr fehlender Funktionstrennungen aufgrund geringer personeller Ressourcen.

Motivation

Cressey benennt als weiteren Faktor ein nicht mitteilbares, finanzielles Problem. Es handelt sich also um ein Problem, das anderen nicht mitgeteilt werden kann da der Täter gleichzeitig nach Erhalt oder Steigerung seiner Position oder seines gesellschaftlichen Status strebt. Folglich kann das Problem auch nicht mit Hilfe Dritter gelöst werden. Gründe können hier z.B. sein Spielsucht, Geltungssucht, Schulden, Habgier, aber auch Rache, oder unrealistische Umsatzvorgaben und daran geknüpfte Vergütung.

Innere Rechtfertigung
Der Täter rechtfertigt die Tat vor sich selbst derart, dass er kein Unrecht bezüglich seiner Handlungsweise empfindet. Mittels der inneren Rechtfertigung kann er sein Selbstbild als rechtschaffenes Mitglied der Gesellschaft aufrechterhalten. Beispiele hierfür sind:

- „Geld wird nur ausgeliehen“
- „Schädigung des Arbeitgebers ist ausreichende Gerechtigkeit für...“
- „das ist doch nicht viel“
- „wir sind doch versichert“
- „das steht mir zu“

Der Bereich Gelegenheit und teilweise auch der Bereich Rechtfertigung liegen hierbei im unternehmerischen Umfeld und sind auch dort direkt beeinflussbar (z.B. Sensibilisierung der Mitarbeiter und Schulung des Unrechtbewusstseins, Einkaufs- u. Organisationsrichtlinien etc.). Der Bereich Motivation befindet sich vorwiegend auf der rein persönlichen Ebene und ist im unternehmerischen Umfeld nur durch aufmerksame persönliche Beziehungen erkennbar.

Anti-Fraud-Maßnahmen
Derzeit kann davon ausgegangen werden, dass ein Anti-Fraud-Management, also ein unternehmensweites System zur Vorbeugung, Entdeckung und adäquaten Reaktion auf dolose Handlungen, vorliegt, wenn die folgenden 5 Punkte erfüllt sind:

1. **Fraudrisikoanalyse + -bewertung (Fraud = strategisches Risiko)**
   Analog zur Erfassung der Risiken nach dem Risikomanagementsystem erfolgt eine Prüfung des Geschäftsmodells und der Geschäftsprozesse auf Fraudanfälligkeiten.
   Prozessverantwortliche sollen Fraud-Handlungsmuster verstehen und Alarmsignale sowie die notwendige konsequente Verfolgung bei Fehlverhalten erkennen.
   Anschließend erfolgt eine gezielte Überprüfung des internen Kontrollsystems bezüglich des identifizierten Gefährdungsbereiches.

2. **Standards zur Mitarbeitersensibilisierung**
   Die Mitarbeitersensibilisierung stellt darauf ab, den Mitarbeiter durch gezielte Maßnahmen gewolltes bzw. nicht geduldetes Verhalten aufzuzeigen. Sie dienen der Schulung des Unrechtbewusstseins.
   Beispiele hierfür sind: Ethikstandards, Leitlinien zu Einkauf und Verkauf, organisatorische Antifraud-Maßnahmen, Regeln zum Fraud-Reporting, Compliance Regeln, Antifraud-Awareness-Schulungen.

3. **Prozesskontrollen**
   Prüfung und Bewertung der in Prozessen implementierten Kontrollen durch

operative Prüfungen des Internen Kontrollsystems, analytische Methoden (DV-Tool) und verdachtsunabhängigen Fraud-Prüfungen. Im Revisionsalltag lassen sich Prozesskontrollen dieser Art realisieren durch regelmäßige IKS-Prüfungen unter Einbeziehung Fraud anfälliger Themen, sowie durch gezielte Überprüfung Edv-technisch erfasster Sachverhalte auf Auffälligkeiten und Klärung des Sachverhaltes. Stark vereinfacht wird hier die 3w-Frage beantwortet: „welche Mittel fließen wohin zu welchem Zweck?". Gerade bei der Zweckfrage hat die Interne Revision im Mittelstand einen Vorteil durch die informellen Kontakte.

4. **Whistleblower, Ombutswesen**
Diese ergänzende Maßnahme erhöht die Entdeckungswahrscheinlichkeit, da sie allen Mitarbeitern die Möglichkeit gibt, anonyme Hinweise zu Fraud-Sachverhalten abzugeben.
Dieses Instrument ist mit Umfeldmaßnahmen zu begleiten und insbesondere im deutschen Kulturraum wegen der geschichtlichen Vorgänge mit entsprechender Sensibilität zu behandeln.

5. **Notfallmanagement**
Die Ziele des Notfallmanagements sind Beweissicherung und -verwertung, Reputationsschutz, Schutz vor weiteren Schäden, sowie Einhaltung arbeitsrechtlicher und datenrechtlicher Belange. Bei einer ungeschickten externen Kommunikation kann im Worst Case ein beträchtlicher Umsatzverlust resultieren, im Gegenzug kann das Ergebnis guter externen Kommunikation aber auch im Best Case eine positive Auswirkung haben: „Die tun was". Benötigt werden also ein professionelles Konzept zur internen und externen Kommunikation, sowie ein professionelles Case-Management.

Bei Betrachtung dieser Fünf-Punkte-Liste wird deutlich, dass Fraud-Prävention keinesfalls alleinige Aufgabe der Internen Revision ist. Eindeutig ist die Verantwortung der Internen Revision gemäß Punkt 3; bezüglich der restlichen Punkte wird der Grad der Einbeziehung der Internen Revision im Mittelstand von der Unternehmenskultur abhängen.

Indizien für Fraud (Prüfvorschläge)
Punkt 3 der obigen Ausführungen fällt eindeutig in den Tätigkeitsbereich der Internen Revision. Nachfolgend eine Vertiefung zu möglichen Indizien für Fraud, welche im Prüfungsalltag Anhaltspunkte für eine Schwerpunktsetzung geben.

Die aufgelisteten Sachverhalte können Indizien (keine Beweise!) für Fraud sein und sollten daher entweder separat, oder im Rahmen der IKS-Prüfungen unter dem Blickwinkel möglicher wirtschaftskrimineller Aktivitäten beleuchtet werden.

- Anomalien in der Buchhaltung:
  - Unregelmäßigkeiten in den Quelldokumenten
    Doppelte Zahlungen, fragwürdige handschriftliche Anmerkungen auf Dokumenten, Buchen ohne Beleg, bzw. mit Eigenbeleg
  - Unstimmigkeiten bei Buchungen
    Konten die nicht ausgeglichen sind (durchlaufende Posten), Buchungen durch Personen, die normalerweise nicht buchen, Buchungen kurz vor Buchungsschluss, Buchungen in bereits abgeschlossene Perioden oder auf bereits geschlossene Kostenträger,

- Schwächen in der Aufbau- und Ablauforganisation:
  Keine oder nicht ausreichende Funktionstrennung, Anhäufung von so genanntem „Kopfwissen", Mangel an physischen Sicherungseinrichtungen, Mangel an unabhängigen Überprüfungen (von der Internen Revision), keine Regelungen der Befugnisse (Unterschriftenregelungen, Stellvertreter-), Ausnahmen von bestehenden Kontrollen, keine ausreichende oder aufgrund von komplexen Abläufen einfach nachvollziehbare Regelung und Dokumentation der Kontrolldurchführungen, keine Einkaufsrichtlinie, Umgehung unrealistischer Anreizsysteme (Bonus), „Overkill" von bestehenden Kontrollen (keiner prüft mehr genau, da der andere ja eh noch mal prüft), mangelhafte Anpassung der Kontrollmaßnahmen bei Änderung von Arbeitsabläufen

- Mangel an gebäudetechnischen und physischen Sicherheitsmaßnahmen
  Keine Taschenkontrollen in Lagerbereichen, Bargeldeinnahme im Kassenbereich ohne Dokumentation möglich, kein restriktives DV-Berechtigungskonzept

- Analytische Anomalien (Plausibilitäts- Check)
  Unerklärlich knappe Lagerbestände bzw. erhöhter Ausschuss, erhöhte Rücksendungen oder Reklamationen, überhöhte Einkäufe (Analyse der Anteilseigner der Lieferanten), Gewinn- und Verlustrechnung spiegelt nicht den geschäftstypischen Verlauf wieder, signifikante Erhöhung oder Verminderung von Bilanzpositionen oder Aufwandsposten, unnötige Entschädigungen, hohe Mahnquote (Analyse des Cashmanagements), Steigerung der Umsätze bei gesunkenen Forderungen, Steigerung der Kosten bei gestiegenen Kosten pro Stück bzw. gesunkenem Ausschuss

- Extravaganter Lebensstil („Flurfunk" nur die wenigsten Täter sparen was sie stehlen, aber Achtung nicht zu verwechseln mit Erbschaften!)
  Teure Autos, teure Urlaube, teure Hobbys, Renovierung oder Kauf eines Eigenheims, Schmuck

- Ungewöhnliches Verhalten
  Permanente Angst, vermehrtes Rauchen, Gegenüber fühlt sich generell bei Befragung angegriffen und schaut einem nicht in die Augen, nervöses Gebaren
- Hinweise
  Direkte Hinweise auf Fraud durch Angestellte oder Personen, die dem Unternehmen nahe stehen

Durch verdachtsunabhängiges Prüfen auf Fraud-Indizien werden die Gelegenheiten für Fraud reduziert, neben dem präventiven Charakter wird das subjektiv empfundene Entdeckungsrisiko der Täter erhöht und somit gleichzeitig eine abschreckende Wirkung erzielt.

Sensibilisierung, Schulung

Gerhard Levy

„Umfragen belegen immer wieder die naive Vorstellung, dass es Korruption nur bei den anderen gibt“, sagte bereits vor Jahren Wolfgang SCHAUPENSTEINER, Staatsanwalt bei einer Schwerpunktstaatsanwaltschaft gegen Korruption in Frankfurt/Main.

Beim Bundesministerium für Finanzen wurde im Jahr 2002 ein umfangreiches Antikorruptionsprogramm installiert, bei dem Sensibilisierung für Korruptionsthemen einen zentralen Programmteil bildet.

Seit Herbst 2002 werden daher an der Bundesfinanzakademie zweitägige Berufsethikseminare abgehalten. Diese sind für AußenprüferInnen in Ausbildung verpflichtend, Führungskräfte, Teams und bestimmte Organisationseinheiten können derartige Seminare optional in Anspruch nehmen.

Die speziellen Ziele dieser Aus- und Fortbildungsmodule sind:

- Sensibilisierung für die Entstehung möglicher Korruptionsstrukturen von innen und außen.
- Bewusstwerden von Wechselwirkungen zwischen eigener Persönlichkeitsstruktur und berufsethischen Forderungen.
- Verständnis entwickeln für das Spannungsfeld zwischen behördlichen Aufgabenstellungen und wirtschaftspolitischen Rahmenbedingungen.

Als Schwerpunkte gelten dabei:

- Zusammenhänge von Persönlichkeitsstrukturen und Korruptionsgefährdung erkennen
- Spannungsfeld zwischen Individuum – Gruppe – Organisation - Kunde transparent machen
- Allgemein- und wirtschaftsethische Überlegungen
- Methoden der Korruptionserkennung und -prävention
- Korruptionsstrukturen im internationalen Vergleich

Ein wesentlicher Programmpunkt ist dazu auch die „Innensicht“, das heißt die Vermittlung der ethischen Anforderungen im BMF durch das Büro für Interne Angelegenheiten. Es werden dabei anhand von anonymisierten Fallbeispielen Graubereiche aufgezeigt, das Phänomen des „Anfütterns“ erläutert und Maßnahmen zur Erhöhung der Transparenz und Schaffung eines korruptionsresistenten Klimas dargestellt. Pro Jahr werden im Durchschnitt 15 derartige Seminare angeboten und dadurch rund 300 MitarbeiterInnen geschult. Durch Schulung ist allerdings nur ein Teil der Korruptionsprävention abzudecken, laufende Sensibilisierung bei der täglichen Arbeit stellt einen weiteren elementaren Punkt dar.

Da im Kampf gegen Korruption den Führungskräften eine essentielle Rolle zukommt, werden für leitende Funktionäre darüber hinausgehende Aktivitäten gesetzt. Es wird dabei speziell auf die Rolle als Vorbild für MitarbeiterInnen Bezug genommen, insbesondere wenn es darum geht, ethische Grundsätze und Werte in den Berufsalltag zu integrieren.

In einem neu entwickelten Führungskräftehandbuch wurde dem Bereich Ethik breiter Raum gewidmet, in einer Veranstaltungsreihe „Berufsethik in der Praxis" wurden Szenen des Führungsalltags durch eine Schauspielgruppe szenisch aufbereitet, im Anschluss daran wurden im Rahmen eines Impulsreferats und einer Podiumsdiskussion die Themen Geschenkannahme und Intervention einer vertiefenden Betrachtung unterzogen.

Beiträge zu speziellen Themen - wie etwa „Befangenheit", „Amtsverschwiegenheit" aber auch „Vorteilsannahme" - werden laufend in internen Medien angesprochen, eine eigene „Ethikseite" im Intranet informiert über die Aktivitäten des Büros für Interne Angelegenheiten, in einem umfangreichen Jahresbericht werden diese für alle MitarbeiterInnen transparent gemacht.

Aber auch die Wirkung dieser präventiven Maßnahmen ist begrenzt. Ein nicht zu unterschätzender Faktor sind auch repressive Maßnahmen (das Aufdecken und Kommunizieren von Korruptionsdelikten) und deren generalpräventive Wirkung.

Nur wenn Gerichte in Korruptionsverfahren adäquate Urteile fällen, Disziplinarkommissionen entsprechende Strafen verhängen und die Dienstbehörden Amtsdelikte nicht tabuisieren, kann Präventionsarbeit und Sensibilisierung glaubhaft betrieben werden.

Sensibilisierung auf allen Linien, die Veränderung der Unternehmenskultur und die Verankerung von ethischen Maßstäben in den Köpfen der MitarbeiterInnen ist beim BMF seit fünf Jahren ein ständiger Prozess. Die ursprüngliche Reserviertheit dem Thema gegenüber ist zwischenzeitig gewichen, die MitarbeiterInnen – aber insbesondere die Führungsfunktionäre – haben die Berührungsängste abgelegt und erkannt, dass detaillierte Kenntnisse zur Korruptionsthematik auch als Selbstschutz und Präventionsmaßnahmen nicht a priori als Kriminalisierung zu sehen sind.

„Wer glaubt, mit der Ankündigung „Zero tolerance" wird vom nächsten Tag an alles anders, hat sich getäuscht. Alles hat eine Bremsspur", sagte bereits vor Jahren Franz-Hermann BRÜNER, der Leiter vom Europäischen Amt für Betrugsbekämpfung, OLAF.

Transparenz Dokumentation Nachvollziehbarkeit

Gerhard Levy

Als an mich das Ersuchen herangetragen wurde, aus verschiedenen Themenbereichen ein Kapitel als Beitrag für diese Schriftenreihe auszuwählen, war klar, diese Themen sind wie für mich geschaffen, denn für den gelernten Finanzbeamten und Steuerprüfer sind dies tägliche Herausforderungen, gilt es doch das Gebetbuch des Steuerrechts – die Bundesabgabenordnung – in der Praxis anzuwenden.

Wie normiert der § 131 BAO so schön:
Die zu führenden Bücher und Aufzeichnungen sind so zu führen, dass sie einem sachverständigen Dritten innerhalb angemessener Zeit einen Überblick über die Geschäftsvorfälle vermitteln können. Die einzelnen Geschäftsvorfälle sollen sich in ihrer Entstehung und Abwicklung verfolgen lassen. Dabei gelten unter anderem die folgenden Vorschriften: Die Eintragungen sollen in einer lebenden Sprache, der Zeitfolge nach geordnet, vollständig, richtig und zeitgerecht vorgenommen werden. ... uvm.

Dokumentation und Nachvollziehbarkeit wird hier für die Steuerpflichtigen groß geschrieben.

Aber auch bei den Finanzbeamten ist Transparenz gefragt, beginnend bei nachvollziehbaren Arbeitsbögen über Parteiengehör bis zu detaillierten Besprechungen und Begründungen von Bescheiden und Prüfungsergebnissen.

Dokumentation und Nachvollziehbarkeit findet sich aber auch im Beamtendienstrechtsgesetz, wonach z. B. Weisungen von Vorgesetzten unter bestimmten Voraussetzungen schriftlich zu erteilen sind (§ 44 Abs. 3 BDG).

Was bedeuten nun aber diese Begriffe:
Transparenz kommt ursächlich aus der Physik und bezeichnet die „optische Eigenschaft" eines Materials, im übertragenen Sinne – auf immaterielle Dinge wie z.B. Verfahrensabläufe oder Entscheidungsfindungen - heißt dies Klarheit und Durchschaubarkeit.

Transparenz entsteht nur durch ausreichende Dokumentation, was auch als „anschaulicher Beweis" übersetzt wird, Ziel von Dokumentation sind Lerneffekte und Nachvollziehbarkeit.

Nachvollziehbarkeit wiederum definiert sich als die Möglichkeit der „Wiederholbarkeit".

All diese Maßnahmen dienen nicht nur dem Bürger als Schutz vor Willkür und zum Nachweis von rechtsrichtigen Verwaltungsakten, sie haben auch Schutzfunktion für die Mitarbeiter der öffentlichen Verwaltungen, sollten diese dem Verdacht von Korruptionsvorwürfen ausgesetzt werden und sind per se die natürlichen Feinde von Korruption.

Die Korruptionsforschung kennt verschiedene Indikatoren, die als Warnhinweise für mögliches korruptes Verhalten angesehen werden, meist besteht dabei ein Mangel dieser Maßnahmen, z.B. bei Entscheidungsprozessen:

- unerklärliches Eintreten für bestimmte Antragsteller
- Empfehlungen, bestimmte Antragsteller zu bevorzugen
- plötzlicher Meinungswandel
- auffallende Fürsprache für bestimmte Antragsteller oder Projekte
- wiederholte Bevorzugung von Personen oder Unternehmen ohne sachliche Gründe
- nicht nachvollziehbare Entscheidungen aller Art
- Einräumen von Sonderkonditionen oder Befreiung von Auflagen ohne erkennbaren Grund
- Parteinahme für eine unübliche Verfahrensweise ohne Sachargumente
- auffallende Nachgiebigkeit bei Verhandlungen mit bestimmten Antragstellern
- unerklärliche Verfahrensverkürzung
- Erzeugung von Zeitdruck, knapp gehaltene Fristen

oder aufgrund des Verhaltens des Mitarbeiters:

- Unabkömmlichkeit vom Dienst, Verzicht auf Urlaub
- Mitnahme von bestimmten Vorgängen/Akten nach Hause
- Vermeidung von Einsichtnahme durch Vorgesetzte in einzelne Entscheidungen
- Verzicht auf Versetzung oder Bewerbung selbst bei beruflichem Aufstieg
- Aufgabenkonzentration auf eine Person
- Abschottung von Arbeitsbereichen / Vorgängen

Derartige Verhaltensmuster – und noch viele mehr – können typische Zeichen für beginnende oder bereits vorhandene Korruptionsszenarien sein und hängen ursächlich mit nicht vorhandener Nachvollziehbarkeit, Dokumentation und Transparenz zusammen, wobei hier ein weiterer Begriff in der Betrachtungsweise bislang fehlt – Kontrolle.

Was nützen Dokumentationen, wenn sie niemand anschaut, d.h. kontrolliert im Sinne von nach- oder überprüfen, im Extremfall überwachen.

Dies ist primär Aufgabe von Führungskräften, diese haben speziell in der öffentlichen Verwaltung die (Dienst-)Pflicht darauf zu achten, dass ihre

Mitarbeiter die dienstlichen Aufgaben gesetzmäßig und in zweckmäßiger, wirtschaftlicher und sparsamer Weise erfüllen.

Zur Führungsverantwortung gehört es daher auch, Formalien zu Arbeitsabläufen und Kontroll- und Dokumentationsverfahren festzulegen – im Rahmen moderner Führungsmethoden kann dies u. a. auch im Rahmen von Zielvereinbarungen und Mitarbeitergesprächen erfolgen.

Transparenz ist in unserer – mitteleuropäischen – Gesellschaft noch nicht selbstverständlich (siehe z.B. Diskussionen um Offenlegung von Gehältern öffentlicher Mandatare oder von EU-Subventionen uvm.), Transparenz (die Offenlegung oder das Öffentlichmachen) von Verwaltungsakten wäre oftmals aber auch gesetzwidrig (Amtsgeheimnis, Steuergeheimnis, Rechte Dritter udgl.).

Transparenz ist aber seit Jahren auf dem Vormarsch, denn es bereitet uns zunehmend Unbehangen, wenn Vorgänge „unter Ausschluss der Öffentlichkeit“, „hinter verschlossenen Türen“ oder „hinter vorgehaltener Hand“ ablaufen. Vor über 30 Jahren war es auch noch ein Skandal für die ganze Nation, als eine Kandidatin in einer Fernsehshow eine transparente Bluse trug.

Von Werten und Korruptionsprävention: Codes of Conduct in der öffentlichen Verwaltung

Thomas Prorok

Ein Vergleich von Kodizes aus mehreren Ländern führt zu unterschiedlichen Zugängen zum Thema Codes of Conduct. So stehen bei einzelnen Kodizes entweder die Korruptionsprävention oder die „Werte" der öffentlichen Verwaltung im Vordergrund. Die internationalen Beispiele weisen jedoch auch den Weg zu einem Kodex, der beides verbindet und sowohl das Wertegerüst als auch die Korruptionsprävention umfasst.

Codes of Conduct sollen die gesetzlichen Vorschriften für das integere Verhalten der öffentlich Bediensteten ausreichend konkretisiert, überschaubar und unter Beachtung der Lebenswirklichkeiten in eine verständliche Sprache übertragen.[1] Dabei haben Codes of Conduct keinen rechtlichen Charakter sondern wirken vielmehr „gesetzesausfüllend" und „gesetzesergänzend".

Die „historische" Entwicklung von Codes of Conduct im öffentlichen Sektor zeigt, dass zunächst die Definition der Werte und ethischen Standards prioritär behandelt wurde, was in zahlreichen „Ethic Codes" mündete. Codes of Conduct, welche tätigkeitsspezifische, alltagstaugliche Handlungsanleitungen für die tägliche Arbeit von Mitarbeitern und Mitarbeiterinnen der öffentlichen Verwaltung festlegten, sind seit den 1990er Jahren zu finden. Meist handelt es sich dabei um die Zusammenführung von generellen ethischen Leitlinien und spezifischen Codes of Conduct.

Zusammenwirken von Werten, Ethik und Codes of Conduct

Dieser Mix von Codes of Ethic und Codes of Conduct ist besonders deutlich im angelsächsischen Raum (Kanada, Australien, Neuseeland) zu sehen. Hier nehmen die ethischen Standards eine zentrale Position in den Codes of Conduct ein, sodass diese als „werteorientierte" Kodizes bezeichnet werden können. Die eigentlichen Handlungsanleitungen - die Codes of Conduct – werden von den ethischen Standards abgeleitet.

Korruptionsprävention mit normativen Codes of Conduct in Europa

Die europäischen Verhaltenskodizes (z.B. Deutschland, Sachsen, Europäisches Parlament, Wien) unterscheiden sich deutlich von den werteorientierten

[1] siehe Prof. Dr. Axel von Werder, TU Berlin, in seinem Vortrag bei der Veranstaltung „Code of Conduct" des Bundeskanzleramts, Wien, am 10.9.2007

Kodizes der angelsächsischen Länder. Alle verzichten auf die eingehendere Auseinandersetzung mit den eigenen Werten und ethischen Standards und listen teilweise sehr detailliert die Pflichten und Anweisungen für die Mitarbeiter und Mitarbeiterinnen der öffentlichen Verwaltung auf. Diese Kodizes ähneln Gesetzestexten und können als „normative" Codes of Conduct bezeichnet werden.

Vorgaben bei der Erstellung von Codes of Conduct in Österreich

Das Regierungsprogramm der österreichischen Bundesregierung sieht die Entwicklung eines Codes of Conduct zur Korruptionsbekämpfung vor. Gleichzeitig hat Österreich das UN-Übereinkommen gegen Korruption[2] unterzeichnet, welches festlegt, dass jeder Vertragsstaat bestrebt ist, innerhalb seiner eigenen Institutionen und in seiner Rechtsordnung Verhaltenskodizes oder Verhaltensnormen für die korrekte, den Begriffen der guten Sitte entsprechende und ordnungsgemäße Wahrnehmung öffentlicher Aufgaben anzuwenden. Dabei gilt es

- die Integrität, Ehrlichkeit und Verantwortlichkeit in den Reihen der Amtsträger zu fördern.
- Des Weiteren haben Amtsträger Erklärungen abzugeben über Nebentätigkeiten, Beschäftigungsverhältnisse, Kapitalanlagen, Vermögenswerte und erhebliche Geschenke oder Vergünstigungen, die in Bezug auf ihre Aufgaben als Amtsträger zu einem Interessenkonflikt führen können.
- Außerdem sind Regelungen vorzusehen, die es Amtsträgern erleichtern, den zuständigen Behörden Korruptionshandlungen zu melden.

Die UN-Konvention durchbricht demnach den strikten Fokus auf die Korruptionsvermeidung als einziges oder primäres Ziel von Kodizes. Vielmehr geht es um das Zusammenspielen von ethischen Fragen und Korruptionsvermeidung. Die erste UN-Vorgabe an Kodizes lautet demnach, dass diese die Integrität, Ehrlichkeit und Verantwortlichkeit in den Reihen der Amtsträger fördern sollen.

Ausgewählte Werte der öffentlichen Verwaltung

Der Begriff „Werte" der öffentlichen Verwaltung spielt im Kodex Kanadas eine zentrale Rolle. In diesem werden „Democratic, Professional, Ethical und People Values" gesondert definiert. Australien und Neuseeland führen die verschiedenen Werte detaillierter in den Kodizes auf:

---

[2] Übereinkommen der Vereinten Nationen gegen Korruption (BGBL.III; 13. März 2006, Nr. 47), Artikel 8

- Demokratie
- Berufsbezogene Werte
- Ethik
- Werte im Umgang mit Menschen
- Partizipation
- Transparenz
- Verantwortlichkeit (Accountability)
- Unabhängigkeit, Unparteilichkeit, Unvoreingenommenheit
- Qualität
- Diversität und Nichtdiskriminierung

Korruptionsprävention

Während bei den werteorientierten Dokumenten die Korruption eine untergeordnete Rolle spielt, betrachten die normativen Dokumente die Korruptionsprävention geradezu als eigentlichen Sinn der Kodizes. Hauptsächlich handelt es sich dabei um die Themen „Geschenkannahme", „Nebenbeschäftigung", „Befangenheit" und „Verschwiegenheit".

Resümee

Ein **Code of Conduct ist mehr als eine Anleitung zur Korruptionsprävention**. Mehrere internationale Beispiele zeigen, wie von einem generellen Wertegerüst des öffentlichen Dienstes Handlungsanleitungen für die Mitarbeiter und Mitarbeiterinnen abgeleitet werden können, die nicht nur der Korruptionsprävention sondern auch der Stärkung der Identität des öffentlichen Dienstes und der Identifizierung mit diesem dienen können.

Ein auffälliger semantischer Unterschied zwischen den werteorientierten und den normativen Kodizes lässt sich feststellen. Die Begriffe Korruption oder Korruptionsprävention sind in den werteorientierten Kodizes kaum zu finden. Die damit im Zusammenhang stehenden Verhaltensanweisungen werden unter dem Begriff **„Interessenkonflikte" (conflict of interests)** zusammengefasst.

Kodizes vermeiden den häufigen Verweis auf relevante Gesetzestexte. Viele Kodizes verzichten zur Gänze auf das Zitieren von rechtlichen Quellen. Diese werden zum einen als bekannt vorausgesetzt und zum anderen sollen Codes of Conduct keinen rechtlichen Charakter haben sondern vielmehr **„gesetzesausfüllend" und „gesetzesergänzend"** wirken. Codes of Conduct sollen die gesetzlichen Vorschriften für das integere Verhalten der öffentlich Bediensteten ausreichend konkretisiert, überschaubar und unter Beachtung der Lebenswirklichkeiten in eine verständliche Sprache übertragen.

Bei der Darstellung der Interessenkonflikte ist besonderer Wert auf eine **verständliche Sprache, die Konkretisierung und die Beachtung der Lebenswirklichkeit der Adressaten** zu legen. Dies bedeutet, dass die relevanten gesetzlichen Grundlagen zwar als Basis für die Kodizes herangezogen werden können, der Schwerpunkt jedoch eindeutig auf den Beispielen und konkreten Vorgaben liegen sollen. Kodizes, welche die Elemente der Interessenskonflikte nicht ausreichend beschreiben und mit Vorgaben versehen, können den Eindruck erwecken, dass nicht einmal für die VerfasserInnen klar ist, ab wann z.B. die Annahme von Geschenken bedenklich bzw. verboten ist.

Die Betrachtung des Code of Conduct als ausschließliches Instrument zur Korruptionsprävention führt schnell folgender Problematik: Die geläufige Definition von Korruption besagt, diese ist die missbräuchliche Nutzung verliehener Macht zur Erreichung eines eigenen oder fremden Vorteiles. Damit lassen sich die Geschenkannahmen, Nebenbeschäftigungen etc. gut einordnen. Sind mit dieser Definition jedoch z.B. auch Interventionen von Lehrerinnen und Lehrern zugunsten oder ungunsten von Schülerinnen bzw. Schülern zufrieden stellend abgedeckt? Oder „unfreundliches“ Verhalten Bediensteten öffentlicher Verwaltungen gegenüber Menschen mit Migrationshintergrund? Diese zwei zufällig ausgewählten Beispiele zeigen deutlich, dass Korruptionsbekämpfung alleine für einen umfassenden Code of Conduct nicht ausreicht. Die Definition von ethischem Verhalten sollten Bestandteil von modernen Codes of Conduct sein. Gemäß UNO-Übereinkommen sind dies zumindest Integrität, Ehrlichkeit und Verantwortlichkeit.

Internationale Aspekte

Korruption in der Entwicklungszusammenarbeit (EZA)

Ruth Bachmayer, Kurt Bayer

Korruption als Feind der Entwicklung

„Wo Geld fließt, ist Korruption nicht weit“. Dieses Diktum gilt weltweit für Finanztransaktionen; und Korruption existiert in allen Ländern, unabhängig von ihrem Entwicklungsstand. Korruption hat jedoch besondere Bedeutung für Geldströme in weniger entwickelte Länder. Wo der allgemeine Lebensstandard niedrig ist – und vor allem wo öffentlich Bedienstete und Politiker offiziell schlecht entlohnt werden – ist die Gefahr von Korruption größeren oder kleineren Ausmaßes oft noch stärker gegeben. Wenn das Gehalt kaum zum Überleben reicht, ist der Anreiz, sich an öffentlichem Eigentum zu bereichern, besonders groß. Wenn man als Politiker oder öffentlich Bediensteter den Zugang zu Ressourcen kontrolliert, sei es über die Erteilung von Lizenzen für bestimmte Aktivitäten, für Bewilligungen, wenn offizielle und private Entwicklungsgelder über bestimmte Personen laufen, besteht vor allem in Ländern, die (noch) nicht über beste Standards von „good governance“, gute Regierungsführung und geeignete Kontrollinstitutionen verfügen, Korruptionsgefahr.

Dabei gelten folgende Faustregeln:

- Je korrupter die Eliten sind (tatsächlich oder von der Bevölkerung so wahrgenommen), desto mehr macht sich in der gesamten Gesellschaft eine Kultur der Korruption breit, da jede/r Bürger/in argumentieren kann: „Die da oben zeigen es uns vor, da kann es nicht so verwerflich sein“.
- Je größer die einzelnen Projekte, je höher die Projektsummen, desto korruptionsanfälliger sind sie: daher auch der Befund, dass von großen Infrastrukturprojekte (Flughäfen, Straßen, Bahnlinien, Pipelines, Kraftwerke, etc.) und vor allem bei Bewilligungen für große Erschließungsprojekte (Mineralien, Kohle, Erdöl/Erdgas) besonders hohe Summen abgezweigt werden.
- Je weniger zivilgesellschaftliche Institutionen im Lande ausgeprägt sind, desto weniger Druck zu öffentlicher Rechenschaft und zu Kontrolle über die widmungsgemäße Verwendung von in- und ausländischen Geldern gibt es.
- Der neue Trend zu (sektoraler oder genereller) Budgethilfe, anstatt der Finanzierung von Einzelprojekten bietet große Vorteile für die Zielländer, da sie entsprechend den heimischen Prioritäten verwendet werden und direkt in die Budgetzyklen eingebaut werden kann. Budgethilfen erhöhen ceteris paribus aber die Korruptionsanfälligkeit. Daher verlangen Geber zunehmend Zusicherungen (und machen eigene Überprüfungen), inwieweit die nationalen Effizienz- und Kontrollmechanismen der Empfängerstaaten

in der Lage sind, die widmungsgemäße Verwendung der Mittel sicherzustellen.

Es ist heute weitgehend anerkannt, dass Korruption einen der größten Feinde nachhaltiger Sozial- und Wirtschaftsentwicklung und der Bekämpfung von Armut darstellt. Sie erzeugt generell Misstrauen in der Bevölkerung, das Vertrauen in den politischen Prozess und den Rechtsstaat wird erschüttert, Gelder werden fehlgeleitet, Entwicklungsprojekte verteuert bzw. verhindert, und ihre Qualität sinkt – und letztlich verstärkt Korruption sich selbst in dem Sinn, dass sie aufgrund fehlender Entwicklungserfolge immer mehr Abhängigkeit von ausländischen Geldern (mit immer neuen Korruptionsmöglichkeiten) erzeugt, statt eigenständige Entwicklung zu ermöglichen. Vielfach werden in solchen Fällen Prestigeprojekte (auch überteuert) finanziert, deren Entwicklungsnutzen zumindest fragwürdig ist, d.h. die Prioritätensetzung von Entwicklungsprojekten selbst wird durch Korruption verzerrt.

Schätzungen, in welchem Ausmaß EZA-Finanzmittel missbräuchlich verwendet wird, weisen naturgemäß gewaltige Schwankungsbreiten auf: einige sprechen von 10% - 20%, andere von einem Drittel. Jedenfalls genug, um gravierende Schäden für den Entwicklungsprozess zu erzeugen. Die Tatsache, dass Korruption (auch) in der Entwicklungszusammenarbeit ein mehr oder weniger stark verbreitetes Phänomen ist, erlegt daher allen sich für Entwicklung engagierenden Menschen und Institutionen besondere Verpflichtungen auf, wirksame Mechanismen zur Vermeidung von Korruption, vor allem präventiver Natur, zu entwickeln und anzuwenden. Derartige Maßnahmen zeigen ihre maximale Wirksamkeit vor allem in grenzüberschreitenden, internationalen Kooperationen, zwischen den einzelnen Gebern und gemeinsam mit den Empfängern.

Verantwortung von Gebern und Nehmern

Soweit es sich um Gelder der offiziellen Entwicklungszusammenarbeit handelt, muss besonders darauf hingewiesen werden, dass Korruption neben einem Nehmer immer einen Geber mit bestimmten Interessen voraussetzt. Diese entsprechen nicht unbedingt fairen Bedingungen oder den besten Interessen des Nehmerlandes, und damit auch nicht den Interessen des Gebers. Die Geberländer und -institutionen müssen daher Verantwortung dafür übernehmen, dass die Gelder ihrer Steuerzahler dort ankommen und dafür verwendet werden, wofür sie gedacht sind. Oder: wenn es sich um Bestechung von lokalen Personen zur Erlangung von Lizenzen, Erteilung von Aufträgen, etc. handelt, muss die Bestechung auch von Seiten des Geberlandes verhindert und geahndet werden. Das heißt, dass die Geberländer die in EZA-relevanten Aktivitäten involvierten Personen und Unternehmen aus ihren Ländern dazu bringen müssen, keine Bestechung in Zielländern anzubieten.

Ein weiteres Phänomen im Zusammenhang mit Korruption in der EZA ist, dass missbräuchlich verwendete Gelder aus der Entwicklungszusammenarbeit, aus der Rohstoffaufschließung, aus der Erteilung von Projektaufträgen von den Empfängern der Bestechungsgelder in sicheren Banken der Geberländer gehortet werden. Auch da trifft die Geberländer Verantwortung, Mechanismen in Gang zu setzen, die dies verhindern – auch wenn dies die Geschäftsinteressen der heimischen Banken beeinträchtigen mag.

Maßnahmen zur Vermeidung vom Korruption in der EZA

Korruptionsvorgänge und ihre Auswirkungen sind globale Phänomene, die oft nicht an den Grenzen einzelner Länder haltmachen. Daher reicht ihre Bekämpfung nur auf einzelstaatlicher Ebene nicht aus. Maßnahmen sind sowohl auf internationaler Ebene, als auch im nationalen Bereich der jeweiligen bilateralen EZA- Aktivitäten erforderlich und tatsächlich auch die Praxis. Weiters müssen wirksame Maßnahmen sowohl auf die „Angebotsseite“ als auch die „Nehmerseite“ von Korruptionspraktiken abzielen.
Auf *internationaler Ebene* wurden die Anstrengungen um die Mitte der 1990-Jahre massiv verstärkt, Korruption in der EZA einzudämmen:

- dies sowohl innerhalb der multilateralen Organisationen, indem die internen Vorkehrungen zur Prävention von Korruption bei der Finanzierung ihrer eigenen EZA-relevanten Maßnahmen ausgebaut und verstärkt eingesetzt wurden
- als auch, indem die Empfängerländer zunehmend bei ihren Bemühungen unterstützt wurden, die diversen Phänomene von Korruption systematisch in ihren eigenen Institutionen zu bekämpfen, indem sie bei der Verstärkung ihrer „Governance“-Strukturen unterstützt werden.

Im Bereich der *nationalen bilateralen EZA-Aktivitäten* waren insbesondere Großbritannien und die nordischen Staaten Vorreiter in der Entwicklung, sowohl in ihren internen Maßnahmen als auch bei der Kooperation mit den Empfängerländern.

Weiters wurden *internationale Abkommen* entwickelt, die auch die Staaten der potentiellen Geber zu korruptionsbekämpfenden Maßnahmen verpflichtet.

Insgesamt kann man feststellen, dass einschlägige Aktivitäten der multilateralen Institutionen, der bilateralen Geber und der Empfänger von EZA verstärkt wurden und dass vor allem auch die Kooperation zur Entwicklung und Intensivierung der Anti-Korruptionsmaßnahmen auf der Geber- und der Nehmerseite mittlerweile verbreitet ist. Jedoch lässt die konkrete Implementierung v. a. von internationalen Vereinbarungen in vielen Ländern noch ziemlich viel zu wünschen übrig, wie diverse Studien zeigen.

Gleichzeitig haben praktische Erfahrungen gezeigt, dass es keine einfachen allgemeingültigen Rezepte für die Bekämpfung von Korruption in der EZA gibt. Vielmehr ist es so, dass es maßgeschneiderter länderspezifische Aktivitäten bedarf, die das jeweilige Ausmaß, die spezifischen Charakteristika und die Analyse der Ansatzpunkte zur Verbesserung der Korruptionsstandards berücksichtigen. Dennoch gibt es Einigkeit darüber, dass die wichtigen Ansatzpunkte die Qualität des öffentlichen Sektors und dessen Kontrollmechanismen, der Wille der Politik und der Zivilgesellschaft und das Verhalten der EZA-Geber sind. Weiters hat sich gezeigt, dass entsprechende organisatorische, inhaltliche und finanziellen Kapazitäten bei den EZA-Gebern vorhanden sein müssen, um Antikorruptionsmaßnahmen in der EZA in den eigenen Organisationen wirksam umzusetzen.

Internationale Abkommen und Aktivitäten zur Bekämpfung von Korruption in der EZA

Bis vor nicht allzu langer Zeit war in vielen OECD-Ländern die Bestechung von ausländischen Beamten nicht nur geduldet, sondern diese Summen als „Betriebsausgabe" sogar steuerlich absetzbar. Erst 1997 wurde die **OECD-Anti-Bribery Convention** beschlossen, in der die grenzüberschreitende Bestechung verurteilt und zur Ahndung durch die Signatarstaaten der Konvention empfohlen wurde – ein wichtiger Schritt in der Korruptionsbekämpfung. Österreich ratifizierte die Konvention 1999. Eine detaillierte Evaluation im Jahr 2005, inwieweit die österreichischen Anti-Korruptionsgesetze, deren Implementierung sowie das allgemeine Bewusstsein den Ansprüchen der Konvention entsprechen, zeigte beachtliche Mängel in der Umsetzung der Konvention auf[1]. Mittlerweile wurden die gesetzlichen Voraussetzungen verbessert; dennoch lässt die konkrete Umsetzung noch zu wünschen übrig.

2005 trat nach langen Verhandlungen die **UNO Anti-Korruptionskonvention**[2] in Kraft. Sie enthält Vereinbarungen über Internationale Bestechung, steuerliche Absetzbarkeit von Bestechungsgeldern, Transparenz bei öffentlichen Beschaffungsvorgängen, Geldwäsche und die Rückführung von Finanzvolumina, die aus der Ausplünderung eines Landes kommen.

In der **Pariser Agenda von 2005**[3] verpflichten sich die Geberländer, ihre EZA-Leistungen zu erhöhen und die Verfahren zu vereinheitlichen. Im Gegenzug verpflichteten sich die Nehmerländer, Mechanismen der guten Regierungsführung einzuführen und Korruption zu bekämpfen, ein „Vertrag", dessen Implementierung nur mühsam vorangeht.

1 *www.oecd.org*
2 *http://www.unodc.org/unodc/en/treaties/CAC/index.html*
3 *http://www.aidharmonization.org/download/254876/Paris-Declaration-German.pdf*

Die 1993 gegründete Nicht-Regierungsinstitution **„Transparency International“**[4] (TI), deren Österreich-Ableger[5] seit 2005 existiert, hat Korruption und die damit einhergehende Intransparenz von Finanzströmen – und deren Bekämpfung – als Schwerpunkt ihrer Aktivitäten. TI publiziert laufend Erhebungen über das Korruptionsniveau fast aller Länder der Welt und bietet auch all jenen Institutionen und Ländern Beratungsleistungen an, die an Korruptionsbekämpfung ernsthaft interessiert sind.

Heute haben alle **Internationalen Finanzinstitutionen** (IFI), sowie die meisten bilateralen Implementierungsinstitutionen Anti-Korruptions-Strategien ausgearbeitet, die im wesentlichen mit den Instrumenten „Hilfeleistung zur Korruptionsbekämpfung“ und Sanktionen gegen korrupte Personen und Firmen, aber auch ganze Länder, arbeiten. Es besteht heutzutage weitgehender Konsens darüber,[6] dass mögliche Sanktionen (z.B. das Aussetzen der Kredit- und Hilfeleistungen an ein bestimmtes Land) nur eine Säule einer solchen Strategie darstellen können. Vielmehr muss man vor allem Hilfestellung zum Aufbau von effektiven Budget-, Kontroll- und Rechenschaftsinstitutionen leisten, damit Korruption in jedem Land selbst von den eigenen Bürgerinnen und Bürgern bekämpft werden kann.

Die **Anti-Korruptionsstrategie der Weltbank**[7], welche beispielgebend für viele andere IFI ist, unterscheidet in ihrer Analyse zwischen „state capture“ und „administrative capture“. Erstere bezieht sich darauf, dass Personen kraft ihrer Position in der Lage sind, Gesetze, Regeln und Politiken zu ihren eigenen Gunsten zu setzen oder auszulegen. Letztere bezieht sich auf Bestechungsannahme im Zuge der Implementierung von Gesetzen und Regeln, z.B. Polizisten, welche Strafgelder für Geschwindigkeitsübertretungen einstecken. Bei der Bekämpfung von „state capture“ ist auf die Gesetzgebungsprozesse einzuwirken, „administrative capture“ muss mithilfe des Strafrechts bekämpft werden. Bei der Bekämpfung zielt die Weltbank prioritär auf „state capture“, da deren erfolgreiche Bekämpfung eine strukturelle Wirkung hat und weithin sicht- und spürbare Signale aussenden kann.

Selbstregulierungsansätze

In den letzten Jahren hat sich auch eine Reihe von nicht-staatlichen internationalen Initiativen zur Korruptionsbekämpfung gebildet. 2003 hat eine Reihe von international tätigen Banken und Finanzinstitutionen die von

4 *www.transparency.org*

5 *www.ti-austria.at*

6 dass das nicht immer so war, dazu sei an die erbitterten Auseinandersetzungen in der Weltbank zu Zeiten des früheren Präsidenten Paul Wolfowitz erinnert,

7 *www.worldank.org*

Nicht-Regierungsinstitutionen ausgearbeiteten sog. **„Equator"-Principles** verabschiedet. Darin verpflichten sich die Banken (inzwischen sind es mehr als 30 Banken aus 21 Ländern), bei großen Finanzierungen (über 50 Mio $) besondere ökologische und soziale Kriterien zu verfolgen, welche von der Weltbank ausgearbeitet worden sind. Dabei werden Projekte in drei Risikokategorien unterteilt, die jeweils unterschiedliche Kriterien und die Einbeziehung von betroffenen Personen aufweisen. Inwieweit diese freiwilligen Kriterien tatsächlich eingehalten werden und zu einer Verbesserung der sozialen und ökologischen Nachhaltigkeit international finanzierter Projekte geführt haben, ist jedoch nicht ausreichend analysiert. 2002 startete George Soros die **„Publish What You Pay"** Kampagne, welche von den Rohstoffe ausbeutenden Unternehmen aus Geberländern die verpflichtende Offenlegung von Zahlungsströmen wie Steuern, Förderzinsen und Konzessionszahlungen an Regierungen und andere öffentliche Institutionen in den Rohstoffländern fordert. Damit sollte dem „Ressource Curse" („Rohstoff-Fluch") entgegengewirkt werden, welcher in vielen einschlägigen Studien dokumentiert (wenn auch nicht ganz einhellig), dass rohstoffreiche Länder diesen Standortvorteil vielfach zur Bereicherung von Eliten, aber weniger zur Armutsbekämpfung im Lande nutzen. Das Europäische Parlament hat 2007 die verpflichtende Annahme dieser Initiative gefordert, die von fast 300 NGO weltweit unterstützt wird. 2003 hat Tony Blair die **Extractive Industry Transparency Initiative** gestartet, die auf dieser Kampagne aufbaut. Bisher haben sich 4 Pilotländer bereit erklärt, die einschlägigen Richtlinien zu testen: Aserbeidjan, Ghana, Kirgistan und Nigerien, eine ganze Reihe anderer Länder haben ihre Bereitschaft erklärt, sich damit auseinanderzusetzen.

Einen besonderen Bereich stellt die Diamantenindustrie („Blutdiamanten") dar. Sie wurde besonders durch die massiven kriegerischen Auseinandersetzungen in Liberia, Sierra Leone und Kongo bekannt, die weitgehend durch den Zugriff einzelner Gruppen auf die Diamantenminen in diesen Ländern finanziert wurden. 2002 wurde von den wichtigsten Diamanten-Verarbeitungsfirmen gemeinsam mit der UNO der **„Kimberley-Prozess"** gestartet, nach welchem alle international gehandelten Rohdiamanten seit 2003 mit einem „Ursprungs-Zertifikat" des jeweiligen Ursprungslandes ausgestattet sein müssen. Alle Diamantengruben und -förderer benötigen eine staatliche Lizenz, alle Verkäufer, Händler etc. müssen von den entsprechenden Behörden registriert und lizenziert sein. Auch hier bemängeln NGOs, dass die Compliance mit den Prinzipien nur äußerst lückenhaft sei und der Prozess hauptsächlich zur Imagepflege benutzt werde.

Ein Problem mit diesen auf Freiwilligkeit beruhenden Vereinbarungen sind sicher die fehlende systematische Überwachung der Implementierung, sowie (mit Ausnahme des Kimberleyprozesses) fehlende Sanktionierung von Übeltätern. Dennoch müssen solche Initiativen als wichtiger erster Schritt gesehen werden, Korruption hintanzuhalten und den natürlichen Reichtum vieler Länder als wirksamen Pfeiler der Armutsbekämpfung zu nutzen. Das Fehlen einer durch eine globale Autorität ausgeübten weltweiten Durchsetzung solcher Prinzipien lässt als einzigen Ausweg erscheinen, dass entsprechende internationale Vereinbarungen abgeschlossen werden, und dass die Überwachungsprozesse der Implementierung solcher Abkommen mit mehr Ressourcen ausgestattet werden. Letzteres könnte wirksam durch „naming and shaming" Mechanismen, also durch An-den-Pranger-Stellen von Übeltätern im der Öffentlichkeit zugänglichen Internet angereichert werden. Dadurch könnte im globalen Wettbewerb die Befolgung von ethischen Kriterien als wichtiger Wettbewerbs- und Qualitätsfaktor verstärkt werden.

Literatur

Selbstregulierung: Mehr als nur Imagepflege?, Finanzplatz Informationen, Basel 4/2004.

Anti-Corruption Strategies in Development Cooperation, Sida Corruption Working Paper 3, Stockholm 2004.

D. Frisch. The effects of corruption on development. The Courier ACP-EU, No. 158, July/August 1995, pp.68-79

Donor Responsibility and the Diversion of Aid Money, Development and Cooperation 2, March/April 2002, 26-27

The World Bank's Anti-Corruption Strategy, Washington, D.C. 2007.

Betrugsbekämpfung in der EU aus der Sicht des Europäischen Parlamentes

Herbert Bösch

Der Kontext

Wo Geld fließt, da kann Betrug geschehen. Wo viel Geld von vielen Händen verwaltet wird, da sind die Möglichkeiten des Betruges auch dementsprechend vielfältig.

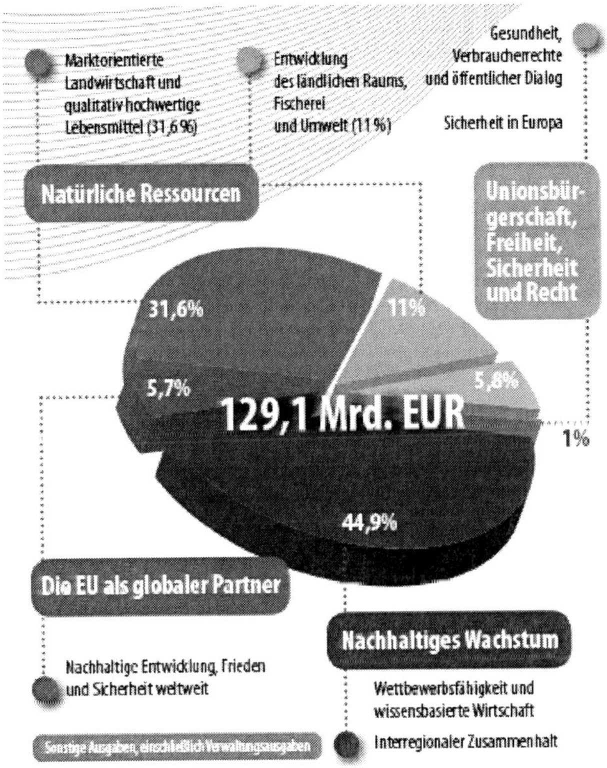

Der Haushalt der Europäischen Union ist in den vergangenen Jahrzehnten um ein Vielfaches gewachsen. War das Budget der Gemeinschaften im Jahre 1958 mit 81 Mio. Euro ausgestattet, so waren es 1970 bereits 3,5 Mrd. Euro, 1980 16,4 Mrd. Euro, 1990 45,6 Mrd.[1] und 2008 129,1 Mrd. Euro[2]. Im gleichen Zeitraum ist die Zahl der Mitgliedstaaten ist von ursprünglich 6 auf inzwischen 27 gestiegen.

---

[1] The Community budget: the facts in figures / European Commission. - Luxembourg: EUR-OP, 1988-2000.23 cm 1998 edition

[2] Grafik und Zahlen: Publikation der Europäischen Kommission

Von dem Gesamthaushaltsvolumen von 129,1 Mrd. Euro im Jahre 2008 werden rund 80 % nicht von Brüssel direkt sondern von den Mitgliedstaaten verwaltet. Dies führte zu einer Vielzahl von Verwaltungskulturen und Kontrollsystemen, die bisher nicht homogenisiert wurden.

Mehr als 35 % des EU-Gesamthaushaltes werden seit mehreren Jahren im Bereich der Strukturfonds und seit dem Beginn 2007 im Bereich nachhaltiges Wachstum aufgewendet und fallen damit in die volle Mitverantwortung der Mitgliedsstaaten.

Gerade in diesem Bereich hat der Europäische Rechnungshof in seinem Jahresbericht über das Haushaltsjahr 2006 feststellen müssen, dass keines der geprüften Kontrollsysteme des ersten Niveaus in den Mitgliedstaaten zu 100% effektiv ist[3].

Im Bereich der landwirtschaftlichen Beihilfen (über 40% des EU Haushaltes) ist die Situation in den Ländern, in denen das INVEKOS-System angewandt wird, wesentlich besser. Das zeigt deutlich, dass ein auf EU Ebene harmonisiertes Kontrollsystem durchaus zur effektiven Mittelnutzung beiträgt und Unregemässigkeiten so gut wie ausschließt.

Leider gibt es auch in Bereichen, deren Mittel von der Kommission direkt verwaltet werden erhebliche Lücken in der Kontrolle der Mittelverwendung. Sowohl der Bereich der Forschungsrahmenprogramme als auch der externen Politikbereiche wurden in den vergangenen Jahren vom Rechnungshof für besonders anfällig für Unregelmäßigkeiten und Betrug erklärt. Die neue Verordnung zum Forschungsrahmenprogramm hat eine Reihe von Verbesserungen mit sich gebracht; so haben sich Auditzertifikate, die von Projekteigentümern beigebracht werden müssen, als ein effizientes Instrument erwiesen. Im Bereich externen Politiken sind Unregelmäßigkeiten besonders auf der implementierenden Ebene nicht auszuschließen. Außerdem haben Europaparlamentarier seit einiger Zeit die ungenügenden Kontrollmöglichkeiten für die Verwendung von EU-Geldern in internationalen Trustfunds kritisiert. Obwohl es seit 2003 das FAFA[4]-Abkommen zwischen der EU und der UN zu gibt, ist dieses aus parlamentarischer Sicht nicht ausreichend. Informationen werden nicht vollständig und oft nur sehr verzögert geliefert. Die Verhandlungen des neuen Abkommens stehen bevor und das Parlament fordert, in die Verhandlungen mit einbezogen zu werden, um dem europäischen Steuerzahler garantieren zu können, dass sein Beitrag entsprechend den Prioritäten und Wertvorstellungen der Union genutzt wird.

[3] Jahresbericht des Europäischen Rechnungshofes für das Haushaltsjahr 2006; Punkt 6.35
[4] Financial and Administrative Framework Agreement

Institutionelle Antworten auf EU-Ebene

Angesichts des steigenden Finanzvolumens und der wachsenden Vielfalt der Mittelverwendung sah sich die EU zu einem bestimmten Zeitpunkt gezwungen, ihre Institutionen an diese Entwicklung anzupassen.

Entwicklungen in der Kommission

Ein Interner Auditdienst für die Kommission: In der Kommission ist in den vergangenen Jahren, nicht zuletzt dank der Kontrolle durch das Europäische Parlament und den Europäischen Rechnungshof, das Bewusstsein um die Notwendigkeit der Verbesserung der Kontrollkapazitäten sowohl im Ex-ante- als auch im Ex-post-Bereich erheblich gewachsen. So wurden sowohl die Abteilungen innerhalb der Generaldirektionen als auch der Interne Auditdienst (IAS) der Kommission erheblich gestärkt.

Zu einer erheblichen Verbesserung der internen Kontrolle der Kontrollsysteme der Kommission hat die Gründung des IAS 2001 beigetragen. Er wurde im Zuge der Verwaltungsreform als neue Generaldirektion der Kommission geschaffen und verfolgt einen risikoorientierten Ansatz, führt Prüfungen der Dienststellen der Kommission sowie horizontale und thematische Prüfungen durch und gibt Empfehlungen ab. Dies und die Stärkung der Kontrollsysteme innerhalb der Generaldirektionen hat bereits heute zu einer erheblichen Verbesserung bei der Aufdeckung von Unregelmäßigkeiten geführt.

Außerdem hat der IAS sich die Verbreitung seiner Erfahrungen in den Mitgliedstaaten zur Aufgabe gemacht. Die IAS Konferenzen sind zu einem Treffpunkt von Auditeuren aus allen Mitgliedstaaten geworden, auf denen die neuesten Entwicklungen besprochen und beste Lösungsansätze aus der privaten und staatlichen Praxis vorgestellt werden.

Eine Betrugsbekämpfungsbehörde, die diesen Namen verdient: Im Betrugsbekämpfungsbereich hat die Kommission bereits einige Jahre zuvor einen entscheidenden Schritt unternommen. Bis 1998 hatte die Kommission die Betrugsbekämpfung in die Hände einer Dienststelle für die Koordinierung der Betrugsbekämpfung (UCLAF) gelegt. Diese Dienststelle war in ihrer Tätigkeit nur bedingt unabhängig, da sie als Task Force dem Generalsekretariat der Kommission unterstellt war und somit in internen kommissionsinternen Fällen nicht die notwendige Unabhängigkeit genoss.

Der Sonderbericht des Rechungshofes 8/98 über UCLAF wurde von mir in der Rolle als Berichterstatter sehr ernst genommen. Mein Bericht[5] zeigte, dass

[5] EP-Entschließung zur Unabhängigkeit, zur Rolle und zum Status der Dienststelle für die Koordinierung der Betrugsbekämpfung (UCLAF) 07/10/1998 (A4-0297/1998)

trotz der in den vorangegangenen Jahren unternommenen Anstrengungen die für die Betrugsbekämpfung zuständige Dienststelle der Kommission nur in beschränktem Umfang handlungsfähig war. Im gleichen Jahr bereitete sich die EU auf eine weitere Erweiterung um 12 neue Mitgliedstaaten vor, der Euro sollte ein Jahr später eingeführt werden, der EU-Haushalt wuchs zunehmend und der Sonderbericht des Rechungshofes zeigte eindeutig, dass die bisherigen Strukturen den wachsenden Anforderungen nicht gewachsen sein würden.

Als Berichterstatter forderte ich deshalb die Kommission auf, *„einen Vorschlag für einen gemeinsamen Beschluss der EP, des Rates, des Europäischen Gerichtshofs und des Europäischen Rechungshofes zur Schaffung eines Amts zur Betrugsbekämpfung (OLAF: Office de lutte antifraude) vorzulegen"*[6]. Weiter legte der Bericht bereits die grundlegenden Anforderungen an solch eine unabhängige Betrugsbekämpfungsbehörde fest. Somit kann man mit Recht behaupten, dass das Europäische Parlament die notwendigen Konsequenzen aus der Konjunktur eines zunehmend komplizierteren Umfeldes, eines wachsenden Finanzvolumens und neuer Anforderungen gezogen hat und der Vater der Europäischen Betrugsbekämpfungsbehörde ist.

Die Kommission hat als Reaktion auf den BÖSCH-Bericht mit ihrem Beschluss 1999/352/EG, EGKS vom 28. April 1999 das Europäische Amt für Betrugsbekämpfung (OLAF) geschaffen. Dieses Amt ist Teil der Behörde „Kommission". Zur Gewährleistung seiner Unabhängigkeit hat das Amt einen besonderen Status. Es hat die Aufgabe, alle erforderlichen Verwaltungsermittlungen zur Betrugsbekämpfung durchzuführen. Das Amt genießt laut Beschluss volle Unabhängigkeit, ist aber Siim Kallas, Vizepräsident der Kommission, unterstellt.

OLAF wurde ein Überwachungsausschuss zur Seite gestellt, der sich aus fünf Persönlichkeiten zusammensetzt und vom Parlament bestätigt werden muss. Im derzeitigen Überwachungsausschuss sitzt im Übrigen eine ehemalige Vorsitzende des Haushaltskontrollausschusses des Europäischen Parlaments, D. Theato.

Die Entwicklung von OLAF zu einem effektiveren Betrugsbekämpfungsinstrument geht weiter. So hat das Europäische Parlament im MUSOTTO-Bericht von Februar 2008 Folgendes gefordert: *„erinnert die Kommission daran, dass sich das Parlament in Ziffer 30 seiner ... Entschließung vom 15. Juni 2006 dafür ausgesprochen hat, „sämtliche Untersuchungsbefugnisse von OLAF in einer einzigen Verordnung zusammenzufassen"; betont gleichzeitig, dass auch die Arbeitsgruppe „Betrugsbekämpfung" des Rates offensichtlich eine*

[6] ebenda, Paragraph 2

Straffung der derzeitigen Rechtsgrundlagen befürwortet[7]; ersucht daher OLAF, im Rahmen seines jährlichen Tätigkeitsberichts für das Jahr 2007 dringend eine Analyse der Interoperabilität der verschiedenen Rechtsgrundlagen vorzulegen, mit denen OLAF Untersuchungsbefugnisse übertragen werden, damit die Ergebnisse dieser Analyse bei der künftigen Überarbeitung der OLAF-Verordnung berücksichtigt werden können; weist in diesem Zusammenhang darauf hin, dass Artikel 280 des EU-Vertrags über die Betrugsbekämpfung auch durch den Vertrag von Lissabon geändert wird[(8)]".

Entwicklungen im Europäischen Parlament
Im Europäischen Parlament ist der Haushaltskontrollausschuss hauptverantwortlich für Fragen der Betrugsbekämpfung in der Union[9]. Die 45 Mitglieder des Ausschusses verfolgen die Arbeiten von OLAF sehr aufmerksam. Der Haushaltskontrollausschuss führt Anhörungen sowohl der Kandidaten für den Generaldirektorenposten von OLAF als auch der Mitglieder des Überwachungsausschusses durch, bevor diese ihre jeweiligen Ämter übernehmen können.

Weiterhin publiziert das Parlament jährlich einen Bericht über den Schutz der finanziellen Interessen der EU, der sich u. a. auf den Jahresbericht von OLAF stützt und die Forderungen des Parlamentes in diesem Bereich an die Kommission und zunehmend an die verantwortlichen Mitgliedstaaten formuliert. Das Parlament nimmt maßgeblich Einfluss auf die weitere Entwicklung des Amtes, da es Fragen der OLAF-Reform beschließt.

Inhaltliche Schwerpunkte aus parlamentarischer Sicht

Im Folgenden soll kurz auf einige Bestandteile des EU-Haushaltes eingegangen werden, die aus Sicht des Europäischen Parlamentes besonders betrugsanfällig beziehungsweise Betätigungsfelder international organisierter Kriminalität sind.

Mehrwertsteuerbetrug / Karusselbetrug
Der Mehrwertsteuerbetrug hat in den vergangenen Jahren ein ungeahntes Ausmaß angenommen. Zur Illustration hier einige Zahlen: das Deutsche Institut für Wirtschaftsforschung schätzt die Ausfälle bei den nationalen MwSt.-Einnahmen für die Jahre 2003 bis 2005 auf 17 bis 18 Mrd. EUR pro Jahr. Die Mitgliedstaaten

---

7 Schreiben an den Direktor von OLAF vom 2. April 2007.

8 ABl. C 306 vom 17.12.2007, S. 127.

9 Geschäftsordnung des EP Anlage VI - V Haushaltskontrollausschuss: ist verantwortlich für: ... 5. die Prüfung von Betrug und Unregelmäßigkeiten bei der Ausführung des Haushaltsplans der Union, Maßnahmen zur Verhütung und Verfolgung derartiger Fälle und den Schutz der finanziellen Interessen der Union im Allgemeinen;

sind generell der Ansicht, dass ihnen jedes Jahr 10 % ihrer MwSt.-Einnahmen entgehen und dass ein Drittel dieser Ausfälle auf grenzüberschreitende „Karussellgeschäfte" zurückzuführen ist. Das britische Oberhaus schätzt die Ausfälle bei den nationalen MwSt.-Einnahmen im Vereinigten Königreich für das Jahr 2005/2006 auf ein Volumen von zwischen 3 500 und 4 750 Millionen GBP, was mindestens 9,6 Millionen GBP pro Tag entspricht.

15% des EU Haushaltes werden über feste Prozentsätze der staatlichen MWSt. Einnahmen finanziert. Die Einbußen durch MWSt.Betrug stehen folglich in direktem Zusammenhang zu den Verlusten für den EU-Haushalt, denn zur Berechnung der Mitgliedstaatenbeiträge aus der MWSt. können natürlich nur tatsächliche Einnahmen der Mitgliedstaaten zur Grundlage herangezogen werden.

Das Europäische Parlament ist der festen Überzeugung, dass dieses Problem nur auf europäischer Ebene gelöst werden kann. Es ist daher umso verwunderlicher, dass es nach wie vor Mitgliedstaaten gibt, die sich einer Zusammenarbeit zwischen den verschiedenen nationalen Stellen und OLAF verweigern.

Illegaler Handel mit echten und gefälschten Zigaretten
Laut OLAF repräsentiert der Anteil von illegal gehandelten Zigaretten rund 10 % aller Schmuggelaktivitäten in Europa. Eine Studie aus Österreich verdeutlicht die Größe des Problems:

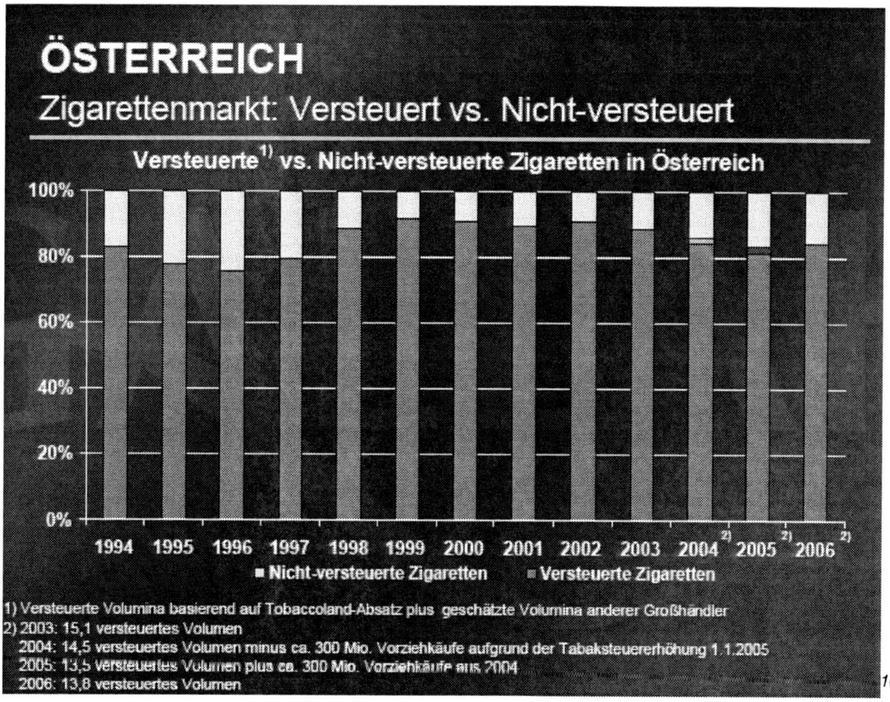

[10]

[10] http://austriatabak.at/assets/docs/pg_2007_04_16_faelschung_schmuggel_final.pdf

Wie aus der Studie zu erkennen ist, liegt der Anteil der nicht-versteuerten Zigaretten in Österreich bei fast 20%. Zum Problem fehlender Steuereinnahmen kommt hier ein erhebliches Gesundheitsproblem für die Verbraucher geschmuggelter Zigaretten hinzu. Laut einer Studie aus dem Vereinigten Königreich enthalten geschmuggelte Zigaretten im Durchschnitt 160 % mehr Teer, 80 % mehr Nikotin und 133 % mehr CO und Arsen. Im Durchschnitt sind fast 50 % der geschmuggelten Zigaretten minderwertige Fälschungen[11].

2004 haben die Kommission, zehn Mitgliedstaaten und der Zigarettenhersteller Philip Morris International (PMI) ein Abkommen unterzeichnet, dem inzwischen alle Mitgliedstaaten außer Großbritannien beigetreten sind. Das Abkommen sieht ein wirksames System zur Bekämpfung des illegalen Handels mit echten und gefälschten Zigaretten vor. Es wurde ein Informationsaustauschsystem zwischen allen Vertragspartnern aufgebaut. Seit Inkrafttreten des Abkommens besteht ein ständiger Austausch über Kontroll- und Folgemaßnahmen zwischen Mitgliedstaaten, OLAF und PMI und eine enge Überwachung des Transportes / Handels mit Zigaretten der Marke PMI. Das erlaubt unter anderem festzustellen, zu welchem Zeitpunkt die Zigaretten in die Hände eventueller Schmuggler gelangen.

Entsprechend dem Abkommen zahlt PMI der Gemeinschaft über den Zeitraum von 12 Jahren 1 Mrd. Dollar, wovon 9,70 % dem Gemeinschaftshaushalt und der Rest den Mitgliedstaaten zugute kommen.[12] Das Europäische Parlament hat das Abkommen begrüßt und besteht darauf, dass die Mittel, die aus diesem Abkommen in die verschiedenen Haushalte fließen, direkt für die Betrugsbekämpfung genutzt werden. Das Parlament hat in verschiedenen Berichten ähnliche Abkommen mit anderen großen Zigarettenmarken im allseitigen Interesse gefordert.

Strukturfondsbereich

Laut Jahresbericht der Kommission 2006[13] liegt das geschätzte Gesamtschadensvolumen einschließlich vermuteten Betruges für das Jahr 2006 bei 1,1 Mrd. Euro (ungefähr 1 % des EU-Gesamthaushaltes). Wiederum weist der Strukturfonds- und Kohäsionsfondsbereich mit 703 Mio. Euro[14] das höchste Volumen an Unregelmäßigkeiten auf. Diese Zahl liegt übrigens erheblich

[11] *http://austriatabak.at/assets/docs/pg_2007_04_16_faelschung_schmuggel_final.pdf*

[12] Bericht der Kommission an das Europäische Parlament und den Rat über den Schutz der finanziellen Interessen der Gemeinschaften - Betrugsbekämpfung Jahresbericht 2006, Punkt 5.4

[13] Bericht der Kommission an das Europäische Parlament und den Rat über den Schutz der finanziellen Interessen der Gemeinschaften - Betrugsbekämpfung Jahresbericht 2006, Punkt 1.1

[14] ebenda

unter dem vom Rechungshof für 2006 im Strukturfondsbereich geschätzten Volumen, das von Unregelmäßigkeiten betroffen wäre.

Der Umfang der Unregelmäßigkeiten im Strukturfondbereich wurde sowohl vom EP-Berichterstatter für den Jahresbericht zur Betrugsbekämpfung MUSOTTO[15] als auch vom Berichterstatter für die Entlastung für den Gesamthaushalt JORGENSEN aufgegriffen.

Infolge des unzulänglichen Zustandes der Kontrollsysteme in den Mitgliedstaaten sind Unregelmäßigkeiten in diesem Bereich nicht auszuschließen. Besonders Ausschreibungsbestimmungen werden nicht eingehalten, was unweigerlich dazu führt, dass nach Auftragsvergabe keine Garantie besteht, dass das qualitativ beste und kostengünstigste Angebot berücksichtigt werden konnte. Das führt zu unkalkulierbaren Einbußen von EU-Fonds.

Die Berichterstatter fordern einerseits die Kommission auf, ihrer „Aufsichtspflicht“ besser nachzukommen und den Ausbau der nationalen Kontrollsysteme noch enger zu begleiten. Andererseits bestehen beide darauf, dass die Mitgliedstaaten ihren Verpflichtungen zur verantwortungsvollen Mittelverwaltung nachkommen. Auch fordern sie die Kommission auf, Sanktionen gegenüber den Mitgliedstaaten zu verhängen, die ihren Verpflichtungen nicht nachkommen. Diese Entwicklung steht im Übrigen in engem Zusammenhang mit der Forderung des Europäischen Parlaments nach einer nationalen Unbedenklichkeitserklärung (national DAS).

Agrarbereich

Der Jahresbericht 2006 [16] stellt fest, dass der Gesamtbetrag der gemeldeten Unregelmäßigkeiten im Jahre 2006 um 15 % auf 87 Mio. Euro im Vergleich zu 2005 gesunken ist. Die vermuteten Betrugsfälle machen etwa 10 % der gemeldeten Fälle aus und entsprechen somit ungefähr 0,06 % des Gesamtvolumens, wobei die Bereiche ländliche Raumentwicklung, der Rindfleischsektor und der Sektor „Obst und Gemüse“ am stärksten betroffen waren.

Aus parlamentarischer Sicht hat die Einführung des INVEKOS-Systems zu erheblichen Verbesserungen in diesem Sektor geführt. Das Parlament hat auf der zügigen Einführung des Systems bestanden. Außer Griechenland haben alle Mitgliedstaaten der EU 15 das System voll umgesetzt. Im Falle von Griechenland hat der Haushaltskontrollausschuss 2007 eine ad-hoc Delegation entsendet, um das griechische Parlament und die Regierung auf die volle

[15] A6-0009/2008, 19.02.2008

[16] Bericht der Kommission an das Europäische Parlament und den Rat über den Schutz der finanziellen Interessen der Gemeinschaften - Betrugsbekämpfung Jahresbericht 2006, Punkt 1.1.2

Unterstützung, die die Kommission bei der Einforderung des Systems durch das Parlament erfährt, aufmerksam zu machen. Das Parlament wird im Falle einer Nichteinhaltung des Aktionsplanes zur Einführung des Systems durch Griechenland Sanktionsmaßnahmen der Kommission voll unterstützen. Nur eine einheitliche Behandlung aller Empfängerländer garantiert aus Parlamentssicht eine effektive Nutzung der EU-Mittel.

Ein Ausblick nach Lissabon

Seit vielen Jahren fordert das Europäische Parlament das Einsetzen eines Europäischen Staatsanwaltes, da es der Meinung ist, dass dies ein wichtiges Instrument für die effektive Betrugsbekämpfung darstellt. Oft wird dem OLAF vorgeworfen, ein Tiger ohne Zähne zu sein, das sollte sich bald ändern. Der Reformvertrag sieht die Möglichkeit vor, das Amt eines Europäischen Staatsanwaltes durch einstimmigen Ratsbeschluss nach der Zustimmung des Europäischen Parlamentes einzurichten. Kann keine Einstimmigkeit erzielt werden, so kann der Rat die Einführung dieses Amtes mit einer Gruppe von mindestens neun Mitgliedsstaaten trotzdem beantragen und beschließen. In beiden fällen braucht es jedoch immer die Zustimmung des Europäischen Parlamentes im Vorfeld. Auch wenn das Mandat einer möglichen europäischen Staatsanwaltschaft zuerst auf den Schutz der finanziellen Interessen der Union beschränkt bleibt, kann der Europäische Rat die Ausdehnung der Zuständigkeit der Europäischen Staatsanwaltschaft auf Tatbestände der schweren grenzüberschreitenden Kriminalität schon bei der Schaffung der Staatsanwaltschaft einstimmig beschließen.

Weiterhin werden Eurojust und Europol einer engeren demokratischen Kontrolle durch das Europäische und die nationalen Parlamente unterstellt. Man kann davon ausgehen, dass die Zusammenarbeit der drei Institutionen OLAF, Eurojust und Europol und der nationalen zuständigen Behörden in den kommenden Jahren zum Schutz der europäischen Bürger und der finanziellen Interessen der Union immer enger werden muss.

Korruptions- und Betrugsbekämpfung durch OLAF

Franz-Hermann Brüner und Ilka Raddatz

I. Einleitung

Die Besonderheit des Europäischen Amtes für Betrugsbekämpfung OLAF (Office Européen de Lutte Anti-Fraude) liegt darin begründet, dass es gerade nicht nur für die Detektion und Sanktion, sondern auch für die Prävention von Betrug und Korruption verantwortlich ist. Dieser Umstand und damit die Art seiner organisatorischen Konstruktion und operativen Tätigkeit, erklären sich aus der Entstehungsgeschichte des Amtes.

II. Entstehung

Gemeinhin wird der kollektive Rücktritt der Kommission Santer vom 16. März 1999 im Zusammenhang mit Betrug und Korruption innerhalb der Kommission als Anstoß zur Errichtung von OLAF beschrieben. Jedoch wurde schon davor die Betrugsbekämpfung innerhalb der Kommission graduell verselbständigt. Schon seit 1988 übte UCLAF (Unité de Coordination pour la Lutte Anti-Fraude) eine koordinierende Funktion innerhalb der für die Betrugsbekämpfung verantwortlichen Dienststellen der Kommission und der dafür zuständigen Behörden der Mitgliedstaaten aus. Die Kompetenzen von UCLAF wurden in den Jahren 1994 und 1998 schrittweise ausgebaut, so dass UCLAF als Task Force „Koordinierung der Betrugsbekämpfung" der Kommission bereits eigenständige Untersuchungen im Bereich der Betrugsbekämpfung vornehmen konnte.

Das Europäische Parlament forderte 1997 eine unabhängige Dienststelle der Gemeinschaft zur Betrugsbekämpfung und verlangte 1998 von der Kommission einen Vorschlag für die Errichtung eines Europäischen Amtes mit eben dieser Zuständigkeit. Die Kommission legte am Tag nach dem Rücktritt der Santer Kommission einen Vorschlag zur Errichtung eines Amtes vor, welches sowohl die bisherigen von der Kommission und UCLAF wahrgenommenen Betrugsbekämpfungsaufgaben umfasst, als auch in der Durchführung seiner Untersuchungen entscheidungsautonom ist. Die förmliche Errichtung des

[1] Der Autor ist Leiter des Europäischen Amtes für Betrugsbekämpfung (OLAF). Die vorliegenden Ausführungen geben ausschließlich die persönliche Auffassung des Verfassers wieder und verpflichten die Europäische Kommission in keinster Weise.

[2] Die Autorin ist Vertragsbedienstete bei der Europäischen Kommission (OLAF). Die vorliegenden Ausführungen geben ausschließlich die persönliche Auffassung der Verfasserin wieder und verpflichten die Europäische Kommission in keinster Weise.

Amtes erfolgte daraufhin durch Beschluss der Kommission vom 28. April 1999, so dass OLAF am 1. Juni 1999 seine Arbeit aufnehmen konnte.

III. Organisation und Struktur

OLAF ist in seiner organisatorischen Konstruktion durch einen hybriden Status gekennzeichnet, welcher sich durch die funktionelle Unabhängigkeit und Zuständigkeit zur Durchführung von so genannten internen Untersuchungen im Binnenbereich der Gemeinschaftsinstitutionen bei gleichzeitiger institutioneller und administrativer Zuordnung zur Kommission beschreiben lässt. Die funktionelle Unabhängigkeit des Amtes wird sowohl durch die Personal- und Finanzautonomie sowie Weisungsunabhängigkeit des Generaldirektors als auch durch die regelmäßige Kontrolle der Ausübung der Untersuchungstätigkeit des Amtes durch den OLAF-Überwachungsausschuss garantiert.[3] Die institutionelle und administrative Zuordnung des Amtes zur Kommission ist u. a. an Kontrollmechanismen zu erkennen, welche von einer allgemeinen verwaltungsinternen Kontrolle der Kommission über die politische Kontrolle der Tätigkeit des Amtes bis zur externen Finanzkontrolle durch den Europäischen Rechnungshof reichen.

Das Amt verfügt 2008 über einen Haushalt von ca. 53 Mio €, beschäftigt ca. 377 Mitarbeiter und gliedert sich in vier Direktionen. Direktionen A und B sind für Untersuchungen und operationelle Aktivitäten verantwortlich, wobei Direktion A mit internen Untersuchungen und Untersuchungen in den Haushaltsbereichen direkte Ausgaben und Außenhilfe betraut ist, während sich Direktion B mit den Haushaltsbereichen Agrarausgaben, Strukturmaßnahmen, Zölle und Verbrauchs- und Mehrwertsteuern befasst. Direktion C unterstützt die operative Tätigkeit des Amtes durch strategische und operative Intelligence-Arbeit, sowie durch die Erstellung juristischer Expertisen. Direktion D umfasst das Personal-, Haushalts- und Pressereferat und befasst sich mit Außenbeziehungen sowie der Vorbereitung von Gesetzgebungsinitiativen im Bereich der Betrugsbekämpfung.

IV. Tätigkeit

OLAF's Mandat umfasst den Schutz der finanziellen Interessen der Europäischen Union und damit den Kampf gegen Betrug, Korruption und sonstige rechtswidrige Handlungen, welche den Gemeinschaftshaushalt schädigen.

---

3 Verordnung (EG) Nr. 1073/99 des Europäischen Parlaments und des Rates vom 25. Mai 1999 über die Untersuchungen des Europäischen Amtes für Betrugsbekämpfung (OLAF), ABl. L 136 v. 31.5.1999.

Aus diesem Mandat und aus der dualen Rolle des Amtes ergeben sich verschiedene Tätigkeitsschwerpunkte:

1. die Durchführung interner und externer Untersuchungen in voller Unabhängigkeit sowie die Koordinierung oder das Monitoring der von nationalen Behörden der Mitgliedstaaten und Drittländern durchgeführten Untersuchungen;
2. die operative Unterstützung der Untersuchungsbehörden der Mitgliedstaaten durch strategische und operative Intelligence-Arbeit, einschließlich technischer Unterstützung wie der Verwaltung von elektronischen Informationsaustauschsystemen AFIS (Informationssystem zur Betrugsbekämpfung) und ZIS (Zollinformationssystem)
3. die Konzipierung der Korruptions- und Betrugsbekämpfungspolitik, wie z.B. die Transparenzinitiative oder die geplante Anti-Korruptionsinitiative
4. die Prüfung von europäischen Rechtsvorschriften auf ihre „Betrugssicherung" durch die Nutzung der Ergebnisse von laufenden und abgeschlossenen OLAF-Untersuchungen
5. die Verwaltung des Aktionsprogramms der Gemeinschaft zur Förderung von Maßnahmen auf dem Gebiet des Schutzes der finanziellen Interessen der Gemeinschaft (Hercule) und somit die Förderung von Forschung, Training und technischer Unterstützung auf dem Gebiet der Betrugsbekämpfung.

Ein besonderes Merkmal der erfolgreichen Betrugs- und Korruptionsbekämpfung durch OLAF ist die Einbindung in internationale Netzwerke und die Pflege internationaler Beziehungen. Durch diese Ausrichtung wird sowohl der Informationsaustausch zwischen den Untersuchungsbehörden multilateraler Organisationen verbessert als auch internationale Standards gesetzt und verglichen. Damit die internationale Zusammenarbeit jedoch nicht nur ein Produkt persönlicher Beziehungen und Netzwerke bleibt und damit persönlichen Sympathien und Antipathien unterworfen ist, sind die Institutionalisierung und eine gewisse Formalisierung der Kooperation und Koordination von immanenter Bedeutung. OLAF nimmt aus diesen Gründen u. a. in folgenden Expertenforen eine prominente Stellung ein:

- **International Investigators Conference:** Im Rahmen der Internationalen Ermittlerkonferenz treffen sich mehr als 100 hochrangige Beamte aus verschiedenen Ländern und unterschiedlichen internationalen Organisationen wie den Vereinten Nationen, der Weltbank, der Organisation für wirtschaftliche Zusammenarbeit und Entwicklung (OECD), dem Europarat, der EU und der multilateralen Entwicklungsbanken, um die Effizienz ihrer operativen Maßnahmen zu erhöhen. Der Generaldirektor von OLAF nimmt als Leiter des Konferenzsekretariats an den jährlichen Treffen teil, deren wichtigstes Resultat die Verabschiedung der Einheitlichen Leitlinien für Ermittlungen darstellt.

- **International Group for Anti-Corruption Coordination (IGAC)**: Dieses Forum koordiniert internationale Organisationen und Nichtregierungsorganisationen im Bereich der Korruptionsbekämpfung. Der Generaldirektor von OLAF ist Vorsitzender dieser Gruppe, welche sich neben der Unterstützung der UN Konvention zur Bekämpfung der Korruption als Ziel setzt, Überschneidungen von Projekten im Bereich der Korruptionsbekämpfung zu vermeiden. Aus diesem Grund wurde eine Datenbank eingerichtet, welche die Projekte der Organisationen umfasst und damit einen Informationsaustausch und -abgleich ermöglicht.
- **Interpol Group of Experts on Corruption (IGEC)**: Diese Sachverständigengruppe entwickelt und implementiert Korruptionsbekämpfungskonzepte, wie z.B. die Interpol Antikorruptions-Akademie. Experten von OLAF, der Interamerikanischen Entwicklungsbank, von Transparency International, der Universität von Ottawa und des Interpol-Generalsekretariats sind neben Vertretern aus Strafverfolgungsbehörden verschiedener Länder Mitglieder dieser Gruppe, deren wichtigstes Ergebnis die Formulierung von „Global Standards" zur Bekämpfung der Korruption innerhalb von Strafverfolgungsbehörden ist.
- **OLAF Anti-Fraud Communicators Network**: Das OLAF-Netz von Kommunikationsbeauftragten im Bereich der Betrugsbekämpfung setzt sich zusammen aus dem Sprecher von OLAF und den mit der Öffentlichkeitsarbeit befassten Sprechern und Informationsbeauftragten der nationalen Ermittlungsdienste. Im Rahmen des Netzwerkes werden Medienmaßnahmen entwickelt, die den Erfolg der Verwaltungszusammenarbeit zwischen OLAF und den nationalen Ermittlungsdiensten auf operativem Gebiet zeigen. Als Teil der unabhängigen externen Kommunikationsstrategie von OLAF wird damit u. a. der Schutz der finanziellen Interessen der Gemeinschaft stärker ins Bewusstsein der europäischen Bürger gerückt.

Weiterhin nehmen OLAF-Experten regelmäßig als Sprecher an internationalen Konferenzen und Veranstaltungen teil. Geplant ist außerdem ein Europäisches Anti-Korruptionsnetzwerk, welches die Zusammenarbeit und den Informationsaustausch zwischen den mitgliedstaatlichen Behörden fördern soll.

V. Entwicklungsperspektiven

Für die Zukunft des Schutzes der finanziellen Interessen der Gemeinschaft ist die Frage zu klären, welche Lehren aus der nunmehr 9-jährigen operativen und politischen Erfahrung von OLAF gezogen werden können, damit dieser weiterhin effektiv gewährleistet werden kann.

Die Verbindung der Aufgabenstellungen eigenständige Untersuchungstätigkeit und Betrugsbekämpfungspolitik in einem Amt wird von außen problematisiert und es wird immer wieder gefordert, diese durch eine Konzentration auf die Kernkompetenz des Amtes, die Untersuchung und die Koordinierung derselben, aufzulösen. Gerade diese politische Funktion ermöglicht es OLAF aber, im Bereich der Prävention von Betrug und Korruption tätig zu sein.

Weiterhin ist nicht eindeutig definiert, ob die Untersuchungstätigkeit von OLAF verwaltungsrechtlichen oder strafrechtlichen Charakter hat. Daraus ergibt sich in der Praxis das Problem, dass Verfahrensgarantien und damit die Rechtsstellung von natürlichen und juristischen Personen, welche Gegenstand von OLAF Untersuchungen sind, nicht geregelt sind sowie der Rechtsweg zur Überprüfung der Untersuchungstätigkeit von OLAF nicht eindeutig bestimmt ist. Dem könnte durch einen Katalog, der die für Untersuchungsbetroffene geltenden Verfahrensrechte enthält, sowie durch eine unabhängige Instanz (EuG bzw. EuGH), die die Untersuchungstätigkeit von OLAF kontrolliert, begegnet werden.

Der Kompromiss zwischen funktioneller Unabhängigkeit und verwaltungstechnischer Angliederung des Amtes an die Kommission birgt zahlreiche Probleme. Besonderer Klärung bedarf hierbei die Frage nach einer Kontrolle bzw. eines Garanten der Unabhängigkeit von OLAF, welche sicherlich nicht durch den OLAF-Überwachungsausschuss, aber möglicherweise durch eine gerichtliche Kontrolle beantwortet werden könnte.

Diese Verbesserungsvorschläge wären durch eine grundlegende OLAF-Reform umzusetzen und einige dieser Fragen würden sich erübrigen, wenn sich OLAF und Eurojust zu einer Europäischen (Finanz-) Staatsanwaltschaft entwickeln könnten. Dies hängt momentan von einer Ratifizierung des Vertrages von Lissabon sowie dem politischen Willen der Mitgliedstaaten ab, eine Europäische Staatsanwaltschaft für das Gebiet des Schutzes der finanziellen Interessen der Gemeinschaft zu schaffen.

Korruption im Außenhandel

Maximilian Burger-Scheidlin

Meist wird das Thema Korruption unter dem Gesichtspunkt Ethik und möglicher strafrechtlicher Konsequenzen als allgemeines geschäftliches Übel betrachtet, dem man auf vielen Exportmärkten nicht ausweichen kann. Kaum ein Manager macht sich Gedanken wie man vielleicht doch dem Problem Korruption ausweichen oder gar aktiv präventiv einer Anforderung von Schmiergelder vorbeugen kann.

Auch machen sich viele Manager, aber auch Amtsträger kaum Gedanken über die vielen Risiken, die sie durch Korruption eingehen. Die Bestechung von ausländischen Amtsträgern ist genauso problematisch wie die Bestechung von Mitarbeitern anderer Unternehmen. Zudem wissen viele Unternehmer nicht, dass – oft durch einen „lockern externen Umgang mit Geld" - auch einige ihrer eigenen Mitarbeiter bestechlich werden.

Korruption - gibt es nur Gewinner ?

Auf den ersten Blick gibt es bei Korruption keine Geschädigten – der Zahler gewinnt einen Auftrag, der Nehmer kann seine Familie „besser versorgen". Erst bei näherem Hinsehen realisiert man dass beide Seiten langfristig verlieren.

Je mehr Schmiergelder verlangt werden, desto langsamer gelangt man zu Entscheidungen, die vielfach „suboptimal" gefällt werden. Es wird ein Lieferant mit überhöhten Preisen, ein Dienstleister mit unzureichender Qualität ausgewählt. Als Konsequenz sinkt die Qualität der eigenen Produkte und damit die eigene Wettbewerbsfähigkeit.

Um die verlangten Schmiergelder zahlen zu können werden entweder die Preise erhöht um die „Extrazahlungen" unterzubringen, oder man „spart" bei der Durchführung – verwendet z.B. einen Billigzement beim Hochhaus- und Brückenbau.

Wenn Unternehmen Ihren Mitarbeitern bei der Akquirierung von Aufträgen „freie Hand geben" Einkäufer und Entscheidungsträger eventuell zu bestechen (oder dies sogar anordnen) wird ein „salopper Umgang" mit Geldern intern im Unternehmen selbst eintreten. Manche Mitarbeiter, die in dieser Kultur leben, werden es mit Geldern dann vielleicht nicht so genau nehmen, selbst bestechlich werden, kick-backs annehmen, zu firmeninternem Betrug neigen etc. Produktionsumstellungen werden langsamer voran gehen, weil Mitarbeiter fürchten, ihre „ausgehandelten Privatmargen“ zu verlieren. Wenn andere Mitarbeiter vermuten, dass ein Kollege „nimmt“, sinkt die Arbeitsmotivation. Ein paar werden versuchen, sich in ihrem eigenen Bereich ebenfalls zu bereichern.

Die Folgeschäden von Korruption kosten die jeweilige Volkswirtschaft um ein vielfaches mehr, als die ausgezahlten Bestechungsgelder. Dies kombiniert mit den Verzögerungen bei der Auftragsvergabe, der Unsicherheit der Wirtschaft auf welcher (Un-)Rechtsgrundlage Aufträge vergeben werden (nicht objektive Qualität zählt, sondern die größere „Freundschaft“) führt letztlich langfristig zu weniger Investitionen und einem schlechteren Wirtschaftswachstum, höheren Arbeitslosenraten und einer Verarmung breiter Schichten der Bevölkerung. Aber auch die durch Korruption zu Wohlstand gekommenen vergeben sich – aufgrund des schlechten Wirtschaftswachstums – vieler Chancen und Geschäftsmöglichkeiten für sich und ihre Kinder.

Ursachen

Die Ursachen sind vielfältig. In ärmeren Ländern sind vielfach die offiziellen Gehälter so niedrig, dass Beamte, aber auch Privatangestellte nicht, oder nur schwer davon leben können. Offiziell hört man, es sei kein Geld da, Beamte und Angestellte höher zu bezahlen. Dies ist aber nicht ganz richtig! Denn all die Gelder, die zwecks Bestechung gezahlt werden, sind ja Gelder die offensichtlich in der Volkswirtschaft zirkulieren. Nur werden sie teilweise direkt als Gehalt und teilweise indirekt, als Bestechungsgeld ausgezahlt. Volkswirtschaftlich gesehen entsteht der Schaden weniger in der Summe der gezahlten Bestechungsgelder, als viel mehr in den dadurch ausgelösten Zeitverlusten bei Projekten und Zollabwicklungen bzw. durch die mittels Bestechung ausgelösten Fehlentscheidungen.

Die durch Korruption ausgelösten Folgekosten sind wesentlich höher als die Summen der bezahlten Bestechungsgelder. Ein Haus wegen grober Baumängel abreißen zu müssen, ist wesentlich teurer als der „Gewinn“, den Korrupte aus „illegalen Einsparungsmaßnahmen“ gezogen haben.

Aber es sind nicht nur die relativ Armen, die korrupt sind (sein müssen ?). Vielfach ist es die Gier von Machthabern (Politikern, Amtsträgern, Managern), die es wahrlich nicht notwendig haben, aber die Gelegenheit einer schwachen Gesetzesdurchsetzung nützen (die Gesetzeslage selbst wäre in den meisten Staaten durchaus ausreichend) um sich auf Kosten der Allgemeinheit oder der Unternehmen zu bereichern.

Korruption ist aber auch einer der wesentlichen Faktoren, warum in manchen Staaten weniger investiert wird! Der von Transparency International publizierte „International Corruption Index“ listet die Länder beinahe in umgekehrter Reihenfolge, als in jenem Index, wo Unternehmen gerne investieren!

Korruption ist somit direkt Auslöser falscher Ressourcenallokation in den betroffenen Unternehmen, Regionen und Ländern. Die Konsequenzen sind neben großer Zeitverzögerung in der Abwicklung, eine mindere Qualität bei Produkten, Infrastruktur oder Dienstleistungen. Dies hat zur Folge, dass die Preise in Proportion zum Weltmarkt überhöht sind und die entsprechenden Unternehmen und Regionen somit am Weltmarkt weniger konkurrenzfähig sind, eine schlechtere Infrastruktur, höhere Arbeitslosigkeit, größere Armut und weniger Steueraufkommen haben. Somit ist die Voraussetzung geschaffen, keine höheren Gehälter zahlen zu können.
Über die letzten Jahre hat Georgien gezeigt, dass eine systematische Korruptionsbekämpfung, gepaart mit Systemänderungen und höheren Gehältern, auch in sehr schwierigen Regionen beachtliche Verbesserungen bringen kann.

> ***„Korruption ist stillschweigende Verteuerung von Produktion und Waren bei gleichzeitigem Qualitätsabfall !“***

Geschäfte „nur mit Sonderzahlungen“ möglich ?

Leider hält sich hartnäckig das Gerücht von den „bösen“ international tätigen Unternehmen die alle Welt rund um sich korrumpieren (übrigens der überwiegende Teil der international tätigen Unternehmen sind hoch spezialisierte Klein und Mittelstandsunternehmen).

Die Wirklichkeit stellt sich ein wenig anders dar. Unternehmen wollen ihre Geschäfte rasch und nachhaltig abwickeln. Sie sind daran interessiert möglichst oft in der gleichen Branche, in einem Land, das sie bereits kennen ein Geschäft zu wiederholen. Das heißt, dass sie im Prinzip daran interessiert sind vor Ort keine Strafrechtsverletzung zu begehen, denn dann könnten ja nachfolgende Geschäfte im gleichen Land gefährdet sein. Wenn ihnen aber im Zuge der Geschäftsabwicklung „Steine“ in den Weg gelegt werden, staatliche Genehmigungen nur durch „Sonderzahlungen“ zu erhalten sind, manche Gesetze so formuliert sind, dass Amtsträger fast nach Gutdünken entscheiden können, sind leider jedoch viele bereit diese Hürden durch Korruptionszahlungen zu überwinden,

Diejenigen, die Bestechungsgelder verlangen sind vielfach Beamte oder Politiker (bzw. deren Handlanger), teilweise aber auch die Einkäufer und Manager aus größeren Unternehmen.

Wir sehen in unserer Praxis ca. 5% an Unternehmen, die schon bei den ersten Verhandlungen freiwillig ein Schmiergeld für den Einkäufer anbieten Nur rund 5% der Unternehmen wehren sich aktiv gegen Aufforderungen doch Bestechungsgelder zu zahlen – und nehmen bewusst einen Abbruch der Verhandlungen in Kauf. Der Großteil der Unternehmen würde lieber keine Bestechungsgelder zahlen, ist aber nicht bereit ein Geschäft platzen zu lassen nur weil eine „kleine Bonifikation“ gefordert wurde. Man zögert die „Sonderzahlung“ so lange hinaus, bis die fordernde Seite androht das Geschäft platzen zu lassen – und zahlt dann unfreiwillig doch.

Kürzlich hat angeblich ein früherer Siemens-Beschäftigter ausgesagt, in Afrika und anderen Teilen der Welt sei es oftmals nur mit Sonderzahlungen möglich, Aufträge zu bekommen !

Wie gestalten sich denn diese Situationen in der Praxis:

- Der Einkäufer, dem Sie gegenübersitzen, gibt vor, von Ihrer „freundlichen Konkurrenz“, der Firma X, bereits ein nettes „Zusatz-Taschengeld“ zugesagt bekommen zu haben. Da werden Sie doch nicht zurückstehen !?!

- Ihr Verhandlungspartner, ein hoher ausländischer Beamter, lächelt „süßlich“, aber Sie bekommen keine Entscheidung. Drei Tage später kontaktiert Sie ein lokaler Vermittler und verspricht, gegen eine Summe X, Ihnen den Auftrag zukommen lassen zu können… - er werde alles Nötige im Hintergrund regeln !?!

- ...und Sie wissen nicht was zu tun ist? Nur ungefähr kennen Sie die Rechtslage, Gebräuche und wirtschaftlichen Rahmenbedingungen. Sie haben keine Ahnung, wer wo wirklich die Fäden zieht, wer die echten Entscheidungen im Hintergrund trifft. Sie brauchen aber den Auftrag dringend! Arbeitsplätze hängen davon ab! …und Sie haben keine Zeit! Übermorgen müssen Sie schon ins nächste Land - mit ähnlichen Unsicherheiten - abfliegen. …und die böse Konkurrenz hat Sie ja schon neulich ausgebootet – angeblich bei Schmiergeldern überboten !?

Leider gehen viele Verkäufer und Exportmanager ohne ausreichendes Hintergrundwissen über die lokalen Usancen und Machtstrukturen in die ersten Verhandlungen, auch sind die wenigsten ausreichend über Anti-Korruptionsstrategien und Gegenattacken informiert. Unweigerlich kommt bei dieser uninformierten, passiven Haltung (nicht nur in Afrika, sondern auch in unseren Breiten) dann die Frage „nach einer kleinen Unterstützung“ und im Gegenzug ein Anbot für „günstigen Wind und Hilfe bei der erfolgreichen Umsetzung“.

Wenn ein Manager sich erst selbst einmal in diese Situation (ohne seine Hausaufgaben wirklich gemacht zu haben, ohne Aktivitäten zur Korruptionsprävention gemacht zu haben) hineinmanövriert hat und er gleichzeitig gierig nach Aufträgen ist, bleibt in diesem fortgeschrittenen Stadium oft nur mehr die Alternative „zahlen“ oder „aufstehen und gehen“.

Worüber viele nicht nachdenken... - Risiken durch Korruptionszahlungen !

Es beginnt bei kleinen Unsicherheiten - Bleibt der „Geschmierte“ an der Macht? Wird er seine Zusagen einhalten? Werde man noch gute Geschäfte machen, wenn der „Partner“ abgesetzt wird? Wie viele „ach so wichtige Personen“ werden zusätzlich aufspringen wollen? Wird jemand künstlich neue Barrieren errichten um zusätzlich „mitnaschen“ zu können ?

Wer einmal gezahlt hat, wird von seinem Partner und seinen Freunden und „nicht so freundlichen Mitwissern“ langfristig als „Melkkuh“ betrachtet. Eine Studie der Weltbank belegt – einmal zahlen, heißt immer wieder zahlen zu müssen !

„Einmal zahlen – heißt langfristig immer wieder zahlen müssen !“

Aber auch größere Risiken entstehen aus Korruption - Korruption ist im Heimatland strafrechtlich verfolgbar, auch wenn sie von Agenten im Ausland durchgeführt wurde! Korruption bildet ein ideales Einfallstor für Schutzgeld-Erpressungen durch mafiöse Gruppen und für Erpressungen und Spionage-Aktivitäten durch Neider, „freundliche Konkurrenten“ und (Ex-)Mitarbeiter.

Wenn öffentliche Aufträge durch „Hilfszahlungen“ akquiriert wurden und die Entscheidungs-träger sich ändern, muss man davon ausgehen, dass entweder das Projekt gestoppt wird, oder man den neuen Machthabern die gleiche Summe nochmals zahlen „muss“.

Und woher haben Sie Geld um bestechen zu können? Wie verbuchen Sie Bestechungsausgaben steuerlich? Meist steht am Beginn ein Finanzvergehen im Inland. Man muss weißes Geld erst einmal aus dem heimischen Buchhaltungs-Kreislauf hinausbringen, dann das Geld waschen um letztlich zu bestechen – 3 sukzessive Straftaten... - und bei jedem Schritt gibt es „noch“ freundliche Mitwisser.

„Korruption - und Sie sind langfristig erpressbar !“

Juristisches Umfeld: Korruption ist strafbar – auch wenn sie im Ausland erfolgt

Sie können in Österreich strafrechtlich belangt werden, wenn Ihr Agent, Ihr „Berater“ oder der Manager Ihrer Tochterfirma oder Repräsentanz für Sie im Land Y einen Amtsträger besticht, um für Ihre Firma einen Auftrag zu akquirieren.

Ein Unternehmer X will im Staat Y ein Produkt einführen. Eine lokale amtliche Prüfstelle muss die Gebrauchssicherheit bescheinigen. Um das langwierige Prüfverfahren zu vermeiden, bietet X einem Mitarbeiter der Prüfstelle einen Geldbetrag dafür an, dass dieser die Gebrauchssicherheit ohne Prüfung bescheinigt. X macht sich nach österreichischem Recht damit strafbar!

Aufgrund der OECD- und UN-Konventionen gegen Korruption sowie aufgrund des österreichischen Verbandsverantwortlichkeitsgesetzes ist auch im Ausland begangene Korruption in Österreich strafrechtlich verfolgbar und das österreichische Unternehmen auch für das Verhalten all seiner Vertriebspartner verantwortlich.

Die Exportkreditversicherung erlischt, wenn das Geschäft durch Korruption zustande kam. So manche ausschreibende Stelle verlangt bereits von Anbietern firmeninterne „Selbstverpflichtungsklauseln“ betreffend Antikorruption. Bei Vertreter- und Beraterhonoraren etc. wird auf die Branchenüblichkeit abgestellt. Sollten sie zu hoch sein, könnten darin versteckte Bestechungsgelder vermutet werden.

Als Konsequenz sollten Unternehmen entsprechende Antikorruptionsklauseln in Verträge mit Vertriebspartnern sowie in die Anstellungsverträge mit Mitarbeitern aufnehmen sowie diese entsprechend über Anti-Korruptions-Strategien und Methoden schulen. Tun sie dies nicht, ist das Unternehmen unter Umständen für die Folgen verantwortlich und haftbar.

KORRUPTION – EIN VERMEIDBARES ÜBEL

Prävention sollte der Leitgedanke eines Antikorruptionsprogramms sein. Bereits das Entstehen von Situationen, aus denen sich Korruption entwickeln kann, sollte möglichst verhindert werden.

Es gibt viele Möglichkeiten eine gegebene Situation zu verbessern.

Der häufigste Ansatz ist der repressive: die Gesetze effizienter zu gestalten und die Strafen zu verschärfen.

Aus unserer Sicht hört sich das zwar gut an, ist aber in der Praxis nur wenig effizient, wenn nicht zugleich die Ursachen für Korruption gelöst werden. Wenn z.B. ein Zöllner nur € 30.- /Monat verdient (wie in vielen ärmeren Ländern) er aber rund € 100.- benötigt um seine Kinder zu versorgen, ist er quasi „gezwungen" irgendwo zu stehlen.

Singapur ist da einen anderen Weg gegangen. Man zahlt den öffentlichen Bediensteten mehr als diese auf vergleichbaren Posten in der Privatwirtschaft verdienen könnten. Als Resultat sind viele der besten Köpfe des Landes im öffentlichen Dienst und dadurch konnte man eine höchst effiziente, schlanke Verwaltung aufbauen. Dies, kombiniert mit sehr hohen Strafen für Korruption war ein sehr erfolgreicher Weg Korruption nachhaltig stark zu reduzieren.

Obige Lösungsansätze funktionieren nicht, wenn Korruption durch höchste Regierungsstellen gedeckt wird bzw. diese daran partizipieren. Hier ist es nur möglich, einerseits durch internationale Medienkampagnen und Ächtung durch andere Staaten, andererseits durch scharfe internationale rechtliche Maßnahmen zur Beschlagnahme von Geldern aus Korruption und Geldwäsche weiterzukommen (die UN Konvention gegen Korruption bietet hier ein gutes Instrumentarium – und wird jetzt langsam weltweit in lokalen Gesetzen umgesetzt).

Das gleiche oben skizzierte System von „Zuckerbrot und Peitsche" sollte auch im privaten Sektor Anwendung finden. Adäquate Bezahlung ist ein Faktor, daneben ist es aber auch wichtig, dass die Stimmung im Unternehmen konstruktiv und positiv ist und sich das Management ethisch richtig verhält.

Transparenz sollte der Schlüssel aller Anti-Korruptionsmaßnahmen sein !

Korruptionsdelikte geschehen meist „unter Ausschluss der Öffentlichkeit" und haben kein leicht identifizierbares Opfer. Wenn man weiß, wo Abhängigkeiten sind (Transparenz), sind Lösungen in vielen Situationen relativ leicht zu finden.

Viele Personen schrecken zurück sich an Korruption zu beteiligen, wenn sie wissen, dass morgen die Medien und die Gesellschaft davon erfahren könnten.

Auch können die Grenzen zwischen noch hinnehmbarem und bereits korruptem Verhalten nicht immer scharf gezogen werden („Grauzonen"). Transparenz hilft, das Problem dieser Grauzonen zu minimieren. Wenn Ihr Verhalten morgen in der Zeitung stehen kann – wird es wahrscheinlich noch vertretbar sein.

Prävention von Korruption im Außenhandel – aus der Sicht von Unternehmen

Damit Unternehmen glaubwürdig bei Verhandlungen im Ausland eine klare Anti-Korruptionslinie kommunizieren und auch durchhalten können, sind eine Reihe von internen vorbereitenden Maßnahmen zweckmäßig.

1. Unternehmen müssen zweckmäßige Führungs-, Organisations- und Verhaltensregeln einführen und diese auch leben. Präventiven Maßnahmen sollten durch repressive ergänzt werden. Für den Fall des Verstoßes sollen Disziplinarregelungen, arbeits-rechtliche Konsequenzen, Schadenersatz und Strafverfolgung nicht nur angedroht, sondern auch umgesetzt werden.

2. Die neue Anti-Korruptionsstrategie muss nach außen an Mitarbeiter, Lieferanten, Vertreter, Berater, die Medien und alle Geschäftspartner kommuniziert werden.

3. Mitarbeitern muss klar kommuniziert werden, dass die Geschäftsführung lieber auf einen Auftrag verzichtet, als in einen langjährigen Korruptionssumpf hineingezogen zu werden. Auch muss klargestellt werden, dass das Management weiß, dass Geschäfte ohne Korruption längere Vorlaufzeiten benötigen und längere Recherchen der Geschäfts- und Machtstrukturen im Zielland voraussetzt.

4. Mitarbeiter müssen geschult werden, wie sie sich in einer Gefährdungssituation durch Korruption richtig verhalten können. Dies beinhaltet gleich zu Beginn neuer Verhandlungen auf die Anti-Korruptionspolitik des Unternehmens hinzuweisen und klar zu machen, dass diese nicht verhandelbar ist.
   Manche Verhandlungspartner werden dennoch versuchen Schmiergelder zu erheischen. Dafür sollte der Exportmanager ein gut einstudiertes Repertoire an verbalen Gegenattacken parat haben.

5. Bei sehr großen Projekten werden diese Strategien nicht immer zum Ziel führen, v.a. wenn die Korruption von oberster (staatlicher) Stelle gedeckt wird.

   Aber bei derartigen Großprojekten gibt es meist nur eine kleinere Anzahl von bekannten Anbietern. Hier können – unter Einbeziehung der Politik und Medien im Heimat- und Empfangsstaat – sogenannte „Integrity Alliances" abgeschlossen werden. Vereinbarungen, die zwischen den Mitbewerbern einerseits und der ausschreibenden Stelle andererseits geschlossen werden und besagen, dass bei diesem Projekt nicht geschmiert wird.

Eine harte Anti-Korruptionslinie ist in vielen Fällen durchhaltbar, wenn sie von vornherein klar kommuniziert wurde und das Unternehmen präventiv seine Hausaufgaben - v.a. im Zielland - ordentlich gemacht hat.

- Ein mexikanischer Polizist „spezialisierte" sich auf „angebliche" Verkehrssünder. Denjenigen, die nicht zahlen wollten, drohte er, sie mit in die Polizeizentrale zu nehmen. Aber diejenigen, die sich bereit erklärten, sofort mitzukommen, ließ er laufen, denn dort hätte er selbst zu viel Zeit „ für neue Geschäfte" verloren.

- Ein sudanesischer Geschäftsmann erklärte allen, er zahle aus ethischer Überzeugung niemals Bestechungsgeld, aber er habe Handschlagqualität, liefere just-in-time und biete bestes Service. Mit einigen Monaten Verspätung konnte er all seine legitimen Geschäfte durchsetzen.

- Eine Pharmafirma mit strikter Anti-Korruptionsstrategie wollte in einer russischen Provinz eine Fabrik bauen. Knapp vor Baubeginn verlangte der Gouverneur noch seinen „Anteil". Die Pharmafirma verweigerte die Zahlung und brach das Projekt ab. Auch brachen ein paar andere ausländische Investoren ihre Projekte in der Provinz des geldgierigen Gouverneurs ab. Zwei andere Provinzgouverneure hatten das Drama beobachtet und luden die Pharmafirma ein, bei sich neue Fabriken (ohne Schmiergelder) zu bauen.

KORRUPTION - SAUBER BLEIBEN LOHNT SICH

Unternehmen sollten – schon aus Sicht eines professionellen Risikomanagements - eine klare Anti-Korruptionspolitik fahren, auch wenn es keine strafrechtlichen Konsequenzen gäbe. Die Entscheidung ohne Schmiergelder durchzukommen, ist in zahlreichen Ländern erfolgreich, obwohl man mehr Zeit bis zum Geschäftsabschluss benötigt. Daher sollte jedes Unternehmen eine Business-Ethik-Strategie erarbeiten und konsequent umsetzen.

Die firmeninterne Antikorruptionspolitik muss voll und beispielgebend von der Unternehmensleitung getragen werden. Diese muss eine „Zero-Tolerance" Strategie kommunizieren und klar schriftlich festlegen, dass eher auf ein Geschäft verzichtet wird, bevor man schmiert.

Der öffentliche Sektor ist das Spiegelbild. Amtsträger werden durch Korruption erpressbar und manipulierbar. Die eigentliche Aufgabe des Staates, das öffentliche und private Leben zu regulieren und Werte zu kommunizieren und einzufordern bleibt dann hinter der privaten Gier einiger Amtsträger und deren Partnern aus dem privaten Sektor zurück. Staatsvermögen wird verschleudert,

Investitionen sinken, Armut breitet sich aus, radikale Strömungen gewinnen die Oberhand und kriminelle Netzwerke triumphieren. Langfristig führt dies zu Bürgerkriegen, Menschenschmuggel, Terrorismus und „failed states“.

Eine klare Anti-Korruptionspolitik in Staat und Wirtschaft führt zu stetigem Wirtschaftswachstum, mehr Geschäftschancen und stark steigenden Einkommen auch für Beamte.

Korruptionsbekämpfung – Internationale Anregungen zum Thema

Elisabeth Dearing

Korruptionsbekämpfung ist eine wichtige Herausforderung für die öffentliche Verwaltung, Korruptionsprävention der erste Schritt dazu. Das Public Governance Committee der OECD befasste sich in den letzten Jahren zunehmend intensiv mit dem Thema „Ethik und Korruption im öffentlichen Sektor" (siehe dazu auch die Broschüre „The OECD fights corruption – anticorruption tools and expertise from OECD" unter www.oecd.org). Der Ansatz dazu ist ein umfassender und integrierter. Dies bedeutet, dass neben Sanktionsnormen insbesondere eine entsprechende Politik, das entsprechende Management und eine entsprechende Organisationskultur über den Erfolg oder Misserfolg von Korruptionsbekämpfung entscheiden. Die folgenden Anregungen der OECD basieren auf Fallstudien in einzelnen Mitgliedsstaaten und den Arbeiten in einer Arbeitsgruppe.

Die **Entwicklung einer Politik der Korruptionsbekämpfung** bildet den notwendigen Rahmen. Zu diesem Rahmen zählt eine klare Definition von Interessenskonflikten, die neben den „gängigen" Beschreibungen von Korruptionstatbeständen (wie die ungerechtfertigte Annahme von Geldbeträgen für eine staatliche Leistung) auch die sogenannten „Graubereiche" mit umfasst. (z.B. Sponsoring oder das Bereitstellen von Personal). Die Politik muss auch sicherstellen, dass alle MitarbeiterInnen wissen, was von Ihnen erwartet wird und das Management weiß, was im Verdachtsfall zu tun ist.

Das **Verwaltungsmanagement ist für die Umsetzung der Antikorruptionspolitik** verantwortlich. Dazu zählt eine Fülle von Maßnahmen mit unterschiedlicher Stoßrichtung:

- **Führungskräfte** haben die Aufgabe, nach außen glaubwürdig und durch eigenes Beispiel deutlich zu machen, dass die Verwaltungsorganisation und ihre MitarbeiterInnen alles tun um Korruption vorzubeugen und zu bekämpfen.
- **Zusammenarbeit mit und zwischen den MitarbeiterInnen** bei der Entwicklung von Strategien und Maßnahmen zur Korruptionsbekämpfung tragen zur Bewusstseinsbildung und dazu bei, dass Antikorruptionsmaßnahmen durch eine breite Unterstützung von innen getragen werden. Dazu zählt etwa auch die Einbindung der MitarbeiterInnen in Schulungsprogramme oder die Einladung, konkrete Beispielsfälle einzubringen, die den KollegInnen das Lernen am realen Fall ermöglichen. Auch die Einbeziehung des Themas in Mitarbeitergespräche und Zielvereinbarungen macht die Bedeutung sichtbar und verändert mit der Zeit die Organisationskultur.

- Die **kontinuierliche Beobachtung und Überwachung gängiger und potentieller Risikobereiche** ist sicherzustellen. Wechselnde Praktiken und Erwartungen wie etwa die aktuelle Problematik „Beschäftigungen in der Privatwirtschaft nach Beendigung eines öffentlichen Dienstverhältnisses" oder neue Formen von „Geschenken" sind zu beobachten und ihrem Risiko entsprechend zu behandeln.
- **Strenge Kontroll- und Sanktionsmechanismen** insbesondere in Risikobereichen sind jedenfalls vorzusehen und bilden auch ein zentrales Element jeder Antikorruptionspolitik.
- **Neue Formen der Kooperation mit der Privatwirtschaft und dem NGO-Sektor** tragen dazu bei, dass die Verhältnisse und Verantwortlichkeiten stets klar und transparent sind. Empfohlen werden etwa Standards für die Kooperation, in denen die wechselseitige Verantwortung (z.B. der Wirtschaft und der Verwaltung) für die Korruptionsfreiheit der Arbeitsbeziehungen deutlich erkennbar ist. Auch die Einbindung externer Partner in die Entwicklung von Antikorruptionsstrategien kann Wachsamkeit und Bewusstsein auf beiden Seiten schärfen und die Akzeptanz für klare Regeln fördern.
- Korruptionsbekämpfung setzt sich immer aus Korruptionsprävention im Vorfeld und dem Umgang mit tatsächlicher Korruption zusammen. Eine gute **Koordination der Maßnahmen** in beiden Gebieten verbessert die Wirksamkeit einer Antikorruptionspolitik.

Was für Ethik und Korruptionsbekämpfung im Allgemeinen gilt, gilt im Besonderen für Risikobereiche wie etwa die öffentliche Beschaffung. Dazu stellt die OECD spezifische Unterlagen zur Verfügung wie etwa die jüngst erschienene Publikation „Inegrity in public procurement: Good Practice from A to Z" (siehe dazu www.oecd.org).

Wirtschaftskriminalität in Osteuropa

Verena Diethelm

Die Geschäfte in Osteuropa laufen wie geschmiert. Davon zeugen zahlreiche Berichte und Enthüllungen in den in- und ausländischen Medien. Es vergeht kaum eine Woche , in der nicht irgendwo zwischen Baltischen und Schwarzen Meer ein Korruptionsskandal aufgedeckt wird. Allein im vergangenen halben Jahr erschütterte Kroatien eine Schmiergeldaffäre im staatlichen Privatisierungsfonds HFP. In Rumänien wurde der Landwirtschaftsminister bei der Übergabe von Bestechungsgeld gefilmt. Und in Polen führte ein Skandal in der Antikorruptionsbehörde CBA zu einer Regierungskrise und darauffolgenden Neuwahlen.

Die Statistiken sind alarmierend. Die Hälfte aller in Osteuropa tätigen Unternehmen sind in den vergangenen zwei Jahren Opfer von Wirtschaftskriminalität geworden. Weltweit liegt dieser Wert bei 43 Prozent, in Westeuropa sind es 38 Prozent der Unternehmen[1].

Gerade die österreichischen Unternehmen können nicht so tun, als würde sie der Korruptionssumpf in Osteuropa nichts angehen. Sie sind ein Teil davon. Jeder zehnte Euro, der von ausländischen Unternehmen in Mitte- und Osteuropa investiert wird, stammt aus Österreich. Die Direktinvestitionsströme nach Osteuropa erreichten laut Daten des Wirtschaftsministeriums 2006 mit 77 Milliarden Euro einen neuen Rekordwert, um rund ein Drittel mehr als im Vorjahr. Die größten relativen Zuwächse verzeichnete Südosteuropa (+74%) und die Gemeinschaft unabhängiger Staaten GUS (+36%). Auch für den Export gewinnen die mittel- und osteuropäischen Märkte für die österreichischen Produzenten an Bedeutung. 2006 sind die Exporte laut Daten der Statistik Austria um 15,5 Prozent auf fast 21 Milliarden Euro gestiegen.

Gerade Unternehmen, die sich auf fremde Märkte wagen, sind kriminellen Übergriffen ausgesetzt. Das hat mehrere Gründe. Zum einen stehen die Firmen im internationalen Wettbewerb. Der Druck ist groß. Sie müssen Ausschreibungen gewinnen und ihre Produkte rechtzeitig auf den Markt bringen. Es geht darum, möglichst schnell eine Baugenehmigung, eine Exportlizenz oder einen Auftrag zu erhalten. Die Unternehmen sehen sich jedoch oft notorisch unterbezahlten und deshalb wenig motivierten Beamten gegenüber, die Amtshandlungen oft absichtlich in die Länge ziehen. Dazu kommt, dass in manchen Ländern die Gesetzeslage so kompliziert und auch zum Teil widersprüchlich ist, dass man es kaum schafft, nicht gegen ein Detail zu verstoßen.

---

1 PricewaterhouseCoopers, Global Economic Crime Survey, S. 4

Da heiligt der Zweck oft die Mittel. Die Unternehmen versuchen diese langwierigen Prozesse zu beschleunigen und Entscheidungen zu ihren Gunsten zu beeinflussen. Dazu kommt, dass die Konkurrenz nicht schläft und sich ebenfalls zweifelhafter Methoden bedient. Oft ist der Fehler jedoch auch bei den Unternehmen selbst zu suchen. Sie kennen die Rechtslage und die Geschäftspraxis des Gastlandes nur unzureichend und sind nicht gut genug vernetzt, um zu durchschauen, wer im Hintergrund die Entscheidungen trifft. Viele Manager agieren auch in vorauseilendem Gehorsam. Sie glauben, dass Korruption eine selbstverständliche Notwendigkeit ist.

Russland : Wo Korruption System ist

Kein anderes osteuropäisches Land schneidet in diversen Korruptionsrankings regelmäßig so schlecht ab wie Russland. Im aktuellen Corruption-Perception-Index der Anti-Korruptions-Organisation Transparency International muss sich Russland gemeinsam mit Gambia, Indonesien und Togo den unrühmlichen 143. Platz teilen. Laut einer Studie der auf Korruptionsbekämpfung spezialisierten russischen Indem-Stiftung aus dem Jahr 2005 hat sich das Ausmaß der Korruption seit 2000 verzehnfacht. Das Volumen der illegalen Geschäfte zwischen Unternehmen und Beamtenapparat soll der Indem-Stiftung unglaubliche 315 Milliarden US-Dollar betragen. Selbst die russische Generalstaatsanwaltschaft bezifferte das Korruptionsvolumen mit 240 Milliarden US-Dollar[2].

Der Grundstein für die herrschende Korruptionskultur in Russland wurde in den 90er Jahren gelegt. Nach dem Zerfall der Sowjetunion kam es zu übereilten Marktreformen und zwielichtigen Privatisierungen. Dadurch entstand in vielen Bereichen Rechtsunsicherheit – der perfekte Nährboden für Korruption. Die Politologin Petra Stykow[3] bezeichnet die Korruption in Russland als "Kollateralschaden der Transformation". Er erwächst aus der Unfähigkeit des Staates, die Funktionsvoraussetzungen von Märkten zu sichern. Unternehmer würden deshalb zu Korruption greifen, um ihre Existenz zu sichern. Die öffentlich Bedienstete eines ineffizienten Staates können die in seinem Namen ausgeübten Entscheidungskompetenzen zum persönlichen Vorteil faktisch privatisieren.

Wirtschaft und Politik sind in Russland traditionell eng mit einander verflochten – ein Umstand, der Korruption begünstigt. In jüngster Zeit hat die Zunahme des staatlichen Einflusses in der Wirtschaft und damit die Korruption sogar noch zugenommen. Der Beamtenapparat ist überdimensioniert und teilweise

[2] Gaseta, 15. November 2006

[3] Stykow, Petra: Der Fall Russland: Korruption als Kollateralschaden der Transformation? in Vierteljahrshefte zur Wirtschaftsforschung 73 (2004), 2, S. 247–262

notorisch unterbezahlt. Im heutigen Russland gibt es doppelt so viele Beamte wie damals in der viel größeren Sowjetunion. Schätzungen zufolge arbeitet ein Drittel der Erwerbstätigen für den Staat.

Laut Elena Panfilowa, Direktorin von Transparency International in Russland, ist auch der wirtschaftliche Aufschwung für die Zunahme der Korruption zuständig. Seit 2000 erlebt das Land getragen durch die günstige Weltkonjunktur und die hohen Ölpreise einen enormen Boom. 2000 lag der Ölpreis noch bei 30 US-Dollar pro Barrel, im Februar 2008 wurde erstmals die 100 Dollar Grenze durchbrochen. 2007 ist das russische BIP um 8,1 Prozent gewachsen. Nun da die Kassen voll sind, werden Milliarden in die Modernisierung der Infrastruktur und den Sozialsektor investiert. In den nächsten zehn Jahren will Russland eine Billion US-Dollar in die marode Infrastruktur stecken. Auch die Austragung der Olympischen Winterspiele 2014 in Sotschi wird ein Riesengeschäft für die Unternehmen und vermutlich auch für die an den Ausschreibungen beteiligten Beamten.

Alltagsphänomen Korruption

Wer schon mal in Russland gelebt oder Geschäfte auf dem russischen Markt gemacht hat, kann ein Lied davon singen. Kleinkorruption durchdringt sämtliche Bereiche des alltäglichen Lebens: kommunale Dienstleistungen, den Gesundheitssektor, die Polizei und Gerichte, das Wohnungs- und das Bildungswesen. Besonders berüchtigt für die Abzocke sind laut Transparency International die Verkehrspolizei, die Steueraufsicht, der Zoll, die KFZ-Zulassung und die Feuerwehr.

Ein Arbeitsplatz in der Verwaltung ist deshalb in Russland sehr begehrt. Für einen hohen Posten im Zoll muss man einige Millionen Rubel hinlegen. Polizisten bezahlen ihre Vorgesetzten dafür, dass sie an einer besonders verkehrsreichen Straße oder in der Metro Streife gehen dürfen. Laut Georgi Satarow von der Indem-Stiftung würden in den Staatsdienst vorzugsweise korrupte Menschen aufgenommen, da man diese leichter in der Hand habe und auch wieder ohne große Probleme von ihren Posten entfernen kann[4].

Unternehmen, die in Russland tätig sind, haben aber nicht nur mit der tagtäglichen Kleinkorruption zu kämpfen. Eine breit gefächerte Palette an Spionage, Erpressung von Schutzgeldern, Schmuggel, Fälschungen und feindlichen Übernahmen durch sogenannte Raider macht den Firmen das Leben schwer. Es gibt auch Fälle, in denen ein Unternehmen einen Beamten kauft, damit dieser der Konkurrenz bürokratische Prügel zwischen die Beine wirft.

---

[4] Satarow, Georgi im Deutschlandradio 27.01.2007

Nicht alle Unternehmen sind von der Korruption im gleichen Ausmaß betroffen. Besonders der Mittelstand wird oft von den Bürokraten gemelkt. "Größere Unternehmen haben mehr Macht", sagt Panfilowa. Sie hätten nicht so große Probleme mit Beamten, die für administrative Selbstverständlichkeiten die Hand aufhalten. Dafür müssen sie bei größeren Aufträgen tiefer in die Tasche greifen. "Die Zahlung von Kickbacks ist zu einer schrecklichen, aber allgemeinen Regel geworden", sagt die Korruptionsexpertin. Laut Maximilian Burger-Scheidlin, Geschäftsführer der Internationalen Handelskammer ICC in Wien und Korruptionsexperte, gibt es auch einen Unterschied zwischen der staatlichen und privaten Sphäre: "Wir stellen zwei gegenläufige Trends fest. In der staatlichen Bürokratie gibt es eine Zunahme der Korruption, auf der Ebene der großen privaten Unternehmen, der Oligarchen nimmt die Korruption ab. Die großen Privatunternehmen haben erkannt, dass die Korruption ihre Profitmargen schmälert".

Kampf gegen Korruption – Kampf gegen Windmühlen

Da die Korruption mittlerweile noch nie dagewesene Ausmaße erreicht, kommen die Verantwortlichen unter Zugzwang. Der neue russische Präsident Dimitri Medwedew, ein enger Vertrauter und Protege des ehemaligen Präsidenten Wladimir Putins, hat sich den Kampf gegen die Korruption auf die Fahnen geheftet. In Russland herrsche "rechtlicher Nihilismus", kritisierte Medwedew noch im Wahlkampf. Kein anderes Land könne auf einen solch hohen Grad der Missachtung von Gesetzen verweisen. Medwedew will das neue Anti-Korruptionsgesetz, an dem nun schon seit gut fünf Jahren gebastelt wird, vorantreiben.

Doch schon Putin wollte sich als Kämpfer gegen die Korruption profilieren. 2005 wurde ein Antikorruptionsrat gegründet, einige Beamten wurden verhaftet. Diese Verhaftungen hatten jedoch mehr einen symbolischen Charakter oder waren Folgen eines kremlinternen Machtkampfes. "Die Versuche, die Korruption zu bekämpfen, waren bisher alle beliebig und chaotisch. Von alleine wird die Korruption nicht zurückgehen", sagt Elena Panfilowa. Ernstzunehmende Gesetzesvorhaben waren bisher immer zum Scheitern verurteilt, da auch die mit der Korruptionsbekämpfung befassten Beamten Zuwendungen nicht abgeneigt waren.

Laut Burger-Scheidlin kann die grassierende Korruption nur mit "Zuckerbrot und Peitsche" eingedämmt werden. "Man muss erstens als Zuckerbrot höhere Gehälter zahlen und zweitens als Peitsche korrupte Mitarbeiter hinauswerfen", sagt der Korruptionsexperte der Internationalen Handelskammer. Dass mit der Methode "Zuckerbrot und Peitsche" Erfolge gefeiert werden können zeige das Beispiel Singapurs. In den 60er und 70er Jahren drohte Singapur im Korruptionssumpf unterzugehen. Ausgewanderte Chinesen hatten ihre Korruptionskultur importiert. Dann wurden die Gehälter der Beamten um 30 bis 100 Prozent erhöht, die besten Köpfe in den Staatsdienst geholt und gleichzeitig die Strafen drastisch erhöht. So habe man die Pfründe der Korruption trockengelegt.

In Russland hat jedoch selbst die Erhöhung der Beamtengehälter wenig gebracht. 2007 lag der durchschnittliche Lohn bei umgerechnet 388 Euro im Monat. Beamte können hingegen laut Rosstat mit mehr als 600 Euro rechnen. Die Gehälter der Beamten steigen im Durchschnitt schneller als die Gehälter in der Wirtschaft. Das Problem ist, dass die russischen Beamten kaum mit Sanktionen zu rechnen haben. In Russland liegt laut einen Bericht der russischen Tageszeitung Kommersant die Wahrscheinlichkeit, dass ein korrupter Beamter strafrechtlich verfolgt wird, bei 0,0013 Prozent. “Die Beamten sind unantastbar”, bestätigt Elena Panfilowa.

Solange der Filz bis in die höchsten Kreise reicht, ist sind Anti-Korruptionsmaßnahmen ein Kampf mit stumpfen Waffen, lautet das Fazit im Jahresbericht des Verbands der Deutschen Wirtschaft (VDW) in Russland. Um den Korruptionssumpf wirklich trocken zu legen, sei ein hohes Maß an Gewaltenteilung erforderlich, da die permanente staatliche Intervention der Entwicklung freier, marktwirtschaftlicher Konditionen entgegensteht. Dieser Prozess ist laut Panfilowa “langwierig und schmerzvoll”: “Wenn Medwedew wirklich gegen die Korruption vorgehen will, dann braucht es bittere und harte Maßnahmen. Er muss die Büchse der Pandora öffnen”.

Auch Saratows Einschätzung klingt ernüchternd: “Wenn wir uns das Unmögliche vorstellen, dass wir morgen aufwachen und es keine Korruption mehr gibt, dann bricht sofort die Wirtschaft zusammen. Korruption ist ein System, das alle Systeme des Staates durchdrungen hat. Alles ist eng miteinander verflochten”, sagte der Experte der Indem-Stiftung im Deutschlandradio. Saratow zufolge wird es 40 Jahre akribischer Arbeit benötige, bis Russland das Korruptionslevel von Portugal erreicht und 100 Jahre um auf das Niveau von Schweden zu kommen.

Rechtliche Lage: Mitgehangen, mitgefangen

Viele Unternehmen waschen ihre Hände in Unschuld. Sie beauftragen Consultants, Agenten oder Lotsen, die sich um das schmutzige Geschäft kümmern. Diese Berater stellen den Unternehmen für ihre Dienste Pauschalrechnungen aus. Die Unternehmen haben damit den Vorteil, dass die Bestechungsgelder nicht in der Buchhaltung verbucht werden. Was die meisten Unternehmer nicht wissen oder nicht wissen wollen: dieses Vorgehen ist genauso strafbar wie wenn sie den Beamten persönlich das Geldkuvert über den Tisch schieben würden.

Seit 1.1.2008 ist in Österreich nämlich die Anti-Korruptions-Konvention der Vereinten Nationen in Kraft, die eine Verschärfung der Gesetzeslage mit sich bringt. In den vergangenen zwölf Jahren hat sich die gesetzlichen Beurteilung von Korruption drastisch gewandelt. "Wir erleben in dieser Zeit einen Kulturwandel von 'Alles erlaubt' zu 'Alles verboten'", erklärt Burger-Scheidlin. Bis 1996 war es noch möglich, Schmiergeld von der Steuer abzuschreiben. 1997 bis 1999 wurde schließlich die OECD-Antikorruptionsrichtlinie verabschiedet, von der die Bestechung von Amtsträgern und staatsnahen Betrieben erfasst wurde. 2003 wurde schließlich die UN-Konvention verabschiedet, die mittlerweile von 140 Ländern ratifiziert wurde.

Nach der neuen Gesetzeslage haften die Unternehmen auch für Agenten und Vertreter, die für sie tätig werden. Burger-Scheidlin rät den Unternehmen in ihre Agentenverträge einen Passus mit aufzunehmen, der die Bezahlung von Schmiergeldern grundsätzlich verbietet. Unternehmen sollten auch hellhörig werden, wenn ein Agentenhonorar merklich über dem marktüblichen Niveau liegt.

Teufelskreis Korruption

Der durch Korruption verursachte Schaden für die Volkswirtschaft und die betroffenen Unternehmen ist nicht zu vernachlässigen. Laut einem Bericht der russischen Zeitung "Kommersant" müssen Unternehmen in Russland durchschnittlich sieben Prozent ihres Umsatzes für Schmiergelder aufwenden. Dieses Geld fehlt dann für wichtige Investitionen. Die Wirtschaftsleistung des Unternehmens und somit auch der ganzen Volkswirtschaft sinkt. Viele Unternehmen werden durch den Korruptionssumpf abgeschreckt und investieren erst gar nicht in dem betreffenden Land. Wissenschaftliche Studien haben gezeigt, dass es einen direkten Zusammenhang zwischen Korruption und Auslandsinvestitionen gibt: je höher das Ausmaß der Korruption, desto niedriger sind die Direktinvestitionen.

Für Unternehmen gilt, dass sie in korrupten Ländern auch weniger Gewinn machen. „Korruption schmälert die Profitmargen der Unternehmen", sagt Burger-Scheidlin. In der Regel müssten Unternehmen beim ersten Auftrag mit einer Schmiergeldzahlung von drei bis zehn Prozent, in manchen speziellen Branchen mit bis zu 30 Prozent vom Projektvolumen rechnen. Doch damit nicht genug: Korruption korrumpiert. Wer einmal besticht, gerät leicht in einen Teufelskreis, da man einen Angriffspunkt für weitere Erpressungen bietet. Bei einem Geschäft, das durch Korruption zustande gekommen ist, fehlt jegliche Rechtssicherheit. Es ist nicht möglich, einen solchen Deal einzuklagen. "Das Risiko ist groß, dass man jedes Jahr von neuem zahlen muss oder dass der Mann, den man schmiert in Pension geht", sagt Burger-Scheidlin, "Wenn einer als Zahler bekannt ist, dann werden auch andere die Hand aufhalten oder versuchen, zusätzliche Barrieren zu errichten". Schließlich sollte es ja nicht nur um den Erhalt des ersten Auftrages gehen, sondern um längerfristige profitable Geschäfte. Aber gerade diese sind es, die durch Korruption gefährdet sind. "Unternehmen müssen sich auf Kurzfriststrategien konzentrieren, da die Spielregeln instabil und unvorhersehbar sind", heißt es im Bericht des VDW.

Es zahlt sich deshalb für die Unternehmen aus, wenn sie in eine starke Antikorruptionspolitik investieren und in Kauf nehmen, dass manche Behördenwege länger dauern und auch so mancher Auftrag verloren geht. Dass auch Unternehmen, die eine starke Antikorruptionspolitik fahren, am Markt erfolgreich auftreten, zeigt das Beispiel der finnischen Einzelhandelskette Stockmann. Das Unternehmen hat seine erste Filiale1989 eröffnet und von Beginn an klargestellt, dass es eine strikte Antikorruptionspolitik fährt. Das Unternehmen, das mittlerweile vier Stockmann-Einkaufshäuser und dutzende Shops unter der Marke Seppala und Bestseller in Moskau eröffnet hat und nun die Expansion in die Regionen plant, hat es dadurch nicht immer leicht. So gibt es öfter Verzögerungen bei der Einfuhr von Gütern aus Finnland oder Probleme mit der Steuerbehörde, die den Mehrwertsteueranteil an Investitionen nicht wie vorgeschrieben zurückerstattet[5]. Gegen Lokalpolitiker, die zu aufdringlich wurden, ist der finnische Einzelhändler auch schon mehrere Male vor russische Gerichte gezogen – mit Erfolg.

[5] Financial Times, 4. September 2007

Steuerschmarotzerstaaten

Christian Felber

*Liechtenstein genießt den Ruf einer skrupellosen Steueroase.
Ist Österreich besser?*

4,2 Millionen Euro für eine DVD erscheinen auf den ersten Blick als Wucherpreis. Doch wenn die DVD das Versteck hinterzogener Steuermilliarden verrät, dann rentiert sich diese Investition tausendfach. Der Bundesnachrichtendienst kaufte einem ehemaligen Angestellten der Liechtenstein Global Trust digitales Datenmaterial über 1400 prominente deutsche Steuerflüchtlinge ab. Auch weitere Länder zeigen Interesse an den brisanten Datensätzen, Großbritannien griff um 100.000 Pfund zu. Die Finanzoase Liechtenstein steht vor dem Super-GAU. 50.000 anonyme Stiftungen und 75.000 Briefkastenfirmen bei 35.000 EinwohnerInnen sind etwas viel.

Steuerhinterziehung ist kein Kavaliersdelikt. Steuern sind die finanzielle Grundlage des Staates und der Demokratie. Der Umstand, dass im Feudalismus Adel und Klerus keine Steuern leisteten und das gemeine Volk die gesamte Tributlast trug, war eine der Ursachen für die französische Revolution. Artikel 13 der Allgemeinen Erklärung der Menschen- und Bürgerrechte von 1789 besagt deshalb, dass jedes Mitglied des demokratischen Gemeinwesens entsprechend seiner wirtschaftlichen Leistungskraft Steuern zu leisten hat: je höher Einkommen und Vermögen, desto größer der Beitrag. Dieser Verfassungsgrundsatz wird heute zunehmend gebrochen. Die Reichsten drücken sich systematisch vor ihrer Steuerpflicht. Schmarotzerische Steueroasen wie Liechtenstein helfen ihnen dabei. Und plustern sich mächtig auf, wenn die geschädigten Staaten ihrerseits Tricks anwenden, um an die verheimlichten Daten heranzukommen. Das Argument des Fürstentums, Deutschland dürfe (unantastbare) rechtsstaatliche Prinzipien nicht wegen (läppischer) fiskalischer Ziele brechen, geht ins Leere. Wer Beihilfe zur Steuerhinterziehung leistet, untergräbt den demokratischen Rechtsstaat.

Deutschland sollte mit Sanktionen reagieren, allerdings nicht nur gegen Liechtenstein, sondern auch gegen die Schweiz, Monaco, Andorra und – Österreich. Denn die rot-weiß-rote Steueroase hat mit dem Finanzfürstentum vieles gemeinsam. Zum einen lockt die österreichische Spezialkonstruktion der Privatstiftung ausländische Steuerflüchtlinge an. Der zweite große Magnet ist das strenge Bankgeheimnis. Steuerhinterzieher sind in Österreich ebenso willkommen wie in Liechtenstein. Wer den Zwergstaat einen steuerlichen Schurkenstaat zeiht, kann dies getrost auch mit Österreich tun. Das Kuriose am Bankgeheimnis: Obwohl es ausschließlich Steuerhinterziehern und Geldwäschern nützt, wird es im Interesse von Otto und Maria NormalverbraucherIn dargestellt. Doch die haben von der Geheimniskrämerei nichts. Ihre

Einkommen sind überwiegend Arbeitseinkommen, und Löhne und Gehälter werden dem Finanzamt automatisch gemeldet und versteuert. Gläserner geht's nicht. Das Bankgeheimnis verhüllt dem Fiskus nur die – sehr ungleich verteilten – Kapitaleinkommen: Zehn Prozent der Österreicher besitzen zwei Drittel des Gesamtvermögens. Der „Datenschutz" ist ein Vorwand, um eine reiche Minderheit zu privilegieren.

Die aktuelle Erklärung von Bundeskanzler Gusenbauer, das Bankgeheimnis sei konform mit EU-Recht, ist äußerst merkwürdig: Erstens: Neben Österreich hüten in der EU nur noch Luxemburg und Belgien ein strenges Bankgeheimnis. Zweitens und wichtigeres: Ist EU-Konformität die überzeugende Begründung für eine Einrichtung, die gleichermaßen gegen den Geist der Verfassung wie gegen sozialdemokratische Gerechtigkeitsrundsätze verstößt? Auch Vizekanzler Molterer kämpft für das Recht auf Steuerflucht. Österreich hätte – anders als Deutschland – erst gar nicht für die DVD gezahlt, mimt er den Verteidiger des Rechtsstaates. Doch von welcher Seite ist der Rechtsstaat stärker in Gefahr: Von Seiten der superreichen Steuerhinterzieher oder von Seiten derer, die ihnen auf die Spur kommen wollen? Wie würde Molterer argumentieren, wenn Informationen über österreichische Rechtsbrecher anderer „Disziplin" bei Informanten erhältlich wären? Würde er auch bei Drogenhändlern, Waffenschiebern oder Kinderschändern nein danke sagen? Das großkoalitionäre Mauern ist Ausdruck einer engen Verschränkung politischer und finanzieller Eliten. Ein ernsthaftes Anpacken des Problems würde die neofeudale Struktur des österreichischen Steuersystems ans Tageslicht bringen. Es müssten unangenehme Fragen beantwortet werden, zum Beispiel warum leistungslose Kapitaleinkommen durch die Bank geringer besteuert werden als Arbeitseinkommen. Oder warum Investmentfirmen wie Meinl European Land ihren Sitz auf Jersey haben dürfen. Oder warum die Bank Austria eine Filiale auf den Cayman-Islands unterhält. Bevor man eine asoziale Machtstruktur aufbricht, legt man lieber den Mantel des Schweigens darüber.

Wie könnte eine Lösung aussehen? Zum einen sollten in der EU sämtliche Kapital- und Vermögenseinkommen automatisch an die zuständigen Finanzämter im In- und Ausland gemeldet werden. Dazu müsste die Mitte 2005 in Kraft getretene Zinsrichtlinie ausgeweitet werden a) auf die letzten drei „Blockierer" Österreich, Luxemburg und Belgien; b) auf alle Kapitaleinkommen (derzeit nur Zinsen) sowie c) auf Unternehmen (derzeit nur Personen). Kapital- und Arbeitseinkommen sollten im Sinne der Gleichbehandlung einheitlich der Einkommenssteuer unterworfen werden – die Staatskassen würden sich füllen. Sodann könnte die EU glaubwürdig von Drittstaaten wie Monaco, Liechtenstein, Andorra oder der Schweiz fordern, das Prinzip der automatischen Meldung zu übernehmen – andernfalls setzt es Handelssanktionen oder der freie Kapitalverkehr wird eingeschränkt. Oder EU-Bürgern und -Firmen werden finanzielle Geschäftsbeziehungen mit Steueroasen untersagt. Um den Rechtsstaat und die Demokratie zu retten.

Globale Perspektive der Vereinten Nationen: Die VN Konvention gegen Korruption

Maria Holzmann, Thomas Stelzer

Am 14. Dezember 2005 trat die in Wien verhandelte UNO-Konvention gegen Korruption in Kraft. Sie ist ein wirksames Rechtsinstrument zur Bekämpfung eines weltweiten Übels, das, laut Schätzungen der Weltbank jährlich 1,7 Billionen Dollar an Schaden anrichtet. Statistiken der asiatischen Entwicklungsbank belegen, dass die Kosten der Korruption bis zu 17% des BNP von Staaten betragen. Kleptokratische Staatsmänner, die in Nigerien allein hundert Milliarden Dollar veruntreut und auf ausländischen Konten geparkt haben, werden nun nicht länger mit Straffreiheit rechnen können. Die Anti-Korruptionskonvention ermöglicht es Staaten, die ihnen entzogenen und ins Ausland verschobenen Vermögenswerte zurück erstattet zu bekommen. Zusätzlich zur wirksamen Strafandrohung verfügt die Konvention damit auch über eine wirksame Prävention. Indem sie es künftig unmöglich macht, aus Korruption erlangtes Vermögen für einen spätere Nutzung sicher auf ausländischen Konten anzulegen, wird der Anreiz zur Bereicherung aus Korruption für potentielle Mobutos, Duvaliers, Suhartos und ähnliche notorische Kleptokraten in Zukunft schwinden. Korruption, in vielen Ländern ein strukturelles Entwicklungshindernis, wird dadurch eingeschränkt.

Korruption ist ein komplexes soziales, politisches und wirtschaftliches Phänomen, welches alle Bereiche unserer Gesellschaften beeinträchtigt. Sowohl Institutionen als auch demokratische und ethische Werte werden durch Korruption unterminiert. Sie fördert Terrorismus, Menschenhandel und organisiertes Verbrechen. Korruption hat eine Verminderung von Investitionen oder gar Desinvestition zur Folge, führt auf lange Sicht zu sozialer Polarisierung, untergräbt die Rechtsstaatlichkeit und fördert die Missachtung von Menschenrechten. Durch undemokratische Praktiken und die illegale Entwendung staatlicher Gelder werden nachhaltige Entwicklung, wirtschaftliches Wachstum und Armutsbekämpfung vieler Staaten verlangsamt oder gar verhindert. Von Korruption betroffene Staaten sind oft außerstande, ihren Bürgern grundlegende soziale Leistungen wie Gesundheits- und Bildungssysteme oder effiziente Infrastruktur beizubringen.

Während das Phänomen Korruption in der Vergangenheit ein örtliches bzw. regionales Problem darstellte, wurde es durch die Globalisierung und den daraus entstehenden Möglichkeiten zu einer grenzüberschreitenden Erscheinung und zu einer weltweiten Bedrohung. Dadurch resultierte das dringende Bedürfnis der internationalen Gemeinschaft, auf globaler Ebene zu handeln: präventive Maßnahmen sollten ergriffen, Korruption kriminalisiert und internationale Zusammenarbeit zur Korruptionsbekämpfung gestärkt werden. Weiters sah man im Bereich der Verhinderung der Übertragung von aus Korruption stammenden Vermögenswerten bzw. der Ermöglichung deren Herausgabe dringenden Handlungsbedarf.

Dementsprechend beschloss die Generalversammlung der Vereinten Nationen am 4. Dezember 2000 mit der Annahme der Resolution 55/61, dass ein eigenständiges Rechtsinstrument zur Bekämpfung der Korruption geschaffen werden sollte. Sie sollte die schon bestehende VN-Konvention gegen die grenzüberschreitende organisierte Kriminalität ergänzen. Die Resolution der Generalversammlung sah die Einrichtung eines Ad-Hoc-Komitees zur Ausarbeitung eines umfassenden internationalen Abkommens vor. Basierend auf einem österreichisch-niederländischen Textvorschlag wurde die Konvention gegen Korruption in sieben Verhandlungsrunden im Vienna International Center, dem Hauptsitz des VN Büros für Drogen- und Verbrechensbekämpfung (UNODC) ausverhandelt. Die Konvention wurde schließlich am 31. Oktober 2003 von der VN Generalversammlung angenommen. Österreich unterzeichnete die VN Konvention gegen Korruption (United Nations Convention against Corruption, UNCAC) anlässlich der Unterzeichnungskonferenz in Mérida, Mexiko, am 10. Dezember 2003; am 14. Dezember 2005 trat das Übereinkommen mit der 30. Ratifizierung in Kraft. Bis zum heutigen Tag haben 140 Staaten die Konvention unterzeichnet, 109 haben sie auch ratifiziert. Die UNCAC ist das erste weltweit gültige Rechtsinstrument zur Korruptionsbekämpfung und unterscheidet sich vor allem aufgrund des Mehrwerts ihres multilateralen Ansatzes von nationalen und regionalen Instrumenten.

Der Inhalt der VN Konvention gegen Korruption gliedert mehrere Kapitel von besonderer politischer Relevanz und essentieller inhaltlicher Bedeutung für die Bekämpfung von Korruption auf globaler Ebene.

Ein gesamtes Kapitel der UNCAC ist der Prävention gewidmet. Während der Verhandlungen der Konvention drängte vor allem Österreich auf die Einbeziehung effizienter vorbeugender Maßnahmen. Sowohl in der Privatwirtschaft als auch im öffentlichen Dienst sollte damit ein erster essentieller Schritt zur Bekämpfung von Korruption gesetzt werden. Die Bestimmungen des Präventionskapitels beinhalten Präventionsstrategiemodelle wie die Einrichtung von Antikorruptionsbehörden sowie erhöhte Transparenz betreffend die Finanzierung von Wahlkampagnen und politischen Parteien. Staaten sollen angehalten werden, einen effizienten, transparenten und leistungsorientierten öffentlichen Dienst zu fördern. Die Konvention verpflichtet öffentliche Bedienstete zu Verhaltenskodizes und zur Erfüllung allfälliger Vermögensoffenlegungsvorschriften. Weiters sollten sie im Falle von Vergehen angemessenen Disziplinarmaßnahmen unterliegen. Zusätzlich wird sowohl der Transparenz als auch der Strafmündigkeit in Belangen der öffentlichen Finanzwirtschaft, des Vergaberechts und der Judikative größere Bedeutung geschenkt. Dieses Kapitel der Konvention hebt auch die Wichtigkeit der Einbindung der Zivilgesellschaft und das Engagement von Nichtregierungsorganisationen in den Prozess der Korruptionsprävention hervor.

Im Kapitel Kriminalisierung und Strafverfolgung verpflichtet die Konvention die Vertragsstaaten, bestimmte Handlungen, die der Korruption zugerechnet werden können, unter Strafe zu stellen, sofern nationale Gesetze nicht schon entsprechende Bestimmungen enthalten. Dabei geht die Konvention teilweise über bereits existierende Rechtsinstrumente wie beispielsweise jene der OSZE, der EU oder des Europarats dieser Art hinaus. Verpflichtende Regelungen kriminalisieren nicht nur Hauptarten der aktiven und passiven Korruption im öffentlichen und privaten Sektor sondern auch Typen der Unterschlagung bzw. Veruntreuung von Vermögenswerten. Die Konvention stellt auch Unterstützungshandlungen zur Korruption, wie etwa missbräuchliche Einflussnahme, Geldwäscherei und Behinderung der Justiz unter Strafe.

Als entscheidender Durchbruch und als politische relevantestes Kapitel gelten die Regelungen betreffend Rückführung von aus Korruption erlangten und auf ausländische Konten verschobenen Vermögenswerten in das Ursprungsland. Die in diesem Kapitel enthaltenen Bestimmungen sind vor allem für die von Korruption besonders betroffenen Entwicklungsländer von herausragender Bedeutung, in denen durch Korruption auf höchster Ebene das Nationalvermögen entwendet wurde und wo rückgeführte Ressourcen dringend benötigt werden. Die Verhandlung dieses Kapitels erforderte extensive Konsultationen, zumal die gegensätzlichen Interessen von Staaten, die Vermögensrückführung forderten mit jenen der Empfängerstaaten in Einklang gebracht werden mussten. Diese Regelungen sollen in Zukunft verhindern, dass durch Korruption erwirtschaftetes Kapital versteckt werden kann. So sollen Staaten, in welche derartige Vermögenswerte verbracht werden in Übereinstimmung mit Artikel 53 der Konvention spezielle Maßnahmen ergreifen, solche Vermögenswerte ausfindig zu machen und unter spezifischen Voraussetzungen in das Ursprungsland rückführen.

Weitere Bestimmungen der Konvention betreffen den Bereich der internationalen Zusammenarbeit. Danach sind die Staaten verpflichtet, in allen Aspekten der Korruptionsbekämpfung (z.B. Prävention, gegenseitiger Rechtsbeistand zur Auslieferung) zu kooperieren und solche Maßnahmen zu ergreifen, welche Verfolgung, Einfrieren und Einziehung von Vermögen ermöglichen. Die Umsetzung der Konvention wird durch ein unter österreichischem Vorsitz verhandeltes spezifisches Umsetzungskapitel sichergestellt. Dabei sieht die UNCAC auch einen Mechanismus zur Überprüfung der Umsetzung des Übereinkommens vor. Dafür wurde neben regelmäßig stattfindenden Staatenkonferenzen auch ein ständiges Sekretariat am Hauptsitz des Büros für

Drogen- und Verbrechensbekämpfung (UNODC) in Wien vorgesehen. Die Festschreibung eines solchen Überprüfungsmechanismus geht über die VN-Konvention gegen grenzüberschreitende organisierte Kriminalität hinaus und grenzt die UNCAC klar von dieser ab.

Eine informelle *Group of Friends* sollte das bei der Unterzeichnung der Konvention in Mérida entstandene politische Momentum aufrecht erhalten und stärken. Zielsetzung war dabei vor allem, bereits vor der ersten Staatenkonferenz ein gemeinsames Einverständnis über das Konzept und die Qualität eines Mechanismus zur Überprüfung der Umsetzung zu erzielen. Bei der 1. Vertragsstaatenkonferenz im Dezember 2006 am Toten Meer konnte hinsichtlich des Überprüfungsmechanismus zwar keine endgültige Einigung zwischen den Staaten erzielt werden. Allerdings kam man überein, dass eine Expertengruppe der 2. Vertragsstaatenkonferenz Empfehlungen über einen geeigneten Mechanismus machen solle. Ein bedeutender Beitrag zur Entwicklung eines zweckentsprechenden Mechanismus leisteten die Mitglieder der Pilotphase zur Überprüfung der Umsetzung der Konvention, an der auch Österreich teilnimmt. Im Rahmen dieses Pilotprojekts wurde die Umsetzung ausgewählter Artikel der Konvention von den 16 am Projekt teilnehmenden Staaten überprüft und die Ergebnisse an die 2. Staatenkonferenz im Januar 2008 in Indonesien übermittelt.

Eine zweite Konferenz der Konventionsstaaten fand zu Beginn des Jahres 2008 in Indonesien statt. Die Relevanz der Ergebnisse des Pilotprojekts und somit der Dringlichkeit der Einrichtung eines Überprüfungsmechanismus war dabei Gegenstand heftiger Debatten, die von einer starken Nord-Süd-Polarisierung unter den Vertragsstaaten geprägt war. Vor allem die Finanzierung eines Überprüfungsmechanismus und eine Präsentation dessen möglicher Endergebnisse, aber auch Detailbestimmungen zur Vermögensrückführung erwiesen sich als große Herausforderung im Rahmen der 2. Staatenkonferenz.

Die 2009 in Doha, Katar, stattfindende 3. Vertragsstaatenkonferenz ist nun herausgefordert, kooperative Lösungsansätze zur dringenden Einrichtung eines Überprüfungsmechanismus der Umsetzung der UNCAC zu finden.

Die Relevanz der VN-Konvention gegen Korruption wird sich in der Umsetzung durch die Vertragsstaaten erweisen. Dabei ist das Kapitel über die Rückführung von Vermögenswerten von besonderer politischer Bedeutung. Gerade zu diesen äusserst komplexen Rechtsvorschriften gibt es nur sehr beschränkte Expertise. Im Rahmen der internationalen Zusammenarbeit muss daher sichergestellt werden, dass allen Vertragsstaaten die für die Umsetzung nötigen technischen Voraussetzungen zugänglich gemacht werden. Der in der Konvention verkörperte Interessensausgleich zwischen jenen Staaten, denen Vermögen durch Korruption entzogen wurde und denen, die dieses oft beträchtliche Vermögen nun zurück erstatten müssen, setzt sich daher auch im Umsetzungsprozess fort. Erst durch gemeinsame Anstrengungen, in allen Staaten die notwendigen technischen Kapazitäten für die Inanspruchnahme der in der Konvention vorgesehenen rechtlichen Möglichkeiten aufzubauen, wird eine langfristige, kooperative und partnerschaftliche Lösung für die globale Bedrohung der grenzüberschreitenden Korruption ermöglicht.

Prüfung von EU-Fördergeldern

Günther Meggeneder

1. Besonderheiten

Nicht erst seit Bekannt werden von Korruptionsfällen innerhalb der Europäischen Kommission steht die Prüfung von EU-Fördergeldern unter besonderer Beobachtung der Öffentlichkeit. Dieses Interesse und der damit verbundene politische Druck auf das EU-Parlament, möglichst fehlerfreie Abwicklungen von der EU-Kommission zu verlangen, führen zu einem immer größer werdenden Druck auf alle Prüfer, die in diesem Umfeld tätig sind.

a. Verordnungen

Allein im für diesen Beitrag verwendeten Beispiel der Abwicklung der agrarischen Fördermaßnahmen gelten verschiedenste Verordnungen, die das Prüfen der Abwicklung regeln. So regelt VO (EG) Nr. 885/2006 die Abwicklung für den Europäischen Garantiefonds für die Landwirtschaft (EGFL) und den Europäischen Landwirtschaftsfonds für die Entwicklung des ländlichen Raums (ELER). In diesem Verwaltungsbereich muss es Zahlstellen geben, die einen Technischen Prüfdienst und einen Internen Revisionsdienst einzurichten haben. Der Technische Prüfdienst überprüft, ob die Voraussetzungen für die Auszahlung der Mittel durch die Antragsteller erfüllt wurden. Die Zahlstelle muss hierfür nach einem Risikomodell stichprobenweise Antragsteller auswählen, die durch den Technischen Prüfdienst vor Ort zu kontrollieren sind.

Der interne Revisionsdienst muss von den anderen Abteilungen der Zahlstelle unabhängig sein und ist der Zahlstellenleitung unmittelbar unterstellt.

Er überprüft, ob die Verfahrensabläufe in der Zahlstelle gewährleisten, dass die Einhaltung der Gemeinschaftsvorschriften überprüft wird und dass die Buchführung richtig und vollständig ist und sich auf dem neuesten Stand befindet. Die Kontrollen können sich auf ausgewählte Maßnahmen und auf Stichproben von Geschäftsvorgängen beschränken, sofern durch ein Prüfprogramm sichergestellt wird, dass alle wichtigen Bereiche, darunter die für die Bewilligung zuständigen Stellen, innerhalb eines Zeitraums von höchstens fünf Jahren abgedeckt werden.

Die Arbeiten des Prüfdiensts sind nach international anerkannten Standards durchzuführen, sie sind zu protokollieren und sie müssen in Berichten und Empfehlungen an die Zahlstellenleitung münden.

Um die Zahlstellen national zu überprüfen und die Richtigkeit der Rechnungsabschlüsse zu attestieren, müssen darüber hinaus bescheinigende Stellen eingerichtet werden, die wiederum anhand eines genauen Stichprobenver-

fahrens (Monetary Unit Sampling) ausgewählte Einzelfälle nachprüfen und so das Funktionieren der Verwaltungs- und Kontrollsysteme überwachen. Zudem muss die bescheinigende Stelle die Einhaltung der Zulassungsbedingungen überprüfen, die unter anderem auch die Einrichtung eines sehr stark an COSO orientierten Internen Kontrollsystems vorsehen.
Für den Bereich des Europäischen Fonds für regionale Entwicklung (EFRE), den Europäischen Sozialfonds (ESF) und den Kohäsionsfonds gelten wiederum die Bestimmungen der Verordnung (EG) Nr. 1828/2006, die auch die Abwicklung der Fördermaßnahmen regeln und die Schaffung von Verwaltungs- und Prüfbehörden vorschreiben.
Die für ein operationelles Programm zuständige Prüfbehörde hat insbesondere die Aufgabe, zu gewährleisten, dass das effektive Funktionieren des Verwaltungs- und Kontrollsystems für das operationelle Programm geprüft wird um sicherzustellen, dass Vorhaben anhand geeigneter Stichproben im Hinblick auf die geltend gemachten Ausgaben geprüft werden.
Die Prüfbehörde gewährleistet, dass bei der Prüfung international anerkannte Prüfstandards berücksichtigt werden.

b. Standards

Bereits mehrfach wurde erwähnt, dass die Prüfungen im Rahmen der EU-Finanzkontrolle nach international anerkannten Standards durchzuführen sind.
Leider ist aber in keiner Verordnung festgelegt, um welche Standards es sich dabei handelt. So kann man lediglich aus der organisatorischen Aufgabenstellung heraus ableiten, um welche Standards es sich handeln könnte. Sowohl für die Interne Revision im EGFL und ELER als auch für die Prüfbehörde im EFRE-, ESF-Bereich dürfte es sich um die Internationalen Standards für die berufliche Praxis der Internen Revision, herausgegeben vom globalen Dachverband der Internen Revision (IIA) handeln.
Die bescheinigende Stelle wiederum hat die von der International Federation of Accountants (IFAC) herausgegebenen International Standards on Auditing (ISA) als Basis der Prüfarbeit heranzuziehen. Diese Standards dienen auch den Prüfern der Europäischen Kommission als Grundlage, wenn sie in den Mitgliedsstaaten Systemprüfungen der Abwicklung des EU-Förderwesens durchführen.
Letztendlich wenden die Prüfer der nationalen Rechnungshöfe und des Europäischen Rechnungshofs die Prüfrichtlinien der Internationalen Organisation der Obersten Rechnungskontrollbehörden (INTOSAI) an.

c. Stichprobenziehung

Und auch im Bereich der Auswahl von Einzelfällen sehen die Bestimmungen unterschiedliche Verfahren vor. Sowohl statistische Methoden als auch nicht-statistische Methoden werden in Leitlinien erwähnt oder als Methode explizit vorgegeben.

Für die Einzelfallprüfung durch die bescheinigenden Stellen im Rahmen der EGFL- und ELER-Abwicklung ist, wie bereits erwähnt, die Auswahl mittels wertbezogenem Stichprobenverfahren (auch Monetary Unit Sampling – MUS) vorgeschrieben.
Das wertbezogene Stichprobenverfahren verwendet eine Geldeinheit als Stichprobeneinheit, wobei jedoch der Posten, den die Stichprobeneinheit enthält, in der Stichprobe (d. h. dem Vorhaben aus dem geprüften Programm) ausgewählt wird. Dieser Ansatz beruht auf einem systematischen Stichprobenverfahren, bei dem der Posten, der jede nte Geldeinheit enthält, für die Prüfung ausgewählt wird.
Aufgrund der systematischen Auswahl bietet das MUS-Verfahren eine eingebaute Schichtung und üblicherweise eine kleinere Stichprobengröße als andere Verfahren. Bei wertmäßig größeren Posten ist die Wahrscheinlichkeit geprüft zu werden wegen der systematischen Auswahl aufgrund des wertbezogenen Intervalls höher. Daher wird das MUS-Verfahren auch als Stichprobentechnik mit zur Größe proportionalen Wahrscheinlichkeit (PPS) bezeichnet. Das kann, je nach definiertem Prüfungsziel, als Stärke oder Schwäche angesehen werden.
Werden Fehlangaben gefunden, so kann im Rahmen der PPS-Bewertung die Toleranz für das Stichprobenrisiko auf einem bestimmten Risikoniveau zu hoch angegeben werden. Infolgedessen ist die Wahrscheinlichkeit, dass der Prüfer einen ausgewiesenen zulässigen Betrag für die Grundgesamtheit zurückweist, größer.

Vorteile	Nachteile
Eingebaute Schichtung	Nimmt geringe Fehlerquote an
Kleiner Stichprobenumfang	Zielt ab auf zu hohe Angaben, unterstützt nicht die Prüfung von zu geringen Angaben
Schwerpunkt auf größeren Posten	Vernachlässigt kleinere Posten

Im Rahmen der Tätigkeit der Internen Revision einer Zahlstelle gibt es eine solche Methodenvorgabe nicht, daher wird hier häufig die nichtstatistische Auswahl von Stichproben angewandt. Hier bei gibt es grundsätzlich drei Möglichkeiten:

- Willkürliche Auswahl
- Blockauswahl
- Ermessensauswahl

Die willkürliche Auswahl ist eine "nicht statistisch nachvollziehbare zufällige" Auswahl. Hier werden durch den Prüfer ohne messbare Kriterien Stichprobenfälle aus der Grundgesamtheit entnommen (z. B. einfach zu

analysierende Posten, leicht zugängige Posten, Posten aus einer gerade „zufällig" am Bildschirm angezeigten Liste, usw.).
Die Blockauswahl ist eine Zufallsauswahl, bei der jedoch vor der Stichprobenziehung nach der Einschätzung des Prüfers Gruppen gebildet werden (z.B. nach Betragshöhe, Laufzeit, Region, Bearbeiter).
Die Ermessensauswahl beruht ausschließlich auf dem Ermessen des Prüfers, unabhängig vom angewendeten Grundprinzip (z. B. auffällige Positionen wie doppelte Namen, nicht plausible Rechenergebnisse, unwahrscheinliche Fallkonstellationen und Angaben, Fälle aus einem Bereich, der bei vergangenen Prüfungen problematisch war).
Das risikoorientierte Stichprobenverfahren ist eine nichtstatistische Auswahl von Posten, die auf verschiedenen absichtlich festgelegten Elementen beruht, die vielfach allen drei nichtstatistischen Auswahlverfahren entnommen werden. Dieses Verfahren bringt erfahrungsgemäß die besten Ergebnisse mit dem geringsten Aufwand, ist aber auch sehr stark von der Kompetenz und Erfahrung der eingesetzten Prüfer abhängig. Durch die fehlende Möglichkeit des Hochrechnens der Abweichung auf die Grundgesamtheit kann keine Prüfaussage über das wahrscheinlich vorhandene Gesamtfehlerpotential gemacht werden.

2. Wer prüft denn hier?

Der Bereich der EU-Fördermaßnahmen ist mit Sicherheit einer der meistgeprüfte Sektoren im Verwaltungsablauf innerhalb der Europäischen Union. Dies führt auch zu gelegentlichen Mehrfachprüfungen und so zu wenig Effizienz in den Prüfungshandlungen.

Im Bereich der Landwirtschaft gibt es folgende Prüfinstanzen:

a. Interne Revision der Zahlstelle

Der Interne Revisionsdienst führt Systemprüfungen mit dem Ziel durch, zu kontrollieren, ob die von der Zahlstelle geschaffenen Verfahren zweckmäßig erscheinen, um die Übereinstimmung der Verfahren mit den nationalen und Gemeinschaftsvorschriften beurteilen zu können und ob die Buchführung richtig und vollständig ist und sich auf dem neuesten Stand befindet.
Er prüft dabei auch die Funktionsfähigkeit des internen Kontrollsystems (IKS) und berät die Zahlstellenleitung in Verfahrensfragen und erarbeitet Empfehlungen zur Stärkung des Internen Kontrollsystems.
Neben der Kontrolle der Ordnungsmäßigkeit und Sicherheit bewertet der Interne Revisionsdienst die wirtschaftliche und zweckmäßige Verwendung der Mittel.
Die Internen Revisoren verfügen auch über ausreichendes Wissen, um Indizien für dolose Handlungen zu erkennen. Bei jeder Systemprüfung

ist auch darauf zu achten, ob das Risiko von Unregelmäßigkeiten besteht und ob entsprechende Maßnahmen ergriffen wurden, um diese Risiken entsprechend zu managen.

b. Bescheinigende Stelle

Die bescheinigende Stelle erstellt eine Bescheinigung, aus der hervorgeht, ob ausreichend gewährleistet ist, dass die der Kommission zu übermittelnden Rechnungen richtig, vollständig und genau sind und dass das interne Kontrollsystem zufrieden stellend funktioniert hat.

Die Bescheinigung stützt sich auf die Prüfung der Verfahren und einer Stichprobe von Geschäftsvorgängen. Sie bezieht sich auf den Verwaltungsaufbau der Zahlstelle nur insoweit, als beurteilt werden muss, ob damit sichergestellt werden kann, dass die Einhaltung der Vorschriften vor Ausführung der Zahlungen kontrolliert wird.

c. EU-Kommission

Die Prüfer der Europäischen Kommission führen im Bereich der Landwirtschaft zwei Arten von Prüfungen durch. Zum einen überprüfen sie stichprobenweise die Korrektheit der durch die Mitgliedsstaaten eingereichten Rechnungsabschlüsse (Konformitätsprüfungen) und zum anderen führen sie systematische Prüfungen der Abwicklung einzelner Fördermaßnahmen (meist in mehreren Mitgliedsstaaten) durch. Ergeben die Prüfungen der Europäischen Kommission, dass bei der Verfahrensabwicklung Schlüssel- oder Zusatzkontrollen nicht oder nicht vollständig implementiert oder durchgeführt wurden, so kann die Europäische Union Teile der EU-Mittel nicht zur Auszahlung bringen (da die restlichen Mittel dann von den Mitgliedsstaaten zu tragen sind, wird dies als Nationale Anlastung bezeichnet). Diese Kürzungen betragen 2 % (bei fehlenden oder nicht wirksamen Zusatzkontrollen) bis 10 % (mehrere Schlüsselkontrollen fehlen), im Wiederholungsfall bis zu 25 % des EU-Anteils an den Fördermitteln.

d. Europäischer Rechnungshof

Auch durch den Europäischen Rechnungshof (ERH) werden Prüfungen der Rechnungsabschlüsse und der zugrunde liegenden Systeme durchgeführt, dabei werden jedoch eigentlich nicht die abwickelnden Stellen in den Mitgliedsstaaten sondern das Funktionieren der Kontrollsysteme der Europäischen Kommission überprüft. Stellt der Europäische Rechnungshof jedoch im Rahmen seiner Prüfung fest, dass in einem Mitgliedsstaat Schwachstellen bei der Abwicklung bestehen, gibt er dies an die EU-Kommission weiter. Dies führt dann möglicherweise ebenfalls zu einer nationalen Anlastung, es sei denn, die Vorgehensweise entsprach den Vorgaben der Kommission. Dann kommt es zu entsprechenden Anpassungen der Verordnungen und Richtlinien.

Die Prüfpläne der Europäischen Kommission sind dem Europäischen

Rechnungshof bekannt, trotzdem kommt es immer wieder zu Mehrfachprüfungen von Systemen innerhalb kürzester Zeit.

e. Nationaler Rechnungshof

Alle Prüfungen des ERH werden durch den nationalen Rechnungshof begleitet und durch eigene Prüfungen ergänzt. Zusätzlich führt der Nationale Rechnungshof Prüfungen zu anderen Themen durch, deren Zielrichtung vor allem auch auf der Verwendung nationaler Budgetmittel liegt.

f. OLAF

Für die Institutionen und die Mitgliedstaaten der EU ist der Schutz der finanziellen und wirtschaftlichen Interessen der Gemeinschaft und die Bekämpfung der grenzüberschreitenden organisierten Kriminalität, des Betrugs und anderer illegaler Aktivitäten zu Lasten des Gemeinschaftshaushalts sehr wichtig.

Die von Betrügern und sonstigen Gesetzesbrechern begangenen Verstöße gegen das Gemeinschaftsrecht schaden nicht nur den Finanzen, sondern auch der Glaubwürdigkeit der Europäischen Union. Die Kommission hat insoweit besondere Verantwortung, da sie auch für die Ausführung des Gemeinschaftshaushalts zuständig ist (Artikel 274 EG-Vertrag). Dies wurde durch Artikel 280 EG-Vertrag bestätigt.

Um Betrügereien effizienter bekämpfen zu können, hat die Kommission mit ihrem Beschluss 1999/352/EG, EGKS vom 28. April 1999 das Europäische Amt für Betrugsbekämpfung (OLAF) geschaffen. Dieses Amt ist Teil der Behörde „Kommission". Es hat die Aufgabe, alle erforderlichen Verwaltungsermittlungen zur Betrugsbekämpfung durchzuführen. Zur Gewährleistung seiner Unabhängigkeit hat das Amt einen besonderen Status.

Bei der Bekämpfung von Betrug, Korruption oder anderen illegalen Aktivitäten zum Schaden der finanziellen Interessen der Gemeinschaft kann sich OLAF auf alle Kompetenzen zur Durchführung von Ermittlungen stützen, die der Kommission durch das Gemeinschaftsrecht oder völkerrechtliche Abkommen mit Drittstaaten eingeräumt werden.

Über den Schutz der finanziellen Interessen hinaus ist das Amt allgemein zuständig für alle Maßnahmen gegen rechtswidrige Handlungen zu Lasten der EU, die verwaltungs- oder strafrechtlich geahndet werden können.

Außerdem koordiniert OLAF die Aktivitäten der Mitgliedstaaten bei der Bekämpfung von Betrug zu Lasten der EU. Dafür leistet OLAF ihnen die erforderliche Unterstützung und organisiert eine enge und regelmäßige Zusammenarbeit zwischen den zuständigen nationalen Behörden. Außerdem leistet OLAF als Dienststelle der Kommission ihren Beitrag zur Definition und Entwicklung der Betrugsbekämpfungsmethoden und zur Verstärkung der Prävention.

Das Amt bekämpft gemeinsam mit seinen Partnern in den Mitgliedstaaten

(Ermittlungsdienste, Polizei-, Justiz- und Verwaltungsbehörden) die nicht erst seit Öffnung der innergemeinschaftlichen Grenzen international organisierten illegalen Aktivitäten. OLAF ist daher in gewisser Weise der Motor eines „Europas der Legalität" gegen die „Internationale des Verbrechens" zu Lasten des Gemeinschaftshaushalts.
Bei der Betrugsbekämpfung kann sich OLAF auf die Befugnisse zur Durchführung so genannter „externer Untersuchungen" stützen, die der Kommission durch die Verordnung über die Durchführung von Kontrollen und Nachprüfungen vor Ort zum Schutz der finanziellen Interessen der Europäischen Gemeinschaften vor Betrug und anderen Unregelmäßigkeiten eingeräumt wurden (Verordnung Nr. 2185/96). Soweit entsprechende Kooperationsabkommen bestehen, übt OLAF derartige Befugnisse auch in Drittstaaten aus.
Im Rahmen seiner Ermittlungstätigkeiten führt OLAF auch die Kontrollen und Nachprüfungen durch, die in der Verordnung über den Schutz der finanziellen Interessen der Europäischen Gemeinschaften (Verordnung Nr. 2988/95) oder in einer sektorbezogenen Regelung vorgesehen sind.
In der Praxis werden Betrügereien und sonstige Unregelmäßigkeiten fast immer in enger Zusammenarbeit zwischen OLAF und den nationalen Ermittlungsbehörden ermittelt und aufgedeckt. In diesem Zusammenhang sollte nicht vergessen werden, dass die primäre Verantwortung für diese Aufdeckung die Mitgliedstaaten trifft, die die so genannten traditionellen Eigenmittel (d.h. die Einnahmen zu Gunsten des Gemeinschaftshaushalts) namens der Union einziehen und etwa 80% der Ausgaben für Rechnung der Gemeinschaft verwalten.
In den Bereichen, in denen der Betrug zu Lasten der EU besonders lukrativ ist, hat OLAF Task Groups für die betroffenen Produkte wie Zigaretten, Alkohol oder Olivenöl eingesetzt. Diese Task Groups haben gezeigt, wie erfolgreich eine enge Zusammenarbeit zwischen den Mitgliedstaaten und eine effiziente Koordinierung auf europäischer Ebene bei der Aufdeckung groß angelegter Schmuggelringe sein kann. Gleiches gilt auch für gezielte Maßnahmen auf nationaler und europäischer Ebene zur Verbesserung der Prävention in diesen Bereichen.

3. Wie geht es weiter?

Der Europäische Rechnungshof hat 2004 ein Modell der „Einzigen Prüfung" und einen Vorschlag für einen Internen Kontrollrahmen der Europäischen Gemeinschaft erarbeitet, der Grundlage der weiteren Entwicklung der Prüfungsarbeit im Bereich der EU sein wird.

Einige der darin festgelegten Grundsätze werden hier zusammengefasst:
Zur Sicherstellung einer wirksamen und effizienten internen Kontrolle der EU-

Mittel soll ein Interner Kontrollrahmen der Gemeinschaft konzipiert werden, der gemeinsame Grundsätze und Vorgaben umfasst und als Grundlage für die Entwicklung neuer oder den Ausbau bestehender Kontrollsysteme auf allen Verwaltungsebenen verwendet werden sollte.

Zur Vermeidung unnötigen Doppelaufwands sollten die Kontrollen nach einheitlichen Vorgaben durchgeführt und koordiniert werden. Die Gesamtkosten der Kontrollen sollten im Verhältnis zu dem von ihnen in monetärer und politischer Hinsicht erbrachten Gesamtnutzen stehen.

Durchführung, Dokumentation und Berichterstattung im Zusammenhang mit den Kontrollen sollten offen und transparent sein, so dass alle am System Beteiligten die Ergebnisse heranziehen und sich darauf stützen können.

Zur Ermöglichung einer wirksamen und effizienten Gestaltung der Kontrollen sollten die der Politik und den Verfahren zugrunde liegenden Rechtsvorschriften klar und unmissverständlich und nicht unnötig komplex sein.

Die internen Kontrollsysteme sollten Mechanismen enthalten, die sicherstellen, dass Schwachstellen in den Systemen sowie Fehler und Unregelmäßigkeiten in Vorgängen ermittelt und korrigiert und gegebenenfalls Wiedereinziehungen vorgenommen werden.

Bei internen Kontrollsystemen sollte ein angemessenes Verhältnis zwischen den Kosten für die Kontrolle eines bestimmten Haushaltsbereichs und dem daraus resultierenden Nutzen in Form einer Begrenzung des Risikos von Verlusten und Unregelmäßigkeiten auf ein akzeptables Maß bestehen.

Die Anwendung dieser Grundsätze könnte zu einer Vereinheitlichung und Klarstellung führen, welche Bestimmungen von wem unter Verwendung welcher Standards zu prüfen sind. Das Vertrauen der einzelnen Prüforganisationen untereinander bedingt aber auch die Erstellung von Kompetenzrahmen und Ausbildungsgrundsätzen, um die Prüfungsarbeit europaweit einheitlich zu machen und so auch ein Präventionsnetz gegen betrügerische Handlungen innerhalb der Europäischen Union aufzubauen.

Internationale Aspekte

Whistleblowing

Gerhard R. Donner, Bernhard Mörtl

Betrug, Korruption, Veruntreuung, Industriespionage, Produktpiraterie, Geldwäsche, Insiderhandel, Marktabsprachen, Bilanzfälschung – diese Liste von wirtschaftskriminellen Tatbeständen ließe sich noch sehr lange fortsetzen. Betroffen sind Unternehmen unterschiedlichster Branchen ebenso wie die öffentliche Verwaltung oder gemeinnützige Einrichtungen. Internationale Studien beziffern das Ausmaß mit durchschnittlich 5 % des Volkseinkommens. Allein in Österreich geht der jährlich entstehende Schaden in die Milliarden.

Die Mitarbeiter in den betroffenen Organisationen sind oft die ersten, die Warnzeichen für potentielle Betrugs- und Korruptionsfälle wahrnehmen und gerne etwas dagegen unternehmen würden. Doch viele halten sich zurück – aus falsch verstandener Loyalität, aus der Annahme, kein Gehör zu finden oder aus Angst vor möglichen Repressalien.

Whistleblowing – Ein wesentliches Element zur Korruptionsprävention

Personen, die auf Missstände oder Rechtsverstöße aufmerksam machen, werden als „Whistleblower" oder „Hinweisgebergeber" bezeichnet. Dabei geht es im Wesentlichen um die Mitteilung von unethischem Verhalten und/oder Risiken wie z.B. gefährliche Produktionsbedingungen oder Produkte, Umweltgefährdung, Diskriminierung, Mobbing, aber auch um Betrug, Korruption und andere Formen der Wirtschaftskriminalität.

Whistleblowing-Systeme sind daher als Angebote von Unternehmen, Verwaltung und anderen Organisationen an ihre Mitarbeiter, Kunden oder sonstigen Leistungsempfänger, Lieferanten oder auch ganz allgemein an die Bürger, solche Sachverhalte zu melden. Die Bedeutung solcher Systeme wird anhand der Aufklärung von Betrugs- und Korruptionsfällen deutlich: Bei mehr als einem Drittel aller aufgedeckten Fälle spielen Hinweise von Mitarbeitern oder Externen eine wesentliche Rolle.

Eine wesentliche Voraussetzung für das Funktionieren von Whistleblowing ist jedoch der Schutz des Hinweisgebers. Wie eine von Ernst & Young 2007 unter Mitarbeitern von international tätigen Unternehmen durchgeführte Studie zeigt, fühlen sich nur 44 % der befragten Österreicher frei, Verdachtsmomente zu melden, während es im übrigen Europa immerhin 56 % sind. Bei drei von zehn Mitarbeitern überwiegt hierzulande sogar die Angst vor Repressalien.

Rechtliche Situation

Während es in den USA bereits seit langem spezielle gesetzliche Regelungen zum Schutz von Whistleblowern gibt (Sektion 806 des Sarbanes-Oxley Act schützt Mitarbeiter vor Vergeltungsmaßnahmen, wenn diese ein Whistleblowing System zur Meldung von Unregelmäßigkeiten nutzen) gibt es in Europa derartige Gesetze kaum. Ausnahme ist Großbritannien, das im „Public Interest Disclosure Act (PIDA)“ auch Schutzmaßnahmen für Hinweisgeber vorsieht. Auch in Österreich gibt es bislang keine klaren gesetzlichen Regelungen zu diesem Thema.

Weiters ist zu beachten, dass bei der Implementierung eines Meldeverfahrens in vielen europäischen Ländern auch arbeits- und datenschutzrechtliche Hürden zu überwinden sind.

Arbeitsrecht

Ein Arbeitnehmer geht aus arbeitsrechtlicher Sicht ein hohes Risiko ein, wenn er über Missstände informieren will. Das gilt insbesondere dann, wenn er externe Stellen einschaltet.
Ihm kann dann die Verletzung von Betriebsgeheimnissen und arbeitsvertraglichen Treuepflichten vorgeworfen werden, was den Arbeitgeber zu einer Kündigung berechtigen kann. Wenn der Arbeitnehmer gegen seinen Arbeitgeber Strafanzeige erstattet, liegt die Beweislast beim Anzeiger und eine vorher erfolgte Kündigung bei nicht erfolgreicher Beweisführung wird als zulässig erachtet.

Datenschutzrecht

Dem Schutz personenbezogener Daten vor unzulässiger Speicherung, Verarbeitung und Weitergabe wird innerhalb der Europäischen Union ein sehr hoher Stellenwert beigemessen. So hat beispielsweise Österreich Datenschutz als Grundrecht auch verfassungsrechtlich verankert.

Ein unabhängiges europäisches Beratungsgremium veröffentlichte in Bezug auf die EU-Datenschutzrichtlinie das Arbeitspapier 117, in dem es die wichtigsten Fragen aufgreift und einen möglichen Rahmen empfiehlt, innerhalb dessen Whistleblowing-Hotlines aus datenschutzrechtlicher Sicht als zulässig erachtet werden.

Nach diesem Arbeitspapier sollen solche Hotlines nur nach einer ausführlichen Interessenabwägung unter Berücksichtigung der Verhältnismäßigkeit,

Subsidiarität, Schwere der gesetzten Handlungen und unter entsprechenden Sicherheitsvorkehrungen eingerichtet werden. Jegliche über die Hotlines übermittelten und verarbeiteten Daten müssen angemessen und relevant sein und dürfen nicht für andere Zwecke verwendet werden. Weiters spricht sich das Arbeitspapier dafür aus, dass die Hotlines möglichst nicht anonym sein sollten, da dadurch das Missbrauchsrisiko erhöht würde. Wichtig ist auch, dass die Betroffenen so rasch wie möglich in die Daten einsehen und allenfalls Richtigstellungen vornehmen können. Hingegen soll es den „Angezeigten" nicht möglich sein, die Identität des Hinweisgebers festzustellen, außer dieser hat bewusst Falschaussagen getätigt.

Was ist für eine erfolgreiche Umsetzung zu beachten?

Da wie beschrieben europaweit und in Österreich noch keine eindeutigen gesetzlichen Grundlagen zur Implementierung von Whistleblowing Einrichtungen, zum arbeitsrechtlichen Schutz von Hinweisgebern und zur datenschutzrechtlichen Behandlung von Informationen existieren, ist es von Bedeutung, organisationsintern entsprechende Maßnahmen zu setzen.

Oberstes Ziel muss die Entwicklung eines mitteilungsfreundlichen Klimas sein. Den Mitarbeitenden sollte das Gefühl vermittelt werden, dass sie im Falle eines Whistleblowing keine negativen Konsequenzen zu befürchten haben, sondern dass ihre Aussagen, sofern zutreffend, ernst genommen und entsprechend behandelt werden.

Die Organisation sollte klare Richtlinien implementieren, in denen festgelegt wird, welches Verhalten als unerwünscht verstanden wird und dass Verfehlungen ernsthaft verfolgt werden. Es müssen auch explizit die zu erwartenden Sanktionen für die verschiedenen Kategorien von Fehlverhalten kommuniziert werden. Dies gilt übrigens auch für den Hinweisgeber im Falle von Falschmeldungen oder Mobbing.

In der Praxis haben sich Whistleblowing-Systeme außerhalb der regulären Informations- und Meldekanäle, wie beispielsweise Arbeitnehmervertretung, Abteilungsleitung, Compliance Management oder Interne Revision, durch Einschaltung einer externen Stelle besonders bewährt. Dabei können sowohl Telefonhotlines wie auch Email, Internet oder Briefkästen eingesetzt und kombiniert werden. Einerseits erhält ein potentieller Hinweisgeber dadurch mehrere Möglichkeiten des Reportings. Auf der anderen Seite kann dadurch der Schutz der Hinweisgeber auch ohne vollständige Anonymität bestmöglich gewährleistet werden. In diesem Fall können nämlich die Kontaktpersonen durch besondere Verschwiegenheitsregelungen zur Geheimhaltung der Identität der Hinweisgeber verpflichtet werden. Diese Vertrauensstellung ermöglicht ihnen, Identität und Kontaktdaten der Hinweisgeber aufzunehmen, um auch noch zu einem späteren Zeitpunkt Rückfragen zur Präzisierung des gemeldeten Vorfalls und der jeweiligen Umstände zu stellen. Dadurch können eine wesentlich bessere und schnellere Aufklärung der Vorfälle erreicht und somit Akzeptanz und Wirkungsweise des gesamten Whistleblowing-Systems deutlich erhöht werden.

Dann gilt es noch, entsprechende Prozesse für die Weiterbehandlung von vorgebrachten Beschwerden zu entwickeln und zu verankern. So ist beispielsweise sicherzustellen, dass alle Meldungen ernsthaft überprüft und gegebenenfalls weiterverfolgt werden. Nach Analyse eines Falles sollte auch ein Feedback an den Hinweisgeber über die Resultate der Untersuchungen gegeben werden.

Weitere wichtige Voraussetzungen für den Erfolg sind schließlich auch hinreichende Kommunikationsmaßnahmen, um die Hotline bekannt zu machen, sowie entsprechende Schulungen der mit der Hotline und den weiteren Untersuchungen betrauten Personen.

Interne Revision und Korruptionsverhütung

Ilan Fellmann

Die Interne Revision als Stabstelle des Unternehmens (der Organisation) „erbringt unabhängige und objektive Prüfungs- („assurance"-) und Beratungsdienstleistungen, welche darauf ausgerichtet sind, Mehrwerte zu schaffen und die Geschäftsprozesse zu verbessern. Sie unterstützt die Organisation bei der Erreichung ihrer Ziele, indem sie mit einem systematischen und zielgerichteten Ansatz die Effektivität des Risikomanagements, der Kontrollen und der Führungs- und Überwachungsprozesse bewertet und diese zu verbessern hilft (Definition des Institute of Internal Auditing (IIA), Maryland, USA). Daraus geht hervor, dass die IR als Prüferin der internen Überwachungs- und Risikomanagementsysteme dazu berufen ist, vorbeugend, aber auch nachgängig, alle Geschäftsabläufe zu prüfen und somit auch antikorruptiv zu wirken.

Die Befugnisse, Aufgaben, Kompetenzen, Prüfungsdurchführung etc. einer IR sind weltweit verbindlich in den **Standards des IIA** enthalten. Ergänzend dazu sind auch der **Code of Ethics** und umfangreiche **„Praktische Ratschläge"** („practice advisories", früher: Richtlinien bzw. „guidelines") maßgeblich für die professionelle Arbeit der IR (vgl. die Homepage des Österreichischen Institutes für Interne Revision, *www.internerevision.at*, auf der sämtliche Dokumente enthalten sind) von Bedeutung (Standards, Practice Advisories und Code of Ethics des IIA, Maryland, g. F. von 2005). Diese Prüfungsstandards gelten weltweit für alle Mitglieder des IIA, demgemäß auch für alle Mitglieder des ÖIIR sowie alle zertifizierten Internen Revisoren (CIA).

Bereits ein Vorläufer der aktuellen „Standards" (Grundsätze für die Berufliche Praxis der Internen Revision, ARGE IR, Wien 1998) sah vor, dolose Handlungen zu bekämpfen, und zwar

- vorbeugend durch die Überprüfung der Angemessenheit und der Effektivität des Internen Kontrollsystems entsprechend der Größe der möglichen Gefahr von dolosen Handlungen,
- durch die Inbetrachtziehung möglicher Unregelmäßigkeiten bei jeder Prüfungsaufgabe
- und durch die Information der zuständigen Stellen in der Organisation bei Verdacht doloser Handlungen.

Im aktuellen Regelungswerk des **IIA** sind außer den Standards u. a. die Praktischen Ratschläge 1210.A2-1 (Erkennen einer dolosen Handlung), 1210.A2-2 (Verantwortung für die Aufdeckung doloser Handlungen), 2010-2 (Verknüpfung der Prüfungsplanung mit Risiken und Risikopotenzialen), 2060-2 (Beziehungen zum Prüfungsausschuss), 2100-3 (Rolle der IR im Risikomanagementprozess), 2100-4 (Organisationen ohne Risiko-management), 2100-5 (Compliance Programme) und 2110-1 (Angemessenheit von Risikomanagementprozessen) von Bedeutung.

Als weitere Regelungen für die IR-Arbeit sind außer der jeweiligen Rechtsordnung Revisionsgrundsätze, Revisionshandbücher, Organisationshandbücher, Arbeitsanweisungen, Stellenbeschreibungen etc. maßgebend (vgl. Die Interne Revision in Deutschland, Österreich und in der Schweiz, hg. von IIR, IIA Austria und SVIR, 2003, S. 18) bzw. in der öffentlichen Verwaltung Gesetze, Verordnungen, Erlässe, Richtlinien (Revisionsordnungen) und Weisungen.

Die **ECIIA**, die europäische Kontinentalgruppe des IIA, hat sich in einem Positionspapier mit der Thematik Betrugsverhütung und IR auseinander gesetzt (vgl. Die Rolle der Internen Revision in der Betrugsverhütung, ECIIA, Antwerpen 1999). Die vom ECIIA vertretenen Positionen werden verkürzt wiedergegeben:

Zusammenfassung

- Im Zusammenhang mit Betrug ist es eine **primäre Aufgabe der IR sicherzustellen, dass das Management sein Risikopotenzial überprüft** und gegebenenfalls die Möglichkeit von Betrug als unternehmerisches Risiko erkennt.
- Die Revision bedarf eines **klar definierten Mandates, um Betrug verhindern** und aufzudecken sowie darüber Bericht erstatten zu können.
- Bewusstseins bildende Maßnahmen, wie die Erstellung einer **Betrugsbekämpfungsstrategie** und **Mitarbeiterschulungen** zur Sensibilisierung gegenüber Betrug sind notwendig, um betrügerische Handlungen, deren Verhinderung und Aufdeckung, sowie der entsprechenden Berichterstattung ein schärferes Profil zu verleihen. Dadurch können Revisoren...die Unterstützung von Kunden, Mitarbeitern und Aktionären in der Betrugsbekämpfung auf allen Ebenen gewinnen.

Die Bewertung von Betrug als unternehmerisches Risiko; Rolle der IR

- Die IR sollte im Rahmen ihrer routinemäßigen Tätigkeiten die Risikobewertung auf allen Ebenen durchführen.
- Alle Führungskräfte sind auf allen Organisationsebenen in die Risikoerfassung und Risikobewertung einzubinden.
- Die Beachtung von Good Governance Grundsätzen (Buchführung, Rechnungslegung, Abschlüsse) und wirksame interne Kontrollen von oben nach unten sind grundlegend für ordnungsgemäße Erfassung und Darstellung der

Geschäftsfälle und Risiken (COSO – Prinzipien, USA 1992) und verhindern betrügerische Handlungen.
- Die IR übt eine Schlüsselfunktion in der Risikobewertung und Risikobeurteilung, der ständigen Optimierung und der Gewährleistung von Sicherheit aus, indem sie
  - Risiko-orientierte Prüfungspläne umsetzt,
  - in strategische Beratungsprojekte eingebunden ist,
  - zur Entwicklung neuer Systeme beiträgt und
  - eine Selbstbewertung von Risiko und Kontrolle einführt und in der Praxis umsetzt.
- Alle börsennotierten Unternehmen in Europa und sonstige Organisationen sollten auf eine IR zugreifen können, die gegenüber der höchsten Organisationsinstanz berichtspflichtig ist.

Berichterstattung über betrügerische Handlungen

- Der Verdacht von betrügerischen Handlungen und deren Aufdeckung ergibt sich i.d.R. durch Revisionsfeststellungen, zufällige Entdeckungen oder Hinweisen von Mitarbeitern des Unternehmens.
- Bei der Prüfung der Systeme haben die Internen Revisionen darauf zu achten, dass entsprechende Kontrollen auf allen Ebenen eingerichtet sind; dabei haben sie die berufsübliche angemessene Sorgfalt („due care") anzuwenden.
- Mitarbeiter einer Organisation, die Missbrauch vermuten, haben die Möglichkeit diesbezüglich Meldung zu erstatten („whistle blowing"). Die IR kann als Ansprechstelle dafür dienen.

Erfahrungsgemäß entstehen Betrug und Missbrauch immer dort, wo die Kontrollen schwach und unwirksam sind. Das Topmanagement von Unternehmen und der Aufsichtsrat bzw. die politisch eingesetzten Entscheidungsträger in Verwaltungen (Minister, Mitglieder von Landesregierungen, Bürgermeister) sowie Legislative (Nationalrat, Landtage, Gemeinderäte) haben darauf Bedacht zu nehmen, dass international übliche Good Governance Systeme in ihren Organisationen eingeführt und auch die entsprechenden Kontroll-, Revisions- und Risikomanagementsysteme gelebt werden.

Die Vergangenheit hat uns gelehrt, dass immer dort Finanzprobleme bis hin zum Untergang von Unternehmen aufgetreten sind, wo die Arbeit der Internen Revision nicht nach den üblichen Standards durchgeführt werden konnte, entweder weil es keine oder keine ausreichend qualitativ und quantitativ ausgestattete IR gab oder diese mit artfremden Aufgaben überhäuft oder im Informationssystem nicht ausreichend eingebunden war. In Österreich waren Missstände beim Prozess gegen leitende Organe der Bawag 2007/08 bzw. früher bei der Insolvenz der Bank Burgenland bekannt geworden. In beiden Fällen haben autoritär führende Vorstände die ihnen unterstellte IR nicht bzw. nicht ausreichend eingebunden bzw. Empfehlungen der IR ernst genommen. Dazu kam, dass die Aufsichtsräte zu wenig direkten Kontakt mit IR und WP hatten. Naturgemäß hat auch in den zitierten Fällen die Arbeit der Wirtschaftsprüfer nicht gegriffen bzw. wurden AR und Finanzmarktaufsicht nicht über erkannte oder erkennbare Mängel informiert. Den Schaden tragen in derartigen Fällen die Eigentümer, die Kunden und die Mitarbeiter; die Vorstände können generell nur vereinzelt und beschränkt haftbar gemacht werden, da eine individuelle Schuldkomponente (Schädigungsabsicht aktiv oder passiv) juristisch schwierig nachzuweisen ist. Aber auch im Falle einer Verurteilung ist Schadenersatz an das Unternehmen bzw. dessen Eigentümer zumeist nur in einem sehr geringen Umfang möglich. Für Leiter von Internen Revisionen ist eine Situation der Nichteinbindung bzw. der Nichtbeachtung von Empfehlungen äußerst problematisch, da sie meist vor der Wahl stehen, zu resignieren (die Position oder das Unternehmen zu verlassen) oder sich, gegen ihr Berufsgewissen, damit abzufinden und in Kauf nehmen, dass finanzielle Ungleichgewichte mit all ihren Folgen entstehen.

Der Rechnungshof im Kampf gegen Korruption

Franz Fiedler

1. Rechnungshof und Korruption

Die Prüfungstätigkeit des Rechnungshofes bringt es geradezu zwangsläufig mit sich, dass er nicht nur auf Fehlallokationen öffentlicher Mittel, leichtsinnigen Umgang mit Steuergeld und Verschwendung, sondern auch auf handfeste Korruptionsfälle in der Verwaltung stößt. Denn die Gebarung mit Fremdmitteln ist eine schier unerschöpfliche Quelle der Korruption. Diese Erkenntnis ist weder neu – Korruption gab es schon in der Antike – noch ein österreichisches Phänomen. Auf dem im Jahre 1998 in Montevideo abgehaltenen XVI. Kongress der Internationalen Organisation der Obersten Rechnungskontrollbehörden (= International Organisation of Supreme Audit Institutions, abgekürzt: INTOSAI) stellten die aus allen Erdteilen zusammengekommenen Rechnungshöfe übereinstimmend das in allen Staaten – wenngleich in unterschiedlicher Ausprägung – grassierende Übel der Korruption fest und orteten die Einhebung von Abgaben, Beschaffungsvorgänge, Privatisierungsprozesse, die Vergabe von Subventionen und die Einstellung von öffentlichen Bediensteten als besonders korruptionsanfällige Bereiche des öffentlichen Sektors. Als am häufigsten anzutreffende Erscheinungsformen der Korruption wurden unrechtmäßige Vermögenszuwendungen, Patronage, unzulässige Einflussnahme und Bestechung konstatiert.

Von den zahlreichen vom Rechnungshof aufgedeckten Korruptionsfällen, die nicht notwendigerweise von strafrechtlicher Relevanz sein müssen, seien folgende illustrativ herausgegriffen:

- Ein Ministerialbeamter war für die Vergabe von Subventionen der öffentlichen Hand an Sportvereine zuständig und bei einem dieser Sportvereine zugleich als Funktionär tätig. Erstaunliche Reaktion des zuständigen Ministeriums auf die vom Rechnungshof gerügte Interessenkollision: „Daran finde man nichts auszusetzen, eine solche Personenidentität sei eher von Vorteil, weil der betreffende Beamte aufgrund seiner Funktion im Sportverein mit den Verhältnissen in der Branche gut vertraut sei."
- Ein Direktor eines öffentlichen Unternehmens ließ sich von einer Baufirma, welche millionenschwere Bauten für dieses Unternehmen ausgeführt hatte, einen Weinkeller errichten. Die Baufirma „vergaß" auf die Legung einer Rechnung hiefür, sodass sich der Direktor nicht zur Bezahlung der für ihn erbrachten Leistung veranlasst sah.
- Der Direktor eines anderen öffentlichen Unternehmens ließ sich auf dessen Kosten regelmäßig von seiner Ehefrau auf Dienstreisen begleiten und kommentierte die diesbezügliche Rüge des Rechnungshofes damit, dass

„dies international üblich sei“. (Was bedauerlicherweise häufig zutrifft, aber nicht als Vorbild dienen sollte.)

- Bei der Überprüfung der widmungsgemäßen Verwendung der den politischen Parteien nach dem Parteiengesetz zum Zwecke der Öffentlichkeitsarbeit zugewendeten staatlichen Förderungsmittel (§ 2 Abs. 1 des Parteiengesetzes) stellte der Rechnungshof fest, dass diese keineswegs ausschließlich für die Öffentlichkeitsarbeit der Parteien verwendet worden waren. Die darauf bezughabende Bemängelung durch den Rechnungshof konterten einige Parteien damit, dass „jegliche Tätigkeit einer politischen Partei der Öffentlichkeitsarbeit diene“. Wollte man sich dieser Argumentation anschließen, würde dies die Auflage des Parteiengesetzes auf zweckgewidmete Verwendung der Förderungsmittel obsolet machen und die Überprüfung durch den Rechnungshof ins Leere laufen lassen; denn wo keine Widmung vorgeschrieben ist, könnte der Rechnungshof auch nicht ihre Einhaltung kontrollieren.
- Wiederholt musste der Rechnungshof feststellen, dass mit öffentlichem Geld finanzierte Informationsmaßnahmen der Bundesregierung oder einzelner Bundesminister, wie z.B. Inserate in Zeitungen, Folder etc., nicht oder doch nicht überwiegend der Information der Bevölkerung, sondern der Persönlichkeitswerbung oder der Werbung für die politische Partei des betreffenden Regierungsmitgliedes dienten und der Informationsgehalt jedenfalls nur von untergeordneter Bedeutung war.
- In einem Bundesland wurden die in öffentlichen Krankenhäusern von Primarärzten und Klinikvorständen eingenommenen Privathonorare über eine eigens zu diesem Zwecke gegründete private Gesellschaft abgerechnet. Dadurch war keine Transparenz für die Leitung der Krankenhäuser gegeben, ob der vorgegebene Schlüssel für die Aufteilung der Privathonorare zwischen den Primarärzten und dem übrigen Krankenhauspersonal eingehalten wurde; es war daher nicht auszuschließen, dass Primarärzte Leistungen nachgeordneter Ärzte als eigene abrechneten. Darüber hinaus war dem Rechnungshof die Möglichkeit genommen, eine Überprüfung der Abrechnung durchzuführen, da die private Abrechnungsgesellschaft nicht seiner Prüfungszuständigkeit unterlag. Der Rechnungshof zeigte diesen Missstand auf, forderte seine Abstellung und die direkte Abrechnung zwischen den Krankenanstalten und den Privatpatienten, stieß jedoch bei der zuständigen Landesregierung auf taube Ohren.

2. Die Bekämpfung der Korruption durch den Rechnungshof

Wie so viele andere in- und ausländische Einrichtungen der öffentlichen Finanzkontrolle verfügt auch der österreichische Rechnungshof über keine exekutive Gewalt, sondern hat sich auf die Feststellung aufgedeckten Fehlverhaltens und die Abgabe von Empfehlungen zur Ergreifung von Maßnahmen, durch die in der Zukunft gebarungsrelevante Verstöße hintangehalten werden sollen, zu beschränken. Nicht ohne Grund hat daher der XVI. Kongress der INTOSAI den wichtigsten von den Rechnungshöfen zu leistenden Beitrag zur Korruptionsbekämpfung in präventiven Maßnahmen, vor allem in der Verbesserung der allgemeinen Transparenz und Rechenschaftspflicht sowie in einer zuverlässigen Haushaltsverrechnung erblickt. Ferner wurden die Bedeutung der Veröffentlichung der Prüfungsberichte und der Aufbau wirksamer Kontakte der Rechnungshöfe zu den Massenmedien nachdrücklich betont.

Neben diesen sehr allgemein umschriebenen Maßnahmen zur Korruptionsbekämpfung gibt der Rechnungshof regelmäßig konkrete, fallbezogene Empfehlungen ab, ist dabei allerdings auf die Bereitschaft der geprüften bzw. der ihr hierarchisch übergeordneten Stelle angewiesen, ob seinen Empfehlungen gefolgt wird oder nicht. Vielfach gelingt es erst nach einigen Jahren und steter Wiederholung der für die empfohlene Maßnahme sprechenden Argumente, die Verwaltung zu bewegen, sich der Auffassung des Rechnungshofes anzuschließen und seinen Forderungen zu entsprechen.

Trotz dieser – zumindest zu Verzögerungen führenden – Widrigkeiten konnte sich der Rechnungshof in zahlreichen Fällen durchsetzen. So wurde beispielsweise nach der zu Beginn der 80er Jahre des vorigen Jahrhunderts durchgeführten Überprüfung des Neubaus des Allgemeinen Krankenhauses in Wien, des größten Korruptionsfalls der Zweiten Republik, über Empfehlung des Rechnungshofes die Interne Revision bundesweit eingerichtet. Eine weitere, auch im Rahmen der INTOSAI empfohlene Maßnahme prinzipieller Natur, nämlich die Schaffung eines Code of Conduct für den öffentlichen Dienst ist zwar noch nicht umgesetzt, befindet sich jedoch auf Bundesebene im Stadium der Umsetzung und soll demnächst (voraussichtlich noch 2008) Realität werden.

Weniger erfolgreich waren bisher die Bemühungen des Rechnungshofes, dass verbindliche Regelungen für die Öffentlichkeitsarbeit von Regierungsmitgliedern (auf Bundes- wie auf Landesebene) erlassen werden, um zu gewährleisten, dass der Informationsgehalt von Publikationen, die aus Steuergeldern finanziert werden, nicht hinter einer vordergründigen Politpropaganda zurücktritt. Diesem mehr als berechtigten Anliegen des Rechnungshofes wurde mit der Scheinargumentation begegnet, dass „verbindliche Regelungen der erforderlichen Flexibilität wegen hinderlich“ wären. Bemerkenswert erscheint in diesem Zusammenhang, dass während der letzten, im Herbst 2006 ausgelaufenen Legislaturperiode die damalige große Oppositionspartei sich wiederholt für die Umsetzung der erwähnten Empfehlung des Rechnungshofes ausgesprochen hat, sich jedoch damals gegen die von den Regierungsparteien gebildete Mehrheit im Nationalrat nicht durchzusetzen vermochte. Als nunmehrige, noch dazu größere Regierungspartei sollte sie jedoch einen besseren Zugang zur Realisierung ihres seinerzeit vertretenen Standpunktes und damit zugleich der Rechnungshofempfehlung haben ...

Ein weiteres für den Rechnungshof bedeutsames Feld der Korruptionsbekämpfung bildet die Vergabe von Aufträgen durch die öffentliche Hand. In diesem Zusammenhang ist darauf zu verweisen, dass unter der Federführung des Rechnungshofes bereits im Jahre 1999 ein „Bericht zur Bekämpfung von Korruption im Vergabewesen" mit zahlreichen Empfehlungen zur Korruptionsprävention erstellt wurde. Einige der empfohlenen Maßnahmen basieren auf grundlegend neuen Gedanken, so z.B. die Einführung eines Zuverlässigkeitsratings für an Vergabeverfahren beteiligte Unternehmen, wonach solche, die gegen die Grundsätze des freien und fairen Wettbewerbs verstoßen, je nach der Schwere der Verstöße, mit Sanktionen bis hin zur Auftragsspeere für den gesamten öffentlichen Sektor belegt werden sollten.

Auf diesen Bericht hat bisher lediglich die Stadt Wien insofern positiv reagiert, als sie auf ihn in ihrem „Handbuch zur Korruptionsbekämpfung" Bezug nahm. Eine österreichweite Umsetzung zumindest der wichtigsten der zahlreichen Empfehlungen dieses Berichtes ist jedoch noch ausständig.

3. Politiker und Korruptionsbekämpfung

Ebenso wie andere Einrichtungen, die sich dem Kampf gegen die Korruption verschrieben haben (wie z.B. Transparency International), muss auch der Rechnungshof immer wieder die Erfahrung machen, dass Politiker, sofern in ihrem Verantwortungsbereich der Verdacht von Korruption oder Einfallstore für korruptes Verhalten aufgezeigt werden, anstatt zu energischen Nachforschungen und zur Beseitigung der Missstände zu schreiten, die Aufdecker attackieren und nicht selten sogar verunglimpfen. Der Vorwurf, diese hätten sich „ungeheuerlicher Pauschalverdächtigungen" und „Diffamierungen" zuschulden kommen lassen, kommt dann nur allzu leicht über Politikerlippen. Hand in Hand damit ist die Tendenz nicht zu übersehen, korruptes Fehlverhalten vielfach zu bagatellisieren und äußerstenfalls einzuräumen, dass es möglicherweise einige wenige „schwarze Schafe" unter dem vom Korruptionsverdacht betroffenen Personenkreis gäbe, die aber nicht repräsentativ wären.

Durch besondere Naivität (oder Perfidie?) zeichnen sich – auch schon aus Regierungskreisen vernommene – Wortmeldungen aus, mit denen verlangt wird, Personen, die mit korrupten Repräsentanten der öffentlichen Hand Erfahrung gemacht haben, sollten diese anzeigen, andernfalls sehe man keine Veranlassung, den meist anonym erstatteten Korruptionsvorwürfen nachzugehen. Dabei wird übersehen oder wider besseres Wissen ignoriert, dass sich die Korruption in aller Regel in der Erscheinungsform der Doppeltäterschaft manifestiert, bei der keiner der Beteiligten, weder der Geber noch der Nehmer, ein Interesse an der Aufdeckung der verpönten Handlungsweise und damit zugleich seiner eigenen Mittäterschaft hat und für die es so gut wie niemals unbeteiligte Zeugen gibt. Korruption und deren Einfallstore erst dann wirksam bekämpfen bzw. die entsprechenden Erhebungen veranlassen zu wollen, wenn genügend offizielle Anzeigen und nicht nur anonyme Meldungen hierüber vorliegen, bedeutet im Ergebnis eine vorzeitige Kapitulation vor der Korruption. Um so ärgerlicher, bedenklicher, aber auch gewissenloser, wenn diese Einstellung von Politikern, wie vor nicht allzu langer Zeit im Zusammenhang mit – wenngleich anonymen und allgemein gehaltenen – Hinweisen auf systemimmanentes, flächendeckendes korruptes Fehlverhalten im Bereich der medizinischen Versorgung (z.B. „Kuvertmedizin"), öffentlich vertreten wird, obwohl es in Österreich kaum jemanden gibt, der nicht aus eigener oder der Erfahrung von Angehörigen bzw. Bekannten die Richtigkeit dieser Vorwürfe zu bestätigen vermag.

Der Bagatellisierung und dem „Schönreden" von Korruption entgegen zu treten, gehört mit zu den Aufgaben des Rechnungshofes, dem es aufgrund seiner moralischen Autorität und seines Rückhaltes in der Öffentlichkeit hiezu auch nicht an der erforderlichen Standfestigkeit mangeln sollte.

Die Bekämpfung der Korruption ist in Österreich ein Gebot der Stunde. Österreich ist in dem von Transparency International jährlich publizierten Korruptionswahrnehmungsindex zwischen 2005 und 2007 vom 10. auf den 15. Platz zurückgefallen. Es liegt vornehmlich an den Politikern, den Rechnungshof und andere Einrichtungen zur Korruptionsbekämpfung in ihren Bemühungen zu unterstützen, um diesen für Österreich beschämenden Abstieg rückgängig zu machen. Taugliche Empfehlungen, die Korruption erfolgreich zu bekämpfen, gibt es sonder Zahl; es bedarf nur des politischen Willens, sie auch umzusetzen.

Wesentliche Instrumente eines Internen Kontrollsystems als Maßnahmen zur Korruptionsbekämpfung

Markus Hölzl

I. Definition des Internen Kontrollsystems (IKS)

Das Interne Kontrollsystem ist die Gesamtheit aller prozessbezogenen Überwachungsmaßnahmen einer Organisation. Der Begriff des Internen Kontrollsystems umfasst sämtliche Maßnahmen, um

- das Vermögen einer Organisation zu sichern,
- die betriebliche Effizienz zu steigern,
- die Zuverlässigkeit des Rechnungs- und Berichtswesens zu gewährleisten und
- die Einhaltung der vorgeschriebenen Geschäftsrichtlinien und gesetzlichen Vorschriften sicherzustellen.

Das Interne Kontrollsystem geht jedoch über eine reine Durchführung von Kontrollen hinaus und stellt vielmehr ein Planungs-, Steuerungs- und Kontrollinstrument dar. Wesentliche Bedeutung für die Korruptionsbekämpfung haben die klassischen Instrumente des IKS. Zu diesen zählen unter anderem das Vier-Augen-Prinzip, die Funktionstrennung und das Rotationsprinzip in sensiblen Bereichen.

Die genannten Instrumente werden aufgrund Ihrer Bedeutung für die Aufdeckung und für die Prävention von wirtschaftskriminellen Handlungen in Folge beschrieben. Anhand von konkreten Beispielen soll für ausgewählte Bereiche eine „Best Practice" dargestellt werden.

Bei Kapitalgesellschaften ist die Geschäftsführung bzw. der Vorstand dafür verantwortlich, dass ein IKS implementiert ist, das den Anforderungen der Gesellschaft entspricht (§ 22 Abs. 1 GmbHG ; § 82 AktG). Eine im Jahr 2006 von Ernst & Young durchgeführte weltweite Studie zeigte, dass ca. 75 % der Studienteilnehmer in den nächsten Jahren vorhaben in ihr Internes Kontrollsystem zu investieren, um den steigenden regulatorischen Anforderungen gerecht zu werden.

II. Wesentliche Instrumente eines Internen Kontrollsystems:

1. Vier-Augen-Prinzip

Als „Vier-Augen-Prinzip" wird die Vorgabe bezeichnet, dass wichtige Entscheidungen nicht von einer einzelnen Person getroffen werden dürfen. Das Ziel des

Prinzips ist es, sowohl Fehler frühzeitig aufzudecken, als auch Missbrauch zu verhindern. Die Maßnahme hat daher präventiven und detektiven Charakter.

Das Vier-Augen-Prinzip ist in verschiedenen Bereichen z.B. zur Kontrolle oder Absicherung von Entscheidungen einsetzbar. Es sagt aus, dass eine Kontrolle durchgeführt wird, indem eine zweite Person an der Entscheidung beteiligt ist.

Bei der Umsetzung des Vier-Augen-Prinzips sind grundsätzlich zwei Faktoren zu berücksichtigen:

- Unabhängigkeit der Personen
- Unvoreingenommenheit gegenüber dem Prüfungsgegenstand

Beim „Mitwirkenden Vier-Augen-Prinzip" kooperieren zwei Personen mit unterschiedlichen Kompetenzen und ergänzen sich gegenseitig. Vorraussetzung dafür ist eine strikte Funktionstrennung.

Bei der zweiten Kategorie, die auch als „bezeugendes Vier-Augen-Prinzip" bezeichnet werden kann, führt eine Person die Aufgabe aus, während eine oder mehrerer andere Personen den Prozess und das Resultat prüfen bzw. überwachen.

Die Leitung der Organisation bzw. das Management muss vorab definieren, in welchen Bereichen ein „Vier-Augen-Prinzip" als wesentlicher Interner Kontrollmechanismus implementiert und umgesetzt sein muss. Diese Vorgabe des Internen Kontrollsystems ist eine wesentliche Führungsaufgabe.

Für jene Bereiche, in denen die Einhaltung des Vier-Augen-Prinzips vorgesehen ist, muss dies in entsprechenden schriftlichen Regelungen (Dienstanweisungen, Richtlinien, Ablaufbeschreibungen etc.) festgehalten werden. Ebenso wichtig wie die schriftliche Dokumentation ist die Kommunikation der Vorgabe an die Mitarbeiter und Personen, die von der Regelung betroffen sind.

Von Bedeutung ist in Folge auch die entsprechende Dokumentation der Einhaltung des Vier-Augen-Prinzips, um es für das Management bzw. Dritte (Wirtschaftsprüfer, Rechnungshof etc.) prüfbar zu machen. Die Einhaltung der entsprechenden Regelungen ist von der Organisationsleitung zu überwachen. Dabei sollte auf eine effiziente, risikoorientierte Vorgehensweise geachtet werden.

In der Praxis ist darauf zu achten, dass das Vier-Augen-Prinzip vor allem in folgenden sensiblen Bereichen umgesetzt wird:

- Zahlungsverkehr: Bankvollmachten sollten nach dem Vier-Augen-Prinzip geregelt sein, wobei dies auch beim Electronic- und Telebanking umzusetzen ist.
- Beschaffungsprozess: In jeden Beschaffungsvorgang sollten mindestens zwei Personen involviert sein. Bei großen Organisationen bzw. Unternehmen bestehen häufig eigenständige Beschaffungsabteilungen. Kleinbestellungen, welche außerhalb der Kontrolle der zentralen Einkaufsabteilung angeschafft werden, werden oft nicht im nötigen Ausmaß im Sinne des Vier-Augen-Prinzips kontrolliert.
- Jede rechtliche Verpflichtung sollte von mindestens zwei berechtigten Personen freigegeben werden.
- Verkaufsprozess: Reklamationen und Gutschriften für Rücklieferungen sollten nach dem Vier-Augen-Prinzip abgewickelt werden.

2. Stellvertreterregelung

Jene Positionen in der Organisation, die einen formal benannten Stellvertreter benötigen, sollten von der Organisationsleitung vorgegeben werden. Die Festlegung der Stellvertreter hat von hierarchisch übergeordneten Personen, unter Einbindung der Person, für die eine Stellvertretung gesucht wird, zu erfolgen.

Stellvertreter müssen in Folge den unter- und übergeordneten Stellen bekannt gemacht werden. Änderungen bei Stellvertreterregelungen bzw. der jeweiligen Personen müssen zeitnah kommuniziert werden.

Bei der Benennung von Stellvertretern ist zu beachten, dass sich dadurch keine Unvereinbarkeiten im Prozessablauf ergeben (bspw. wenn der Stellvertreter Aufgaben überwachen sollte die er selbst durchgeführt hat bzw. Dokumente freigibt die von ihm erstellt wurden). Weiters ist darauf zu achten, dass mit der Benennung als Stellvertreter IT-Benutzerberechtigungen einhergehen (die man zur Erfüllung der Stellvertreterfunktion braucht), welche gegebenenfalls auch zu kritischen Berechtigungskombinationen führen können. Bei Stellvertretungen wird in der Praxis häufig dem Prinzip der Funktionstrennung nicht in nötigem Maße Rechnung getragen.

3. Rotation

In allen Bereichen, in denen Mitarbeiter einer Organisation bzw. eines Unternehmens in regelmäßigem Kontakt mit externen Personen stehen, kann es zu Naheverhältnissen zwischen diesen Personen kommen, die die Unabhängigkeit der Mitarbeiter der Organisation in Frage stellen bzw. bei denen auch Fälle von Missbrauch oder Korruption vorkommen können.

Um dieser Problematik entsprechend vorzubeugen und somit das Risiko einzuschränken, sollte für besonders sensible Positionen in einer Organisation eine „Rotation“ der Mitarbeiter, d.h. ein regelmäßiger Wechsel der Aufgaben vorgesehen sein.

Die negativen Aspekte einer Rotation, wie z.B. die Gefahr des Verlusts von speziellem Know-how, dürfen nicht außer Acht gelassen werden. Es muss im jeweiligen Einzelfall entschieden werden, ob die positiven Effekte einer Rotation überwiegen.

Praxisbeispiele für Bereiche, in denen eine Rotation sinnvoll ist, sind:
- Mitarbeiter einer Behörde, die in die Vergabe von Förderungen involviert sind bzw. diese durchführen.
- Mitarbeiter der Beschaffungsabteilung, die regelmäßigen Kontakt zu Lieferanten haben
- Mitarbeiter in Verkaufsabteilungen

III. Fazit

Es gibt eine Reihe von wesentlichen Instrumenten zur Implementation eines angemessenen Internen Kontrollsystems. Die Herausforderung in der Praxis ist es, den richtigen „Mix“ an internen Kontrollen zu finden, um einerseits Fehler und wirtschaftskriminelle Handlungen frühzeitig zu entdecken, andererseits aber eine Organisation nicht durch zu umfassende Interne Kontrollen zu „lähmen“.

Die Bedeutung der Kontrollämter für die Korruptionsbekämpfung

Friedrich Klug

1. Begriffsbestimmung

1.1. Korruption

Unter Korruption versteht man den Missbrauch einer Macht- und Vertrauensstellung in einer privaten, wirtschaftlichen oder öffentlichen Funktion, um einen materiellen oder immateriellen Vorteil zu Lasten Dritter zu erlangen. *Missbrauch der Macht ist die Ursache aller großen Konflikte*. Diese zeitlose Aussage stammt von Erzherzog Karl (* 1771, + 1847), dem Sieger von Aspen über Napoleon (M. Rauchensteiner in: 1000 Jahre Österreich, Band 1, Hrsg. W. Pollak, Jugend und Volk, Wien o.J., S 397).
Das Eigeninteresse/der Egoismus dominiert über das Gemeinwohl/den Altruismus. Damit eröffnet sich neben der finanziellen und juristischen Fragestellung vor allem eine ethisch-moralische Dimension in Gesellschaft, Politik und Verwaltung und betrifft alle Staatsgewalten: Legislative, Judikative und Exekutive und die private Sphäre. Der ethische Urkonflikt zwischen Gut und Böse, Eigen- und Nächstenliebe, Leben und Überleben tritt hier zu Tage.

Das Thema ist deswegen besonders anspruchsvoll und allumfassend, weil nicht nur die ethischen, moralischen, ökonomischen und rechtlichen Grundlagen erarbeitet und die Verhaltensmotive erforscht bzw. beeinflusst werden müssen, sondern auch kulturelle Aspekte, Leitbilder und das individuelle Unrechtsbewusstsein zu beachten sind. Darauf aufbauend spielen die organisatorische Gestaltung, das Interne Kontrollsystem und schließlich die Interne Revision – im öffentlichen Bereich die Kontrollämter sowie Rechnungshöfe bei der Verhinderung und Bekämpfung von Korruption eine wesentliche Rolle. Ihr Part ist dabei unterstützender, empfehlender und beratender Natur, weil die primäre Zuständigkeit bei der Exekutive, also bei der Verwaltung, der Polizei, bei den Staatsanwälten und Richtern liegt.

1.2. Kontrolle, Prüfung, Revision

Die Begriffe werden im allgemeinen Sprachgebrauch vielfach synonym verwendet, obwohl einige Unterschiede bestehen.
Prüfung/Revision ist prozessunabhängig und nachgängig, **Kontrolle** ist eher prozessgebunden und begleitend. Im öffentlichen Bereich sind die Rechnungshöfe, Kontrollämter und Internen Revisionsstellen (IR) zuständig und meint damit eine autonome, nachgängige Prüfung, nicht aber Controlling.

Controlling ist ein Informationsinstrument für das Management zur strategischen und operativen Steuerung. Controlling ist prozessinvolviert und liefert der Führungsspitze die Daten, um unmittelbar steuernd eingreifen zu können. Da in der öffentlichen Verwaltung eine strategische Planung weitgehend fehlt, könnte das Balanced-Scorecard-Modell (BSC) eine ausgewogene Leistungsbeurteilung (performance measurement) ermöglichen, indem die Strategie mit dem operativen Prozess verknüpft wird.

Das Gemeinsame aller Kontrollbegriffe ist, dass ein dem Wirtschaftlichkeitsgrundsatz unterliegender Beurteilungsprozess umschrieben wird, der festzustellen versucht, ob und in welchem Ausmaß der IST-Zustand dem gewünschten SOLL-Zustand entspricht.

Die **präventive Wirkung** und umfassende Bedeutung der Kontrolle bei der Korruptionsbekämpfung kommt bei Betrachtung des Managementprozesses **Planung** ⇨ **Entscheidung** ⇨ **Realisation** ⇨ **Kontrolle** ⇨ **Planung** deutlich zum Ausdruck. Das Kosten-Nutzen-Verhältnis inkl. Wirkung der Prävention beläuft sich auf 1:7 (siehe Jahresberichte des Linzer Kontrollamtes).

2. Arten und Systeme der Prüfung

In **geschlossenen Kontrollsystemen** kommt es auf Grund des Prüfungsergebnisses zur Korrektur des SOLL- und/oder IST-Zustandes eines Systems, während in **offenen Kontrollsystemen** lediglich unverbindliche Empfehlungen abgegeben werden. Bei der organisatorischen Gestaltung des **Kontrollsystems** sind die Grundsätze der Nachvollziehbarkeit, Transparenz, Objektivität, Unabhängigkeit, Integrität, Ehrlichkeit und der Gegenkontrolle (Mehraugenprinzip, Rotation) zu beachten.

In zeitlicher Hinsicht ist eine Einteilung in vorgängige und nachgängige Kontrolle und nach der Häufigkeit in laufende (regelmäßige) und fallweise Kontrolle vorzunehmen. Das progressive Prüfungsverfahren geht vom tatsächlichen Sachverhalt (Einzelfall) aus und ist vor allem dann anzuwenden, wenn mit Korruption, Manipulationen, Verschleierung und Nichtverbuchung gerechnet werden muss.

Bei den **begleitenden und zeitnahen Kontrollen** handelt es sich um Prüfungen, die einen komplexen Vorgang in Abschnitte bzw. Phasen zerlegen und möglichst aktuell sind.

Die **vorgängige Kontrolle** liegt im Spannungsverhältnis zwischen der Notwendigkeit der rechtzeitigen Erkennung, präventiver Wirkung und Vermeidung von Fehlentwicklungen und der nicht unproblematischen Mitverantwortung, Mitentscheidung und Präjudizierung der Kontrolle.

Besondere Bedeutung kommt den **Nachprüfungen (follow-up)** zu, die feststellen, ob den Anregungen entsprochen wurde und die Fehler behoben wurden. Den Gründen einer Nichtentsprechung ist genau nachzugehen.

3. Prüfungsobjekte und -ziele

Als „roter Faden" durch alle Kontrolltätigkeiten zieht sich der Begriff der **Gebarung**, worunter man jede öffentliche Verwaltungsaktivität versteht, die etwas mit Geldvorgängen, Vermögen und Schulden zu tun hat. Gebarungskontrolle ist jede Tätigkeit, welche die von der Verwaltung gesetzten wirtschaftlichen Sachverhalte auf ziffernmäßige und formale Richtigkeit, Sparsamkeit, Wirtschaftlichkeit und Zweckmäßigkeit zu prüfen hat. Die Gebarungsprüfung erstreckt sich nicht nur auf die öffentliche Verwaltung, sondern auch auf alle Unternehmungen und Institutionen, an denen die öffentliche Hand beteiligt ist oder die sie fördert.

4. Merkmale der öffentlichen Kontrolle

Die besonderen Merkmale der öffentlichen Kontrolle sind aus der öffentlichen und gemeinwirtschaftlichen Zielsetzung, dem rechtsstaatlichen Prinzip, der Gewaltentrennung, dem Behördenaufbau und aus dem Entscheidungspluralismus zu verstehen. Die Notwendigkeit der Kontrolle in der öffentlichen Verwaltung ergibt sich insbesondere aus dem mangelnden Anreiz und aus der fehlenden Motivation zur wirtschaftlichen Leistungserstellung; sie stellt somit ein notwendiges und unentbehrliches Konkurrenzsurrogat dar, weil es für viele öffentliche Leistungen keinen Markt und damit auch keinen Preis gibt bzw. kein Wettbewerb besteht. Wegen ihrer **präventiven und erzieherischen Funktion** sind sie ein wesentliches Element der Korruptionsvermeidung und -bekämpfung. Die Konsequenzen sind von der Legislative und Exekutive zu ziehen. Gegebenenfalls sind die zuständigen Gerichte zu befassen. Die jeweiligen Entscheidungsinstanzen müssen für die als notwendig erachtete **Rückkoppelung** Sorge tragen. Ob und in welchem Umfang und auf welche Art und Weise dies tatsächlich geschieht, stellt eines der zentralen Probleme der öffentlichen Kontrolle dar. Vom „Schubladieren" der Berichte bis zur aufmerksamen Bearbeitung und sofortigen Einleitung von Maßnahmen oder gar politisch motivierten, nervösen „Überreaktion" ist hier alles möglich.
Die öffentlichen Kontrollinstanzen sind „mehrschichtig" im **Stufenbau** gegliedert und können allerdings nur dann eine optimale Wirkung entfalten, wenn alle Instanzen, nämlich Europäischer Rechnungshof, Rechnungshof, Innenrevision der Ministerien, Landesrechnungshöfe, Kontrollämter und Internen Revisionen der öffentlichen Unternehmungen eine Koordinierung der Aufgaben- und Prüfbereiche vornehmen und ihre Prüfungspläne abstimmen.

Die öffentliche Kontrolle ist mit politischen Problemen konfrontiert: Die politische Mehrheit ist an einer wirksamen Prüfung ihrer eigenen Politik ebenso wenig interessiert wie die geprüften Stellen. Dies kann zu einer Selbstbeschränkung der Kontrollbehörde und zur Vermeidung einer „Überbeanspruchung“ und von „Turbulenzen“ führen. Die Gefahr ist groß, dass sachliche Prüfungsfeststellungen nur „politisch“ gesehen werden und dass es zu einer gewissen Resignation der Kontrollinstanzen kommt, was im Sinne der Korruptionsbekämpfung kontraproduktiv ist. Einfluss auf das **Korruptionsniveau** haben nicht nur das öffentliche Kontrollwesen, sondern auch das Rechtssystem, die demokratische Tradition und die Medien. Ambivalent sind der Einfluss föderaler Strukturen und die Wettbewerbs-Intensität, der in eine positive oder auch negative Richtung gehen kann.

Finanzkontrolle ist eine wichtige **staatspolitische Funktion**, die weder eine Zuordnung zur Legislative, noch zur Exekutive oder Judikative ermöglicht. Das Kontrollamt ist als autonome Einrichtung des Gemeinderates, also des Trägers der Budget- und Kontrollhoheit, tätig. Sollten Empfehlungen nicht umgesetzt werden, besteht eine Begründungspflicht. Die Verantwortlichkeit für die Realisierung von Empfehlungen der Kontrollinstitutionen liegt letztlich bei den politischen Entscheidungsträgern und beim vollziehenden Verwaltungsmanagement.

Korruptionsbekämpfung
Die Rolle des Staates – Reinventing of government

Josef Moser

„Schlechte Staatsführung, d.h. Korruption, Machtmissbrauch, schwache Institutionen und mangelnde Rechenschaftspfllicht (...) zersetzen Staaten von innen heraus. (...) Die geeignetsten Mittel zur Stärkung der Weltordnung sind die Verbreitung einer verantwortungsvollen Staatsführung, die Unterstützung von sozialen und politischen Reformen, die Bekämpfung von Korruption und Machtmissbrauch, die Einführung von Rechtstaatlichkeit und der Schutz der Menschenrechte."

Dieses Zitat aus der im Dezember 2003 vom Europäischen Rat beschlossenen *Europäischen Sicherheitsstrategie (ESS)* verdeutlicht, in welchem Gesamtkontext die zentrale Rolle des Staates bei der Bekämpfung von Korruption zu sehen ist. Völlig zu Recht wird der Begriff „Schlechte Staatsführung" als ein Mix einer Reihe existentieller Bedrohungen verstanden. Die ESS zielt damit zwar grundsätzlich auf gescheiterte Staaten ab, dennoch definiert sie damit die in allen Staaten zu beachtenden Kernelemente, darunter auch und vor allem verantwortungsvolle Staatsführung, soziale und politische Reformprozesse, Rechtsstaatlichkeit sowie die damit in unmittelbarem Zusammenhang stehende Bekämpfung von Korruption und Machtmissbrauch.

Vor dem Hintergrund der negativen Auswirkungen von Korruption auf gesamte Staatsgefüge betont auch die am 14. Dezember 2005 in Kraft getretene UN-Konvention gegen Korruption (UNCAC) die Notwendigkeit umfassender staatlicher Maßnahmen im Bereich der Korruptionsbekämpfung: Präventionsmaßnahmen, Kriminalisierung und Strafverfolgung, Internationale Zusammenarbeit, Vermögensrückführung sowie Technische Hilfestellung und Informationsaustausch sind die zentralen Aufgaben, welche von staatlicher Seite im gemeinsamen Kampf gegen Korruption erfüllt werden müssen.

Das Thema Korruption wurde aber auch bereits am INTOSAI-Kongress 1998 in Montevideo behandelt. Dabei wurden vor allem die Verwaltungsbereiche Einhebung von Abgaben (besonders von Zöllen) und Gebühren, Beschaffungsvorgänge, Privatisierungsprozesse, Vergabe von Subventionen sowie die Einstellung von öffentlichen Bediensteten als besonders korruptionsanfällig geortet und insbesondere die Bedeutung präventiver Maßnahmen unterstrichen, vor allem in Zusammenhang mit der Verbesserung der allgemeinen Transparenz und Rechenschaftspflicht. Eines der Hauptanliegen allen staatlichen Handelns muss es dementsprechend sein, Missstände abzustellen, Transparenz zu schaffen und Nachhaltigkeit zu sichern. Denn bereits vergleichsweise harmlos klingende Bedingungen wie etwa die hohe Konzentration und Zentralisierung der öffentlichen Verwaltung, schwerfällige Verfahren, ein Übermaß an Vorschriften oder aber das Fehlen von geeigneten gesetzlichen Grundlagen können einen Beitrag zu erhöhter Korruptionsanfälligkeit leisten.

Die besten Erfolge im Kampf gegen die Korruption sind dann erzielbar, wenn alle in diesem Bereich zuständigen staatlichen Stellen, wie etwa Prüf-, Ermittlungsbehörden und Gerichte aber auch gesetzgebende Organe, partnerschaftlich zusammenwirken. Die Vernetzung der jeweiligen besonderen Kenntnisse kann eine scharfe und wirksame Waffe gegen Korruption sein. Eine vernetzte und umfassende Vorgehensweise schafft die Basis für die Sicherung des optimalen Einsatzes der öffentlichen Mittel. Die Zusammenarbeit aller in einem Netzwerk unter Beachtung der jeweiligen Unabhängigkeit und spezifischen Stärken sowie die Schließung von Kontrolllücken muss daher das gemeinsame Anliegen aller staatlichen Stellen in Gesetzgebung, Vollziehung und Gerichtsbarkeit sein.

Dementsprechend misst der Rechnungshof (RH) der Korruptionsbekämpfung einen besonderen Stellenwert bei, dem er vor allem im Rahmen seiner Kernaufgabe, der Prüfung — der Gebarung der gesamten Staatswirtschaft — und Beratung, nachkommt. Dabei setzt der RH mit jeder seiner Prüfungen einen Mosaikstein zur Korruptionsbekämpfung, indem er auf Unzulänglichkeiten hinweist, Missstände aufdeckt, mit seinen Empfehlungen weiteren Fehlentwicklungen vorbeugt und insbesondere Transparenz schafft. Auf dieser Grundlage werden einerseits die geprüften Stellen aber auch die jeweiligen Gesetzgeber in die Lage versetzt, entsprechend zu reagieren und im Rahmen ihrer Kompetenzen wirksame Maßnahmen zu setzen. Dadurch, dass die Prüfungsberichte nach der Vorlage an den Nationalrat oder den zuständigen Landtag veröffentlicht werden, wird ebenso die vorbeugende Wirkung verstärkt.

Vor dem Hintergrund der Fragestellung nach der Rolle des Staates im Bereich der Korruptionsbekämpfung ist dementsprechend zusammenfassend festzuhalten, dass ein modernes, den Anforderungen des 21. Jahrhunderts gerecht werdendes gesamtstaatliches Handeln im Sinne eines auf Wirksamkeit abzielenden Verständnisses grundsätzlich vier Bedingungen zu erfüllen hat:

- Verfolgung eines umfassenden, interdisziplinären und kompetenzübergreifenden Ansatzes, welcher der Komplexität des Bereichs der Korruptionsbekämpfung gerecht wird;
- nationale wie internationale Vernetzung, Zusammenwirken und abgestimmte Vorgehensweise aller maßgeblichen staatlichen Akteure;
- besondere Betonung präventiven Handelns sowie
- einheitliche öffentliche Finanzkontrolle.

Korruption, Management und innovative Prüftechniken

Roger Odenthal

1 Wahrnehmung und Wirklichkeit

Woran liegt es aber, wenn Prüfer trotz aller professionellen Anstrengungen bei Korruptionsdelikten so häufig mit Misserfolg gesegnet sind? Neben vielen anderen Gründen, die im Rahmen dieser Publikation von zahlreichen Kollegen dargestellt werden, spielt sicherlich die mangelnde Wahrnehmungsfähigkeit der Revisoren, wie auch des verantwortlichen Managements zu den Themen Betrug und Korruption eine bedeutende Rolle.

„Sie haben Augen und sehen nicht, sie haben Ohren und hören nicht", so beschreibt bereits das alte Testament in Psalm 115,5 menschliche Unzulänglichkeiten bei der Aufnahme unbekannter Phänomene. Wer kennt schon Betrug sowie Betrüger aus eigener Erfahrung und kann die häufig vorhandenen Spuren erkennen oder richtig einordnen?

Betrug bedeutet abweichendes Verhalten! Er folgt eigenen Regeln. Es handelt sich um ein Heimlichkeitsdelikt, dessen Täter aus nachvollziehbaren Gründen wenig Interesse an einer alsbaldigen Entdeckung haben. Demgegenüber steht der Prüfer, als Kollege oder Geschäftspartner, der bei aller berufsständischen Skepsis seinem geprüften Gegenüber im Allgemeinen die Tugenden eines ordentlichen Mitarbeiters oder Kaufmanns unterstellt.

Diese optimistische Einstellung ist menschlich. Sie reflektiert das Bild der eigenen Person und dient einer stabilen Psyche. Der Vertrauensvorschuss, den wir damit unserer Umgebung entgegenbringen, trübt gleichzeitig die eigene Wahrnehmung, die sich aus einer Vielzahl von Sinneseindrücken auf das konzentriert, was man mit den eigenen Werten und Interessen in Übereinstimmung bringen kann. Dieses muss nicht unbedingt den objektiven Tatsachen entsprechen, sondern führt vielmehr dazu, dass selbst offensichtliche Betrugssignale aus Unkenntnis übersehen oder falsch interpretiert werden. Selbst ausgefeilte technische Prüfungshilfsmittel, wie zum Beispiel Prüfsoftware helfen wenig, wenn unklar ist, wie sich Betrug in betrieblichen Daten abbildet und wonach gesucht werden soll.

2 Betrugsregeln und -strukturen

Die vielfältigen Erscheinungsformen von Korruptionsdelikten, beginnend bei der entgoltenen Amtsgefälligkeit bis zur Manipulation großer Bauprojekte, lassen zunächst jede Tat einzigartig erscheinen. Sie verdecken die Sicht auf durchaus vorhandene Strukturen und verhindern in der Folge eine sachkundige Auseinandersetzung mit den Vorgängen. Es gilt daher, den Blick für gemeinsame Muster und Merkmale zu schärfen, die aus einer Vielzahl unterschiedlichster Einzelfälle ableitbar sind. Wer könnte uns dabei besser leiten als der Täter? Seine Überlegungen und Nöte

- Wo lohnen sich Betrug und Korruption?
- Welchen Zwängen unterliegt der Betrüger?
- Mit welchen Gefühlen setzt sich der Täter auseinander?

sollten daher im Vordergrund stehen, wenn Fragen einer erfolgreichen Kriminalitätsprävention und –Prüfung behandelt werden. In angelsächsischen Ländern ist es vor diesem Hintergrund bereits gängige Praxis, dass die Ausbildung angehender Prüfer durch Vorträge ehemaliger Täter unterstützt wird, die hierbei einen Einblick in Tatmuster und betrügerisches Denken ermöglichen.

Im deutschsprachigen Raum entwickelt sich dieser Gedanke erst allmählich. Dabei durfte sich der Autor in zahl- und lehreichen Gesprächen mit überführten Insassen einschlägiger Haftanstalten davon überzeugen, dass in deren Abteilungen zu diesem Thema durchaus Vorlesungen auf „Hochschulniveau“ angeboten werden können.

3 Objekte der Begierde

Die Begehrlichkeiten krimineller Mitarbeiter richten sich ausnahmslos auf alle Unternehmenswerte, die zur persönlichen Vorteilsgewinnung eingesetzt werden können. Erfahrungsgemäß bestimmen Zugänglichkeit und Gebrauchswert des Diebesgutes sowie geringe Tatspuren die Präferenzen der Täter.
Bargeld sieht man seine Herkunft nicht an. Nach einem Diebstahl ist eine direkte, unauffällige Verwendung prinzipiell möglich. Selbst in Zeiten elektronischen Zahlungsverkehrs erfreut es sich großer Beliebtheit, wie zahlreich bekannt gewordene, grenzüberschreitende Transfers in Aktenkoffern und Plastiktüten zeigen.

Zahlungsanweisungen für fingierte Eingangsrechnungen, als Doppelzahlung sowie zu ungerechtfertigten Gut- und Abschriften, stehen in der Hitliste gängiger Unterschlagungsobjekte ebenfalls an vorderer Stelle. Beschränken sich Zugriffsmöglichkeiten der Mitarbeiter hingegen auf sächliche, bewegliche Vermögenswerte z. B. Lagerware, Betriebsausstattung, Brennstoffe, Paletten, wird auch hier gerne zugegriffen. Alles, was einen Abnehmer findet, sollte aus Sicht des Unternehmens einer hohen Gefährdensklasse zugeordnet werden.

Professionalität herrscht beim kriminellen Handel mit Geschäftsgeheimnissen. Hierzu gehören Kundenlisten, Ausschreibungsdetails, Kalkulationsdaten, Rezepturen oder Konstruktionszeichnungen, die den Entwicklungsaufwand von Wettbewerbern reduzieren helfen. Viele Länder, einschließlich solcher der Europäischen Union, haben Schulen eingerichtet, in welchen elegante Formen aktiver Bestechung und die Entwendung betrieblicher Informationen auf dem Lehrplan stehen. Nur spektakuläre Einzelfälle, wie zum Beispiel der Verrat eines Siemens-Angebots zu einer koreanischen Schnellzugverbindung an einen französischen Konkurrenten machen gelegentlich auf die Gefahren aufmerksam.

Eine weitere Kategorie, die Ausschaltung des Wettbewerbs beim Einsatz vermögenswirksamer Prozesse eines Unternehmens, unterscheidet sich von den vorhergehenden Vorgängen dadurch, dass sie scheinbar keine Spuren innerhalb des Buchwerkes hinterlassen. Der Bevorzugung generöser Lieferanten bzw. von Firmen, die dem Familienkreis eines Einkäufers zuzurechnen sind, wird oftmals relativierend entgegengestellt, dass selbst bei funktionierendem Wettbewerb keine besseren Konditionen vereinbar gewesen wären. Hier gilt es, die Motivation der Täter zu berücksichtigen, die ohne Zweifel darin besteht, sich einen ungerechtfertigten Vermögensvorteil zu verschaffen.

Seit einigen Jahren mutiert zunehmend der Unternehmenserfolg, eigentlich eine Residualgröße betrieblichen Wirtschaftens, zum Aneignungsobjekt. Hierbei werden erfolgsabhängige Zuwendungen oder der Wert von Aktienoptionen durch dreiste Bilanzfälschungen des obersten Managements befördert. Unabhängig davon, ob in diesem Zusammenhang Umsätze vollständig erfunden oder Belastungen aus der Bilanz ferngehalten werden, ist die Wirkung perfide. Die für ein überschaubares Zubrot notwendigen Manipulationen treiben betroffene Unternehmen in der Regel in den Ruin.

4 Tatbestandteile

Für Mitarbeitervergehen jeglicher Art lassen sich bei einer differenzierten Betrachtung nachfolgende Tatbestandteile identifizieren, die je nach Tatart und -hergang in unterschiedlicher Ausprägung vorliegen. Ihre Gestaltung bedarf krimineller Energie. Sie hinterlassen Spuren und bieten daher Ansätze für die Deliktprävention oder eine nachfolgende Aufdeckung.

Bei ungesicherten Vermögensbestandteilen ist die eigentliche Aneignung, z. B. durch den Diebstahl von Lagerware, häufig schlecht nachweisbar. Existieren für entwendete Gegenstände jedoch bestandsführende Aufzeichnungen, so wird ein Täter für die Vertuschung einer Fehlmenge zusätzlich Belegfälschungen vornehmen, denen nachgegangen werden kann. Gleiches gilt, wenn

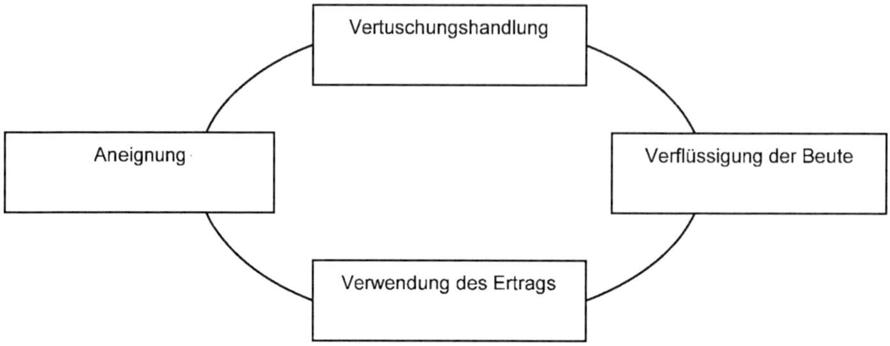

Abbildung 1: Bestandteile eines Betrugsvorganges

betriebliche Regeln in Form von Vorschriften, Vollmachten oder Ablageregeln außer Kraft gesetzt werden müssen. Diese Vertuschung ist überflüssig, wenn solche Unterlagen nicht geführt werden. Aufdeckungsaktivitäten sollten sich dann möglichen Problemen bei der Verflüssigung gestohlenen Firmenvermögens zuwenden. Hier sind ggf. Hehler eingebunden oder es werden Scheinfirmen betrieben bzw. Geschäftskontakte unterhalten, denen nachgegangen werden kann. Selbst die Verwendung des ergaunerten Vermögens bietet noch Ansatzpunkte für Nachforschungen. Nicht nachvollziehbarer Wohlstand, Luxusfahrzeuge, teure Ferienreisen oder plötzlich auftauchendes Grundvermögen werden erfahrungsgemäß in den seltensten Fällen durch ein Erbe, reiche Heiraten oder Spielbankgewinne finanziert.

Will man die Handlungen eines Täters verstehen, ist eine differenzierte Auseinandersetzung mit den aufgeführten Tatbestandteilen erforderlich:

4.1 Die Aneignung

Mitarbeiterkriminalität hat selbst in komplexen Erscheinungsformen eine simple Zielsetzung. Der Täter verfügt über Firmenvermögen um dieses in seinen privaten Besitz zu transferieren. Betrachten wir diesen Vorgang mit den Augen des Täters, so sind für diesen besonders solche Aneignungstatbestände interessant, bei denen eine *direkte, schlecht zu kontrollierende Verfügungsgewalt* über betriebliche Vermögensgegenstände oder Prozesse und die *Möglichkeit eines mittelbaren Vermögenstransfers* zusammenkommen. Hier kann er seine dunklen Aktivitäten mit vergleichsweise geringer krimineller Energie in normale geschäftliche Transaktionen einbetten. Die hieraus resultierenden (finanziellen) Vorteile haben lediglich einen indirekten Bezug zur Tat, hinterlassen wenig Spuren. Nicht umsonst stehen Korruption und Einkaufsbetrug in der Hitliste krimineller Mitarbeiter an erster Stelle. Praktische Erfahrungen zeigen, dass überall dort, wo diese Zueignungskriterien zusammenkommen, ein hoher Anteil der Schäden verursacht wird.

4.2 Vertuschungshandlungen

Die alsbaldige Aufdeckung einer kriminellen Aneignung liegt aus verständlichen Gründen nicht im Interesse eines untreuen Mitarbeiters. Soweit notwendig, wird er daher zeitgleich mit der Tat, wenn nicht gar vorher, Überlegungen zu deren Vertuschung anstellen.

Es ist wichtig zu verstehen, dass die Vertuschung zentraler Tatbestandteil und gleichzeitig ein notwendiges Übel für den Täter ist. Neben der Aneignung verlangt sie einen weiteren Tatbeitrag, zusätzliche kriminelle Energie und hinterlässt Spuren. Jeder Täter ist daher bestrebt, den Vertuschungsbeitrag auf das Notwendige zu beschränken.

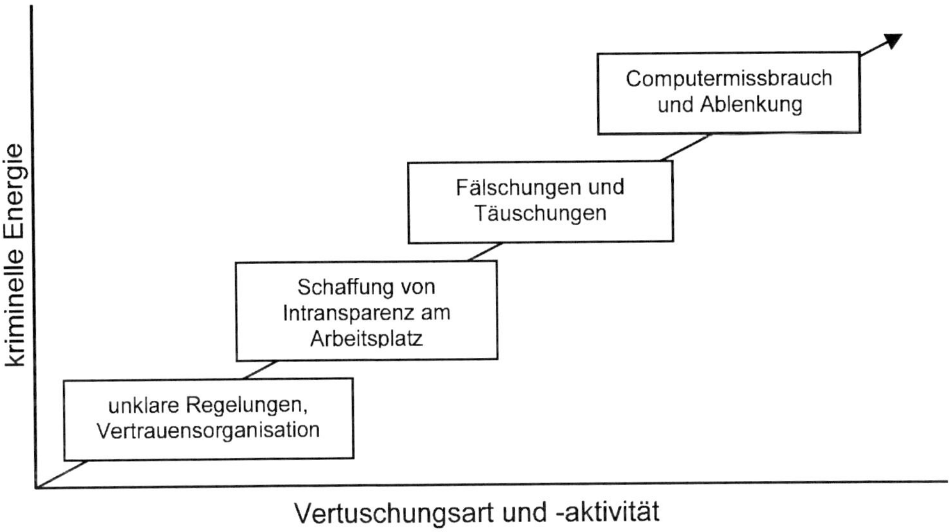

Abbildung 2: Vertuschungsoptionen und kriminelle Energie

Er wird hierbei je nach Grad seiner kriminellen Intelligenz bzw. der ihm zur Verfügung stehenden Möglichkeiten versuchen,

- sein Arbeitsumfeld so zu gestalten, dass eine Verdeckungshandlung überflüssig ist,
- durch Manipulation von Belegen oder sonstigen Aufzeichnungen die Schadensaufdeckung zu verhindern oder
- wo ihm beides nicht möglich ist, von sich als Schadensverursacher abzulenken.

Da die Vermögensaneignung häufig allzu leicht ist, stellt die hiermit verbundene Vertuschung den eigentlichen kreativen Aspekt wirtschaftskriminellen Verhaltens dar. Hierbei nehmen Manipulationen von Stamm- und Bewegungsdaten zu geldwerten Prozessen (Scheinlieferanten, Fälschung von Bankkonten und Konditionen, Scheinrechnungen, Doppelzahlungen, Eilaufträge, Masseveränderungen, Abschriften) einen breiten Raum ein.

4.3 Verflüssigung

Jeder korrupte Mitarbeiter erwartet im Zusammenhang mit seinen Aneignungs- und Vertuschungsanstrengungen einen Lohn der bösen Tat. Er empfängt diesen sofort, wenn er sich am Barvermögen oder an Alltagserzeugnissen des Unternehmens vergreift. Die Tatbestandteile Aneignung und Verflüssigung fallen zusammen.

Wenn die kriminelle Aktion nicht unmittelbar zu verwertbaren Gewinnen für den Täter führt, wie dieses ist z. B. beim Einkaufsbetrug und der Entwendung größerer Posten von Handels- oder Transportgütern der Fall ist, sind unterschiedlichste Verflüssigungsaktivitäten:

- Zusammenarbeit mit Hehlern oder Kunden
- Versteigerungen über Internetbörsen
- Gewährung geldwerter Vorteile
    - Barbesuche und bezahlte Kontakte im Rotlichtmilieu,
    - kostenfreie Bereitstellung luxuriöser Fahrzeuge,
    - Arbeitsleistungen an Haus und Garten,
    - exotische Urlaubsreisen
- fingierte Arbeitsverhältnisse, Gutachten und Firmenbeteiligungen
- Beauftragung von Gutachten
- Beschäftigung von Ehepartnern
- Firmenbeteiligungen

erforderlich.

Möglichkeiten zur Verflüssigung sind vielfach Voraussetzung dafür, dass sich der Diebstahl für den Mitarbeiter auszahlt. Sowohl bei schwer handelbaren Gütern, als auch beim Einsatz vermögensrelevanter Unternehmensprozesse (Einkauf, Kundenreklamationen, Schadenregulierung etc.) stehen Aktivitäten zur Verflüssigung häufig vor der eigentlichen Aneignungstat.

4.4 Ertragsverwendung

Kriminelles Personal wird das ergaunerte Vermögen entsprechend dem Sprichwort „Was nützt der schönste Reichtum, wenn ihn keiner neidet“ zur Befriedigung eines Lebensstandards verwenden, der mit den kargen Erträgen ehrlicher Arbeit alleine nicht zu realisieren wäre. Hierzu gehören, insoweit bestätigen sich alle Klischees, der Erwerb von Immobilien, teure Automobile, luxuriöse Kleidung und kostspielige Urlaubsreisen. Weiterhin wird erbeutetes Geld erfahrungsgemäß zur Finanzierung von Suchtverhalten und schwieriger persönlicher oder familiärer Lebensumstände benötigt. Nicht selten ist in Kollegenkreisen bekannt, dass Mitarbeiter Spielbanken besuchen, im Rotlichtmilieu verkehren oder eine Geliebte unterhalten.

Die Verwendung der Beute für den Erwerb von Fahrzeugen, Schmuck, Golfausrüstungen oder zur Finanzierung aufwändiger Vergnügungen prägt die Persönlichkeit der Täter. Sie ist weiterhin zwangsläufige Folge zunehmender Kontrollen des Geld- und Kapitalverkehrs durch die Finanzverwaltung.

Es gibt somit eine Reihe logischer Erklärungen dafür, dass es für einen Betrüger unproblematischer ist, die Früchte seiner kriminellen Tätigkeit zur Finanzierung eines aufwändigen Lebensstils zu nutzen, als dies in kluger und nachhaltiger Form anzulegen. Hieraus ergeben sich Ansätze für präventive Beobachtungen und Prüfungen.

5 Innovative Prüfungstechniken

5.1 Der digitale Fingerabdruck

Betrug und Korruption sind Kontrolldelikte. Nur eine energische Bekämpfung vermittelt dem potentiellen Täter ein deutliches Signal, welches ihn gegebenenfalls von der Tatausübung zurückhält. Vornehmes Fechten mit dem Florett ist hierbei völlig ungeeignet. Der Säbel ist die einzig richtige Waffe! Aus einer Vielzahl vorhandener Werkzeuge wird hierzu nachfolgend ein kleiner Ausschnitt, die kriminalistische Analyse von Unternehmensdaten, vorgestellt.[1]

Kriminelle Mitarbeiteraktivitäten, insbesondere die Vertuschung, hinterlassen häufig identifizierbare Spuren in den Unternehmensdaten. Deren Erscheinungsformen reichen von Differenzen, Stornierungen, gefälschten Zahlen, auffälligen Stammdaten bis zu Ertragsminderungen oder vermeintlichen Fehlern. Dabei verbergen sie sich hinter normalen geschäftlichen Aktivitäten und müssen gezielt gesucht werden.

Die Revision fahndet mit spezieller Prüfsoftware nach dem digitalen Fingerabdruck des Täters. Die nachfolgenden Eigenschaften macht sie für einen Einsatz in der Deliktprüfung besonders geeignet:

- *unkomplizierte Übernahme von Unternehmensdaten*

In die Spurensuche müssen Daten unterschiedlichster DV-Systeme einbezogen werden. Prüfsoftware ermöglicht die direkte Verarbeitung aller gängigen Datenformate unterschiedlichster Rechnerhersteller. Selbst Informationen von Großrechnern und Druckdaten können verwendet werden.

- *spezielle Auswertungsfunktionen*

Manipulationen der Buchhaltung sind in betrieblichen Daten nicht besonders gekennzeichnet. Dementsprechend beinhaltet Prüfsoftware auch keine Funktion, die Betrug auf Knopfdruck aufzeigt. Stattdessen verfügt sie über zahlreiche Auswertungsmöglichkeiten, die Auffälligkeiten unterschiedlichster Art mit wenig Aufwand kenntlich macht.

- *schnelle Auswertung großer Datenmengen*

Täterspuren finden sich nur in homöopathischen Dosen in den Geschäftsdaten der Unternehmen. Für die Suche müssen wiederholt große Dateien nach unterschiedlichsten Kriterien ausgewertet werden. Da Prüfsoftware im Hinblick auf die Auswertung von Massendaten optimiert ist, stehen

[1] Alle Beispiele aus: Roger Odenthal, Prüfsoftware im Einsatz, DATEV Fachverlag, 2006

dem Prüfer seine Ergebnisse auch bei hohem Datenvolumen schnell zur Verfügung.
Die aufgeführten Vorteile sind überzeugend. Prüfsoftware hat sich daher zu einem veritablen Werkzeug der Betrugsbekämpfung entwickelt. Selbst die Finanzverwaltung bedient sich entsprechender Programme, um den steuerlichen Implikationen von Korruption nachzugehen. Viele Unternehmen sehen sich seither mit Fragen nach bisher unentdeckt gebliebenen Mitarbeiterdelikten konfrontiert, welche sich der steuerlichen Betriebsprüfung durch unplausible Datenkonstellationen erschließen.

5.2 Suchstrategien

Um Betrugsanzeichen zu erkennen, ist es notwendig, sich gedanklich mit Tat und Täter sowie den Tatenfolgen auseinanderzusetzen. Unplausible Datenkonstellationen resultieren hiernach aus:

Begleitumständen der Tat	**Folgen der Tat**	**Folgen der Vertuschung**
- übereinstimmende Stammdaten	- ungewöhnliche Kostensteigerungen	- ungewöhnliche Kontenkombinationen
- Buchungen zu ungewöhnlichen Zeiten	- hohe Abschreibungen	- fehlende Belege
- auffällige Bankverbindungen	- Disharmonie in Zahlen	- Häufung von Fehlern
	- doppelte Beträge	- Hohes Storno
	- auffällige Zahlenmuster	- Auffällige Texte

Diese Spuren verfolgt man mit unterschiedlichen Analyseverfahren, wie z. B. dem Vergleich geeigneter Kennzahlen, detektivischen Auswahltechniken und der Kontrolle auffälliger Zahlenmuster, die nachfolgend beschrieben werden.

5.3 Kennzahlenanalysen

Aus den Unternehmensdaten generierte Kennzahlen können frühzeitig auf wirtschaftskriminelle Handlungen aufmerksam machen. Vielfach, z. B. bei überteuertem Einkauf oder unzulässigen Verkaufskonditionen, gibt es keine anderen Spuren, als auffällige Kostensteigerungen und Ertragsminderungen. Wenn sich ein Schaden hiernach in der Gewinn- und Verlustrechnung abbildet, sind sie oft der einzige Ansatzpunkt, um den Betrug anzuzeigen. Die Revision vergleicht Kennzahlen und deren Veränderungen im Zeitablauf.
Dies ermöglicht Rückschlüsse auf bestimmte Vergehen. Hierzu einige Beispiele:

-	Überproportionale Abschreibungen bei Produkten	Verkaufsbetrug
-	Hohe Inventurdifferenzen in einem Niederlassungslager	Diebstahl
-	auffällig hohe Bezugskosten in einem Werkssegment	Einkaufsbetrug
-	schneller Anstieg von Außenständen bei einem Kunden	Stoßbetrug

- viele stornierte Betriebsaufträge in einer Filiale — Schwarzgeschäfte
- hohe Ertragsabweichungen in zwei Perioden — Einnahmeverkürzung
- unerwarteter Anteil hoher Rechnungsbeträge — Scheinrechnungen

Die Finanzverwaltung bedient sich bei der Betrugsaufdeckung gerne dem Vergleich von Zeitreihen auf der Basis zusammenhängender Werte, wie z. B. Wareneinsatz zu Verkaufserlösen oder Personalkosten zu fakturierten Leistungen. In die entsprechenden Betrachtungen werden Informationen aus Betriebsvergleichen und Richtwerte der Finanzverwaltung einbezogen.[2]

5.4 Detektivische Analysetechniken

Kriminelles Verhalten ist immer mit mehr oder weniger deutlichen Abweichungen von „normalen" geschäftlichen Betätigungen, Vorschriften, Abläufen, Ergebnissen oder Vollmachten verbunden. Da das Rechnungswesen eines Unternehmens reale Betriebsprozesse widerspiegelt, ist es wahrscheinlich, dass sich solche Abweichungen dort abbilden. Hierzu einige Hinweise:

Ausreißer in geschäftlichen Zahlen - Differenzfaktor

Erfahrungsgemäß bewegen sich Zahlen eines homogenen Prüffeldes, z. B. von Rechnungseingängen eines Lieferanten, Buchungen eines Kontos oder Gehaltszahlungen eines Mitarbeiters in harmonischen Größenordnungen. Auffällige Ausreißer sind sichere Signale für Betrug und können mit Hilfe des „Differenzfaktors" festgestellt werden. Hierbei werden beispielsweise Lieferantenrechnungen zunächst nach Lieferant und Rechnungshöhe geordnet. Begleitend erfolgt die Ermittlung der absoluten und relativen Differenz zwischen zwei aufeinander folgenden Rechnungsbeträgen.

Lieferant	Rechnungsbetrag	Differenz	Differenz-faktor
Klammer AG	120.000,--	---	---
Klammer AG	30.000,--	90.000,--	75,0 %
Klammer AG	27.000,--	3.000,--	10,0 %
Klammer AG	22.000,--	5.000,--	18,5 %
PEWAG KG	8.000,--	---	---
PEWAG KG	7.200,--	800,--	10,0 %

Tabelle 1: Beispiel zu Positionen mit hohem Differenzfaktor

[2] Kennzahlenanalysen finden sich bei: E. Huber, Die neue Prüfungstechnik in der Betriebsprüfung, Orac Verlag Wien, 2004

Bei gleichzeitig hohen prozentualen und absoluten Differenzen empfiehlt sich ein Blick in die zugehörigen Geschäftsunterlagen. Häufig sind manipulativ aufgeblähte Beträge oder „irrtümlich“ falsch eingegebene Dezimalstellen bzw. falsch erfasste Mengen- oder Preisangaben der Grund.

Splitten von Beträgen oder Aufträgen - Vollmachtsfaktor
Das Risiko von Scheingeschäften oder betrügerischen Zahlungen versuchen Betriebe durch ein Vier-Augen-Prinzip mit zwei erforderlichen Unterschriften ab einer bestimmten Betragshöhe zu minimieren. Dem gegenüber werden Betrüger kriminelle Transaktionen so aufteilen, dass sie mit der eigenen Unterschrift abgewickelt werden können. Der gemeine Betriebsprüfer geht bei seiner Analyse von der Erfahrung aus, dass der Umfang geschäftlicher Transaktionen mit steigender Betragshöhe kontinuierlich abnimmt. Er bildet den so genannten „Vollmachtsfaktor“, d.h., den prozentualen Anteil des einzelnen Rechnungs- oder Buchungsbetrages an gültigen Unterschriftsgrenzen.

Lieferant	Belegnummer	Zahlungsbetrag	Vollm.faktor
MORTIO GmbH	233039	216,58	4,33 %
BALLWEG KG	246012	125,23	2,50 %
LEHRENWERK	252422	811,21	16,22 %
OLFERT OHG	002389	2.271,44	45,43 %

Tabelle 2: Beispiel Vollmachtsfaktor bei EUR 5000,-- Unterschriftsgrenze

Anschließend unterteilt er den Vollmachtsfaktor in einheitliche Cluster und betrachtet die Anzahl der zugehörigen Zahlungen.

Cluster %	Anzahl
0 bis kleiner 25	7244
25 bis kleiner 50	675
50 bis kleiner 75	73
75 bis kleiner 100	156

Tabelle 3: Verteilung der Zahlungen nach Zahlungshöhe in Clustern von zehn Prozent

Ein auffälliger Anstieg von Zahlungen kurz unterhalb einer Unterschriftsgrenze weist häufig auf einen kriminellen Vorgang hin.

Glatte Beträge - Rundungsfaktor
Dem Wirtschaften mit kriminellen Mitteln liegen vielfach einfache Geschäftsmodelle zugrunde. Die Gedanken der Täter bei Absprachen,

Scheinrechnungen oder ungerechtfertigten Gutschriften richten sich auf glatte Beträge. Besonders erfinderische Täter variieren die Beträge im Cent-Bereich, um den Betrug nicht allzu offensichtlich werden zu lassen. Beim Aufspüren dieser Sachverhalte kommt der „Rundungsfaktor" zum Einsatz. Er eignet sich für Zahlenbestände, in denen runde Beträge eine Ausnahme darstellen. Mit Hilfe der Funktion „Modulus" werden alle Belege aus einem Buchbestand ausgewählt, deren Beträge ohne Rest wahlweise durch 10, 25, 100, 1000 oder 10.000 Euro teilbar sind.

Lieferant	Belegnummer	Rechnungsbetrag
Stahlwerk GmbH	656384	55.000,74
Global Consulting	792015	20.000,83
Print International	29779	5.000,37

Tabelle 4: Beispiel mit glatten Lieferantenrechnungen für den Teiler 1.000

Der Teiler orientiert sich an dem zu untersuchenden Prüffeld. Bei Reisekosten sind dieses die Werte 10 oder 25, während hohe Zahlungen praktischerweise mit dem Teiler 1000 ermittelt werden. Bei auffällig runden Beträgen wird geprüft, ob ein Leistungsaustausch stattgefunden hat.

Auffällige Zusammenhänge
Kriminelle Mitarbeiter, die sich an ihrem Unternehmen bereichern, treten oft in Doppelfunktionen auf. Sie sind gleichzeitig Einkäufer und Lieferant, Personalchef und (fingierter) Mitarbeiter oder Verkäufer und bevorzugter Kunde. Dieser geschäftliche Zusammenhang wird aus nahe liegenden Gründen verborgen. Aus den vorliegenden Rechnungen ist selten ersichtlich, dass die Zentrale des wohlklingenden Geschäftspartners aus der Wohnküche des Angestellten operiert. Um entsprechenden Konstellationen auf die Spur zu kommen, werden Personal- und Lieferanten- oder Kundenstammdaten nach übereinstimmenden Positionen in den Feldern Anschrift, Telefonnummer oder Bankverbindung untersucht. Prüfsoftware verfügt über zahlreiche Funktionen, die einen solchen Vergleich unterstützen.

Außergewöhnliche Merkmale
Betrügerische Mitarbeiter, die zur Vertuschung Scheinfirmen betreiben, nehmen es mit formalen Angaben erfahrungsgemäß nicht allzu genau. Oft fehlen Adressangaben in Lieferanten- oder Kundendateien. Bei scheinbar großen Betrieben steht für den Schriftverkehr lediglich ein Postfach zur Verfügung. Telefonnummern passen nicht zur Anschrift oder lediglich zu einem mobilen Anschluss. Gleiches gilt für exotische Bankverbindungen, unzutreffende Umsatzsteuerkennzeichen oder fehlende Handelsregisternummern. Um diesen Auffälligkeiten nach zu gehen, übernimmt die

Revision entsprechende Stammdaten in ihre Prüfsoftware und sucht nach den aufgeführten Kriterien.

Auffällige Buchungen?

Fragt die Revision nach journalisierten Belegpositionen, so folgt sie den Spuren eines möglichen Täters häufig in den Buchungstexten. Spezielle Funktionen von Prüfsoftware ermöglichen es, Buchungen mit auffälligen Textbestandteilen z. B. Test, Storno, Privat, Darlehen, Ausbuchung, Provision oder dem Namen führender Beschäftigter, zu ermitteln.

KONTO	GEGEN	BUCHTEXT	SOLL	HABEN	BUCHDAT	WOTAG
071200	571000	Umkehr	0,00	-37.760,50	1992/12/31	DO
544010		Test AUS MATERIALBUCHHALTUNG	1.452,35	0,00	1991/06/01	SA
799999		ABBRUCH AUTOM.ABSTIM.	0,00	1.442.200,20	1991/08/03	SA
799999	K00001	ZAHLUNGEN FEHLER PGM	1.442.200,20	0,00	1991/08/03	SA
D00002	439110	FEHLER ERSTE ZEILE	0,00	7,00	1991/07/27	SA
K00001	799999	ZAHLUNGEN FEHLER PGM	0,00	1.442.200,20	1991/08/03	SA
151210	K00162	GUTSCHRIFT	0,00	14,00	1991/05/12	SO
362110	120300	Storno AUFTR.-ABRG.	0,00	6.767,32	1991/09/01	SO
362110	120300	Storno RECHNUNGEN AUFTR.-ABRG.	0,00	8.890,83	1991/09/01	SO
545000	K00162	GUTSCHRIFT	0,00	100,00	1991/05/12	SO
768900	120300	Test RECHNUNGEN AUFTR.-ABRG.	0,00	-48.338,00	1991/09/01	SO
K00162	545000	GUTSCHRIFT	114,00	0,00	1991/05/12	SO

Bild 1: Auffällige Buchungen im Buchungstext

Weiterhin kann sie das Augenmerk auf mögliche Vertuschungsbuchungen in Form auffälliger Konto / Gegenkonto-Kombinationen richten, bei denen z. B. Interimskonten, Sonderkonten, Diverse oder sonstige selten abgestimmte Verrechnungskonten verwendet werden. Direkte Buchungen von Geld- gegen Kostenkonten sind bei Vertuschungsvorgängen ebenfalls häufig betroffen. Gleiches gilt für Buchungstransaktionen, die von einer nicht autorisierten oder ungewöhnlichen Buchungsstelle ausgelöst wurden.

Doppelbuchungen

Der Diebstahl von Firmenvermögen bleibt unauffällig, wenn zu doppelt gebuchten Belegen (Zahlungen oder Gutschriften), die eine Prüfung unerkannt überstehen, spätere Zahlungen an den Täter erfolgen. Zur Aufhellung solcher Sachverhalte legt der Prüfer zunächst Merkmale fest, deren mehrfaches Vorkommen auf Auffälligkeiten hindeutet. Hierzu gehören z. B. mehrfach vorkommende Lieferantennummern, gleiche Zahlungsbeträge sowie identische Belegnummern.

Die verwendete Prüfsoftware gestattet hiernach differenzierte Auswertungen:

- einfache Doppelanalysen
  Es erfolgt eine Auswahl aller Belege mit identischen Merkmalen (Zahlungen).
- Doppelanalyse mit Ausschlusskriterium

Es werden Belege ermittelt, bei denen mehrfache auftretende Merkmale mit einem Ausschlusskriterium zusammentreffen.

gleich	ungleich
Rechnungsnummer und Rechnungsdatum	Rechnungsbetrag
Lieferantennummer und -bezeichnung	Bankkonto

Tabelle 5: Beispiel zur Doppelanalyse mit Ausschlusskriterium

- unscharfe Doppelanalysen

Intelligente Täter vertuschen Doppelzahlungen, in dem sie Beträge im Bereich zulässiger Rabatte oder Skonti variieren. Die hierauf gerichtete Prüfungsstrategie berücksichtigt bei ihrer automatischen Doppelanalyse nicht einen gesamten Buchungsbetrag, sondern lediglich die ersten drei oder vier Ziffern einer jeweiligen Buchung.

Lieferantenname	Belegnummer	Betrag	Ziffer 1-3
DREWO KG	239859	923,06	923
STAHLUNION	234467	1.002,86	100
STAHLUNION	234486	1.002,66	100
EISENVERWE	183826	1.013,51	101

Tabelle 6: Unscharfe Kontrolle doppelter Lieferantenrechnungen

Nahe beieinander liegende, hohe Beträge werden nachfolgend einer manuellen Nachkontrolle unterzogen.

Wochenend- und Feiertagsanalysen
Es ist unmittelbar einsichtig, dass ein Betrüger seiner „Arbeit“ in Ruhe und ohne Ablenkung nachgehen möchte. Wochenende und Feiertage bieten hierfür beste Voraussetzungen. Auffällige Transaktionen, wie z. B. Belegänderungen oder Buchungen auf Geldverkehrskonten, lassen sich an solchen Tagen unauffällig abwickeln. Prüfsoftware ermöglicht die Ermittlung eines Wochentags aus jedem beliebigen Datum. Die Betriebsprüfung kann verfolgen, ob sich geldwerte Vorgänge im Datenbestand auf einen Sonn- oder Feiertag zurückführen lassen.

5.5 Deliktorientierte Analyse

Bei deliktorientierten Analysen wird ein einheitliches Prüffeld nach häufig vorkommenden, typischen Merkmalen für Betrugshandlungen untersucht. Nachstehend ein Beispiel für den Bereich Personal:

Test	Zweck / Erläuterung	benötigte Dateien	Schlüsselfelder
Personal mit auffälligen Merkmalen	Mitarbeitern mit fehlenden Anschriften, ungewöhnlichen Bankverbindungen, Barlöhnen, fehlenden Telefonnummern sind Anzeichen für Betrug im Lohnbereich	• Personaldaten	Name Anschrift Bankdaten Telefon
auffällige Zahlungsänderungen	Sichtung hoher absoluter und prozentualer Differenzen zwischen Einzelzahlungen mehrerer Monate	• Lohndaten • Gehaltsdaten	
Abgleich von DV-Nutzern mit Personalstamm	Kennungen von nicht mehr beschäftigten DV-Nutzern werden häufig für Manipulationen verwendet	• Personaldaten • DV-Nutzer	Name Abteilung Personal-Nr.
Personal mit hohen Urlaubsrückstellungen	Das Vermeiden von Urlaub kann mit einer Vertuschung auf Bestandskonten zusammenhängen	• Personaldaten • Urlaubsrückstellungen	
Personal mit ungewöhnlichen Arbeitszeiten	Personal aus geldnahen Bereichen, das häufig zu ungewöhnlichen Arbeitszeiten, z. B. abends und an Feiertagen tätig ist, könnte in Vertuschungsoperationen involviert sein	• Arbeitszeitdaten	
Abgleich von Personaldaten und Gehältern	Führen fiktiven Personals; Lohnzahlungen erfolgen über das Bankkonto des betrügerischen Mitarbeiters	• Gehaltsdaten • Lohndaten • Personaldaten	Bankleitzahl Bankkonto Straße Telefonnummer
mehrfach vorkommendes Personal	Ermittlung fiktiven Personals mit gleichen Merkmalen	• Personaldaten	Bankleitzahl Bankkonto Straße Telefonnummer
Altersanalyse der aktiven Beschäftigten	Suche nach Personal, welches nach den Altersangaben für Gehaltszahlungen nicht mehr in Frage kommt	• Personaldaten	Geburtsdatum Einstellungsdatum

Tabelle 7: Beispiele für forensische Datenanalysen im Prüffeld Personal

5.6 Musterbasierte Analysetechniken

Detektivische und deliktische EDV-Auswertungen sind unzweifelhaft eine wirkungsvolle Waffe, um möglichen Betrug aufzudecken. Hierbei darf man über Schwächen nicht hinwegsehen. Deren Anwendung setzt umfangreiche Kenntnisse zu Vorschriften und Abläufen eines geschädigten Unternehmens voraus. Sie liefern nur dann gute Ergebnisse, wenn sie auf den jeweiligen Geschäftsprozess und das vermutete Mitarbeiterdelikt abgestimmt werden können. Die Analysen gehören in die Hände erfahrener Prüfer und sie liefern nur selten Hinweise zu kleinem, häufig zahlreichem

Betrug, z. B. bei Reisekosten. In den letzten Jahren hat sich daher unter der Bezeichnung „Benford-Analyse“ ein neuer kriminalistischer Prüfungsansatz entwickelt, der sich ausschließlich auf Zahlenmuster stützt. Grundlage ist die Erkenntnis, dass sich einzelne Ziffern bei geschäftlichen Transaktionen nicht gleichmäßig verteilen, sondern unter bestimmten Voraussetzungen typische Muster bilden, die als Prüfungsgrundlage herangezogen werden. Hiernach kommen Zahlen mit kleinen Anfangsziffern bei kaufmännischen Vorgängen sehr viel häufiger vor, als solche mit großen Anfangsziffern. Die zu erwartende Häufigkeit lässt sich für jede Ziffer oder Ziffernkombination innerhalb eines Zahlenfeldes exakt berechnen. Für die erste Ziffer einer Zahl beträgt sie z. B.:

1. Ziffer	Beobachtete Häufigkeit
1	30,103 %
2	17,609 %
3	12,494 %
4	9,691 %
5	7,918 %
6	6,695 %
7	5,799 %
8	5,115 %
9	4,576 %

Tabelle 8: Häufigkeitsverteilung der 1. Ziffer in geschäftlichen Daten nach Benford

Die dargestellte Verteilung gilt gleichermaßen für mengenmäßige Warenzu- und -abgänge, wie für Zahlungen, Rechnungen oder Buchungen. Unabhängig von der jeweiligen Betragshöhe wird die Summe der Zahlen in einem Geschäftsfeld, welche mit der Ziffer 1 beginnen, mit einem Anteil von 30 % signifikant häufiger vorkommen, als solche, die mit einer 9 starten und deren Anteil lediglich bei 4,5 % liegt. Die erläuterten Erkenntnisse ermöglichen die Suche nach Auffälligkeiten in betrieblichen Daten.

Die Begleitende Kontrolle – eine Aufgabe für die Interne Revision?

Norbert Wagner

Als Investition bezeichnet man grundsätzlich die langfristige Anlage von Finanzmitteln in Vermögensobjekten, die zukünftig Erträge bringen sollen. Sachinvestitionen bestimmen u.a. über die künftige Leistungs- und Wettbewerbskraft eines Unternehmens.

Investitionen bedingen in der Regel einen hohen Mitteleinsatz und sind risikobehaftet. Um Investitionen zu einem wirtschaftlichen Erfolg führen zu können hat sich die Durchführung von Investitionen in Form eines Projektes etabliert. Ein Projekt ist ein **Vorhaben**, das im Wesentlichen durch die Einmaligkeit der Bedingungen in ihrer Gesamtheit gekennzeichnet ist, wie etwa

- Zielvorgabe
- zeitliche, finanzielle, personelle und andere Begrenzungen
- Abgrenzungen gegenüber anderen Vorhaben
- projektspezifische Organisation

Das heißt konkret, ein Projekt ist eine **Aufgabe** mit den **Merkmalen**

- Komplex
- Einmalig
- Formulierte Zielsetzung
- Riskant
- Abgegrenzt gegenüber Routine- bzw. Linienaufgaben
- Bedeutsam
- Beträchtlicher finanzieller und personeller Aufwand
- Zeitliche Begrenzung – festgelegter Beginn und geplantes Ende
- Eigene Organisationsform bzw. übergreifende Zusammenarbeit
- Auftraggeber – intern oder extern

Zusammengefasst sind Projekte somit komplexe und meist im Team erfolgende Arbeiten, wobei der Lösungsweg häufig diffus und nicht komplett planbar ist und die Projekte meist kostenintensiv mit ungewissem Ausgang sind.

Als Beispiele für Projekte sind im Wesentlichen Bauprojekte, IT-Projekte, Organisationsprojekte, Forschungsprojekte, Entwicklungsprojekte, etc. zu nennen.

Aus dem Durchschnitt verschiedener weltweiter Untersuchungen zeigt sich, dass lediglich etwa ein Viertel aller Projekte erfolgreich beendet werden können. Etwa drei Viertel scheitern teilweise oder zur Gänze. Allein für IT-Projekte in den EU-Ländern wird der Verlust durch solche Misserfolge mit jährlich knapp 150 Milliarden Euro beziffert.

Projekte unterliegen konkreten definierten Abläufen und Regeln. Ein Projekt ohne ein entsprechendes **Projektmanagement** ist von vornherein zum Scheitern verurteilt. Unter Projektmanagement versteht man die **Gesamtheit** von Führungsaufgaben, -organisation, -techniken und -mittel für die Abwicklung eines Projektes (DIN), wobei Führung als die Steuerung der verschiedenen Einzelaktivitäten in einem Projekt im Hinblick auf die Projektziele zu verstehen ist.

Die Prüfung von Projekten bzw. damit zusammenhängend die Prüfung der Funktionalität des Projektmanagements ist unzweifelhaft eine Aufgabe der Internen Revision.

Die Prüfung von Projekten kann grundsätzlich vor Beginn des Projektes, während des Projektes (als Meilensteinprüfung bzw. Statusprüfung), nach Abschluss des Projektes oder in Form der sog. **Begleitenden Kontrolle** erfolgen.

Die Begleitende Kontrolle prüft und überwacht projektbegleitend während der Planungs-, Ausführungs-, Abrechnungs- und möglicherweise auch Erprobungs-/Nutzungsphase die Einhaltung der festgesetzten Projektziele, die Qualität, die Termine und Kosten der erbrachten Leistungen.

Wesentlich ist, dass die Begleitende Kontrolle von einer **unabhängigen Kontrollinstanz** durchgeführt wird. Die Unabhängigkeit ist dann gegeben, wenn die ungehinderte und objektive Erfüllung der Aufgaben der Internen Revision oder einer anderen Kontrollinstanz gewährleistet ist. Die Unabhängigkeit kann erreicht werden durch organisatorischen Status und Objektivität. Im Hinblick auf den organisatorischen Status bedeutet dies die Unterstellung unter eine Person, die ausreichende Befugnisse besitzt um die Unabhängigkeit zu gewährleisten und um umfassende Prüfungen, angemessene Beachtung der Revisionsberichte sowie sinnvolle Umsetzung der Revisionsempfehlungen sicherzustellen. Objektivität heißt, alle relevanten Umstände mit Ausgewogenheit zu beurteilen und unbeeinflusst zu handeln von anderen oder eigenen Interessen.

Die Aufgaben der Begleitenden Kontrolle werden gemäß Honorarleitlinie für die Begleitende Kontrolle (HO-BK) wie folgt festgelegt:

- „Zeitnahe Prüfung, respektive unmittelbare Nachkontrolle der zur geordneten Abwicklung eines Projektes zu erstellenden Unterlagen der Projektbeteiligten. Diese reichen von Planunterlagen und Verträgen über

Leistungsverzeichnisse bis hin zur Kostenkontrolle. Die Prüfung dieser Projektdaten hat so rechtzeitig zu erfolgen, dass noch Korrekturen im Projektverlauf möglich sind.
- Zweite Betrachtungsebene und hiermit eine entsprechende Beratung und Absicherung des Auftraggebers im Vier-Augen-Prinzip.
- Aufbereitung von Entscheidungsprozessen, die sich aus der gewonnenen Einsicht und Erfahrung am Projekt ergeben, aus der Sicht der Begleitenden Kontrolle als ‚nicht operativ tätigen' Projektbeteiligten zur Verbreiterung und Ausgewogenheit der jeweiligen Entscheidungsbasis.

Aus der Tätigkeit der Begleitenden Kontrolle werden zwar nicht vordergründig, jedoch nachhaltig über den Weg des Auftraggebers steuernde Maßnahmen ausgearbeitet, wodurch auch konkret Einfluss auf ein Projekt genommen wird. Über die ‚Rückmeldung' zur Erfüllung der von Auftraggeberseite vertraglich bedungenen Leistungen entsteht im Hinblick auf die gesamte Projektdurchführung eine fundierte Entscheidungsgrundlage. Diese ermöglicht dem Auftraggeber rasch und konkret in das laufende Projekt einzugreifen."

Grundsätzlich kann die Begleitende Kontrolle – und wird auch in der Praxis so ausgeübt – sowohl von der Internen Revision als auch von Externen durchgeführt werden.

Voraussetzung dafür, dass die Begleitende Kontrolle von der Internen Revision durchgeführt wird, ist die oben ausgeführte Sicherstellung der Unabhängigkeit der Internen Revision, das entsprechende Fachwissen bei den Mitarbeitern der Revision und die dafür erforderlichen Personalressourcen. Zusätzliche Absicherung gegenüber der Unternehmensleitung bzw. Dritten kann hier eine externe Beurteilung der Qualität der Internen Revision bieten. Bei mittleren und großen Unternehmen mit entsprechendem Projektvolumen können die organisatorischen und ressourcenmäßigen Voraussetzungen durchaus gegeben sein, bei kleineren vermutlich kaum.

Häufig wird die Begleitende Kontrolle an Externe (Zivilingenieurbüros, Planungsbüros, Berater) aus folgenden Überlegungen vergeben:
- Externe haben auch nach außen eine stärkere Wirkung als unabhängige Dritte – selbst bei noch so hoher Kompetenz und Leistung der Internen Revision.
- Die Unternehmensleitung sieht sich bei Vergabe der Begleitenden Kontrolle an Externe besser abgesichert – was kann mehr getan werden, als einen externen Fachmann mit dieser Aufgabe zu betrauen?
- Das Personal ist nur projektbezogen, d.h. der Vertrag erfolgt grundsätzlich über die Projektdauer, alle Kosten die bei fest angestelltem Personal anfallen, werden vermieden.

Welcher Variante der Vorzug gegeben wird, hängt somit von verschiedenen Faktoren ab:

- Anzahl und Komplexität der Projekte
- Kompetenz der Internen Revision
- Ressourcen der Internen Revision
- Außenwirkung, insbesondere in Fällen (vermuteter) Korruption
- Unternehmensumfeld
- etc.

Unabhängig davon, ob die Begleitende Kontrolle von der Internen Revision oder von einem Externen durchgeführt wird, die Interne Revision ist in jedem Fall in die Begleitende Kontrolle involviert. Entweder als jene Einheit, die die Begleitende Kontrolle direkt und unmittelbar durchführt oder als Prüf- und Kontrollinstanz für das Vorhandensein und das Funktionieren einer Externen Begleitenden Kontrolle.

Wesentliche Fragen, die sich die Interne Revision bei der Prüfung der Externen Begleitenden Kontrolle stellen muss, sind

- Was war der Auslöser für die Installierung einer Begleitenden Kontrolle, wie erfolgte die Auswahl und ist die erforderliche Unabhängigkeit gegeben?

Ist der Einsatz einer Externen Begleitenden Kontrolle für Projektvorhaben im Unternehmen grundsätzlich vorgesehen bzw. üblich, erübrigt sich die Frage nach dem Auslöser. Gab es einen konkreten Auslöser für den erstmaligen Einsatz, ergibt sich für die Interne Revision die Notwendigkeit einer Analyse dieses Auslösers. Wo waren bisher Schwachstellen beim Projektmanagement, bei der Projektabwicklung, beim Projektcontrolling, bei der Projektkommunikation oder bei der Projektkontrolle? Diese Analyse ist wesentlich für die Beseitigung von Schwachstellen allgemein aber auch für die konkrete Auftragserteilung an den Externen.

Hinsichtlich der Auswahl des Externen gelten grundsätzlich alle jene Vorgangsweisen, die bei der Auswahl von Auftragnehmern allgemein gelten – Kompetenz, Qualifikation, Erfahrung, Ressourcen, Kosten und bei öffentlichen Auftraggebern die Einhaltung der Vergaberichtlinien bzw. des Bundesvergabegesetzes.

Unabhängigkeit bedeutet im konkreten Fall, dass von der Externen Begleitenden Kontrolle keine andere Tätigkeit für den Auftraggeber durchgeführt wird, die die Objektivität gefährden könnte, wie etwa die Durchführung von Jahresabschlussprüfungen oder jegliche Involvierung - oder auch nur der Anschein davon – in die konkrete Projekttätigkeit (Auftragnehmer, Subauftragnehmer, Projektleiter, Berater, Planer, etc.)

- Existiert ein Pflichtenheft für den Vertrag mit der Firma, die die Begleitende Kontrolle durchführt, und sind im Pflichtenheft die Leistungen der Begleitenden Kontrolle konkret angeführt?

Ein Pflichtenheft sollte in jedem Fall erstellt werden. Im Pflichtenheft selbst sind die von der Externen Begleitenden Kontrolle zu erbringenden Leistungen so konkret und genau als möglich zu definieren. Im Sinne einer verantwortungsvollen Kontrolle und Unterstützung des Projektleiters bzw. des Projektauftraggebers sind exakt die Art, der Umfang und der Zeitpunkt bzw. der Anlass der durchzuführenden Kontrollaktivitäten, die Mitwirkung an definierten Entscheidungen und alle übrigen Leistungen festzuschreiben. Es darf nicht heißen „Protokoll erstellen“ sondern „Mitwirkung an der Entscheidung von XX, oder Bestätigung der ordnungsgemäßen Ausführung von YY“.

- Sind die Mitarbeiter des Externen, die die Begleitende Kontrolle durchführen, namentlich genannt und wie ist ein Austausch von Mitarbeitern geregelt?

Das Wissen und die Erfahrung liegen nicht beim Unternehmen sondern bei den konkreten Mitarbeitern. Deshalb ist es von besonderer Bedeutung sowohl in der Ausschreibung das erforderliche und gewünschte Anforderungsprofil exakt zu beschreiben als auch bei der Auswahl der Externen Begleitenden Kontrolle darauf zu achten, dass vom Auftragnehmer nur Mitarbeiter eingesetzt werden, die diesem Anforderungsprofil entsprechen bzw. deren Einsatz zwischen Auftraggeber und Auftragnehmer vereinbart wurde. Darüber hinaus ist auch exakt zu vereinbaren, wie ein allfälliger Austausch oder Ersatz von Mitarbeitern des Auftragnehmers vorzunehmen ist bzw. wie der Ersatz organisatorisch (Einarbeitung!) und finanziell abzuwickeln ist.

- Wonach bemisst sich das Honorar der Begleitenden Kontrolle?

Entsprechend den Honorarrichtlinien für die Begleitende Kontrolle sind die grundsätzliche Basis für das Honorar der Externen Begleitenden Kontrolle die für die Errichtung aufgewendeten Kosten. Da die Externe Begleitende Kontrolle einen wesentlichen Einfluss bei der Entscheidungsfindung hat, könnte es zu einer Konfliktsituation für den Auftragnehmer kommen – je mehr an grundsätzlich gewünschten Einsparungen, etwa bei Nachtragsangeboten oder Projektänderungen, erreicht wird, umso mehr verringert sich das Honorar der Externen Begleitenden Kontrolle bzw. je höher die Errichtungskosten während des Projektes steigen, umso mehr erhöht sich das Honorar.

Abhilfe schaffen kann eine möglichst exakte Planung, die sowohl die geplanten Errichtungskosten möglichst genau berechnet als auch Projektänderungen minimieren hilft. Wesentlich sind auch eine exakte Dokumentation des Projektes sowie der Ursachen und Auswirkungen von Projektänderungen, die Einfluss auf das Honorar haben.

- Wie ist der Nutzen der Begleitenden Kontrolle erfasst?

Insbesondere nach Projektende bzw. Vertragsende mit der Externen Begleitenden Kontrolle ist der Nutzen dessen Einsatzes zu prüfen. Welche Fehler, Mängel und Probleme (Terminverzug, Kostenerhöhungen, Budgetüberschreitungen, Qualitätsprobleme, etc.) konnten vermieden werden? In welcher Höhe können diese Handlungen quantifiziert werden? Wo konnten durch Projektänderungen oder bei Verhandlungen über Nachtragsangebote Einsparungen erzielt werden?

Die vorstehenden Ausführungen zeigen, dass die Interne Revision in jedem Fall intensiv in die Begleitende Kontrolle von Projekten zu involvieren ist – entweder direkt, indem sie diese Aufgabe selbst wahrnimmt oder indirekt, indem sie das Vorhandensein und die Wirksamkeit einer entsprechenden externen Kontrolle überprüft. Voraussetzung für den wirtschaftlichen Erfolg des Unternehmens ist in beiden Fällen eine kompetente und wirkungsvoll arbeitende Interne Revision.

Konkrete Bekämpfungsmaßnahmen

Sport und Korruption – mit einem Blick auf die Schweiz

Marco Blatter

In beinahe regelmässiger Folge wurden in den letzten Jahren innerhalb des Sports korrupte Machenschaften aufgedeckt, die dessen Ansehen fundamental schädigten. Der Sport ist nämlich eines der letzten Spektakel, das Chancengleichheit bietet und dessen Ausgang offen ist. Diese Unwägbarkeit in Verbindung mit der Aussicht, dass der David den Goliath besiegt, und der emotionalen Identifikation der Zuschauer mit einzelnen Akteuren und Mannschaften, begründen die unheimliche Faszination des Sports. Die elektronischen Medien machen es möglich, eine Veranstaltung weltweit in Echtzeit mitzuerleben. Millionen, ja Milliarden von Menschen können auf diese Weise eingebunden werden. Ein Markt mit schier unermesslichen Dimensionen ist entstanden. Hohe Geldsummen werden weltweit verschoben. Wo viel Geld zirkuliert, sind kriminelle Interessen nicht fern. Die emotionale Komponente des Sports lässt sich auch politisch verwerten. Erfolge in populären Sportarten schaffen international und national Prestige und Anerkennung.

Wird das Resultat einer sportlichen Auseinandersetzung durch Beeinflussung von aussen vorbestimmt indem einer oder mehrere Akteure oder ein ganzes Team für unsportliches Verhalten materiell oder immateriell entschädigt werden, ist der klassische Tatbestand der Korruption im Sport erfüllt. Erfolgsprämien – wie hoch sie immer sein mögen - sind nicht der Korruption anzurechnen. Ebenso ist der Tatbestand nicht erfüllt, wenn Erfolgsprämien von Dritten in Aussicht gestellt werden, die in ihrem eigenen Interesse den Sieg einer bestimmten Mannschaft brauchen. Der sportliche Wettkampf bleibt in jedem Fall offen.

Als Motive korrupten Handelns stehen im Vordergrund das Prestige - einer Nation, eines Klubs oder einer Einzelperson - und Geldgewinne grösseren Ausmasses, insbesondere bei illegalen Sportwetten. In jüngerer Zeit ist ein – eigentlich legitimes - Interesse spürbar, über den Weg von sportlichen Erfolgen den Marktwert von Mannschaften, sprich Kapitalgesellschaften zu steigern. Deshalb mussten teils seitens der Sportverbände und teils seitens der staatlichen Instanzen Restriktionen in Bezug auf die Eigentumsrechte an diesen modernen Kapitalgesellschaften des Sports erlassen werden. Wenn in einem Bewerb mehrere Teams desselben Eigners teilnehmen, kann ein von wirtschaftlichen Motiven gesteuerter Ausgang der Partien unter diesen Teams nicht mehr ausgeschlossen werden.

Nachgerade in den lukrativen Klubbewerben wie der ‚Champions League' wären solche Manipulationen in verführerischer Nähe, ohne dass ein Straftatbestand nachweisbar wäre. Akzentuiert wird diese Situation auch dadurch, dass Verwerter von lukrativen Übertragungsrechten gleichzeitig Eigner von Sportclubs sind.

Die Anfälligkeit des Sports für korrupte Handlungen ergibt sich aus der Kumulation von zwei Faktoren: Die Manipulation lässt sich in der Regel über einem einzigen Mitwisser (Schieds- oder Kampfrichter, Athlet oder Spieler) vollziehen und die materiellen Einsätze sind in der Regel im Verhältnis zum Ertrag bescheiden. Ein Schiedsrichter ist – wie die Beispiele jüngeren Datums zeigen - mit kleinen materiellen Vorteilen zufrieden. Der Einsatz eines Personenwagens der Oberklasse kann zu Millionengewinnen im zwei- und dreistelligen Bereich führen. Wie bereits erwähnt, tragen Überraschungen viel zur Attraktivität des Sports bei und da der Grundsatz ‚errare humanum est' auch für Schieds- und Kampfrichter gilt, fällt es ausserordentlich schwer, Manipulationen im Ansatz zu erkennen, zwischen Zufall und Absicht zu unterscheiden. Wie ist einem Tennisspieler der Spitzenklasse nachzuweisen, dass die Niederlage Resultat eines Bestechungshonorars und nicht der schlechten Tagesform war?

Im heute ‚gereinigten' Fussball Italiens unterlaufen den ‚sauberen' Schiedsrichtern mitunter derart eklatante und Spiel entscheidende Fehler, dass wiederum Verdacht aufkeimt, es stehe Manipulation dahinter. Nur Langzeitauswertungen oder die Häufung ausserordentlicher Ereignisse können Indizien für korruptes Handeln liefern. Meistens – und glücklicherweise – wird die Blase von einem Akteur von innen aufgestochen, bewusst durch ein Bekenntnis oder ungewollt durch auffälliges Verhalten.

Mit der Zunahme der medialen und wirtschaftlichen Bedeutung des Sports hat sich um das eigentliche Sportgeschehen ein weiteres Feld für korrupte Aktivitäten geöffnet. Es handelt sich um die Durchsetzung von Interessen persönlicher Art (Wahlen in prestigeträchtige Funktionen) oder solcher von Gemeinschaften (Zuteilung von internationalen Grosswettkämpfen an Städte und/oder Länder). Korruption in diesem Bereich hat zwar keinen Einfluss auf das Wettkampfgeschehen, schadet jedoch allgemein dem Ansehen des Sports erheblich.

Die Grenzen zur Korruption in diesem Bereich sind fliessend und schwer zu definieren. Wo geht die ‚kleine' Aufmerksamkeit in Bereicherung über? Wohlhabende werden oft mit immateriellen Gütern (z.B. Ehrungen, Auszeichnungen) oder geldwerten Leistungen (Stipendien für die Kinder, Erholungsaufenthalte) geködert. Das Internationale Olympische Komitee beispielsweise hat die üblichen Geschenke an seine Mitglieder seitens der Bewerber um die Durchführung Olympischer Spiele auf den Gegenwert von US$ 200 begrenzt. Was darüber liegt, gilt als unerlaubte Beeinflussung und wird beidseits, beim

Geber wie beim Nehmenden streng geahndet. Die FIFA und die UEFA haben für den Umgang mit den Schiedsrichtern ebenfalls klare Grenzen gezogen. Es ist unter anderem nicht mehr erlaubt, das Quartett der Spielleiter getrennt in verschiedenen Hotels unterzubringen. Mitwisser und Zeugen mindern die Gefahr einer gezielten Beeinflussung.

In den wichtigsten internationalen Sportverbänden erfolgt die Zuteilung von Kontinental- oder Weltmeisterschaften mittels demokratischer Entscheidfindung ausschliesslich in den Exekutiven und nicht mehr in den Plenumsveranstaltungen der Delegierten der nationalen Verbände. Eine Exekutive verfügt über eine überschau- und einigermassen kontrollierbare Zahl von Vertretern, die untereinander in einer engen oder zumindest regelmässig gepflegten Verbindung stehen. Trotz allen Bemühungen der verantwortlichen Führungsorgane, wird die Korruption im Sport – die in zahlreichen Fällen keinen Straftatbestand in juristischem Sinne darstellt – nicht auszumerzen sein.

In europäischen Verhältnissen ist Korruption beinahe ausschliesslich im professionellen Sport zu orten und nur dann, wenn das Verhältnis Risiko zu Gewinn eine merkliche Spannweite aufweist. Das heisst, letztlich müssen grosse Summen im Einsatz sein. Der ‚empfindliche' Bereich lässt sich demnach in diesem riesigen Aktionsfeld ‚Sport' rasch eingrenzen.

Aufgrund der relevanten Grösse der Geldströme befindet sich der Schweizer Sport in Bezug auf die Anfälligkeit für Korruption in einem marginalen Feld. Das Geschäft mit den Sportwetten ist von Gesetzes wegen restriktiv an die Hoheit der Kantone gebunden. Die Einsätze und Gewinne sind im Verhältnis zu den Lotterien verschwindend klein. Hingegen sind Informationen vorhanden, wonach Schieds- und Kampfrichter sowie Athleten aus der Schweiz im Ausland für Kooperationen zu korrupten Geschäften angegangen worden sind. Dies sowohl als einseitiges Geschäft als auch als kompensatorische Massnahme, im Sinne ‚hilfst du mir, so helf' ich dir'.

Die Verantwortlichen im Sport tun gut daran, mit geschärftem Blick die Entwicklung zu verfolgen. Ebenso wie das Doping ist Korruption Betrug am aktiv Teilnehmenden, Betrug am Publikum und Betrug am Sponsor. Es gilt auch auf den unteren Ebenen kompromisslos gegen diese unsportlichen Verhaltensweisen vorzugehen.

Verhaltenskodex für öffentlich Bedienstete – Chancen und Grenzen

Helmut Brückner

Dieser Artikel basiert auf einem, im Jänner 2008 gemeinsam mit Dr. Robert Gmeiner[1] erarbeiteten umfassenden Zwischenbericht über die Arbeit der von der Bundesregierung eingesetzten Arbeitsgruppe zur Entwicklung eines Verhaltenskodex für den öffentlichen Dienst.

Korruption[2] ist nicht nur ein "nachvollziehbares" Problem wirtschaftsschwacher Mangelgesellschaften, sondern tritt vermehrt auch in hoch entwickelten „westlichen" Wohlstandsgesellschaften auf. Nicht erst die Veröffentlichungen von Transparency International belegen, dass Korruption auch vor unserem Land nicht Halt macht: Eine Mehrheit der Österreicher glaubt sogar, dass Korruption künftig zunehmen wird. Korruption findet also statt – wenn auch in unterschiedlicher Ausprägung und unterschiedlicher Intensität.

Es ist unbestritten, dass Korruption einen hohen volkswirtschaftlichen Schaden verursacht. Nach Angaben der Weltbank muss jeder Mensch auf dieser Erde durchschnittlich rund 7% seiner Arbeitsleistung für Korruptionsschäden aufbringen. Nicht zu unterschätzen ist dabei der enorme immaterielle Schaden durch Vertrauensverlust der Bürger in den demokratischen Rechtsstaat und in die Integrität der Politik bzw der öffentlichen Verwaltung.

Korruptionsbekämpfung ist daher eine zentrale gesellschaftspolitische Aufgabe.

Vor diesem Hintergrund hat sich die von der Bundesregierung mit der Erarbeitung eines Verhaltenskodex beauftragte Arbeitsgruppe mit Möglichkeiten der Korruptionsprävention in der öffentlichen Verwaltung befasst. Es ging aber auch um allgemeine Fragen der Korruptionsprävention und die möglichen Ziele und Wirkungen eines „Code of Conduct" für den öffentlichen Bereich. In der Folge werden einige Grundüberlegungen der Arbeitsgruppe in diesem Zusammenhang erläutert:

---

1 MMag. Dr. Robert Gmeiner ist Mitarbeiter der Verbindungsstelle der Bundesländer. Er ist Gemeinsamer Ländervertreter in der Arbeitsgruppe „Verhaltenskodex".

2 Nach der Definition von Transparency International ist Korruption der Missbrauch von anvertrauter Macht zum privaten Nutzen oder Vorteil. Das Wort Korruption stammt vom lateinischen Wort corrumpere und bedeutet verderben, vernichten, bestechen.

Ganzheitliche Sicht

Die Herausforderungen (ethisch) korrekten Verhaltens im öffentlichen Bereich beginnen nicht erst in besonders kritischen bzw. strafrechtlich relevanten Bereichen[3] wie der Bestechung oder Geschenkannahme, der Unzulässigkeit bestimmter Nebenbeschäftigungen, der Befangenheit oder dem Spannungsverhältnis zwischen Verschwiegenheit und Transparenz.
Die zentrale Frage lautet,

- wie sich im öffentlichen Bereich tätige Menschen verhalten und verhalten sollen (!),
- und zwar im öffentlichen Amt und außerhalb,
- sowohl gegenüber Vorgesetzten, Kolleginnen und Kollegen und Parteien („Kunden") als auch gegenüber der gesamten Öffentlichkeit.

Es geht also nicht nur um Korruption (und deren Vermeidung) im engeren Sinn, sondern um Grundhaltungen und Werte, auf denen menschliches Verhalten basiert. Was Not tut, ist eine Art „Grundkonsens" über allgemein anerkannte (ethische) Grundwerte und Haltungen in der Gesellschaft und folglich auch im gesamten öffentlichen Dienst.

Kontrollen reichen nicht aus

Langjährige Erfahrung zeigte, dass illegales und unmoralisches Tun oder Unterlassen weder durch das Dienst- und Strafrecht noch durch ein dichtes Internes Kontrollsystem allein verhindert werden können. Die zu lösenden Probleme gehen über die formale Einhaltung dienst- und strafrechtlicher Vorschriften hinaus (auch wenn sie einen großen Überschneidungsbereich haben) und sie sind zuallererst „Fragen der Ethik"!

Dennoch wäre- wie Dr. Gmeiner[4] an anderer Stelle treffend ausführt, eine Forderung nach einem „Ethik-Kodex" abzulehnen, ginge eine solche doch von einem falschen Verständnis von Ethik aus: Ethik bietet nämlich keine fertigen Antworten, liefert keine konkreten Handlungsrezepte. Vielmehr ist es an der Ethik, Fragen zu stellen, zu hinterfragen, was z.B. vorher fraglos war („das haben wir immer so gemacht"). Ethik macht Antworten „fragwürdig" und damit diskussions- und begründungspflichtig. Ethische Grundwerte können nicht angeordnet, sondern nur durch überzeugte eigenverantwortliche Mitarbeiter gelebt werden.

---

[3] Vgl zentrale Korruptionsnormen des österr. Strafrechtes: § 153 (Untreue), §§ 153a, 304-306 (Geschenkannahme), § 302 (Missbrauch der Amtsgewalt), § 307 (Bestechung) und § 308 (verbotene Intervention)

[4] Vgl. Dr.Robert Gmeiner: (in diesem Band); *Gmeiner*, Verwaltungsethik in Österreich – Eine Skizze, in: *Lienbacher; Thanner; Tschirf; Weiss* (Hg), Jürgen Weiss – Ein Leben für Staat und Gesellschaft. Festschrift anlässlich seines 60. Geburtstages (2007), 199-215

Ein Verhaltenskodex kann geltende Rechtsregeln nur ergänzen. Er hat zugrunde liegende ethische Werthaltungen, Grundeinstellungen und Verhaltensmaximen zu beschreiben, transparent zu machen und immer wieder ins Bewusstsein zu rücken.

Ziele und Wirkungen

Nach Meinung der Arbeitsgruppe sollte ein Verhaltenskodex nicht Normcharakter haben sondern im Sinne eines sog. „soft law" vor allem helfen, Korruption zu erkennen, zu enttabuisieren und zu entsimplifizieren. Er sollte „nach innen" und „nach außen" wirken:

Innenwirkungen

- *Sensibilisierung und Bewusstseinsschärfung:* **Das Bekämpfen der Korruption setzt deren Erkennen voraus.** Die öffentlich Bediensteten auf allen Ebenen der Hoheits- und Privatwirtschaftsverwaltung sollen gegenüber den Themen Korruption und Korruptionsprävention aufmerksamer, wissender, sensibler und bewusster werden („Was erwarten wir von uns?"). Das Problem- und Unrechtsbewusstsein bezüglich korrupten Verhaltens sollte gestärkt werden.
- *Orientierung und Sicherheit:* Ein Verhaltenskodex soll allen öffentlich Bediensteten Orientierung und Sicherheit, aber auch Schutz und Unterstützung für ethisch korrektes Verhalten gerade in schwierigen Situationen geben.
- *Vertrauen und Verantwortung:* Das Vertrauen in öffentlich Bedienstete, zu sich selbst, zu ihren Fähigkeiten und ihrem Urteil gilt es zu stärken. Dies gilt im Wissen und Bewusstsein, dass Mitarbeiter und Mitarbeiterinnen des öffentlichen Dienstes für ihr Verhalten einzustehen und dieses auch zu verantworten haben. Ein Verhaltenskodex ist keinesfalls „Ersatzrückgrat oder Ersatzgewissen", vielmehr „der Spiegel, in den wir schauen sollten". Anders formuliert: Wie im konkreten Einzelfall nach Abwägung aller relevanten Gesichtspunkte zu handeln ist, muss jede/r-selbst entscheiden (und verantworten).
- *Motivation für Verhaltensänderungen und Impuls für Diskussion(sprozess):* Ein Verhaltenskodex sollte ständiger und nachhaltiger Impuls für notwendige Diskussionen sein, ggf. auch als „Schub" für" erforderliche Verhaltensänderungen dienen. Dazu darf er aber nicht in einer „Einmalaktion" verpuffen, sondern muss im Gespräch bleiben. Er kann nur im Rahmen eines fortgesetzten Prozesses Wirkung entfalten und den Aufwand rechtfertigen!

Außenwirkungen

- *Information darüber, was Bürger vom öffentlichen Dienst erwarten können:* Der Verhaltenskodex soll Bürgerinnen und Bürgern eine komprimierte

Information darüber bieten, was sie von öffentlich Bediensteten erwarten können. Ein Code of Conduct legt eine Messlatte für die Beurteilung des Verwaltungshandelns durch die Bürger.
- *Vertrauen in staatliche Institutionen stärken:* Insgesamt muss angestrebt werden, das Vertrauen der Bürgerinnen und Bürger in die öffentliche Verwaltung und damit in den demokratischen Rechtsstaat zu stärken.

Ein Verhaltenskodex für alle

Um diese Ziele und Wirkungen erreichen zu können, muss der Verhaltenskodex die Bediensteten in der gesamten öffentlichen Verwaltung im Bereich des Bundes, der Länder und Gemeinden ansprechen – und zwar direkt als Person, ungeachtet welche Funktion oder Aufgabe er oder sie wahrnimmt (ob als Führungskraft, Fachexperte oder in untergeordneter Funktion).
Keinesfalls dürfte der Kodex die Schnittstellen zur Politik aus dem Auge verlieren, bestehen doch gerade dort große Versuchungs- bzw. Gefährdungspotenziale. [5]Vorauseilender Gehorsam und/oder resignatives Akzeptieren ethisch bedenklicher politischer Wunschvorstellungen sind anzusprechen, um sie zu überwinden.[6]

Anforderungen an einen Verhaltenskodex

Es ist davon auszugehen, dass ein Verhaltenskodex nur dann eine Chance hat, wahr- und ernst genommen zu werden, wenn er praxisorientiert bzw. lebensnah und verständlich, klar und prägnant formuliert ist. Nur dann wird und kann ein Verhaltenskodex einer Kritik wie etwa „die da oben, die haben ja keine Ahnung" standhalten. Nur dann kann ein Verhaltenskodex durch ein Bekenntnis (commitment), „dahinter zu stehen" verbindlich sein und mit Leben erfüllt werden.
Genau um dieser Sensibilität willen, muss ein Verhaltenskodex auch darauf verzichten, bestimmte Aufgaben und Funktionen durch (schlecht gewählte) Beispiele generell zu stigmatisieren, diese fast schon einem Generalverdacht auszusetzen und damit zu demotivieren oder gar das Gegenteil des angestrebten Ziels zu erreichen.

Was ein Verhaltenskodex nicht sein darf

Die Arbeitsgruppe war daher mit der Herausforderung konfrontiert, einen Verhaltenskodex zu entwickeln, der weder
- eine Ansammlung von „Gemeinplätzen" oder „Leerformeln"(„Wozu haben wir denn das noch gebraucht?"),

---

[5] Eine von Transparency International durchgeführte Umfrage, zeigt, dass der Bevölkerung auch in Österreich die politischen Parteien als besonders korruptionsanfällig gelten.

[6] Vgl."Acht Bausteine der Reform im Verhältnis von Politik und Verwaltung" Schriftenreihe des oö Landesrechnungshofes, Band IV, 2007

- ein Erlass bzw. eine Dienstanweisung,
- eine kasuistische Aufarbeitung aller Eventualitäten noch
- schlichtweg ein Alibipapier zum Herzeigen ist.

Weitgehende Einigung bestand darin, dass von einer Art „Leitbild Neu", das zwar richtige Ziele formuliert, aber wenig Hilfestellung zu deren Umsetzung leisten würde, keine besondere Strahlkraft zu erwarten wäre.

Was der Verhaltenskodex statt dessen sein sollte

Ins Auge gefasst wurde daher ein „etwas anderer" Verhaltenskodex der kein zusätzliches Regelwerk enthält sondern in verdichteter Form ethische Grundwerte und Haltungen, vergleichbar den „10 Geboten" postuliert und der nach Möglichkeit betroffen macht.

Angedacht wurde ein Katalog von Fragen oder Thesen der als Wegweiser im Berufsalltag dient und den öffentlich Bediensteten auch in schwierigen Entscheidungssituationen Orientierung und Rückendeckung geben kann.

Thesen (beispielhaft)

- Ich erledige meine Aufgaben kompetent, professionell und unparteilich!
- Ich lasse mich auch nicht von Kollegen, Vorgesetzten und Politikern zu unkorrektem Verhalten verleiten.
- Ich bin nicht käuflich; ich lasse mich nicht bestechen.
- Ich decke/schütze keinen korrupten Kollegen.
- Meine Erledigungen erfolgen auch während eines laufenden Bewerbungsverfahrens korrekt und unparteilich!
- Ich weiß, dass Korruption schon mit kleinen Gefälligkeiten anfangen kann.
- Ich erwarte keine Gegenleistung/Geschenk/persönlichen Vorteil für eine positive Erledigung.
- Ich stehe zu meinen Handlungen und bin dafür verantwortlich!
- Ich leiste gute Arbeit und möchte daran gemessen werden!
- Ich arbeite so, dass meine Arbeit jederzeit überprüft werden kann.

Dr. Brückner legt Wert auf die Feststellung, dass diese Ausführungen seine persönliche Meinung wiedergeben und daraus keine Position der von ihnen vertretenen Gebietskörperschaften und Einrichtungen abgeleitet werden kann.

Korruption und Sozialverwaltung

Nikolaus Dimmel

1. Themenstellung/Definition

Korruption in der Sozialverwaltung ist als Phänomen der „white collar criminality“ beileibe kein Nasobem (fiktives Tier). Sie drückt sich in Amtsmissbrauch, in verbotener Geschenkannahme oder der sonstigen Zuwendung von Vorteilen aus. Korruption ist immer zweiseitig und wohl nur im Idealfall ein beidseitig freiwillig eingegangener unethischer und rechtswidriger Konsensualvertrag. Denn ihr Spektrum reicht von der Androhung persönlicher Unbill auf Seiten jener Person, welche ein Amtsgeschäft/eine Amtshandlung erzwingen bzw. herbeiführen will bis hin zur Erpressung der antragstellenden Partei durch ein Verwaltungsorgan. Korruption kann sich dabei sowohl im Rahmen der öffentlichen Privatwirtschaftsverwaltung, etwa bei der Zuschlagserteilung zur Erbringung sozialer Dienstleistungen, als auch im Rahmen der Hoheitsverwaltung, etwa der erpresserischen Abgeltung eines pflichtgemäßen Amtsgeschäftes durch die anspruchsberechtigte Partei, ereignen (*Garzón Valdés* 2002). Dann lässt man sich die gesetzlich vorgeschriebene oder vorgesehene Abwicklung eines normativen Aktes abgelten. Freilich können die Parteien/Antragsteller im Bereich der Wohlfahrt im Regelfall keine Schmiergelder zahlen. Gleichwohl sind andere Formen der abgepressten Beeinflussung beobachtbar, welche nicht der herkömmlichen Vorstellung der Mechanik von Bestechungsgeld und Geschenkannahme entsprechen. Dabei wird die Grenzziehung zwischen Amtsmissbrauch (Androhung der Schädigung im Falle fehlender „Compliance“/ Mitwirkung an den Vorgaben eines/r Sachbearbeiters/in), Ermessensüberschreitung als Gegenleistung für das abgeforderte Wohlverhalten oder einer denkunmöglichen Gesetzesanwendung als Form der Repression vielfach schwer zu ziehen sein (*Bekemann* 2007).

Zweifellos erfüllt der Tatbestand der Korruption eine Reihe von Kriterien, die auch für den „white collar crime“ zutreffen (*Croall* 2001): die Kausalität einer Schädigung ist schwer nachzuweisen, das Delikt ist nicht formal rekonstruierbar (keine Aufzeichnungen, keine Beobachtung durch Dritte), vielfach ist eine abstrakte Öffentlichkeit geschädigt, weshalb es kein konkretes Opferinteresse gibt, die (Straf)Verfolgungsbehörden sind in ihren Interessen vielfach eng mit den TäterInnen verbunden und die geschädigte Person oder Personengruppe hat aufgrund fortgesetzter Furcht vor Repressionen kein Interesse, den Vorfall publik zu machen (*Höffling* 2002).

Legendär ist der Fall des Sozialhilfereferenten, der als Donauland-Mitglied Höhe und Dauer der gewährten Leistung davon abhängig machte, dass seine

AntragstellerInnen eine einschlägige Clubmitgliedschaft zeichneten. Entsprechend war sein Büro mit Prämienprodukten für die Werbung neuer Mitglieder voll gestellt. Ebenso erinnerungswürdig ist der Jugendamts-Sprengelsozialarbeiter, welcher seine Stellungnahme zur Wahrung des Kindeswohls davon abhängig machte, ob und wie ihm die der Prostitution nachgehende Mutter eine kostenlose Dienstleistung angedeihen ließ. Gut in Erinnerung sind auch jene leitenden Beamten, die kostenlose Reparaturen in Behindertenwerkstätten in Auftrag gaben, für deren Finanzierung und Überwachung sie sachlich zuständig waren. Ganz ohne jeden Zweifel stehen derartige Einzellfälle nicht für die Regel, sondern verkörpern eine Verwaltungspathologie (*Hogwood* 1985). Gleichwohl machen sie deutlich, dass Korruption nicht nur in der Baupolizeiverwaltung vorkommt, wo behaupteterweise endemisch Bauherrn/Architekten den eingebrachten Plänen Couverts mit 500.- € beizulegen haben, so sie ein den AVG-Fristen konformes (positives) Ende des Verwaltungsverfahrens bewirken wollen.

Allerdings sind die Bedingungen der Korruption in der Sozialverwaltung besondere, da es hierbei um einen Teil der Leistungsverwaltung geht, der es mit sozial und ökonomisch marginalisierten oder hilfsbedürftigen KlientInnen zu tun hat. Die Korruption in der Sozialverwaltung folgt daher nicht den Interessenlagen und Begehungsformen, wie sie für jene Teile der öffentlichen Verwaltung kennzeichnend sind, die es mit ökonomisch mächtigen, sozial und kommunikativ kompetenten Parteien zu tun haben (*Benz/Alemann* 1992). Vielfach ist die Korruption vermittelter, etwa wenn überhöhte Mieten im Rahmen der Sozialhilfe bezahlt werden, wenn ein Referent den Vermieter kennt und solcherart die Allgemeinheit schädigt. Zugleich ist festzuhalten, dass das Klientelisierungsverhältnis vielfach durch ein ebenso riskantes wie kompliziertes Machtgefälle beschrieben ist (*Cottier* 2007). Zum einen kommt der leistenden und gestaltenden Verwaltung hierbei erheblicher Spielraum im Rahmen unbestimmter Rechtsbegriffe und des zu handhabenden Auswahlermessens zu. Anhaltspunkte für einen Amtsmissbrauch sind daher aus der Sicht der Kontrollierenden ebenso schwer festzumachen wie Hinweise darauf, ein/e Bedienste/r habe eine Entscheidung nicht sachlich fundiert und sei daher möglicherweise bestochen worden. Überdies haben weder die betroffenen KlientInnen (Parteien) noch die im Auftrag der öffentlichen Hand in einem Monopson-Verhältnis[1] Leistungen erbringenden freien Wohlfahrtsträger kaum das entsprechende „voicing", die Machtposition und ökonomische Sicherheit, Amtsmissbrauch, Bestechung und Geschenkannahmen überhaupt zu thematisieren. Denn die Anzeige korrumpierten Verhaltens setzt voraus, die darauf vom Angezeigten folgende Retorsion ökonomisch und sozial durchhalten zu können. Nun sind KlientInnen der Wohlfahrtsverwaltung keine „one shotter", welche wie ein Unternehmen, welches eine Betriebsanlagengenehmigung

[1] Ein Nachfrager, mehrere Anbieter auf einem gesteuerten Markt

beantragt, eine einmalige, weitestgehend anonymisierte Beziehung zur Wohlfahrtsverwaltung eingehen, sondern befinden sich im Regelfall in einer längerdauernden Abhängigkeitsbeziehung zur entsprechenden Behörde, in der zudem ein hohes Maß an Mitwirkungs- und Folgebereitschaft institutionell vorausgesetzt ist.

Grundsätzlich ist auch im Wohlfahrtsbereich die Korruption als Missbrauch einer Vertrauensstellung in einer Funktion der Verwaltung zu verstehen, um einen materiellen oder immateriellen Vorteil zu erlangen, auf den nicht notwendigerweise ein Rechtsanspruch bestehen muss (*Arnim* 2003). Da AntragstellerInnen allerdings aufgrund ihrer prekarisierten sozialen Lage kaum mithilfe von Geldmitteln „bestechen“ können, nehmen Vorteilsannahme und Vorteilsgewährung eben andere Formen an. In den Figuren der „Principal-Agent-Theorie“ tauschen die Akteure Vorteile (Geld gegen Güter und/oder Dienste), beeinflussen also eine Entscheidung auf illegale (oder zumindest illegitime) Weise (*Rose-Ackermann* 1978; *Miller* 1990). Allerdings sind hierbei die Rollen des Klienten als Vorteilsgeber, des Agenten als Bestochenem und des Prinzipal als Begünstigtem vielfach nicht klar voneinander abgegrenzt. Dies deshalb, da einerseits dem Klienten derartige Vorteilsgewährungen auch abgepresst werden können. Hier kann die Korruption unter Bedingungen eingeschränkten Rechtszugangs sowie ungleich verteilter verbaler und sozialer Kompetenz zwischen Amt/Behörde und AntragstellerIn/KlientIn darauf hinauslaufen, rechtlich konformes Verhalten zu bewirken. Andererseits können hier Agent und Prinzipial ident sein. Evident haben Prinzipal und Agent auch hier eine vertragliche Beziehung, in welcher der Prinzipal den Agenten mit der Aufgabe der wohlfahrtsstaatlichen Leistungsgewährung betraut und ihm zur Erfüllung dieser Aufgabe Spielraum und Mittel überlässt, wobei der Agent diese Spielräume nutzt, um persönliche Vorteile zu lukrieren (*Gambetta* 2002). Es ist also nicht der Prinzipal, der durch dieses Vorgehen Vorteile verbuchen kann. Korruption bezeichnet in dieser Perspektive eine zweifache, ineinander verschränkte Aktivität, kombiniert also aktive Bestechung und Bestechlichkeit (*Myrdal* 1989,405), wobei der Begünstigte seine Macht- bzw. Vertrauensposition missbraucht. Dabei sind die Interessen im Bereich der Wohlfahrtsverwaltung, die es mit gemeinnützigen Dienstleistern und hilfebedürftigen Personen zu tun hat, jedoch komplexer angelagert als dies etwa bei der Bestechung einer Leistungsaufträge vergebenden öffentlichen Einrichtung und einem privaten, gewinnorientierten Leitungsanbieter der Fall ist.

Funktionsbestandteil korrupten Verhaltens ist jedenfalls aber auch hier das Ausnutzen einer Machtposition für persönlichen wirtschaftlichen Vorteil, die Nutzenmaximierung unter Missachtung von Verhaltensnormen (*Arnim/Heiny/Itner* 2006). Derartige Verhaltensnormen können moralischer Natur sein, aber auch in Amtspflichten oder Strafrecht begründet sein. Der Bestochene wird von einem Kosten-Risiko-Kalkül, also der Abwägung zwischen monetärem und nicht-monetärem Nutzen und Entdeckungswahrscheinlichkeit angeleitet, welche über „Begehen" und „Nichtbegehen" entscheidet. Dabei ist der Vorteil des Korrumpierten eben nicht stets ein Nachteil der Organisation, wenn etwa ein zustehender Rechtsanspruch nur gegen entsprechende sexuelle Dienstleistung gewährt wird. Zugleich ist nicht ausgeschlossen, dass das Spektrum der Bestechungsmöglichkeiten auch eine entsprechend weite Handhabung von Ermessen oder auch eine nicht gesetzlich gedeckte Leistungsgewährung mit einschließen kann.

2. Arten/Formen der Korruption

In Österreich existiert kein nationales Korruptionsbekämpfungsrecht abgesehen von den einschlägigen Straftatbeständen der §§ 302 ff StGB. Hierbei steht der Geschenkannahme die Bestechung gleichsam synallagmatisch gegenüber. Im Kalkül der handelnden Personen kann Korruption in aktiver (Fordern, Anbieten und Versprechen eines Vorteils) oder in passiver Form (Vorteilsannahme) erfolgen (*Reisinger* 2006). Zugleich kann sie sowohl vom Bestechenden und vom Bestochenen ausgehen. Folglich ist nicht nur das Anbieten von Vorteilen, sondern auch deren Annehmen, aber auch schon die vorgeführte „Bereitschaft" zur Entgegennahme eine aktive, strafrechtlich relevante Handlung/Haltung. Gerade die aktive Aufforderung des/r optionalen „VorteilsnehmerIn", einen Vorteil anzubieten, leitet indes den fließenden Übergang zur (bekanntlich strafrechtlich relevanten) Erpressung ein. Potenzielle unterstützte Personen werden dann vor die „Alternative" gestellt, entweder keine Leistung oder eine Leistung nach vorangehender (oder nachgehender) Gegenleistung zu erhalten.

Korruption im Wohlfahrtsbereich kann auch Vorteile umfassen, die Dritten gewährt werden, auch wenn es sich dabei um freiwillige, etwa im Rahmen der Privatwirtschaftsverwaltung begebene Leistungen handelt. Fraglos gehören zu den Korruptionshandlungen, die im Wohlfahrtsbereich denkmöglich sind, auch Stellenbesetzungen in der Verwaltung, die unter parteipolitischen Gesichtspunkten erfolgen, also den sozialen Tatbeständen der Ämterpatronage, des Nepotismus oder des Klientelismus (*Sampl* 2001) entsprechen.

3. Folgen der Korruption

Im Bereich der Sozialverwaltung führt Korruption zu materiellen (externalisierte Kosten) und immateriellen Schäden (Vertrauensverlust). Werden etwa soziale Dienstleistungsträger auf nicht-objektivierte Weise mit der Erbringung von Leistungen betraut, kann es zu teureren oder qualitativ schlechteren sozialen Dienstleistungen kommen. Hier können negative „Spill Over"-Effekte oder Folgekosten auftreten, welche der Steuerzahler zu tragen hat. So wie im Gesundheitswesen, wo Korruption zu überhöhten Preisen, einem eingeschränkten Zugang zu medizinischen Leistungen und unsachlicher Ungleichbehandlung (Zwei-Klassen-Medizin) führt, ist die Folge im Sozialwesen eine Fehlallokation von Ressourcen mit erheblicher Multiplikatorwirkung. Einerseits nehmen Quantität, Effektivität und Effizienz von Leistungen ab, während das Volumen der eingesetzten Steuermittel und Eigenleistungen zunimmt. Andererseits sind die Folgen von Korruption problematisch sowohl im Hinblick auf den „Chorgeist" der Verwaltung selbst als auch im Hinblick auf die Außenbeziehungen der Verwaltung, etwa zu freien Wohlfahrtsträgern. Schließlich ist auch nicht zu verkennen, dass Praktiken der Korruption das jeweils einfachgesetzlich vorgegebene Reintegrations- oder Inklusionsziel im Regelfall konterkarieren. Wer einer sich prostituierenden Minderjährigen sexuelle Dienstleistungen im Austausch gegen eine unterbliebene Kindesabnahme abnötigt, fördert weder das Kindeswohl noch die Kräfte der Mutter, sich aus dieser misslichen Situation zu befreien.

4. Korruptionsbekämpfung

Die Bekämpfung von Korruption fokussiert nach wie vor auf strafrechtlichen Instrumenten und geht idealtypisch von einer Konstellation aus, in welcher die Verwaltung ökonomisch mächtigen Akteuren gegenübersteht, wobei die Grenzziehungen zwischen Lobbying und Korruption fließend sind (*Bannenberg* 2002; *Schröder* 2007). Die im Bereich der Sozialverwaltung denkmöglich auftretenden Korruptionskonstellationen sind demgegenüber nicht nur von weitaus geringerem ökonomischem Stellenwert, sondern setzen auch eine andere Akteurskonstellation sowie andere Interessenlagen und Korruptionsformen voraus. In beiderlei Hinsicht freilich haben Politiker kaum Anreize, Korruption zu bekämpfen, zumal sie selbst von der Diffusität der Leistungsaustauschbeziehungen im Wohlfahrtsdreieck zwischen öffentlichen Financiers, privaten Leistungserbringern und KlientInnen profitieren. Kontrollämter und Rechnungshöfe „scannen" zudem die Vollzugstätigkeit von Ämtern und Behörden im Wohlfahrtsbereich vor allem im Hinblick auf Leistungsmissbrauch und die fehlende Sparsamkeit des Mitteleinsatzes. Korruptionskonstellationen indes, die etwa in der fehlenden/unzureichenden Ausbildung der MitarbeiterInnen, in prekären Beschäftigungs- und Entgeltbedingungen oder in unzureichend transparenten Leistungsvertragsgrundlagen begründet sein können, liegen nicht im Aufmerksamkeitsfenster der einschlägigen Kontrollinstitutionen. Die spezifischen Produktionsbedingungen der Hilfe im Wohlfahrtsbereich bleiben also im Rahmen der Tätigkeit dieser Institutionen ausgeblendet. Das mag teils auch damit zu tun haben, dass diese Kontrollorgane derselben Organisation angehören wie die Korrumpierten (Beamten). Nicht nur hier sind Ansätze für ein integratives Korruptionsmanagement, welches nicht am „blaming" der individuellen TäterInnen, sondern an den Strukturen interessiert ist, welche korruptives Handeln erst ermöglichen, kaum entwickelt (*Faust* 2006). In der Tat ist es eine Gemengelage von Faktoren der unprofessionellen Personalauswahl und -entwicklung, Arbeitsüberlastung, niedrigen Attraktivität des Arbeitsplatzes, fehlenden „checks and balances", unzureichenden „peer control" (4- oder 6-Augen-Prinzip) uam., welche die Korrumpierbarkeit miterzeugt (*Fitzpatrick* 2003). Gegenstrategien hätten sich um eine äquivalente Komplexität von Strategien, Maßnahmen und Instrumenten der Korruptionsbekämpfung im Wohlfahrtsbereich zu bemühen.

Literatur

Arnim (2003): Korruption, Netzwerke in Politik, Ämtern und Wirtschaft, München.

Arnim/Heiny/Itner (2006): Korruption. Begriff, Bekämpfung und Forschungslücken, Speyer.

Bannenberg (2002): Korruption in Deutschland und ihre strafrechtliche Kontrolle, Neuwied.

Bekemann (2007): Kommunale Korruptionsbekämpfung, Stuttgart.

Benz/Alemann (1992): Zwischen Kooperation und Korruption. Abweichendes Verhalten in der Verwaltung, Baden-Baden.

Cottier (2007): Zwischen Hilfe und Repression: Männliche Subjektivierung im Jugendstrafverfahren; in: Ludwig-Mayerhofer/Behrend/Sondermann (Hg): Fallverstehen und Deutungsmacht. Akteure in der Sozialverwaltung und ihre Klienten, Opladen, S. 75 ff.

Croall (2001): Understanding White Collar Crime, Buckingham.

Faust (2006): Organisationskultur und Ethik: Perspektiven für öffentliche Verwaltungen, Berlin.

Fitzpatrick (2003): Thinking strategically about anti-corruption reforms, Frankfurt.

Gambetta (2002): Corruption: An Analytical Map, in: Kotkin/ Sajó (Hg): Political Corruption in Transition – A Sceptic's Handbook, Budapest, S. 147 ff.

Garzón Valdés (2002): „Korruption – Zur systemischen Relativität eines universalen Phänomens", in: Bluhm/Karsten Fischer (Hg): Sichtbarkeit und Unsichtbarkeit der Macht. Theorien politischer Korruption, Baden-Baden, S. 115 ff.

Höffling (2002): Korruption als soziale Beziehung", Opladen.

Hogwood/Peters (1985): The Pathology of Public Policy, Oxford.

Miller (1990): Korruption; in: Die Verwaltung Nr 2, S. 227 ff.

Reisinger (1996): Bürokratisches Fehlverhalten, Univ.Dipl.Arb., Salzburg

Rose-Ackermann (1978): Corruption, New York.

Sampl (2001): Politische Korruption, Univ.Dipl.Arb., Salzburg.

Schröder (2007): Korruptionsvorbeugung und –bekämpfung; in: Zeitschrift für Kommunalfinanzen Nr 10, S. 217 ff.

Der Beitrag der Medien zur Korruptionsbekämpfung

Medien im Spannungsfeld zwischen Informationsfunktion und wirtschaftlichen Risiken

Ilan Fellmann

Es ist wohl klar, dass das öffentliche Bekanntmachen von echten oder vermeintlichen Skandalen, denn von diesen leben die Medien, wesentliche Beiträge zur Aufdeckung von Fehlentwicklungen leisten; wenn sie nicht überhaupt deren Aufdeckung und Aufklärung ermöglichen. In Österreich hat der investigative Journalismus mit Zeitschriften wie „Wochenpresse" oder „Profil" intensiv begonnen; manch andere sind gefolgt. Ohne Oscar Bronner, P. M. Lingens oder Alfred Worm wären verschiedene Skandale bis heute unentdeckt geblieben. In Deutschland war „SPIEGEL" der Vorreiter. Es ist daher mehr als verständlich, wenn Transparency International (siehe Sylvia Schenk) sich sehr bemüht, stete Kontakte zur Presse zu halten; „Tu Gutes und schreib darüber!", denn, „Quod non est in medias, non est in mundo" (in Abwandlung eines alten Beamtenzitates).

Inwieweit Enthüllungsjournalisten, wenn es diese überhaupt noch gibt, in der Lage sind, frei zu arbeiten, äußerte Alfred Worm (Mit-Aufdecker der Causen Bauring, AKH[1)], Bawag) freimütig in „Worm ums Herz"[2)]. In diesem, man möchte meinen, Abschiedsinterview spricht er frank und frei über die seiner Meinung nach skandalösen Streichungen von Aufträgen für Inserate bei kritischen Zeitungen, etwa aktuell über Streichungen von Inseraten der ÖBB nach kritischen Berichten im „Standard". Oder über die Vertragsauflösung von Chefredakteuren nach kritischen Berichten über Aktionäre der Medien, so geschehen mit Gerd Leitgeb im „Kurier" nach einem Titelseitebericht über einen Defraudanten bei Raiffeisen. Auf die Frage, wie hoch die Schäden für Medien nach kritischen Berichten über Unternehmen seien, sagte Worm: „Man kann den Schaden, den ich für einige Medien erwirtschaftet habe, errechnen und bemessen … es geht um hunderte Millionen Schilling an Prozesskosten…" (ergänzt: dazu kommen Inseratenausfälle, denen allerdings „Benefits" in der Form neuer Leser, Kunden und höherer Auflagen gegenüber stehen).

Worm äußert sich sehr kritisch über den Parteieneinfluss im ORF, etwa wenn die Parteien, die Generaldirektor Alexander Wrabetz gekürt haben, jetzt alle ihre Statthalter in den ORF entsenden (als ob es jemals anders gewesen wäre); froh zeigt er sich über den Abgang Monika Lindners, „die den ORF in Grund und Boden geführt hat". Das neue Team um Wrabetz wird „nun beweisen müssen, dass es „das beste Team ist", sonst wird es „öffentlich Ärger geben". Jeder geneigte Konsument des ORF in Österreich kennt die sprichwörtliche Objektivität des Staatsfunks. Inwieweit die Redakteure, verpflichtet der Wahrheit und dem Redakteursstatut, berichten dürfen, mögen Insider sagen. Fakt ist, dass nach jeder neuen Führung die leitenden Personen, egal ob tüchtig oder nicht, ausgewechselt werden. Armin Wolf [3)] erhielt für seine offenen Worte anlässlich der Verleihung des Robert-Hochner-Preises 2006 in Wien, mit denen er den politischen Druck der ÖVP-geführten Regierungskoalition auf den ORF kritisierte, viel Unterstützung bis hin zur landesweiten Publikumsaktion im Internet „SOS-ORF“, aber auch heftige Kritik seitens der damaligen ORF-Führung. Seine Zivilcourage wurde mit weiteren Preisen belohnt, etwa 2007 mit dem Claus-Gatterer-Preis sowie dem Goldenen Romy für den beliebtesten Moderator. Chefredakteur ist er trotz Führungswechsel im ORF bis heute allerdings noch nicht geworden.

Zeitungen, Zeitschriften, Radio und Fernsehen sind nicht nur die großen Informanten und Meinungsmacher, somit auch Polit-Player ersten Ranges; sie sind notwendig für eine offene Demokratie und auch Mittel zur Korruptionsbekämpfung, wenn sie über Missstände in Politik und Wirtschaft berichten. Als Enthüllungsjournalist gilt in Österreich auch Florian Klenk, der sich intensiv der Korruptionsbekämpfung widmet und auch Beirats-Mitglied von TI Österreich geworden ist.[4)] Vgl. seine Analyse zum gegenwärtigen „Innenministeriumsskandal“ rund um den ehemaligen Bundeskriminalamtsleiter H. Haidinger.

In Deutschland war Günther Wallraff[5)] einer der ganz Großen im „Enthüllungsjournalismus“ gewesen. Er wechselte häufig seine Identität, schlüpfte, unter falschen Namen, in die Rollen eines Ministerialrates, diverser Redakteure, Arbeiter in der Industrie, war Redakteur bei „Bild“ („Der Aufmacher“, 1977), sogar als Waffen-Unterhändler und türkischer Gastarbeiter in Deutschland gab er sich aus und schrieb darüber Aufsehen erregende Reportagen bzw. Bücher, die zu diversen Internationalen Preisverleihungen (u. a. Carl-von-Ossietzky-Medaille, Literaturpreis der Menschenrechte (Frankreich), Französischer Medienpreis und British Academy Award), aber auch langjährigen Prozessen, etwa mit dem Axel Springer-Verlag, die bis zum deutschen Bundesgerichtshof führten und weitgehend im Sinne von Wallraff endeten. Aber auch Rügen seitens des deutschen Presserates wegen unzulässiger verdeckter Recherchen, also unethischen Verhaltens, prägten seinen Weg. Eine wahrhaft umstrittene Persönlichkeit, ein Abweichler, ein Nonkonformist, aber – eben auch ein Aufdecker, ein Kämpfer für Minderheitenrechte und Ausgebeutete...Uns interessiert in diesem Zusammenhang die (Un)zulässigkeit der Methodik...also die Frage: „Rechtfertigt der Zweck alle Mittel?“

A propos: eine höchst aktuelle Frage, denken wir nur an den im Feber 2008 bekannt gewordenen Ankauf von geheimen Konto-Unterlagen durch den deutschen BND in Liechtenstein[6)], mit den anschließenden Steuerverfahren gegen hunderte Steuerflüchtlinge (Steuerhinterzieher) und den internationalen Spannungen mit Liechtenstein, Österreich und Schweiz ... Darf sich ein

Staat illegaler Methoden in der Kriminalitätsbekämpfung, und darum handelt es sich bei der Steuerhinterziehung, bedienen? Und, zurück zu Wallraff, darf ein investigativer Journalist so weit gehen, unter falscher Identität in Unternehmen einzudringen und letztlich Unternehmensgeheimnisse veräußern? Darf ein Journalist Bankangestellte oder Beamte zu Geheimnisverrat verleiten? Die Angelegenheit erscheint mehr als dubios, ich möchte hier die endgültige Wertung schuldig bleiben, denn die Materie ist weitaus zu komplex für voreilige Schlüsse. Ich ziele aber bewusst auf zukünftige Diskussionen mit Experten auf verschiedenen Gebieten, Juristen, Philosophen, Ethikern, Moraltheologen u. a. Der Weg und das Ziel erscheinen jedenfalls höchst spannend.

Mittlerweile ist auch das Internet ein Aufdecker-Medium geworden: die Whistlerblower-Homepage „Wikileaks“[7] veröffentlicht Dokumente, die belastendes Material enthalten, ohne diejenigen, die Infos zur Verfügung stellen, zu nennen. Die Schweizer Bank Julius Bär ließ durch gerichtliche Verfügung im Februar 2008 die Domain durch Beschluss eines kalifornischen Gerichts sperren, nachdem „Wikileaks“ die Bank betreffende Unterlagen ins Internet gestellt hatte; dieser Beschluss wurde durch eine einstweilige Verfügung eines US-Gerichtes per 1.3.2008 wieder aufgehoben. Ist das der zukünftige Weg der Korruptionsbekämpfung? Man darf auf die weiteren Entwicklungen in der globalen Medienwelt gespannt sein.

Literatur

1) Abkürzungen in diesem Beitrag: AKH = Allgemeines Krankenhaus in Wien; ÖBB = Österreichische Bundesbahnen; ORF = Österreichischer Rundfunk, ÖVP = Österreichische Volkspartei, TI = Transparency International; BND = Bundesnachrichtendienst (Deutschland);
2) Worm ums Herz, in: *www.extradienst.at* (8.10.2006)
3) Armin Wolf in: *www.sos-orf.at* (19.5.2007); Armin Wolf in Wikipedia; Für eine Reform des öffentlich-rechtlichen Rundfunks in Österreich, in: S0S-Orf, enthalten in. *www.austrolinks.info/artikel-fullnews-1-52.htm*; Dr. Armin Wolf wurde von den Herausgebern zur Verfassung eines Beitrages eingeladen, musste leider wegen Zeitdruck absagen.
4) Florian Klenk, Der Alltag des Innern. In: Falter, 7/2008 vom 13.2.2008
5) Biografie von Günter Wallraff in: *www.wikipedia.at*;
6) vgl. Liechtenstein: Steuer-Affaire weitet sich aus, in: Kurier vom 24.2.2008 (Internetausgabe); eine Freundschaft auf dem Prüfstand, in: Kurier vom 7.3.2008, S 22f; Kommentar „Deutsche Gründlichkeit“, in: Kurier vom 7.3.2008, S 22
7) Wikileaks, siehe *www.heise.de/newsticker/meldung/print/104328* (vom 1.3.2008);
Wikileaks, in: *www.wikipedia.at*; Die Wunderwaffe der Whistleblower, in: Die Presse vom 3.3.2008, S. 28

Das Phänomen „Korruption“ in der Praxis - Fallbeispiele, Pressespiegel

Ilan Fellmann

Als junger IR-Prüfer musste ich von älteren Kollegen im öffentlichen Dienst hören: „Die Malversationen im Öffentlichen Dienst werden massiv überschätzt... In Wahrheit gibt es das kaum“. Dies sprach ein lang gedienter Buchhalter und Vorsitzender der Buchprüfungskommission eines Bundesministeriums. Ich glaubte ihm damals, trotz meiner Jugend, nicht. Bezeichnend ist, dass ein Mitarbeiter eben dieses Kollegen, später selber Abteilungsleiter und Kandidat für die wichtige Position eines Buchhaltungsvorstandes in einem BM, wegen Korruption, er fälschte Buchhaltungsbelege und überwies an fiktive Konten Gelder, entlassen werden musste.

Ein anderer ranghoher Kollege, er war Leiter einer Untersuchungsanstalt, stand im Verdacht, jahrelang Prüfbefunde gefälscht zu haben und damit zur Verurteilung zahlreicher Personen beigetragen zu haben; er wurde, obwohl Mitglied hoch angesehener Verbindungen, einige Jahre vom Dienst suspendiert. Staatsanwalt und Untersuchungsrichter ermittelten. Scheinbar war „die Suppe zu dünn“, er wurde am letzten Tag seiner aktiven Laufbahn vom zuständigen vorgesetzten Sektionschef in sein Amt eingeführt, um am nächsten Tag in den Ruhestand zu treten...

Wiederum in einem anderen Fall war ein Sektionschef verdächtig. als früherer Mitarbeiter eines Bundesministers „Weisungen“ an eine nach geordnete Dienststelle erteilt zu haben, die letztlich zum Verlust von Millionen Schilling für die Republik Österreich geführt haben. Ein IR-Bericht hatte das penibel dokumentiert. Der Sektionschef ging „krankheitshalber“ vorzeitig in Pension. Dies war nur möglich, weil ein Bundesminister das so wollte.

Einzelfälle? Vielleicht. Im Verhältnis zur großen Anzahl völlig korrekter Staatsbeamter mag eine verschwindend geringe Zahl von „schwarzen Schafen“ eine Gefahr für das öffentliche System darstellen. Aber: leider gibt diese schwarzen Schafe und daher auch immer wieder aufgedeckte Betrugs- und Korruptionsfälle. Da die Kontrollsysteme vielfach nicht so funktionieren, wie am Papier dargestellt, überdies häufig bei der Kontrolle gespart wird (siehe „Visa-Affaire“), dazu noch viele Führungskräfte und Mitarbeiter wissen, dass das Prinzip: „Man liebt den Verrat, aber nicht den Verräter!“ gilt, schaut man nicht so genau hin, lässt man „scharfe“ Prüfer („Dobermänner“) nicht zu und begnügt sich eher mit kuscheligen „Pudeln“ („Sozialkompetenz“)...

Im Folgenden werden einige in den Medien Österreichs bekannt gewordene Betrugs- und Korruptionsfälle aus Wirtschaft und Verwaltung dargestellt, die das Land erschüttert hatten. Sie dienen als Anschauungsmaterial, wie Betrug und Korruption in der Praxis aussehen können.

Der im Eigentum der Stadt Wien gestandene Baukonzern „Bauring Wien" hatte in den Siebziger Jahren des 20. Jahrhunderts rund 1,4 Mrd. Schilling (101,6 Mio. Euro) im wahrsten Sinn des Wortes in der Wüste Saudi-Arabiens bei zwei Bauprojekten „auf Sand gesetzt". Mangelnde Kontrolle und Planung, ungenügende Ortskenntnisse und Korruptionszahlungen und häufiger Personalwechsel waren ursächlich dafür verantwortlich; natürlich gab es weder IR noch Risikomanagement und auch keinen kompetenten Aufsichtsrat. Der verantwortliche Bereichsdirektor verstarb vor Prozessbeginn, die beiden Geschäftsführer der GmbH wurden frei gesprochen, da „Unfähigkeit" keinen Straftatbestand darstelle. Einer der beiden konnte danach seine Karriere bei der Stadt Wien als Obersenatsrat fortsetzen. Ein weiterer Mitangeklagter, ein Architekt, erhielt 4 Jahre Haft. Der Baukonzern wurde liquidiert, den Schaden hatten die Steuerzahler.[1)]

Beim Neubau des Allgemeinen Krankenhauses in Wien [2)] hatte ein kriminelles Netzwerk unter Mitwirkung des Geschäftsführers der Errichtungsgesellschaft AKPE gegen 1979 einen Millionenschaden (die Baukosten stiegen von geplant 1 Mrd. Schilling auf 45 Mrd. Schilling, ca. 3,3 Mrd. Euro) durch Malversationen herbeigeführt. Der verantwortliche Geschäftsführer wurde rechtskräftig zu einer Haftstrafe von 9 Jahren verurteilt, auch in diesem Fall hatten die Steuerzahler den Schaden. Dies veranlasste den damaligen Bundeskanzler Dr. Bruno Kreisky zur Einführung der IR in der Bundesverwaltung (ein Schwerpunkt: Vergabekontrolle).

Die „Lucona" [3)], ein Frachtschiff, wurde Mitte der Achtzigerjahre durch Fernzündung im Indischen Ozean versenkt; sieben Menschen fanden den Tod. Der damalige Eigentümer der prominenten Konditorei „Demel" in Wien, mit exzellenten Kontakten zur österreichischen Politik und Kultur, wurde wegen Mordes und Versicherungsbetruges zu lebenslanger Haft verurteilt; er verstarb im Gefängnis. Ein amtierender Innenminister musste, wie auch andere prominente Amtsträger, aus der Politik ausscheiden. Die ermittelnden Beamten des BMI konnten nur Dank außerordentlicher Zivilcourage und ihres Status als „Beamte" beruflich überleben.

Der Chefbuchhalter des Papierkonzerns „Europapier"[4)] konnte im Laufe von Jahren einen Schaden von 300 Mio. Schilling (16,8 Mio. €) durch Veruntreuung mittels fingierter Projekte und Falschbuchungen herbeiführen. Er hatte das Geld für Pferderennbahnen, Frauen und schnelle Autos verbraucht. Niemand war aufgefallen, dass der mittlere Angestellte Eigentümer eines Rennstalles geworden war. Er erhielt eine langjährige Haftstrafe.

Die im Eigentum des Landes Burgenland gestandene „Bank Burgenland“[5] erlitt durch ungenügend besicherte Kredite einen Schaden von rund 4 Mrd. Schilling (290 Mio. Euro), den letztlich das Land auffangen musste. Die Warnungen der vorhandenen Internen Revision wurden nicht beachtet. Die Folgen: eine vierjährige (ursprünglich: 9 Jahre) Haftstrafe für den Vorstandsvorsitzenden, finanzielle Schadensabdeckung durch das Land und das politische Karriereende für den damaligen Landeshauptmann. Die Bank musste in der Folge um 100 Mio. Euro an die Grazer Wechselseitige Versicherung verkauft werden.

Im Jahr 2005 war bekannt geworden, dass diplomatische Mitarbeiter des BM für Äußeres [6] in Belgrad und Budapest in großem Stil Visa für Bürger von Nicht-EU-Staaten verkauft hatten; dies im Zusammenwirken mit ortsansässigen Kriminellen, die ihre Visa-Dienste in Zeitungen angeboten hatten. Es wurde öffentlich, dass die Kontrollen unzureichend gewesen seien, was seitens des Ministeriums vor allem mit Personalmangel begründet wurde. Ein Haupt-verdächtiger (Generalkonsul) war vor Prozessbeginn verstorben, ein Konsul (Lagos) war verurteilt worden, ein weiterer Generalkonsul wurde einen Tag nach seiner Zeugenaussage im Landesgericht Wien versetzt. Das Gerichtsverfahren war zur Zeit der Drucklegung noch nicht abgeschlossen.

Die viertgrößte österreichische Geschäftsbank, die im Eigentum des Österreichischen Gewerkschaftsbundes (ÖGB) gestandene „Bawag-PSK“[7] hatte Ende der Neunzigerjahre und dann wiederum nach 2003 durch waghalsige Spekulationsgeschäfte unter Mitwirkung des Sohnes des ehemaligen Generaldirektors unter Ausschaltung des Aufsichtsrates einen Schaden von rund 2 Mrd. Euro erlitten. Die vorhandene IR hatte von diesen Spekulationsgeschäften, ebenso wie das Risikomanagement der Bank angeblich nichts gewusst. Diese Geschäfte seien nur den Vorstandsmitgliedern, speziell dem Vorsitzenden und dessen Stellvertreter bzw. einem weiteren Mitglied des Vorstandes bekannt gewesen. Niemand hatte nachgefragt, denn es herrschte ein autoritärer Führungsstil und offensichtlich Angst um die eigene Karriere. Die meisten Vorstände wurden, ebenso wie der Vorsitzende des Aufsichtsrates und der Präsident des ÖGB als Eigentümervertreter, im Nachhinein informiert. Alle Beteiligten schwiegen, „zum Wohl der Bank“, denn ein Bekanntwerden dieser Schadensfälle hätte einen „Run auf die Bank“ ausgelöst. Der Schaden wurde Anfang 2006 durch eine missglücktes Kreditvergabe an „Refco“ - es wurden buchstäblich über ein Weekend rund 400 Mio. Euro vergeben, die an die insolvente „Refco“ geflossen und verloren waren - bekannt. Die Eigentümervertreter des ÖGB sahen sich ursprünglich nicht zum Rücktritt veranlasst, genauso wie der Vorstand. Die Abschlussprüfer haben offensichtlich unbeschränkte Testate ohne Information des Aufsichtsrates und der FMA erteilt. In der Folge mussten der Präsident des ÖGB und ein ÖGB-Vorstandsmitglied und gleichzeitig Aufsichtsrats-Präsident sowie der gesamte Vorstand der Bank außer einem neu bestellten Vorstandsmitglied zurück treten. Den Schaden zu tragen hatten der Eigentümer ÖGB, die Teilgewerkschaften und dessen Mitglieder. Die Angestellten des ÖGB verloren zum Teil ihre Pensionszusatzzahlungen. Neun Angeklagte, darunter nahezu der gesamte Vorstand, der Spekulationsabwickler und der Wirtschaftsprüfer mussten sich vor dem LG für Strafsachen in Wien verantworten; das Urteil erster Instanz wird für Mai 2008 erwartet.

Im Fall der Marktaufteilung im Lift- und Rolltreppenbereich gab es in **Österreich** im Dezember 2007 ein sensationelles Urteil: die großen Marktplayer Otis, Kone, Schindler, Haushahn und Doppelmayr wurden wegen verbotener Absprachen vom OLG Wien zu Geldstrafen von insgesamt Mio. 75,4 Mio. Euro verurteilt (www.orf.at vom 14.12.2007). Die unerlaubte Kartellbildung zu Lasten der Auftraggeber konnte dank der Geständnisse von Beteiligten nachgewiesen und abgestraft werden.

Die Kärntner Bank Hypo-Alpe-Adria [8)], bis dahin eine äußerst erfolgreiche Regionalbank, wurde 2006 durch gewaltige Verluste aus Währungsspekulationen in Dollar und Schweizer Franken (328 Mio. Euro) erschüttert, die ein niederrangiger Mitarbeiter durch Überziehen der ihm erteilten Limits bereits 2004 binnen 14 Tagen verursacht haben soll. In der Folge wurde versucht, durch kreative Buchführung die Schäden nicht in der Öffentlichkeit bekannt werden zu lassen. Der U-Ausschuss im Kärntner Landtag und der Bankenausschuss im Nationalrat im Jahr 2007 konnten das Dunkel nicht völlig aufhellen. Der Vorstandsvorsitzende der Bank wechselte vorerst in den Aufsichtsrat, musste dann aber das Unternehmen verlassen. Letztlich wurden die Mehrheitsanteile an der Bank (Eigentümer: Land Kärnten; Grazer Wechselseitige Versicherung) an die Bayerische Landesbank um kolportierte 1,5 Mrd. Euro verkauft, was medial als erfolgreicher Deal dargestellt worden ist.

Im WEB-Skandal [9)] wurden in Salzburg in den Jahren 1978-1989 tausende Kleinanleger, die „Hausanteilsscheine" mit angeblich hohen Renditen und Grundbuchsicherheit gekauft hatten, geschädigt, als die Firmengruppe WEB/Bautreuhand/IMMAG ihre Zahlungen an die Anleger nicht mehr leisten konnte. 1 Mrd. Schilling (72,5 Mio. Euro) war versickert. Die hauptangeklagten Manager wurden wegen Untreue – missbräuchliche Verwendung von Anlegergeldern – zu mehrjährigen Haftstrafen verurteilt. Die Anleger hatten großteils ihr Geld verloren.

Ein Fall von Amtsmissbrauch „im Kleinen" wurde im Feber 2008 bekannt: in der Abteilung Baupolizei der Stadt Wien hatte eine Mitarbeiterin, die als Privatperson auch als Bauträgerin für Wohnungen agierte, auf Amtspapier die Anrainer des Projektes aufgefordert, die Baupläne zu unterfertigen, ohne darauf hinzuweisen, dass es sich um ein Privatprojekt handle. Die Proteste der Anrainer bei der Baupolizei blieben vorerst ohne Erfolg. Erst als sich eine Tageszeitung[10)] einschaltete, begannen die Amtsmühlen zu mahlen, mit dem Ergebnis: Disziplinarverfahren und Versetzung für die Beamtin.

Die Geschäftsführung des Wohltätigkeitsvereins UNICEF-Deutschland[11)] (Spendeneinnahmen 100 Mio. Euro p. a.) geriet in den Verdacht, Spenden veruntreut zu haben. Es wurde bekannt, dass exorbitante Berater-Honorare gezahlt worden seien, Verträge nur mündlich abgeschlossen und das Vier-Augenprinzip gröblich verletzt worden sei. Der Verwaltungsaufwand habe 19 Prozent der Einnahmen betragen. Einer Veröffentlichung des Vereins, wonach der Wirtschaftsprüfer KPMG die Ordnungsmäßigkeit der Buchführung bestätigt habe, widersprach KPMG mittels Entgegnung im Internet. Die Vereinspräsidentin, die ehemalige Ministerpräsidentin Heidi Simonis, trat von ihrem Ehrenamt zurück, die Staatsanwaltschaft Köln prüft wegen Untreue. Der Fall ist derzeit noch nicht abgeschlossen.

Was **lernt man** daraus? In Non-Profit-Organisationen fehlen häufig professionelle Vorstände bzw. angestellte Geschäftsführer; die Kontrollen sind unzureichend, die vereinsinterne Transparenz im Finanzbereich nicht gegeben, ein Vier- oder Sechs-Augen-Prinzip unbekannt, IR und Risikomanagement nicht vorhanden oder unprofessionell, der Umgang mit Spenden oder sonstigen Einnahmen fahrlässig, der Verwaltungsaufwand exorbitant hoch.

Nahezu allen Betrugsfällen in großen Firmen gemeinsam sind: autoritäre Vorstände, fehlende oder mangelhafte Revision und Risikomanagement sowie mangelnde Transparenz. Dazu kommt in fast allen Fällen kriminelle Energie bei Vorständen, Geschäftsführern oder ranghohen Managern oder bei Verantwortlichen für die Buchhaltung. Die Aufsichtsräte sind entweder nicht vorhanden oder unkompetent und begnügen sich mit den vom Vorstand vorgelegten Informationen, die nicht ausreichend hinterfragt werden. In allen Fällen liegen Verletzungen des Strafrechts und Unternehmensrechts (bzw. Dienstrechtes), vielfach auch des Steuerrechts vor. Die staatlichen Bankkommissäre des BMF konnten in den bekannten Fällen nichts entdecken, was die Frage der Effektivität aufwirft. Die Verluste werden von den Eigentümern oder Steuerzahlern getragen. In vielen Fällen verschwinden Unternehmen vom Markt oder müssen verkauft werden. In fast allen Fällen verlieren zahlreiche Angestellte ihre Jobs, die Verbleibenden müssen weit mehr arbeiten und das oft für weniger Gehalt und Zusatzpension. Die Strafrahmen für Wirtschaftsdelikte sind, wie auch teilweise die verhängten (zu erwartenden) Strafen zu gering, um eine starke Prävention zu gewährleisten. Im Übrigen ist davon auszugehen, dass sehr viele Straftaten unentdeckt bleiben...

Fußnoten

1) Bauring-Skandal in *www.dasrotewien.at/online*;
2) AKH-Skandal, in: *www.wikipedia.org/wiki/AKH-Skandal*; Ingenieur, Rechercheur, Redakteur. Alfred Worms größte Coups, Die Presse vom 5.2.2007; Adolf Winter wurden Schmiergeldzahlungen in Höhe von 40 Mio. ATS (2,9 Mio. Euro) nachgewiesen; vgl. *www.roteskandale.at/skandale/akh.html*
3) Pretterebner, Hans Der Fall Lucona, München 1989
4) Weidnitzer, Torsten Das 300 Millionen Ding. Der Fall Lettmüller, Wien 1989
5) Bank Burgenland in: *www.roteskandale.at*; Grawe kauft Bank Burgenland, in: *www.grawe.at/cps/rde/xchg/grawe_at*
6) Visa-Affaire wird untersucht, Beitrag vom 13.4.2006, in: *www.vienna.at/*; Visa-Skandal: Was wusste das Außenamt? In: Profil, Nr. 6/2008 (4.2.2008)
7) Vgl. Causa „Bawag": Prozess der Superlative, in: Die Presse vom 13.7.2007; Die geheime Bawag-Anklage, Sonderdruck, in. News, Nr. 40/2006
8) Vgl. *www.kärnten.orf.at* und die dort enthaltenen Beiträge; Hypo Alpe Adria Bank Desaster, in: *www.Gomopa.net/Finanzforum* (1.6.2006)
9) WEB-Skandal, in: *www.konsument.at/konsument/print.*
10) Baupolizistin als Bauherr: Affäre weitet sich aus. In: Wiener Zeitung vom 6.2.2008, S. 14
11) Deutschland: Spesen-Affäre wirft Schatten auf Unicef; in: Die Presse vom 7.2.2008, S.21

Wie korrupt ist das österreichische Gesundheitswesen?

Andrea Fried

Korruption ist ein hässliches Wort. Klingt nach schmierigen Geschäften, Waffenhandel, Rotlichtmilieu, Mord und Totschlag, Sex and Crime. Manchmal ist es allerdings viel weniger aufregend. Für Transparency International (TI) ist Korruption jeder Missbrauch von (anvertrauter) Macht zum persönlichen Nutzen. Und der passiert wahrscheinlich täglich. Auch im Gesundheitswesen. Oder vielleicht sogar gerade dort?

Ein Problem der Korruption ist ihr Begriff. Es ist nicht klar, wo sie beginnt und wo sie endet. Ob sie zwingend eine juristische Dimension braucht, oder auch nur als ethisch-moralische Kategorie verwendet werden darf.

Es gibt Handlungen, die auf einer breiten gesellschaftlichen Basis als unmoralisch empfunden werden. Beispielsweise, wenn es sich die „Großkopferten" richten, wenn Einfluss und Geld dazu führen, dass jemand von Behörden und Beamten bevorzugt behandelt wird. Wenn Freunderlwirtschaft und Privilegien blühen, und das Parteibuch die entscheidende Rolle spielt, ob jemand einen bestimmten Job bekommt oder nicht.

Diese Phänomene erregen die Volksseele. Allerdings nur dann, wenn jemand anderer bevorzugt wird. Ist man selber Nutznießer dieser Mechanismen, empfinden das viele als nur gerecht.

Im Gesundheitswesen ist das nicht anders. Wenn jemand in diesem Land erkrankt, dann überlegt er mal schnell, wer ihm zu einer rascheren oder besseren Behandlung verhelfen könnte. Das ist für die meisten Patienten ganz normal. Auf der anderen Seite würde es die gleichen Menschen schwer empören, wenn sie erführen, dass ihr Operationstermin für einen Freund des Arztes oder einen prominenten Politiker kurzfristig und vielleicht sogar schon nach kompletter OP-Vorbereitung verschoben wurde.

Es geht also um Fragen der Moral und Gerechtigkeit. Wie zum Beispiel darum, ob es gesellschaftlich akzeptabel ist, dass ein Arzt seine Freunde, einen Politiker oder einen Privatpatienten an vollen Wartezimmern und OP-Kalendern vorbeischleust. Oder ob Journalisten die Einladung von Firmen zu Auslandsreisen und Wellness-Wochenenden annehmen dürfen. Oder ob sich Beamte mit Einladungen zum Opernball verwöhnen lassen und Ärzte sich ein paar lustige Tage beim Ski-Opening auf Kosten eines Pharma- oder Medizinprodukteherstellers gönnen dürfen. Ist es vertretbar, dass ein Arzt einem anderen Arzt Provisionen zahlt, damit er ihm Patienten zuweist? Oder dass ein angestellter Arzt eines Krankenhauses einem Herzpatienten verspricht, den Bypass schon einige Tage früher zu legen, wenn er zu ihm in die Privatordination kommt.

Nach der Definition von TI sind das alles klare Fälle von anvertrauter Macht und persönlichem Nutzen. Ob dabei Macht missbraucht wird und man daher von Korruption sprechen kann, ist nicht eindeutig zu beantworten und hängt wohl von verschiedenen Faktoren und vor allem von der Häufigkeit und dem Ausmaß der Gegenleistung ab. Und nicht zuletzt, ob jemand - dazu zählt auch die Allgemeinheit bzw. die Gruppe der Steuer- und Beitragszahler - zu Schaden gekommen ist. Deswegen ist der Korruptionsbegriff auch nicht besonders geeignet, sich diesem sensiblen und bislang in Österreich streng tabuisierten Thema zu nähern.

Besonders im Gesundheitswesen löst der Begriff Korruption extreme Abwehrreflexe aus. Die Zunft der Heiler genießt einen exzellenten Ruf, weil es zu ihrem Beruf gehört, Menschen Gutes zu tun. Die können daher eigentlich schon per definitionem nicht korrupt sein. Und kranke Menschen sind arm und hilflos und daher auch nicht von der „bösen Seite der Macht". Wenn doch einmal ein Fall publik wird, wo jemand das System missbraucht oder sich unrechtmäßig bereichert hat, dann kann es sich dabei eigentlich nur um eine ganz seltene Ausnahmen handeln. Schwarze Schafe also, die es in jeder Branche gibt.

Und während viele noch so denken und das Vertrauen in die Gesundheitsindustrie hochhalten, haben sich dort Praktiken eingeschlichen, die einzig und allein darauf abzielen den Nutzen einzelner Akteure zu erhöhen. Und zwar auf Kosten anderer. Sie tun das unter Missbrauch ihrer Macht und ihres guten Rufes.

Zum Beispiel, wenn Patienten eine besonders gute oder rasche Behandlung in Aussicht gestellt wird, wenn sie noch ein paar zusätzliche Scheine ins Kuvert stecken. Noch werden solche Geschichten vorwiegend hinter vorgehaltener Hand erzählt. Unter Beschwörung der Anonymität. Meistens sind ja sowohl die betroffenen Patienten als auch Ärzte mit dem Deal zufrieden. Eine eindeutige Win-Win Situation, wie es scheint. Ans Tageslicht gerate diese Fälle nur dann, wenn jemand doch nicht zahlen will oder mit der Gegenleistung unzufrieden ist. Dann beschweren sich die Patienten. Ihre Identität wollen die meistens trotzdem nicht preisgeben - aus Angst die Götter in Weiß könnten sich beim nächsten Notfall dafür rächen.

Es gibt Grund zur Annahme, dass „inoffizielle Zusatzzahlungen" im österreichischen Gesundheitswesen mit einer solchen Regelmäßigkeit vorkommen, dass sie von vielen bereits als alltäglich wahrgenommen werden. Auch andere Phänomene gelten als „gottgegeben“: So werden etwa junge Ärzte - vor allem an den Universitätskliniken - sehr früh darauf vorbereitet, dass sie sich mit der Industrie gut stellen müssen, um an Forschungsprojekte zu kommen und auf Kongresse eingeladen zu werden. Und man erklärt ihnen, dass Weiterbildungsveranstaltungen prinzipiell von Herstellerfirmen gesponsert werden müssen. Dass ohne eine gewisse Zahl an Gratis-Medikamenten und Medizinprodukte die Spitäler eingehen würden, und dass Ärzte viele Nebengeschäfte machen und Privatpatienten behandeln müssen, weil ihre Grundgehälter so unverschämt niedrig sind. Ebenso wird gerne behauptet, dass nur die Pharmaindustrie selbst die Patienten über Medikamente informieren kann und dass es für Medien unmöglich sein soll, die Begehrlichkeit der Inserenten, die redaktionelle Berichterstattung zu beeinflussen, in den Griff zu bekommen.

Das sind Schutzbehauptungen, die nur von einigen Wenigen hinterfragt werden. Das heißt natürlich nicht, dass alle korrupt sind, die das glauben und diese Spiele mitspielen. Wenn etwas schon so zum „daily life“ gehört, fällt es ja gar nicht mehr auf. Die, die dabei irgendwo in ihrem Innersten dieses gewisse Unwohlsein verspüren, werden oft sogar schief angeschaut und bei Karriereschritten beflissentlich übersehen. Moralische Integrität macht sich in diesem System nicht bezahlt.
Was das Problem im Gesundheitswesen so dramatisch macht, ist, dass nicht nur Geld verschwindet, sondern, dass auch die Qualität der Versorgung leidet. Und dass es kaum jemanden zu geben scheint, der Änderungen möchte.

Das Gesundheitswesen gilt international als besonders anfälliges Gebiet für Betrug und Korruption. Das liegt einerseits an den enormen Geldmitteln, die weltweit darin umgesetzt werden. Weitere Ursachen sind die Komplexität, der hohe Grad an Intransparenz und die Vielzahl der Akteure, die in diesen Bereich involviert sind. Auch die Trennung zwischen Patienten (Konsumenten), Leistungserbringern und auszahlenden Stellen macht das System anfälliger für Missbrauch auf Kosten Dritter.

Das Ergebnis: Viele Millionen Euro versickern in dunklen Kanälen und kommen nicht den Patienten zugute. Das Geld fehlt in der Gesundheitsversorgung - einem Bereich, in dem die erforderlichen Finanzmittel dringend benötigt werden.

Eine Voraussetzung für den Kampf gegen Missbrauch und Korruption ist die Bewusstmachung. Österreich gilt hier als Insel der Seligen. Besonders im Gesundheitswesen wird das Vorhandensein von Missbrauch, Betrug und Korruption tabuisiert. Im Gegensatz zu anderen Ländern gibt es in Österreich keine Institution, die sich professionell und spezialisiert dem Kampf gegen Betrug, Missbrauch und Korruption im Gesundheitswesen widmet.

Im Dezember 2007 hat Transparency International Austrian Chapter (TI-AC) ein Grundsatzpapier veröffentlicht. Ziel war es, Transparenzmängel als Einfallstore für korruptives bzw. missbräuchliches Verhalten bei allen am Gesundheitssystem Beteiligten aufzuzeigen und auf eine Änderung zu dringen.

Das Ergebnis zeigte, dass es auf allen Ebenen des Gesundheitssystems Transparenzmängel gibt, die Missbrauch, Betrug oder Korruption möglich machen. Das geschieht unter anderem durch die

- Leistungserbringer (z.B.: Ärzte, Spitäler, Pflege, Institute, Gesundheitsberufe,...)
- Industrie und andere Zulieferer (z.B.: Pharma, Medizinprodukte, Technik, IT, Bauwirtschaft,...)
- Leistungsempfänger (z.B.: Patienten, Selbsthilfegruppen,...)
- Verwaltung (z.B.: Versicherungen, Krankenkassen, Behörden, Ministerien, ...)
- Medien

Die demonstrative Auflistung von Transparenzmängeln, die als Einfallstore für Korruption dienen können, und die im Grundsatzpapier ausführlich beschrieben und mit Beispielen illustriert werden, ist lang. Sie beginnt bei der schon angesprochenen „Kuvertmedizin" und reicht über Abrechnungsbetrug, Kickback-Zahlungen, Nebenbeschäftigungen mit kritischer Nähe zur dienstlichen Tätigkeit, Missbrauch von öffentlicher Infrastruktur für Privatgeschäfte, intransparente Aufteilung von Sonderklasse-Honoraren, Malversationen bei Großaufträgen (Beschaffung und Bau), Interessenskonflikten bei der Zusammenarbeit zwischen Industrie und Ärzten im Bereich der Forschung und Weiterbildung, zweifelhafte Marketingmethoden, Beeinflussung von Konsensusberichten, fehlende Sponsoring-Richtlinien, Umgehung von Werbeverboten, Instrumentalisierung von Selbsthilfegruppen, Versicherungsbetrug, Intransparenz bei der Spitalsfinanzierung und in der Verwaltung, Conflicts of Interests in Beratungsgremien bis hin zur fehlende Kontrolle der Medien.

Transparency International sieht Intransparenz als Hauptursache für Verschwendung, Missbrauch und Betrug – quasi als ihre Einfallstore. Auf Basis der Übersicht der Transparenzmängel hat die Arbeitsgruppe Gesundheitswesen ein Forderungsprogramm erstellt, auf dessen Umsetzung TI-AC drängen wird.

9 Punkte Forderungs-Programm:

1. Einrichtung einer weisungsfreien, unabhängigen Antikorruptionsstelle im Gesundheitswesen zur Prävention und Kontrolle.
2. Transparenz über Besetzung, Conflicts of Interest, Entscheidungsprozesse und Ergebnisse in den Beratungsgremien der öffentlichen Entscheidungsträger.
3. Strenge Regelungen für und konsequente Kontrolle von Nebenbeschäftigungen sowie transparente Abrechnung und Verteilung von Sonderklassehonoraren.
4. Transparente Wartelisten für Operationen, konservative Therapien und diagnostische Leistungen.
5. Strenge Kontrollen der Einhaltung von Vergabevorschriften für Einkauf und Großaufträge in öffentlichen Gesundheitseinrichtungen. Siehe dazu auch den allgemeinen Forderungskatalog von TI-AC *(www.ti-austria.at).*
6. Verbindliche Vorgaben zur Vermeidung von Interessenskonflikten zwischen Leistungserbringern und Industrie sowie die konsequente Verfolgung von Übertretungen. Besonderes Augenmerk ist dabei den Bereichen der medizinischen Forschung sowie der Fort- und Weiterbildung zu schenken.
7. Keine Lockerung des Laienwerbeverbots für rezeptpflichtige Medikamente.
8. Maßnahmen zur Verhinderung von Missbrauch des Systems durch Versicherte und Unternehmen.
9. Aufbau eines anonymen Meldesystems für Korruptionsfälle im Gesundheitswesen.

Korruptionsprävention in der öffentlichen Verwaltung

Astrid Görtz

Auch wenn das Thema Korruption auf den ersten Blick mit den weniger entwickelten Ländern des Südens assoziiert wird – in diesem Zusammenhang gehen auch zahlreiche Maßnahmen zur Korruptionsbekämpfung von WTO und Weltbank aus – , so müssen sich auch europäische Staaten, vor allem in Zeiten der Diskussion um einen europäischen Wertekodex, die Frage nach der Korruptionsanfälligkeit in den eigenen Reihen gefallen lassen. Der „AKH-Skandal" Anfang der 80er-Jahre ist wohl noch jedem und jeder in Erinnerung, ebenso der Rücktritt der gesamten EU-Kommission unter Jacques Santer im März 1999. Größere Vorfälle sind durchaus auch in den letzten Jahren aus österreichischen und deutschen Verwaltungen in den Medien bekannt geworden.

In einem internationalen Vergleich an 15 OECD-Mitgliedsstaaten kann gezeigt werden, dass gesetzliche Bestimmungen und darauf aufbauende Kontrollmaßnahmen, die mit strengen Sanktionen verbunden sind, lange Zeit als die wichtigsten Präventivfaktoren angesehen wurden (Public Sector Corruption – OECD-Survey of Prevention Measures, 1999). Es handelt sich hier in erster Linie um Maßnahmen der Korruptionsbekämpfung, die vor allem im Ernstfall greifen sollen. Erst in den letzten Jahren werden präventive Maßnahmen im engeren Sinn entwickelt, die auf der Ebene von Bewusstseinsbildung und Training ansetzen. Basierend auf einer langjährigen Erfahrung als Personalentwicklerin im Bereich der Bundesverwaltung setzt sich die Autorin im vorliegenden Artikel vor allem mit den Hintergründen und Folgen sowie mit den präventiven Aspekten einer Anti-Korruptionsstrategie auseinander und geht nur kurz auf den logistischen Aspekt ein.

Die „vielen Gesichter" der Korruption

Transparency International (TI), die einzige Nicht-Regierungs-Organisation (NGO), die sich auf internationaler Ebene gegen Korruption einsetzt, nennt verschiedene Formen der Korruption: von Schmiergeld („Grease Money": kleinere Beträge z. B. an untergeordnete Behördenmitarbeiter, um eine Leistung zu erhalten, auf die man keinen Anspruch hat) und Gelegenheitskorruption (z. B. der 50 Euro-Schein des soeben geblitzten Verkehrssünders für den Polizisten) über Bestechung bzw. Bestechlichkeit in der öffentlichen Verwaltung (die wettbewerbswidrige Ausschaltung der Konkurrenz, manipulierte Ausschreibungsbedingungen), Genehmigungskorruption (zur Erlangung gesetzlich nicht gerechtfertigter behördlicher Genehmigungen, z. B. Nachtlokallizenzen oder

Abholzgenehmigungen) bis hin zu Kriminellen Netzwerken, die Korruptionshandlungen auf Grundlage längerfristig angelegter Kartelle und gewachsener Beziehungen (z. B. im Baugeschäft) – Korruption in unterschiedlichen Größenordnungen, die durchwegs die öffentlichen Verwaltungen betreffen. Als eine weitere Form der Korruption, die eine potentielle Bedrohung der Demokratie darstellt, nennt TI außerdem Korruption im Journalismus, wenn Medien anstatt zur Aufdeckung von Korruptionsvorfällen zur Verschleierung beitragen, und letztlich die Käuflichkeit politischer Entscheidungen, die „Königsdisziplin der Korruption“: der in Gesetz gegossene Missbrauch einer Machtposition für private Interessen. Als prominentes Beispiel werden Berlusconis „Justiz-Reformen“ angeführt. Als Ursache kommt häufig die Intransparenz der Beratungen im Gesetzgebungsverfahren in Betracht, durch die Lobbyisten ihren Partikularinteressen einen Vorteil vor dem Gemeinwohl verschaffen können – besonders wenn Politiker selbst als Lobbyisten unterwegs sind. Auch aus diesem Grund geht Korruptionsbekämpfung in hohem Maße von der Zivilgesellschaft selbst aus. Staat und Politik sind in vielen Ländern der zivilisierten Welt nicht ausreichend aktiv.

Folgen der Korruption

Unabhängig davon, dass Korruption schwer aufzudecken ist, weil die an ihr Beteiligten alles daran setzen, ihr Handeln zu verbergen, sind auch die Folgen von Korruption meist schwer zu durchschauen. Wer wird wirklich geschädigt, wo liegen die Folgen konkret (am Beispiel Politik und öffentliche Ämter)? Bestechung von Bürgermeistern, Stadträten oder Abgeordneten, Korruption bei Polizei, im Sozialamt, bei der Ausländerbehörde und Korruption bei der Parteienfinanzierung führen zu überteuerten Dienstleistungen und/oder qualitativ unzureichenden beziehungsweise überflüssigen Projekten. Die Folgen tragen alle Bürgerinnen und Bürger. Neben den konkreten materiellen Folgen entsteht großer immaterieller Schaden dadurch, dass das Vertrauen der Bürgerinnen und Bürger in den Rechtsstaat und in das Funktionieren der Demokratie Schaden nimmt. Unser Staatswesen lebt vom Vertrauen in „saubere Verhältnisse“. Wird dies zerstört, sind Politikverdrossenheit, Verweigerung gegenüber Gemeinwohlinteressen, Beteiligung an schädlichen Verhaltensweisen (Diebstahl öffentlichen Eigentums, Schwarzarbeit, Steuer- und Versicherungsbetrug u.ä.) die Folgen. Volkswirtschaftlich lässt sich festhalten, dass ungehemmte Korruption dazu führt, dass immer weniger Leistung für immer mehr Geld erbracht wird. Ihre Kosten werden weitgehend an die durchgereicht, die zu ehrlich, zu arm oder zu unbedeutend sind, um selbst bestochen zu werden. Deren Interesse muss es also sein, u.a. durch verstärkte Transparenz und Aufklärung die Korruption selbst teuer und unattraktiv zu machen.

Gefährdete Bereiche in der öffentlichen Verwaltung

Korruptionsanfällige Bereiche in der öffentlichen Verwaltung sind einerseits monopolartige Vergabebereiche mit großen Summen und Auftragsvergaben und andererseits Bereiche mit großer politischer Einflussnahme. Konkrete Beispiele wären etwa:

- Baubehörden und andere Bereiche, in denen aufwändige Genehmigungsverfahren erforderlich sind, wie im Fall großer Industrieanlagen
- Zentrale Vergabestellen
- Sportsektor, wo hohe Geldsummen im Spiel sind
- Rüstungsindustrie und andere Bereiche mit einem Angebots- oder Nachfragemonopol
- Subventionsvergabebereiche, wie zunehmend im Umfeld der Umweltförderung
- Gesundheitssektor, insbesondere wo Interessen des öffentlichen Sektors und der (Pharma-)Industrie - etwa im Bereich Forschung und Entwicklung - zusammentreffen; der Übergang von Public-Private-Partnership-Modellen zu korruptiven Einflussnahmen des privaten Sektors ist mitunter fließend.

Diese sehr allgemein gehaltenen Definitionen erfordern eine klarere Differenzierung. Um ein „Klima der Korruption“ erkennen bzw. dessen Entwicklung besser verhindern zu können, ist es nötig, sich korruptionsfördernde organisatorische Rahmenbedingungen sowie sozialpsychologische Hintergründe und Ursachen bewusst zu machen. Diese Überlegungen sollen gleichzeitig zur Versachlichung dieses weitgehend tabuisierten Bereichs beitragen und eine reflektierte Auseinandersetzung ermöglichen - jenseits von Verleugnung und Wegschauen einerseits bzw. Empörung und Skandalisierung andererseits.

Organisatorische Rahmenbedingungen und interne Kontrollsysteme – Status quo in der Bundesverwaltung

Im Zuge der Bemühungen der letzten Jahre um Einführung privatwirtschaftlicher Modelle in der Verwaltung im Sinne des „Public Managements“ kam es zur Verflachung von Hierarchien (Stichwort „lean management“), Vereinfachung von Abläufen wie etwa in „One stop-shop“-Systemen und zur Betonung eines unternehmerischen Denkens bei den Führungskräften. Bei allen ökonomischen Vorteilen dieser Ansätze ist dabei die Verantwortung und damit die persönliche Integrität des Einzelnen stärker gefordert - was da und dort auch überfordern kann. Die Niederlegung von Ethik-Kodizes scheint als begleitende Maßnahme bei Verwaltungsreformmaßnahmen also zunehmend notwendiger zu werden. Dennoch legten die Bemühungen der Korruptionsbekämpfung innerhalb der österreichischen Bundesverwaltung bislang das Augenmerk eher auf repressive als auf präventive Maßnahmen. Unter einem präventiven Gesichtspunkt wären im Bereich der Aufbau- und Ablauforganisation folgende Faktoren zu beachten, die das Korruptionsrisiko erhöhen:

- Mehrschichtig strukturierte und nicht transparente Aufbauorganisationen
- Fehlen einer eindeutigen Zuordnung von Kompetenz und Verantwortung für einzelne Arbeitsschritte
- Mangelnde Prozesstransparenz

Diese Faktoren führen zu der oben angesprochenen „organisierten Unverantwortlichkeit“. Bezüglich des Status quo in der Bundesverwaltung lässt sich feststellen, dass die Aufbaustrukturen der öffentlichen Verwaltungen Reformbedarf aufweisen. Durch einheitliche Hierarchien mit wenigen, klaren Verantwortlichkeiten könnten präventive Effekte erzielt werden. Diese sind noch nicht ausreichend umgesetzt. In der Bundesverwaltung sind grundsätzlich die Führungskräfte für die Gestaltung der Ablauforganisation verantwortlich. Diese sind für den Themenbereich „Korruptionsprävention“ noch ungenügend geschult. Eine wesentliche Säule im Bereich der Korruptionsbekämpfung von Seiten der Organisation sind weiters die internen Kontrollsysteme. Darunter werden sämtliche Maßnahmen verstanden, welche den/ die Leiter/in einer Behörde unterstützen bei Zielerreichung, Ordnungsmäßigkeit der Prozesse, Schutz und Sicherung des Vermögens sowie Aufdecken von Fehlern und Unregelmäßigkeiten. Bestandteile eines internen Kontrollsystems in der öffentlichen Verwaltung sind:

- Organisationspläne und Arbeitsplatzbeschreibungen
- Darstellung (Modellierung) von Arbeitsabläufen
- Dienstanweisungen für wesentliche Tätigkeiten
- Verwendung standardisierter Formulare
- Dienstaufsicht
- Kontrolleinrichtungen in Systemen
- 4-Augen-Prinzip und Funktionstrennung

Die interne Revision stellt einen wesentlichen Bestandteil eines internen Kontrollsystems dar. In der Privatwirtschaft besteht die Richtlinie: pro 1.000 Mitarbeiter/innen ein/e Angestellte/r in der internen Revision. Kontrollen, die zeitlich unmittelbar auf die mediale Berichterstattung über Korruptionsfälle erfolgen, werden von den „ehrlichen“ Mitarbeiter/ innen oft als Arbeitserschwernis empfunden. Auf ein ausgewogenes Verhältnis von Vertrauen und Kontrolle ist unbedingt zu achten! Bei allen Kontrollmaßnahmen, insbesondere unter Nutzung von EDV-Systemen, sind selbstverständlich die Forderungen des Datenschutzes zu beachten!

Zur Verbesserung der organisatorischen Rahmenbedingungen könnten etwa folgende Maßnahmen ergriffen werden:

- Identifizierung gefährdeter Bereiche (z. B. Dienststellen, deren Mitarbeiter/innen ständig Außenkontakte wahrnehmen und/oder über die Verwendung und den Einsatz öffentlicher Mittel entscheiden), Risikoprofilanalyse gefährdeter Bereiche und Erstellung einer Risikomatrix
- Schaffung transparenter Entscheidungsstrukturen (flache Hierarchien)
- Sicherstellung von Transparenz in Organisation, Arbeitsabläufen und Entscheidungsfindungsprozessen, soweit dies mit dem Leistungsprinzip zu vereinbaren ist
- klare Vorgaben/Budget
- klare Zuständigkeiten/ Einführung des Vier-Augen-Prinzip, wo dies noch nicht umgesetzt ist
- Verbesserung in der Organisation und in den internen Kontrollsystemen (Interne Revisionen)

Unternehmensethik und Wertemanagement – ein wichtiger Baustein der Korruptionsprävention

Unter dem Begriff „Unternehmensethik“ versteht man das Begründen von Werten und Prinzipien, welche das Handeln der Menschen innerhalb eines Unternehmens bestimmen. Die Unternehmensethik setzt sich im Aufbau aus drei wesentlichen Komponenten zusammen:

- Stufe 1: Definition eines gemeinsamen Leitbildes bzw. einer Vision
- Stufe 2: Erarbeitung von ethischen Leitlinien zur Konkretisierung des Leitbildes
- Stufe 3: Anleitungen für die Mitarbeiter/innen, wie in konkreten Situationen das Leitbild umzusetzen ist

Im Idealzustand sollte es bei der Gestaltung der Unternehmensethik zu einer Verzahnung von Top Down- und Bottom Up-Prozessen kommen. Die Installation einer unabhängigen Stelle als Korruptionsbeauftragten kann Bestandteil eines Wertemanagementprojekts sein. In den Beziehungen zu externen Kooperationspartnern werden Vereinbarungen mit diesen getroffen, in welchen sich diese zu einer integren Beziehung zum Auftraggeber verpflichten. Derzeit fehlen in der Verwaltung flächendeckende Schulungsveranstaltungen zur Sensibilisierung gegen die systematische Korruption (das so genannte „Anfüttern“). Außerdem fehlt vielen Führungskräften das spezifische Wissen, um Projekte im Ethikbereich in der eigenen Organisation durchzuführen. Vorrangiges Ziel der Korruptionsbekämpfung stellt aus Sicht der Autorin der Ausbau der Prävention dar. Dabei sollte bei allen Projekten zum Thema auf höchst mögliche Akzeptanz und die Erzielung eines möglichst breiten Konsenses geachtet werden. Spezifische Maßnahmen der Korruptionsprävention sind:

- Das Festhalten von Indikatoren auf der Verhaltensebene wie etwa ein unklarer Umgang mit Unternehmern/ Bietern, aufwändiger Lebensstil, intransparente Entscheidungsprozesse, auffälliges Verhalten in der Dienststelle – Führungskräfte und Mitarbeiter/ innen sollten sensibilisiert werden, ohne zugleich das Vertrauensklima in der Organisation zu gefährden.
- Schulungsveranstaltungen und Seminare zu den Themen Prävention, Korruption, Risikomanagement und Unternehmensethik (z. B. anhand so genannter „Dilemma- Situationen“) sollten für Führungskräfte auf unterschiedlichen Ebenen angeboten werden.
- Workshops zur Bewusstseinsbildung bzw. Sensibilisierung von Mitarbeiter/innen – vor allem in gefährdeten Bereichen – könnten der Ausarbeitung konkreter Verhaltensrichtlinien und der Entwicklung eines „Code of Conduct“ dienen.
- Bewusstseinsbildung kann auch über Nutzung verschiedener Medien geschehen, etwa eine Website im Bundesintranet, Lehrfilm, Leitfaden für Führungskräfte, etc.
- Regelmäßige Mitarbeiter/innen- Befragungen können Hinweise zum allgemeinen „Klima für Korruption“ liefern bzw. die Haltung der Mitarbeiter/innen zu Maßnahmen der Korruptionsbekämpfung aufzeigen. Auf diese Weise wird gleichzeitig das Thema verstärkt ins Bewusstsein gebracht. Die Form einer anonymen Befragung mit der Möglichkeit, sich auch ablehnend zu äußern, lässt höhere Akzeptanz erwarten.
- Maßnahmen im Bereich der objektiven Personalauswahl haben eine nicht zu unterschätzende Vorbildwirkung. Die Organisation dokumentiert damit von Beginn an einen klaren und transparenten Umgang mit diesem heiklen Bereich. • Die Entwicklung von Interviewverfahren zur Erfassung der „persönlichen Integrität“ eines Bewerbers bzw. einer Bewerberin und supervisorische Angebote für Mitarbeiter/ innen in besonders gefährdeten Bereichen und mit schwierigen Kunden (z.B. Fremdenpolizei, Betriebsprüfer, etc.) setzen an den psychologischen Ursachen an.
- Schließlich sollten Forschungsarbeiten über Korruption gefördert werden (vgl. GRECO-Leitlinien, Punkt 18). Abschließend noch ein Wort zur Korruptionsbekämpfung im Einzelfall. Auch hier wären weitere Maßnahmen möglich: • Die Einrichtung eines Ethikbeirats, einer Schlichtungsstelle oder dgl. trägt der Forderung nach „Spezialisierung von Personen oder Stellen, die für die Korruptionsbekämpfung zuständig sind“ Rechnung (vgl. GRECO-Leitlinien, Punkt 7). Nicht jeder Fall muss sofort an die Staatsanwaltschaft weitergeleitet werden.
- Ausstiegsszenarios können dazu beitragen, die Dunkelziffer zu senken.
- Eine Anpassung der gesetzlichen Regelungen im Bereich des Strafrechts und des Disziplinarrechts stehen damit in Zusammenhang.
- Nach Bekannt werden eines konkreten Korruptionsfalles müssen die betroffenen Strukturen umgehend verändert werden.

- Der Aufbau eines Registers dient dem Ausschluss einschlägig aufgefallener Unternehmen von öffentlichen Aufträgen.
- Nach einem aufgedeckten Korruptionsfall muss der freie Zugang der Medien zu Informationen sichergestellt sein (vgl. GRECO, Punkt 16).

Risikoanalyse system- und aufgabenbezogen
Mit Risiken umzugehen, anstatt sie zu umgehen

Martin Goworek

1. Steigender Bedarf an Risk Management -Know-how

Die Anforderungen die Entscheidungsträger in Organisationen hinsichtlich der Funktionsfähigkeit des Risikomanagementsystems steigen kontinuierlich. Neben den Controllern beschäftigen sich v.a. die Internen Revisoren mit der Erfassung und Bewertung von Risiken und der Bewusstseinsbildung über deren mögliche Auswirkungen.

Nachfolgend wird ein typischer Ablauf einer Risikoevaluierung sowie des darauf aufbauenden Risikomanagements dargestellt. Hierbei wird ein besonderer Focus auf die Rolle der Internen Revision genommen.

2. Systematik des Risikomanagements

Unter Risiko wird aus Managersicht die Gefahr verstanden, dass Ereignisse, Handlungen und/oder nicht genutzte Chancen negativen Einfluss auf die Zielerreichung einer Organisation haben. Risiken können auftreten, indem:
- Chancen nicht genutzt,
- Fehler im Strategie-, Entscheidungs- bzw. Arbeitsprozess gemacht werden
- oder sich bis dahin unbekannte Gefahren materialisieren.

Von besonderer Bedeutung ist die Mitbetrachtung der Chancen: Eine nicht erkannte und somit nicht wahrgenommene Chance senkt die Fähigkeit einer Organisation, die gesteckten Ziele zu erreichen (Servicequalität, Rentabilität etc.).

Unter Risk Management (RM) wird aus betriebswirtschaftlicher Sicht ein Teil des unternehmensinternen Risikomanagementsystems verstanden, das aus: Risikostrategie, Risikoidentifikation, Risikomanagement sowie Überwachung und Kontrolle besteht.

Diese Bausteine stehen in einem hierarchischen Verhältnis zueinander, wie die nachfolgende Grafik verdeutlicht:

Abb. 1: Stufen eines Risikomanagementsystems (RMS)

Das Ziel eines effektiven Risk Managementsystems besteht in der Sicherung des Fortbestandes eines Unternehmens bzw. einer Organisation sowie der Absicherung der Unternehmens(Organisations-)ziele gegen störende Ereignisse.

Beim Managen der identifizierten, bewerteten und ggf. aggregierten Risiken geht es um die Festlegung und laufende Verfolgung von Risikobewältigungsmaßnahmen (Vermeiden, Vermindern, Übertragen, Übernehmen). Hier werden auch die Verantwortlichkeiten (Risk Owner) festgelegt. Die Gesamtverantwortung für das Risk Management liegt bei der Leitung einer Organisation.

Zur Beherrschung der Risiken implementiert das Management u.a. Prozessregelungen (Richtlinien, Arbeitsanweisungen, etc.), die in ihrer Gesamtheit dem Risikogedanken Rechnung tragen.

Die Überwachung und Kontrolle der Wirksamkeit dieser Prozessregelungen (systemischer Ansatz) und deren Einhaltung (Ordnungsmäßigkeit) gehört unverändert zu den Kernaufgaben der Internen Revision.

Nachfolgend werden die einzelnen Bausteine einer näheren Betrachtung unterzogen.

2.1. Die Risikostrategie

Ausgangspunkt eines Risikomanagement-Systems sind die Unternehmens- bzw. Organisationsziele, wie sie im Rahmen der Organisationsstrategie durch die Entscheidungsträger definiert wurden.

Aus den Risikomanagementzielen werden die Risikostrategie und -politik sowie die konkreten Vorgaben für die Identifizierung, Bewertung, Bewältigung und Überwachung der Risiken hergeleitet. Wesentlicher Inhalt ist die Festlegung der sog. Risikotoleranz („risk appetite“), unter der die unternehmerische Bereitschaft verstanden wird, auf Risiken einzugehen.

Die Risikostrategie ist in die gesamte Organisationsstrategie einzubinden und schriftlich zu fixieren. Sie sollte außerdem an die Mitarbeiter in Form einer „Risiko-Richtlinie“ kommuniziert werden.

2.2. Die Risikoidentifikation und -bewertung

Auf der zweiten Stufe eines RMS-Prozesses erfolgt eine Evaluierung der vorhandenen Risiken. Ziel ist es, eine vollständige Aufnahme der bestehenden Risiken zu erreichen.

Eine sorgfältige Aufnahme aller Risiken ist die entscheidende Voraussetzung für ein funktionsfähiges RMS, da die Kenntnis vorhandener oder potentieller Risiken die Basis für alle nachfolgenden Schritte des RMS bildet. Um die Risiken nach ihrem Bedeutungsgrad unterscheiden zu können, muss eine Einordnung nach den Kriterien Eintrittswahrscheinlichkeit und Auswirkung auf die Zielerreichung vorgenommen werden. Das kann anhand folgender Kriterien erfolgen:

Auswirkung		Wahrscheinlichkeit	
Hoch	Reduzierte Möglichkeit, definierte Unternehmensziele zu erreichen (z.B. Verlust von Stammkunden, kurzfristiger Verlust vom Dienstleistungen, permanente Qualitätsminderung)	Hoch	über 66% Wahrscheinlichkeit eines möglichen Eintritts (z.B. Eintritt nahezu sicher in den nächsten 12 Monaten)
Mittel	Störung des normalen Betriebes mit eingeschränkten Auswirkungen auf die Unternehmensstrategie und die Erreichung der definierten Unternehmensziele	Mittel	über 33% Wahrscheinlichkeit eines möglichen Eintritts (z.B. kann in den nächsten 2-5 Jahren eintreten)
Niedrig	Keine materiellen Auswirkungen auf die Unternehmensstrategie und das Erreichen der Unternehmensziele	Niedrig	geringe Eintrittswahrscheinlichkeit

Abb. 2: Mögliche Kriterien zur Risikobewertung

Das Ergebnis einer solchen Bewertung kann in einer Matrix dargestellt werden. Ziel dieses Ranking ist es, die Top-Risiken herauszufiltern, um diese einer besonderen Bearbeitung und Überwachung zu unterziehen:

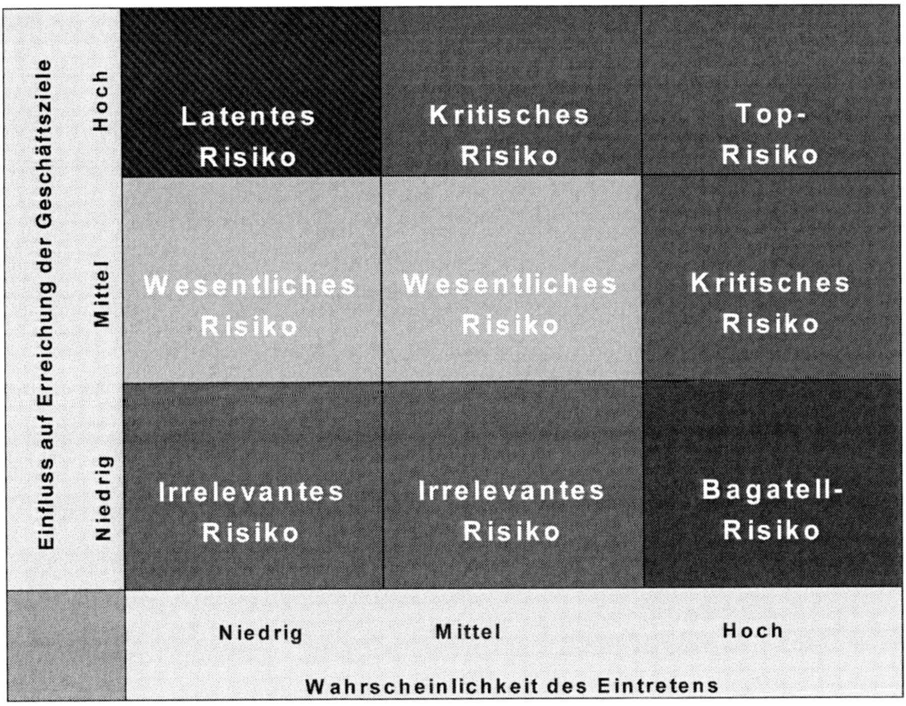

Abb. 3: Darstellung der bewerteten Risiken in einer Matrix

Eine solche Darstellung schärft den Blick auf die wesentlichen Risiken. Dazu gehören neben den Top-Risiken auch die latenten Risiken. Wenn auch deren Eintreten als wenig wahrscheinlich eingeschätzt wird, so ist deren Schadenausmaß hoch. Als klassisches Beispiel hierfür kann der Größte anzunehmende Unfall (GAU) bei beim Betrieb eines Kernkraftwerkes herangezogen werden, für den die Sicherheitssysteme der Anlage ausgelegt sein müssen: Es müssen vorab alle Vorkehrungen getroffen werden, um im Schadensfall die Folgen zu minimieren.

Um die wesentlichen Risiken einer adäquaten Behandlung zu unterziehen, empfiehlt sich eine knappe aber präzise Beschreibung dieser Gefahr. Nachfolgendes Beispiel (Abb. 4) zeigt, dass hierfür eine Seite genügen kann.

Die Behandlung, das heißt das Management der Risiken erfolgt auf der dritten Stufe des Risikomanagementsystems.

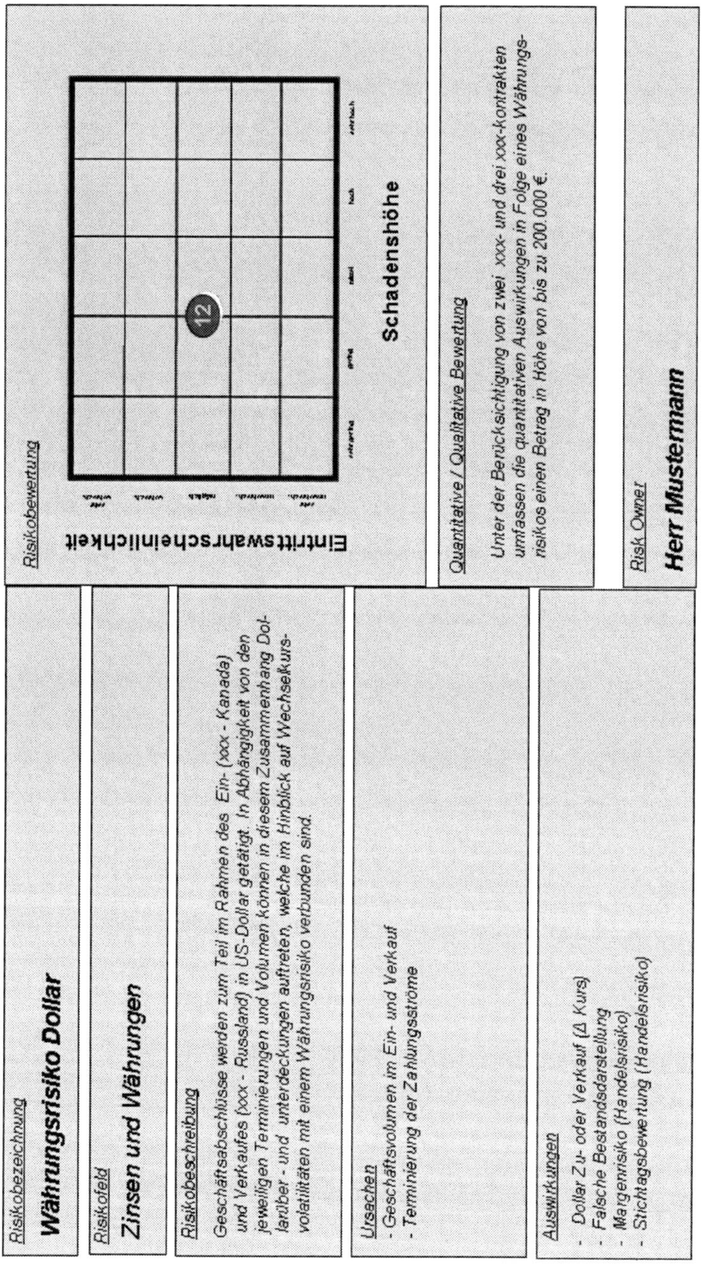

Abb. 4: Beschreibung der Risiken

2.3. Das Risikomanagement

Auf der dritten Stufe des RMS findet das Risikomanagement i.e.S. statt. Ziel ist eine Festschreibung des Umgangs mit bestehenden Risikopositionen sowie laufende Verfolgung der Entwicklung (Überwachung) von Risikopositionen vorzunehmen.

Es werden bestehende und mögliche zusätzliche Risikobewältigungsmaßnahmen für die identifizierten und bewerteten Risiken mit den einzelnen Risikoverantwortlichen bzw. deren Mitarbeitern herausgearbeitet, in ihrer Wirkung analysiert und dokumentiert.

Hierfür sind Verantwortlichkeiten zu definieren (Risk Owner), Frühwarnindikatoren festzulegen und zu implementieren sowie präventive und reaktive Risikobewältigungsmaßnahmen (beispielsweise Notfallpläne) zu erfassen. Anhand einer Handlungsbedarfs-Matrix müssen die Toprisiken mit akutem und möglichem Handlungsbedarf segmentiert werden.

Die wünschenswerten zusätzlichen Risikobewältigungsmaßnahmen werden in dem Maßnahmenkatalog mit Prioritätenbezeichnung für die weitere Bearbeitung bzw. Umsetzung herausgehoben und mit Verantwortlichkeiten und Umsetzungsterminen versehen.

Zu den klassischen Bewältigungsstrategien zählt man:

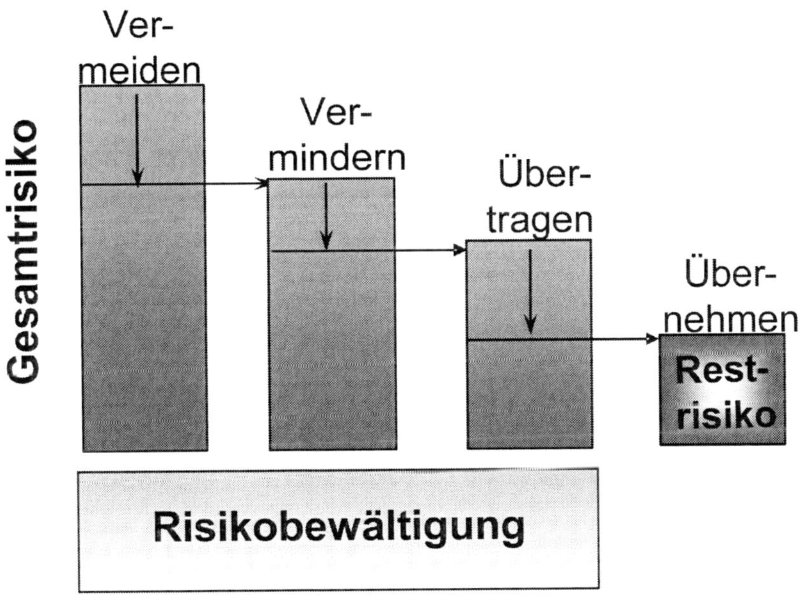

Abb. 5: Klassische Risikobewältigungsstrategien

Der Ausstieg aus einem riskanten Geschäftsfeld oder auch ein Verzicht auf Investitionen gelten als klassische Maßnahmen können dazu beitragen, ein Risiko zu vermeiden. Die Implementation von prozessimmanenten Kontrollen, Substitution von fixen durch variable Kosten oder auch redundante Auslegung von Ressourcen können helfen, Risiken zu vermindern. Ein Risiko kann überwälzt/übertragen werden durch Optimierung von Verträgen, Optimierung von Versicherungsverträgen oder auch einen Risikotransfer über Kapitalmärkte.

Zu den ersten Aufgaben eines Risk Owners gehört eine Inventur der bestehenden Risikobewältigungsmaßnahmen. Diese Analyse kann darin münden, dass bestimmte Maßnahmen verworfen werden (überflüssig) oder auch Vorschlägen für zusätzliche Maßnahmen erarbeitet werden. Folgende Darstellung (Dokumentation) hat sich für diesen Schritt bewährt:

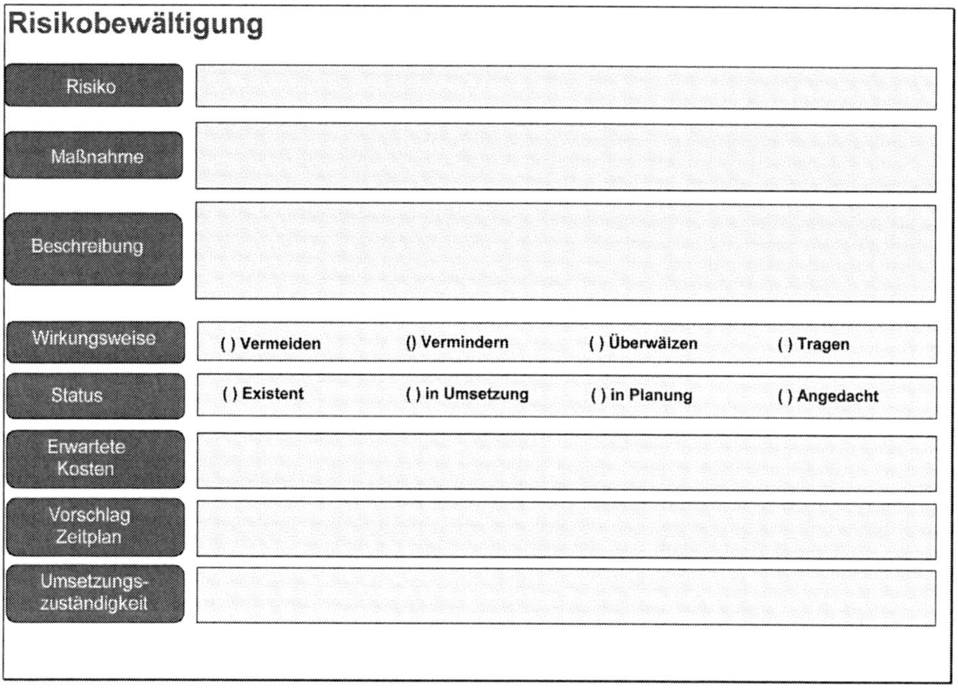

Abb. 6: Klassische Dokumentation einer Risikobewältigungsmaßnahme

Sollten diese Risikobewältigungsstrategien nicht zielführend sein bzw. kein Erfolg versprechen, so liegt es in der unternehmerischen Entscheidung des Topmanagements, zur Lasten des Eigenkapitals das Risiko selbst zu tragen.

Umso wichtiger ist es in der Folge, ein funktionierendes Frühwarnsystem zu implementieren. Folgende Aufbauschritte sind zu beachten:

1. Festlegung der Beobachtungsbereiche
2. Dokumentation der Korrelationen zwischen Indikatoren und den zugrunde liegenden Entwicklungen der Beobachtungsobjekte
3. Bestimmung der relevanten Frühwarnindikatoren
4. Ermittlung von Schwellenwerten
5. Festlegung der Informationsverarbeitung
6. Festlegung der Berichtswege

Die Anforderungen an ein solches System sind hoch. Es soll überschaubare Informationen liefern, relevante Faktoren vor dem Hintergrund der kritischen

Erfolgsfaktoren berücksichtigen, die Informationen gewichten sowie Finanzkennzahlen und „weiche" Indikatoren ausgewogen berücksichtigen. Dieses systematische Berichtswesen muss mit systemadäquaten Schwellenwerten versehen werden und regelmäßig auf Effizienz überwacht werden (z.B. durch die Interne Revision).

Damit ein Frühwarnsystem seinem Namen gerecht wird, muss es rechtzeitig auf das mögliche Auftreten von Gefahren hinweisen. Nachdem Finanzkennzahlen auf sich bereits materialisierende Gefahren hinweisen, sind sie hierfür ungeeignet: Sie werden auch als Spätindikatoren bezeichnet. Spätester Ansatzpunkt für ein Frühwarnsystem ist ein wahrgenommener Marktanteilsverlust bzw. Verlust an Einfluss innerhalb einer Organisation (man wird bei bestimmten Entscheidungen nicht mehr gefragt).

Auch hier ist es die Verantwortung des Risk Owners, eine Aufnahme der Risikoüberwachungsmaßnahmen vorzunehmen. Als Dokumentation empfiehlt sich die folgende Darstellung:

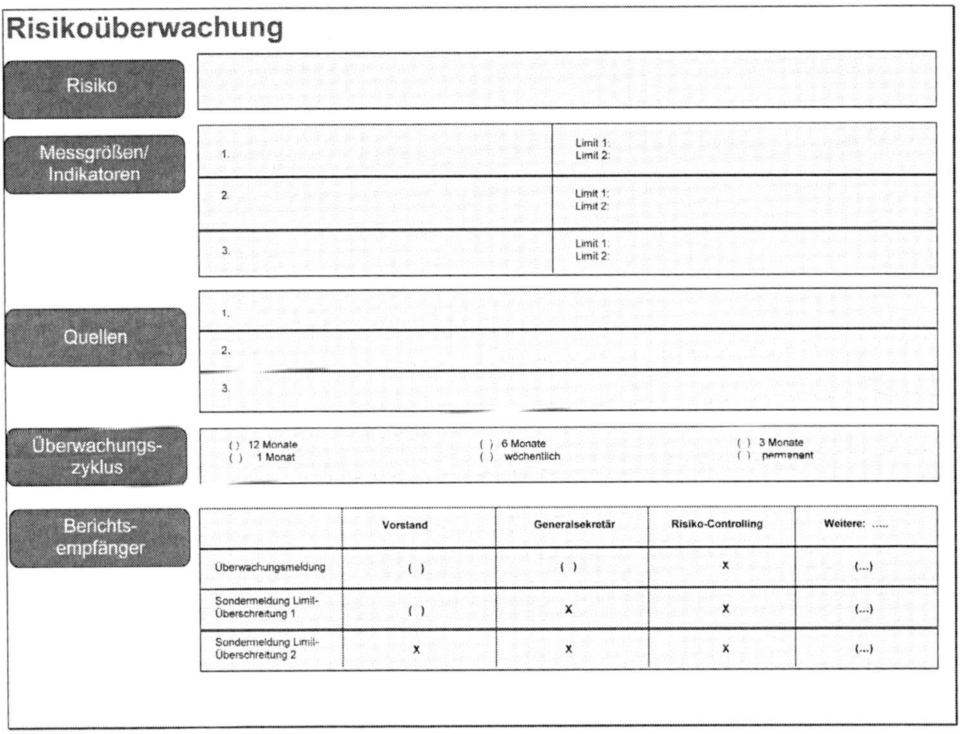

Abb. 7: Klassische Dokumentation von Risikobeüberwachungsmaßnahmen

Von entscheidender Bedeutung für die Funktionalität der Risikoüberwachungsmaßnahmen ist eine adäquate Festlegung der Messgrößen und Limite sowie Informationsquellen. Um den Risk Owner in seiner Verantwortung zur Überwachung der Risiken zu entlasten, liegt es nicht zuletzt in seinem Interesse, eine klare Kommunikationskette bei Überschreiten der Limite zu definieren. Nur so kann er die Verantwortung an die nächste Ebene delegieren.

2.4. Das Monitoring

Nachdem sich jede Organisation in einem fortlaufenden Wandel befindet, bedarf es einer regelmäßigen Überprüfung der etablierten Risikomanagement-Instrumente und -prozesse auf ihre Angemessenheit. Hier handelt es sich um eine klassische Funktion der Internen Revision.

Gemäß Definition erbringt die Interne Revision unabhängige und objektive Prüfungs- („assurance"-) und Beratungsdienstleistungen, welche darauf ausgerichtet sind, Mehrwerte zu schaffen und die Geschäftsprozesse zu verbessern. Sie unterstützt die Organisation bei der Erreichung ihrer Ziele, indem sie mit einem systematischen und zielgerichteten Ansatz die Effektivität des Risikomanagements, der Kontrollen und der Führungs- und Überwachungsprozesse bewertet und diese verbessern hilft.[1] Die Unternehmensleitung ist für die Funktion der Internen Revision verantwortlich.[2]

Aus der Gesamtsicht einer Unternehmung haben sowohl das Risikomanagement als auch die Interne Revision Kontrolle von Risiken zum Gegenstand. Aufgabenbereich der Internen Revision ist dennoch weit reichender, da er auch die Prüfung des Risikomanagements beinhaltet.

Bei der Internen Revision geht es um Kontrolle des RM-Prozesses in Bezug auf:

- Wirksamkeit des Systems
- Integrität der Daten
- deren Vollständigkeit und
- Relevanz

Die Existenz eines Risikomanagements sagt noch nichts über dessen Qualität aus. Nur wenn sichergestellt wird, dass alle wesentlichen internen und externen Risiken erfasst werden, können Strategien und Maßnahmen entwickelt werden, welche die Wahrscheinlichkeit ihres Eintritts senken bzw. deren Auswirkungen auffangen.

---

[1] Vgl. http://www.internerevision.at/upload/Definition_IR.pdf

[2] Vgl. Arbeitskreis „Externe und Interne Überwachung der Unternehmung" der Schmalenbach-gesellschaft für Betriebswirtschaft e.V., Best Practices für die Interne Revision, in: Der Betrieb, H 5, 2006, 225.

Risikomanagement bedeutet auch die Übernahme von Verantwortung bezüglich des Eingehens von unternehmerischen Risiken. Diese Aufgabe kann nicht von der Internen Revision erfüllt werden, da sie sonst ihrer Kontrollverpflichtung nicht nachkommen könnte: Sie wäre selbst Teil des zu kontrollierenden Systems.

Obwohl sich sowohl die Interne Revision als auch das Risikomanagement um die Kontrolle der Unternehmensrisiken bemühen, ist es ist die Kernaufgabe des Managements, die Risikokontrolle im Sinne einer Risikobeherrschung zu implementieren. Aufgabe der Interne Revision ist es dann, die Wirksamkeit dieser Maßnahmen zu überprüfen. Sie übt damit eine Kontrolle der Tätigkeit des Managements aus. Diese Funktion versetzt die Interne Revision in die Lage, den Auf- und Ausbau eines Risikomanagements beratend zu unterstützen.

3. Abgrenzung zum Management

Risikomanagement bedeutet auch die Übernahme von Verantwortung bezüglich des Eingehens von Risiken. Diese Aufgabe kann nicht von den operativen Risikoverantwortlichen erfüllt werden.

Obwohl sich sowohl die IR als auch das RM um die Kontrolle der Unternehmensrisiken bemühen, ist es die Kernaufgabe des Managements, die Risikokontrolle im Sinne einer Risikobeherrschung zu implementieren. Aufgabe der Internen Revision ist es dann, die Wirksamkeit dieser Maßnahmen zu überprüfen. Sie übt damit eine Kontrolle der Tätigkeit des Managements aus. Gerade diese Funktion versetzt die Interne Revision in die Lage, den Auf- und Ausbau eines Risikomanagements beratend zu unterstützen.

Der Internen Revision fällt die Aufgabe zu, die Wirksamkeit und Funktionstüchtigkeit des Risk Managements zu überprüfen. Im Gegensatz zum Risk Management geht es nicht um eine permanente Kontrolle der operativen Risiken, sondern um eine punktuelle und fokussierte Prüfungstätigkeit. Durch ihre risikoorientierte Berichterstattung über die kritischen Tätigkeiten und Prozesse der gesamten Unternehmung leistet sie einen wesentlichen Beitrag zur umfassenden Beurteilung der Risikolage des Unternehmens. Ihre unterstützende Mitwirkung im Zusammenhang mit Risk Management darf aber nicht dazu führen, dass die Interne Revision selbst zum Risk Manager wird.

Literaturverzeichnis

Arbeitskreis „Externe und Interne Überwachung der Unternehmung" der Schmalenbach-Gesellschaft für Betriebswirtschaft e.V., Best Practices für die Interne Revision, in: Der Betrieb, H 5, 2006, 225-229

OeNB/FMA, Management des operationellen Risikos, 2005

Ernst & Young, Companies on Risk, 2006

Ernst & Young, Wirtschaftskriminalität in Deutschland- Nur ein Problem der anderen?, 2003

Lansch Rita, Risiken zu wenig im Blick, in: Handelsblatt v. 01.03.2006, 42

Factory Mutual Insurance Company, Managing Business Risk in 2006 and Beyond, 2005

Korruptionsprävention im Wiener Magistrat - eine praktische Handlungshilfe

Paul Jauernig

Eine interdisziplinäre Arbeitsgruppe des Magistrats der Stadt Wien entwickelte im Auftrag von Magistratsdirektor Dr. Ernst Theimer von 2002 bis 2004 Maßnahmen zur Korruptionsprävention. Heute ist Korruptionsprävention im Ausbildungsprogramm der Verwaltungsakademie fest verankert. Bürgerinnen und Bürger, Mitarbeiterinnen und Mitarbeiter informieren sich im Handbuch zur Korruptionsprävention oder finden Rat und Hilfe beim Antikorruptionstelefon (4000 82400) der Internen Revision und im Internet[1].

Ein Tabu brechen

Korruption findet statt: In unterschiedlichem Ausmaß und unterschiedlicher Ausprägung, aber grundsätzlich ist kein Staat, keine Verwaltung, kein Unternehmen davor gefeit. Dies gilt auch für Österreich, für Wien und die Wiener Stadtverwaltung. Obwohl Österreich im internationalen Vergleich nach wie vor nicht zu den Problemzonen gehört, müssen wir uns mit diesem Thema beschäftigen, und dies nicht nur punktuell, wenn gerade ein „schwarzes Schaf" erwischt worden ist. Missstandskontrolle und Sanktionierung von schuldhaftem Verhalten sind selbstverständlich, reichen aber nicht aus. Wir brauchen auch Prävention, Aufklärung und Bewusstseinsbildung. Korruptionsprävention ist kein Misstrauensvorschuss. Das Phänomen Korruption darf dennoch nicht verdrängt werden. Korruption ist kein Kavaliersdelikt, sie schädigt das Ansehen von Verwaltung und Wirtschaft, bewirkt Wettbewerbsverzerrung und Verteuerung, schadet dem Standort und untergräbt in letzter Konsequenz die institutionellen Fundamente und die Wertmaßstäbe unserer Gesellschaft.

Ethik in der Verwaltung

Das Verbot der Geschenkannahme mit seinen Geringfügigkeitsklauseln (Geschenke von geringem Wert sind ausgenommen) zeigt, dass Straf- und Dienstrecht kein abschließendes Wertesystem bilden. Dieses muss um ethische Normen ergänzt werden, um Mitarbeiter/innen und Kund/innen vor den Gefahren der Korruption wirksam schützen zu können. Im Rahmen einer Dienstethik sollten Handlungsanleitungen für kritische Situationen entwickelt werden, die in einem Verhaltenskodex gegen Korruption zusammengefasst werden können. Der von der österreichischen Bundesregierung geplante Code

[1] Korruptionsprävention in der Wiener Stadtverwaltung *(www.antikorruption.wien.at)*

of Conduct (Verhaltenskodex) für die staatliche Verwaltung wird dabei einen entscheidenden Beitrag für ein erweitertes Wertebewusstsein leisten.

Was ist eigentlich Korruption?

Korruption ist der Missbrauch einer Vertrauensstellung in Politik, Wirtschaft oder Verwaltung, meist um einen ungerechtfertigten Vorteil zu erlangen. Mit Hilfe dieser einfachen Formel kann auch der Nichtjurist kritische Situationen sofort erkennen und im Idealfall vermeiden. Korruption ist moralisch abzulehnen, verletzt Gesetze und Verhaltensnormen und schadet der Allgemeinheit. Sie schadet dem Ansehen von Wirtschaft und Verwaltung und sie untergräbt in letzter Konsequenz die institutionellen Fundamente und Wertmaßstäbe unserer Gesellschaft. Zu den hauptsächlichen Zielen von Korruption gehören die Vermeidung von Kontrollen, ungerechtfertigte Genehmigungen, Bevorzugungen aller Art, Abrechnung nicht erbrachter Leistungen, Duldung rechtswidriger Zustände, Leistungen ohne (volles) Entgelt und Geheimniseinblick. Soweit Korruption auf die öffentliche Verwaltung zielt, kann sie nur im Zusammenspiel mit den einzelnen Mitarbeiterinnen und Mitarbeitern funktionieren.

Wie kann ich mich selbst schützen?

Am Anfang steht die persönliche Gewissensentscheidung, sich zur Unbestechlichkeit und Unparteilichkeit im Amt oder Unternehmen nach innen und außen zu bekennen und danach zu handeln. Jede Form von Korruption ablehnen, auch wenn es manchmal schwer fällt, ist die logische Konsequenz daraus. Jeder kann signalisieren „Mit mir nicht!“, ist Vorbild für andere und prägt die Unternehmenskultur seiner Organisation mit.

Die Regeln lernen

Nur wer die Regeln kennt, kann sich vor der Gefahr eines Regelverstoßes bewahren. Gibt es in Ihrem Unternehmen ein Leitbild oder einen Verhaltenskodex? Nehmen Sie diese Verhaltensempfehlungen ernst und sprechen Sie darüber mit Mitarbeiter/innen und Kolleg/innen. Machen Sie sich mit den wichtigsten Bestimmungen des Dienst- und Arbeitsrechts sowie des Strafrechts vertraut, die zum Schutz vor Korruption erlassen wurden. All diese Regelungen sollen eine unparteiliche und rechtskonforme Amts- und Geschäftsführung gewährleisten.

Strafrechtliche Tatbestände

Gerät man zu den Dienstrechtsgesetzen in Widerspruch, erhöht sich auch die Gefahr, mit dem Strafgesetzbuch (StGB) in Konflikt zu kommen. Gerichtlich strafbare Korruptionstatbestände sind Missbrauch der Amtsgewalt (§ 302 StGB), Geschenkannahme durch Beamte, leitende Angestellte eines öffentlichen Unternehmens, Sachverständige, Mitarbeiter und sachverständige Berater (§§ 304 bis 306a StGB), Bestechung (§ 307 StGB), verbotene Intervention (§ 308 StGB), Verletzung des Amtsgeheimnisses (§ 310 StGB), falsche Beurkundung und Beglaubigung im Amt (§ 311 StGB). Aber auch andere Delikte wie Veruntreuung (§ 133 StGB), Erpressung (§ 144 StGB), Betrug (§ 146 StGB), Betrügerischer Datenverarbeitungsmissbrauch (§ 148a StGB), Untreue (§ 153 StGB) Geschenkannahme durch Machthaber (§ 153a StGB), Förderungsmissbrauch (§ 153b StGB), Wettbewerbsbeschränkende Absprachen bei Vergabeverfahren (§ 168b StGB), Urkundenfälschung (§ 223 StGB) stehen - unter Ausnützung einer Amtsstellung (§ 313 StGB) begangen - unter erhöhter Strafdrohung.[2]

Geschenke annehmen oder nicht?

Gesellschaftlich tolerierte Einladungen und kleine Aufmerksamkeiten bilden oft das Einfallstor für künftige Abhängigkeiten. Es beginnt mit scheinbar harmlosen Aufmerksamkeiten, es folgen großzügigere Einladungen und echte Vermögensvorteile. Spätestens, wenn der Geschenkgeber Gegenleistungen der Behörde in Form von Gefälligkeiten erwartet, steckt man in der Korruptionsfalle. „Anfütterung" bedeutet allmähliche Einstimmung auf Korruption, die mit dem geplanten Strafrechtsänderungsgesetz 2008 unter Strafdrohung gestellt werden soll.

Geschenke sind Angelegenheiten unter Freunden und Verwandten. Die Forderung bzw. Annahme von Geschenken oder Vorteilen im Zusammenhang mit dem Dienst und für dienstliche Handlungen wird disziplinär und arbeitsrechtlich geahndet sowie gerichtlich bestraft. Fragen Sie sich, ob der Spender Sie konkret beeinflussen oder für spätere Entscheidungen ein „günstiges Klima" herbeiführen möchte. Besteht zum Geschenkgeber eine ausschließlich berufliche oder private Beziehung? Vermeiden Sie an den Anschein der Parteilichkeit. Geldgeschenke, Trinkgelder, wertvolle Kugelschreiber sind nichts Geringfügiges und sollten jedenfalls abgelehnt werden. Erhebliche Vorteile in Geld, Urlaubsreisen, Fahrzeugüberlassungen und Dienstleistungen sind strafbar und daher absolut tabu. Überlegen Sie im vorhinein, was für Sie nicht mehr statthaft ist und ziehen Sie für sich die notwendigen Schlüsse. Sprechen Sie mit Ihren Vorgesetzten über mögliche Lösungen gegen das Geschenk-Unwesen. Ersuchen Sie Ihre Geschäftspartner schriftlich, auf Weihnachtsgeschenke zu verzichten, was Teile der Wirtschaft dankbar zur Kenntnis nehmen werden.

[2] Rechtsinformationssystem der Republik Österreich *(www.ris.bka.gv.at)*

Unparteilichkeit und Befangenheit

Unparteilichkeit zählt seit jeher zu den allgemeinen Dienstpflichten. Dazu gehört, sich bei den Amtsgeschäften ausschließlich von sachlichen und rechtlichen Gründen, nicht aber von Rücksichten des Wohlwollens oder der Ungunst gegenüber einer Partei leiten zu lassen. Pflichtwidrig wäre auch die bevorzugte raschere Abwicklung der Amtsgeschäfte. Unbefangen ist, wer eine objektive und unparteiliche Entscheidung treffen kann. Beamte und Vertragsbedienstete haben sich – außer bei Gefahr im Verzug – der Ausübung ihres Amtes zu enthalten und sich vertreten zu lassen, wenn wichtige Gründe vorliegen, die ihre volle Unbefangenheit in Zweifel setzen könnten. Wichtige Gründe sind nach der Rechtsprechung Freundschaft, Dankbarkeit, Feindschaft, Rivalität etc.

Im Alltag kann es zu Berührungen und Überschneidungen zwischen Beruf und Privatleben kommen. Die meisten Menschen geraten dann rasch in einen Widerspruch zwischen beruflichen und familiären, freundschaftlichen oder auch gesellschaftlichen Pflichten. Damit es nicht zu „Vetternwirtschaft" kommt und Sie nicht „zwischen die Fronten" geraten, sehen Dienst- und Verfahrensrecht klare Regeln über die Befangenheit vor. Scheuen Sie sich nicht, diese Regeln anzuwenden und sich damit vor den negativen Folgen oder auch nur vor einem solchen Anschein zu bewahren. Legen Sie dabei im eigenen und öffentlichen Interesse einen strengen Maßstab an. Beraten Sie als Vorgesetzter Ihre Mitarbeiter/innen bei Pflichtenkollisionen.

Einfallstor Nebenbeschäftigung

Nebenbeschäftigungen werden nicht für den Dienstgeber, sondern ohne Zusammenhang mit den Dienst- bzw. Arbeitspflichten ausgeübt. Erwerbsmäßige Nebenbeschäftigungen sind schriftlich zu melden. Beamte und Vertragsbedienstete dürfen nach dem Dienstrecht keine Nebenbeschäftigungen ausüben, die sie an der genauen Erfüllung ihrer dienstlichen Aufgaben behindern, die Vermutung ihrer Befangenheit hervorrufen oder die Achtung und das Vertrauen, das ihrer Stellung entgegengebracht werden, untergraben könnten. Mitarbeiterinnen und Mitarbeiter müssen auch hier Befangenheitssituationen von sich aus wahrnehmen. Nebenbeschäftigungen für Kunden, Bieter oder Auftragnehmer sind schlichtweg unvertretbar und widersprechen jeder objektiven Verwaltung. Könnte in der Bevölkerung der Eindruck entstehen, dass der Mitarbeiter im Dienst nicht völlig unbefangen agiert, ist die Nebenbeschäftigung nach der Rechtsprechung unzulässig. Ein Beamter soll auf Grund der Nebenbeschäftigung nicht in Situationen kommen, in denen er nicht mehr unparteilich entscheiden kann. Eine unkorrekte Aufgabenwahrnehmung im Amt zum Vorteil des Nebenbeschäftigungsgebers kann auch Missbrauch der Amtsgewalt oder Untreue bedeuten.

Behördenleiter sollten gegen eine Nebenbeschäftigung auftreten oder an eine berufliche Veränderung des Mitarbeiters denken, je bedeutender die eventuellen Amtshandlungen für den „Nebenbeschäftiger" sind. Nebenbeschäftigungen sollten regelmäßig evaluiert werden. Überlegen Sie als Mitarbeiter/in, wo Ihr beruflicher Schwerpunkt liegt und ob Sie bei einer Nebenbeschäftigung in Zielkonflikte geraten könnten. Vermeiden Sie Nebenbeschäftigungen mit kritischer Nähe zum Hauptberuf. Bearbeiten Sie keine Geschäftsfälle von Personen (Kunden, Auftragnehmern), für die Sie eine Nebenbeschäftigung ausüben. Besonders kritisch sind öffentliche Aufträge und Behördenverfahren. Schon die theoretische Weitergabe von vertraulichem Insiderwissen an den Nebenbeschäftiger kann Befangenheit bewirken. Trennen Sie Ihren Hauptberuf streng von privatem Erwerb! Vielleicht kann Ihre Versetzung in einen anderen Bereich das Problem lösen. Beraten Sie sich bei Bedarf mit Ihren Vorgesetzten.

Transparenz und Verschwiegenheit

Trotz aller gebotenen Transparenz der modernen Verwaltung, die auch in den Auskunftspflichtgesetzen ihren Niederschlag gefunden hat, besteht die Pflicht, über bestimmte Informationen zum Schutz der Betroffenen Stillschweigen zu bewahren. So wie für viele Berufe Geheimhaltungspflichten bestehen (z.B. Ärzte, Krankenpflegepersonal, Rechtsanwälte) wurden Beamte und Vertragsbedienstete schon in der Bundesverfassung zur Verschwiegenheit verpflichtet. Davon erfasst sind ausschließlich aus amtlicher Tätigkeit bekannt gewordene Tatsachen, deren Geheimhaltung im Interesse der Aufrechterhaltung der öffentlichen Ruhe, Ordnung und Sicherheit, der umfassenden Landesverteidigung, der auswärtigen Beziehungen, im wirtschaftlichen Interesse einer Körperschaft des öffentlichen Rechts, zur Vorbereitung einer Entscheidung oder im überwiegenden Interesse der Parteien geboten ist.

Als Gegenstand der Amtsverschwiegenheit kommen nicht nur Ereignisse und Tatsachen, sondern auch innere Vorgänge, wie etwa aus Gesprächen erschließbare Absichten und Ideen oder nicht kundgemachte Weisungen oder noch nicht zugestellte Entscheidungen oder Schriftstücke in Betracht. Geheimhaltungspflichten kennen das Datenschutzgesetz und viele weitere Gesetze (z.B. Steuerrecht, Berufsrechte). Verletzungen des Datenschutzgesetzes können Verwaltungsübertretungen bilden. Eine Verwendung von Daten in Gewinn- oder Schädigungsabsicht ist bei schutzwürdigem Geheimhaltungsinteresse des Betroffenen gerichtlich strafbar.

Geben Sie bei öffentlichen Auftragsvergaben keine Informationen, Unterlagen oder andere Hilfsmittel weiter, aus denen einzelne Bieter Wettbewerbsvorteile ziehen können. Seien Sie sich Ihrer Verantwortung bewusst. Wer unberechtigt Informationen weitergibt, gefährdet sich und andere. Weitergabe von Insiderwissen an Nichtberechtigte verursacht regelmäßig Millionenschäden und verletzt den freien Wettbewerb. Datenabfragen ohne gesetzliche Grundlage und Notwendigkeit – etwa aus persönlicher Neugier – können Sie das Vertrauen Ihrer Dienststelle oder Ihres Unternehmens kosten.

Wo es riskant wird

Korruption macht vor keinem Verwaltungszweig und keiner Ebene halt. Die Beachtung der wichtigsten rechtlichen Bestimmungen bietet bereits eine erste Immunisierung. In gefährdeten Verwaltungs- und Geschäftsbereichen können weitere Maßnahmen, wie die Entwicklung einer Dienstethik erforderlich werden. Aber wo und wann besteht eine erhöhte Gefährdung? Welche Faktoren sind dafür ausschlaggebend? Von einer erhöhten Gefährdung sollten Bereiche ausgehen, deren Mitarbeiter/innen ständig Außenkontakte wahrnehmen und/oder über die Verwendung und den Einsatz öffentlicher Mittel entscheiden. Beispiele sind die Erteilung behördlicher Genehmigungen, die Vergabe öffentlicher Aufträge oder die Gewährung von Subventionen. Das Risiko erhöht sich bei verwaltungsinternen Mängeln und Defiziten. Analysieren Sie das spezifische Risiko Ihrer Organisation. Je stärker Sie den Grad an Gefährdung bewerten, umso früher und intensiver sollten Sie sich gezielt mit Transparenz und beruflicher Ethik – etwa in Form eines Verhaltenskodex - auseinander setzen. Diskutieren Sie mit Kolleg/innen, Mitarbeiter/innen und Führungskräften, ob Ihre Organisation – auch ohne Anlassfälle – vorbeugende Maßnahmen setzen könnte.

Den Blick schärfen

Korruption gedeiht manchmal unter den Augen der Mitarbeiterinnen und Mitarbeiter. Man will schließlich nichts Schlechtes denken und findet für Auffälligkeiten jede erdenkliche Begründung (Erbschaft, Lotteriegewinn, reiche Verwandte). Gesprächs- und Handlungsbedarf ist jedenfalls gegeben, wenn Sie oder Ihre Kolleg/innen eines oder mehrere Warnsignale gehäuft wahrnehmen sollten. Beispiele sind z.B. häufiger privater Umgang mit Firmen (Einladungen, Reisen), aufwändiger Lebensstil im Missverhältnis zum Einkommen (teure Kraftfahrzeuge, Privatvilla), auffällige Verhaltensänderungen, Bevorzugung von Unternehmen („Hoflieferanten"), unberechtigte Weitergabe von internen Informationen, Unabkömmlichkeit und Urlaubsverzicht, Mitnahme von Geschäftsfällen nach Hause, Desinteresse oder Übereifer (regelmäßig Überstunden an Wochenenden), nahe Angehörige arbeiten bei Vertragsfirmen, Nebenbeschäftigungen (Beraterverträge), unerklärliche Verfahrensbeschleunigungen oder Verzögerungen, unkonventionelle Entscheidungen, künstlicher Zeitdruck, Verquickung öffentlicher Vergaben mit privaten Aufträgen, Umgehung des Vergaberechts, Abschottung von Referaten, verbotene Geschenkannahme. Vermeiden Sie vorschnelle Schlüsse oder Vorverurteilungen. Zeigen

Sie aber Mut, Ihre Kolleg/innen und Führungskräfte auf Ihre Wahrnehmungen offen anzusprechen.

Wie können sich Organisationen schützen?

Bei der Bekämpfung von Korruption müssen Politik und Verwaltung, Mitarbeiter/innen und Führungskräfte an einem Strang ziehen. Korruption entsteht aus einem Mangel an Information und Aufklärung. Brechen wir das Tabu, sprechen wir über Korruption und werden wir sensibel. Bewusstseinsbildung kann im Rahmen der innerbetrieblichen Aus- und Fortbildung durch spezielle Workshops erreicht werden. Damit Korruption nachhaltig zurückgedrängt werden kann, muss das Ziel einer unbestechlichen und transparenten modernen Verwaltung auch an künftige Generationen von Mitarbeiter/innen weitergegeben werden. Vermitteln wir unsere Unternehmenskultur bereits an unsere Bewerber/innen. Sensibilisierung und Immunisierung können schon bei der Aufnahme beginnen.

Unternehmenskultur der Unbestechlichkeit

Zunächst gilt es Unbestechlichkeit als ethische Grundhaltung in der Unternehmenskultur zu verankern. Dieses Ziel kann beispielsweise in einem Leitbild mittels positiver Begriffe wie Transparenz, Fairness, Korrektheit und Objektivität verankert werden. Darauf können allgemeine Verhaltensgrundsätze und konkrete Verhaltensempfehlungen für wiederkehrende Standardsituationen aufgebaut werden. Damit sind Situationen gemeint, in denen Mitarbeiterinnen und Mitarbeiter der Gefahr von Korruptionsversuchen ausgesetzt sein können und in denen es für den Einzelnen schwierig ist, eine einheitliche Linie für sein Verhalten zu finden. Wie gehen wir mit Geschenken um, was tun wir bei Essenseinladungen? Die auf dem Grundkonsens aller Mitarbeiter/innen beruhenden Handlungsanleitungen können zu einem Verhaltenskodex zusammengefasst werden. Dessen wichtigsten Inhalte können auch gegenüber Kund/innen und Auftragnehmer/innen offen gelegt und damit die Selbstbindung noch verstärkt werden.

Die gute Organisation

In einer mangelhaften oder unübersichtlichen Organisation ist der Blick auf das Wesentliche verstellt. Unsicherheit, ungewollte Spielräume, unkalkulierbare Risken und wiederholte Fehler können entstehen. Eine gut strukturierte Organisation gibt Orientierung, Sicherheit und Rückhalt. Vor allem die Vereinfachung der Abläufe, die Beschleunigung von Verfahren, die Verringerung der Regelungsvielfalt, die Verbesserung von Qualität und Transparenz tragen zur Motivation bei und steigern die Zufriedenheit der Mitarbeiter/innen und Führungskräfte. In diesem Zusammenhang soll auch auf die Notwendigkeit und den Nutzen von Kontrollsystemen eingegangen werden.

Vertrauen und Kontrolle

Eine gute Organisation kann nur erfolgreich sein, wenn sie rechtlich vorgegebene und selbstgewählte ethische Normen auch einhält. Kontrollsysteme sind also kein Selbstzweck, sondern haben Schutzfunktion. Sie schützen vor Fehlern und helfen uns, aus Fehlern zu lernen. Sie sind ein wichtiger Baustein am Weg zur Prävention von Korruption. Aus der Sicht der Bürgerinnen und Bürger ist das Kontrollbedürfnis umso größer, je dringender Entscheidungen für seine/ihre Existenz sind. Daher gilt es im rechtsstaatlichen Sinn Transparenz und Nachprüfbarkeit für den Einzelnen herzustellen. Zugleich wird damit dem Versuch Einzelner, die Situation durch Korruption zu beeinflussen, die Grundlage entzogen. Neben der Raschheit von Verfahren erscheint also Transparenz im Kundeninteresse geboten. Transparenz ist eines der schärfsten Mittel gegen Korruption.

Im Verhältnis zwischen Kontrolle und Vertrauenskultur gilt es das richtige Maß zu finden. Organisationen mit niedriger Vertrauenskultur und Defiziten im Kontrollbereich gehen das höchste Risiko ein. Versucht man dem lediglich durch Verschärfung der Kontrolldichte zu begegnen, fördert dies die klassische Misstrauenskultur. Das Risiko kann – freilich mit hohem Aufwand – einigermaßen kontrolliert werden. Kehrt man das Verhältnis um und erhöht die Vertrauenskultur um den Preis des Kontrollverzichts, entstehen nicht unbedenkliche Lücken, die zu Vermögens- und erst recht zu Vertrauensschäden führen können. Eine Vertrauensorganisation muss also die aus Kontrollmaßnahmen entstehenden Zielkonflikte ausbalancieren. Ziel ist es, eine vernünftige Prüfungskultur innerhalb der Unternehmenskultur geeignet zu positionieren.

Vier Augen sehen mehr als zwei

Das Vier-Augen-Prinzip bedeutet, dass sich Mitarbeiterinnen und Mitarbeiter bei bestimmten, gefahrengeneigten Geschäftsfällen zur Seite stehen, um sie vor möglichen Fehlern, vor ungerechtfertigten Behauptungen aber auch vor Versuchungen zu schützen. Zu beobachten ist, dass diese Schutzfunktion manchmal von den Beteiligten als unkollegiale Einmischung verstanden wird. Es gilt daher, das Vier-Augen-Prinzip im partnerschaftlichen Sinn zu verstehen und zu vermitteln. Aufgabe der Vorgesetzten wäre, es gerade in jenen Situationen anzuwenden und anzuordnen, in denen eine erhöhte Gefahr für einen möglichen Schadenseintritt besteht.

Arbeiten Mitarbeiter/innen über Jahre in ein und demselben Aufgabengebiet, entstehen gewollt oder ungewollt Nahebeziehungen zu Firmen(vertreter/innen) und Kund/innen und lassen Befangenheitssituationen entstehen, die Korruption fördern können. Dienststellenintern bedeutet eine jahrelange Bindung von Kolleg/innen, dass auch das Vier-Augen-Prinzip leidet.

Personalrotation

Personalrotation ist eine Möglichkeit, diese Entwicklung „unter Kontrolle" zu bringen. Sie darf mit der „Jobrotation" als Maßnahme der Personalausbildung und -entwicklung nicht verwechselt werden. Voraussetzung für ihre Anwendung ist, dass es sich bei der betreffenden Dienststelle um einen gefährdeten Bereich, z.B. auf Grund intensiver Außenkontakte, handelt. Die Gefährdungssituation muss auch von den Mitarbeiter/innen erkannt werden, sodass Rotation als Schutzmaßnahme und nicht als Misstrauen der Leitung verstanden wird. Die Rotation muss die Lebenssituation der Mitarbeiterinnen und Mitarbeiter soweit wie möglich berücksichtigen, um nicht als Schikane erlebt zu werden. Je höher der Spezialisierungsgrad und je länger die erforderliche Ausbildung, umso weniger erscheint Rotation das Mittel der Wahl zu sein. In derartigen Fällen wären andere Präventionsmaßnahmen (z.B. Vier-Augen-Prinzip, Transparenz) zu bevorzugen.

Prävention ist Führungsaufgabe

Berichte über Korruptionsfälle im In- und Ausland zeigen nahezu täglich, welche materiellen Schäden und gewaltigen Imageverluste damit verbunden sein können. Korruptionsprävention ist daher in Wien Führungsaufgabe jeder Dienststellenleiterin und jedes Dienststellenleiters im Rahmen des dezentralen Risikomanagements. Die Interne Revision der Magistratsdirektion berät die Leiterinnen und Leiter dabei und prüft die internen Kontroll- und Risikomanagementsysteme einschließlich der Bekämpfung der Korruption. Die Stadt Wien bekennt sich damit zu einer transparenten und unbestechlichen Verwaltung. Ziel ist eine Unternehmenskultur der sozialen Verantwortung, Integrität, Vertrauen und Transparenz, die jede Form von Korruption ablehnt. Das Thema wird auf der Agenda bleiben.

Der Beitrag des Vergabegesetzes zur Korruptionsbekämpfung

Friedrich Klug

1. Korruptionsprävention

Auf diesem Gebiet hat der Magistrat der Stadt Wien Vorbildliches geleistet, indem ein umfassendes Projekt unter der Federführung von Obersenatsrat Dr. Paul Jauernig durchgeführt und in die Verwaltungsorganisation des Magistrates der Stadt Wien integriert wurde. Der Gesamtbericht der Projektgruppe ist im Internet unter *www.antikorruption.wien.at* verfügbar. Die interne Revision des Magistrates Wien wurde mit der Korruptionsbekämpfung betraut. Magistratsdirektor Dr. Ernst Theimer erteilte den Auftrag zur weiteren Umsetzung der Arbeitsergebnisse in der Verwaltung.

Jauernig bezeichnet Korruption als ein „moralisch abzulehnendes, vielfach auf persönlichen Vorteil gerichtetes Verhalten zum Schaden von Personen oder der Allgemeinheit“. Kennzeichnend ist der Missbrauch einer öffentlichen oder wirtschaftlichen Funktion, der Gesetze oder andere Verhaltensnormen verletzt. Korruption schädigt das Ansehen des öffentlichen Dienstes und der Wirtschaft. Je nach Verbreitung und Duldung bewirkt sie den Verfall der anerkannten Wertmaßstäbe der Gesellschaft“.

Zur Korruption gehören strafrechtlich relevante Tatbilder, wie Bestechung, Geschenkannahme und Missbrauch der Amtsgewalt. Dienstrechtliche Bestimmungen zum Schutz vor Korruption sind Befangenheit, Nebenbeschäftigung, Verbot der Geschenkannahme und Dienstverschwiegenheit. Durch mangelhafte oder fehlende Kontrolle und „schleichendes Anfüttern“ wird die Korruption begünstigt und mehren sich die Fälle der Bevorzugung von Bietern, der Bestätigung nicht erbrachter Leistungen, der Duldung rechtswidriger Zustände, der wohlwollenden Interpretation bzw. des „Knetens und stimmend Machens“ von Bestimmungen in Gesetzen und internen Vorschriften, der ungerechtfertigten Genehmigungen, der Bekanntgabe von Amtsgeheimnissen und des „augenzwinkernden darüber Schauens“, manchmal auch als „mehr oder weniger von vorgesetzter Stelle goutierter vorauseilender Gehorsam“.

Die Arbeitsgruppe des Magistrates Wien hat folgende dienstrechtlichen Bestimmungen als besonders korruptionsrelevant angesehen:

- Geschenkannahmeverbot
- Dienstverschwiegenheit
- Befangenheit
- Unvereinbare Nebenbeschäftigung

Dabei handelt es sich zweifellos um Bestimmungen, die auf dem Gebiet des öffentlichen Vergabewesens von besonderer Bedeutung sind und deren Missachtung zu Korruption zum Schaden der öffentlichen Verwaltung und damit der Allgemeinheit führt. Indikatoren für mutmaßliche Korruption sind beispielsweise der Lebensstil, Reisen, teure Autos, Unabkömmlichkeit in der Dienststelle, Urlaubsverzicht, Mitnahme von Vorgängen nach Hause, Übereifer, Beraterverträge, Beschäftigung von Angehörigen bei Auftragnehmern, Firmenbeteiligungen, unmotiviertes Eintreten für einen bestimmten Bieter, unverschämtes Verhalten von Auftragnehmern, Informationsvorsprung von Bietern, private Kontakte und Privatgeschäfte mit Unternehmern, etc.

Im Vergabeverfahren manifestiert sich unkorrektes Verhalten durch starke Abweichungen zwischen Angebot und Schlussrechnung, zahlreiche Nachtragsangebote, umstrittene Auslegung des Gesetzes, der Normen und internen Vorschriften, Toleranz gegenüber unangemessen hohen Preisen, Einholung von „Deckofferten" zum Schutz des bevorzugten Bieters, unbegründete Direktvergaben an einen bestimmten Bieter, Verzicht auf quantitative und qualitative Leistungskontrolle durch externe Prüfstellen, mangelhafte Dokumentation des Verfahrens und Verstoß gegen das Vieraugenprinzip bei Aufklärungsgesprächen.

Jedem Vergabeverfahren sind nach den Erkenntnissen des Rechnungshofes viele Fehlerquellen und damit Ansatzpunkte für korruptes Verhalten immanent, um nur einige Beispiele aus der Prüfpraxis zu nennen (zitiert nach einem unveröffentlichten Manuskript von Ministerialrat Dr. Gottfried Eckel, Österreichischer Rechnungshof):

- Vorbereitungsmängel, wie bei der geologischen Erkundung und der Massenermittlung
- Spekulative Preisbildung, wie bei der Einheitspreisermittlung, wenig aussagefähige Kalkulationen
- Preisabsprachen, Deckofferte
- Kenntnis der Schwachstellen des Leistungsverzeichnisses durch Insiderwissen
- Kenntnis der beabsichtigten Ausführung und möglicher Alternativen
- Vorzeitige Kenntnis der Bauabsicht, spekulativer Grunderwerb
- Kenntnis über mögliche Freihandvergaben an „konstruierte Monopol-Angebote", obwohl gleichwertige Angebote eingeholt werden könnten
- Viele Nachtragsangebote sind nötig, um ein funktionsfähiges Bauwerk zu erhalten
- Mangelhafte Bauausführung wird toleriert
- Ungerechtfertigter Ausschluss von Angeboten aus unbedeutenden, konstruierten und nicht schlüssig nachvollziehbaren Gründen

- Ungleichbehandlung im Zuge von Aufklärungsgesprächen, insbesondere bei der Beurteilung von Alternativangeboten
- Unterschiedliche Beurteilung der Preisangemessenheit eines Angebotes, zumal bei wesentlichen Positionen, im Rahmen der vertieften Prüfung

Nach zahlreichen Bauskandalen empfahl der Rechnungshof im Jahr 1999 einen Kodex für das öffentliche Vergabewesen, und zwar

für den öffentlichen Auftraggeber:
- keine Weitergabe von Informationen zum Vorteil von Bietern
- keine diskriminierenden Ausschreibungen
- keine unsachlichen kostenintensiven Anforderungen
- keine Zulassung von Unternehmern, die an Vorbereitungen für die Ausschreibung mitgearbeitet haben,

für den privaten Auftragnehmer:
- keine Absprachen über Preise und Kapazitäten
- kein Informationsaustausch über Kalkulationen
- keine vorherige Festlegung von Bewerbern im Verfahren

Die Problematik, die sich dabei ergibt, besteht darin, dass keine Handhabe besteht, die Auftragnehmer zu einem korrekten Verhalten zu veranlassen und im öffentlichen Bereich zwar Vorschriften und Dienstanweisungen erlassen werden können, dass jedoch ethische Werte, wie Unbestechlichkeit, Objektivität, Transparenz, Fairness, Gewissenhaftigkeit, Toleranz und Ablehnung jeder Form der Diskriminierung sowie strikte Trennung zwischen Dienst und Privat nicht nur gelernt, sondern auch internalisiert und gelebt werden müssen. Zwischen Vertrauen und Kontrolle ist ein Ausgleich zu finden um das Risiko zu begrenzen.

Eine Überreglementierung ist ebenso zu vermeiden wie das „laisser faire", das zur Willkür führen kann. Zu viele und schwer verständliche Vorschriften werden nicht mehr beachtet, was faktisch mehr Spielräume eröffnet und der Einzelinteressen berücksichtigenden Interpretation durch wenige Fachleute Tür und Tor öffnet und damit der Nichtregelung gleich kommt. Gerade das öffentliche Vergabewesen ist ein Gebiet, das bereits zu viel geregelt ist und damit unübersichtlich, schwerfällig und unwirtschaftlich wird und somit das Gegenteil von dem erreicht, was es eigentlich bezweckt, nämlich ein lauteres, faires, transparentes, rasches, unbürokratisches und vor allem ökonomisches Verfahren zur Erzielung optimaler Preise für den öffentlichen Auftraggeber. Leider vermisst man viel zu oft ein ethisches und ökonomisches Wertbewusstsein und effiziente Kontrollsysteme. Es dominiert die rein formalistische Interpretation unübersichtlich gewordener Bestimmungen über das wirtschaftliche Denken und den „gesunden Hausverstand"!

2. Kritische Betrachtung des Bundesvergabegesetzes

Der Autor vertritt aus der Sicht eines Gebarungsprüfers den Standpunkt, dass weniger Regulierung einen Mehrwert für die Vergabepraxis schaffen würde. Sollten auch viele „Rechtsgelehrte“ der Meinung sein, dass eine Deregulierung wegen der Etablierung einer eigenen Wissenschaft samt Institutionen, Beratern, Anwälten usw. illusorisch sei, kann dieser Ansicht entgegengehalten werden, dass immer wieder vehement der Ruf nach Deregulierung erschallt und bei gutem Willen nichts unmöglich ist. Der Kardinalfehler besteht darin, dass ein rein ökonomischer Tatbestand, nämlich der preisgünstige Einkauf, total verrechtlicht wird. Die öffentliche Hand muss sich stets den Vorwurf mangelnder Effizienz gefallen lassen, muss aber unter Bedingungen arbeiten, die für die Privatwirtschaft unakzeptabel wären.

Der Ruf nach Privatisierung wird immer lauter, sodass der Verdacht nicht unbegründet ist, dass hinter dem Vergabe-Regulativ die Absicht besteht, die private Leistungserstellung zu fördern. Versuche, diesem Korsett zu entkommen, sei es durch „kreative Modelle“ im Grenzbereich der Legalität, sei es durch bewusste, jedoch versteckt Umgehung, werden immer wieder unternommen.

Die totale Verrechtlichung führt zu einem großen Wettbewerbsnachteil der öffentlichen Verwaltung gegenüber der Privatwirtschaft und zu Mehrkosten.

Dabei würde es genügen, wenn die öffentlichen Vergabestellen den Privatunternehmen gleichgestellt und dem „normalen“ zivilrechtlichen Schutz unterstellt wären. Mit „Wehmut“ kann man heute nur mehr an die Vergabeordnung der Stadt Linz denken; ein bescheidenes graues Heftchen mit 38 Seiten und 23 Paragraphen, das völlig ausreichend war, um einen preisgünstigen Einkauf für die Dauer von Jahrzehnten zu garantieren!

3. Resümee

Das umfangreiche Regelwerk des europäischen und österreichischen Vergaberechts garantiert keineswegs einen fairen Wettbewerb und günstige Preise. Dies ist primär auf die totale Verrechtlichung eines rein ökonomischen Phänomens zurückzuführen, wo das rein Formale die Verfassungsgebote der Sparsamkeit, Wirtschaftlichkeit und Zweckmäßigkeit in den Hintergrund drängt. Überdies werden die Bieter gegenüber den öffentlichen Auftraggebern in eine strategisch bessere Position gebracht. Die Kosten-Nutzen-Relation verschlechtert sich zu Lasten der öffentlichen Auftraggeber, dem vielfach durch rechtliche Restriktionen der Hände gebunden sind, was zu einem Wettbewerbsnachteil gegenüber den Privatunternehmen führt.

Bleibt noch die offene Frage zu beantworten, ob das Vergabegesetz nicht wenigstens einen wesentlichen Beitrag zur Korruptionsbekämpfung leistet.

Auf dem ersten Blick könnte man der Meinung sein, dass aus der Sicht der Verhinderung von Korruption eine maßvolle Regulierung des so heiklen Vergabewesens durchaus Sinn gäbe. Bei näherem Hinsehen erkennt man allerdings, dass eine hypertrophe Überregulierung vorliegt, die Missstände nicht zu verhindern vermag. In der Privatwirtschaft wäre niemand bereit, das Beschaffungswesen unter den restriktiven Rahmenbedingungen des Vergaberegulativs nach wirtschaftlichen Kriterien zu führen. Von öffentlichen Vergabestellen wird dies verlangt und gleichzeitig kritisiert, dass die öffentliche Hand nicht wirtschaften könne, korrupt sei und zu ungünstigen Preisen einkaufe.

Korruptes Verhalten, wie Begünstigung eines Bieters, Geschenkannahme, Preisabsprachen, Gesetzesumgehung, mangelnde Leistungskontrolle, Verletzung der Verschwiegenheitspflicht, etc., kann durch noch so genaue Bestimmungen in Gesetzen und Verordnungen nicht verhindert werden. Je detaillierter die Regelungen werden, umso mehr Anhalts- und Angriffspunkte ergeben sich für Einwendungen jeder Art. Ethische Verhaltungsweisen, Transparenz und Fairness lassen sich nicht verordnen, sondern müssen als sinnvolles Leitbild und Bestandteil einer transparenten und objektiven Verwaltungskultur gelebt werden.

Die Stillhaltefrist verschafft Bietern Vorteile, indem durch die vorgeschriebene Mitteilungs- und Begründungspflicht Informationen weiter gegeben werden müssen, die bei zukünftigen Preisofferten berücksichtigt werden können. Kontraproduktiv ist auch die Vorschrift, dass die Bieter bei der Anbotöffnung anweisend sein dürfen und auf diese Weise volle Informationen über die Konkurrenzofferte erhalten. Das strikte Verhandlungsverbot verhindert die Chancen zu einem preisgünstigen Bezug und fördert das Angebot zu hohen Preisen und honoriert auf diese Weise sogar mögliche Preisabsprachen.

Die vielen Rechtsschutzinstrumente gereichen den Bietern zum Vorteil und können öffentliche Auftraggeber unter Zeitdruck setzen, möglicherweise sogar erpressbar machen und zu ungerechtfertigten Zugeständnissen veranlassen, um Zeitverluste und hohen Aufwand für Rechtsstreitigkeiten mit ungewissem Ausgang zu vermeiden.

Ungünstige Auswirkungen haben die den Widerruf einer Ausschreibung erschwerenden Vorschriften des Vergabegesetzes. Ein Widerruf, insbesondere aus preislichen Gründen, bedarf einer genauen Begründung und ist selbst bei teuren Angeboten nicht ohne weiteres möglich. Dies führt zum Effekt der Verteuerung des durchschnittlichen Preisniveaus zum Nachteil der öffentlichen Hand.

Zertifizierungen für Fachleute im Bereich Wirtschaftskriminalität

Matthias Kopetzky

Gütezeichen oder Scheinprofilierung?

Zertifizierungen gewinnen auch im europäischen – genauer gesagt im kontinentaleuropäischen Raum – zunehmend an Bedeutung. Eine der wohl bekanntesten Zertifizierungsnormen ist die so genannte ISO-Norm mit einer Vielzahl an verschiedenen Detailnormen, nach denen sich Unternehmen wie natürliche Personen einer Qualitätsüberprüfung und Qualitätsbestätigung (mit Einschränkungen) unterziehen können.

Zertifizierungen bieten für Nachfrager verschiedene Vorteile, wenn sie es mit ihnen noch unbekannten Anbietern von Leistungen ua in Form von Know-How zu tun haben:

- Inhalt des erworbenen Zertifikats kann leicht nachvollzogen werden (zB auf Websites des Zertifikatsausstellers)
- Erworbenes Zertifikat gibt die Sicherheit, dass der zertifizierte Anbieter zumindest zum Zeitpunkt der Zertifizierung die erforderlichen Wissensgebiete ausreichend beherrscht hat
- Für die meisten Zertifizierungen ist ein gewisses Maß an Praxisnachweis erforderlich
- Viele Zertifizierungen erfordern die nachgewiesene, fortlaufende Weiterbildung

Im Grund sind Berufszertifizierungen durchaus ähnlich zu universitären Ausbildungen im Anspruch darauf, dass Träger des Titels/Zertifikats schlicht ein gewisses Minimum an Kenntnissen und Fertigkeiten für bestimmte Berufs- und Aufgabenbereiche mitbringen.

Kritiker sprechen im Zusammenhang mit der mittlerweile in großer und ständig wachsender Anzahl an Berufszertifikaten von einer kaum mehr überblickbaren, inflationären Entwicklung, welche den Wert der einzelnen Zertifizierungen und deren Zustandekommen mehr als zweifelhaft erscheinen lassen. Kritikpunkte sind immer wieder folgende:

- Die meist international oder auf die Bedürfnisse der USA ausgelegten Zertifikate lassen wenig Aussage darüber zu, ob der Zertifizierte auch in seinem Heimatbereich die notwendigen Fertigkeiten und Wissensbereiche abdecken kann
- Das erforderliche Prüfungswissen sei in hohem Maße standardisiert und auf Massenprüfungen (EDV-gestützt) abgestellt. Damit wird jedoch nur

sehr formalisiertes und eingeschränktes „Wissen“ abgeprüft, was nicht zwangsläufig auch mit den tatsächlichen Kenntnissen und Fähigkeiten des Zertifikatswerbers in der nationalen Praxis des kontinentaleuropäischen Raums in Einklang steht.
Prüfung und Weiterbildung dienten hauptsächlich zur Finanzierung der zertifizierenden Organisation

Der Bekanntheitsgrad vieler Zertifizierungen im deutschsprachigen Raum ist zu gering um für den Zertifizierten ein Vorteil sein zu können. Ein Zertifikat, welches erst jedem potentiellen Interessenten erklärt werden muss, ist zumindest in der Akquise nutzlos.

Für die Auswahl von Zertifikaten gilt heute schon, was für die Auswahl von universitären Ausbildung vermutlich in Zukunft vermehrt Geltung haben wird: Der Wert des Zertifikats leitet sich maßgeblich von der zertifizierenden Organisation und deren Ansehen im Berufsfeld ab. Da praktisch jedermann international Zertifizierungen zu allen möglichen Themen anbieten kann – hier gibt es keine Regelungen und Zugangsbeschränkungen – liegt es am Zertifizierungswerber sich durch eine sehr umfassende und genaue Analyse der in Frage kommenden Zertifikate einen möglichst kompetenten und präzisen Überblick zu verschaffen, um jene Zertifizierungen schließlich auswählen zu können, welche den eigenen beruflichen Bedürfnissen am besten entspricht.

CFE – Certified Fraud Examiner

Dem Bereich „Fraud“ und „Wirtschaftskriminalität“ sicher am nächsten angesiedelt von den „großen“ Zertifizierungen ist der CFE-Certified Fraud Examiner. Die Zertifizierung wird von der ACFE-Association of Certified Fraud Examiners in Austin/Texas vergeben.

Die ACFE umfasst derzeit eigenen Angaben zufolge rd. 32.000 Mitglieder, was als bereits durchaus respektable Größenordnung im Hinblick auf eine Organisation, welche auch internationale Bedeutung entwickeln möchte, angesehen werden kann. In der Grundstruktur und Grundauslegung ist die ACFE jedoch noch immer eine sehr stark im US-System der Fraud-Bekämpfung verhaftete Organisation, welche sich bis dato sehr schwer getan hat, im kontinentaleuropäischen Raum nachhaltig Fuß zu fassen.

Das könnte auch daran liegen, dass die potentielle Mitgliederbasis in Kontinentaleuropa mit einer von US-System stark unterschiedlichen Jurisdiktion und Justiz- bzw Polizeiaufbau eine wesentlich schmälere ist, als eben in den USA.

Dort rekrutiert die ACFE ihre Mitglieder aus so vielfältigen Bereichen wie

Polizei,
Justiz (Staatsanwälte),
beratende Berufe (Wirtschafsprüfer, Anwälte, Detekteien,...),
spezielle Dienststellen oder Abteilungen in den in großer Zahl vorhandenen Großunternehmen, welche sich eine solche Stelle (uU sogar neben der Internen Revision) einzurichten leisten können,
Universitäten und andere Bildungseinrichtungen,
öffentliche Stellen (zB Finanzverwaltung, Revisionen in Bundes- und Landesdienststellen, ...)

Eine solche breite Anwerbungsbasis steht der ACFE jedenfalls im deutschsprachigen Raum nicht zur Verfügung. Die Durchlässigkeit von Justiz, Polizei und dem staatlichen Sektor insgesamt hin zur Privatwirtschaft, etwas in den USA sehr übliches, ist hier faktisch nicht gegeben. Der Erwerb von Berufszertifizierungen ist in Beamtenlaufbahnen weder vorgesehen noch notwendig. Für einen Staatsanwalt macht der Erwerb dieser Zertifizierung aus beruflichen Gründen sehr wenig Sinn. Dies gilt auch für den Bereich der Polizei und mit kleinen Einschränkungen für den gesamten öffentlichen Sektor.

Damit verbleibt als Mitgliederbasis für die ACFE im deutschsprachigen Raum eigentlich nur mehr der Kreis der Berater (Anwälte, Wirtschaftsprüfer, Spezialdienstleister wie Detekteien) und spezialisierte Mitarbeiter in Unternehmen mit ebenso spezialisierten Abteilungen. Letztere Unternehmen müssen aber erfahrungsgemäß schon eine erhebliche Größe aufweisen, damit sich solche Abteilungen überhaupt wirtschaftlich rechtfertigen lassen, nur die größten Unternehmen kommen hierfür in der Regel in Frage, wenn gleich die Zumutbarkeit seit den jüngsten Korruptionsfällen bei VW und Siemens hier auch zu einem Umdenken in mittleren und kleineren Unternehmen führen dürfte.

Als Fazit kann gesagt werden, dass der CFE zweifellos eine interessante Berufszertifizierung darstellt, wenn auch der konkrete Wert derzeit vor allem für den kontinentaleuropäischen und insbesondere deutschsprachigen Raum noch keine überragende Bedeutung erlangt hat

CIA - Certified Internal Auditor

Wenn es um die inhaltliche Nähe zur Fraudbekämpfung geht, ist der CIA sicher die nächste logische Anlaufstation für all diejenigen, welche eine einschlägige Berufszertifizierung suchen.

Zwar ist der CIA die Haus- und Hofzertifizierung für die Interne Revision insgesamt, doch wenn man in Betracht zieht, dass vor allem im deutschsprachigen

Raum die Fraudbekämpfung überwiegend in der Internen Revision angesiedelt ist, passt die Zertifizierung sehr gut. Letztlich sind die Basisfähigkeiten eines guten Internen Revisors fast die gleichen wie die, welche im Rahmen der Aufdeckung und Prävention von Wirtschaftskriminalität benötigt werden.

Ziel der Zertifizierung ist eine weltweite Standardisierung und Vereinheitlichung der Qualität und Inhalte der Internen Revision.

Der klare Vorteil des CIA ist sicherlich, dass er auch in Kontinentaleuropa und vor allem den deutschsprachigen Ländern außergewöhnlich starke, aktive und gut verankerte Landesorganisationen als Grundlage vorweisen kann. Damit verbunden sind ein hoher Grad an lokal gefärbter und verwendbarer Kompetenz und eine aktive, dem Know-how-Transfer sehr aufgeschlossene Mitgliederbasis.

CPA – Certified Public Auditor

Dies ist die im US-Raum wohl wesentlichste Zertifizierung für den Bereich der wirtschaftsberatenden Berufe. Es handelt sich de facto um den US-Wirtschafsprüfer. Anders als bei uns im deutschsprachigen Raum findet diese Zertifizierung einen breiteren Zugang und eine breitere Anwendung. Es ist nicht unüblich, dass CPAs auch in allen möglichen Berufen außerhalb des Kerngebiets der Steuerberatung und Wirtschaftsprüfung arbeiten.

Gerade in Zeiten von Sarbanes-Oxley (SOX) und der Internationalisierung des Rechnungswesens gewinnt auch die Zertifizierung des CPA eine zunehmende internationale Bedeutung. Nachdem – ähnlich wie auch bei den Internal Auditors (Internen Revisioren) – schon vom Tätigkeitsfeld her ein gewisses „logisches“ Naheverhältnis zur Aufdeckung und Prävention von Wirtschaftskriminalität offensichtlich ist, kann natürlich vor allem in einem stark international oder gar von US-Jurisdiktion beeinflusstem oder bestimmten Berufsumfeld der Erwerb der CPA-Zertifizierung durchaus Sinn machen.

Tatsächlich wird diese Zertifizierung derzeit vor allem von Personen aus dem Berufsstand der Wirtschaftsprüfer als Zusatzqualifikation angesehen und erworben.

CISA – Certified Information Systems Auditor

Die Begehung von Straftaten im Bereich Wirtschaftskriminalität ist heute ohne die Verwendung von EDV faktisch kaum noch denkbar. Umso mehr gewinnt auch das Know How im Bereich der EDV bei der Aufdeckung und Prävention von Wirtschaftskriminalität eine zunehmende Bedeutung.

CFA – Certified Financial Analyst

Wenn sich die Bekämpfung von Wirtschaftskriminalität vor allem auf den Bereich der Finanzinstitutionen und der Investmentcomunity bzw dem Stichwort „Anlagebetrug“ als Schwerpunkt annähert, könnte die Zertifizierung als CFA uU eine sinnvolle Überlegung darstellen.

Die Bekämpfung einer bestimmten Art von Wirtschaftskriminalität setzt naturgemäß immer eine besonders gute Kenntnis des Umfeldes voraus. Dies gilt ganz besonders für den Bereich der Finanzinstitutionen und des Investmentbereichs, in welchem ohne ausreichenden Basis-Know-How eine effiziente und erfolgreiche Bekämpfung von Fraud praktisch unmöglich ist. Nur wenn die Methoden und Vorgehensweisen der kriminellen Gegner erkannt werden, kann ihnen auch entsprechend begegnet werden.

Eine kleine Geschichte vom Herrn Maier und Co.

Günther Kräuter

Unsere kleine Geschichte spielt in einer mitteleuropäischen Republik, die zusehends mit leicht gekrümmten, gelben Südfrüchten in Beziehung gesetzt wird. Jegliche Ähnlichkeit der Geschichtsfiguren mit lebenden Personen ist natürlich rein zufällig und gänzlich unbeabsichtigt.

Nennen wir den Generaldirektor eines großen Staatsunternehmens dieser Republik einfach Herrn Maier. Dieser Herr Maier verfügt über einen sehr großzügigen Vorstandsvertrag, bezieht ein absolutes Topeinkommen und genießt viele Privilegien. Er hätte sich somit dem Staatsunternehmen, der damit verbundenen gesellschaftspolitischen Aufgabe und dem Eigentümer gegenüber zu bestmöglicher Leistung und größtem, vorbildlichen Einsatz verpflichtet zu fühlen.

Das Unternehmen, eines der wichtigsten des Landes überhaupt, ist übrigens in einem erbärmlichen Zustand. Viele Probleme, Affären und Skandale belasten das Image, die wirtschaftlichen Ergebnisse und betrieblichen Entwicklungen sind alles andere als zufrieden stellend. Der Eigentümer, also die steuerzahlende Bevölkerung, muss Jahr für Jahr horrend hohe Mittel aufwenden, um das Unternehmen vor dem völligen Zusammenbruch und dem Defacto-Bankrott zu retten.

Herr Maier ist seit vielen Jahren dafür bekannt, sich ganz besonders gut bei Immobilien auszukennen. Ganz im Gegensatz zu seiner Gattin, nennen wir sie einfach Maier-Klapp, denn sie hat persönlich keinerlei Referenzen in der Immobilienbranche aufzuweisen. Nichtsdestotrotz, Frau Maier-Klapp gründet gemeinsam mit einem Steuerberater eine Immobilien-Verwertungsgesellschaft und erwirbt unmittelbar danach ein prachtvolles Gebäude in der Bundeshauptstadt der kleinen Republik. Andere Unternehmen und Firmen mit Reputation und Branchenerfahrung, die ebenfalls an dem Ankauf Interesse zeigen, werden erst gar nicht zu Gesprächen eingeladen. Die Verkäuferin der Immobilie ist ein Unternehmen mit Staatsanteilen.

Gut ein Jahr später wird die Immobilie an ein Unternehmen weiterverkauft, das bei einem gewaltigen Bauvorhaben des Staatsunternehmens des Herrn Maier ein sehr großer Auftragnehmer ist. Der Gewinn der kurzfristigen Transaktion bringt so viele Millionen in die Hand der Gesellschaft der Frau Maier-Klapp, wie eine Hand Finger umfasst. Kritischen Fragen im Aufsichtsrat des Staatsunternehmens gegenüber zeigt sich Herr Maier sehr zugeknöpft, immerhin handle es sich ja bei dem Immobiliendeal um eine ausschließliche Privatsache von

Frau Maier-Klapp. Und überhaupt, alle Kritiker wollten aus politischen Gründen dem Staatsunternehmen schaden, so ist das eben. Zeitungen berichten, dass Herr Maier über eine Treuhandkonstruktion an der Privatsache der Gattin beteiligt ist. Jetzt reichts aber, also wirklich, Herrn Maier wird die aufopfernde Arbeit für das Staatsunternehmen durch öffentliche Berichterstattung wirklich nicht leicht gemacht.

So unvergleichlich geschickt sich Frau Maier-Klapp trotz ihrer fehlenden Referenzen bei dem Millionen-Supercoup im eigenen Interesse angestellt haben muss, so ungeschickt scheint sich das Staatsunternehmen bei Immobiliengeschäften unter Herrn Maier trotz dessen Kenntnis der Branche im Interesse der Bevölkerung zu verhalten. Die oberste und unabhängige Kontrollbehörde des Landes listet als Ergebnis einer Überprüfung zahlreicher Immobiliengeschäfte des Unternehmens fehlende Wirtschaftlichkeitsberechnungen, fragliche Verkaufsoptimierungen durch eingeschränkte Interessentensuche, fehlende Transparenz bei der Auswahl der Investoren, Ungleichbehandlung von Bietern sowie Übernahme von Gutachten trotz unschlüssiger Bewertungsansätze ohne Plausibilitätsprüfung auf. Im Ergebnis stellt der Rechnungshof ein fast durchgehendes „sachlich nicht nachvollziehbar" für die Vorgänge fest.

Die für die Immobilien zuständige Angestellte, eigentlich leitet sie bloß eine Organisationseinheit der dritten Ebene des Staatsunternehmens, bezieht ein Gehalt weit jenseits des Bundeskanzlers des Landes. Der Gedanke an Bananen wird jetzt wirklich unwiderstehlich. Zusätzlich private Pensionsversicherungsleistungen, private Unfallversicherungsleistungen, private Benützung des Dienstwagens durch private im gemeinsamen Haushalt lebende Personen können sich aus der Perspektive der Angestellten durchaus sehen lassen. Der Rechnungshof erachtet allerdings einen zusätzlichen freiwilligen Sonderbonus von 20% des Bruttojahresbezuges für die Angestellte, die in unserer kleinen Geschichte vorkommt, für „sachlich nicht nachvollziehbar". Und mein Gott, bestimmt nicht so wichtig, was soll das denn jetzt wieder, Aufsichtsratsvorsitzender der Angestellten in dem Tochterunternehmen des großen Staatsunternehmens ist praktischerweise, richtig geraten, Herr Generaldirektor Maier... Dann muss Herr Generaldirektor Maier doch zurücktreten, ein bisschen zumindest, natürlich nicht ohne Abfertigung und Konsulentenvertrag, natürlich mit Lob und Ehre. Und, ein glatter Zufall, zeitgleich wird die für Immobilien zuständige Angestellte von einem sehr großen Privatunternehmen engagiert.

Aber nun zu Moral, Pointe und Resümee der kleinen Geschichte.

Die Moral von der kleinen Geschichte hätte sich wirklich einen Beitrag von einer internationalen Transparenzvereinigung verdient, leider ist dieser trotz oder wegen eines Zurufs eines kontrollierenden Abgeordneten des

Parlaments der Republik - noch - nicht erfolgt. Eine weitere Betrachtung der Moral dieser kleinen Geschichte muss leider mangels Vorhandenseins entfallen, eine bitter-zynische Pointe könnte aber gelingen. Würden nämlich die Immobiliengeschäfte des Staatsunternehmens a la Privatgeschäft von Frau Maier-Klapp geführt, so hätte die steuerzahlende Bevölkerung einige Sorgen weniger.

Resümierend wäre für die kleine Republik im Herzen Europas zu wünschen, dass bestimmte Geschäfte zu wirklich unmissverständlichen Konsequenzen führen, andernfalls blüht und gedeiht größere und kleinere Nachahmung, was letztlich fatal wäre. Denn letztendlich will das schöne Land, in dem unsere kleine Geschichte spielt, ja mit Kultur, Natur, Sport, Gastfreundschaft und Lebensfreude in Verbindung gebracht werden. Und nicht mit krummen Südfrüchten...

Betrugsdelikte und deren Bekämpfung in Internet und EDV

Hans-Peter Lerchner

1. Delikte im Internet und in der EDV

Seit der weiten Verbreitung von PCs und dem einfachen Zugang zum Internet für eine breite Öffentlichkeit folgten auch verbrecherische Handlungen in Verbindung deren Nutzung. Den Anfang machten eher technikverliebte Computerexperten mit einem eher ‚sportlichen' Ansatz. Sie wollten zeigen wozu sie fähig waren. Diesen folgten dann in der weiteren Folge Personen mit weniger Fachkenntnis aber mit mehr jugendlichem Enthusiasmus, die die im Internet verfügbaren Tools zu Handlungen mit Schadenspotential nutzten. Obwohl sie nicht immer genau wussten, was sie eigentlich machten bzw. welchen Schaden sie anrichten konnten. In den letzten Jahren haben sie die kriminellen Aktivitäten hin zu professionellen und hoch organisierten Organisationen hin verschoben, die mit hohem Organisationsgrad und oft international vernetzt agieren.

Grundsätzlich kann man Straftaten in Zusammenhang mit EDV und Internet unterscheiden, je nach dem ob EDV und Internet ‚nur' als Tools für traditionelle kriminelle Aktivitäten Verwendung finden oder ‚echte', neue Cybercrime-Tatbestände darstellen. Zu ersteren können praktische alle ‚traditionellen' Straftatbestände gezählt werden. Die tatsächlich neuen Straftatbestände haben natürlich auch eine Reaktion der Gesetzgeber hervorgerufen, um auf die neuen Herausforderungen zu reagieren. Aufgrund der Tatsache, dass die neuen Straftatbestände durch Staatsgrenzen weder behindert noch verhindert werden konnten, ergab sich der Bedarf einer internationalen Zusammenarbeit und Abstimmung.[1]

In Österreich erfolgt die Umsetzung dieser sogenannten Cybercrime-Konvention im Rahmen des Strafrechtsänderungsgesetzes 2002[2]. Im allgemeinen Teil wurde im § 74 (Andere Begriffsbestimmungen) eine für alle Bereiche des Strafrechts geltende Definition für Computersysteme eingefügt. Die neuen bzw. die angepassten Straftatbestände umfassen die folgenden Punkte:

§ 118a StGB Widerrechtlicher Zugriff auf ein Computersystem
Hier handelt es sich um Handlungen, die allgemein als Hacking bezeichnet werden (Art 2 der Cybercrime-Konvention)

---

[1] Siehe auch Präambel zum Übereinkommen über Computerkriminalität des Europarates unterzeichnet in Budapest am 23.11.2001, *http://conventions.coe.int/Treaty/GER/Treaties/Html/185.html*

[2] BGBl I Nr. 134/2002

§ 119 StGB Verletzung des Telekommunikationsgeheimnisses
Hier geht es um widerrechtliche Überwachung nicht öffentlicher Übertragungen von Computerdaten zu und von Computersystemen oder innerhalb eines solchen Systems (Art 3 der Cybercrime-Konvention)

§ 119a StGB Missbräuchliches Abfangen von Daten
Dehnt den Anwendungsbereich von Tatbeständen nach § 119 auf Daten nach § 74 Abs 2 aus (Art 3 der Cybercrime-Konvention).

§ 126a StGB Datenbeschädigung
Der bereits bestehende Straftatbestand beinhaltete bereits die in Art 4 der Cybercrime-Konvention vorgesehene Bestimmung.

§ 126b StGB Störung der Funktionsfähigkeit eines Computersystems
Hier geht es um vorsätzliche schwere Funktionsstörungen von Computersystemen (Art 5 der Cybercrime-Konvention).

§ 126c StGB Missbrauch von Computerprogrammen oder Zugangsdaten
Hier handelt es sich um ein Vorbereitungsdelikt zur Pönalisierung hinsichtlich gewisser Vorrichtungen, mit denen die unter Art 2 bis 5 der Cybercrime-Konvention genannten Delikte begangen werden können.[3] Die Strafbarkeit tritt ein, wenn nach der besonderen Beschaffenheit ersichtlich ist, dass es zur Begehung einer strafbaren Handlung[4] geeignet ist und genutzt werden kann (Art 6 der Cybercrime-Konvention).

§ 148a StGB Betrügerischer Datenverarbeitungsmissbrauch
Hiermit sind Handlungen, die man als ‚computer-related fraud' zusammenfassen kann, verstanden (Art 8 der Cybercrime-Konvention).

§ 225a StGB Datenfälschung
Hier geht es um die Fälschung von Computerdaten als Gegenstück zur herkömmlichen Urkundenfälschung (Art 7 der Cybercrime-Konvention)

2. Standards und sonstige Vorgaben für die Interne Revision

IIA – Institut of Internal Auditors

Definition laut PPF[5]:

> *"**Fraud** - Any illegal acts characterized by deceit, concealment or violation of trust. These acts are not dependent upon the (application of) threat of*

[3] Computerprogramme, Computerpasswörter, Zugangscodes oder ähnliche Daten
[4] §§ 118a, 119, 119a, 126a, 126b, 126c StGB
[5] Professional Practice Framework, Änderungen laut Entwurf des International Professional Practice Framework in Klammern

violence or of physical force. Frauds are perpetrated by parties and organizations to obtain money, property or services; to avoid payment or loss of services; or to secure personal or business advantage."

Professional Practice Framework

1210.A2

„über ausreichendes Wissen, um Indizien für dolose Handlungen zu erkennen."

„nicht erwartet, dass er über den gleichen Umfang an Sachkenntnis und Erfahrung verfügt wie ein Experte für die Aufdeckung und Untersuchung doloser Handlungen."

1220.A1

"should exercise due professional care by considering the: - Probability of significant errors, irregularities, or non-compliance."

2210.A2

"The internal auditor should consider the probability of significant errors, irregularities, non-compliance, and other exposures when developing the engagement objectives."

Practice Advisory 1220-2:

„Dieser Praktische Ratschlag wurde übernommen aus der Leitlinie „Einsatz computergestützter Prüfungstechniken", Dokument G3, der Information Systems Audit and Control Association (ISACA)."

Practice Advisory 2060-2

„zeitnahe Berichterstattung über vermutete Betrugsfälle durch Personen vorsieht, die eine wesentliche Funktion im Rahmen der Steuerung der Organisation bekleiden."

Practice Advisory 2100-6

Sicherstellung des Berücksichtigung von „...Betrug, missbräuchliche Nutzung elektronischer Unterschriften, Datenschutzverletzungen"

„Dolose Handlungen – Der Interne Revisor sollte für die folgenden Sachverhalte sensibilisiert sein: Nicht genehmigte Transfers von Barvermögen (z.B. in Rechtsgebiete, aus denen der Wiedererhalt erschwert ist)."

Practice Advisory 2130-

„Interne Revisoren sollten die Wirksamkeit der folgenden Merkmale einer optimierten, äußerst wirksamen ethischen Kultur bewerten: ... "

Practice Advisory 2330-1

„Arbeitspapiere dienen im allgemeinen als [...] Beleg in Situationen wie Geltend machen von Versicherungsansprüchen, bei Betrugsfällen und im Rahmen von Gerichtsverfahren."

Die Standards und Practice Advisories gehen an verschiedenen Stellen auf die Problematik sogenannter doloser Handlungen ein. Lediglich in Practice Advisories 1220-2 und 2100-6 finden sich konkrete Bezüge zu dolosen Handlungen in bzw. durch EDV und Internet.

Zusammen mit ACFE und der AICPA hat das IIA zuletzt einen Exposure Draft zum Thema „Managing the Business Risk of Fraud: A Practical Guide" veröffentlicht. Darin werden unter dem Titel „Information Technology Fraud Risk" Risiken und Bedrohungen im Zusammenhang mit Informationstechnologie behandelt.

ISACA – Information Systems Audit and Control Association

Irregularities and Illegal Acts[6]

Bei allen Prüfungen ist das Risiko von 'Irregularities and Illegal Acts' zu berücksichtigen und dabei ist ein professioneller Skeptizismus zu bewahren. Damit behält man die Möglichkeit eines solchen Prüfungsergebnisses immer im Auge. Bei Prüfungen ist immer auf Anzeichen (sogenannten ‚red flags') zu achten. Bei Feststellung solcher Vorkommnisse sind die entsprechenden Stellen zu informieren. In der Guideline werden auch noch entsprechende konkrete Beispiele für solche Handlungen angeführt. Die Procedure liefert dem Revisor noch eine umfangreiche Checkliste.

Use of CAATS[7]

Der Einsatz von CAATS bietet für Revisoren in vielen Prüfungen eine hervorragende Möglichkeit zur Bearbeitung und Analyse von Daten. Gerade dolose Handlungen tendieren dazu in den Daten entsprechende ‚Spuren' zu hinterlassen, die bei entsprechenden Analyseschritten mit Hilfe von CAATS aufgedeckt werden können.

Audit Considerations for Irregularities[8]

Diese Guideline bietet eine Richtschnur zum Umgang mit festgestellten Unregelmäßigkeiten, die aber natürlich nicht notwendigerweise auf dolose Handlungen zurückzuführen sind. Die Risikoanalyse sollte bestimmte besondere Faktoren hinsichtlich des Vorhandenseins von ‚Irregularities' berücksichtigen, die hier beispielhaft aufgeführt sind. Ebenso sind die speziellen Hinweise, wie in der Guideline angeführt, zu berücksichtigen. Abschließend werden noch die Unterschiede in der internen und externen Berichterstattung behandelt.

Computer Forensics[9]

Gerade beim Vorliegen von dolosen Handlungen im Internet und EDV liegt meist die einzige Möglichkeit der Aufdeckung im Internet und EDV. Zumin-

[6] ISACA IS Auditing Standard # 9, IS Auditing Guideline # 19 and IS Auditing Procedure # 7

[7] ISACA IS Auditing Guideline 3

[8] ISACA IS Auditing Guideline 9

[9] ISACA IS Auditing Guideline 28

dest ein grundlegendes Verständnis für solche Techniken ist für Revisoren notwendig.

Electronic Fund Transfer[10]
Dieses Procedure liefert u.a. auch Hinweise zu detektiven und präventiven Kontrollen gegen dolose Handlungen.

IFAC – International Federation of Accountants

ISA 240 - The Auditor's Responsibilities Relating to Fraud in an Audit of Financial Statements
Das Ziel dieses Standards ist es, Anleitung zur Einhaltung der Verantwortlichkeit des Prüfers bei der Berücksichtigung von dolosen Handlungen zu geben. Ansonsten ergeben sich gewisse Überschneidungen mit den relevanten Standards und Practice Advisories des IIA (siehe oben), wobei der ISA 240 sich speziell mit dem finanziellen Reporting beschäftigt.
Die Appendices zu diesem Standard liefern noch Beispiele für Fraud Risk Factors, Beispiele für mögliche Prüfprozeduren und Beispiele für Hinweise auf die Möglichkeit doloser Handlungen.

INTOSAI – International Organization of Supreme Audit Institution

Die INTOSAI-Standards geben allgemeine Hinweise zur Aufdeckung und zum Umgang mit dolosen Handlungen.

AICPA – The American Institut of Certified Public Accountants

SAS 99 - Considerations of Fraud in a Financial Statement Audit
Dies bietet u.a. auch Hinweise zur Evaluierung von Antifraud-Prozessen und –Kontrollen. Grundsätzlich zielt es aber wie die ISAs von IFAC auf die Finanzberichterstattung ab. Hinsichtlich der Tätigkeit von Internen Revisoren verweist dieses Dokument auf die IIA Standards.

[10] ISACA IS Auditing Procedure 11

3. Möglichkeiten der Internen Revision – was können wir wirklich leisten?

Interne Revisoren sind nicht per se die Experten für dolose Handlungen in Internet und EDV und sind auch nicht notwendigerweise professionell verantwortlich für die Prävention und Aufdeckung dieser Handlungen[11].
Es gibt jedoch sehr wohl eine Verantwortung der Internen Revisoren, egal auf kaufmännische oder spezialisierte IT-Revisoren hinsichtlich der Prävention und Aufdeckung von solchen dolosen Handlungen. Diese Verantwortung manifestiert sich in der aktiven Berücksichtigung der Möglichkeit solcher Handlungen und der Beachtung von Hinweisen auf solche Handlungen.

Prävention
Gerade die Unternehmenskultur und ihr Vorleben durch das Management ist eine kritische Komponente der Fraud Control. Die Internen Revisoren können hier ihr Expertenwissen präventiv als Berater des Managements einsetzen. Weiters können z.B. gerade neue Prozesse auf ihre Anfälligkeit hin ex ante überprüft werden.

Aufdeckung
Da interne Revisoren im Rahmen ihrer normalen Tätigkeit mit allen Geschäftsprozessen in Kontakt kommen, können sie als Anlaufpunkt für alle Informationen hinsichtlich doloser Handlungern dienen. In vielen Fällen ist die Interne Revision auch direkt in Whistleblower-Hotlines und ähnlich Einrichtungen eingebunden. Im Rahmen eines risikoorientierten Prüfplans kann die Interne Revision besonderes Augenmerk in Intensität und Wiederholungsfrequenz auf anfällige Bereiche legen.

Untersuchungen
In konkreten Verdachtsfällen, aufgrund von ‚normalen' Prüfungen oder in speziellen Fraud Audits, kann die Interne Revision ihr spezielles Know-how hinsichtlich der Sammlung und Analyse von Unterlagen, sowie in der Beurteilung von internen Kontrollsystemen zum Tragen bringen. Trotzdem haben ‚normale' (IT-)Revisoren aufgrund ihres eigentlichen Aufgabengebietes, das sich doch in wesentlichen Bereichen von Fraud Audits unterscheidet, Grenzen.

[11] Practice Advisory 1210.A2-1, ISACA IS Guideline 19

Literatur (kleine Auswahl)

IIA Professional Practice Framework, *http://www.theiia.org*

IS Standards, Guidelines and Procedures for Auditing and Control Professionals, *http://www.isaca.org*

Übereinkommen über Computerkriminalität, *http://conventions.coe.int/Treaty/GER/Treaties/Html/185.html*

Internal Audit FAQs – What is internal auditing's role in preventing, detecting and investigating fraud?, *http://www.theiia.org/theiia/about-the-profession/internal-audit-faqs/index.cfm?i=3087*

What Every IT Auditor Should Know About Cybercrimes, Information Systems Control Journal, Volume 2 , 2008, *http://www.isaca.org*

Risk Management for Computer Security, Andy Jones & Debi Ashenden, Elsevier, 2005

Handbuch IT-gestützte Prüfung und Revision, Erwin Rödler, Wiley, 2006

Wirtschaftskriminalität in Unternehmen, Kopetzky/Wells, Orac, 2006

Kriminalität am Arbeitsplatz, Roger Odenthal, Gabler, 2005

E-Commerce und Strafrecht – Zur Strafbarkeit des Missbrauchs elektronischer Dienste, Susanne Reindl, NWV, 2003

Computerstrafrecht im Überblick, Susanne Reindl, Facultas, 2004

Korruptionsprävention in Unternehmen

Walter Mantsch

1. Korruption in Unternehmen

Versteht man Korruption nicht alleine als Bestechung und Bestechlichkeit, sondern auch als Risiko des Missbrauchs einer Vertrauensstellung in einer Funktion in Wirtschaft und sonstigen Gesellschaftsbereichen, um einen materiellen oder immateriellen Vorteil zu erlangen, auf den kein rechtlich begründeter Anspruch besteht, dann werden vor allem Unternehmenskultur und Unternehmensprävention zur Risikominimierung wichtige Faktoren. Die Möglichkeiten der Risikobewältigung in Unternehmen soll im Folgenden kurz diskutiert werden.

Das Risiko der Korruptionsmöglichkeit betrifft sicherlich einige Prozesse im Unternehmen stärker und andere schwächer. So ist das klassische Korruptionsrisiko im Rahmen der Beschaffung, des Vertriebs und der Finanzen zu erwähnen, wobei auch andere betriebliche Prozesse nicht auszuschließen sind.

2. Internes Unternehmensumfeld

Wesentlich im Unternehmen ist das Verhalten des Managements bezüglich Risikokultur und der Vorbildwirkung. Dies ist auch im bekannten COSO Würfel [1)]als „Internal Environment" an oberster Stelle angeführt.

Internationale Konzerne oder größere Organisationen erstellen einen Ethik Kodex, dessen Einhaltung auch von den Mitarbeitern gefordert wird. Die Einhaltung kann etwa durch eine Unterschrift von Führungskräften und Mitarbeitern bekräftigt werden. In diesem Kodex ist auch zu regeln, was im Falle von Verstößen zu geschehen hat und wer zu benachrichtigen ist. Es könnte dies der Vorgesetzte, eine dafür definierte Kommission oder etwa das Audit Committee sein. Dieser Kodex sollte auch regeln, wie mit Geschenken und Gefälligkeiten umzugehen ist, beziehungsweise welche Interessenskonflikte, beispielsweise als Zulieferer und gleichzeitig Mitarbeiter der Organisation, zu melden oder überhaupt unerlaubt sind.

US notierte Konzerne sind dafür angehalten, einen anonymisierten Kommunikationskanal einzurichten um Unregelmäßigkeiten zu kommunizieren und von

[1] Siehe The Committee of Sponsoring Organizations of the Treadway Commission COSO ERM 2004, Volume 1 Seite 7 sowie Volume 2 Seite 2

einem dazu eingerichteten Gremium zu überprüfen, das eventuell notwendige Maßnahmen empfiehlt. Die entsprechenden Landesgesetze sind jedoch dabei zu beachten, da es hier Einschränkungen geben kann.

Wichtig sind natürlich auch Verantwortungsbewusstsein und die Kompetenz des Managements als Vorbildwirkung für das Unternehmen.

Das interne Unternehmensumfeld umfasst auch die Philosophie bezüglich Risikomanagement und soll den „Risk Appetite“ festlegen. In diesem Zusammenhang soll auch definiert werden, welche Risiken nicht akzeptiert werden, wie etwa Umweltrisiken und Qualitätskompromisse aber auch die Einhaltung von Gesetzen, Verordnungen und sonstigen Vorschriften.

3. Internes Kontrollsystem

Ein wesentliches Instrument zur Verringerung von Korruptionsrisiken in Unternehmen ist ein solides und dokumentiertes IKS. Neben allgemeinen schriftlichen Richtlinien und Anweisungen sind vor allem klare Genehmigungsverfahren unter Einhaltung des Vieraugenprinzips, etwa für die Beschaffung zu dokumentieren. Als weitere Absicherung im Beschaffungsprozess ist es etwa erforderlich, dass eine bestimmte Anzahl von Offerten eingeholt und der Entscheidungsprozess nachvollziehbar dokumentiert wird. Sollte es nicht möglich sein, mehrere Offerte einzuholen, dann sollten in diesem Fall die Gründe dafür dokumentiert werden. Dies ist unter anderem dann der Fall wenn ein bestimmtes Produkt nur ein einziger Lieferant liefern kann.

Dokumentationen von Entscheidungsprozessen könnten zwar als lästige Verwaltungsarbeit angesehen werden, doch ist dies ein wichtiges Instrument zur objektiven Prüfung durch die Interne Revision, die eine Nachvollziehbarkeit von derartigen Entscheidungsprozessen evaluiert.

4. Risikomanagement

Unternehmen, die ein Risikomanagement implementiert haben, werden natürlich neben den üblichen Risiken, wie strategische Risiken, Risiken aus der Unternehmensführung (Corporate Governance) Marktrisiken u.s.w. auch illegale Aktivitäten im Focus haben.

Internationale Konzerne, die oft weltweit agieren, haben durch die Nutzung eines strukturierten Risikomanagements den Vorteil, dass Risiken weltweit aggregiert werden können und dadurch Maßnahmen zur Risikobewältigung auf Konzernebene ergreifen können.

Ein modernes Instrument ist dafür etwa das Enterprise-wide Risk Management gemäß COSO, das unter anderem die Struktur des bereits erwähnten COSO – Würfels nützt.

Die Interne Revision ist nach Auffassung des IIA nicht Teil des Risikomanagements, stellt jedoch im Rahmen der risikoorientierten Planung oder bei Prüfungen ebenfalls Risiken fest. Die Verzahnung der Aufgaben zum Risikomanagement ist jedoch in gewisser Weise gegeben. Aus diesem Anlass hat das IIA ein Positionspapier[2] verfasst, das die von der Internen Revision zu übernehmenden Aufgaben und damit verknüpften Bedingungen definiert um die Erhaltung der Unabhängigkeit der Internen Revision zu gewährleisten.

5. Dokumentation von Prozessen zur richtigen Darstellung der finanziellen Berichte

Missbrauch einer Vertrauensstellung kann natürlich auch das Risiko einer unrichtigen Darstellung der Unternehmenslage umfassen. Der unrechtmäßige materielle Vorteil wäre etwa ein Bonus an die Prozessverantwortlichen, was wiederum unter die Definition von Korruption fällt.

Unternehmen, die an der New York Stock Exchange notieren, haben bereits umfangreiche Erfahrungen mit den Anforderungen des Sarbanes Oxley Act (besonders Section 404), einem US Gesetz, gemacht, selbst wenn diese Aktiengesellschaften ihren Stammsitz in Österreich haben. PCAOB (Public Company Oversight Board) hat sich diesbezüglich sehr stark dem Internen Kontrollsystem über die finanzielle Berichterstattung gewidmet. Dies soll vor allem die Richtigkeit und Vollständigkeit der veröffentlichten finanziellen Berichte für die Aktionäre sicherstellen. Die EU hat in diesem Zusammenhang eine ähnliche Regelung in abgeschwächter Form.

Als erster Schritt ist also notwendig, die eigenen Geschäftsprozesse zu kennen und zu dokumentieren. Danach werden für einzelne Prozessschritte mögliche Risiken, Kontrollziele und notwendige Kontrollaktivitäten zur Bewältigung dieser Risiken festgelegt.

Kontrollen können manuell aber auch automatisch erfolgen, wobei diese möglichst automatisiert und präventiv erfolgen sollen.

Die Interne Revision und externe Prüfer, als vom Prozess unabhängige Funktionen, überprüfen die Gestaltung und Wirksamkeit der implementierten Kontrollen.

---

[2] The Institute of Internal Auditors: The Role of Internal Auditing in Enterprise-wide Risk Management September 29, 2004

6. Controlling

Controlling ist ein wichtiger Know-How Träger aufgrund der Fülle von Informationen im Rahmen des Operativen Controllings, die etwa in Form von Trendanalysen oder im Strategischen Controlling zur Gewinnung von Frühwarnindikatoren für das Risikomanagement verwendet werden können. Definierte „Monitoring Controls“ für bestimmte Risiken werden in Form von Trendanalysen sowie in Vergleichen mit monatlichen Budgets und mit Vorperioden in der Regel regelmäßig analysiert. Abweichungen meist in bestimmten Abständen diskutiert und an die Konzernleitung oder das verantwortliche Management weitergemeldet. In der Regel werden die Gründe für Abweichungen auch dokumentiert.

7. Interne Revision

Da die Interne Revision eine risikoorientierte Planung als Basis ihres Revisionsplanes durchführt, wird diese eng mit dem Management, den Prozessverantwortlichen, dem Risikomanagement und Controlling zusammenarbeiten. Ist kein Risikomanagement als Funktion eingerichtet, dann stützt sich die Interne Revision auf die eigene Risikobeurteilung in Zusammenarbeit mit den genannten Funktionen, den Prozessverantwortlichen sowie auf andere interne und externe Quellen.

8. Strategische Planung

Ist eine Strategische Planung eingerichtet, dann wird sich diese auch mit strategischen Risiken für die Zielerreichung auseinandersetzen. Auch diese Abteilung hat in der Regel eine Fülle von Informationen, die Risiken erkennen lassen.

Die Absicherung der Erreichung der Unternehmensziele ist jedoch eine zentrale Aufgabe der Prozessverantwortlichen und aller Mitarbeiter im Unternehmen.

Zum Beispiel könnte eine unrealistisch hohe Zielsetzung etwa das Risiko von illegalen Aktivitäten fördern um beispielsweise variable Einkommensbestandteile der Verantwortlichen abzusichern.

9. Zusammenfassung

Gelebte Unternehmenskultur, Werte und Überzeugungen von Unternehmensleitung und Mitarbeitern sind wichtige Voraussetzungen zur Korruptionsvermeidung im Unternehmen. Auch gesetzeskonformes Verhalten ist eines der Werte. Natürlich bedarf es auch entsprechender Kontrollen zur Absicherung. Neben klarer Organisation, Internem Kontrollsystem und Interner Revision gibt es auch eine Fülle von Informationen, die diesbezüglich ausgewertet werden können.

Aus vielfältigen Informationen in den Medien geht hervor, dass oftmals „kleinere" Einzelrisiken in ihrer Aggregation auf das Image damit auf die Zielerreichung des Unternehmens hohe negative Auswirkungen und haben. Dies sollte nicht unterschätzt werden. Manchmal wird durch das Bekanntwerden eines negativen Faktums im Zusammenhang mit dem Unternehmen das Risiko des Imageverlustes schlagend und kann sogar ein bestandsbedrohendes Risiko für das Unternehmen darstellen.

Welchen Beitrag kann das Vergaberecht zur Korruptionsbekämpfung leisten?

Klaus Mayramhof

Eines der Ziele der gesetzlichen Regelung der Vergabe öffentlicher Aufträge ist auch die Verhinderung der Korruption durch

- Normierung klarer und genauer Verfahrensvorschriften
- Einräumung von Bieterrechten und
- eines vergabespezifischen Rechtsschutzes

Untersucht man das geltende österreichische Vergaberecht – Basis soll das BVergG 2007 sein – darauf, ob das Ziel damit erreicht werden kann, ergibt sich folgender Befund:

Nimmt man an, dass die Normadressaten die gesetzlichen Bestimmungen einhalten, bietet das Vergaberecht doch einige maßgebliche Instrumente, die auch geeignet sind, die Korruption bei der Vergabe öffentlicher Aufträge hintan zu halten. Im Folgenden soll – ohne Anspruch auf Vollständigkeit - auf einige Bestimmungen des Gesetzes, die in Zusammenhang mit der Verhinderung von Korruption von Relevanz sind, hingewiesen werden:

Die zentralen Grundsätze des § 19 sprechen neben der Verpflichtung ein gesetzeskonformes Verfahren einzuhalten, auch das Diskriminierungsverbot, den freien und lauteren Wettbewerb, die Gleichbehandlung aller Bieter und Bewerber, sowie die Vergabe an befugte, leistungsfähige und zuverlässige Unternehmer zu angemessen Preisen an.

Damit soll unter anderem auch das „Hoflieferantentum" – eine für Korruption besonders anfällige Art öffentliche Aufträge zu vergeben – unterbunden werden. Die Einladung regionaler oder lokaler Anbieter wird oftmals mit vergabefremden Argumenten begründet (Beschäftigungspolitik, Wertschöpfung in der eigenen Region, u.a.m.) führt aber zu erhöhter Korruptionsgefahr (Hoflieferantentum), Schaffung von Abhängigkeiten und Intransparenz. Der Ausschluss anderer Bieter und Bewerber ist nicht begründbar und nachvollziehbar und steht nicht zuletzt mit dem Grundsatz eines funktionierenden Wettbewerbes im Widerspruch.

Die vom Gesetzgeber angebotenen Vergabeverfahrensarten können nur soweit es das offene und nicht offene Verfahren mit vorheriger Bekanntmachung betrifft frei gewählt werden. Alle anderen Verfahrensarten sind an Zulässigkeitsvoraussetzungen gebunden.

Die Vorschriften über die Bekanntmachungspflichten im 3. Abschnitt des 2. Hauptstückes dienen der Umsetzung des Transparenzgebots und damit letztlich der Verhinderung der Korruption durch intransparente Beschaffungsvorgänge. Bekanntmachungsvorschriften dienen überwiegend dazu den Kreis der Bewerber und potentiellen Bieter zu erweitern und damit den Wettbewerb zu fördern. Ein erweiteter Wettbewerb bringt zweifelsfrei mehr Angebote, damit erweiterte Wahlmöglichkeiten und letztlich bessere Ausschreibungsergebnisse. Wettbewerb wirkt auch der Korruption entgegen, bewährt sich hier doch die Kontrolle durch die Konkurrenz.

Einen eigenen Abschnitt widmet das BVergG 2006 der Eignung des Unternehmers. In diesen Bestimmungen, befinden sich eine Reihe von Vorgaben für die Auswahl der künftigen Vertragspartner, die sicherstellen sollen, dass der Auftragnehmer auch in der Lage (geeignet) ist, die nachgefragte Leistung zu erbringen.

Angeführt seien die Regelungen über die von der Teilnahme am Vergabeverfahren auszuschließenden Unternehmer (Ausschlussgründe § 68). Insbesondere die Bemühungen kriminelle Handlungen auch im Bereich des Vergaberechtes zu sanktionieren und unzuverlässige (sowohl in wirtschaftlicher als auch in rechtlicher Hinsicht) Unternehmer als Leistungserbringer auszuschließen, sollen damit Umgesetzt werden. Dies deckt sich naturgemäß auch mit den Forderungen der Finanzkontrolle, durch Korruption und rechtswidriges Verhalten erlangte Aufträge nach Möglichkeit zu verhindern.

Wesentlich ist in diesem Zusammenhang eine klare Definition der Eignungs- und Auswahlkriterien. Nach dem BVergG 2006 hat der öffentliche Auftraggeber dabei bereits vor Beginn des Vergabeverfahrens die auf den Leistungsinhalt abgestimmten Mindestanforderungen an die Bewerber oder Bieter festzulegen (Eignungskriterien). In einem nicht offenen Verfahren hat der Auftraggeber ebenfalls vor Beginn des Vergabeverfahrens auf den Leistungsinhalt abgestimmte, unternehmensbezogene Kriterien festzulegen, nach welchen die Qualität der Bewerber in nicht diskriminierender weise beurteilt werden soll. Dies bedeutet, dass sich der öffentliche Auftraggeber bereits vor Beginn eines Vergabeverfahrens darüber Gedanken machen muss, wie er die Eignung der Bewerber und Bieter definiert und gegebenenfalls nach welchen Kriterien er in einem zweistufigen Vergabeverfahren die Auswahl unter den Bewerbern und Bietern unternehmensbezogen und nicht diskriminierend trifft. Er legt damit den Maßstab fest welche Voraussetzungen ein potentieller Vertragspartner erfüllen muss.

Bei den Grundsätzen der Ausschreibung gilt das Postulat, dass Ausschreibungsunterlagen so auszuarbeiten sind, dass die Vergleichbarkeit der Angebote sichergestellt ist und die Preise ohne Übernahme kalkulierbarer Risiken und ohne umfangreiche Vorarbeiten von den Bietern ermittelt werden können. Das Erfordernis die Leistung so eindeutig, vollständig und neutral zu beschreiben, soll dazu beitragen den oben angeführten Grundsätzen zum Durchbruch zu verhelfen. Gerade die Produktneutralität soll Vorlieben (ohne objektive Grundlage) der ausschreibenden Stellen hintanhalten aber auch einer allzu intensiven Bewerbung von bestimmten Produkten bei den Einkaufsstellen (Gefahr der Korruption) entgegenwirken.

Die Regelungen des Vergaberechtes über das Einreichen, die Entgegennahme und die Verwahrung von Angeboten sowie die formalisierten Vorschriften über die Angebotseröffnung dienen dazu Sicherheit und Transparenz zu gewährleisten. Die Bieterrechte in dieser Phase des Vergabeverfahrens sind zwischenzeitlich gestärkt, was dazu beiträgt, dass eine Kontrolle der Rechtmäßigkeit durch Mitbewerber erfolgt.

Insgesamt tragen die erweiterten Dokumentationspflichten, der Bieterrechtschutz und die Stärkung der Vergabekontrolle wesentlich dazu bei, die Korruption im Bereich der Vergabe öffentlicher Aufträge zurückzudrängen.

Abschließend soll noch kurz auf den immer wieder erhobenen Vorwurf der „Praxis", dass die vergaberechtlichen Regelungen gerade bei Auftragsvergaben mit niedrigen Auftragssummen die Abwicklung aufwendig und kompliziert machen würden, eingegangen werden. In diesem Zusammenhang wird immer ins Treffen geführt, dass der wirtschaftlich sinnvolle und zumutbare Aufwand zu hoch sei, die damit in Zusammenhang stehenden Prozesse zu lange dauern und das Risiko einer Anfechtung erhöht sei.

Dem ist entgegen zu halten, dass vorrangig auch bei Vergaben mit geringeren Auftragswerten die Grundsätze der Transparenz, des Wettbewerbs, der Wirtschaftlichkeit und Nachvollziehbarkeit zu gelten haben. Es mag zwar zutreffen, dass eine sehr vertiefte formalisierte und detaillierte gesetzliche Regelung auf den ersten Blick hinderlich erscheint. Fragt man aber nach einer Alternative zeigen sich bald Grenzen. Prüft man das geforderte „einfachere" und „unkomplizierte" Vorgehen bei Vergabe, zeigen sich bald Schwächen: Unkompliziert bedeutet vielfach die Möglichkeit bekannte meist regionale Bieter zur Angebotsabgabe einzuladen und nach Möglichkeit mit diesen nachzuverhandeln. Fragt man nach Kriterien einer Auswahl der Vertragspartner, der von regionalen Gegebenheiten losgelösten Marktübersicht oder gar nach vom Preis losgelösten Entscheidungskriterien für eine Auftragsvergabe, bleiben die Antworten meist bescheiden.

Die Vorstellung, dass die eigenen Maßstäbe und der eigene Kenntnisstand der Beschaffungsstellen und der (politischen) Entscheidungsträger über Bieter, Markt, Möglichkeiten oder gar Alternativen zum besten Angebot im

Sinne des allgemeinen Interesses führt, stehen jedenfalls im Widerspruch mit den angeführten Grundsätzen der Transparenz, der Nachvollziehbarkeit und Wirtschaftlichkeit.

Häufig werden Manipulations- und Korruptionsvorwürfe in Zusammenhang mit öffentlichen Beschaffungen erhoben (siehe auch Bericht der Arbeitsgruppe zur Bekämpfung der Korruption im Vergabewesen 1999). Auch diesen kann durch ein den Grundsätzen des BVergG entsprechend durchgeführtes Vergabeverfahren entgegengewirkt werden.

Certified Internal Auditor (CIA)
Das Berufsexamen für den Internen Revisor

Günther Meggeneder

Durch die Prüfung zum CIA, die weltweit einheitlich angeboten wird, erfährt das Berufsbild des Internen Revisors eine Präzisierung und Standardisierung. Die Aufgabenstellung und das Anforderungsprofil werden damit auf eine einheitliche Basis gestellt. Seit 1998 ist es auch in Österreich möglich, diese Prüfung in deutscher oder in englischer Sprache abzulegen.

Die prüfenden und beratenden Berufe rekrutieren einen Großteil ihrer Nachwuchskräfte aus Absolventen von Hoch- und Fachhochschulen. Für deren Berufswahl ist ein einheitliches Berufsbild und die Möglichkeit einer Weiterqualifizierung über eine Prüfung eine Motivation, sich der Internen Revision zuzuwenden. Damit eröffnen sich Chancen, engagierte und kompetente Nachwuchskräfte zu akquirieren, die eine Karriere in einem zukunftsträchtigen, national wie international interessanten Beruf anstreben.

Für den Mitarbeiter der Internen Revision erhöht dieser Kompetenznachweis die Attraktivität des Berufes und ist Grundlage für die persönliche und karrieremäßige Weiterentwicklung. Das Examen ist aber auch eine Möglichkeit für die Weiterentwicklung in allen Bereichen, die dem Rechnungswesen, dem Controlling und der Prüfung nahe stehen. Dem Mitarbeiter dient das CIA-Examen zum Qualifikationsnachweis in der Internen Revision und zur weiteren Karriere im Unternehmen. Der CIA ist Fachmann für das Erkennen von Risiken und Gestaltung/Prüfung von Kontrollkonzeptionen.

Vom CIA wird eine umfassende Weiterbildung nach seinem Examen verlangt, so dass die Beschäftigung von CIAs ein Garant für stets gut ausgebildete Mitarbeiter ist. Das CIA-Examen bietet den Unternehmen ein Auswahlkriterium bei der Stellenbesetzung, ist ein Qualifikationsnachweis der Abteilung Interne Revision und ist ein Merkmal für die Bildung von Prüfungsteams. Außerdem sind die CIAs auf die Einhaltung ethischer Grundsätze (Code of Ethics) verpflichtet, wodurch die Bedeutung der Tätigkeit des Internen Revisors erhöht wird. Ein CIA trägt durch seine Kenntnisse und die Art seiner Prüfungsdurchführung zur Wertsteigerung seines Unternehmens bei.

Das Vergaberecht in Österreich – Entwicklung und Grundsätze

Franz Pachner

Das Vergaberecht hat drei Wurzeln

- Korruptionsbekämpfung
- Haushaltsrecht
- Wettbewerb

Wenngleich alle drei Wurzeln nicht vollständig voneinander trennbar sind, standen historisch die Korruptionsbekämpfung und das Haushaltsrecht im Vordergrund.

Das **Submissionsregulativ** von 1909, das am 1.1.1910 in Kraft trat – immerhin vor fast 100 Jahren – war die erste flächendeckende Vergabevorschrift auf dem Boden des heutigen Österreich. Ihre Grundzüge haben auch heute noch Geltung. Auslöser für die Erlassung des Submissionsregulativs waren die großen Infrastrukturbauvorhaben der zweiten Hälfte des 19. Jahrhunderts (Eisenbahnlinien, Wasserleitungen, Flussregulierungen), deren hohe Investitionsvolumina sowohl aus budgetären Gründen als auch aus Gründen der Korruptionsbekämpfung klare Regelungen für die Vergabe öffentlicher Aufträge notwendig machten.

Mit der wirtschaftlichen Entwicklung des zwanzigsten Jahrhunderts, insbesondere in dessen zweiter Hälfte, erlangte das Wettbewerbsprinzip zunehmende Bedeutung.

Die **ÖNORM A 2050**, Ausgabe 30.3. 1957, als lange Zeit für Bund, Länder und Gemeinden geltende Vergabevorschrift enthielt in Abschnitt 1,3 den Grundsatz: „Der Wettbewerb soll die Regel sein" und definierte in weiteren Bestimmungen die Rahmenbedingungen, unter denen das Wettbewerbsprinzip gelten sollte.

Dass die öffentliche Verwaltung auch bei Selbstbindungsvorschriften dem Grundsatz der Rechtmäßigkeit des Verwaltungshandelns unterliegt, statuierte der Oberste Gerichtshof (OGH) in seinem Erkenntnis „Forstpflanzen III", worin er feststellte, dass der betroffene Auftraggeber im konkreten Fall auf Grund des Überschreitens einer in den internen Vergabevorschriften dieses Auftraggebers festgelegten Wertgrenze den Auftrag öffentlich (im offenen Verfahren) ausschreiben hätte müssen.

Für die Politik und die betroffenen Gesellschaften der öffentlichen Hand vielleicht schmerzhaft war die – vor allem vom Rechnungshof und der Wirtschaft

– vorangetriebene Entwicklung, dass auch ausgegliederte Rechtsträger der öffentlichen Hand funktionell als öffentliche Auftraggeber anzusehen waren und sind, soweit sie nicht einem entwickelten kommerziellen Wettbewerb mit privaten Unternehmen unterliegen.

Mit der gesetzlichen Regelung der öffentlichen Auftragsvergabe ab dem **Bundesvergabegesetz 1993** und der Übernahme **europarechtlicher Vorschriften** jedenfalls für den Bereich oberhalb der EG-Schwellenwerte, wurde der Forcierung des **Wettbewerbsprinzips** in sehr konkreter Weise Rechnung getragen, nämlich durch

- Mindestinhalte von Vergabebekanntmachungen
- Mindestfristen im Vergabeverfahren
- Aufklärungspflichten des Auftraggebers binnen einer festgelegten Frist
- Bekanntgabe der beabsichtigten Zuschlagserteilung
- Stillhaltefristen, um nicht erfolgreichen Bietern den Zugang zu Nachprüfungsverfahren zu ermöglichen,

soweit es rein die verfahrensrechtlichen Regelungen betrifft.

Durch die Einführung von Nachprüfungsverfahren vor Zuschlagserteilung und die Möglichkeit der Erlassung einstweiliger Verfügungen durch die Vergabenachprüfungsbehörden wird jenen Unternehmern, die ein rechtliches Interesse an einem bestimmten öffentlichen Auftrag geltend machen können, die Möglichkeit gegeben, ein ihrer Meinung nach rechtswidriges Vergabeverfahren bzw. rechtswidrige Entscheidungen des Auftraggebers zeitgerecht mit formellen Rechtsmitteln effektiv zu bekämpfen.

Wettbewerb kann man nicht verordnen, es können aber Rahmenbedingungen zu seiner Stärkung geschaffen werden. Diese Rahmenbedingungen sind in Österreich seit knapp 100 Jahren gegeben, sie wurden aber durch die Europäisierung des Vergaberechts noch effektiver gestaltet.

Das Vergaberecht als Anti-Korruptionsmittel

Das „gesatzte“ **Vergaberecht** selbst ist als **Anti-Korruptionsmittel** (nur) in Teilbereichen geeignet. Sehr zweckmäßige Bestimmungen in diesem Sinne sind

- Ausschreibungsbekanntmachungen haben einen Mindestinhalt zu umfassen;
- Ausschreibungsunterlagen sind im Regelfall so zu verfassen, dass die einlangenden Angebote vergleichbar sein müssen;
- Schriftlichkeit des Informationsaustauschs zwischen Auftraggeber und Bietern während der Angebotsfrist, bei zweistufigen Vergabeverfahren zusätzlich während der Bewerbungsfrist; der Informationsaustausch ist zu dokumentieren;

- beim offenen und beim nicht offenen Verfahren hat die Angebotsöffnung durch eine Kommission aus Vertretern des Auftraggebers stattzufinden, die aus zwei Personen bzw. bei Nichtzulassung der Bieter zur Angebotsöffnung aus drei Personen zu bestehen hat;
- Bieter sind im Regelfall beim offenen Verfahren und beim nicht offenen Verfahren zur Teilnahme an der Angebotsöffnung berechtigt, der Auftraggeber hat eine Niederschrift über die Angebotsöffnung zu verfassen; bei manchen öffentlichen Auftraggebern unterschreiben die Bieter die Niederschrift über die Angebotsöffnung (was durchaus im Sinne eines Anti-Korruptionsmittels ist);
- Begleitschreiben der Bieter sind beim offenen und beim nicht offenen Verfahren bei der Angebotsöffnung zu verlesen und der wesentliche Inhalt ist zu dokumentieren;
- der Auftraggeber hat eine Niederschrift über die Angebotsprüfung zu verfassen, wobei jeder Bieter in den sein Angebot betreffenden Teil der Niederschrift ebenso wie in sein geprüftes Angebot Einsicht nehmen kann;
- Aufklärungsgespräche haben kommissionell geführt zu werden und sind schriftlich zu dokumentieren;
- die Zuschlagsentscheidung hat ab einer bestimmten Wertgrenze, unter Bekanntgabe der wesentlichen Vorteile und Merkmale des erfolgreichen Angebotes, allen Bietern bekannt gegeben zu werden und es gibt eine gesetzlich festgelegte Stillhaltefrist, binnen der die zuständige Vergabenachprüfungsbehörde von nicht erfolgreichen Bietern angerufen werden kann;
- der Auftraggeber hat nach Abschluss des Vergabeverfahrens einen Vergabevermerk zu verfassen;
- Aktenvorlagepflicht bei Vergabenachprüfungsverfahren.

  Ergänzend dazu – keineswegs aber im Widerspruch mit dem Vergaberecht i. e. S. – ist der öffentliche Auftraggeber angehalten, durch organisatorische Maßnahmen der Möglichkeit der **Korruption vorzubeugen**. Die wichtigsten Maßnahmen, die dafür in Frage kommen, sind
- Vier- bzw. Mehr-Augen-Prinzip bei Vergabeverfahren, insbesondere Anwendung von Methoden des Projektmanagements bei größeren oder heikleren Aufträgen; den ranghöchsten mit einem Vergabeverfahren befassten Vertreter des Auftraggebers trifft hier die Verantwortung bei der Auswahl von Personen (diese Verantwortung kann er weder negieren noch delegieren);
- Einholung von Genehmigungen bei Dienstvorgesetzten bzw. vorgesetzten Dienststellen, entweder routinemäßig oder aber anlassbezogen;
- klare, über die Mindestanforderungen des Vergaberechts hinausgehende Dokumentation des Vergabeverfahrens und der Abwicklung des Auftrags, beginnend von der Bedarfsermittlung und endend mit Übernahme der Leistung durch den Auftraggeber;

- ein auf das Wesentliche beschränktes Berichtswesen im Sinne eines Controllings (insbesondere im Hinblick auf Kosten, Termine, Qualitäten und Quantitäten);
- aus meiner Sicht nicht unproblematisch: die Trennung von beschaffender im Sinne von bedarfsermittelnder Stelle und vergebender Stelle (das kann, muss aber nicht Vorteile haben);
- aus meiner Sicht gleichfalls nicht unproblematisch: die Rotation von Mitarbeiterinnen und Mitarbeitern, die mit Auftragsvergaben befasst sind (Vorteil: Korruption wird dadurch faktisch weitgehend verhindert; Nachteil: möglicher Know-how-Verlust und dadurch Mängel in der Auftragsvergabe).

Die Anwendung von Methoden des Projektmanagements bei größeren oder heikleren Aufträgen, nämlich über das reine Vergabeverfahren hinausgehend, hat den großen Vorteil, dass Verantwortlichkeiten den handelnden Personen eindeutig zugeordnet werden und dass die Projektkommunikation, insbesondere im Hinblick auf Berichts- und Verständigungspflichten, klar strukturiert wird. Die Wahrscheinlichkeit von Korruption kann auf Grund der Mehrzahl von handelnden Personen und den Informations- und Dokumentationspflichten weitestgehend ausgeschlossen werden.

Dem – unabhängig davon, ob Methoden des Projektmanagements angewandt werden oder nicht – immer wieder vorgebrachten Kritikpunkt, dass die Dokumentationserfordernisse überbordend sind, ist entgegenzuhalten, dass sich die Dokumentationserfordernisse immer auf das Wesentliche beschränken sollen und schriftstellerische Qualität nicht das entscheidende Kriterium ist.

Post Public Employment – oder: Pflichten im Leben nach der Bundesverwaltung

Stefan Ritter

1. Vor allem auf Grund der **medialen Berichterstattung** etwa über den Wechsel des ehemaligen deutschen Bundeskanzlers an die Spitze des Aufsichtrates einer deutsch-russischen Gesellschaft für den Bau und Betrieb einer Ostsee-Gaspipeline[1] oder über die europaweite Jobsuche eines ehemaligen österreichischen Vizekanzlers[2] wurde den Verhaltensweisen ehemaliger Politiker[3] und ihrem Berufsleben nach der Politik vermehrte Aufmerksamkeit zuteil. Angemerkt sei in diesem Zusammenhang aber auch, dass durch die Verwaltungsreformen der vergangenen Jahre (Stichworte: Public-Private-Partnership, Outsourcing, Privatisierung, etc.) öffentliche Amtsträger[4] – und damit auch Politiker – immer näher an die private Wirtschaft „herangerückt" wurden. Daneben haben Bemühungen, das Personal im öffentlichen Dienst zu reduzieren, dazu geführt, dass gerade der Typus des lebenslangen Karrierebeamten im Verschwinden begriffen ist, und folglich auch die Fluktuation zwischen öffentlichem und privatem Sektor vergrößert. Erfahrungen in der Privatwirtschaft sind vor allem bei Bewerbungen um Führungspositionen in der öffentlichen Verwaltung gern gesehen[5]. In Form von entsprechenden Austauschprogrammen wird das Sammeln solcher Erfahrungen – nicht nur in Österreich – sogar von der öffentlichen Hand finanziert.

2. Im Zusammenhang mit dem so genannten **„Post Public Employment" (kurz PPE)**, also dem Beschäftigungsverhältnis, das ein (ehemaliger) Amtsträger nach dem Ausscheiden aus dem öffentlichen Dienst eingeht oder auch nur einzugehen beabsichtigt, können spezielle Formen des Interessenkonflikts auftreten. Unter einem Interessenkonflikt versteht man dabei eine Situation, in der die objektive und gesetzmäßige Pflichterfüllung durch gegenläufige private Interessen des betroffenen Amtsträgers unmöglich gemacht oder gefährdet wird[6]. Solche Konflikte können sowohl auf Seiten des ehemaligen Amtsträgers, als auch bei sich noch im Dienst Befindlichen entstehen. Jeder dieser potentiellen Konflikte beinhaltet aber

---

[1] vgl Heidi Klein und Tillmann Höntzsch, Fliegende Wechsel – die Drehtür kreist, Kurzstudie für LobbyControl (*www.lobbycontrol.de*), November 2007

[2] siehe *http://orf.at/070926-16995/index.html*

[3] im Sinne von § 1 Unvereinbarkeitsgesetz (Organen des Art. 19 Abs. 1 B-VG, Bürgermeister und ihre Stellvertreter, Mitglieder des Stadtsenates, Mitglieder des Nationalrates, des Bundesrates und der Landtage)

[4] im Sinne von § 74 Abs. 1 Z 4a Strafgesetzbuch

[5] siehe z.B. die Regelung des § 5 Abs. 2a Ausschreibungsgesetz

im Wesentlichen eine Ausnutzung der (ehemaligen) Amtsstellung zum eigenen Vorteil oder auch zum Vorteil eines Dritten.

3. **PPE-Konflikte** treten in unterschiedlichen Formen auf und können sich auch bereits während eines aufrechten Dienstverhältnisses ergeben. Etwa dann, wenn ein Bediensteter eine Partei (z.B. ein bestimmtes Unternehmen) bevorzugt behandelt, in der **Hoffnung auf eine spätere** und lukrativere **Beschäftigung** bei diesem Unternehmen als privatem Arbeitgeber. Die Bevorzugung kann dabei etwa die Gestalt von „unbürokratisch" zugestandenen Fördermitteln annehmen oder auch in der laschen, zurückhaltenden Anwendung von Gesetzen liegen. Obwohl ein solches Verhalten schwer zu beweisen und auch schwer von einfacher „Kundenorientierung" zu unterscheiden ist, kann es unter Umständen eine Strafbarkeit nach § 302 StGB (Amtsmissbrauch) begründen. Die durch einen Amtsträger artikulierte Hoffnung auf ein entsprechendes Beschäftigungsverhältnis außerhalb des öffentlichen Diensts kann auch dem Fordern eines Vorteils gleichkommen und damit eine Strafbarkeit nach § 304 StGB sowie (im Bundesdienst) eine disziplinäre Verantwortlichkeit nach § 59 BDG (Geschenkannahme) begründen. Allenfalls kann die bevorzugte Behandlung einzelner Parteien auch eine Verletzung der in § 43 BDG normierten Pflicht zur unparteiischen und sachlichen Wahrnehmung des Amtes darstellen. Die Mehrzahl problematischer Konstellationen ergibt sich jedoch freilich erst nach dem Ausscheiden aus dem öffentlichen Dienst. Bekannt sind vor allem die folgenden Phänomene.

4. **„Post Employment Lobbying" und „Switching Sides"**
   Konfliktsituationen können dann entstehen, wenn aus dem öffentlichen Dienst ausgeschiedene Personen in beruflichen Kontakt mit ehemaligen Kollegen treten, und versuchen, deren Entscheidungen zu ihren eigenen Gunsten oder zu Gunsten ihres neuen Arbeitgebers zu beeinflussen. Dieses so genannte Post Employment Lobbying birgt die Gefahr, dass ehemalige Kollegen sich unter Druck gesetzt fühlen und ihrem Ex-Kollegen etwa privilegierten Zugang zu Informationen oder übergeordneten Entscheidungsträgern verschaffen. Ähnliche Probleme können sich bei einem plötzlichen Seitenwechsel ergeben: in dieser Konstellation scheidet ein Bediensteter während eines (größeren) laufenden Verfahrens (z.B. während eines Finanz- oder eines Betriebsanlagengenehmigungsverfahrens), an dem er beteiligt war, aus dem öffentlichen Dienst aus, um bei der oder einer Verfahrenspartei anzuheuern und diese im Verfahren zu vertreten. Natürlich stellt auch hier, wie schon oben erwähnt, die bevorzugte Behandlung des

---

[6] siehe z.B. OECD Guidelines for managing conflict of interest in the public service, Report on Implementation, *www.oecd.org/gov* sowie speziell zum Problem des Post Public Employments:
OECD, GOV/PGC/ETH(2007)3, Public Integrity and Post Public Employment: Issues, Remedies and Benchmarks

ehemaligen Kollegen eine Dienstpflichtverletzung nach § 43 BDG vor. Werden bestimmte Informationen offen gelegt, so käme je nach Lage des konkreten Sachverhalts auch eine Verletzung der Amtsverschwiegenheit in Frage, welche allenfalls nach § 310 StGB (Verletzung des Amtsgeheimnisses) bzw. § 46 BDG (Amtsverschwiegenheit) straf- bzw. disziplinarrechtlich zu ahnden wäre. Schlussendlich müsste sich ein Amtsträger, der sich in einem Verfahren mit einem ehemaligen Kollegen konfrontiert sieht, wohl nach den Regeln der §§ 7 AVG und 47 BDG für befangen erklären. Allerdings kennt die österreichische Rechtsordnung im Gegensatz zu jener einiger anderer Staaten keine speziellen Vorgaben, die das Verhalten des ausgeschiedenen Amtsträgers in solchen Fällen normieren. Woanders behilft man sich beispielsweise mit so genannten Cooling Off-Phasen, also zeitlich begrenzten Verboten, während derer ausgeschiedene Amtsträger keiner Beschäftigung bei (bestimmten) privaten Unternehmen nachgehen oder diese (als abgeschwächte Form) nicht gegenüber der öffentlichen Verwaltung vertreten dürfen[7]. Selbstverständlich müsste in Österreich eine derartige Regelung entsprechend dem formellen Gesetzesvorbehalt des § 6 StGG (Freiheit der Erwerbsbetätigung) im öffentlichen Interesse geboten, konkret zur Zielerreichung geeignet, adäquat und auch sonst sachlich zu rechtfertigen sein[8].

5. **Der Drehtür-Effekt**

Eine weitere unter Umständen problematische Erscheinungsform des PPE ist der so genante Drehtür-Effekt (im Englischen: „Revolving Door"), der jenen Vorgang bezeichnet, bei dem ein Amtsträger aus dem öffentlichen Dienst ausscheidet und kurz darauf dieselbe Arbeit für den öffentlichen Dienstgeber erbringt, allerdings auf einer anderen Rechtsgrundlage (etwa als Berater auf Basis eines Werkvertrags) und auch besser bezahlt. In gewissen Fällen mag ein solches Vorgehen zwar notwendig und gerechtfertig sein, etwa im Falle der Pensionierung eines hochgradig spezialisierten Beamten, dessen Expertise kurz darauf unerwartet und dringend gebraucht wird. Nichtsdestotrotz ist ein solches Vorgehen durchaus geeignet, beim Bürger begründetes Misstrauen hervorzurufen, da schnell der Eindruck entstehen kann, jemand bereichere sich ungerechtfertigter Weise am Geld der Steuerzahler. Deshalb empfiehlt es sich in solchen Fällen jedenfalls die Vorgaben des Vergaberechts zu beachten, allein schon um den Anschein einer unsachlichen Auftragsvergabe zu vermeiden[9].

---

[7] So legt der kanadische Conflict of Interest Act fest, dass es ehemaligen Amtsträgern nicht erlaubt ist, „*to act for or on behalf of any person or organisation in connection with any specific proceeding, transaction, negotiation or case to which the Crown is a party and with respect to which the former public office holder had acted for , or provided advice to, the Crown*".

[8] vgl etwa VfSlg 13.704/1994

[9] siehe auch OECD, GOV/PGC/ETH(2007)3, Public Integrity and Post Public Employment: Issues, Remedies and Benchmarks, S. 10

6. **Insiderinformationen**
Die beschriebenen Erscheinungsformen des PPE können dadurch charakterisiert werden, dass der öffentliche Dienstgeber, entweder direkt (wenn es um eine zukünftige Beschäftigung geht) oder in den anderen Fällen indirekt über jene Mitarbeiter, welche mit einem Ex-Kollegen zu tun haben, Zugriff auf Informationen hat. Dieser Zugriff ist jedoch im Falle der unzulässigen Verwendung und Verwertung von Informationen, die dem ehemaligen Amtsträger aus seiner früheren Tätigkeit in der öffentlichen Verwaltung bekannt sind, stark minimiert bzw. überhaupt nicht mehr gegeben. In diesem Zusammenhang muss allerdings angeführt werden, dass österreichische Amtsträger sich auch nach Ausscheiden aus dem öffentlichen Amt nach § 310 StGB (Verletzung des Amtsgeheimnisses) strafbar machen können. Dies gilt für Beamte, Vertragsbedienstete und Politiker gleichermaßen. Im Beamtendienstrecht finden sich darüber hinaus noch weitere einschlägige Regelungen: Beamte des Ruhestandes können gem. § 61 BDG wegen Verletzung des Dienstgeheimnisses disziplinarrechtlich zur Verantwortung gezogen werden und bis zur Vollendung des 60. Lebensjahrs haben diese die Ausübung einer erwerbsmäßigen Nebenbeschäftigungen zu melden. Dies gilt jedoch nur für Beamte, nicht für Vertragsbedienstete, nicht für Politiker[10].

7. **Die direkte Kontrolle** von PPE-Konflikten gestaltet sich als sehr schwierig, da sich diese tendenziell erst nach Beendigung des Arbeitsverhältnisses im öffentlichen Dienst und damit auch außerhalb der direkten Einflusssphäre des öffentlichen Dienstgebers ergeben. Das effektivste Mittel zur Hintanhaltung von PPE-Konflikten ist wohl die gesetzliche Festlegung entsprechender Cooling Off-Phasen[11]. Solche Regelungen müssen allerdings nicht nur den vom Verfassungsgerichtshof judizierten Vorraussetzungen für die Einschränkung der Erwerbsausübungsfreiheit genügen. Unverhältnismäßig lange Cooling Off-Phasen können auch qualifizierte Neueinsteiger abschrecken und so die Attraktivität des öffentlichen Diensts am Arbeitsmarkt empfindlich schmälern.

8. Festzuhalten ist aber auch, dass der öffentlichen Verwaltung und ihren Mitarbeitern bereits ein **umfangreiches Instrumentarium** für den richtigen Umgang mit PPE-Konflikten zur Verfügung steht und Pflichtverletzungen auch entsprechende sanktioniert werden können. Zwar ist der Großteil dieses Instrumentariums, mit Ausnahme der strafrechtlichen Sanktions-

[10] vgl dazu auch die von den Vereinten Nationen empfohlenen Regelungsinhalte für Politiker in: The Global Programme against Corruption, UN Anti-Corruption Toolkit, 3rd Edition, Vienna, September 2004, S. 139 und 141

[11] vgl z.B. § 28a Bankwesengesetz idF BGBl. I Nr. 108/2007, der für den Wechsel von der Geschäftsleitung in den Vorstand eines Kreditinstituts eine Cooling Off-Phase von 2 Jahren vorsieht.

möglichkeiten, nur auf Bedienstete in aufrechtem Dienstverhältnis und auch nicht auf Politiker anzuwenden. Werden die bestehenden Regelungen zur Geschenkannahme, Verschwiegenheit, Befangenheit und Nebenbeschäftigung jedoch konsequent befolgt, sollte der Großteil der möglichen PPE-Konflikte durch sie zu vermeiden sein. Zur Sicherstellung der freiwilligen Befolgung dieser Regeln ist es in diesem Zusammenhang jedoch unerlässlich, dass den Mitarbeitern in der öffentlichen Verwaltung diese Regeln auch entsprechend kommuniziert und die Führungskräfte ihnen diesbezüglich Anleitung geben und auch Vorbild sind. Solche Kommunikation könnte in formalisierter Form beispielsweise im jährlichen Mitarbeitergespräch oder, bei ausscheidenden Bediensteten, in Form eines Exit-Interviews, bei dem diese an die Weitergeltung bestimmter Verpflichtungen erinnert werden, geschehen.

Konkrete Bekämpfungsmaßnahmen

Helmut Salomon

Für viele Einkäufer - nicht nur bei großen Unternehmen - ist es üblich, dass sich Geschäftspartner für den erhaltenen Auftrag „bedanken". Wie dann das Danke erfolgt, ist sehr verschieden, je nach dem wie es der Einkäufer wünscht.
Wer denkt in solchen Fällen nicht an Ausgaben für Luxusreisen, teure Autos oder auch an Nummernkonten in bekannten Steuerparadiesen, u.ä.?

Die verschiedenen Handlungsweisen der **Bestechung und Bestechlichkeit** laufen im Verborgenen ab. Geschädigte treten nicht auf und eine Aufdeckung ist meistens erst mit dem Tätigwerden verschiedener Kontroll- oder Prüfinstanzen und auch mit der Verfolgung durch Strafbehörden gegeben.

Die Frage wie Korruption wirksam zu bekämpfen sei, wird seit langem diskutiert. Der vorhandene umfangreiche Katalog kann wie folgt zusammengefasst werden:

- Durch Strafverfolgung, inkl. Abschöpfung der kriminell erzielten Einnahmen, unter Einschaltung von Kriminalpolizei und Staatsanwaltschaft
- Durch Präventionsmaßnahmen verschiedener Art,
  - im innerbetrieblichen Bereich, sowohl im öffentlichen Dienst als auch im privaten oder halböffentlichen
  - außerhalb der betrieblichen Organisation, wie Schaffung eines gesellschaftlichen Bewusstseins (Appelle an moralische Normen) für die Folgen der Korruption

1. Bekämpfung durch Verfolgung - Schwierigkeiten strafrechtlicher Ermittlungen

Korruption wird oft nicht als Problem erkannt, weil bestimmte Arten von Provisionen, Geschenken und Gefälligkeiten durchaus üblich und zulässig sind, aber sicher dann zu kriminellen Handlungen gezählt werden, wenn der Empfangende sich damit beeinflussen lässt und eine Entscheidung parteilich vornimmt. Dieses schädigende Verhalten wird selten von unbeteiligten Dritten beobachtet, läuft nach außen abgeschottet ab und wird auch als Kontrollkriminalität bezeichnet. Um den wahren Ablauf erheben zu können, sind Kontrollschritte zu setzen. Anzeigen, wenn sie überhaupt erfolgen, sollten hier hohe Aufmerksamkeit geschenkt werden, enthalten sie vielleicht erste nützliche Hinweise über bestehende korruptive Handlungen.

Überall dort, wo Ermittlungsverfahren eingeleitet werden, stößt man sehr bald auf weitere Korruptionsverbindungen, auf verschiedene Vergünstigungen, auf Pflicht-widrigkeiten und Ermessensüberschreitungen, auf einen Sumpf von Gefälligkeiten.

Eine erfolgreiche Verfolgung, insbesondere die Aufdeckung von struktureller Korruption, ist nicht nur direkt abhängig von der Anzahl der dafür eingesetzten Ermittlungskräfte, sondern auch von deren Qualifikation. Die schweren Fälle der strukturellen Korruption finden überwiegend in einem wirtschaftlichen Umfeld mit einer teils stark ausgeformten Organisation statt. Infolgedessen sind diese Handlungsweisen auch der Wirtschaftskriminalität zuzurechnen. Die Erfahrung lehrt, eine Verfolgung ist nur mit speziell dafür ausgebildeten (Wirtschaftspolizei-) Fachkräften ergiebig. Sie kann sich nicht nur äußerst mühevoll gestalten sondern auch lange andauern.

1.1 Konsequenzen einer Nichtverfolgung

Eine beabsichtigte Nichtverfolgung oder Duldung von bekannt gewordenen Korruptionshandlungen sollte gut überlegt werden. Über kurz oder lang wird auch dieses Verhalten firmenintern bekannt werden und sich rächen. Wichtig ist dies u.a. deswegen, weil die Mitarbeiter, Kollegen und auch Führungskräfte, egal in welcher Ebene, einfach erwarten, dass jene Personen, die auf rechtswidrige Art und Weise Vorteile aus dem System nehmen, auch zur Verantwortung gezogen werden müssen.

Den ehrlichen und korrekten Mitarbeitern muss in der Öffentlichkeit der Rücken gestärkt werden. Durch gezielte Maßnahmen der Verfolgung wird dann klar gestellt, *strafbares Verhalten darf sich nicht lohnen.*

1.2 Strafverfolgung inklusive Abschöpfung

Nichts trifft einen Straftäter mehr, als wenn ihm im Rahmen der strafrechtlichen Verfolgung sein Erfolg, also der kriminelle Gewinn, entzogen, also wieder weggenommen wird. Gelingt dies, wird der Kriminelle schnell erkennen, das eigene Verhalten hat seinen Ruf ruiniert, ihm vielleicht seinen Job gekostet und zusätzlich noch Spesen verursacht.

Die Strafprozessordnung sieht dafür Bestimmungen vor, die z.T. auch schon eingesetzt und begangen werden, aber nicht in dem möglichen und wünschenswerten Ausmaß. Hier liegt noch ein hohes Potential in der Umsetzung. Die Polizei als auch die Staatsanwaltschaften sind hier gefordert, mehr zu tun.

Es besteht ein besonderer Handlungsbedarf, insbesondere wenn man bedenkt, dass eine strukturierte Korruption unser Staatssystem maßgeblich beeinträchtigen kann, das Vertrauen in unsere Wirtschaft stört und letztlich wir alle dann darunter leiden.

2. Bekämpfung von Korruption durch Präventionsmaßnahmen

2.1 Erfolgreiche Ermittlungen

Trotz aller Geheimhaltung ist erfahrenen Kriminalisten bekannt, dass auch Bestechung und Bestechlichkeit Spuren hinterlassen, wie z.B. Manipulation bei Unterlagen und Daten, Eingriffe in geregelte Abläufe, stattfindende Kommunikation zwischen Tätern und Tatbeteiligten, um nur einige zu nennen. Letztlich sind es nicht selten die Früchte (auffällige Änderung des Lebensstils) auf Seiten der Korrumpierten, die augenscheinlich werden und einen relevanten Anfangsverdacht ergeben.

Wird Korruption mit (!) Erfolg bekämpft, so hat dies alleine auch schon Präventions-charakter, da andere Täter für die Zukunft abgeschreckt werden. Wird einem begründeten Korruptionsverdacht nachgegangen und bleiben die Ermittlungen allerdings ohne (!) Erfolg, so wirkt das auf die Beteiligten eher motivierend, in ihrem Verhalten fort zu fahren. Die Abschreckung erfolgt erst, wenn Ermittler durch entsprechende Fachkompetenz es schaffen, den Sachverhalt so aufzubereiten, dass für die Staatsanwaltschaft der Tatverdacht ausreicht, um ein gerichtliches Verfahren anzustrengen. Strafrecht als ein Mittel der Kontrolle sollte nicht zum alleinigen Schwerpunkt werden. Das Hauptinteresse bei der Bekämpfung sollte vielmehr in der Verhinderung potentieller korruptiver Handlungen als in der Sanktionierung der Täter liegen. Zur effektiven Eindämmung von Korruption ist daher **ein Gesamtkonzept** zu entwickeln, welches viele Maßnahmen auf verschiedenen Ebenen vorsieht und aufeinander abstimmt. Am besten wäre eine Kombination von beiden (präventiv und repressiv), wobei der vorbeugenden Aufklärung Vorrang einzuräumen ist.

2.2 Innerbetriebliche – außerbetriebliche Maßnahmen

In der Literatur werden verschiedene Maßnahmen zur Bekämpfung der Korruption auf präventive Art aufgezählt, sowohl **innerbetrieblich als auch außerhalb**.

Jene, die bei der Beseitigung von anerkannten Schwachstellen, wie **fehlende Kontrolle**, **Erkennen besonderer Risikobereiche** ansetzen (das Vergabewesen wird oft genannt), sind als sehr praxisnah anzusehen. Einige weitere seien angeführt:

- Wichtig ist **die Enttabuisierung des Themas Korruption**. Nur eine sensible, problemorientierte, ggf. auch schmerzhafte Auseinandersetzung mit diesem Gegenstand führt zu notwendigen Einsichten und Konsequen-zen. Dialogbereitschaft, Offenheit und Wahrhaftigkeit sind firmenintern - im öffentlichen Dienst genau so wie in der Privatwirtschaft - gefordert.
- Mitarbeiter sind gezielt **auf die Gefahren der Korruption hinzuweisen** und der Nährboden, worauf Korruption wächst, ist kritisch zu durchleuchten.

Dies kann durch spezielle Sensibilisierungsveranstaltungen erfolgen, damit sich die Gefährdeten einerseits ihrer möglichen Begehrlichkeit bewusst werden und andererseits auch das weite Spektrum der Bestechungsmöglichkeiten vor Augen geführt bekommen. Nur so können die Mitarbeiter im Falle eines Bestechungsversuches reagieren und erlangen einen Grad der „Immunität". Bei Aus- oder Fortbildungs-veranstaltungen sind auch die Führungskräfte mit einzubeziehen.

- Die **firmeninternen Kontroll- Einrichtungen** (IKS) sind auf- bzw. auszubauen, um zur Erhöhung des Aufdeckungsrisikos beizutragen. Die IKS in den Organisationen sind gefordert, Konzepte im Sinne einer effektiven Vorbeugung zu entwickeln. Ideal wäre es, wenn in jedem Unternehmen dafür ein Gefahrenbewusstsein geschaffen wird. Hand in Hand sollte dazu eine Gefahrenanalyse und letztlich auch ein Notfallplan erstellt werden.
- Die Unternehmenskultur ist durch **Aufstellen von ethischen Grundsätzen** zu stärken. Dies hat unter Selbstverpflichtung aller Bediensteten zu erfolgen. Dabei ist zu achten, dass die Leitungsgremien Vorbildwirkung haben und verordnete Standards auch selbst leben müssen. Ein stabiles Wertebewusstsein ist eine wichtige Abwehrposition gegen korrumpierende Einflüsse. Leider haben wir **längst ein Ethikdefizit**. Positive Werte müssten wieder stärker betont und in den Vordergrund gebracht werden.
  Weitere sollten so ausgewählt werden, dass diese im Betrieb umgesetzt werden können und sodann auch „gelebt" werden müssen.
- Als weitere Programme, die geeignet erscheinen, Korruption zu verhindern seien genannt: die Änderung von Verwaltungsabläufen, um mehr Transparenz zu erreichen, die Möglichkeit der Personalrotation und auch die Einrichtung eines Ansprechpartners für Korruptionsangelegenheiten.

2.3 Korruption, auch ein gesellschaftliches Phänomen

Korruptionsprävention außerhalb betrieblicher Strukturen ist ebenso notwendig wie umfangreich und vielgestaltig. Sie reicht von verschiedenen Programmen, die der Aufklärung der Öffentlichkeit über die Schäden der Korruption dienen, über gezielte Ausbildung, Aufstellung von Richtlinien bis zu Gedanken zur Wirtschaftsethik.

Wenn langjährige Korruptionsgeflechte bekannt werden (die Medien haben hohes Interesse, das zu erfahren), so ist dies nicht eine isolierte Verfehlung, sondern bereits ein Zeichen für tief greifende symptomatische Missstände in Wirtschaft, Politik, Gesellschaft und Moral und ein nicht begrüßenswerter Zustand. Das beste Bollwerk gegen Korruption ist eine in Politik, Verwaltung, Wirtschaft und in der Gesellschaft fest verankerte Kultur, die Korruption ächtet und ihr keine Chance lässt, sich auszubreiten.

Dieses rechtswidrige Verhalten ist daher nicht nur ein einfaches Problem der Verfolgung, sondern vielmehr ein bedenkliches ethisches und gesellschaftliches Problem. Die Eindämmung dieser Form der Kriminalität kann jedoch nur dann gelingen, wenn der öffentliche Meinungsbildungsprozess dies als Tatsache anerkannt und sodann Gesetze und Regelungen erlassen oder bestehende auch abgeändert werden, um den Mitbürgern zu signalisieren, in keiner Weise werden korruptionsfördernde Strukturen und Rahmenbedingungen toleriert.

Um Korruption vorbeugend zu bekämpfen ist sicher eine der genannten Aktionen alleine zu wenig, ein Maßnahmenbündel ist Erfolg versprechender.

Entwicklung und aktuelle Herausforderungen von Transparency International Deutschland e.V.

Sylvia Schenk

Als Transparency International Deutschland e.V. 1993 kurz nach der Gründung auf internationaler Ebene auch in Deutschland aus der Taufe gehoben wurde, galt Korruption noch weithin als Tabuthema. Korruption gibt es nur in Bananenrepubliken, dachten viele Deutsche, aber nicht hier bei uns. Seit diesen Anfängen hat sich die Situation rasant gewandelt – und zwar in vielerlei Hinsicht.

- Korruption ist weltweit ein Thema geworden und spielt bei fast allen Konferenzen und Beratungen über künftige Entwicklungen eine wesentliche Rolle. In der Schlusserklärung zum G 8-Gipfel 2007 in Heiligendamm wurde dem Kampf gegen Korruption ausdrücklich große Bedeutung beigemessen.

- Zur Bekämpfung der Korruption wurden auf internationaler Ebene zahlreiche Konventionen verabschiedet, u.a. die OECD-Konvention über die Bekämpfung der Bestechung ausländischer Amtsträger im internationalen Geschäftsverkehr (November 1997) und die UN-Konvention gegen Korruption (2003). Dementsprechend sind auch in Deutschland nationale Gesetze verschärft worden – Auslandsbestechung ist nun ein Straftatbestand, vor 10 Jahren konnten solche Gelder noch als „Nützliche Aufwendungen" von der Steuer abgesetzt worden.

- Schließlich mussten die Deutschen feststellen: Korruption findet nicht nur woanders statt, sondern auch vor der eigenen Haustür. Neue Gesetze, verschärfte öffentliche Aufmerksamkeit, aber auch Aufrüstung bei Staatsanwaltschaften und der politische Wille, Korruptionsstraftaten zu ermitteln, führten zur Aufdeckung von Skandalen u.a. bei VW und der Siemens AG. Große öffentliche Aufmerksamkeit erlangten der Kölner Müllskandal sowie entsprechende Vorgänge in Wuppertal. Aber nicht nur die großen Fälle, wo es oft um Millionen geht, sind ins Visier geraten. VIP-Einladungen zu Sportveranstaltungen oder Reisen von Kommunalpolitikern z.B. auf Einladung von Energieunternehmen mit großem Sightseeing-Programm aber minimalen Arbeitsanteilen stehen in der Kritik.

- Immer mehr setzt sich die Erkenntnis durch, dass Korruption die Ursache vieler globaler Probleme ist. Entwicklungszusammenarbeit, die nur Gelder in andere Länder pumpt, kann den Hunger letztlich nicht besiegen, solange korrupte Eliten für eine ungleiche Verteilung des Staatseinkommens sorgen.

Auch viele Umweltprobleme – von der Brandrodung bis zur Verseuchung von Trinkwasser – sind unauflösbar mit korruptivem Verhalten verbunden. Ebenso erleichtert Korruption dem Terrorismus die Arbeit und untergräbt die internationale Sicherheit. Wer sich als Deutscher für Frieden, Armutsbekämpfung und Umwelt einsetzen will, kommt an der Korruptionsbekämpfung nicht vorbei.

- Ausgehend insbesondere von den USA (u.a. Sarbane Oxley Act 2003) hat sich inzwischen in den Wirtschaftsetagen einiges getan. Diskutiert wird eine neue Unternehmensethik, Compliance, Corporate Social Responsibility und globale Verantwortung sind die Stichworte. Viele Großunternehmen haben inzwischen Ethik-Codes und Verhaltensregeln verabschiedet, Vorschriften über die Annahme von Geschenken, Einladungen u.ä. sollen neue Standards im geschäftlichen Verkehr setzen.

Mit diesen skizzierten Entwicklungen sind aber keineswegs alle Probleme erledigt – im Gegenteil: die Arbeit im Detail fängt für Transparency International Deutschland jetzt erst an. Die Ermittlungserfolge der letzten zwei Jahre räumen nicht nur Altlasten auf, sondern zeigen, dass einige es immer noch nicht begriffen haben. Aus Wirtschaftskreisen hört man auch heute noch das Argument, in manchen Ländern/Branchen gehe es nicht ohne finanzielle Nachhilfe, deutsche Firmen würden im internationalen Wettbewerb Nachteile erleiden, wenn sie sich korrekt verhalten. Insbesondere im Mittelstand fehlt das Bewusstsein für die Gefahren von Korruption und anderen Formen der Wirtschaftskriminalität im eigenen Betrieb einerseits, aber auch für die verheerende Wirkung von Korruption auf andere Länder und die notwendige Übernahme internationaler Verantwortung durch Deutschland andererseits.

Die bereits laufende gesellschaftliche Debatte über die Gier der Führungseliten, überhöhte Managergehälter und -abfindungen sowie die Frage nach der Vorbildfunktion von Verantwortungsträgern in Wirtschaft und Politik erhielt im Februar 2008 neue Nahrung durch den Steuerskandal um den Vorstandsvorsitzenden der Deutschen Post, Klaus Zumwinkel, und viele andere. Der Einsatz von Transparency Deutschland gegen Korruption als ein grundlegendes Übel, das die Moral einer Gesellschaft untergräbt und die Demokratie in Gefahr bringt, muss ergänzt werden durch den Einsatz für Transparenz und Integrität als wesentliche Prinzipien von Politik, Wirtschaft und gesellschaftlichem Leben in einer Demokratie. Nachdem der gesetzliche Rahmen für die Bekämpfung der Korruption in den vergangenen Jahren im Wesentlichen geschaffen wurde, geht es jetzt um die Umsetzung im Detail und insbesondere um die Verankerung von Verhaltensstandards in allen Lebensbereichen, aber auch um Zivilcourage und die Bereitschaft vieler, sich gegen Mauscheleien und Ungerechtigkeiten zur Wehr zu setzen.

Deutschland hat die UN-Konvention gegen Korruption 2003 zwar unterzeichnet, aber bis heute nicht ratifiziert. Es fehlt nach wie vor an der Anpassung des Straftatbestandes zur Abgeordnetenbestechung an die internationalen Vorgaben. Für Transparency Deutschland ist dies ein wesentlicher Schwachpunkt in der Glaubwürdigkeit des Einsatzes gegen Korruption. Die Forderung nach der Ratifizierung der UN-Konvention steht deshalb auf der Tagesordnung von Transparency Deutschland ganz oben.

Noch gibt es nicht in allen Bundesländern Informationsfreiheitsgesetze und dort wo es sie gibt, fehlt es oft noch an der praktischen Umsetzung. Transparenz und verbindliche Verhaltensstandards im Gesundheitswesen, in der Wissenschaft – insbesondere auch im Hinblick auf Gutachten sowie Stellenbesetzungen – in Gewerkschaften und Verbänden sind weitere Themen, bei denen Handlungsbedarf besteht.

Auch nach 15 Jahren ist Transparency International Deutschland e.V. weiterhin gefragt. Die knapp 800 Einzelmitglieder und 40 korporativen Mitglieder (7 Verbände und 33 Wirtschaftsunternehmen) ermöglichen mit ihren Beiträgen (80 Euro für Einzelmitglieder, Studententarif 20 Euro; korporative Mitglieder je nach Größe von 1000 Euro bis 5000 Euro Jahresbeitrag) neben Bußgeldern (Zuweisungen von Gerichten nach entsprechenden Regelungen des Strafgesetzbuches) und Spenden einen Jahresetat von gut 200.000 Euro. Damit wird in Berlin eine kleine Geschäftsstelle (4 hauptamtliche Kräfte, 2 Praktikanten) finanziert, die vorrangig die Mitgliederverwaltung und Koordination der Aufgaben übernimmt. Die inhaltliche Arbeit und politische Repräsentation erfolgt ehrenamtlich, neben dem Vorstand sorgen Arbeitsgruppen zu unterschiedlichen Themenschwerpunkten sowie Regionalgruppen für die Einbindung der Mitglieder und die Meinungsbildung im Verband. So wird mit minimalen finanziellen Mitteln oft eine große Wirkung erzielt – gerade bei großen Skandalen ist Transparency Deutschland in der Öffentlichkeit gefragt. Wer die Zahl der jährlichen Medienkontakte hört, kann kaum glauben, dass die fast ausschließlich durch ehrenamtlichen Einsatz erzielt wird. Wesentlich ist dabei die hohe Reputation, die Transparency International sich in Deutschland aber auch international geschaffen hat. Die differenzierte Herangehensweise und die Bereitschaft, Koalitionen einzugehen und auch auf kleine Fortschritte zu setzen, um etwas zu erreichen, haben Transparency zwar keine spektakulären Aktionen, aber viele Erfolge im Detail gebracht und nachhaltig in die Gesellschaft gewirkt. Für die Zukunft kommt es darauf an, hieran anzuknüpfen und unter sich wandelnden Bedingungen die vorhandenen Stärken noch effektiver einzusetzen und die politische Debatte in Deutschland um Werte, Integrität und Transparenz aktiv mit zu gestalten.

Internationale Konventionen gegen Korruption

Hubert Sickinger

Auf internationaler Ebene wurde seit den späten 1990er Jahren eine Bündel an einander überlappenden und ergänzenden Anti-Korruptions-Konventionen (der UNO, der OECD, des Europarats, der EU) beschlossen, die von den Unterzeichnerstaaten nicht nur lückenlose rechtliche Regelungen, sondern auch tatsächlich wirksame präventive Politiken zur Bekämpfung von Bestechung (im öffentlichen wie im privatwirtschaftlichen Bereich) verlangen. Die Anti-Korruptions-Aktivitäten und beschlossenen Rechtsnormen der genannten Organisationen enthalten jeweils spezifische Konkretisierungen und geben mittlerweile in beeindruckender Detailfülle wieder, wie ein zeitgemäßes Anti-Korruptions-Regelwerk auszusehen hat. Ihre Umsetzung wird im Falle der Konventionen der OECD und des Europarats durch ausgebaute Monitoring-Verfahren kontrolliert. Für Österreich bedeutet dies (über die Anpassung straf- und steuerrechtlicher Bestimmungen hinaus) auch die Verpflichtung zur Einrichtung ausreichend ausgestatteter unabhängiger Anti-Korruptions-Behörden sowie kohärenter Anti-Korruptions-Maßnahmen im gesamten öffentlichen Bereich (d.h. auch für die Landes- und Gemeindeebene).

1. OECD

Das 1997 beschlossene *OECD-Übereinkommen über die Bekämpfung der Bestechung ausländischer Amtsträger im internationalen Geschäftsverkehr* erfordert von den Unterzeichnerstaaten die Bestrafung der *Bestechung ausländischer Amtsträger*. Davon erfasst sind Personen, die in einem anderen Staat durch Ernennung oder Wahl ein Amt im Bereich der Gesetzgebung, Verwaltung oder Gerichtsbarkeit innehaben oder für dessen Behörden oder öffentliche Unternehmen öffentliche Aufgaben wahrnehmen, sowie Amtsträger oder Bevollmächtigte internationaler Organisationen. Die vorgesehenen Strafen müssen denjenigen vergleichbar sein, die für die Bestechung inländischer Amtsträger zur Anwendung kommen (und jedenfalls wirksam, angemessen und abschreckend sein). Auch die Verantwortlichkeit juristischer Personen für die Bestechung eines ausländischen Amtsträgers muss begründet werden. Grundsatz ist, dass jeder Staat einer Bestechung ausländischer Amtsträger hinreichend verdächtige Personen entweder an diesen Staat ausliefern oder aber selbst strafrechtlich verfolgen muss.

Diese Konvention stellt einen Meilenstein für die Bekämpfung von grenzüberschreitender Korruption dar, weil Bestechung ausländischer Amtsträger von zahlreichen Staaten bis dahin unsanktioniert gelassen worden war und im Ausland bezahlte Bestechungsgelder im Gegenteil sogar steuermindernd geltend gemacht werden konnten. Die Umsetzung der Konvention wird im Rahmen der OECD-Arbeitsgruppe gegen Bestechung im internationalen Geschäftsverkehr überwacht, die ein *zweiphasiges Monitoring-Verfahren* implementiert hat. In Phase 1 wurde die *vollständige rechtliche Umsetzung* evaluiert, gegebenenfalls wurden in diesem Rahmen Anpassungen des nationalen Rechts eingefordert. In Phase 2 wurde neben der rechtlichen Umsetzung intensiv auch die tatsächliche Anwendungspraxis (also ob tatsächlich intensive Anstrengungen zur Prävention und Verfolgung von Auslandsbestechung unternommen werden) untersucht. Die Berichte werden durchwegs veröffentlicht.

Österreich hat die Vorgaben der OECD-Konvention v.a. durch das StrafrechtsänderungsG 1998 (BGBl I 1998/153) umgesetzt. In der ersten Evaluierungsrunde der Konvention wurde etwa die mangelnde Strafbarkeit juristischer Personen moniert; der im Februar 2006 angenommene Bericht der zweiten Evaluierungsphase kritisierte, dass Österreich zwar die Konvention zwar juristisch umgesetzt, aber faktisch wenig zur tatsächlichen Bekämpfung von Auslandsbestechung unternommen habe.

2. Europarat

Der *Europarat* hat sich stärker der Bekämpfung der Korruptionsbekämpfung in den einzelnen Mitgliedstaaten gewidmet. Aufbauend auf einer 1997 beschlossenen Resolution des Ministerkomitees (die *Resolution (97) 24 on the twenty guiding principles for the fight against corruption*) wurden 1999 die Criminal Law Convention on Corruption (ETS 173) und die Civil Law Convention on Corruption (ETS 174) zur Ratifikation aufgelegt. Besonders die *Strafrechtskonvention gegen Korruption* enthält weit reichende Regelungen. Sie erfasst u.a. die aktive und passive Bestechung öffentlicher Amtsträger, nationaler wie ausländischer Parlamentarier und Mitglieder internationaler parlamentarischer Versammlungen, Bediensteter im privaten Sektor, Angestellter internationaler Organisationen und nationaler wie ausländischer sowie internationaler Richter sowie von Vertretern internationaler Gerichtshöfe. Weiters erfasst die Strafrechtskonvention aktiven und passiven „Einflusshandel" (trading in influence) – d.h. auch „weicherer" (bislang in europäischen Staaten oft nicht illegalisierter) Formen politischer Korruption, Geldwäsche der Erträge von Korruptionsdelikten und Verstöße gegen Bilanzierungs- bzw. Verbuchungsvorschriften in Verbindung mit Korruptionsdelikten. Die Staaten sind verpflichtet, für derartige Verstöße effektive, angemessene und abschreckende Sanktionen (einschließlich Freiheitsstrafen) festzulegen. Auch juristische Personen sind für derartige Delikte, die zu ihrem Vorteil begangen werden, rechtlich zur Verantwortung zu ziehen. Weiters enthält die Konvention die *Vorgabe für die Einrichtung spezialisierter Einrichtungen für die Bekämpfung von Korruption* (wobei den Staaten frei gelassen wird, ob dies eine einzige oder mehrere unterschiedlich spezialisierte Einrichtungen sind); ausschlaggebend ist jedenfalls deren Unabhängigkeit und Schutz vor unzulässiger Druckausübung und nicht zuletzt eine ausreichende personelle Ausstattung. Ebenso soll jede Vertragspartei Bestimmungen zum Schutz von Hinweisgebern und Zeugen für Korruptionsdelikte erlassen. Auch die internationale Kooperation soll durch die Konvention deutlich verbessert werden – durch wechselseitige Unterstützung, erleichterte Auslieferung und Informationsbeschaffung. Für einen föderalistisch aufgebauten Staat wie Österreich ist die Verpflichtung auf kohärente präventive Maßnahmen gegen Korruption und unabhängige Antikorruptionseinrichtungen auch für die Länder und Gemeinden zu beachten.

Die *Zivilrechtskonvention gegen Korruption* enthält Regelungen für den Schutz von Opfern von Korruptionsdelikten (etwa Schadenersatzansprüche – auch gegenüber dem Staat bei schuldhaftem Verhalten von dessen Personal; die Annullierung von Verträgen im Falle von Korruption als Vertragsklausel in allen Vergaben des Staates) und den Schutz von Arbeitnehmern, die (bei hinreichendem Verdacht auf Korruptionsdelikten) den staatlichen Behörden entsprechende Hinweise geben.

Als Monitoring-Mechanismus für die Implementierung der Anti-Korruptionspolitik des Europarats wurde 1999 die Staatengruppe gegen Korruption GRECO (Groupe d'Etats contre la corruption/Group of States Against Corruption) gegründet. Mitglied von GRECO sind seit Mitte 2007 alle EU-Mitglieder, ferner alle EU-Beitrittskandidaten, mehrere Nachfolgestaaten der Sowjetunion (einschließlich Russland) sowie die USA. GRECO implementiert eine Mischung aus Berichtspflichten, Evaluierungen durch Expertenteams bzw. *peer-reviews* und das Aufzeigen von *best practices*. In jeder Evaluierungsrunde wird den Staaten ein detaillierter Fragebogen vorgelegt. Die Antworten der Staaten werden durch Evaluationsteams aus 3-4 (von anderen Staaten nominierten) Experten in mehrtägigen Landesbesuchen überprüft. Deren Berichtsentwürfe samt Empfehlungen werden dem jeweiligen Staat zur Kommentierung vorgelegt und nach Einarbeitung allfälliger Korrekturen finalisiert, anschließend an das Plenum von GRECO übermittelt und von diesem (eventuell mit Ergänzungen) mit Mehrheit beschlossen. Die Berichte sind zwar grundsätzlich vertraulich; allerdings kann der Staat einer Veröffentlichung zustimmen, was in der Praxis regelmäßig der Fall ist. Die Implementierung der Empfehlungen wird nach ca. 1,5 Jahren (durch einen compliance report) überprüft. Bisher wurden folgende Themenkomplexe untersucht:

- In der ersten Evaluierungsrunde (1999-2002) wurde (auf Basis spezieller Bestimmungen der 20 Prinzipien) vor allem der rechtliche Rahmen für die Bekämpfung von Korruption umfassend erhoben. Insbesondere wurden die Unabhängigkeit und Kompetenzen der Personen und Einrichtungen, die mit der Prävention, Untersuchung, Verfolgung und Aburteilung von Korruption befasst sind; deren Spezialisierung, Ausstattung und Ausbildung; sowie etwaige Immunitäten gegenüber Verfolgung wegen Korruptionsdelikten untersucht.

- In der zweiten Runde (2003-2005) ging es neben anderen Bestimmungen der 20 Prinzipien auch um Normen der Strafrechtskonvention: die Identifizierung, Beschlagnahme und Einziehung der Erträge von Korruption; die Rolle der öffentlichen Verwaltung, ihre Effizienz und Transparenz in Hinblick auf Korruption(sprävention); die Sanktionierbarkeit juristischer Personen in Korruptionsfällen; die steuer- und finanzrechtliche Gesetzgebung gegen Korruption; sowie Verknüpfungen zwischen Korruption, organisiertem Verbrechen und Geldwäsche.
- Die 2007 begonnene dritte Evaluierungsrunde untersucht neben der Praxis der Anwendung v.a. der Strafrechtskonvention auch das jeweilige *System der Parteienfinanzierung* (insbesondere die Normen über Transparenz, unabhängige Kontrolle und Sanktionen) entsprechend ausführlicher 2003 beschlossener Empfehlungen des Ministerkomitees.

Da Österreich (als vorletzter EU-Mitgliedstaat vor Italien) GRECO erst im Dezember 2006 beitrat, wurden ersten beiden Phasen der Evaluierung gemeinsam durchgeführt, mit dem Bericht ist in der ersten Jahreshälfte 2008 zu rechnen. Obwohl Österreich bisher erst die Zivilrechtskonvention, aber noch nicht die Strafrechtskonvention gegen Korruption ratifiziert hat, ist die zeitliche Koinzidenz zwischen dem GRECO-Beitritt (der automatische Folge der Ratifikation der Zivilrechtskonvention war) und dem StrafrechtsänderungsG 2008 (BGBl. 2007/109), das u.a. verstärkte Strafbestimmungen gegen Korruption und die Einführung einer Sonderstaatsanwaltschaft für Korruptionsdelikte gebracht hat, sowie der Erarbeitung eines Code of Conduct für die öffentliche Verwaltung somit kein Zufall.

3. Vereinte Nationen

Die *Vereinten Nationen* verabschiedeten 1996 eine Erklärung gegen Korruption und Bestechung im internationalen Geschäftsverkehr. Am 9. Dezember 2003 wurde schließlich die UN-Konvention gegen Korruption unterzeichnet (aus diesem Anlass wurde dieser Tag zum jährlichen Anti-Korruptionstag erklärt; die Konvention ist seit 14. Dezember 2005 in Kraft. Sie schafft ein weltweit anwendbares und umfassendes Regelwerk gegen Korruption und enthält Regelungen für den präventiv-organisatorischen und strafrechtlichen Bereich sowie Bestimmungen zur Verbesserung der internationalen Zusammenarbeit. Allerdings sind die Vorschriften überwiegend als Soll-Vorschriften, d.h. „weicher“ als die Europarats- und OECD-Konventionen formuliert, und es fehlt auch ein entsprechendes Überwachungssystem.

4. EU

Auf EU-Ebene existiert kein eigener Kompetenztatbestand zur Bekämpfung von Korruption in den Mitgliedstaaten, obwohl die Kommission dieses Thema wegen des engen Konnexes mit der Bekämpfung von Betrug bei der Verwendung von Gemeinschaftsmitteln bereits seit den 1970er Jahren thematisiert. Aktuell gültige, auf EU-Ebene ausgearbeitete Übereinkommen betreffen den Schutz der finanziellen Interessen der Gemeinschaft sowie zur Bekämpfung der Bestechung von Gemeinschaftsbeamten; 2003 wurde zudem vom Rat ein Rahmenbeschluss (2003/568/JI vom 22. Juli 2003, ABl. 2003 L 192, 54) zur Bekämpfung der Bestechung im privaten Sektor gefasst. Ansonsten beschränken sich die Möglichkeiten der Gemeinschaft allerdings auf die Bekämpfung von Korruption in den Gemeinschaftsorganen (wofür 1999 das Europäische Amt für Betrugsbekämpfung OLAF eingerichtet wurde) sowie Kontrollen der Verwendung von Gemeinschaftsmitteln (durch den Europäischen Rechnungshof).

Quellen

Von Österreich bereits ratifizierte Konventionen (Stand März 2008):

- Übereinkommen der Vereinten Nationen gegen Korruption: BGBl III 2006/47.
- OECD-Übereinkommen über die Bekämpfung der Bestechung ausländischer Amtsträger im internationalen Geschäftsverkehr: BGBl III 1999/176
- Zivilrechtskonvention über Korruption des Europarats: BGBl. III 2006/155
  Im März 2008 noch nicht ratifiziert war die Strafrechtskonvention über Korruption des Europarats (ETS 173).

Internet

Rechtliche Grundlagen, Fragebögen, Prüfberichte und Hintergrundmaterialien des Europarats sind auf der GRECO-Homepage zu finden: *http://www.coe.int/greco/*.

Mit der Antikorruptionspolitik der Vereinten Nationen befasst sich das UNODC (United Nations Office on Drugs and Crime) in Wien; dieses bietet ausführliche Informationen unter *http://www.unodc.org/unodc/en/corruption/index.html*

Literatur

Einen informativen Überblick über die Entwicklung der internationalen Anti-Korruptions-Regime bietet:

Moroff, Holger: Internationalisierung von Anti-Korruptionsregimen, in: von Alemann, Ulrich (Hg): Dimensionen politischer Korruption. Beiträge zum

Stand der internationalen Forschung, PVS Sonderheft 35/2005, Wiesbaden, S. 444-477.

Zur EU-Ebene gibt folgende Mitteilung der Kommission einen guten Überblick:
Kommission der Europäischen Gemeinschaften: Mitteilung der Kommission vom 28. Mai 2003 an den Rat, das Europäische Parlament und den Europäischen Wirtschafts- und Sozialausschuss. Eine umfassende EU-Politik zur Bekämpfung der Korruption, KOM(2003) 317 endg.

Korruptionsrankings/international vergleichende Korruptionsindizes

Hubert Sickinger

Das Ausmaß von Korruption in bestimmten Staaten lässt sich nicht direkt messen oder international vergleichen: Kriminalstatistiken sind deshalb kein valides Messinstrument, weil sie wenig über das Ausmaß des Dunkelfeldes aussagen; breit angelegte Dunkelfeldstudien liegen nur für eine begrenzte Zahl an Staaten (etwa nicht für Österreich) vor. Seit Mitte der 1990er Jahre gibt es dennoch in zunehmendem Ausmaß internationale Korruptionsrankings von Staaten. Diese können auf unterschiedlichen methodischen Zugängen basieren:

1. Einschätzungen von Länderanalysten (Länder- oder Regionenexperten), wie sie seit den 1980er Jahren etwa als Teil von Länderprofilen von Unternehmensberatungsinstituten erstellt werden (das Ausmaß an Korruption im staatlichen Sektor bildet in diesen, neben zahlreichen anderen Indikatoren, einen möglichen Risikofaktor für Investoren). Ein Beispiel, das mehrere Nachahmer gefunden hat, stellen die jährlich aktualisierten Länderprofile der Economist Intelligence Unit (vormals Business International) dar.

2. Umfragen im Management international tätiger Unternehmen zur Einschätzung von Korruption in unterschiedlichen Staaten (die zumeist jährlich ebenfalls zur Erstellung von Länderprofilen erhoben werden): Die bekanntesten derartigen Erhebungen sind der (für den jährlichen World Competitiveness Report durchgeführte) Executive Opinion Survey des *World Economic Forum* und die vom für das World Competitiveness Yearbook durchgeführte Erhebung des *IMD Lausanne*.

3. Umfragen unter Unternehmern/Managern *einheimischer Unternehmen über ihre konkreten Erfahrungen* mit Behörden, der Politik und dem regulativen Umfeld – darunter auch über (erwartete) Korruptionszahlungen. Derartige systematische und vergleichbare Umfragen wurden seit Ende der 1990er Jahre in mehreren Wellen vor allem in den Transformationsstaaten Mittel-/Osteuropas (den *Business and Enterprise Environment Performance Surveys*, finanziert von EBRD und Weltbank) durchgeführt.

4. *Bevölkerungsumfragen*, die in unterschiedlichen Staaten mit gleicher Fragestellung (in diesem Fall: zur Einschätzung der Verbreitung von Korruption) durchgeführt werden. Aktuell ist hier das Global Corruption Barometer von Transparency International zu nennen.

Das mit Abstand bekannteste Korruptionsranking ist der von der Anti-Korruptions-NGO Transparency International seit Mitte der 1990er Jahre jährlich veröffentlichte *„Corruption Perceptions Index" (CPI).* Dieser Korruptions*wahrnehmungs*index ist eine „poll of polls", er kumuliert oben in Punkt 1 und 2 angesprochene international vergleichende Studien aus den jeweils letzten beiden Jahren (bis 2005: der letzten drei Jahre). Inhaltlich misst der Index *Einschätzungen der Verbreitung von Korruption* (Bestechung/Bestechlichkeit) *im öffentlichen Sektor* durch Manager multinationaler Unternehmen sowie von Länderexperten. Die Ergebnisse der Einzelstudien werden auf eine Skala von 1-10 transformiert (wobei der beste Wert, 10, die Wahrnehmung als völlig korruptionsfrei bedeutet, 1 würde demgegenüber für einen als völlig korrupt eingeschätzten Staat stehen) und anschließend der Durchschnittswert errechnet. In das Ranking werden nur Staaten aufgenommen, für die zumindest drei Umfragen aus den letzten zwei Jahren existieren, weshalb der CPI (2007 mit insgesamt 180 Staaten) weltweit zwar den Großteil, aber keineswegs alle Staaten erfasst.

Nach Ländergruppen belegt der CPI einen engen (gegenläufigen) Zusammenhang zwischen wirtschaftlicher Entwicklung und Demokratisierungsgrad einerseits sowie der Verbreitung von Korruption andererseits: Die auch wirtschaftlich hoch entwickelten demokratischen Verfassungsstaaten Westeuropas und des angelsächsischen Raums weisen eine weitaus bessere Performance auf als Staaten in Asien, Osteuropa, dem arabischen Raum, Lateinamerika und Afrika. Staaten der zweiten und dritten Demokratisierungswelle (Spanien, Portugal, Griechenland in den 1970er Jahren, die ostmitteleuropäischen Staaten ab 1989) schneiden im Schnitt schlechter als die „älteren" Demokratien ab. Einzelne Staaten jeder Staatengruppe (in Asien etwa Singapur und Hongkong) belegen aber deutlich, dass dies kein Schicksal – oder umgekehrt (siehe etwa Italien) kein automatisches Privileg – darstellt. Als besonders wenig korruptionsanfällig gelten die nordeuropäischen Staaten.

Transparency International publiziert diesen Index zur Erhöhung des Bewusstseins über die Korruptionsproblematik und zur Erzeugung von öffentlichem *Druck auf Staaten* mit hoher wahrgenommener Korruption, *ihre Anstrengungen zur Korruptionsbekämpfung zu erhöhen.* Seit dem erstmaligen Erscheinen 1995 wurde der Index kontinuierlich weiter entwickelt und methodisch verbessert. Der Index findet in der vergleichenden, quantifizierend ausgerichteten Korruptionsforschung als allgemein zugängliches, methodisch ausgefeiltes, zudem in Skalenform vorliegendes Ranking breite Anwendung.

Der CPI bildet einen wichtigen Aspekt von Korruption ab, nämlich die landesbezogene Einschätzung durch Personengruppen, von denen eine spezifische Expertise (etwa als Investoren oder Bieter/Vertragspartner bei öffentlichen Aufträgen) und zugleich eine internationale Vergleichsmöglichkeit erwartet werden kann. Weil dies zugleich eine spezifische Perspektive (nämlich die Einschätzung internationaler Unternehmen/Investoren) wiedergibt, publiziert TI regelmäßig noch zwei weitere Erhebungen:

Um nicht nur die „Nachfrageseite" von Korruption zu untersuchen, wird durch einen *„Bribe Payers Index" (BPI)* auch die Seite der „Bestechenden" im internationalen Geschäftsverkehr (genauer: die Herkunftsländer von Unternehmen, welche Bestechungen im Ausland vornehmen) thematisiert. Der nach 1999 und 2002 zum dritten Mal durchgeführte, 2006 veröffentlichte „Schmiergeldzahlerindex" basiert auf zwei Fragen im Executive Opinion Survey des World Economic Forum 2006 (Februar bis Mai 2006, N=11.232 Führungskräfte des Privatsektors in 125 Ländern): Die Befragten hatten aus einer Liste von Ländern die Nationalität derjenigen Unternehmen auszuwählen, die im jeweiligen Land die meisten Geschäfte machen; anschließend wurden sie gebeten, die Länder auf einer Skala zu bewerten (von 1=Bestechungsgelder durch Unternehmen aus diesen Staaten sind üblich bis 7=Bestechungsgelder kommen niemals vor; für den BPI wurden die Ergebnisse auf eine 1-10-Skala umgerechnet). Die Ergebnisse werden zweifellos nicht nur durch die auf den Heimmärkten üblichen – ins Ausland exportierten – Praktiken zurückzuführen sein, sondern auch auf die Usancen in den konkret bearbeiteten Auslandsmärkten (die meisten Staaten in Lateinamerika oder Sub-Sahara-Afrika sind weitaus korruptionsgeneigter als in Westeuropa) und Branchen (Rohstoffexploration und Waffenexporte gelten als besonders korruptionsgeneigte Branchen). Bemerkenswert ist, dass die Unterschiede im BPI weitaus geringer als im CPI sind (die Bandbreite liegt zwischen 7,81 und 4,62 Punkten, wobei nahezu alle 30 führenden Exportnationen zwischen ca. der Hälfte und drei Viertel des maximal Möglichen liegen).

Außerdem wird jährlich im Dezember mit dem *Global Corruption Barometer* die Perspektive der Bevölkerung vergleichend dargestellt. Dieses basiert auf einer Mehrthemenumfrage, die Gallup International durch seine nationalen Niederlassungen durchführen lässt: Hier wird einerseits abgefragt, ob die Befragten selbst oder jemand aus deren Familie in den vergangenen 12 Monaten Bestechungsgelder gezahlt haben (und wie hoch diese waren). Weiters wird die Einschätzung der Korruptionsanfälligkeit unterschiedlicher Bereiche des öffentlichen Sektors erhoben. Jährlich wechselnde Fragen betreffen die Einschätzung einer (in den letzten oder nächsten drei Jahren perzipierten) Verbesserung oder Verschlechterung der Korruption im eigenen Land, die Einschätzung der Effektivität der Bemühungen der Regierungen zur Korruptionsbekämpfung und wechselnde thematische Schwerpunkte (2005: Korruption im Gesundheitswesen; 2006: Korruption und Justiz; 2007: Verwaltungskorruption).

Österreich liegt im Korruptionswahrnehmungsindex im gehobenen Mittelfeld der entwickelten Demokratien (zuletzt 2007 mit 8,1 Punkten auf Rang 15). In der zweiten Hälfte der 1990er Jahre lag Österreich mit 7,5-7,7 Punkten deutlich schlechter, 2004-2006 allerdings auch bereits signifikant besser (Höchststand 2005: 8,7 Punkten). Laut BPI gelten österreichische Unternehmen als eher moderat bestechungsgeneigt. Auch im Global Corruption Barometer deuten die österreichischen Umfrageergebnisse im internationalen Vergleich auf eine nur eher moderate Verbreitung von Korruption hin.

Neben diesen Studien von TI gibt es auch noch weitere wichtige vergleichende Korruptionsindizes. Neben den im CPI zusammengefassten Einzelstudien sind vor allem die *Governance-Indikatoren der Weltbank* zu nennen, die auch einen nahezu alle Staaten umfassenden Korruptionsindex enthalten (der für die entwickelten Demokratien sehr ähnliche Bewertungen wie der CPI ergibt). Insgesamt zeigen die zunehmende Zahl der beschriebenen Indizes und die Institutionen, welche diese Studien erstellen sehr deutlich, dass eine möglichst gering ausgeprägte Korruption seit den 1990er Jahren zunehmend zu einem wichtigen Faktor für „good governance" geworden ist und mittlerweile auch einen wichtigen Parameter für Investitionsentscheidungen von Unternehmen oder auch für Entwicklungshilfeleistungen darstellt.

Die folgende Tabelle gibt einen – sehr groben – Überblick über die Ergebnisse der EU-Mitgliedstaaten, der übrigen OECD- und einiger ausgewählter weiterer Staaten im CPI 2007 und BPI 2006.

Tabelle:
Korruptionswahrnehmungsindex 2007 und Bribe Payers Index 2006
Auszug:
Erste 20 im CPI, übrige EU-27 sowie (BPI) 30 führende Exportnationen

CPI		Korruptionswahrnehmungsindex			Bribe Payers Index	
Rang	Staat	Punkte	Unter-such.	Standard-Abweichung	Rang	Punkte
1	Dänemark	9,4	6	0,3		
1	Finnland	9,4	6	0,3		
1	Neuseeland	9,4	6	0,4		
4	Singapur	9,3	9	0,4	12	6,78
4	Schweden	9,3	6	0,2	2	7,62
6	Island	9,2	6	1,0		
7	Niederlande	9,0	6	0,3	8	7,28
7	Schweiz	9,0	6	0,3	1	7,81
9	Kanada	8,7	6	0,7	5	7,46
9	Norwegen	8,7	6	0,9		
11	Australien	8,6	8	0,8	3	7,59

12	Luxemburg	8,4	5	0,7		
12	Großbritannien	8,4	6	0,8	6	7,39
14	Hongkong	8,3	8	1,0	18	6,01
15	Österreich	8,1	6	0,9	4	7,50
16	Deutschland	7,8	6	0,9	7	7,34
17	Irland	7,5	6	0,4		
17	Japan	7,5	8	0,8	11	7,10
19	Frankreich	7,3	6	0,8	15	6,50
20	USA	7,2	8	1,0	9	7,22
21	Belgien	7,1	6	0,1	9	7,22
25	Spanien	6,7	6	0,6	13	6,63
27	Slowenien	6,6	8	0,7		
28	Estland	6,5	8	0,8		
28	Portugal	6,5	6	1,1	16	6,47
30	Israel	6,1	6	0,9	18	6,01
33	Malta	5,8	4	0,6		
34	Taiwan	5,7	9	0,7	26	5,41
34	Vereinigte Arab. Emirate	5,7	5	1,3	14	6,62
39	Zypern	5,3	3	0,3		
39	Ungarn	5,3	8	0,5		
41	Tschechische Republik	5,2	8	0,8		
	Italien	5,2	6	0,8	20	5,94
43	Malaysia	5,1	9	1,1	25	5,59
43	Südafrika	5,1	9	0,6	24	5,61
43	Südkorea	5,1	9	0,7	21	5,83
49	Slowakei	4,9	8	0,6		
51	Lettland	4,8	6	0,6		
	Litauen	4,8	7	0,8		
56	Griechenland	4,6	6	0,5		
61	Polen	4,2	8	1,2		
64	Bulgarien	4,1	8	1,1		
64	Türkei	4,1	7	0,6	27	5,23
69	Rumänien	3,7	8	0,7		
72	Brasilien	3,5	7	0,7	23	5,65
72	China	3,5	9	1,1	29	4,94
72	Indien	3,5	10	0,4	30	4,62
72	Mexiko	3,5	7	0,4	17	6,45
79	Saudi Arabien	3,4	4	0,7	22	5,75
143	Russland	2,3	8	0,4	28	5,16

Quelle: Transparency International,
Internet: http://www.transparency.org/policy_research/surveys_indices/.

Quellen

Die genannten Indizes/Studien von Transparency International werden regelmäßig samt ausführlichen methodischen Erläuterungen, beim Globalen Korruptionsbarometer auch die genauen Ergebnisse für die einzelnen Staaten auf der Internet-Seite dieser Organisation publiziert (*http://www.transparency.org/policy_research/surveys_indices/*). Die *Governance-Indikatoren der Weltbank* sind im Internet unter *http://info.worldbank.org/governance/wgi2007/resources.htm* zu finden.

Österreichspezifische Ergebnisse sind genauer beschrieben in:

Sickinger, Hubert: Korruption in Österreich. Verbreitung, ausgewählte Problembereiche, Reformbedarf, in: Bundesministerium für Justiz (Hg.): 35. Ottensteiner Fortbildungsseminar aus Strafrecht und Kriminologie, 19. bis 23. Februar 2007, Wien: Neuer Wissenschaftlicher Verlag 2007, S. 101-135.

Korruption und Betrug im Gesundheitswesen

Gabriela Skorczyk

Dem deutschen Gesundheitswesen entsteht durch Korruption und Betrug jährlich ein Schaden in Millionenhöhe, manche sprechen sogar von Milliarden[1]. Bis vor wenigen Jahren fand dieses Thema in der Öffentlichkeit nur wenig Beachtung. Die steigenden Beiträge im Gesundheitswesen, die Verteilungskämpfe zwischen den verschiedenen Leistungserbringern, die Frage nach der Finanzierbarkeit des Medizinischen Fortschritts, aber auch Berichte von NGOs wie Transparency International haben die Wahrnehmung entscheidend geändert.

Die Höhe der durch Korruption entstehenden Schäden ist allerdings schwer nachweisbar und strittig[2]. Dies ist schon deshalb der Fall, da es keine allgemein gültige Definition des Begriffs Korruption gibt.

1. Rechtsbeziehungen der Krankenkassen zu den Leistungserbringern

Die Gesetzlichen Krankenkassen in Deutschland versichern ca. 85 % der Bevölkerung, also mehr als 70 Millionen Menschen[3]. Die Techniker Krankenkasse ist mit 6,3 Millionen Versicherten die zweitgrößte bundesweite deutsche Krankenkasse. Gemäß des Sachleistungsprinzips in der Gesetzlichen Krankenversicherung schließen die Krankenkassen Verträge mit den Leistungserbringern und diese rechnen die Leistungen, die sie gegenüber den Versicherten erbracht haben, mit den Krankenkassen ab. Insofern kommt es zwischen Krankenkasse, Versichertem und Leistungserbringer zu einem Dreiecksverhältnis.

Im Fünften Buch des Sozialgesetzbuches (SGB V) sind die Vorschriften über die Beziehungen der Krankenkassen zu den Leistungserbringern enthalten. Im Hinblick auf die Abrechnungsmöglichkeiten wird im System der gesetzlichen Krankenversicherung (GKV) unterschieden zwischen Leistungserbringern, die direkt oder indirekt mit den gesetzlichen Krankenkassen abrechnen:

- **Vertragsärzte:** Dies sind niedergelassene Ärzte und Zahnärzte, die nicht direkt mit den Krankenkassen, sondern mit den Kassen(zahn)ärztlichen

---

1 Transparency International, Global Corruption Report 2006.

2 Vgl. Bericht zur Anfrage im Schleswig-Holsteinischen Landtag „Wie beurteilt die Landesregierung die geplante Einrichtung eines Anti-Korruptions-Instituts auf internationaler Ebene?", Drucksache 16/929, Seite 9.

3 Quellen: Gesundheitsberichterstattung des Bundes, Stand 01.07.2007; Statistisches Bundesamt.

Vereinigungen abrechnen. Die kassenärztlichen Vereinigungen sind die Vertragspartner der gesetzlichen Krankenkassen. Sie nehmen von diesen eine Gesamtvergütung entgegen, die sie an die Kassenärzte verteilen.

- **Sonstige Leistungserbringer**: Hierbei handelt es sich um Apotheken, Orthopäden, Hebammen, Augenoptiker, Physiotherapeuten, Rettungsdienste, stationäre Einrichtungen etc., die zumeist aufgrund einer Verschreibung aktiv werden. Hier bestehen direkte Vertragsverhältnisse zwischen den Leistungserbringern und den Krankenkassen.

Entsprechend der Vielzahl der Leistungserbringer ist der Umfang der eingehenden Abrechnungsunterlagen hoch. So erhält alleine die Techniker Krankenkasse jährlich aus Arztpraxen 42 Millionen Abrechnungsfälle, 30 Millionen Rezepte und 80.000 Heil- und Kostenpläne von Zahnärzten. Hinzu kommen 1,2 Millionen Rechnungen von Orthopäden, 15.000 Rechnungen von Optikern und eine Millionen Rechnungen von Hebammen.

2. Beispiele für strafrechtlich relevantes Verhalten

Die Komplexität des Abrechnungssystems eröffnet diverse Manipulationsmöglichkeiten, die ein strafrechtlich relevantes Verhalten darstellen können. Beispielsweise werden gestohlene oder verloren gegangene Versichertenkarten genutzt, um diese bei Arztpraxen vorzuzeigen und hierüber Rezepte zu erlangen. Die Rezepte werden dann weiterverkauft oder es wird mit Apotheken in der Form kooperiert, dass diese das verordnete Medikament gegenüber der Krankenkasse abrechnen, es aber tatsächlich nicht ausgeben und so Geld für eine tatsächlich nicht erbrachte Leistung erlangen. Bei Einbrüchen in Arztpraxen werden u.a. Blankorezepte entwendet, die dann zur Fälschung genutzt werden. Die gefälschten Rezepte werden von den Tätern in Apotheken eingelöst, um die so erhaltenen Medikamente selber zu verwenden oder zu verkaufen. Im Bereich der sonstigen Leistungserbringer werden z.B. von Hebammen Hausbesuche abgerechnet, die tatsächlich nicht stattgefunden haben oder es werden die Kilometerangaben manipuliert.

3. Strafrechtliche Bewertung

Zwar wird im Zusammenhang mit Abrechungsmanipulation - insbesondere durch Vertragsärzte - häufig umgangssprachlich von Abrechungsbetrug gesprochen. Die Besonderheiten des deutschen Sozialrechts erfordern allerdings zum Teil einen spezielleren Blick auf die jeweils zu Grunde liegenden Straftatbestände nach dem Strafgesetzbuch (StGB)[4].

---

[4] Ausführlich und mit zahlreichen Sachverhaltsgruppen: Hellmann U. / Herffs H., Der ärztliche Abrechnungsbetrug, 1. Auflage 2006, Rn. 148 ff.

3.1. Betrug - § 263 StGB

In den meisten Fallgestaltungen sind die objektiven Tatbestandsvoraussetzungen des Betruges nach § 263 StGB erfüllt. Behauptet der Arzt zum Beispiel wahrheitswidrig, die in Ansatz gebrachten Leistungen seien nach den tatsächlichen Voraussetzungen geschuldet, spiegelt er durch schlüssiges Verhalten falsche Tatsachen vor. Dieses Verhalten führt auf Seiten der Kassenärztlichen Vereinigungen im Rahmen der Honorarprüfungen zu einem Irrtum. Aufgrund dieses Irrtums stellt die Kassenärztliche Vereinigung einen überhöhten (unrichtigen) Honorarbescheid aus und zahlt (irrtumsbedingt) das entsprechende Honorar an den Arzt aus (Vermögensverfügung). Der Eintritt eines Vermögensschadens ist in diesen Fällen unproblematisch und ergibt sich weitgehend losgelöst von den Besonderheiten des kassenärztlichen Abrechnungssystems[5].

Dies wird insbesondere in den Fällen deutlich, in denen Leistungen durch den Vertragsarzt abgerechnet werden, die er tatsächlich nicht erbracht hat (Luftleistungen), sowie in den Fällen, in denen Leistungen, die nicht vollständig erbracht wurden, als solche abgerechnet wurden. Die Abrechnung tatsächlich nicht erbrachter oder teilweise nicht erbrachter Leistungen ist der „Grundfall" des Abrechnungsbetruges. Besonderheiten des ärztlichen Abrechnungssystems sind hier nicht zu berücksichtigen[6]. Der Schaden ergibt sich hier bereits aus der Feststellung, dass der abgerechnete Wert der Leistung mit dem tatsächlichen Wert der Leistung nicht übereinstimmt. Gleiches gilt für die Fälle, in denen der Vertragsarzt vorsätzlich der erbrachten Leistung eine falsche (höherwertige) gebührenrechtliche Bewertung zu Grunde legt.

In den Fällen, in welchen Vertragsärzte nicht persönlich erbrachte und auch nicht delegierbare Leistungen gegenüber der Kassenärztlichen Vereinigung abrechneten, hat der Bundesgerichtshof (BGH) den Abrechnungsbetrug mit der streng formalen Betrachtungsweise des Sozialversicherungsrechts begründet[7]. Nach der Rechtsprechung des Bundessozialgerichts (BSG) steht dem abrechnenden Arzt nämlich dann kein Vergütungsanspruch zu, wenn die Leistungen - unbeschadet ihrer tatsächlichen Qualität - nach den gesetzlichen oder vertraglichen Bestimmungen nicht ordnungsgemäß erbracht wurden[8].

In einer anderen Fallgestaltung hatte sich der BGH mit so genannten „kick-back" Zahlungen zu beschäftigen. Hier hatten Ärzte Augenlinsen gegenüber

---

[5] Ausführlich hierzu: Volk K.: Zum Schaden beim Abrechnungsbetrug - Das Verhältnis von Strafrecht und Sozialversicherungsrecht, in NJW 2000, S. 3385 ff.
[6] Volk, a.a.O., S. 3386.
[7] BGH, Beschluss vom 28. September 1994 - 4 StR 280/94, NStZ 1995, S. 85 ff.
[8] BSG, Urteil v. 4. Mai 1994 - 6 RKa 40/93, BSGE 74, 154 ff.

den Krankenkassen zum marktüblichen Preis abgerechnet, während sie tatsächlich vom Lieferanten der Augenlinsen eine Rückvergütung erhielten. Diese Tathandlung wertete der BGH als Betrug. Denn nach § 44 Abs. 5 Satz 5 Bundesmantelvertrag für Ärzte (BMV-Ä) bzw. § 13 Abs. 5 Ersatzkassenvertrag (EKV) ist der Vertragsarzt verpflichtet, nur die tatsächlich entstandenen Kosten abzurechnen und vom Hersteller oder Lieferanten gewährte Rückvergütungen weiterzugeben[9].

Auch in den Fallgruppen, in denen der Arzt bestimmte abrechenbare Leistungen abrechnet, obwohl er tatsächlich eine nicht abrechenbare Leistung erbracht hat, ist der objektive Tatbestand des Betruges in der Regel erfüllt[10]. Dieser Bewertung liegt eine Besonderheit des vertragsärztlichen Abrechnungssystems zu Grunde:

Ausgangspunkt ist hier das so genannte Gebot der Wirtschaftlichkeit, welches in den §§ 12 Abs. 1, 70 Abs. 1 S. 2 SGB V seinen gesetzlichen Niederschlag findet. Danach hat der Kassenarzt nur solche Leistungen zu erbringen, welche zweckmäßig, notwendig und wirtschaftlich sind. Das bedeutet, dass der Versicherte Leistungen, welche für den Heilerfolg nicht notwendig oder unwirtschaftlich sind, nicht beanspruchen kann, der Arzt sie nicht bewirken oder verordnen darf.

3.2. Untreue - § 266 StGB

Anknüpfend an das Wirtschaftlichkeitsgebot hat der 4. Strafsenat des BGH eine Rechtsprechung entwickelt, welche im vertragsärztlichen Bereich für Aufsehen sorgte. Zu Grunde lag ein Fall, in dem der Vertragsarzt Medikamente in einem Maß verordnete, deren medizinischer Gebrauch eindeutig nicht notwendig war. Verordnet der Vertragsarzt z.B. Heilmittel oder Arzneimittel, die für die Erzielung des Heilerfolges nicht notwendig oder unwirtschaftlich sind (z.B. Verordnung eines an sich medizinisch indizierten Medikaments in vielfacher als der erforderlichen Menge), so ist nach Ansicht des BGH dieses Verhalten geeignet, den Tatbestand der Untreue gemäß § 266 StGB zu erfüllen[11]. Der BGH folgt auch hier seiner bislang vertretenen Auffassung, nach der Ärzte, welche an der kassenärztlichen Versorgung teilnehmen, dem Gebot der Wirt-

---

[9] Vgl. BGH Beschluss v. 27. April 2004 - 1 StR 165/03, MedR 2004, S. 613 ff.; vgl. Volk K.: Zum Schaden beim Abrechnungsbetrug - Das Verhältnis von Strafrecht und Sozialversicherungsrecht, in NJW 2000, S. 3385 ff.; vgl. auch Tröndle/Fischer, StGB, 52. Aufl. 2004, § 263 Rn. 23b.

[10] Vgl. BGH, Urteil v. 10. März 1993 - 3 StR 461/92, NStZ 1993, S. 388 ff., hier hatte der BGH über verordnete und durchgeführte (aber nicht abrechenbare) Magnetfeldtherapien und stattdessen vom Arzt abgerechnete (und abrechenbare) Dezimeterwellenbehandlung zu entscheiden.

[11] BGH, Beschluss v. 25. November 2003 - 4 StR 239/03, NJW 2004, 454 ff.

schaftlichkeit verpflichtet sind[12]. Leistungen, welche nicht zweckmäßig, nicht notwendig und nicht wirtschaftlich sind, darf der Arzt weder bewirken noch verordnen[13]. Daraus leitet der BGH nunmehr ab, dass in Fällen, denen Leistungen zu Grunde liegen, welche eindeutig nicht notwendig, nicht ausreichend oder unzweckmäßig sind und somit gegen das Gebot der Wirtschaftlichkeit verstoßen, der Tatbestand der Untreue nach § 266 StGB erfüllt sein kann.

3.3. Vermögensschaden

Abschließend soll an dieser Stelle noch auf ein weiteres rechtliches Problem aufmerksam gemacht werden, welches in einer detaillierten Analyse hier nicht Raum greifen kann[14]. Wesentliches Tatbestandsmerkmal der hier in Frage stehenden Vermögensdelikte ist der Eintritt eines Vermögensschadens. Vor dem Hintergrund, dass die Befriedigung des Leistungsanspruches des Arztes für seine erbrachten Leistungen aus der Gesamtvergütung erfolgt (§§ 85 ff. SGB V) und grundsätzlich keine unmittelbaren Abrechnungsbeziehungen zwischen dem Vertragsarzt und den Krankenkassen bestehen, ist im Einzelfall zu prüfen, wer durch die Vermögensverfügung wirtschaftlich den Schaden zu tragen hat.

4. Mögliche strafrechtliche Sanktionierung korruptiver Handlungen

In Deutschland wurden die strafrechtlichen Bestimmungen bezüglich Korruption die letzten Jahre konsequent verschärft. Im Strafgesetzbuch regelt § 331 die Vorteilsannahme, § 332 Bestechlichkeit, § 333 Vorteilsgewährung und § 334 Bestechung. Der Strafrahmen wurde erheblich erweitert, besonders schwere Fälle der Bestechlichkeit und Bestechung können gemäß § 335 StGB mit Freiheitsentzug von bis zu zehn Jahren bestraft werden.

5. Stellen zur Bekämpfung von Fehlverhalten im Gesundheitswesen gemäß § 197 a SGB V[15]

Neben der dargestellten strafrechtlichen Aufarbeitung ist es mittlerweile auch eine bedeutende Aufgabe der gesetzlichen Krankenkassen geworden, Unregelmäßigkeiten und mögliche Betrugsfälle im Gesundheitswesen auf-

[12] Vgl. oben.

[13] Vgl. BGH, Urteil v. 10. März 1993 - 3 StR 461/92, NStZ 1993, S. 388 ff.; vgl. LG Kaiserslautern, Urteil v. 16. Juni 2004 - 6112 JS 7880/01.7 KLs.

[14] Eingehend und detailliert hierzu: Hellmann U. / Herffs H., Der ärztliche Abrechnungsbetrug, 1. Auflage 2006, Rn. 148 ff.

[15] Für die Kassenärztlichen Vereinigung wurde dieselbe Verpflichtung in § 81a SGB V festgeschrieben.

zuklären. Bereits seit Anfang des Jahres 2002 ist eine Ermittlungsgruppe „Abrechnungsmanipulation“ bei der Techniker Krankenkasse eingesetzt, die mit Nachdruck vorsätzliche Falschabrechnungen von Leistungserbringern und Versicherten bekämpft. Auch andere Krankenkassen haben sich der Thematik in verschiedenen Formen angenommen.

Hinsichtlich der in der GKV-Landschaft teilweise uneinheitlichen und nicht aufeinander abgestimmten Aktivitäten in diesem Bereich wurde seitens des Gesetzgebers ein Regelungsversuch unternommen. Mit dem Gesundheitsmodernisierungsgesetz (GMG) wurde der § 197 a SGB V eingeführt, durch den die Krankenkassen zum 01. Januar 2004 verpflichtet wurden, organisatorische Einheiten einzurichten, die sich mit der Bekämpfung von Fehlverhalten im Gesundheitswesen befassen.

Das Gesetz geht mit seinem Regelungsinhalt über die bloße Einrichtung einer internen Organisationseinheit jedoch weit hinaus. Denn im Rahmen von Sachverhalten, die auf Unregelmäßigkeiten oder auf rechtswidrige oder zweckwidrige Nutzung von Finanzmitteln im Zusammenhang mit den Aufgaben der jeweiligen Krankenkasse oder ihres Verbandes hindeuten, besteht gemäß § 197 a Abs. 4 SGB V seitens der Krankenkasse, ihrer Landesverbände und der Spitzenverbände gegenüber der Staatsanwaltschaft eine Unterrichtungspflicht. Diese Unterrichtungspflicht besteht, sofern ein Anfangsverdacht auf eine strafbare Handlung mit nicht nur geringfügiger Bedeutung für die gesetzliche Krankenkasse besteht. Nach der Unterrichtung ist die Staatsanwaltschaft Herrin des strafrechtlichen Ermittlungsverfahrens. Diese ist nach § 152 Abs. 2 StPO dem Legalitätsprinzip verpflichtet und wird vor der Einleitung eines strafrechtlichen Ermittlungsverfahrens ihrerseits das Vorliegen eines Anfangsverdachts in eigener Kompetenz prüfen.

Autorenverzeichnis

Bachmayer Ruth, Mag, MinRätin des BMF i. R.,
ruth.bachmayer@chello.at

Bartel Rainer, Dr., ao. Univ. Prof., Universität Linz, derzeit beim Amt der Oö. Landesregierung im Büro von Landesrat Dr. Hermann Kepplinger,
rainer.bartel@ooe.gv.at

Bauer- Jelinek Christine, Wirtschaftscoach und Psychotherapeutin, Leiterin des Instituts für Macht- Kompetenz in Wien,
office@bauer-jelinek.at

Bayer Kurt, Dr., MinRat und Gruppenleiter im BMF,
kurt.bayer@bmf.gv.at

Berger Maria, Dr., Bundesministerin für Justiz,
minister.justiz@bmj.gv.at

Blatter Marco, Prof.h.c., vormals CEO Swiss Olympic Association,
marco.blatter@bluewin.ch

Bösch Herbert, Mag., Mitglied des Europäischen Parlaments, Vorsitzender des Haushaltsausschusses,
herbert.boesch@europarl.europa.eu

Brückner Helmut, Dr., Landesrechnungshofdirektor,
post@lrh-ooe.at

Brüner Franz-Hermann, Generaldirektor des Europäischen Amtes für Betrugsbekämpfung (OLAF),
franz.bruener@ec.europa.eu

Bures Doris, Bundesministerin für Frauen, Medien und Öffentlicher Dienst,
doris.bures@bka.gv.at

Burger-Scheidlin Maximilian, Dr., Geschäftsführer ICC Austria- Internationale Handelskammer,
icc@icc-austria.org

Dearing Elisabeth, Dr., Leiterin der Abteilung "Verwaltungsreform, Personalentwicklung und Controlling" im BKA, Mitglied im Public Governance Commitee der OECD,
elisabeth.dearing@bka.gv.at

Diethelm Verena, Wirtschaftsredakteurin im „ Wirtschaftsblatt“, v.diethelm@kabsi.at

Dimmel Nikolaus, DDr. ao. Univ. Prof. Universität Salzburg, nikolaus.dimmel@sbg.ac.at

Dobusch Franz, Dr., Bürgermeister der Landeshauptstadt Linz, dobusch@linz.at

Donner Gerhard, Ing., Mag., Geschäftsführer und Leiter des Bereichs Fraud Investigation & Dispute Services bei Ernst & Young Österreich, gerhard.donner@at.ey.com

Ellenhuber Barbara, DDr., Amt der Tiroler Landesregierung, Innenrevision -Personalentwicklung, barbara.ellenhuber@tirol.gv.at

Felber Christian, Mag., Freier Publizist und Mitbegründer von Attac, info@christian-felber.at

Fellmann Ilan, Dr., Ministerialrat im Bundeskanzleramt, ehem. Bundeskoordinator für Interne Revision, Ilan.Fellmann@bka.gv.at

Fiedler Franz, Dr., Präsident des österreichischen Akademikerbundes, Präsident des Rechnungshofes und Generalsekretär der INTOSAI i.R., praesident@akademikerbund.at

Fried Andrea, Mag., Chefredakteurin der Österreichischen Krankenhauszeitung, Mitglied des Beirates TI, andrea.fried@chello.at

Galley Birgit, Dipl. -Kffr. CFE, Direktorin des „Institute Risk & Fraud Management“ und der Steinbeis- Hochschule- Berlin GmbH- „School of Governance, Risk & Compliance“, bgalley@school-grc.de

Geiblinger Eva, Prof., Vorstandsvorsitzende TI - Austrian Chapter, office@ti-austria.at

Gmeiner Robert, MMag., Dr., Leiter der Geschäftsstelle der Bioethikkommission, robert.gmeiner@vst.gv.at

Göbel Klaus-Dieter, Arbeitskreis „Revision im Mittelstand“ im DIIR, Fachgruppe Wirtschaftskriminalität,
kd.goebel@bossertundpartner.com

Görtz Astrid, Dr., Organisationspsychologin, Personalentwicklung und Controlling im BKA,
astrid.goertz@gmx.at

Goworek Martin, Dipl.- Oec., Geschäftsführer und Berater bei der Prüfungs- und Beratungsgesellschaft Ernst & Young,
ernst.young@at.ey.com

Hölzl Markus, Dr., Manager, Direktor und Mitglied der Geschäftsleitung von AlixPartners,
markus.hoelzl@at.ey.com

Holzmann Maria, Mag., Botschaftssekretärin,
maria.holzmann@bmeia.gv.at

Jauernig Paul, Dr., Obersenatsrat, Leiter der Gruppe Interne Revision der Wiener Magistratsdirektion,
paul.jauernig@wien.gv.at

Jelinek Elisabeth, Selbständige Trainerin,
sissi.jelinek@chello.at

Kienzl Irene, Stv. Leiterin der Personalabteilung im BMF,
irene.kienzl@bmf.gv.at

Klug Friedrich, Univ.- Doz., FH-Prof., Obersenatsrat, Stadtrechnungshofdirektor von Linz,
friedrich.klug@mag.linz.at

Kopetzky Matthias, Dr., CPA, CFE, CIA, SV, Geschäftsführender Gesellschafter, Business Valuation Gutachten und Unternehmensberatung GmbH,
m.kopetzky@business-valuation.at

Kräuter Günther, Dr., SPÖ - Rechnungshofsprecher NAbg.,
Guenther.Kraeuter@spoe.at

Kreutner Martin, Mag., Leiter Büro für Interne Angelegenheiten im BMI,
bia60@bmi.gv.at

Lerchner Hans-Peter, Mag., LL.M. (Leic), CISA, CIA,
hplerchner@gmx.at

Levy Gerhard, Teamleiter im Büro für Interne Angelegenheiten im BMF,
gerhard.levy@bmf.gv.at

Mantsch Walter, Dr., CIA, Revisionsleiter, Vorstandsmitglied IIAA,
walter.mantsch@cemex.com

Mayramhof Klaus, Dr., LRH - Direktor in Tirol,
landesrechnungshof@tirol.gv.at

Meggeneder Günther, Ing., CIA, Unternehmensberater, ehem. Revisionsleiter AMA,
gm1507@yahoo.de

Mörtl Bernhard, Mag., Senior Consultant im Bereich Fraud Investigation & Dispute Services bei Ernst & Young Österreich,
bernhard.moertl@at.ey.com

Moser Josef, Dr., Präsident des Rechnungshofes, Generalsekretär der INTOSAI,
vock@rechnungshof.gv.at

Odenthal Roger, Inhaber und Geschäftsführer der Unternehmensberatung Odenthal,
info@roger-odenthal.de

Pachner Franz, Mag., Gruppenleiter und Ministerialrat,
franz.pachner@bmwa.gv.at

Pilz Peter, Dr., Abg. zum NR der Grünen, ehem. Vorsitzender des Untersuchungsausschusses zum Eurofighterankauf,
peter.pilz@gruene.at

Prorok Thomas, Mag., KDZ Zentrum für Verwaltungsforschung,
prorok@kdz.or.at

Raddatz Ilka, Vertragsbedienstete bei der Europäischen Kommission (OLAF),
ilka.raddatz@ext.ec.europa.eu

Renökl Helmut, Univ. Prof. Dr., Hon.-Prof. für „Ethik in Naturwissenschaften und Technik,
renoeckl@fim.uni-linz.ac.at

Ritter Stefan, Mag., Jurist im Bundeskanzleramt,
stefan.ritter@bka.gv.at

Salomon Helmut, Dr., Hofrat, Bundeskriminalamt,
helmut.salomon@bmi.gv.at

Schenk Sylvia, Vorstandsvorsitzende Transparency International Deutschland,
sylvia.schenk@schmalzlegal.com

Schneider Friedrich, Dr., Univ. Prof., Universität Linz,
friedrich.schneider@jku.at

Schneider Ursula, Dr., Univ. Prof. , Universität Graz,
iim@uni-graz.at

Sickinger Hubert, DDr., Politologe,
hubert.sickinger@univie.ac.at

Siska Josef, Dr., Hofrat i.R., gerichtlicher Sachverständiger für angewandte Kriminologie und Kriminalistik,
josef.siska@aon.at

Skorczyk Georgia, Dr., Bereichsleiterin Techniker-Krankenkasse und Vorstandsmitglied TI in Deutschland,
georgia.skorczyk@tk-online.de

Spickenheier Beate, Arbeitskreis „Revision im Mittelstand" im DIIR, Fachgruppe Wirtschaftskriminalität,
b.spickenheier@klett.de

Stelzer Thomas, Dr, Beigeordneter Generalsekretär für Politikkoordinierung und Interinstitutionelle Angelegenheiten,
thomas.stelzer@bmeia.gv.at

Wagner Norbert, Mag., Hofrat, Vorstandsvorsitzender des IIAA,
wagner.norbert@aon.at

INSTITUT FÜR KOMMUNALWISSENSCHAFTEN UND UMWELTSCHUTZ

SCHRIFTENREIHE: „KOMMUNALE FORSCHUNG IN ÖSTERREICH"

Die Gemeinde im Spannungsfeld des Sozialstaates
L. Fröhler unter Mitarbeit von
P. Oberndorfer
Linz 1970, 111 Seiten, vergriffen

Die Festsetzung der Pflegekostenersätze nach der Krankenanstaltengesetzgebung
E. Kubin
Linz, 1970, vergriffen

Reform des Finanzausgleiches aus der Sicht der Gemeinden
Referate und Diskussionsbeiträge von
St. Demuth, L. Fröhler, F. Hillinger,
R. Krumsiek, F. Lechner, O. Schweda,
E. Wenzl, H. Zeitlhofer u.a. vergriffen
Herausgegeben vom Institut für
Kommunalwissenschaften Linz
Linz 1971, 62 Seiten, vergriffen

Kommunale Finanzen 1960 bis 1968
H. Bauer, E. Matzner
Linz 1971, 120 Seiten, kart., € 5,-

Soziale Sicherung
R. Strasser, K. Hillinger
Linz 1971, 160 Seiten, vergriffen

Gemeinderecht und Gemeinde wirklichkeit
P. Oberndorfer
Linz 1971, 320 Seiten
nur elektronisch als pdf-Dokument verfügbar, € 12,-

Bd. 2 - **Wirtschaft und Finanzen österreichischer Städte**
E. Matzner, H. Bauer, F. Butschek, G. Pöll,
A. Stanzel, G Thury
Wien 1971, 299 Seiten, vergriffen

Bd. 3 - **Möglichkeiten und Grenzen der Kommunalverschuldung in Österreich**
E. Weissel
Wien 1971, 136 Seiten, vergriffen

Bd. 5 - **Probleme der Stadtassanierung und Bodenbeschaffung**
J. Moser, U. Zech, L. Fröhler
Referate und Diskussionsbeiträge aus der Linzer Kommunalwissenschaftlichen Tagung vom 5. Mai 1972
Linz, 1972, 52 Seiten, kart., unentgeltl.

Bd. 8 - **Die Gemeindeaufgaben und ihre Finanzierung - Das zentrale Problem der Kommunen**
E. Kubin
Linz, 1973, 48 Seiten, vergriffen

Bd. 9 - **Öffentliche Wohnbauförderung und Bodenordnung**
L. Fröhler
Linz 1973, 48 Seiten, vergriffen

Bd. 12 - **Umweltprobleme**
(aus österreichischer, schweizerischer und deutscher Sicht)
Hillinger, Kreisky, Pindur, Jagmetti, Heigl,
Nowotny
Linz 1974, 108 Seiten, vergriffen

Bd. 13 - **Kommunales Dienstrecht Rechtsquellensituation -Inhaltsvergleich**
K. Grillberger, R. Strasser
Linz 1974, 76 Seiten, kart., € 5,-

Bd. 14 - **Kommunale Investitionen**
1973 - 1976
K. Goschler, F. Klug
Linz 1974, 72 Seiten, kart., € 5,-

Bd. 15 - **Arbeitnehmerinteressen in der Raumplanung**
F. Fürstenberg, B. Scheuringer, K. Fink
Linz 1974, 100 Seiten, kart., € 6,-

Bd. 16 - **Recht und Organisation der Kommunalwirtschaft**
L. Fröhler, P. Oberndorfer
Linz 1974, 136 Seiten, kart., € 7,--

Bd. 17 - **Kommunale Entwicklungsplanung**
E. Kubin, R. Krumsiek
Linz 1975, 52 Seiten, vergriffen

Bd. 18 - **Umweltschutz und Kommunalwirtschaft**
E. Nowotny
Linz 1975, 184 Seiten, kart., € 10,-

Bd. 19 - **Bodenordnung und Eigentumsgarantie**
L. Fröhler, P. Oberndorfer
Linz 1975, 80 Seiten, kart., € 5,-

Bd. 20 - **Der Rechtsschutz im Planungs- und Assanierungsrecht**
L. Fröhler, P. Oberndorfer
Linz 1975, 72 Seiten, kart., € 5,-

Bd. 21 - **Kompetenzrechtliche Hemmnisse der Raumordnung**
L. Fröhler, E. Wolny
Linz 1975, 72 Seiten, kart., € 5,-

Bd. 22 - **Die Kultur- und Bildungsorganisation im Erwachsenensektor, Vergleich Linz - Ulm**
F. Fürstenberg, B. Scheuringer
Linz 1975, 164 Seiten, kart., € 10,-

Bd. 23 - **Ausgewählte Rechtsprobleme des Umweltschutzes**
Herausgeber: F. Fröhler, H. J. Pindur
Linz 1976, 150 Seiten, kart., € 7,-

Bd. 24 - **Orientierungshilfe zur Strukturverbesserung der Gemeinden in Oberösterreich**
L. Fröhler
Linz 1976, 66 Seiten, kart., € 5,-

Bd. 25 - **Eigentumsbegriff und Bodenordnung im historischen Wandel**
U. Floßmann
Linz 1976, 156 Seiten, kart., € 10,-

Bd. 26 - **Privatrecht und Umweltschutz**
Herausgeber: R. Strasser
Linz 1976, 191 Seiten, kart., € 10,-

Bd. 27 - **Der Planwertausgleich als Instrument der Bodenordnung**
L. Fröhler, P. Oberndorfer unter Mitarbeit von B. Binder
Linz 1977, 96 Seiten, kart., € 6,-

Bd. 28 - **Umweltschutz als Aufgabe der Gemeinden**
A. Haiden, R. Buchegger
Linz 1977, 52 Seiten, kart, € 5,-

Bd. 29 - **Kommunale Investitionen und deren Finanzierung**
H. Bauer, E. Brandstetter, K. Goschler
Linz 1977, 84 Seiten, kart., € 5,-

Bd. 30 - **Möglichkeiten der interkommunalen Zusammenarbeit in Österreich**
H. Bauer, K.H. van Kaldenkerken
Linz 1977, 48 Seiten, vergriffen

Bd. 31 - **Perspektiven des oberösterreichischen Arbeitsmarktes 1975 - 1985 - 2000**
A. Bernfeld, O. Lackinger
Linz 1977, 136 Seiten, kart., € 7,-

Bd. 32 - **Anschluß und Benutzungszwang bei der Fernwärmeversorgung**
L. Fröhler, E. Wolny
Linz 1977, 104 Seiten, vergriffen

Bd. 33 - **Privater Konsum und Kommunalwirtschaft**
R. Buchegger, G. Pöll
Linz 1977, 214 Seiten, kart., € 10,-

Bd. 34 - **Stadterneuerung durch Wohnbauförderung und Wohnungsverbesserung**
L. Fröhler, P. Oberndorfer
Linz 1978, 60 Seiten, kart., € 5,-

Bd. 35 - **Die Aufgaben der Gemeinden und ihre Finanzierung**
R. Bartl, Horny
Linz 1978, 44 Seiten, vergriffen

Bd. 36 - **Nachbarrechtliche Ansprüche als Instrument des Umweltschutzes**
P. Jabornegg, R. Strasser
Linz 1978, 188 Seiten, kart., € 10,-

Bd. 37 - **Zur gesetzlichen Regelung von Umweltstandards**
R. Buchegger
Linz 1978, 56 Seiten, kart., € 4,-

Bd. 38 - **Privatisierung kommunaler Aufgaben?**
Herausgeber: L. Fröhler, E. Kubin
Linz 1978, 62 Seiten, vergriffen

Bd. 39 - **Ökonomische und rechtliche Fragen der Abfallbehandlung**
Herausgeber: L. Fröhler, E. Kubin
Linz 1978, 94 Seiten, kart., € 5,-

Bd. 40 - **Positivplanung und Eigentumsrecht**
L. Fröhler, P. Oberndorfer
Linz 1979, 80 Seiten, kart., € 5,-

Bd. 41 - **Der Eigentumsschutz im sozialen Rechtsstaat**
M. Floßmann
Linz 1979, 176 Seiten, kart., € 10,-

Bd. 42 - **Die Bedeutung der Grundsteuer für die kommunalen Finanzen**
O. Lackinger
Linz 1979, 64 Seiten, kart., € 5,-

Bd. 43 - **Kommunale Umweltschutzmaßnahmen im internationalen Vergleich**
E. Kubin, P. Oberndorfer, W. Pichler
Linz 1979, 200 Seiten, kart., € 10,-

Bd. 44 - **Probleme der Privatisierung öffentlicher Aufgaben**
L. Fröhler, E. Kubin
Linz 1979, 212 Seiten, kart., € 10,-

Bd. 45 - **Zur zentralörtlichen Funktion von Spitalstandorten**
O. Lackinger
Linz 1979, 24 Seiten, kart., € 2,-

Bd. 46 - **Finanzierung der städtischen Verkehrsbetriebe in Österreich**
H. Bauer, W. Huber
Wien 1979, 214 Seiten, kart., € 10,-

Bd. 47 - **Rechtsschutz bei vollendeten Tatsachen"**
Herausgeber: L. Fröhler, H.J. Pindur
Linz 1980, 96 Seiten, kart., € 5,-

Bd. 48 - **Umweltverträglichkeitsprüfung**
H.J. Pindur
Linz 1980, 32 Seiten, kart., € 2,-

Bd. 49 - **Rechtsfragen der Kontrolle kommunaler Unternehmungen**
J. Hengstschläger
Linz 1980, 116 Seiten, kart., € 6,-

Bd. 50 - **Die Mitwirkungsmöglichkeiten der Gemeinde an der überörtlichen Raumordnung**
H. Walter
Linz 1980, 58 Seiten, kart., € 5,-

Bd. 51 - **Grenzen der kommunalen Verschuldung**
H. Bauer
Linz 1980, 118 Seiten, kart., € 6,-

Bd. 52 - **Beiträge zur Umweltverträglichkeit**
Herausgeber: H.J. Pindur
Linz 1980, 80 Seiten, kart., € 5,-

Bd. 53 - **Kommunale Investitionspläne 1979 - 1982**
H. Bauer, E. Brandstetter, K. Goschler
Linz 1980, 88 Seiten, kart., € 5,-

Bd. 54 - **Ökonomische Aspekte der Stadterneuerung**
G. Pöll
Linz 1981, 68 Seiten, kart., € 5,-

Bd. 55 - **Staatsverfassung und Eigentumsordnung**
M. Lendi, R. Nef
Linz 1981, 96 Seiten, kart., € 6,-

Bd. 56 - **Privatrechtsgeschäfte der Gemeinde**
K. Grillberger, J. Probst, R. Strasser
Linz 1981, 108 Seiten, kart., € 6,-

Bd. 57 - **Die Haftung der Gemeinden für ausgegliederte Unternehmungen**
B. Binder, L. Fröhler
Linz 1982, 56 Seiten, kart., € 5,-

Bd. 58 - **Grundsteuer und Raumordnung**
L. Fröhler, J. Hengstschläger
Linz 1982, 84 Seiten, kart., € 6,-

Bd. 59 - **Wissenschaft und Technik im Umweltschutzrecht**
E. Langeder, K. Schmidt,
Linz 1982, 66 Seiten, vergriffen

Bd. 60 - **Probleme des Datenschutzes in den Gemeinden**
Herausgeber: J. Hofinger
Linz 1982, 64 Seiten, vergriffen

Bd. 61 - **Reformen der Kommunen und Regionen in Europa**
Herausgeber: F. Zehetner
Linz 1982, 220 Seiten, vergriffen

Bd. 62 - **Methodik der Umwegrentabilitätsrechnung im Kulturbereich**
G. Pöll
Linz 1983, 64 Seiten, kart., € 5,-

Bd. 63 - **Probleme und Tendenzen der kommunalen Investitionstätigkeit**
H. Bauer, E. Brandstetter, K. Goschler
Linz 1984, 84 Seiten, kart., € 5,-

Bd. 64 - **Ortspolizeiliche Verordnungen**
K. Gallent
Linz 1984, 178 Seiten, kart., € 10,-

Bd. 65 - **Eingriffsrecht, Ausgleichs- und Eingriffpflicht in Smogsituationen**
A. Grof, G. Reiter, E. Wolny
Linz 1984, 80 Seiten, kart., € 5,-

Bd. 66 - **Der Finanzausgleich aus der Sicht der Gemeinden**
Herausgegeben von H. Schanovsky
Linz 1984, 44 Seiten, kart., € 3,-

Bd. 67 - **Kommunale Investitionen und Konjunkturzyklus in Österreich 1960-1981**
P. Mooslehner
Linz 1984, 102 Seiten, kart., € 6,-

Bd. 68 - **Sanierung öffentlicher Unternehmen**
G. Pöll
Linz 1984, 84 Seiten, kart., € 6,-

Bd. 69 - **Die Folgelasten der gemeindlichen Investitionen**
R. Schauer, W. Kronlachner
Linz 1985, 160 Seiten, kart., € 10,-

Bd. 70 - **Die Bedeutung der Gewerbesteuer für die Städte**
H. Karrenberg
Linz 1985, 114 Seiten, kart., € 6,-

Bd. 71 - **Summierte Immissionen im öffentlichen Umweltrecht**
J. Kormann
Linz 1985, 48 Seiten, kart., € 3,-

Bd. 72 - **Die neue Umweltschutz-Kompetenz des Bundes**
H. Stolzlechner
Linz 1985, 69 Seiten, kart., € 5,-

Bd. 73 - **Die Bedeutung der Gewerbesteuer für die Gemeinden**
Herausgeber: H. Schanovsky
Linz 1985, 40 Seiten, kart., € 3,-

Bd. 74 - **Die Umweltverträglichkeitsprüfung**
Herausgegeben: L. Fröhler
Linz 1985, 118 Seiten, kart., € 6,-

Bd. 75 - **Schadenshaftung der Gemeinde für ausgegliederte Unternehmungen**
K. Grillberger, R. Strasser
Linz 1986, 56 Seiten, kart., € 5,-

Bd. 76 - **Altenhilfe - im Heim oder daheim?**
F. Floss, J. Hofinger, R. Schauer
Linz 1986, 100 Seiten, kart., € 6,-

Bd. 77 - **Die Gebührenhoheit der Gemeinde**
E. Wolny
Linz 1986, 132 Seiten, kart., € 10,-

Bd. 78 - **Verwaltungsorganisation im Umweltschutz**
M. Bothe
Linz 1986, 80 Seiten, kart., € 6,-

Bd. 79 - **Die Haftung der Organe und der Bediensteten der Gemeinden**
E. Eypeltauer, R. Strasser
Linz 1987, 138 Seiten, vergriffen

Bd. 80 - **Ökonomische Grundlagen kommunaler Tätigkeiten**
F. Klug
Linz 1987, 208 Seiten, kart., € 10,-

Bd. 81 - **Zwangsvollstreckung und Insolvenz bei Gemeinden**
R. Rebhahn, R. Strasser
Linz 1989, 250 Seiten, kart., € 10,-

Bd. 82 - **Kommunale Gebührenpolitik**
A. Hlava, W. Schönbäck, G. Lehninger
Linz 1989, 176 Seiten, kart., € 10,-

Bd. 83 - **Gemeinden und ihre Betriebe - eine abgabenrechtliche Betrachtung**
H. Jirkuff, J. Fuchs
Linz 1990, 98 Seiten, kart., € 6,-

Bd. 84 - **Aufgaben und Organisation zeitgemäßer städtischer Wirtschaftsförderung**
H. Bauer, T. Brandl, M. Hutter
Linz 1990, 92 Seiten, kart., € 6,-

Bd. 85 - **Bodenordnung in Österreich**
B. Binder, L. Fröhler, O. Lackinger, G. Pöll, E. Nowotny, H. Zeitlhofer
Linz 1990, 319 Seiten, kart., € 15,-

Bd. 86 - **Bodenordnung und Volkswohnungswesen - Daten zur Bodenstruktur**
H. Zeitlhofer, O. Lackinger
Linz 1990, 216 Seiten, kart., € 10,-

Bd. 87 - **Öffentliche Wirtschaft und Bodenordnung**
E. Nowotny, M. Marterbauer, E. Auer, W. Korber, A. Rainer
Linz 1990, 154 Seiten, kart., € 7,-

Bd. 88 - **Bodenordnung und Planungsrecht**
B. Binder
Linz 1991, 202 Seiten, kart., € 10,-

Bd. 89 - **STANDORTKATALOG für Industrie- und produzierende Gewerbebetriebe - OÖ. Zentralraum**
S. Prell, W. Sertl
Linz 1991, 374 Seiten, kart., € 15,-

Bd. 90 - **Auswirkungen des Steuerrechts auf die Mobilität des Baulandmarktes**
W. Bichler
Linz 1991, 67 Seiten, kart., € 5,-

Bd. 91 - **Kommunale Wohlfahrtsleistungen**
A. Bernfeld
Linz 1991, 155 Seiten, kart., € 7,-

Bd. 92 - **Das Steuerrecht als Faktor des Umweltschutzes**
W. Bichler
Linz 1991, 77 Seiten, kart., € 5,-

Bd. 93 - **Die öffentlich-rechtliche Verantwortung des Eigentümers belasteter Liegenschaften im Umweltrecht**
A. Hauer
Linz 1992, 131 Seiten, kart., € 7,-

Bd. 94 - **Fiskalische Auswirkungen von Betriebsansiedlungen für Gemeinden: Linz**
A. Baldinger, G. Pöll
Linz 1992, 76 Seiten, kart., € 5,-

Bd. 95 - **Vergleich des österreichischen Umweltrechts mit dem Umweltrecht der europäischen Gemeinschaft**
S. Jantscher
Linz 1992, 225 Seiten, kart., € 10,-

Bd. 96 - **Die Eignung des Gesellschaftsrechts für gemeindeeigene ausgegliederte Unternehmungen**
R. Strasser, B. Trost
Linz 1992, 130 Seiten, kart., € 7,-

Bd. 97 - **Die Reform des Oberösterreichischen Raumordnungsrechts**
B. Binder, P. Jann, P. Oberndorfer, P. Pernthaler, W. Pesendorfer
Linz 1993, 116 Seiten, kart., € 7,-

Bd. 98 - **Umweltstrafrecht in Deutschland und Österreich**
L. Kuhlen
Linz 1993, 263 Seiten, kart., € 15,-

Bd. 99 - **ABC-Führer für die steuerliche Praxis der Gemeinden**
H. Jirkuff, J. Fuchs
Linz 1994, 211 Seiten, kart., € 10,-

Bd. 100 - **Das System des kommunalen Abgabenrechts**
P. Mühlberger
Linz 1994, 105 Seiten, kart., € 7,-

Bd. 101 - **Die Getränkesteuer (Reform - Inhalt - Verfahren)**
P. Mühlberger
Linz 1994, 285 Seiten, kart., € 15,-

Bd. 102 - **Die Oberösterreichischen Statutarstädte**
F. Kitzmantel
Linz 1994, 313 Seiten, kart., € 15,-

Bd. 103 - **Die Normenkontrolle des Verfassungsgerichtshofes im Bereich der Raumplanung**
P. Jann, P. Oberndorfer
Linz 1995, 168 Seiten, kart., € 10,-

Bd. 104 - **Verantwortlichkeit der Gemeinde im gerichtlichen und im verwaltungsrechtlichen Strafverfahren (nach StGB und VStG)**
Kurt Gallent
Linz 1995, 116 Seiten, kart., € 7,-

Bd. 105 - **Die Vergabe öffentlicher Aufträge - EG-Recht und Bundesverga-begesetz**
Prof. Hailbronner
Linz 1995, 91 Seiten, kart., € 7,-

Bd. 106 - **Rechtsfragen der Beteiligung der Gemeinden an den Kosten von Landesverwaltungsaufgaben**
Univ.-Prof. Dr. Harald Stolzlechner
Linz 1996, 89 Seiten, kart., € 7,-

Bd. 107 - **Wesen und staatspolitische Funktion der öffentlichen Kontrolle**
H. Fischer, F. Fiedler, J. Hengstschläger, R. Bartel, I. Fellmann, J. Buchner, R. Schauer, F. Klug (Hrsg.)
Linz 1998, 257 Seiten, kart., € 15,-
Onlinebestellung unter
www.linz.at/kontrollamt/IKW.asp

Bd. 108 - **Beiträge zur kommunalen Verwaltungsreform**
E. Wolny
Linz 1998, 208 Seiten, kart., € 15,-
Onlinebestellung unter
www.linz.at/kontrollamt/IKW.asp

Bd. 109 - **Der direkt gewählte Bürgermeister**
G. Trauner
Linz 2001, 240 Seiten, kart. € 15,-
Onlinebestellung unter
www.linz.at/kontrollamt/IKW.asp

Bd. 110 - **Benutzbarkeit von Wanderwegen für die Allgemeinheit**
G. Trauner
Linz 2003, 220 Seiten
nur elektronisch als pdf-Dokument verfügbar, € 12,-
Onlinebestellung unter
www.linz.at/kontrollamt/IKW.asp

Bd. 111 - **Politik und Verwaltung im neoliberalen Staat des NPM**
F. Klug
Linz 2003, 136 Seiten, vergriffen (siehe Bd. 111/2 = 2. Auflage)

Bd. 111/2 - **Politik und Verwaltung im neoliberalen Staat**
I. Fellmann / F. Klug (Hrsg.)
Linz 2005, 226 Seiten, kart. € 15,-
Onlinebestellung unter
www.linz.at/kontrollamt/IKW.asp

Bd. 112 - **Lösung der Stadt-Umlandproblematik**
F. Klug
Linz 2003, 158 Seiten, kart. € 10,-
Onlinebestellung unter
www.linz.at/kontrollamt/IKW.asp

Bd. 113 - **Unternehmen (Gesellschaft) im öffentlichen Eigentum, Studie zur Findung der optimalen Rechtsform für öffentliche Betriebe und Unternehmungen**
K.-P. Bittmann / F. Klug / H. Kotrschal
Linz 2004, 128 Seiten, kart. € 10,-
Onlinebestellung unter
www.linz.at/kontrollamt/IKW.asp

Bd. 114 - **Gegenwart und Zukunft der Institutionen der öffentlichen Kontrolle**
F. Klug (Hrsg.)
Linz 2004, 198 Seiten, kart. € 12,-
Onlinebestellung unter
www.linz.at/kontrollamt/IKW.asp

Bd. 115 - **Schwarzbuch Neoliberalismus und Globalisierung**
I. Fellmann / F. Klug (Hrsg.)
Linz 2006, 250 Seiten, kart. € 15,-
Onlinebestellung unter
www.linz.at/kontrollamt/IKW.asp

Bd. 116 – **Vademecum der Korruptionsbekämpfung**
I. Fellmann / F. Klug (Hrsg.)
Linz 2008, 441 Seiten, kart., € 20,-
Onlinebestellung unter
www.linz.at/kontrollamt/IKW.asp

Außerhalb der Schriftenreihe wurden vom Institut für Kommunalwissenschaften und Umweltschutz veröffentlicht:

Der Finanzausgleich für die Jahre 1985 - 1986
H. Horny
Linz 1985, 217 Seiten, vergriffen

Das österreichische Gemeinderecht
Neuauflage in drei Teilen
Herausgeber: L. Fröhler, P. Oberndorfer
Linz 1995 / 96, Loseblattsammlung, vergriffen

Das österreichische Gemeinderecht
Neuauflage in 17 Teilen
Herausgeber: F. Klug, P. Oberndorfer, E. Wolny
Wien 2008, Loseblattsammlung, 1140 Seiten, € 198,-
Vorzugspreis für Gemeinden und RFG-Abonnenten € 168,-
Manz'sche Verlags- und Universitätsbuchhandlung

Preise inkl. USt., ohne Porto und ohne Verpackung.

Bestellungen der IKW-Schriftenreihe per Post oder Fax:
Magistrat Linz, Kontrollamt-Stadtrechnungshof, Pfarrgasse 7, A-4041 Linz
Telefax: +43 (0) 732 / 7070 – 1452; Telefon: +43 (0) 732 / 7070 – 1462

Bestellungen der IKW-Schriftenreihe per E-Mail:
koa@mag.linz.at

Online-Bestellungen der IKW-Schriftenreihe (ab IKW-Band 107):
www.linz.at/kontrollamt/IKW.asp